走出后现代社会困境

《象征交换与死亡》导读

王晓升 著

社会科学文献出版社
SOCIAL SCIENCES ACADEMIC PRESS (CHINA)

目 录

前 言 ·· 001

第一章 生产的终结 ·· 015
第一节 价值的结构革命 ·· 015
第二节 生产的终结 ·· 026
第三节 作为仿真模式的政治经济学 ································· 060
第四节 劳动与死亡 ·· 079

第二章 仿象的等级 ·· 095
第一节 仿象的三个等级 ·· 095
第二节 仿大理石天使 ··· 096
第三节 自动木偶与机器人 ·· 103
第四节 工业仿象 ·· 106
第五节 代码的形而上学 ·· 112
第六节 触觉与数字 ·· 120
第七节 仿真的超级现实主义 ·· 142
第八节 冷酷的杀手或符号的起义 ···································· 161

第三章 时尚或代码的仙境 ·· 177
第一节 似曾相识的轻浮 ·· 177
第二节 时尚的"结构" ·· 186
第三节 符号的浮动 ·· 193
第四节 时尚的"冲动" ·· 196
第五节 改变的性别 ·· 204
第六节 不可颠覆性 ·· 213

第四章　身体或符号的尸体 ·········· 216
第一节　被标记的身体 ·········· 216
第二节　次级裸体 ·········· 228
第三节　"脱衣舞" ·········· 236
第四节　受到诱导的自恋 ·········· 244
第五节　乱伦的操纵 ·········· 248
第六节　身体的模式 ·········· 253
第七节　"菲勒斯汇兑本位制" ·········· 255
第八节　身体的煽动性 ·········· 260
第九节　寓言 ·········· 266
第十节　庄子的屠夫 ·········· 269

第五章　政治经济学与死亡 ·········· 274
第一节　死人的驱逐 ·········· 274
第二节　原始秩序中的死亡交换 ·········· 288
第三节　政治经济学与死亡 ·········· 317
第四节　死亡冲动 ·········· 328
第五节　巴塔耶作品中的死亡 ·········· 340
第六节　我的死亡无处不在，我的死亡在梦想 ·········· 350

第六章　上帝之名的毁灭 ·········· 408
第一节　易位书写 ·········· 408
第二节　语言学的想像 ·········· 437
第三节　笑话或弗洛伊德的经济学幻想 ·········· 452

附录　如何走出后现代社会的困境
　　　——评鲍德里亚的尝试 ·········· 478

后　记 ·········· 505

前　言

《象征交换与死亡》一书[①]的前言是全书的理论概括，不弄懂全书，就不容易弄懂前言。因此，我建议读者在读完全书之后再读前言。当然，读者也可以先读前言，从而对这本书的大体内容有一个总体的了解。

在鲍德里亚（又译波德里亚）看来，当代资本主义社会与工业化时期的资本主义社会是不同的。在当代社会，生产已经符号化，商品失去了它原有的使用价值。与此相应的是，符号也失去了意义，成为空洞的符号，潜意识也不再是被压抑的东西，而是到处出现，并且与人的本能无关，是追求时尚的心理冲动。如果说在工业社会，商品的生产所遵循的是价值的商品规律，那么在当代社会（即后现代社会），各种东西的生产所遵循的已是价值的结构规律。从整个社会构成的层面上来说，不再有作为社会组织形式的象征交换。比如，在当代社会，人们不再有传统节日意义上的耗费。现代社会人们也搞各种节日，但是这种节日都是在商家的筹划下发生的，都是为了商业利润或者为了再生产的需要而进行的。这就是说，传统社会有一种制度化的耗费（比如赠礼节），而在现代社会，节日的耗费具有经济的意义。用鲍德里亚的话来说，现代社会"不再有作为组织形式的象征交换"[②]。虽然如此，象征现象却仍然存在。比如说，一个女人购买时装，如果她仅仅因为形式而购买时装，那么，这种交换就不是等价交换（花钱购买形式），而是象征交换。因此，鲍德里亚说："象征作为社会自身的死亡仍然困扰着社会。"[③] 显然，如果现代社会如同古代社会那样，把象征交换作为社会构成自身的组织形式，那么社会就不会受到象征的困扰。然而现代社会却是受到价值规律支配的社会，而不是受象征交换支配

---

① 〔法〕让·波德里亚：《象征交换与死亡》，车槿山译，译林出版社，2012。以下凡引此书均只注页码。
② 第1页。
③ 第1页。译文略改。

的社会，象征交换不是这个社会的管理形式。在这种情况下，象征交换就受到了价值规律的阻碍。凡是具有象征交换特点的东西，凡是颠覆现代社会秩序的东西都被纳入价值规律。比如人们购买时装，我们的社会就从价值规律的角度来解释这种现象。人们购买时装是但也不是完全购买形式，离开功能，形式无法存在。购买时装时，人们也有功能性的考虑。我们看到，这是按照政治经济学的传统而对社会现象进行的解释。鲍德里亚认为，这种解释是无效的解释。因此，鲍德里亚认为，虽然马克思的思想也要通过革命来改变当代资本主义社会的现实，但是马克思主义仍然主张按照价值规律来进行革命。马克思主义仍然从无产阶级物质需求没有得到满足的角度来理解当代社会的革命。这种革命仍然是按照价值规律所进行的革命，而不是象征领域的革命。在他看来，在当代资本主义社会，无产阶级的物质需求已经得到了满足。无产阶级的商品生产和交换具有类似于象征交换的特点（再生产）。这种交换类似于象征交换中的耗费，但是人们没有充分认识其中的耗费特点，而仍然从价值规律的角度来理解。弗洛伊德主义虽然和马克思主义不同，但是，它也没有超出价值规律。在弗洛伊德看来，当代社会的问题是个人的本能受到压抑的问题，人的本能需求没有得到满足。因此，解放或者革命就是要把被束缚的本能解放出来。在这里，无论是马克思还是弗洛伊德都是从价值规律的角度来理解象征行为。如果说马克思的思想所遵循的是政治经济学原理的话，那么弗洛伊德所遵循的是里比多经济学。在鲍德里亚看来，除了这种政治经济学意义上的革命之外，还出现了一种颠覆价值的革命方案。这就是象征交换。这是一种造反。这种造反与历史规律无关（马克思主义），与"欲望"的"解放"无关（弗洛伊德主义），而是与一种古老的社会传统有关。这种现象在现代社会的许多层面都出现了，但是需要较长的时间才能充分地显现出来。它（象征交换）的幽灵在最近出现了，如时尚。

在鲍德里亚看来，要颠覆当代资本主义社会价值规律统治的秩序，借助于马克思或者弗洛伊德的理论是不够的。他要借助于莫斯的礼物交换的理论和索绪尔的易位书写的理论。按照莫斯对于礼物馈赠的理解，古代人馈赠礼物是一种耗费，反馈赠就是要打破别人加在自己身上的秩序（受馈赠的人接受了一种象征义务）。这与索绪尔所说的易位书写是一致的。按照索绪尔的易位书写理论，符号是没有意义的，并且符号的能指也是自我解构的。这种礼物馈赠以及易位书写比马克思的革命理论以及弗洛伊德的本能解放理论更加彻底。因为，它们彻底颠覆了价值规律。比如，在礼物交换中，商品交换的价值规律失去了作用。在易位书写中，符号失去了价值（意义）。对于莫斯的礼物交换理论和索绪尔的易位书写理论，马克思主义和弗洛伊德主义都是反对的。它们受到了马克思主义和弗洛伊德主义的查禁。实际上，马克思主义和弗洛伊德思想中也有类似的东西，只是它们没有真正理解自己思想中的这些东西。

在鲍德里亚看来，弗洛伊德的理论还是具有某些颠覆性的东西的。这就是弗洛伊德的死亡冲动。在弗洛伊德看来，人除了有生命的冲动之外，还有死亡冲动。但是，在弗洛伊德那里，死亡冲动（彻底解构符号的意义，如同易位书写那样，如同礼物的馈赠那样）仍然是与生命冲动对立起来的。他仍然强调生命的价值，并要用生命冲动遏制死亡冲动。因此他的死亡冲动仍然具有政治经济学的色彩。而鲍德里亚认为，死亡本能自身也必须死亡。这就是说，死亡本能是一种自我解构。所有的东西都要自我解构，死亡本能自身也需要自我解构。死亡本能自身也要被颠覆。这就是把死亡本能推到极限，从而颠覆弗洛伊德自己。为此，鲍德里亚认为，他在自己的这本书中吸收了弗洛伊德、莫斯和索绪尔的思想。或者说，他把他们的思想作为自己的参照。但是，他不是原本照搬，而是批判地吸收。或者说，他像对待死亡本能那样对待弗洛伊德。用鲍德里亚本人的话来说，这些参照是"受挫的参照"（在话语中本能不能被直接说出、被压抑了。但是这种被压抑的东西仍然是符号的所指，不过是用一种曲折的方式指称本能）。[①] 他要解构这种参照中所意味的扭曲的所指。为此，鲍德里亚提出，在这里，他要用弗洛伊德反对弗洛伊德（用死亡冲动来解构本能的压抑），用莫斯来反对莫斯（因为，莫斯认为，单向馈赠会产生权力。受馈赠的人背负了一定的象征债务。鲍德里亚认为，这是把馈赠理解为原始的"经济"特征。这是对礼物交换的经济学解释。鲍德里亚反对莫斯对于原始社会中馈赠行为的这种理解。他更愿意从耗费的角度去理解，把它看作摧毁性的耗费。因此，用莫斯反对莫斯，就是用耗费、摧毁意义上的馈赠来反对经济意义上的馈赠），用索绪尔来反对索绪尔（用易位书写的索绪尔反对结构主义的索绪尔）。从莫斯的理论中，我们知道，当一个人馈赠东西给别人的时候，馈赠者就获得了一种优势地位，受馈赠的人就背负了

[①] 第2页。

一种象征义务。而收礼的人就要回礼，而回礼就是摧毁馈赠者的优势地位，就是要摧毁这种象征义务。因此，我们必须用回礼原则反馈赠（这不是从经济计算的意义上的回礼。我们现代人的回礼往往是从等价交换的意义上进行的。而鲍德里亚所说的这种回礼是象征摧毁意义上的回礼，即无意义的耗费），也就是用摧毁象征义务的原则来反对莫斯开启的一切经济学、心理学和结构主义的解释。正如弗洛伊德对于死亡冲动的理解不够彻底一样，索绪尔对于易位书写的理解也不够彻底。比如，他认为，易位书写是要突出主题词。而鲍德里亚认为，易位书写就是要实现能指符号的解构，它不是突出主题词，而是要解构主题词。因此，对于鲍德里亚来说，索绪尔的易位书写也过于狭隘了。

从表面上看，用莫斯反对莫斯，用弗洛伊德反对弗洛伊德，用索绪尔反对索绪尔是一种悖论。但是这是把理论推到极端而产生的悖论。当我们把他们的理论推到极端的时候，他们的某些理论虽然被否定了，但是他们在各自领域还是描述了一种"运作原则"，这种运作原则超出了经济学的原则。这三种理论提出了一种象征交换的原则，而象征交换原则彻底摧毁了经济学上的原则。控制当代资本主义社会的原则就是经济学原则，就是价值规律（符号价值规律被理解为价值规律）。这就是资本主义社会的"现实原则"（资本主义社会把一切非经济现象都按照价值规律来理解），如同弗洛伊德那里的那个压制本能的现实原则一样。虽然这三种理论都有各自的研究领域，比如，莫斯研究的是人类学，弗洛伊德研究的是精神分析，而索绪尔研究的是语言学，但是它们都包含了一个共同东西：象征交换。从这个意义上说，它们的"各自性恰巧消失在普遍的象征形式中"[1]。

单向的馈赠会产生权力，反馈赠就能够摧毁权力。因此，馈赠必须是可逆的，这样权力秩序才能被摧毁。同样，商品交换是有价值的东西之间的交换，这种交换维持着资本统治的秩序，如果我们不交换，我们把这些有价值的东西摧毁，无意义地耗费掉，那么交换就被逆转了。或者说，交换在牺牲中被摧毁了。时间是线性的，不可逆的，人们通过线性的时间计算来控制人（死亡控制）。如果时间是可逆的，是循环的，那么建立在时间计算的基础上的社会控制就被打破（纯粹时间积累意义上的生命，线性的进步观，历史的必然规律等。现代的总是比古代的高级）。人们总是认

---

[1] 第2页。

为生产出来的东西都是有价值的，于是人把自己束缚在生产过程中。如果生产不是这样，生产是消费（生产过程不产生真正有使用价值的东西），生产是可逆的，那么生产秩序就会被摧毁。如果生命是可逆的，如果生命在一定条件下就是死亡，那么人们就不会利用死亡威胁来控制人。如果时间是可逆的（如时尚）、价值是可逆的、生命是可逆的，如果馈赠是可逆的（如果读者在这里把尼采关于重估一切价值的思想考虑进来，那么这种颠覆价值的思想就很容易理解了。比如，我们原来认为生命是最宝贵的，但是，如果生命只是生物学意义上的生命，那么这种生命就毫无价值。如同动物的生命一样。生命是可逆的，即人们对于生命价值的理解是可逆的），那么人们就不能用时间、价值、生命或者馈赠来控制人。所有这些可逆性就是摧毁，就是废除，就是循环复归。与这种可逆性相对立的就是线性。如果时间是可逆的、价值是可逆的、生命是可逆的、馈赠是可逆的，那么这就意味着，它们结束了时间的线性、语言的线性（相对于摧毁能指意义上的语言），以及经济交换和积累的线性，权力的线性（相对于可以被解构的权力，或者说可逆的权力）。鲍德里亚认为，象征形式的特点就是可逆性（死亡）。比如，我们说，一个人孤独地生就象征着社会意义上的死。在这里，生就象征着死。在这种象征形式中生和死是可逆的。象征意义的生，不是"真实"的生，不是时间积累意义上的生，不是生物学意义上的生。象征意义上的生就意味着死，这也不是"想像"①。这不是说，人们把生想像成"死亡"。这种死亡也是确实的死亡，是社会意义上的死亡。如果一个人虽然还活着，但是没有任何人知道，没有任何迹象表明这个人还活着，那么这类似于死亡，相当于死亡。因此，象征死亡既不是真实的（生理上的），也不是想像的。它就是一种可逆性。在当代资本主义社会，生产就象征着消费，象征着生产的终结，或者说就是生产的死亡。这种生产可以理解为象征性生产。在这里，生产象征着生产的终结。但是，这是象征性地终结了，其中仍然包含了生产。象征意味着可逆性，意味着摧毁和死亡。如果一切都从象征角度来理解，那么一切传统上所理解的价值就被颠覆（这是尼采的思路。当然，鲍德里亚又不同于尼采，尼采重估一切价值，而鲍德里亚则集中于重估、颠覆包含了等价原则的经济学价值。从这里，我们也能够理解，为什么尼采是后现代主义的开创者。

---

① 因车槿山译本均译为"想像"而非"想象"，为表述方便全书统一用"想像"。

他颠覆了启蒙以来工业文明的一切价值)。这一点都不神秘。但是某些哲学家,比如,拉康,就把象征解释得很神秘。

在资本主义大工业社会,控制这个社会的现实原则是价值规律,是商品交换的规律。然而,在后工业社会、在晚期资本主义社会(我更愿意说,在后现代社会),生产不是原来意义上的生产,市场不是原来意义上的市场,工人不是原来意义上的工人了,传媒不是原来意义上的传媒了。或者说在整个社会系统中,原来各种东西所具有的确定意义都被动摇了,陷入了不确定性。我们不能按照原来的确定意义来理解它们了。它们都成为代码,没有确定所指的代码。这些代码还模仿原来意义的东西。比如,生产已经不是原来意义上生产了,但是还是类似于原来意义上的生产,是仿真的生产。在当代资本主义社会中,所有的东西都是仿真。对于这样的生产,我们不能说它是真实的生产,也不能说它是虚假的生产。这种生产已经超出真假。因此,由仿真所构成的社会是超级真实的社会(l'hyper-realite)。鲍德里亚说,仿真的原则代替过去的现实原则即价值规律控制着我们。在仿真的生产中,生产的目的性终结了。人们按照各种设计好的模式来活动,接受仿真原则的控制。这种社会控制不是意识形态。我们不能把仿真理解为意识形态。意识形态虽然也是要维持权力体系,但是意识形态是用幻想,是用似是而非的观念来维持权力体系。虽然仿真的东西也似是而非,但是它却不是一种思想体系,而是一种社会活动,是社会的"现实原则"。这就是说,虽然生产是仿真的生产,超越了价值规律,但是价值规律仍然在其中起作用(符号价值规律在其中发挥作用)。在鲍德里亚看来,我们可在仿真基础上颠覆仿真,用超级仿真来颠覆仿真。但是人们却把这种仿真纳入价值规律。现存系统的霸权和仙境,就是仿真,是符号性的仿真(比如,现在的生产不是原来意义上的生产了,但是仍然会受到迷惑,按照价值规律来理解现代生产)。而在当代资本主义社会,这种价值规律不是局限在经济领域,而是在一切社会领域中都出现了。比如,时尚操作、身体操作背后都存在价值规律。然而,要真正理解这种价值规律,我们还必须学会尼采的系谱学。这就是说,在当代社会,价值规律已经普遍化,但这是仿真的价值规律。这种仿真的价值规律已经发生一种价值结构上的革命,是符号结构意义上的价值规律。后一个阶段都模仿前一个阶段。比如时尚的操作模仿价值规律,而实际上与价值规律是不同的。时尚的操作模仿生产的政治经济学,但是实质上是不同的。在这里,政治经济学以第二级仿象（第一级仿象是仿造，比如，人用水泥仿造自然界的东西。第二级仿象是批量生产。马克思批判资本主义的时候，就是批判其中的价值规律）的面貌出现。第三级仿象（比如，时尚的操作、身体的操作等）模仿了政治经济学的模式。这种政治经济学可以叫符号政治经济学（原来的价值规律体现为劳动的凝聚。而时尚品的价值体现在符号的结构性差异中，比如，不同品牌的手机，其功能几乎是一样的，差别就是品牌。这种无意义的品牌在差异中显示了价值和意义。于是，人们喜欢购买名牌手机，可以用来炫耀）。在这里，读者应该特别注意鲍德里亚在整本书中所使用的系谱学方法。这就是说，在工业化时代，商品生产和价值规律是在经济领域发生作用的。但是在当代社会价值规律已经在社会生活中的一切领域发挥作用。如果说在经济领域货币已经成为浮动的货币，失去了切实的交换意义的话，那么这种类似的货币在性的领域、在身体的领域、在时尚的领域、在生命的再生产领域等都出现了。

在当代资本主义社会，资本不是原来政治经济学意义上的资本，即通过剥削雇佣劳动而维持自我的资本，而是一种系统，一种通过仿真的生产、市场而进行仿真控制的社会系统。用鲍德里亚的话来说，"它操纵作为仿真模式的政治经济学"[①]。这就是说，它让生产、资本、工人等都成为仿真现象，诱导人们按照这种经济学的模式来理解当代资本主义社会的现实。这就是说，当代资本主义社会是按照符号政治经济学规律来运行的，商品的价值规律普遍化为符号价值规律。当代资本主义社会进入第三级仿象。原来人们认为，资本主义市场经济是按照平等交换的原则进行的，是一种必然规律，是永恒的。而在当代，资本主义经济的永恒性被肯定了，但是已不是原来意义上的永恒性了，而是次级永恒性。当代资本主义市场是仿真模式的市场。这种仿真模式的市场经济也具有了永恒性。或者说，资本主义社会通过仿真模式来确保资本主义系统的永恒性。这是次级永恒性（社会系统的自我再生产）。在仿真模式中政治经济学丧失了它的各个规定性（资本、生产、劳动、衣服都不是原来意义上的东西了）。虽然在仿真模式中政治经济学已经失去了意义，已经无效，但是，它还有仿真参照的作用。这就是说，虽然当代资本主义社会中的生产、商品都没有原来的意义了，没有政治经济学所说的那种意义了，但是政治经济学的等价原

---

① 第3页。

则还在发挥作用。当然在政治经济学发展的不同历史阶段，人们对价值的理解也是不同的。最初人们认为，价值不是人生产出来的，而是自然所提供的。比如，植物的生长，结出果实。植物果实的价值似乎是自然提供的。而后来的政治经济学按照商品价值规律来理解价值，认为价值是人的劳动所生产出来的。但是，人们还是把自然提供价值的思想作为自己的参照，人们按照商品交换的规律来提供劳动，这是天然合理的，是"自然"的。因此，在政治经济学系统中，自然提供价值还是被当成了想像的参照。同样，在当代资本主义社会，人们购买商品更多地是把它们作为符号购买来的，而不是因为它们的使用价值而购买的。但是使用价值仍然会被人们当作参照来使用。比如说，购买名牌产品。名牌产品和普通产品在使用价值上可能没有多少差别，但是人们却愿意出更多的钱来购买。这里人们多花了的钱实际上只是表示这个东西交换价值更高，而与使用价值无关。但是，人们总是要以使用价值为借口，认为，交换价值高的东西使用价值更大。在这里，使用价值是交换价值的想像的参照。不仅如此，在当代社会，交换价值还自我循环，比如，证券交易所中的货币操作、银行中的货币交易等。在这里，货币并没有发挥交换价值的作用。或者说，在这里货币并不是被用来衡量商品的交换价值的，而是人们投机操作的符号。在这里货币所应该具有的交换价值的功能丧失了（而在当代社会，这种交换价值丧失之后而存在的各种交换在社会生活领域中还普遍出现）。但是，人们不承认货币在这里不具有交换价值，而认为，货币仍然具有交换价值。当代社会所出现的各种资产泡沫就是如此，女性的时装就是如此，身体的修饰就是如此。在所有这些领域都有一种类似的符号意义上的等价交换规律在发挥作用。我们可以说，这种符号化、泡沫化的交换价值是交换价值的仿真。价值在其后的发展阶段所出现的情况都是前一阶段的仿真。前面一个阶段是后面一个阶段的参照。

真正的革命或者"仅有的真正的革命"就是要让前一个阶段和后一个阶段分离开来，就是要让后一个阶段按照它自身的规律来运行。如果我们总是停留在前一个阶段，用前一个阶段来理解后一个阶段，那么这就是倒退。比如，如果我们把前一个阶段和后一个阶段割裂开来，那么后一个阶段就按照自身的特点被理解。只有真正地理解了后一个阶段的特点，我们才能采取适当的方法来对付后一个阶段。比如，在当代资本主义社会，仿真（第三级仿象）控制着整个社会系统。它不是真实的东西，不是真正的生产、消费商品等，这是一个超级真实的社会。只有把握了这个社会特性，我们才能真正对这个社会进行革命。

然而，当代资本主义社会所发生的革命都是以最接近的前一个阶段（la phase imméediatement antérieure，在中译本中被译为"紧跟阶段"，这容易引起误解）为参照。比如说，在当代社会，人们还是鼓励工人罢工，为争取更多的工资而斗争，仍然反对剥削等等。这就是说，这些进行革命斗争的人，仍然是按照政治经济学模式来理解当代社会中的仿真模式。用鲍德里亚的话来说，他们武装自己时所用的东西，比如，从辩证法的角度来理解资本主义社会、使用价值、甚至受压抑的本能等等，都是商品的价值规律时代的东西。本来这些东西都是用来针对资本主义社会的生产阶段的。这些革命的对象都已经被仿真阶段所取代了，都已经不存在了，但是人们仍然在自己的革命理论中，让这些东西复活，让使用价值复活，让辩证法复活，让被压抑的本能复活。在当代社会似乎仍然存在着使用价值的生产，似乎仍然存在着本能的压抑。这些都是被当代革命理论所复活的幽灵。这些幽灵在系统（资本主义经济系统）自身的革命（自我变革）中，在资本主义社会的自我升级的过程中已经被消灭了，但是，这些东西却在当代革命理论（弗洛伊德主义以及20世纪60年代的法国的左派）中被复活了。它们在人们的革命的幻觉中重现，成为各种解放的理想内容。人们所进行的革命不具有传统革命的意义，都是同幽灵做斗争。从本质上来说，它们所进行的革命已经由系统本身完成了。从这个意义上说，这种所谓的解放或者革命不过是服从资本主义系统的控制。我们甚至可以说，在资本主义社会系统的控制中，在它们所进行的程序设计中，革命的可能性已经被包含在其中了。这种革命没有任何革命的意义。

在工业化阶段，人们是按照合理性的原则来控制生产，是按照目的性的原则进行生产，而在当代资本主义社会，生产、价值等都失去了工业化阶段的意义，它们没有参照，没有目的，没有确定性。它们像随机的代码而运行。这就如同精神分析所说的潜意识那样，赶时髦的潜意识。如果说，在工业化阶段，人的本能还受到压抑，那么在当代资本主义社会，不存在这种潜意识的压抑了。人的本能被释放出来了。从这个意义上来说，潜意识的概念没有所指。如果一种东西没有被压抑，那么它就不是潜在的，也就是说，它不是潜意识。因此，鲍德里亚说，"很久以前，它就丧失了自己特有的现实原则，成为操作性仿象"[1]。虽然被压抑的潜意识不存在了，但是关于潜意识的符号却到处出现，就如同今天生产符号不断被生产出来一样，潜意识也被作为符号而被生产出来。潜意识像符号那样被再生产出来，好像潜意识还在受到压抑。人们甚至到处都可以看到这种被压抑的踪迹。这是潜意识的符号所遵循的"精神现实原则"。但是人们却把这种精神现实原则（赶时髦就是当代人的精神现实原则）和精神分析的现实原则混淆起来，似乎当代社会仍然存在着被压抑的潜意识。这是仿真的潜意识。如果说在经济学领域中存在着仿真的经济现象，那么在精神分析领域也存在着仿真的潜意识。今天的精神分析已经成为仿真的精神分析了。

当代资本主义社会是一个超级真实的社会，一切都是以仿真形式出现的。所有的东西都成为没有确定意义的符号。如果说在货币的投机性运营中出现了资产泡沫，出现了交换价值的泡沫的话，那么潜意识的泡沫也出现了，人们似乎到处都能够发现被压抑的潜意识。从人的衣着中，从人的行动中人们到处都看到了被压抑的潜意识。学术研究的情况也是如此，我们现代社会不仅出现了资产泡沫、潜意识的泡沫，也出现了学术的泡沫、理论的泡沫。所有的人都陶醉在这种泡沫之中。既然所有的符号都没有所指，都是膨胀的泡沫，没有确定的秩序，但是人又在其中受到控制，人陶醉于这种符号泡沫中，那么所有这些泡沫就都是按照仿真的价值规律运行，这就是一个由浮动价值构成的超级现实。

这是一种全新的社会控制形式。这是通过随机性、通过编码控制而对人进行的控制。鲍德里亚用遗传密码的原理，用测不准原理、用编码控制等理论来解释现代社会的控制形式。在他看来，这种控制形式与工业化社会所出现的那种客观的、有目的的秩序是不同的。对于当代社会，我们不能运用客观的、辩证的理论来加以分析，而必须用那种测不准原理、控制论原理，遗传密码原理来加以解释。马克思主义理论、弗洛伊德理论等都属于那种客观的、辩证的历史理论和认识理论。这些东西都属于第二级仿象。而当代社会处于第三级仿象。如果仍然用第二级仿象的东西来否定和批判第三级仿象是无效的，也是无意义的。用鲍德里亚的话说，"这是没

---

[1] 第4页。

有希望的政治倒退"①。既然当代社会属于第三级仿象，那么，第二级仿象中的那些东西就解决不了第三级仿象中的问题。这就如同解决确定性问题的理论无法解决不确定性的问题。当代社会的控制是代码程序的控制，是遗传密码式的控制，是随机性的控制，而用目的性，用辩证法或者革命等都无法化解这种社会控制。这些东西都是属于第二级仿象的陈旧武器。这些武器在资本主义社会的总系统中被中和了、化解了，或者说失去了战斗力。一切有目的的东西都被纳入无目的的系统运行中，目的被瓦解了，被系统回收或者操控了。按照威尔顿的说法，要颠覆一个系统，就要采用比这个系统更高级的系统的逻辑。对付第三级仿象，我们就要用比第三级仿象更高级的东西，至少要用同第三级仿象相等层次的东西。在鲍德里亚看来，这个更高级的东西就是死亡。这里所说的死亡不是我们日常生活中所说的那种生理上的死亡，而是象征可逆性。这种死亡是可逆性的死亡，是彻底否定一切意义的死亡。鲍德里亚认为，这种可逆性的死亡是比代码更高级的东西。为什么说这个东西更高级呢？我们大概可以从他对于索绪尔诗歌理论的分析中略见一斑。在当代社会，整个生活领域都是符号化的生活，都是表演性的生活，都是代码意义上的生活。但是，这些代码仍然被人们按照价值规律来理解，仍然包含了符号结构意义上的价值。然而，我们必须消解这些代码的价值。这就如同我们在诗歌中所看到的情况那样。诗歌语言是解构语言，是没有意义的符号的自我解构。但是，人们（索绪尔以及许多语言学家）都是从政治经济学意义上来理解符号，从语言学意义上来理解符号。而我们不能按照这些语言学家的思路，而要从解构的角度才能真正地把握诗歌语言的特点。这就是符号系统的自我解构。而只有这种自我解构才能给我们带来快感。这种彻底的解构就是死亡。把象征交换推向极端就走向了象征混乱。

那么这种死亡为什么能够解构资本主义社会的现实呢？在鲍德里亚看来，当代资本主义社会中的符号秩序，当代资本主义的无目的的生产，当代资本主义社会所出现的符号泡沫、交换价值的泡沫、里比多的泡沫已经使资本主义的再生产走向极端了。在这里，符号成为纯形式的符号，里比多成为纯形式的里比多，价值成为纯形式的价值。符号本来是有能指、所指和所指对象的，而在当代社会，符号成为纯粹的能指。这就是极端的符

---

① 第4页。

号化。当代社会这种极端的符号化到处都出现了。用鲍德里亚的话来说，这个系统接近了完美操作性。这些空洞的符号实际上都类似于一个纯粹形式的代码，比如"A"。如果所有这些无意义的代表都可以被理解为"A"，那么这就出现了逻辑上的重言式："A 是 A"。在这里，"A"没有任何内容，是纯形式的东西。这个说法在任何条件和任何情况下都是正确的，是绝对正确的东西，而这种绝对正确也就是自身的死亡。这种东西绝对正确，也绝对滑稽。在当代资本主义社会中的"为生产而生产""为罢工而罢工"都是类似的重言式。这些东西都接近于自身的崩溃。而当代世界所进行的一切纯粹符号意义上的交换（社会生活就是这样的纯粹符号的交换）就接近于这种重言式。因为，我们的生活中的一切都是没有意义的代码，而这些没有意义的代码作为纯粹的符号类似于"A 是 A"。在鲍德里亚看来，只要我们把这种重言式的东西往前推一点，那么它就立刻崩溃了。在这里，鲍德里亚把当代资本主义的状况类比成为雅里（A. Jarry）剧本中人物国王乌布（Ubu Roi）的大肚皮（"La giduoille"，英文翻译为"belly"。中译本译为"石丸"。中文翻译似乎不妥）。在雅里的笔下，乌布是一个极端贪婪的人物，象征着资本主义体系。而他的肚皮象征着这个体系的最完美的形式。这个国王最终被推翻而逃亡到了巴黎。

在这里，鲍德里亚用雅里的思想来说明最完美的形式（当代资本主义已经把价值规律发展到最完美的形式，即"A 是 A"）必然会走向自身的终结。对于鲍德里亚来说，这种极端的完美状况没有包含自身的死亡，没有包含自身的解构。而为生产而生产、为罢工而罢工就如同"A 是 A"的最完美形式一样，它始终是存在的，并在任何情况下都是正确的。它没有包含死亡。当代资本主义社会就是这样一个亚稳定的、控制人的系统。这个系统也走向了自己的最完美的形式，而随时都有被颠覆的危险。换句话说，每个系统在走向自身的完善的时候都包含一种可逆性。这就如同恐龙（即中译本所说的"石灰纪的巨兽"，英译本把它理解为恐龙）那样，它会被自身的重量所压垮。这是生命中象征意义上的可逆性（不能用辩证法解释。辩证法把生和死对立起来，而强调生和死的转换。而象征意义上的可逆性是，生和死是不能被分裂开来的。比如在资本主义的再生产中，生产和生产的终结结合在一起。这是一种生死不分的状态）这种生死不分的状态被鲍德里亚理解为"两可性"（ambivalence，中译本翻译为"双重性"，"二重性"容易引起误解），或模糊性（比如，仿真就是一种真假无法区分的状态)。在这里,"两可性"就是象征可逆性。在鲍德里亚看来,这种两可性(象征可逆性)威胁着完善系统。当社会发展到完美的状态的时候就达到了"A 是 A"的状态。这种状态随时面临着崩溃的危险。于是社会就需要制造二元对立(比如真假对立)的假象。只有二元对立存在了,系统才能够被维持。比如,两党政治、两个霸权等。我们知道,莱布尼茨曾经提出了"0/1"二元代码。现代资本主义社会是按照这种二元编码构成的。但是,这种二元性是虚假的二元性,仿真的对立,也是对立的最完美形态。这种二元编码系统包含自我颠覆的可能性。这个系统即使已经成为彻底无意义的东西,那也只有通过这个系统的彻底颠覆(可逆性),才能使它重新获得意义。按照这样的理解,对待当代资本主义的方法不是去革命,推翻资本主义系统,而是按照资本主义系统的自身逻辑而把这个系统推向极端。只有当我们把这个无意义的系统推向极端的时候,这个系统才会崩溃。一当这个无意义系统崩溃的时候,系统就会重新获得意义(可逆性)。资本主义本身的运行过程就是走向死亡的过程,我们就是要加速这种死亡,或者说,我们用死亡来对抗死亡。当代资本主义在自己的价值顶点已经接近这种两可性,已经接近生死不分的状态了,只要我们稍微加一点力气,它就彻底死亡了。当资本主义社会快速走向死亡的时候,社会才会走向新的生存。在这里,鲍德里亚引用了雅里的一个词"pataphysique"(中译本翻译为"形而下学")。对于雅里来说,这是一个反科学的领域,是"通过想像来求解的科学"。这不是要用科学理论来解决问题,而是要通过想像来解决问题。人们只要开动脑筋进行想像,那么就能够摧毁这个社会了。我们不要进行真的革命,我们只要想像一下,我们购买的那些时尚的东西果真是为了实用的目的吗?我们的学术泡沫果真有现实意义吗?大家只要进行想像,这个泡沫就会破灭。后来,鲍德里亚把这种情况称为"超级仿真"(hypersimulation)[1]。当我们把系统中的仿真推向极端的时候,系统就会反对自身了。

按照象征交换的原则,一切都是可逆的。当资本主义系统走向自己的极端的时候,它就会走向自己的反面。在当代资本主义社会,工资、工人等看起来好像是真的,而实际上就类似于句子中的词项,它们本身已经没

---

[1] 参见 Jean Baudrillard, *In the Shadow of the Silent Majority: Or, the End of the Social and Other Essays*, Semiotext (e) and Paul Virilio, 1983, p. 47。

有多少意义了，只是在句子的联系中才有意义。我们的工作就是把这些词项从句子中拆开，让它们成为彻底无意义的东西。我们只需废除这些无意义的东西就行了。我们只须拒绝购买那些无意义的东西，拒绝生产无意义的东西，拒绝说无意义的话。象征暴力就是把一种完善形式推向极端而走向自己的反面的暴力。当代资本主义社会用代码结构控制人，用仿真形式控制人，对付这种控制的方法就是把这种控制推向极端。

当代码控制走向极端的时候，代码控制就要死亡，这种死亡是可逆的死亡。我们对付资本主义社会的方法就是要进行象征交换。这就是让系统在走向自身的完善中发生逆转。这是系统所必须遵循的象征义务。代码的结构规律在当代资本主义社会已经发展到了最完美的形式。只有在死亡中，它才有可能发生逆转。

于是，最后还有一个问题，如果对待资本主义的方法是象征交换，那么象征交换不就成为鲍德里亚的整个理论的基础了吗？如果所有的词项都是形式的，都应该被推向极端，那么"象征交换"是不是一个词项呢？它是不是也应该被推向极端呢？它是不是也应该走向死亡呢？鲍德里亚的回答是，在我们这里，没有基础，只有理论的暴力。如果有理论暴力的话，那么这种理论暴力就是致死的思辨。这就是说，一切东西都应该被推向极端，一切假说都应该被推向极端。鲍德里亚的结论是："甚至代码、象征也还是仿真的词项——也许应该可以把它们从话语中一个个地去除。"[①] 如果象征也不是真正的象征，也是仿真概念，那么我们就不知道什么是真正的象征，什么是虚假的象征。我们无法定义象征。象征概念也应该被解构。

---

① 第7页。

第一章 生产的终结

鲍德里亚在这一章里主要批判马克思的剩余价值理论。他把索绪尔的符号学和马克思的理论结合在一起,从符号学的意义上说明当代资本主义社会(后现代社会)所发生的重大变化:生产的终结,即工业化社会中的那种有目的的生产的终结。

第一节 价值的结构革命

第一,价值的结构革命。

鲍德里亚吸收了索绪尔的结构主义符号学的观点,并用这个观点来解释马克思的政治经济学。在《语言学教程》中,索绪尔在谈到字词的能指和所指之间关系的时候,曾用货币来进行类比。在他看来,货币的价值有两个方面的含义。一种含义是货币可以与商品进行交换,一种含义是一种货币(比如欧元)与另一种货币(美元)比较。[①] 货币价值中的这两种含义与语言学中的字词的意义相似。字词的意义一方面是由字词与其所指称的对象的关系所确定的,另一方面字词的意义又是由字词之间的差异和结构关系所决定的。在一定的结构中,代码(能指)就获得了意义。前一个方面表现了字词的功能维度,即字词能够被用来指称某个对象。或者说,字词作为能指的符号具有一定的所指。而后一个方面是指字词的结构维度,即字词的意义是在一定的符号结构中被确定的(比如不同的字母结合在一起构成一个有意义的单词)。于是,货币的价值就相当于字词的意义。

鲍德里亚根据货币价值与字词意义的一致性进一步探讨马克思的政治经济学理论。按照鲍德里亚的分析,马克思政治经济学所说的商品的价值

[①] 参见〔瑞士〕索绪尔《普通语言学教程》,高名凯泽,商务印书馆,1980,第161页。

也有两个维度：第一个维度是商品要有使用价值，这是商品的功能性意义，第二个维度是商品要有交换价值，一种商品要能够与另一种商品（货币，作为一般等价物的商品）交换。在这里，商品类似于符号（能指），商品的使用价值类似于符号的所指。而一种商品与另一种商品进行的交换（替换）类似于符号中的结构关系。比如名牌皮包和普通皮包之间处于一种结构性的差异关系中。这种差异关系显示了符号（商品）的意义。同样，在符号学中，相同意义的字词也是可以相互替换的。前一个维度可以说是商品的功能性维度，而后一个维度可以说是商品的结构性维度。如果我们把商品和字词加以类比的话，那么商品之间的结构关系就容易理解了。在语言中不同的字词作为书写符号，作为表音符号都是不同的。如果我们只是重复相同的符号，那么它们就不能构成有意义的符号系统。如果大家都购买相同式样的皮包、相同价格的皮包，那么皮包就没有特殊意义。从功能维度来说，皮包都是一样的，但是形式不同，价格不同。这些不同的价格、形式、品牌的皮包是可以相互替代的，可以相互交换。当一个人购买皮包只是为了功能上的需要，那么他就会重视皮包的功能维度。然而当一个人购买皮包太多的时候，他重视的就是皮包的结构维度。所有的字词（商品）在符号结构中都有意义（价值）。这就是商品价值的结构性维度。购买名牌皮包的人就从这种结构维度中凸显自己的价值。

我们知道在马克思的政治经济学理论中，这两个维度是联系在一起的。这就是，有使用价值的东西在市场上才有交换价值，才能换回一定数量的货币，而人们用货币（即商品交换价值的体现）来购买具有使用价值的东西。用鲍德里亚的话说，"这两种价值在马克思的分析中自始至终都辩证地连接在一起"①。

但是，鲍德里亚发现，在当代社会，即在20世纪30年代经济危机以来的西方社会，价值领域发生了一种"价值的结构革命"。这种革命表现为，商品的使用价值和交换价值之间的连接被切断了。这就是说，商品生产越来越不是为了使用价值，而是为了交换价值。马克思在《资本论》中就商品生产的目的进行分析时也指出，对于商品生产者来说，商品的使用价值究竟有多大，甚至究竟有没有使用价值，并不重要，重要的是，它要

---

① 第3页。

能够获得交换价值。但是，在马克思那个时代，使用价值一直是交换价值的基础。没有使用价值的东西是不可能获得交换价值的。而在20世纪30年代以来的生产过剩的时代，"没有"使用价值的东西被生产出来了（更准确地说，"没有"是仿真意义上的"具有"。比如，一个人购买了50辆汽车自己使用。或许他所购买的第50辆汽车，他从来也没有使用过，甚至根本就没有机会使用。他购买了这辆汽车之后，甚至忘记了自己曾经购买过这辆汽车。这辆汽车虽然有使用价值，但是从来没有真正地被使用过。从这个意义上来说，这辆汽车只有仿真的使用价值。它看上去有使用价值，而没有切实地被使用过）。这些东西只是为了交换价值而被生产出来（关于这个问题，鲍德里亚在后面进行了解释。我们也暂时搁置此问题）。于是，在这个时候，生产出来的东西只有交换价值，即只有结构意义上的价值。这就是鲍德里亚所说的"价值的结构革命"。在这个时候，生产更注重商品之间的形式结构上的差别。

正是在这个意义上，鲍德里亚说："参照价值为了唯一的价值结构游戏的利益而被摧毁了。"[①] 这里所谓"参照价值"就是指商品的使用价值。对于鲍德里亚来说，商品也是一种符号，这个符号作为能指有一定的所指。商品的所指也就是商品的功能性维度，即商品的使用价值。在鲍德里亚看来，在当代资本主义社会中，商品的参照性维度丧失了，结构性维度摆脱了参照性维度而自我发展。在当代社会，生产的自动化高度发展起来，许多东西能够大规模、大批量地生产出来。生产出来的东西远远超出人们的需求范围。为此社会需要刺激人们购买这些产品，以便维持生产系统的运行。在这种刺激下所购买的东西对于人们来说，是可有可无的东西。同样，这种生产也是可有可无的生产。但是人们还进行购买和生产。本来如果人们确实需要某种东西，那么人们购买的这种东西就具有"真实的"使用价值。但是，如果人们仅仅因为某种东西时髦（品牌），仅仅因为这种东西能够显示自己的身份，那么这种东西就没有"真实的"使用价值。当社会把那些没有多少作用的东西大规模生产出来的时候，这些东西就失去了"参照"，没有"真实的内容"。这些东西就如同那些无所指的符号那样，不指称某个对象。这就如同符号之间存在着结构关系一样，这些商品只有交换价值上的结构关系。

[①] 第4页。

在当代资本主义社会，商品作为符号没有"参照价值"，没有所指，但还是有结构性意义的。在这里，商品所具有的结构性意义就是"仿真"。为此，鲍德里亚说："仿真的意思是从此所有的符号相互交换，但绝不和真实交换（而且只有以不再和真实交换为条件，它们之间才能顺利地交换，完美地交换）。"① 照字面的意思来说，这里生产出来的东西，似乎有使用价值，而实际上没有使用价值（更准确地说，只有仿真的使用价值。比如，为保持力量平衡而生产的原子弹。虽然原子弹确实有使用价值，但是谁也不敢使用它），但是有交换价值。或者说，这些东西看上去真有使用价值，而实际上没有使用价值。这种东西就有仿真的使用价值。按照这样的说法，那么我们可以进一步说，虽然当代资本主义社会所生产出来的东西没有"参照价值"，但是还是有"仿真"意义的。这就是说，商品像结构意义上的符号那样被生产出来了。

本来符号都是有所指的，没有所指的符号就是空洞的符号，但是在当代社会这些符号没有所指了。符号从所指的束缚中解放出来了，符号获得了自由，"这是符号的解放"。既然符号从参照的束缚中解放出来了，并能够进行纯粹的自我生产了，那么当代社会的各种符号就与传统上的各种符号不同了。当代（contemporary）社会（主要是1929年资本主义危机以来的社会，即后现代社会）也生产商品，但是，当代社会中的商品作为符号，与现代（modern）社会（启蒙运动以来，特别是资本主义市场经济发展以来的社会，大规模工业化生产的社会）中的商品不同。现代社会中的商品是有使用价值的，是切实满足人的物质需求的，而当代社会商品却"没有"使用价值。这是因为，当代社会出现了生产过剩。过剩的东西虽然在需求的刺激下也被人们购买了，但是却没有切实的使用价值。当代社会的生产虽然也像马克思的时代那样进行，但是，这种生产却不是生产有用东西的生产（它是满足"虚假"需求而进行的生产，即生产的东西看上去是有用的，但满足的是"虚假"需求，从这个意义上来说，它是"没有"使用价值的。更准确地说，它具有仿真的意义。这种生产类似于表演。在舞台上演员也用工具劳动，但是却没有切实的劳动意义。这种劳动不是"真实的"劳动），生产失去了参照。于是，生产不再是"真实的"

---

① 第4页。

生产了。用鲍德里亚的话来说,"生产内容的所有目的性都被摧毁了"①。如果生产没有目的,没有内容,那么生产中的"劳动力"就不是"真实的",它是生产系统中的符号,可有可无的符号。比如,在现代社会,政府为了促进就业,为了扩大内需(扩大的需要,不是"真实的"需要。请注意,这里所说的是发达资本主义国家),而把人安排到一定的岗位上。或许,他在就业岗位上有许多事情做,但是,所做的这些事情是不是真的满足需要呢?因为,需要本身不是"真实的",那么满足这种需要的劳动是真实的吗?这样的"劳动力"肯定也不是"真实的"(而是仿真的)。虽然它有劳动的形式,却没有劳动的实际意义。同样,货币本来是与黄金联系在一起的,现在货币不再与黄金挂钩了。货币纯粹是一种符号,可以进行各种形式的"量化宽松"。它失去了与"使用价值""财富"的联系。同样,"指称""情感""实体""历史"(尤其是被戏说的"历史")都没有所指称的对象,都不是"真实的"。这些活动就像电影里的演员在演戏。他们经常把"爱"挂在嘴上,这里的"爱"不是"真实的",不指称对象。于是,在鲍德里亚看来,当代社会,"劳动""货币""生产""情感""历史""需求"都失去了其所指对象,并在交换价值的意义上进行自我生产。

于是,鲍德里亚得出结论,在马克思时代,人们还生产使用价值,劳动力在生产中还真实地进行生产。同样,在那个时代,索绪尔所说的能指和所指还是密切联系在一起的。用鲍德里亚的话来说,"他们还处在符号与真实的辩证法的黄金时代"②。然而,在20世纪30年代之后,这种状况发生了彻底的改变。因此,在他看来,索绪尔和马克思的理论在这里已经不适用了。在这个时代,"真实"死了,符号失去了所指对象。在这里,马克思所说的那种辩证法也失去了意义。比如,马克思认为生产和消费存在着一种辩证关系(参见马克思《政治经济学批判》导言)。然而,在当代资本主义社会,"生产"不是马克思那个意义上的生产(像是在表演,因而不是真实的生产),而"消费"(被诱导的消费)也不是马克思意义上的消费(自主的消费)。因此,在这里消费和生产不存在马克思意义上的那种辩证法。在这个意义上说,"辩证法四分五

---

① 第4页。

② 第4页。

裂"①，彻底解体了。

第二，符号政治经济学的含义。

当马克思进行政治经济学批判的时候，马克思所批判的是资本主义社会中的商品生产和交换。而在当代社会，人们生产出来的东西是"没有"使用价值（没有所指，没有目的，这都不是非常准确的表述，鲍德里亚有时也这样用。这是由于我们社会面临着一种全新的社会现象，传统的语言在这里不够用。严格地说，应该叫"仿真"的使用价值）的符号。它所遵循的是结构价值规律，而不是马克思的那种商品价值规律。从这个意义上来说，马克思对商品价值规律的批判不适用了，而要用新的理论来批判这种结构价值规律。我们可以说，当代资本主义社会是按照符号政治经济学体系来运行的。因此，如果批判资本主义，那么我们就需要进行"符号政治经济学"批判。但是，在这里，他承认，这种说法只是一种权宜之计。为此，他对"符号政治经济学"这个说法进行了进一步的解释。

（1）关于价值结构的革命所进行的分析是不是具有"政治经济学"的意义。鲍德里亚认为，他在这里所进行的分析还具有经济学的意义。这是因为，这里还涉及"价值"和"价值规律"。但是这里所说的价值不是马克思的政治经济学意义上所说的价值或价值规律，而是符号（"商品""劳务""工资""货币"，请读者特别注意，这些概念之所以要打引号，是因为，它们都是仿真意义上的东西。与马克思那里的切实的生产、切实的劳动、切实的商品是不同的）结构之间的关系。而这些相互关联的符号是有意义（价值）的。因此，虽然它们有经济学的意义，却不是马克思意义上的那种经济学（比如，名牌皮包和一般皮包的比较中所具有的意义）。如果说这里的"经济学"的意思还不是十分确切的话（当代社会中的这种生产失去了原来的经济意义，因此这里的"经济学"的意思并不确切），那么"政治的"意义却十分明确（购买名牌皮包的人就是要确立自己的等级）。鲍德里亚十分明确地强调，他所进行的研究是要摧毁符号结构关系，摧毁这里所存在的价值关系。他是要彻底消解这些符号的意义（价值）。这是因为，这个符号结构对人进行了新的控制。颠覆这些符号结构就是颠覆当代资本主义社会对人的控制。这具有"政治的"意义。

（2）"符号"这个词的用法在这里也不是非常确切的。这是因为，在

---

① 第4页。

鲍德里亚看来，他在这里所说的符号主要是指代码形式的组织。而要搞清这一点，我们首先要分清符号与代码形式的组织之间的关系。在实际生活中，凡是能够指称某种东西或者表达某种意义的东西，我们都可以把它们称为"符号"，比如，一朵玫瑰花是"符号"，它表达了一定的意义，即"爱情"。这是一种象征符号。而其他的许多符号具有代码的组织形式。比如，我们说"signifier"是符号。这个符号是由许多没有意义的代码（字母）组合起来而构成的。这个符号与玫瑰花那个符号是不同的。"signifier"这个符号是以代码组合的形式出现的，而玫瑰花就不是以代码组合的形式出现的。因此，"并非所有符号都受代码支配"[1]。而鲍德里亚所要研究的不是一般意义上的符号，而是代码组合意义上的符号。这里的符号是纯形式的符号，是失去所指的符号（代码的组合）。因此，从这个意义上来说，"符号政治经济学"所使用的"符号"一词就过于笼统，不够准确。它只有"暗示的价值"。

如前所说，当代社会发生了价值结构规律的变革。这种变革不仅影响了符号的意指（signification），而且影响了其他所有的东西，甚至我们的一切生活领域。比如，我们前面所说的，由于价值结构的革命，商品的意指即它与使用价值的联系发生了急剧的变化。不仅如此，由于它的使用价值变成了仿真的使用价值，因此，它的交换价值的含义、它与其他东西（劳务）的关系等都发生了变化。从这个意义上来说，商品就成为没有确定意义的代码（code）。鲍德里亚强调，虽然当代社会发生了价值的结构规律的变革，但是这并不意味着只有商品的价值规律按照价值的结构规律发挥作用。在他看来，人们曾经有一种幻觉，认为，价值的商品规律只适合于分析资本主义社会中的商品生产和交换关系，比如，像马克思那样，而价值的结构规律只适用于分析符号中的结构关系。在鲍德里亚看来，价值的商品规律也同样可以用来分析符号中的结构关系。或者说，在当代社会，在仿真符号到处都出现的情况下，马克思的商品的价值规律在一定范围内还是适用的。这就是说，价值关系的分析不能被局限在经济领域，而是可以普遍地用于分析生活中各种符号的价值结构关系。其他符号之中也有商品的价值规律发挥作用。在他看来，商品价值规律是一种等价法则，这种等价法则在一切领域中都发挥作用。比如，在身体规训的领域，在时尚的

---

[1] 第5页。

领域、在语言的领域都能够使用。鲍德里亚在后面的分析中，就采用了等价原则的思想来进行分析。比如在时尚的领域，时尚中所有的东西都是符号，但是这些符号都是通过某种模式而被生产出来的。而这个模式就像商品交换中的一般等价物一样。当然，这个符号是代码组织形式中的符号。在这里，鲍德里亚还特别提出："价值的商品规律是一种等价法则，这一法则在所有领域都起作用：它同样也指称符号形态，在这种符号形态中，能指和所指的等价关系使得参照内容可以进行受到调节的交换（其他类似的模式还有，能指的线性，它与生产时间的积累和线性是同时代的）。"① 在他看来，价值规律不只是在商品交换的领域中发挥作用，它在符号领域中也发挥作用。符号中也有等价法则，即能指和所指等同起来了，符号成为一种空洞的符号，而参照的内容可以随意调换。比如，所谓时尚名牌，实际上就是符号，空洞的符号，能指和所指区分被消解了（购买时尚的时候不注重使用价值，所指就是能指，就是形式。人们购买的就是形式）。当人们购买东西，只注重品牌的时候，使用价值如何就不重要了。至于人们如何受到控制，其他领域中的情况如何，后面的讨论会具体解释。但是记住这一点，价值规律成为一种符号规律，并在所有领域中都发挥作用。

鲍德里亚认为，虽然商品的价值规律（即价值的古典规律）可以普遍运用于各种不同的体制，比如，生产的体制、语言的体制，但是它们之间还是有差别的。比如，马克思分析的商品价值规律和索绪尔所说的语言的结构规律，这两者之间还是有差别的。

从商品的价值规律来看，我们可以说，它们之间是相互有差别的。但是，如果我们从价值的结构规律来看，那么这种差别就会被摧毁。或者说，它们都遵循价值的结构规律。比如，在价值的结构规律中，生产不是原来意义上的生产，消费也不是原来意义上的消费。生产和消费原来的实质意义都消失了，而只有仿真的意义了。在这个意义上说，它们都没有确定的意义。从一定的角度来说，它们类似于没有确定意义的符号。生产类似于符号，而符号类似于商品（比如，名牌商品上的标识）。在这里，生产的体制和语言的体制一样，它们都是符号，都只有结构之

---

① 第5页。参见 Jean Baudrillard, *L'échange symbolique et la mort*, Éditions Gallimard, 1976, pp. 19 – 20（以下凡引此书，均简称"法文本"）。中译本漏译了括号中的那句话。

间的关系。为此，鲍德里亚说："价值的结构规律意味着各个领域相互之间的不确定性。"① 这两个领域之间没有确定的界限了。在一定的意义上，我们甚至可以说，它们相互摧毁。用鲍德里亚的话来说，"这些领域作为原貌完全消失了"②。在这里，物质生产领域和符号领域各自交换内容，这也就意味着，这两个领域的原来内容消失了。而符号政治经济学的批判就是要让这两个领域的内容相互解构。我们也可以说，当代资本主义社会是按照符号政治经济学的规则运行的，生产变成了符号，而符号按照价值的结构规律相互交换。他要像马克思的政治经济学批判那样批判资本主义，这种批判可以叫"符号政治经济学"批判。鲍德里亚实际上在这里说明了他的整本书的一个方法论：从符号的结构关系的角度来分析生产，而从等价交换关系的角度分析各种符号，比如，语言、时尚、身体、性等（这些领域都有等价关系，后面会论述）。

根据上述说法，我们可以说，符号政治经济学是把政治经济学的原则扩展到符号领域，扩展到仿真领域。在当代资本主义社会，资本主义的生产是一种仿真的生产，是按照价值的结构原则来进行的生产。这种价值结构原则已经结束了生产的制度，也结束了政治经济学的制度。简单地说，在当代资本主义社会，经济运行的规则所遵循的是价值结构规律，进行的是仿真的生产，而不是原来工业化时代有目的的生产。后面的这种生产终结了。同样，建立在这种生产基础之上的制度也终结了。资本主义社会中的各种符号也不是有指称对象的符号了，或者说，这种符号不代表对象了，不再现对象了，它"结束了再现和符号的制度"③。它们只是结构意义上的符号。生产不是原来的生产，而是仿真的生产，符号不是原来意义上的符号而是代码的组织。虽然生产不是原来意义上的生产，但是它看起来好像仍然是原来意义上的生产。原来意义上的生产像幽灵那样存在。符号虽然不是原来意义上的符号，但是它仍然好像是原来意义上的符号，是原来意义上的符号幽灵般的存在。既然原来意义上的生产或者原来意义上的符号仍然像幽灵那样存在着，那么符号的"古典"经济学（认为符号有指称对象的符号理论）和政治经济学（认为生产仍然是使用价值的生产的政

---

① 第6页。
② 第6页。
③ 第6页。

治经济学理论）也像幽灵一样存在着。它们是"一种幽灵般的劝阻原则"①。本来当代资本主义的生产是一种仿真的生产，是"无目的"的生产，但是人们仍然按照政治经济学的原则来理解这种生产。好像这种生产仍然是原来意义上的生产。当人们仍然从这个意义上来理解生产的时候，人们就要按照政治经济学批判的方式来进行革命。在鲍德里亚看来，这就阻碍了人们采取真正的有效方式来对付当代资本主义。政治经济学的幽灵般的存在妨碍了人们认清资本主义社会的真相。某些阅读鲍德里亚的人也受到了这种政治经济学的幽灵的影响，而无法真正把握鲍德里亚。

为此，鲍德里亚郑重地告诫人们在当代资本主义社会，这是"劳动的终结、生产的终结、政治经济学的终结"②。当劳动和生产终结（再次提醒人们注意，这里所说的生产的终结和劳动的终结，不是说，人们不生产或者不劳动了，而是说，人们的生产和劳动没有工业化时代的那种意义了）了的时候，生产没有目的，劳动没有目的了，这就如同能指的符号没有所指的对象了。过去的符号学理论都是建立在能指和所指的二元区分的基础上的，他们虽然也承认能指和所指的不确定性，比如，所指也可以变成新的能指。他们提出了能指和所指的辩证法，并在这种辩证法基础上理解语言。从这样的意义上来理解话语，那么话语就是能指符号的线性的展开过程。而鲍德里亚认为，当代符号，比如"生产"已经无法按照这种能指和所指辩证法来理解了。同样，政治经济学强调交换价值和使用价值的区分，并强调这两者之间的辩证关系。按照这种辩证法，社会的发展过程就是生产力的发展过程，就是交换价值不断积累的过程。这是商品生产不断增加的线性过程。但是如今，使用价值已经在生产中终结了。因此，商品生产的线性维度终结了，话语的线性维度终结了（鲍德里亚从这种终结中看到了颠覆资本主义系统的可能性。参见我对本书前言的导读）。这也是生产时代的终结。鲍德里亚没有对这个终结了生产的时代进行规定。我认为，这个时代就应该是后现代社会。但是鲍德里亚似乎不用这个概念。因此，在本书中，我们都用"当代"这个词来称谓这个"生产终结的时代"。

那么，在这里究竟谁终结了劳动呢？谁终结了生产呢？鲍德里亚说，

---

① 第6页。译文略改。
② 第6页。

这是资本本身（在讨论生产的终结的时候，我们再具体说明）。资本把劳动、生产、工资、货币本身都变成了一种仿真的存在。而这种仿真形式控制着整个资本主义社会系统。所以当代资本主义社会所进行的控制形式是仿真的控制。这是当代资本主义社会的全新的控制策略。[①]

第三，仿真对价值的颠覆。

在当代资本主义社会，仿真形式到处存在。这显示了当代资本主义社会在各个层面上所发生的变化。比如，在资本主义社会，劳动是仿真的劳动，看上去是真劳动，而实际上没有真正劳动的意义，比如，仅仅为了扩大就业而产生的劳动。这个意义上的劳动就是非劳动。这就是说，仿真意义上的劳动等于非劳动。既然仿真在所有的社会生活领域中都存在，那么在一切仿真形式中都存在着这种价值的颠倒。这种价值的颠倒在政治领域、时尚领域，经济领域都普遍存在。比如说，在新闻传播中，人们获取新闻的渠道非常多，于是出现了一个信息太多而对信息的需求不足的问题。这就如同 1929 年经济危机的时候，生产出来的东西太多，而需求不足（马克思主义认为这是社会财富分配不公造成的）。于是人们就需要刺激需求。或者说，新闻对人要有吸引力。于是人们会选择那些更能够吸引眼球的东西。一些血腥、奇特的东西都被捕捉过来，以吸引眼球。这些东西是"新闻"吗？既是"新闻"，又不是"新闻"。它是新闻，因为，这确实是人们新听说的，它不是新闻，因为，它没有多少切实的社会意义。当新闻为了吸引眼球而被"生产"出来的时候，它是真的，也是假的。它是真的，它确实发生了，又是假的，只有新闻的形式，而没有新闻的意义（假如某报纸报道说，一只狗长了两个尾巴。这是新闻，但是有新闻的社会意义吗）。或者它只是抽取了猎奇的片段。在这里，真假可以互换。我们前面已经说过，作为代码的符号没有确定的意义。既然一切符号没有确定的意义，那么真假、美丑（关于美和丑的关系，我们在讨论超级现实主义的时候再进行说明）之间的差别也就不存在了。近代（modern）以来，人文主义所确定的真假、善恶、美丑的标准就完全被颠覆了。或者用鲍德里亚本人的话来说，在这里，真和假、善和恶、美和丑被中和了（neutralize），中立化了，没有原来的价值趋向了。这也是当代社会的根本标志。为此，

[①] 参见拙文《仿真与社会控制的新形式——评鲍德里亚对当代资本主义社会的批判》，《福建论坛》2013 年第 4 期。

鲍德里亚强调，"一切都变得不可判定，这是代码统治的典型效果，它在各处都安居在中和与随意的原则中"[①]。对于资本主义社会普遍存在的仿真现象，鲍德里亚充满了愤慨，把这种社会现实类比为"妓院"。在"妓院"中，女人是人尽可夫的，对男人是不加区分的。在这里，真和假、善和恶、美和丑也不能被区分开来，而是可以互相替代的。这与辩证法不同。辩证法是在承认两者对立基础上的转换，而仿真是超越真假对立的。

当代资本主义社会的一切都成为仿真，成为没有确定性的符号。这种仿真现象在文化、政治、艺术领域早就出现了，甚至在性的领域也早就出现了（比如，我们前面所说的新闻，至于政治、艺术、性等方面，我们后面再讨论）。这些都是马克思主义所说的上层建筑领域。而20世纪30年代以来，这种仿真现象在经济领域也出现了。既然生产是仿真的生产，那么经济就不是原来意义上的经济了。仿真的经济不是真实的经济，而是一种控制人的新方法。这种意义上的经济也可以说是上层建筑。从这个意义上来说，经济基础和上层建筑的区分已不可能。既然经济基础和上层建筑无法区分开来，那么经济基础的决定地位也不成立了（在这里，鲍德里亚要颠覆马克思关于经济基础决定上层建筑的思想。对他来说，好像上层建筑领域首先产生仿真现象，而后经济领域才出现仿真现象）。而弗洛伊德所说的"性"关系也是如此，当代资本主义社会中的"性"也成为仿真的性（当性受到压抑的时候，人们用性来解释社会现象是可能的。但是当这种压抑不存在了的时候，在性得到解放的今天，仍然用性压抑来解释，那么这种性就是仿真的性）。在他看来，如果说在生产终结的今天，马克思主义的政治经济学解释已经过时，那么在性泛滥的今天，弗洛伊德的解释也过时了。

第二节　生产的终结

在鲍德里亚看来，在当代资本主义社会，我们处于生产终结的阶段。或者，现阶段的生产与马克思在政治经济学批判中所说的生产不是同一个意思。按照马克思的政治经济学理论，人通过自己的劳动生产某种具有使用价值的东西，而这种东西可以在市场上进行交换。人们通过这种交换可

[①] 第7页。

以获得一定的交换价值（包括剩余价值）。然而从1929年之后，商品的生产已经过剩，为了保持经济的持续运行，人们要刺激需求，激起社会对商品的需求。或许商品的物质属性表明，商品还是有使用价值的。但是，当人们在社会的刺激下产生了对商品需求的时候，商品对于购买者是没有切实的使用价值的。这就是说，虽然生产的东西从自然属性来说是具有使用价值的，但是，从社会属性来说，就没有切实使用价值了。对这种商品的需求是在社会的刺激下产生的，这种商品看上去有使用价值，而实际上没有切实的使用价值。在这里，"需求""使用价值"等都是仿真现象。这就是说，我们既不能说，这种"需求"是假的，也不能说，它是真的。对于由此而购买的商品，我们不能说，这种商品有使用价值，也不能说，它没有使用价值。比如，我们经常看到，商店里进行促销。原来是"500元"的东西，突然降价为"100元"。于是人们就在这种促销行动的诱导下拼命购买这些东西。本来，他家里前几天刚买了这个东西。但是在降价的诱惑下，他又买了很多，等待以后使用。结果多年之后，他"100元"购买的东西已经失去了使用价值。我们不知道，人们在这种刺激下产生的需求是真实的需求还是虚假的需求，也不知道，这种刺激下购买的东西有使用价值还是没有使用价值。

从形式上来看，虽然我们现阶段的生产和马克思的时代没有差别，但是实质性内容却不同了。在这里，生产终结了。或者说，政治经济学意义上所理解的那种生产终结了。

第一，生产的终结概述。

为了说明"生产"的不同意思，鲍德里亚在这里回顾了历史。如果我们把"生产"理解为人通过劳动来干预自然的话，那么这种意义上的生产只是古典政治经济学（以及马克思）的看法。而在此之前，人们不是这样来理解生产的。在古代社会，人们存在着两种不同的观念，一种观念认为，虽然人可以通过自己的活动干预自然，但是，自然不会仅仅由于人的干预而给人提供物品，这些物品是自然赐予人的。虽然人也进行活动，但是这种活动的作用并不大（比如植物的生长）。还有一种观念认为，虽然人也活动，但是如果没有神的帮助，人什么也生产不出来（在后面的论述中，鲍德里亚没有对这两者进行区分）。重农主义者也认为，工业活动不过是组合和变更财富，却不创造财富，财富是在农业劳动中形成的。在农业中，人需要得到土地才能创造财富，土地的直接产出才是第一位的。在这里，价值还没有规律，因为，价值是可以被清除的（上帝既可以给予价值，也可以不给予），而且又不能被理性地计算。同时，在那个时代，价值是受到束缚的，它是与自然、上帝等实体性的东西联系在一起的。如果我们一定要说，那个时代也有价值规律，那么我们可以把那种价值规律称为"价值的自然规律"，它与价值的商品规律相对立。

只是到了古典政治经济学，劳动才成为价值的来源，从而也是马克思所说的剩余价值的来源。价值的商品规律在这个时候出现了。为此，鲍德里亚说，政治经济学的诞生动摇了价值是神赐的，或者自然提供的观念。它认为，价值是生产出来的。如果从符号的角度来看"价值"，那么价值所指称的对象（参照）是劳动。或者说，每个东西所具有的"价值"是由劳动来支撑的。马克思的政治经济学批判所针对的是资本主义的生产和生产方式。因为在资本主义的生产当中，劳动是价值的来源，也是剩余价值的来源。资本通过剥削劳动而不断地壮大起来，而无产阶级也由于发现剩余价值的秘密而获得革命的动力。马克思的无产阶级革命理论就是要消除资本家对剩余价值的剥削。

然而在1929年以来的资本主义社会，生产、劳动、等价交换、剩余价值等都已过时了。这是因为，价值的商品规律已经被价值的结构规律所代替。按照鲍德里亚对价值的结构规律的分析，在当代资本主义社会，生产、劳动、价值等在结构的价值规律中都没有所指的对象，而只是纯粹的能指。于是，这里就产生了这样的问题：按照价值结构规律来运行的社会仍然是"资本主义社会"吗？对于这个问题，鲍德里亚没有给出明确的回答，但是，他的看法却很清楚，这就是，如果要把这个社会称为"资本主义社会"，那么这是非常不同于传统意义上的资本主义社会的。或者说，这是"超资本主义社会"。与此相关的一个问题是，在当代社会，"资本"仍然在进行统治吗？鲍德里亚的回答是，如果人们仅仅从剥削剩余价值的意义上来理解资本的控制，那么既然价值和剩余价值都没有所指了，那么资本就不再剥削剩余价值了。为消灭剩余价值的剥削而进行的革命也没有必要了。用鲍德里亚的话来说，我们既不处于革命中，也不处于资本中。在鲍德里亚看来，既然资本不再剥削剩余价值，那么"资本"也不是原来意义上的资本了。或者说，生产时代的资本已经终结。虽然剥削剩余价值的资本消灭了，但是，资本对人进行的控制却没有消失。如果把这种控制理解为"资本"（鲍德里亚后面所说的系统，就是指这种"资本"),那么资本仍然存在。当代社会所进行的控制不是剥削剩余价值的控制,而是符号控制和象征控制。比如,本来,工人不生产了,但是在资本主义社会中,人还是被给予工作岗位,并成为"工人"。在这里,工人不过是符号,是没有确定意义的代码。资本家并不通过剥削"工人"而获得剩余价值,因此,它也不会"每个毛孔都滴着血"。资本没有通过血淋淋的压迫和剥削来控制工人。但是,资本却把工人安排在这个符号体系中,按照符号体系的要求和结构行动。比如,要工人像工人那样存在,必须承认自己的"工人"身份。从这个意义上来说,"资本家"也是符号,剥削阶级没有确切的所指对象了。为此,鲍德里亚说:"资本在这样的代码中终于可以发表自己最纯粹的话语了。"[1] 这就是说,资本成为一个控制系统,它再也不需要区分金融资本、商业资本或者工业资本了。它也不是工业化阶段资产阶级所拥有的资本。因此,鲍德里亚说,资本"超越了工业、商业、金融等方言,超越了它在自己的'生产'阶段所讲的阶级方言"[2]。从这里,鲍德里亚看到了一种象征暴力在符号中出现(人在象征符号中被控制),甚至在革命中出现。在资本主义社会,甚至革命也是游戏性的,符号性的、象征性的。或者说,革命也成为控制人的手段。

既然工人和资本家都不是原来意义上的工人和资本家了,那么马克思意义上所说的无产阶级革命就不可能了。鲍德里亚说:"价值的结构革命摧毁了'革命'的基础。"[3] 其根本原因是劳动的性质在当代社会发生了变化。劳动在政治经济学中被看作价值的来源,它能够生产使用价值。但是,在当代社会,劳动不再是价值的来源,也不生产使用价值。鲍德里亚说:"劳动不再是一种力,它成为各种符号中的符号。"[4] 社会为了增加就业,就要使人们有活干。或者说,本来社会中没有事情干,但是为了保证一定的就业水平,为了保证社会的稳定,社会必须没事找事。事情一旦找出来了,就需要人干。于是,劳动在这里是一种被生产出来的东西,是被社会经济系统创造出来的。于是在这里,劳动成为社会中被制造出来的"消费品"。从这个意义上来说,劳动与非劳动、休闲没有什么差别。它们

---

[1] 第9页。
[2] 第9页。
[3] 第9页。
[4] 第9~10页。

之间可以相互交换。于是，鲍德里亚在这里用挖苦的口气说，劳动在这里"被不折不扣地'异化'"[①]。本来马克思所说的劳动异化，是指工人生产的东西不属于自己所有，并反过来成为压制工人的手段。而鲍德里亚不是在这个意义上说劳动"异化"，而是说劳动失去了它本来的性质。既然劳动被生产出来，不是为了生产某种有使用价值的东西，那么从符号学的意义上说，劳动就失去了所指，就成为空洞的符号。劳动是被设计出来的，是像某种符号一样被设计出来的。如果我们把我们的一切活动类比为符号体系的话，那么劳动是我们设计出来的符号体系中的一个代码。我们可以把这个代码和其他不同的代码结合。这个意义上的劳动是马克思所说的那种形成社会关系的劳动，不是受难的表现，不是历史性的卖淫，即不是出卖自己肉体的活动（也不是利奥塔所说的工人享乐的空间，只是控制人的符号）。马克思主义强调，要把人从这种历史性的卖淫中拯救出来。为此鲍德里亚说"符号形式征服了劳动，掏空了劳动的任何历史意义或里比多意义"[②]。劳动的里比多意义是按照弗洛伊德的说法来理解符号的含义的。按照弗洛伊德的看法，劳动是里比多的压抑性升华的结果。既然劳动是一种符号，那么劳动与里比多的压抑也就毫无关系。这种劳动是要把劳动再生产出来。这就是说，这种劳动的目的不是生产某种使用价值，而是维持生产的体系。只有生产体系被维持了，劳动才能继续。这不是因为生产需要劳动，而是社会控制体系需要劳动，工人需要劳动（他们感到，只有劳动了，他们才有价值）。这就是劳动进行自身的再生产，是劳动"在自身得到重复"[③]。这种意义上的劳动与以往的工业化社会中的劳动不同。过去的劳动是真实的劳动，是生产使用价值的劳动。它能够积累财富。从这个意义上说，那个时候的劳动"可以指称一种现实"。即使当劳动者在生产过程中受到剥削，但是那个时候的劳动仍然是有使用价值的，劳动还是被用来进行有目的的生产的。在那时，劳动是有目的的，尽管工人在劳动中只是获得了非常少的报酬，只能通过劳动而进行自身的再生产，但是，我们不能因此说，那个时候的劳动是一种荒谬的重复。把那个时候的劳动理解为荒谬的重复是错误的（不真实的）。在那个时候，劳动者是商品，是下贱的，卑微的，他

---

① 第10页。
② 第10页。
③ 第10页。

们正是"通过自己的卑微本身"（a travers son abjection meme，中译本把"abjection"译为"堕落"会造成理解上的困难）①而进行革命。从这个意义上说，工人不会仅仅局限于自我再生产，而是有潜力的。他们要进行革命。

在当代资本主义社会，劳动没有目的，或者说，劳动本身变成目的。人们为劳动而劳动。这种劳动与过去的那种有目的的劳动，与剩余价值生产意义上的劳动完全不同。既然劳动不生产价值，也不提供剩余价值，那么用革命来推翻资产阶级对剩余价值的剥削也就失去了意义。如果劳动与价值无关，那么我们就不能用劳动产生的价值量来衡量财富，衡量国民生产总值，衡量增长率。这些都是"没有意义的统计数字"。比如，人们为了使工人有就业岗位，于是，人们就进行防毒面具（预防空气污染）的生产。当防毒面具生产出来时，空气又进一步被污染了，空气污染又增加了防毒面具的需求。于是对劳动力的需求又增加了。这也耗费了大量劳动。"GDP"又增加了。虽然劳动成为符号，成为无所指的符号，但是资本主义的社会系统却必须把劳动生产出来，使人认为，这种劳动是真正的劳动，使人误以为当代资本主义社会的压迫仍然是劳动的压迫，误以为这种劳动是真实的劳动（现实的、切实的劳动）。鲍德里亚把这种劳动的压迫与弗洛伊德所说的现实原则联系起来。本来人的本能都追求满足，但是在现实层面，人要受到社会规范的压抑。劳动在经济层面上压制工人，类似于社会规范在现实层面上压制人的本能一样。从这个意义上说，劳动是现实原则（使人误以为，劳动是真实的）。鲍德里亚认为，这是符号的现实原则。或者说，这不是真正的现实原则，而是符号。这种符号看上去是真实的，具有现实原则的特点。劳动在当代社会是一种符号，被纳入由各种各样符号构成的系统中，并与其他符号相互作用构成了一个符号交换的体系。工人所受到的压迫是这种符号系统的控制。按照价值的结构规律，各种符号相互交换，并由此而构成了一个符号交换的体系。在这个体系中所有的符号都获得了价值（意义）。如果说劳动、休闲、娱乐、交流都是符号，那么它们就像戏剧演出中的活动。这些东西是资本主义社会所编写的剧本中的"词汇"。这是一个符号网络。在这个符号的网络中，劳动本来没有所指了，但是仍然好像是在生产使用价值。这种符号意义上的劳动看

---

① 第10页。

起来与政治经济学中的劳动完全一样，但是实质却不同。符号意义上的劳动是对政治经济学意义上的劳动的模仿（simulate），所以鲍德里亚把这种劳动称为"仿真"。在当代社会的符号体系中，不仅劳动是仿真的，而且资本、货币、工人、国民生产总值、罢工，所有的东西都是仿真的。这是一个仿真的社会。比如美国社会就是一个仿真的社会。[①] 在这里，人被要求进行社会化，但是这种社会化不是说，人要学会劳动，而是说，人要适应这个符号体系。这就是说，一个人不会劳动不要紧，要紧的是学会按照符号体系的要求行动。既然在这个社会中，人不是进行真正的劳动，那么这种劳动就如同演戏。那么人就是这个社会中的演员，我们就要按照这个社会编写好的剧本演戏。社会化就是人要做好这个符号系统中的演员，就是要"在生产的总剧本中作为符号来运转"[②]。

于是鲍德里亚说，"这里有一种令人担忧的奇特性"。这种奇特性就是，人生活在一种仿真状态中，"陷入了某种第二存在"[③]。在这里，人的生活与先前的生活完全不同了。以前，人们在劳动中进行切实的生产，劳动有一种熟悉性和亲密性，即使人们在劳动中受到资本家的剥削，人们能够直接体会到这种剥削。而在当代的符号控制中，人们感受不到这种切实的控制。在这里"劳动的所有意指都进入操作性领域，意指在这里成为一种浮动变量，带走了先前生活的全部想像"[④]。在这里，"劳动"作为一种活动，不是切实的生产活动，而是像演员一样的操作性活动。资本主义社会所存在的问题不是劳动过程的操作性抽象化，比如，人的劳动变成了简单的机械性重复。

第二，生产如同表演。

既然我们已经生活在仿真状态中，那么我们就破除了马克思的那个"生产之镜"。按照马克思主义的观点，生产方式是自主的、独立的，它能够决定上层建筑（而上层建筑不能决定生产方式，所以生产方式对于上层建筑来说是自主的）。这是马克思的历史唯物主义的基本思想。按照这种历史唯物主义的观点，生产是社会的真实原则，是有切实的所指的。马克思主义认为，社会历史就是生产的历史，或者生产（劳动）创造了历史

---

① 参见〔法〕鲍德里亚《美国》，南京大学出版社，2011。
② 第11页。
③ 第11页。
④ 第11页。译文略改。

(这影射马克思主义劳动创造历史的思想),而宗教、哲学、法律等没有历史。[1] 或者说,他们的历史是由生产决定的。在当代社会,生产是代码。生产作为代码结束了马克思关于生产方式的观点,结束了马克思的历史唯物主义的原则。它让人们看到,生产不是生产有用的东西,而是只生产(导演、编剧)生产本身,这两种生产的目的完全不同。这就是说,当代社会中的生产类似于电影导演制作出来的电影,类似编剧编写出来的故事。我们生活中的劳动,就如同电影中的人所进行的劳动一样,是仿真的劳动,就如同故事中的劳动一样,是不生产任何东西的劳动。我们就如同电影中演员那样生活,如同故事中的人物那样生活。整个社会系统就在编写这样的剧本,导演这样的故事。我们都是演员。我们的生活如同游戏一般。

于是,鲍德里亚认为,机器、资本、劳动、剩余价值、市场等等都不能像马克思那样被看作"客观"的东西,而要把它们看作类似于电影中的东西,看作游戏里的东西。只有这样,我们才能摧毁马克思主义对于上述范畴的理解,才能摧毁人们的生产性幻觉,摧毁当代社会的符号控制(仿真控制)。在鲍德里亚看来,生产者(工人)以及马克思主义理论家都有一种历史幻觉,他们认为,生产是客观的,生产中,人们也建立了客观的关系。只有摧毁了这种历史幻觉,我们才能真正理解马克思主义经济学理论中的那些基本概念。

于是鲍德里亚详细地分析了马克思生产理论中的一些基本概念和基本现象。

1. 劳动

第一,人是劳动力,这包含了一种符号压迫。

鲍德里亚认为,劳动力不是一种力,而是一个定义,是一个公理。这个定义和公理是"人是劳动力"。这就是鲍德里亚所说的在符号层面"存在着的基本暴力"。在鲍德里亚看来,把人看作"劳动力"是一种符号暴力。当代资本主义社会给每个人都贴上一个标签——"劳动力"。人就是在这个符号的标签下生活,把自己看作"劳动力",按照劳动力的标准和要求来改造自己,要求自己。即使没有事情干,人也要没事找事,使自己成为"劳动力"。在剩余价值的生产中,人是劳动力,而在剩余价值的终

---

[1] 参见《马克思恩格斯选集》第 1 卷,人民出版社,1995,第 73 页。

结中，人还是被赋予"劳动力"这个称号。人是劳动力在这里似乎成为一个公理。本来人有很多特点，但是在当代社会，人被赋予"劳动力"这个符号，它仿佛成为人的根本特点。人从一出生就按照劳动力的标准被驯化，被控制。因此，社会赋予人"劳动力"这个称号就是为了控制人。这就如同社会赋予人以"男人"和"女人"、"黑人"和"白人"这些符号一样。女性一旦被赋予"女人"这个性别标志就受到社会的压制，黑人被赋予"黑人"这个符号就受到种族的歧视（当然"白人""男人"也同样受到符号的压制。比如，男人必须按照男人的标准来行动，不能娘娘腔）。人被赋予"劳动力"这个称号，这就是对人的符号压制。

在鲍德里亚看来，一切生产都有两个方面，一是生产的方式，一是生产的代码。生产的方式就是各种生产要素的结合方式，而生产的代码是生产中的要素所具有的符号特征（比如，符号具有意义。人作为劳动力具有代码的特征。它与工具结合在一起就具有生产的意义。在近代社会中生产要素的结合与代码的结合是一致的）。从这个意义上说，任何一种生产都包含了生产的方式和生产的代码。在古代社会的生产中，人作为劳动力也是生产中的代码或符号，表示人在生产中的服从地位。而在现代社会，人作为劳动力具有使用价值和交换价值。他既是生产的要素，也是具有一定意义的符号，从属于价值规律。从这个意义上说，生产过程既是生产方式的再生产过程，也是符号的生产过程。因此，在现代社会的生产狂热中，人们不仅生产物质东西，而且也生产符号。而在生产的这种狂热发展中，人们越来越生产符号。最终，这种生产只生产符号，或者说，只是为了把自己作为符号生产出来，并"为了再生产带有标志的人"[1]。鲍德里亚把这种情况称为"代码恐怖主义"[2]。正是由于现代社会早就潜在地包含了符号的生产，所以，在工业革命的初期就有人，比如，卢德派，开始攻击机器。他们已经看到了劳动工具对人的取代作用，看到了生产过程可以减少劳动过程，使劳动成为多余。它表明，当劳动成为多余的时候，生产中的人就成为符号。这里潜在地包含了劳动成为符号的可能性。为此，卢德派从一开始就把机器作为自己的敌人，试图摧毁生产过程，破坏生产秩序。在鲍德里亚看来，卢德派已经对这种生产秩序在未来所可能产生的影响，

---

[1] 第13页。
[2] 第13页。

有较深刻的认识。而在他看来,马克思却没有这样的深刻认识。这是因为,马克思认为,机器大生产是人类的进步。工人不应该把机器作为自己的敌人,而应该把资本家作为自己的敌人。在鲍德里亚看来,卢德派把机器看作自己的敌人,捣毁机器。因为机器生产包含了生产自动化的可能性,包含了劳动成为多余的可能性。在鲍德里亚看来,卢德派之所以比马克思更深刻,是因为,卢德派还认识到,机器不仅是生产方式的东西,不仅是生产的要素,而且还可能成为符号。如果人们仍然没有足够的生活用品,这时机器是生产要素,这些要素是有目的的,是用来生产生活必需品的,那么摧毁机器是反常行为。从这个角度来看,卢德派摧毁机器是反常行为。但是如果卢德派认识到,机器不仅是生产资料,而且还是控制人的符号(机器不进行真实的生产),那么卢德派就正确了(鲍德里亚或许感到,他就是今天的卢德派)。在当代社会,生产的目的终结了,人们也不需要对生产资料进行崇拜了,这个时候的机器就不是原来意义上的机器,不是生产资料意义上的机器了。鲍德里亚认为,今天,机器"作为死亡的社会关系的直接、即时的操作符号而显现"[1]。在生产的时代,人在机器系统中一起劳动。在这种劳动中,工人形成了社会关系,具有了工人阶级的意识。而在当代社会,机器不是生产意义上的机器,而是符号,是把人吸入其中的符号。人和机器系统的关系是符号编码之间的关系。在这里,人和人之间的社会关系终结了,阶级意识终结了。在鲍德里亚看来,在这个意义上摧毁机器是有道理的。

第二,劳动成为符号。

在前面对生产的分析中,我们已经指明,生产既是一种方式,也是一种代码。当生产是为了满足人们的基本生活需要而进行的时候,生产也具有符号的意义。比如,在落后的地区,如果一个人在工厂里工作,那么这表明他的生活水平会比别人高,没有工作的人会对此羡慕不已。在这里,劳动具有一种特殊的价值,它意味着人的地位的提升。在这个时候,劳动也是符号,但是这个符号具有"参照性定义"[2],即这种生产是一种切实的物质生产。同样,在当代西方社会,某些妇女也希望参加劳动,这能够表明自己的社会身份的差别。但是,从总体上来说,在当代资本主义社会,

---

[1] 第13页。
[2] 第13~14页。

劳动没有这种参照性定义了。在鲍德里亚看来，这是因为，特殊类型的劳动，或者一般劳动的特殊意义已经不存在了。各种不同的劳动岗位是可以相互交换的，是一般劳动。而这种可以相互交换的劳动，也没有什么特殊意义，是符号意义的劳动。如果劳动是有目的的，比如科学研究的劳动和清洁卫生的劳动，那么它们就有特殊意义。但是，如果这种劳动是无目的的，如同游戏一般的劳动，那么在这里游戏的角色是可以互换的。比如，清洁工也可以进行科学研究，那么这个时候劳动的特殊意义就消失了。这种说法虽然有点言过其实，却不是毫无根据的。当代社会中的某些无聊的学术研究、没有切实意义的学术研究、为学术而学术的研究，如同无目的的游戏一般。这类游戏也可以由清洁工来玩。这里的劳动对任何目标都无动于衷。① 于是，在这里，所谓生产不过是一个网络，人就被定位在这个网络中。所有的人在这个网络中都有自己的位置。

　　既然劳动没有目的，那么它就和其他非劳动形式毫无差别，比如与休闲娱乐。当代社会无论是给人提供工作岗位还是让人休闲娱乐，其性质都是一样的。这就是要把人安排在社会系统中，使他们从属于社会系统。从这个意义上来说，劳动类似于一种符号结构，它把所有的人都安排在这个符号结构中，使所有的人受到控制。因此，鲍德里亚说："必须把人固定在各处，固定在学校里、工厂里、海滩上、电视机前或进修中——这是永久的总动员。"② 无论在学校里，在工厂中，在海滩上，还是在电视机前，人们都在"劳动"。这种劳动不是生产性劳动，而是为维持社会系统运行的服务性劳动（后面会论述）。如果人们把劳动只是理解为生产性劳动，那么这是人们的想像。劳动在这里成为一种幻想的现实原则（人们出现了幻觉，认为自己的劳动是真实的劳动，遵循现实原则）。如果人把劳动当作游戏，而把游戏当作劳动，这不就意味着，人要颠覆一切吗？这种颠覆一切的活动就类似于弗洛伊德所说的那种死亡冲动。人的死亡冲动就是自杀。劳动的死亡冲动就是劳动的自杀，让劳动不再像劳动，而像游戏。游戏的自杀就是游戏不再像游戏。鲍德里亚在这里说，"这也许就是死亡冲动"③。其意思是，在当代资本主义社会，劳动的符号化现象已经包含一种自我颠覆的要素了。马克思主义认为，这种劳动还是劳动，应该按照剩余

---

① 第14页。
② 第14页。
③ 第14页。

价值规律的方式对待这些劳动。而鲍德里亚认为，这种劳动不是劳动，如同游戏（所以，这个时候，劳动可以这样来表达："劳动/游戏"。"劳动"这个符号在这里没有确定的规定性了）。如果我们把这个游戏玩到极点，那么这种劳动就彻底崩溃了。这就是象征交换，就是死亡（劳动的死亡）。

在鲍德里亚看来，在当代社会，人们在处理劳动的时候，就是采取这样的策略，即把人固定在社会系统中，而不是机器系统中。这类策略有岗位责任制、弹性工作制、流动、进修、终身教育、自主、自主管理。通过这种策略所有的人都成为社会网络的一个终端。人就如同语言中的词项，所有的字词都只能在一定的结构中才有意义。所有的人都必须被固定在一定的社会位置中，才感到自己有意义。在给人们提供各种工作岗位的时候，个人的社会关系、爱好、性格等都要被考虑在内。社会为所有的人都找到了一个适合的位置。为此，鲍德里亚说："选择劳动，让劳动适合每一个人，这种乌托邦意味着大势已定（les jeux sont faits），意味着款待（accueil）结构已经完整。"[1] 当劳动被安排得适合于每个人的时候，所有的人都在这样的社会结构中得到款待。社会的基本格局已经形成。

按照鲍德里亚的看法，劳动不是生产性的，也是没有目的的。它类似于一种消费，它是系统生产出来，供人使用（消费）的。资本主义国家把工作岗位生产（编辑、导演都是一个意思）出来，以便供人消费。因此，鲍德里亚说，"生产、劳动、生产力的全部领域正在跌入'消费'的领域"[2]。既然劳动不是一种有目的的生产活动，而是一种消费，那么当我们给人们提供劳动的时候，我们就不仅要考虑到人的认知能力，而且要考虑到人的各种怪癖，人的潜意识等。这就如同我们在生产消费品的时候，我们需要考虑到人的爱好一样。甚至人们对产品的厌恶（这里是对劳动的厌恶）也必须考虑在内。正如其他消费品的生产一样，对劳动这种消费形式，人们也要进行类似的设计和安排。当然，这种设计和安排不是为了提高劳动的效率，达到生产的目的，而是为了对人进行控制。这种控制很特殊，这是用纯粹偶然性和随机性进行的控制。前面我们已经说过，在当代社会系统中，劳动、消费、娱乐等都是无确定所指的符号，类似于代码。这些不同的代码是可以互换的。因此，在当代社会，所有的东西都变成了

---

[1] 第14页。译文略改。

[2] 第15页。

代码。人们的设计和安排就是把这些代码联系起来，使这些代码按照一定的规则来游戏，或者说，让这些代码具有一定的意义。比如，劳动本来没有目的性，但是经过组织和安排，人们认为，自己的劳动是有目的的劳动。在这种情况下，人们认为，他们在生产中受到了剥削，人们开始抵抗劳动，比如，罢工。然而，由于生产本身是无目的的，因此抵抗劳动并不会对系统产生冲击。这就是说，当代社会系统使劳动、消费等成为无意义的符号，成为代码。于是，无论这些代码发生怎样的变化都不会动摇这个系统。换句话说，当代资本主义社会已经把反抗资本主义的要素考虑在内了，已经把它们作为"变量"纳入系统本身中了。因此，无论系统发生怎样的变化，系统都不会崩溃。正因为如此，鲍德里亚说，"代码的公理把一切都简化成变量"，它们"通向一切变动而随机集合，这些集合不是通过兼并而是通过连接来中和那些抵制它们或躲避它们的东西"。[①] 不同的代码结合在一起，使这些代码具有了仿真的意义，从而抵制或者化解人们对它们的抵抗。"代码的公理"与"生产的公理"是不同的。代码的公理把一切都简化为变量，而"生产的公理"把所有这些东西，比如，"潜意识""革命"等理解成具有真实意义的社会要素。从生产的角度来理解劳动的人就要努力让这些要素实现平衡，他们努力用"兼并""压制"等来弱化革命力量（实现等式平衡的公理，比如增加个人的工资等，从而弱化革命力量）。如按照"生产的公理"来处理无产阶级的革命，人们就要与工人阶级进行实质谈判。而按照"代码的公理"来对待革命，那么这就是把革命等看作游戏。革命的游戏颠覆不了资本控制的体系。这个控制体系已经把这个随机的要素纳入系统中了。

第三，死劳动对活劳动的霸权。

鲍德里亚认为，把劳动作为代码来编辑，这种做法比"劳动科学组织"走得更远了。

鲍德里亚吸收了马克思《政治经济学批判大纲》（1857～1858年的经济学手稿）的思想，把近代资本主义以来的工业发展过程区分为两个阶段。第一个阶段是工业系统的前科学阶段（近代）。在这个阶段，劳动是生产中的主要因素。因此，资本家要最大限度地剥削工人的劳动力。而第二个阶段是机器大生产阶段（现代）。在这个阶段，物化在机器中的劳动

---

① 第15页。

本身变成了生产力，或者说机器系统本身变成了生产力，而直接的劳动减少了，甚至生产过程不再是劳动过程了。他引用了马克思的论述来说明这个问题。马克思说："在机器体系中，物化劳动本身不仅直接以产品的形式或者以当作劳动资料来使用的产品的形式出现，而且以生产力本身的形式出现。""因此，知识和技能的积累，社会智慧的一般生产力的积累，就同劳动相对立而被吸收在资本当中，从而表现为资本的属性，更明确些说，表现为固定资本的属性，只要固定资本是作为真正的生产资料而加入生产过程。"①"从劳动作为支配生产过程的统一体而囊括生产过程这种意义来说，生产过程已不再是劳动过程了。"②既然生产过程不是劳动过程（劳动在生产过程中的作用较小，或者消失），那么劳动在生产中就没有任何意义了。劳动由机器系统来代替了。在这里，不再存在"原初"意义上的生产力，而出现了一个机器系统。这个普遍的机器系统把生产力变成资本，或者说使劳动力、生产力固化为机器系统，成为固定资本。固化为资本的机器系统能够把劳动或者生产再生产出来。

鲍德里亚认为，虽然马克思看到了机器系统代替劳动的过程，或者死劳动对活劳动的霸权，但是马克思对于这个过程的认识却不够。马克思认为，死劳动是活劳动转化而来的，死劳动所进行的生产仍然进行着剩余价值的生产。他认为，马克思没有认识到死劳动中"死"的意思。在他看来，死劳动不仅意味着物化的劳动（凝固在机器中的劳动），而且还意味着劳动已经"死去"，即生产中已经没有劳动了。在鲍德里亚看来，这标志着这种经济学的关键转折。在他看来，马克思对于这种关键性的转折认识不足。在他看来，马克思错误地认为，机器、技术、科学是中性的，是"纯洁"的。在鲍德里亚看来，这些东西不纯粹，它们已经转化为资本，"重新成为资本系统"③。或者说，资本系统就是建立在死劳动之上的。他批评马克思说，马克思有一个虔诚的愿望，这就是经过一个"历史性的跳跃"即无产阶级革命之后，死劳动还能够被活劳动所控制。

鲍德里亚认为，马克思曾经意识到死劳动会转变为资本，会控制活劳动。马克思也认识到，人可能会被置于生产过程之外。他认为，马克思曾经也意识到死劳动取代了活劳动，意识到了劳动的死亡。但是马克思的这

---

① 《马克思恩格斯全集》第 46 卷下册，人民出版社，1980，第 210 页。
② 《马克思恩格斯全集》第 46 卷下册，第 209 页。
③ 第 16 页。

些想法"超越了政治经济学及其批判"①。在这个意义上来说,马克思无法把这些超越政治经济学的东西深入发掘下去。在鲍德里亚看来,生产的终结的思想属于他自己的符号政治经济学批判。

当死劳动取代活劳动这个历史任务完成了的时候,有目的的生产也终结了。当代社会中的生产是为了生产而进行的生产,是再生产。从这个意义上说,"生产达到了循环并倒退到自身",它"丧失了任何客观确定性"。② 生产不再是原来意义上的生产,不是原来的那种有确定目的的生产。它成为符号。它和符号一样,并不是一个特殊的领域(没有特殊性),而是整个资本主义总体系统中的一部分,是资本的总体控制系统中的一部分。在它们都进行着符号控制这个意义上,它们是统一的。为此,他不仅强调马克思所说的,"生产过程不再是劳动过程",而是机器系统的运行过程,而且更强调,"资本过程本身也不再是一种生产过程"。③ 在这里,生产已经终结,资本所进行的是符号控制。因此,资本也不是原来意义上的资本,不是为获取剩余价值而努力的资本,不再是生产体系,而是一种控制体系了,是一种生产体系。

按照鲍德里亚对生产、劳动和资本的这种分析,马克思的政治经济学理论在这里似乎就完全不适用了。用鲍德里亚本人的话来说,"整个生产辩证法崩溃了"④。马克思的辩证法思想坚持使用价值和交换价值的对立、生产力和生产关系的对立,而当生产终结的时候,这种对立就没有意义了。比如,本来生产的东西满足人们的需要(具有使用价值)才能获得交换价值;再如,所谓名牌的时尚品,人们之所以购买它,不是因为它的使用价值特别高,而是因为它的交换价值特别高。而且交换价值越高,人们越是购买。马克思所说的那种使用价值和交换价值的辩证法很难解释这种新现象。原来,一种东西只有当它有使用价值,人们才购买,使用价值是目的,为此目的,它才有交换价值。而现在,交换价值替代了使用价值,交换价值本身成为目的,而使用价值不过是人们交换的借口。交换价值和使用价值发生了逆转。原来生产力是一种生产能力,现在生产力不是一种力,而是关系,是被人控制的生产关系。原来资本是靠雇佣工人进行劳动

---

① 第 16 页。
② 第 16~17 页。
③ 第 17 页。
④ 第 17 页。

的，但是现在资本变成了物化系统，它自己在"劳动"；原来劳动是生产价值的，现在劳动不生产价值了，它成为像资本一样的"符号"。在这里一切都是可逆的，是自反的。这就是说，在当代资本主义社会，一切都有了可逆性。为此，鲍德里亚得出结论："今天价值规律主要不是存在于一般等价物影响下的各种商品的可交换性中，而是存在于代码影响下的各种经济学（及其批判）范畴的更为根本的可交换性中。"① 原来，在资本主义社会的市场中，不同的商品按照等价交换的规则来交换，而在当代社会，相互交换的不是商品，而是各种经济学范畴（比如劳动和游戏可以互换），各种经济学现象失去了原来的意义，而成为符号。这些符号没有原来的确定意义了，而是可以相互交换了。在这里，这些不同的范畴是相等的。如此一来，马克思思想的革命意义被消解了，或者用鲍德里亚的话来说，被"中和了"。于是，他在这里做了一种类比。马克思的思想在历史上消解了（中和了）"资产阶级思想"的革命性，而现在鲍德里亚的"符号政治经济学"批判消解了（中和了）马克思的思想的革命性。既然马克思的思想在当代社会已经没有革命的作用了，为什么人们还是那么迷恋马克思的思想呢？鲍德里亚认为，正如在资产阶级革命的时候有些人迷恋革命之前的生活一样，在价值的结构革命之后，有些人还是迷恋"商品的价值规律"时代的生活。而马克思的政治经济学所针对的正是那个时代的生活。许多人仍然相信，在当代社会，商品的价值规律在发挥作用，相信用马克思的思想能够摧毁这种资本主义的价值规律。于是，他说："今天，政治经济学话语之所以有如此强大的参照力量，这仅仅因为它是失去的东西。"②

第四，劳动就是服务或者是劳动/服务。

鲍德里亚认为，马克思曾经试图在《资本论》中对生产性劳动和非生产性劳动（服务）进行区分，但是马克思在《资本论》中并没有完成这项工作。而在1857~1858年的经济学手稿中，马克思又说："劳动只有在它生产了它自己的对立面时才是生产劳动。"③ "为非生产消费进行的生产和为生产消费进行的生产同样都是生产的；这两种生产总是要以它们生产或

---

① 第17页。
② 第17页。
③ 《马克思恩格斯全集》第46卷上册，人民出版社，1979，第264页。

再生产资本为条件。"① 这就是说，只要能够生产资本，生产剩余价值，那么任何劳动，无论是生产性的劳动还是非生产性劳动都是生产劳动。于是，鲍德里亚认为，马克思在这两个地方给出的劳动定义是不一致的（前一种劳动是指生产性劳动，不包含非生产性劳动，而后者把生产性劳动和非生产劳动都包含在劳动中。其实，马克思在两个地方论述的目的是不同的，因此并不存在这种不一致）。在鲍德里亚看来，在当代资本主义社会，所有的劳动都是非生产性的。鲍德里亚所说的非生产性劳动，与马克思所说的非生产性劳动不一样，马克思所说的非生产性劳动是指服务行业中的劳动，而鲍德里亚所说的非生产性劳动是指无目的（无指称）的劳动，即他所谓仿真性的劳动。在他看来，当代资本主义就扎根在这种非生产性劳动中，并借助于这种非生产性劳动而进行控制，这种控制不仅在生产领域中发生，而且在整个社会领域中发生。

在鲍德里亚看来，资本从来不区分所谓生产性劳动和非生产性劳动，只有马克思才会致力于这种区分。在他看来，劳动只有一个定义，劳动就是"服务"。在他看来，非常可惜的是马克思没有注意这个定义。这个定义对资本来说才是最重要的。在这里，我们必须注意，鲍德里亚所说的"服务"不是指服务性行业中的那种服务，而是这个"服务"概念的引申。他在这里所说的服务就是在为维持资本主义社会体系运行服务意义上的"服务"。人把自己纳入资本主义社会的生产系统，就是一种服务，是为资本主义经济系统的运行服务。人参与到系统中就表示自己顺从资本主义经济系统。在这里，服务和服务的提供者是密不可分的。人把自己的时间、智慧、身体都投入由资本控制的社会系统中，为它提供服务，向它表示效忠。因此，鲍德里亚说："任何劳动都被降低为服务——劳动作为时间的纯粹在场/占有、消费，是时间的'贡赋'。显示劳动，这就如同显示在场，显示效忠。"② 在我们的现实生活中，这种情况也是常见的。比如，我们经常看到各种会议，这些会议主要是要体现权力体系或者权力关系的。有权的人举办会议，是为了表现自己的权力。无权的人参加会议不过是为了表示自己对于权力体系的效忠而已。无权的人参加会议就是献上贡赋——时间的"贡赋"（这就是服务，为权力服务）。人们参加劳动，进

---

① 《马克思恩格斯全集》第 46 卷上册，第 264~265 页。
② 第 19 页。

行消费，甚至进行罢工（罢工在当代社会是资本所允许的游戏，或者说，是按照资本的规则所进行的游戏），都是向资本的控制体系显示自己的效忠。

于是，只要参与劳动就行，至于劳动生产多少东西，这并不重要，重要的是效忠。从这个意义上来说，人获得自由劳动时间，进行休息娱乐，都是对资本控制体系的效忠，也都是给资本的控制体系提供"服务"。因此，休闲娱乐也是"劳动"，是给资本控制体系提供效忠的劳动。从这个意义上说，劳动并不与"自由时间"相对立（在这里，特别值得注意的是，他关于自由时间是复杂劳动的说法。这种说法很有见地。比如，我作为教师，有很多自由时间。我的自由时间就是进行复杂劳动。或许，我的自由时间中的劳动就是毫无意义的自娱自乐。另外，我们经常看到这样的说法，生产力越发展、人的自由时间越多，人就越自由，人就获得了解放。从鲍德里亚的分析中可以看到，自由时间并不产生自由，而是新的控制）。据此，鲍德里亚认为，马克思在《资本论》的草稿中没有完成生产性劳动和非生产性劳动的区分，而这从根本上来说是对的。因为，按照鲍德里亚的看法，这两者本来就无法区分。比如，休闲娱乐也是劳动，也是为资本主义系统服务。现实生活中的实际情况也是如此。我们经常参加各种娱乐活动，这些娱乐活动都是被诱导的，是被资本控制的，我们的娱乐是向资本提供贡赋，是效忠于资本。既然工人休闲娱乐也是给资本的控制体系提供"服务"，那么他们得到"工资"也是理所当然的。这就是为什么失业的人也可以拿"工资"（失业救济金）的原因。此外，我们还必须注意的是，娱乐活动是第三产业，是物质生产过剩条件下的产物。第三产业需要很多工人。发展第三产业是维持资本主义经济系统所必需的。本来生产应该生产有用的东西，而在当代社会，第三产业不生产东西却是一个重要产业。从这里，我们也可以像鲍德里亚那样说，在当代社会，生产变成了娱乐，而娱乐变成了生产（是第三产业）。

由此，鲍德里亚进一步挖苦道，在当代社会，劳动者之所以是"生产性要素"，是因为劳动者不断地给资本的控制体系提供效忠，提供服务，提供贡赋（在这里，提供服务也是生产。按照马克思的说法，只要能够为再生产资本创造条件，任何一种劳动都是生产性劳动）。在这里，劳动为加强资本的控制体系而贡献了力量。这种劳动就是"生产"，为维持资本主义体系的运行而进行的"生产"。至于这个工人是不是熟练工人，这已经不重要了。这是因为，资本主义体系中的工人本来就不生产。这样的工人可以被称为"劳动模特"（即抽象意义上的劳动者）。它与"生产要素"是同样的抽象概念。在这里，劳动者"不再被一种劳动内容或一种特定工资所纠缠，而是被劳动的一般形式和政治工资所纠缠"①。在这里，对于资本来说，劳动的具体内容不重要，劳动的工资也不重要，重要的是劳动本身，即使不劳动也可以获得工资。在这里，劳动不是生产某种东西，而是"显示生产"，显示人是生产的要素，显示人对资本控制体系的效忠。鲍德里亚最后得出结论，这种"生产要素"已经"处在生产之外"（马克思所说的那种生产）。这里的"生产要素"既不表明"它们"（他们）受到剥削，也不表明"它们"是实际生产过程中的首要因素，而表明他们有不确定性、互换性。作为生产模特的工人在工厂中是可以互换的。他们是等价的符号。鲍德里亚甚至把他们比喻为"固定资本的无用词尾"②。固定资本在资本主义社会中变成了机器，工人是机器系统中可有可无的附属物。从这个意义上说，他们是"固定资本的无用词尾"。

第五，整个社会成为"工厂"。

从前面的分析中，我们可以看到，"资本过程本身不再是生产过程"，而是一种控制过程，是对全社会进行控制的过程（既然资本不生产了，那么工厂就不是原来意义上的工厂了，不再是剥削工人劳动的工厂了。从这个意义上说，工厂消失了）。资本不是要通过剥削工人的劳动来获取剩余价值。从这个意义上来说，社会生活中所有的人都是在资本体系控制下生活的人，他们无论是劳动还是休闲，都是为资本的控制系统服务。如果所有人的活动都是为资本的控制系统服务，那么所有人都是在资本的控制系统中"劳动"。无论在这个控制系统中休闲、购物、娱乐还是干其他任何事情，人都是在这个控制系统中劳动。从这个意义上来说，资本主义控制系统就是一个工厂。既然整个社会都受到资本系统的控制，那么整个社会就是工厂。鲍德里亚说："整个社会呈现出工厂的面貌。"③ 由此，鲍德里亚认为，资本的真实统治不是在工厂中进行，而是在整个社会中进行。如果我们要理解资本所进行的真实统治，那么我们就不能局限在马克思意义上所说的那种工厂、劳动、无产阶级等方面所进行的控制。如果资本对社会的控制存在于"工厂"中，那么我们实际上就是把"工厂"理解为

---

① 第 20 页。
② 第 21 页。译文略改。
③ 第 21 页。

"上层建筑"领域了。

但是,在当代社会,我们还是看到工厂的存在,还是看到工人到工厂上班、劳动。在工厂中,人的劳动还生产有使用价值的东西。鲍德里亚认为,这就是资本所进行的"意识形态"操作。它让人误以为,资本的控制仅仅存在于工厂中,而看不到资本所进行的真实统治(工厂成为上层建筑。经济基础和上层建筑的传统区分被颠覆了)。于是,鲍德里亚说:"(在革命想像中)保持工厂的特殊存在,这是资本的圈套。"①

鲍德里亚在这样的思想基础上对社会其他现象进行了类似的分析。在当代资本主义社会,劳动(工厂中为一定目的而进行的劳动)已经不存在了,因为劳动已经无处不在。工厂(传统意义上的工厂,生产剩余价值的工厂)已经不存在了,因为工厂已经无处不在。整个社会都已经成为工厂。这就如同传统社会那样,家庭也是工厂。家庭和工厂无法区分。同样的道理,在当代社会,疯人院、监狱、学校都已经超出了传统的边界,而扩展到整个社会。或者说,整个社会都是疯人院、监狱、学校,而传统意义上的疯人院、学校、监狱不存在了。尽管这些东西仍然还存在,而且以后还会存在,但是这些东西的存在不过是一种"劝阻"(dissuasion,中译本翻译为"威慑",费解。)符号。这些东西的存在就是要让人发生误解,让人们以为社会的控制就是在疯人院、工厂、学校中。用鲍德里亚的话来说,这就是要"把资本统治的现实引向一种想像的物质性"②,即它就是要使人们对资本对整个社会的控制发生误解,并按照这样的误解来想像资本的统治,即它发生在具体的物质形式中,比如,在工厂中,在学校中,在疯人院中。

同样的道理,教堂的存在就是要掩盖上帝的死亡(没有人真相信上帝了),或者上帝无处不在(像上帝那样的崇拜对象到处都出现,崇拜名牌、明星等)。动物保护区的存在就是要掩盖这样的事实,动物已经死亡(动物园的动物已经不是原来意义上的动物),或者动物无处不在(所有的人都是动物,都在"动物园"中生活)。印第安人保护区的存在就是要掩盖这样的事实:印第安人已经死亡(不是原来意义上的印第安人),或者印第安人无处不在(我们都是印第安人,我们都像印第安人那样被放在"保

---

① 第21页。
② 第22页。

护区"中生活）。工厂虽然存在，但是工厂的存在就是要掩盖这样的事实：劳动已经"死亡"，生产已经"死亡"，或者"劳动"到处都存在、"生产"到处都存在。既然劳动已经"死亡"，生产已经"死亡"，那么我们就不能在反抗劳动或者生产的意义上来反抗资本的控制，而是要按照到处都有劳动或者到处都没有劳动（这两者是一个意思）的模式来对付资本主义。在他看来，如果我们把这个劳动的游戏玩到极致，那么"资本自身离断气也就不远了"①。这里实际上就隐含着鲍德里亚所说的那种可逆性关系（象征交换）。它意味着一切东西都是可逆的。资本的死亡就隐藏在这种可逆的关系中。

我们特别提醒读者注意，鲍德里亚在这里采取了一种系谱学的方法。这种系谱学方法从尼采开始，并被福柯用来分析处罚和规训体系的变革。按照福柯的分析，最初，人们对于犯人的处罚是非常"野蛮"的，比如，公开地处死犯人。而后来，人们开始"人道"了，不处死犯人了，比如，把他们放在"监狱"改造。在福柯看来，这是表面上的。实际上，资产阶级之所以要保留罪犯的生命，这是为了保留劳动力。同样，为了提高劳动效率，现代社会在学校中，在军队中对人规训。这都是为了提高劳动生产率。表面上，人类更加文明了，实际上，所有的人在这里都成为"罪犯"，都受到了规训和处罚。同样的道理，在当代资本主义社会，工厂的工人由于机器的使用而减少了劳动，或者劳动更加轻松了，而实际上，资本已经把整个社会都变成了工厂。所有的人都像工人那样为资本体系的运行而"劳动"。鲍德里亚在他的这本书中大量地采用这样的分析方法。

2. 工资

既然工厂中的劳动不是生产性的，也不创造价值，那么工资就与人们在生产中提供的劳动无关。这里不存在工资和劳动的等价关系，而只存在工资与一定数量的劳动力再生产的等价关系。这就是说，提供工资就是为了能够把一定数量的工人再生产出来。除此之外，工资还有什么作用呢？在鲍德里亚看来，在这里工资的作用就是要劳动者承认，他是工人，是劳动力。鲍德里亚进一步挖苦道，这是一件圣事，它像教堂中的洗礼。在教堂中，通过洗礼一个人就成为信徒了，而通过工资这样的洗礼，一个人就

---

① 第22页。

成为资本控制的王国中的公民了。当然,这种工资也是一种投资(资本家的投资),这就是要让工人承担自己应尽的社会义务。这种义务就是"消费"劳动。于是,鲍德里亚也强调,投资就是赋予责任,即劳动者要承担责任。投资(invest)在西文中还有"包围"的意思。对劳动者进行投资就是把他们包围起来,限制他们。工资是资本家的投资,具有"包围"工人的作用。

在鲍德里亚看来,让劳动者获得工资还有一个重要的功能就是让他们都"处在资本的精神状态中"[①]。资本的精神状态就是给工人发工资,从而购买他们的"服务"(劳动就是服务)。获得工资的人也可以购买"财产",成为"财产"的拥有者(在这里,财产是具有服务性生产的功能身份的消费品。购买名牌皮包显示了自己的身份。这就如同资本家给工人发工资显示了资本家的身份)。当工人获得工资购买"财产",成为"财产"的拥有者的时候,工人也可以经营"资本",也可以获取"利润",也可以增加资本的流通。于是所有的劳动者都"处在资本的精神状态中",他们也像资本那样维持资本系统的运行。再比如,工人可以对自己进行投资(健康、吃保健品),把自己包围起来。

既然工资和劳动者在生产中所进行的劳动无关,那么人们就无法防止劳动者提出激进的工资要求。在工业革命的时代,工人在罢工时要求改善工作条件,提高工资待遇,这是为了获得一定数量的"合理的"劳动报酬。而在当代社会,劳动者所提出的工资要求不是"合理的"报酬,而是一种挑战。这种挑战就是要改变劳动者的身份。这是因为,在当代社会,工资的作用就是要人们承认自己的劳动者身份。而当代社会所存在的斗争形式表现为,最少的劳动,最高的工资。这就是彻底显示工资和劳动之间无关的特点,颠覆资本加在他们身上的劳动者身份。既然资本通过提供工资而强迫工人在生产体系中出场,那么工人就要求最少的工作即最少的出场。这就是否定自己作为劳动者的身份。而对劳动者身份的否定本来不是工人自己要求的,而是资本强加的,即资本不再把工人当作本来意义上的工人了。资本在生产中不使用工人的劳动力,不再剥削工人了。反过来说,这就意味着工人失去了受剥削的地位,即"被剥夺了自身的剥削",也失去了使用劳动力的机会,即被剥夺了"自身劳动力的使用"。这就是

[①] 第24页。

说，资本自己不再剥削工人了，不再使用工人的劳动力了。因此，当工人要求最少的劳动、最高的工资的时候，"资本在这方面与它配合得相当好"①。这里，鲍德里亚暗示，工人要求最少的劳动，最高的工资，这是符合资本主义系统的运行逻辑的，而按照这种逻辑来运行，工人就能够挑战资本主义体系。这就是"从上方摧毁系统"（工厂属于上层建筑，经济领域属于上层建筑。与马克思主义从经济基础上，即从"下方"，摧毁资本主义不同。更严格地说，这里没有"上层"和"下层"之分。这里泄露了一点，即鲍德里亚在思想的深处仍然受到马克思主义思想的影响）。而工会却激烈阻止这种情况的发生。工会妨碍了工人对资本主义体系的颠覆。它觉得这是"工资讹诈"。在这里，鲍德里亚挖苦了工会。在他看来，工会根本不理解当代资本主义社会的特点。他说，如果没有工会的阻止，工人的工资可能一下子提高100%，甚至200%。

3. 货币

货币是一种符号。鲍德里亚从符号学的角度来分析货币。从符号学的角度来说，工资作为符号应该指称劳动者的劳动。然而，在当代社会，工资与劳动没有关系了，这就意味着工资成为失去所指的能指。如果工资是纯粹的能指，那么代表工资的货币也就是纯粹的能指。在这里，鲍德里亚从两个方面进行了说明。

第一，从符号的角度来看，生产失去了参照，失去了目的。这就是说，生产终结了。这种终结从1929年生产过剩的危机开始，特别是从第二次世界大战的末期开始。在此之前，人们的消费是"偶然、自主的消费"②。而在此之后，人们的消费开始受到诱导。无论是个人的消费，还是国家的投资，都是为了解决需求不足的问题。当社会采取一切措施来调动人们的需求的时候，满足这种受到诱导的需求而进行的生产，与满足自主需求的生产是不同的。前一种生产是失去参照的生产，它标志生产的终结。而当代资本主义社会的生产则是在受刺激的需求中不断增长的。受刺激的需求促进了生产，而生产又进一步促进需求。在需求和生产的这种相互刺激中，这两者相互循环，螺旋上升。更简单地说，在这里，需求进一步激发新的需求，生产进一步促进新的生产。生产和需求螺旋式上升，这种螺旋式上升就是增长。在这

---

① 第24页。
② 第25页。

里，生产不是为了满足自发的、偶然的需求。为了保持增长，人们才诱发各种需求。从这个意义上说生产没有目的，或者生产以自身为目的。根据这种理解，鲍德里亚说，生产"不再涉及需求，也不再涉及利润"[①]。在这里，生产变成了符号，没有所指的符号。经济的增长意味着生产符号的膨胀，而其他符号也伴随着生产符号的膨胀而不断膨胀。通货膨胀总是伴随着生产符号的膨胀。在这种生产符号的膨胀中，不仅个人扭曲的需求推进这种符号的膨胀，而且国家的各种稳定增长的策略都在推进这种符号的膨胀。各种军事计划、工业计划、科学技术的计划都在促进增长。在这里，最重要的是生产，至于生产什么，这并不重要。其中治理环境污染也是这种促进生产的策略的一个重要组成部分。工业过程会产生污染，于是这就需要治理，而治理污染就会进一步促进生产。比如说，为了解决煤炭燃烧而产生的大气污染的问题，人们试图减少煤炭燃烧，而利用风能和太阳能。而风能和太阳能设备的生产本身需要电，需要工业原料。它们也同样带来污染。因此，治理污染实际上也会进一步导致污染。这样，污染和治理污染就循环上升。从这个意义上说，治理污染不过是为人们带来了无限增长的希望。这就如同需求和生产之间相互刺激、循环上升的情况一样。

第二，货币与一切社会生产的分离。既然货币与生产的目的无关，那么这就意味着货币与切实的使用价值无关。本来，货币是代表社会所生产出来的财富的，与物品的使用价值有关。但是当货币与生产的目的无关，与财富无关的时候，货币就成为纯粹的能指符号，不代表劳动所生产的价值量。当代国家常常通过发行货币来刺激经济增长。在这里，货币不具有一般等价物的意义了。当工资与劳动力的合理价格无关的时候，抽象的社会劳动时间就不是衡量工资的有效标准。当货币与真实生产（有目的的生产）无关的时候，以金本位为基础的货币就不再是衡量财富的标准。在这里，工资的膨胀与通货膨胀结伴而行。

当货币与生产的目的性脱钩，与财富的数量脱钩的时候，货币就成为纯粹的能指符号。当代西方社会出现了实体经济衰弱，虚拟经济膨胀。这正是它们的经济危机的实质。用鲍德里亚的话来说，这就是当代资本主义社会所出现的"生产的终结"。当生产终结了的时候，在经济活动中，人们致力于玩弄货币，操纵货币，并借此来获得收益。这是经济活动中人们

---

① 第26页。

所进行的货币上的投机。于是，我们可以说，货币"成为投机性的（spéculative）"[1]。鲍德里亚在这里，回顾了货币与生产、与财富脱钩的历史过程，即金本位的丧失和普遍浮动制的出现。这个过程最终导致货币成为纯粹的能指。这些能指符号脱离了一切约束，而进行无限的自我生产。用货币资本所进行的投机，就是货币的自我生产。

在鲍德里亚看来，"热钱"（hot money），即游资，就是这种纯粹能指的流动。在这里，鲍德里亚接受了麦克卢汉和里斯曼的思想来区分"hot"（酷热）与"cool"（冷酷）。当符号是"酷热"的时候，符号是有所指的，而只有冷酷的符号才与所指无关。按照这种区分，那么"热钱"的说法就不妥了，而应该被称为"冷钱"。这种纯粹能指的符号在全球流动非常"冷酷"（cool），或者说，是冷酷无情的，没有情感的，没有真正联系的。"热钱"是游资，它与真实的投资是不同的。真实的投资是财富的转移，它对发展中国家的经济增长是有巨大的推动作用的。从这个意义上说，这种投资才是"酷热的"（hot）（在这里，货币作为能指的符号与所指对象有关）。它给发展中国家带来温暖。因此，"热钱"并不"酷热"，而是"冷酷"。在当代社会，符号失去了所指，所以，货币作为符号是"冷酷的"。今天的社会，人们所进行的就是这种无所指的符号的无限操作。金融危机就是这种符号操作的结果。本来，货币是一种媒介，这种媒介是传递信息的，它指称一定数量的使用价值和交换价值。但是当媒介不传递信息的时候，当它不指称任何交换价值和使用价值的时候，这个媒介本身就变成了信息。当媒介本身变成信息的时候，这个媒介就是"冷酷的"。这种媒介没有情感（电影演员在电影中说"我爱你"，这句话只是符号，没有感情），没有参照。

本来，货币作为一般等价物表示一定数量的使用价值。但是，在现代社会，货币成为纯粹的交换价值，它与使用价值无关。资本家在生产中关心的不是产品的使用价值，而是交换价值。从市场上的各种伪劣产品、许多高价的奢侈品、时尚用品中，我们就知道，即使在像中国这样的现代社会，货币都不代表使用价值。而在当代社会，货币甚至与交换价值无关了，而成为纯粹的能指。在当代社会，货币甚至不与商品交换，而只与货币交换。"热钱"就是货币与货币交换，股票投机就是货币与货币交换。

---

[1] 第26页。译文略改。中译本把"spéculative"翻译为"思辨性的"，似乎不妥。

用鲍德里亚的话说,"它甚至逃离了交换价值"。"热钱"就是逃离交换价值的货币。为此鲍德里亚认为,这样的货币"摆脱了市场本身""卸载了所有信息和意义"。[①] 在市场上,各种不同的东西都参与交换和流通,但是它们的流通速度是不同的。其中,货币的流通速度最快,因此它对于其他东西也具有支配作用。虽然货币的流通速度很快,而国际投机货币流通最快,因此也具有统治地位。这种没有确切的所指的国际投机货币的快速流通甚至能够摧毁一个国家的经济,1998年亚洲金融危机就是这种国际投机货币快速流动的结果。

在这里,特别值得注意的是,鲍德里亚把能指符号的这种新特点与哲学意义上的意识主体的分析联系起来。按照索绪尔的结构主义观点,符号有两个维度,一个维度是符号与所指对象的关系,一个维度是符号与其他符号的关系。在当代社会,由于货币、生产、劳动、工资等符号失去了所指对象,它们只是作为能指符号而相互关联。用鲍德里亚的话来说,在这里,范畴失去了"金参照"。如果把这个关系用来分析有意识的主体,那么情况也是一样。按照现代哲学的观念,人是有意识的存在物,而有意识的存在物能够自我反思,并在这种反思中调节客体,改造客体。因此,人被作为主体确立起来具有两个方面:一方面是在人和人所要改造的对象中,人被作为主体确立起来;另一方面是人与自己的意识发生关系(自我反思)。笛卡尔所说的主体就是这种意义上的主体。因此,笛卡尔意义上所说的这个主体是有所指的主体。从这个意义上说,"意识主体是金本位的精神等价物"[②]。因为,这个意义上的主体与金本位意义上的货币是一样的。在笛卡尔时代,人作为主体控制客体,支配客体。但是,在当代社会,人不是作为主体控制客体,而是控制自己的潜意识,是意识与自身发生关系。人有一种潜意识,就是不断赶时髦。如果从精神分析的角度来说,人应该控制自己这种赶时髦的潜意识。本来在传统社会,人的本能受到压抑,从控制潜意识的角度来理解作为主体的人是有意义的。但是在性解放的今天,潜意识被解放的今天,人不再受压抑了,潜意识的东西都表达出来了(意识主体终结了,意识不在控制潜意识了)。既然潜意识的东西都表达出来了,我们就不能说这种东西是潜在的、被压抑的。因此,"潜意识"的概念没有所指对象了。潜意识就如同当今的

---

① 第27页。

② 第28页。

货币那样成为无所指的东西，类似于"投机货币"和"流动资本"。既然潜意识没有所指，而是一个空洞的概念，那么反思地控制潜意识的主体也就是空洞的概念。正因为如此，鲍德里亚才说："现在是潜意识的王国。逻辑结果：如果意识主体是金本位的精神等价物，那么潜意识就是投机货币和流动资本的精神等价物。"① 这种赶时髦的潜意识就是追求纯形式的潜意识，这种潜意识与投机货币、流动资本是一样的。有这种潜意识的人也有主体，但这种随大溜、赶时髦的主体也是主体的死亡。赶时髦的人购买时尚品所考虑的不是商品的使用价值，而是它的形式，比如，时尚的衣服上不同的装饰、不同的符号。人们关注这些时尚符号东西之间在结构上的差别。正因为如此，潜意识与价值结构革命是同时代的。请注意，这里的潜意识不是在弗洛伊德的意义上使用的，但是又类似。为此，鲍德里亚说："为什么潜意识有一种特权呢？潜意识是这样一种精神结构，它与目前占统治地位的交换的最激进阶段是同时代的，与价值的结构革命是同时代的。"② 既然流通最快的货币即投机货币在当代占据了统治地位，那么与此同时代的潜意识（随大溜、赶时髦的潜意识）也占有统治地位。而这种潜意识不过追求没有能指的符号。人们为什么要赶时髦呢？就是要获得其他人的承认，获得一种社会性。于是，"一切社会性都可以非常清楚地用德勒兹的潜意识或货币机制的术语来描述"③。对于德勒兹来说，人有一种赶时髦的潜意识。人们通过购买时尚即那些价格昂贵的东西来凸显自己的社会地位。人们借助货币符号的比较来进入社会（不是购买有用东西的符号，而是购买符号的符号，比如某种名牌的商标。实际上既然人们只是关注名牌产品上的商标，那么真假又如何呢）。鲍德里亚用里斯曼的"随众性"（otherdirectedness）来说明这种情况。这就是人们所说的"从众心理"。后来在《在沉默大多数的阴影之下》一书中，他把随机联系起来的人群说成"大众"④。这些人就如同纯粹漂浮的能指那样随机结合在一起。

4. 罢工

在历史上，罢工是工人和资本展开的利益上的博弈。用鲍德里亚的话

---

① 第28页。
② 第28~29页。译文略改。
③ 第28页。
④ Jean Baudrillard, *In the Shadow of the Silent Majority: Or, the End of the Social and Other Essays*, New York: Semiotext (e) and Paul Virilio, 1983, p. 1.

说，这是争夺剩余价值的斗争，甚至是争夺权力的斗争。但是在当代社会，这种意义上的罢工已经不可能了。

（1）资本让任何罢工都腐烂。因为，在当代社会，生产已经终结，通过生产而获得剩余价值的体制已经终结。资本（作为制度体系、控制体系）所关心的不是剩余价值的生产，而是社会关系体系的再生产。

（2）罢工什么也不能改变。在当代社会，资本会自发地进行重新分配，而不需要工人通过罢工来强迫重新分配。这是因为，资本知道，这对它来说是生死攸关的问题。因此，罢工从资本那里所获得的东西，也是资本准备给予工人的东西。

从这个意义上来说，资本和工人之间的关系是相互协调的关系，是维持资本对社会的控制体系的关系，因此要突破这种关系不能靠罢工，而是要突破两种体制。一是代表性历史体制，一是生产性历史体制。在现代社会，在工厂中人们都生产，资本家通过剥削工人的剩余价值来维持自己的生存（生产性历史体制）。为了对抗资本家，工人阶级的政党或者工会代表工人阶级来对抗资本家（代表性历史体制）。而在当代社会，既然资本家不是靠剥削工人的劳动来维持自我生存，那么工人和资本家之间的那种阶级对立已经不存在了。这意味着"阶级斗争作为'政治'几何场所的完全终结"[①]。比如，当代社会中的罢工斗争不是工人的罢工，不是生产者进行的罢工，而是移民、中学生、女性、同性恋者等"无产者"（边缘群体）进行的，他们被看作"野蛮人"（不同于正常人）。工会不能代表这些人（这些人不是工人）。既然在当代社会，工人已经不是传统意义上的工人了，那么工会也不能代表工人了。对工会来说，这些工人也是"不正常的"人。既然工会实际上也不能代表所有这些"不正常的"人，那么对于工会来说，这些人都是"移民"（不同于其他人的人）。实际上，在这里，鲍德里亚强调了人的差异性，这些人都是"移民"（有差别的人），同时也意味着，这些人都不是"移民"（所有人都是不同的人，那么不能把这些人当作异常的人）。由此，鲍德里亚认为，当代资本主义社会也没有"移民"意义上的新无产阶级。当代社会的斗争不再是阶级斗争，阶级已经不存在了。

移民的出现、边缘团体的出现极大地冲击了传统政治斗争中的代表体

---

① 第29页。

制。在这里，没有人代表他们。他们作为没有代表体制的个人被排除在阶级之外，被排除在工会之外。当社会的边缘团体被排除在阶级之外的时候，社会的其他人，包括传统上的工人，也看到了代表体制的问题，他们也发现工会不能代表他们。这就是说，工人会用移民和工会之间的关系来分析他们自己和工会之间的关系。为此，鲍德里亚说，"移民"的异常特性感染了无产阶级，无产阶级也不按照代表性体制来活动了。面对工会和无产阶级关系所出现的问题，工会则努力把无产阶级纳入代表性体制，而资本也期待这一点。因为，对资本来说，只要工人仍然还在代表性体制中，他们就不可能摧毁资本的控制体系。而一旦工人超出了代表性体制，那么，资本的控制体系就面临崩溃的危险。

第一，对工会的剖析。

鲍德里亚通过1973年雷诺汽车公司工人罢工的事件说明，在这次罢工中，工会无法在企业和工人之间相互协调。在这里，工会的代表性受到了考验。而在1968年的学生运动中，工会还有这样的作用。鲍德里亚在这里要对工会进行剖析（题目中的"剖析"的法文词是"l'autopsie"，它的意思是"尸检"），就是说对死去的工会进行剖析。从这个角度来说，这一段的题目应该翻译为"对工会进行尸检"。从这里，我们也可以看出鲍德里亚对当时法国工会的极端反感。

在1973年的罢工斗争中，工人不受工会的指挥，一会儿罢工，一会儿复工，没有任何确定性。这完全是随机的，如同赌博中下赌注。这是偶然和随机决定的。这种随机和混乱现象恰恰体现了当代社会的特点。它表明，在当代社会，对工人进行的斗争是不能用计数器来衡量的。这种混乱的、随机的斗争就是要反抗工会的代表性体制。在这里，罢工斗争也没有对象。他们也不想进行任何形式的有目的的、客观的活动。[①] 而当代资本主义体制就是要努力让人按照传统方式来生产和罢工。这样罢工就可以重新被纳入资本主义的控制系统。在鲍德里亚看来，资本垄断了"生产"，使劳动产品以及工人都发生异化（注意这里的"异化"，不是马克思意义上的异化，而是成为没有所指的空洞符号），而工会却垄断了代表权，它使工人的政治权力发生异化（也就是使工人的政治权力没有实际的所指）。

[①] 第31页。把"se faire objective par-derrier"翻译为"使自己在身后具体化"有些令人费解，应该翻译为"此后进行有目的的活动"。

因此，鲍德里亚认为，对工人来说，最重要的是拒绝代表权，特别是从头脑中拒绝代表权。

第二，无产阶级的堕落。

为了对付代表性体制的危机，工会采取了一些重要措施，即工人的自主化管理的方案。这个方案虽然没有克服危机，但是却缓解了危机，缓解了代表性体制所面临的困难。但是它却面临另一个重要困难。这就是工人和他们的劳动之间的关系问题。在鲍德里亚看来，这是一个比代表性体制更深刻的危机。它涉及生产系统本身。在鲍德里亚看来，在当代西方社会，工人在生产系统中已经不劳动。但是工人对这种情况却没有深刻的认识。而要深刻认识这一点就必须借助于移民。因为移民是从非西方国家移到西方国家的。在非西方国家，移民没有受到西方社会那种生产本位主义传统的影响。所谓生产本位主义，即西方社会的新教伦理观所认为的，劳动是人的天职。按照这种伦理观，在劳动中劳动者应该恪尽职守，严守纪律等。从非西方社会移居到西方社会的那些人没有这种观念。因此，他们可以分析劳动者和自己的劳动力之间的关系，即看出劳动者的非生产性质，并"解构这种统治西方社会的生产本位主义道德"[1]。

由于西方劳动力市场涌入了移民，而移民却没有西方劳动者的那种严守纪律的劳动观念。他们的行为方式和关于劳动的观念会影响欧洲国家的工人，这些工人也会不再遵循生产本位主义道德。这就造成了所谓"无产阶级的堕落"。这种"堕落"不仅表现为工人暗地里怠工、浪费、旷工等，而且公开地、集体地这样做。他们一会儿开工，一会儿停工，而又不听工会指挥。他们的这种做法原来是殖民地国家人们的做法，这种做法被某些殖民主义者说成是"不发达者"的行为。如今，欧洲劳动者自己也向那些"不发达者"的行为"倒退"。这种倒退是与生产的终结有关的。

鲍德里亚说，移民劳动者的超殖民化（非西方的人移民到西方国家，即让他们脱离殖民地，而加入西方社会的生产过程。这是因为，在殖民地，工业生产不能赢利，所以，西方发达国家才引进外籍工人）与工业的去殖民化（工业在非殖民化国家是进行生产。在殖民地，人们所进行的是酷热的投资。换句话说，这种生产和投资是有切实意义的。而当工业从殖

---

[1] 第32页。

民化国家转移到西方的时候，这些生产和投资就没有切实意义了。从这个意义上说，酷热的投资就转变为冷酷的投资。这是一种犬儒主义的工作实践。这种犬儒主义的工作实践表现为，把无意义的符号实践推向极端）存在密切联系。鲍德里亚这里隐含的意思是，移民劳动者的超殖民化，加剧了西方工业的去殖民化（殖民化生产是切实的生产，而去殖民化的生产是无切实意义的生产）。既然西方的生产是无意义的生产，那么移民劳动者就最适合于揭示这种无意义的劳动（仿真的劳动）。他们的做法最适合于分析西方国家所出现的"劳动强制集体化"，即西方社会的那种"集体偏执狂"[1]，亦即生产主义的道德。于是，西方社会建立起来的那种生产主义的道德、文化、神话在这里崩溃了。鲍德里亚在这里也试图说明一个道理，即社会生活中的许多现象都是可逆的（象征交换）。对非西方殖民地的统治转化为西方自身被殖民化。原来移民是"不发达者"，最后所有的西方人都成为"不发达者"。在鲍德里亚看来，只有所有的人都成为"不发达者"，生产的终结这种现象才会被揭露出来。这个社会中的符号统治和象征统治才有可能被摧毁。鲍德里亚在这里也采用了系谱学的研究方法，即殖民者自己被殖民化。

第三，为罢工而罢工。

在鲍德里亚看来，按照传统的方式进行罢工，从而与资本家展开经济和政治利益的斗争，仍然是按照生产模式而进行的罢工。这种罢工不会影响资本的控制。当代社会的生产不是有目的的生产，而是以生产本身为目的的生产，或者说，这是为生产而生产。因此抵抗这种生产的方式就应该是为罢工而罢工，罢工不是为了达到某种经济或者政治目的。既然生产是无目的、无参照的，那么罢工作为对抗这种生产的方式也应该是无目的、无参照的。生产的目的就是生产，这是一种重言式（重言式的标准形式是A 是 A。为生产而生产类似于这种重言式），对抗这种重言式的是，罢工的目的就是罢工。鲍德里亚说，这种罢工是"颠覆性的，因为它暴露了这种与价值规律的最高阶段相符的资本新形式"[2]。在这里，罢工不是手段，其本身就是目的。

在当代西方社会为生产而生产的过程中，不存在"浪费"这个概念。

---

[1] 第33页。
[2] 第34页。

只有在生产性体制中才有"浪费"。在生产性体制中，社会所生产出来的东西还不足以满足人们的物质生活需求，因此那些被生产出来而又没有切实用来满足人们生活需求的东西就是被浪费了的。而在当代社会，生产本来就已经过剩了（从这个意义上来说，生产出来的东西就是浪费）。但是为了保证就业，人们还是要不断地生产。在这里，人们生产不是为了满足偶然的、自发的需要，而是满足再就业的需要。因此，生产的目的不是要生产某种有用的东西，而是要生产就业岗位，是为了把劳动再生产出来，把生产再生产出来。于是在当代资本主义社会出现了一种奇怪的现象，劳动不生产有用的东西，反而成为一种产品，成为一种消费品。资本主义的生产系统就是要把"劳动"本身生产出来，以便供劳动者和工会消费。于是为了保证生产的持续进行，西方社会进行了协和飞机计划、航天计划。那么协和飞机计划和航天计划究竟有没有用呢？我们不能说它无用，也不能说它有用。它具有仿真的有用性。为此，鲍德里亚用了一个奇特的说法，这些被生产出来的东西是"客观"上无用的。从"客观"上来说，它们是无用的，而从"主观"上来说，它们是有用的。因为，人们对这些东西的需求是被刺激起来的，是被诱导的。于是，人们根据这种"需求"而主观地认为，那些东西是有用的。

  根据这一点，鲍德里亚指出，所有的产品包括劳动本身，都超越了有用性和无用性。或者说，我们不能简单地用有用和无用来评判。所有的劳动都不是生产性的，而是再生产性的，即为了把劳动再生产出来。同样，所有的消费也不是生产性的（马克思意义上的消费，即消费某些原材料等，就是生产），而是再生产性的，消费就是为了再生产劳动本身。当然，换一种说法也可以，休闲是"生产性"的，因为休闲，比如茶馆中的休闲，也能够把就业岗位生产出来，从而把劳动作为产品生产出来。反过来，劳动可能是"非生产性"的，因为劳动"消费"了一个就业岗位。按照这种再生产的逻辑，政治经济学在这里就毫无作用了。于是，从政治经济学的角度来看，一些非常"荒谬"的东西会出现，比如，"付给我们罢工这几天的工资吧"（这种罢工包含了颠覆资本主义系统的可能性）。用鲍德里亚的话来说，这是生产的终结，是政治经济学的完成（为什么不是政治经济学的终结呢？在鲍德里亚看来，政治经济学没有终结，它还以仿真形式存在着。符号政治经济学原则在这里发挥作用。比如，后面关于政治经济学上的死亡的论述）。

第四，生产的系谱学。

在这里，鲍德里亚吸收了福柯系谱学的概念，探讨那些被生产概念所排斥的东西，那些占据了边缘地位的东西。如果生产占据了主导地位，那么再生产就是处于边缘的东西。按照再生产的观念，资本就不是原来意义上的资本。资本不是获得剩余价值、获取利润的资本，而是社会关系意义上的资本，是对人进行符号控制的资本。按照通常的观念，生产方式占据主导地位，而再生产方式就处于边缘地位。而在系谱学的研究中，再生产处于中心地位，再生产是普遍的现象，而生产是再生产中的一个特殊情况。在系谱学研究中，生产方式应该被"设想为再生产方式的一种形态"[1]。同样的道理，"生产力和生产关系也许只是再生产过程中各种可能的情况之一"[2]。这就是说，当代社会中普遍存在的是再生产现象，是资本主义社会对人的符号意义上的控制，而生产现象只是再生产现象中的一种情况。本来，再生产现象在生产阶段只是一种边缘情况，但是这种边缘情况如今却普遍化了，成为普遍现象。而原来的普遍现象却成为当代社会中的一种特殊情况。这就回答了一个问题：当代资本主义社会不生产了吗？当然也存在着生产，但是生产只是再生产（请注意，这个再生产，不是马克思政治经济学批判意义上的再生产）中的一种特殊现象。这就与福柯所分析的拘押疯子的情况是一样的。本来拘押疯子、处罚罪犯只是少数的情况。但如今对人的拘押成为普遍现象，而没有被拘押、没有被规训是特殊情况。系谱学的考察就是要分析，原来的特殊情况在发展过程中如何成为普遍情况，而普遍情况又如何成为例外。

在这里，鲍德里亚吸收了福柯的思想。福柯曾经分析制造业中的监禁。按照他的分析，最初的监禁过程是把那些流浪者、好闲者、异常者集中起来，让他们做事，让他们定居，用劳动的纪律来约束他们。后来对这些人的监禁被扩展到了整个社会。所有的人都应该接受规训，接受劳动的控制。整个社会变成了集中营、拘留所。鲍德里亚就按照福柯的思路进行了同样的推理。本来，我们的社会只是对疯子、死人、动物、儿童、黑人、自然、妇女加以排斥。他们不是被剥削，而是被驱逐（这就告诉我们，要从系谱学的角度来思考。如果按照工人的模式来思考疯子、妇女，

---

[1] 第35页。
[2] 第35页。

那么人们就会认为，他们受剥削。如果从驱逐、排斥的角度来思考，也就是从疯子的角度来思考工人，那么工人在现代社会的地位表现在他们的这种像疯子一样受排斥、被驱逐的状况中）。后来，社会对疯子、死人、动物、儿童、黑人、自然、妇女的驱逐被扩展到对工人的驱逐。工人在现代社会所处的地位不是他们受剥削的地位，而是他们受驱逐的地位。"工人"这个词就是他们被驱逐的标记，就如"女人"这个词表示她们受驱逐的地位一样。她们不是被剥削而是被社会驱逐。当代社会的普遍现象是被驱逐、受排斥的现象，而被剥削只是社会中的特殊情况。

在此基础上，鲍德里亚进一步引申。阶级斗争不是马克思意义上为阶级利益而进行的斗争，而是为人格、尊严而进行的斗争。今天的社会正义问题不是财富分配正义的问题，而是身份政治的问题，是人的身份得到承认的问题。那种为"工资"而进行的罢工斗争（为分配正义而进行的斗争）所忽视的正是社会斗争的这个核心问题（某些人受到排斥的问题）。因此，这种罢工斗争是有害的。然而"无产者"或者"劳动者"为什么要进行这种有害的行为（经济意义上的罢工）呢？在鲍德里亚看来，这是因为，他们已经成为"正常人"了，他们不再处于那种被歧视、受驱逐的地位。用鲍德里亚的话说，他们是"享有全权和尊严的'人'"。当他们成为"人"（正常人）的时候，他们开始驱逐、歧视那些"不正常"的人，比如疯子、死人、动物、儿童、黑人、自然（自然怎么被列在人的行列中呢？自然也处于受排斥的地位）、妇女。于是鲍德里亚说，"他（劳动者、无产者——引者注）是种族主义者、性别歧视者、压迫者"①。这些人站在资本的一边，站在正常人一边，站在"人"这一边。按照这样的逻辑推理，那些仍然按照生产的模式来看待当代社会的人就是那些完全被规训的人，是权力系统中的人。只有那些边缘的人才有可能颠覆这个系统。

在这里，我们就可以理解，为什么在发达国家中，财富分配的正义问题成为次要问题，而人的尊严和身份的问题成为中心问题。从系谱学的角度来说，原来的边缘问题，即少数人受到排斥的问题成为当代社会的普遍问题，而原来的普遍问题即财富的正义分配问题成为次要问题。所谓多元主义问题由此而产生。

第五，1968年5月：生产的幻觉。

---

① 第36页。

1968年5月在法国爆发了影响巨大的社会运动，在历史上它被称为"五月风暴"。在"五月风暴"中有两类人，一类人站在生产的立场上来参加罢工斗争，他们相信自己仍然在进行生产，并为了经济利益而进行这种罢工斗争。而另一类人是学生，他们的斗争在一定程度上触及再生产。按照鲍德里亚的说法，这个斗争首先触及大学中的人文学科。因为，人文学科是"没有用"的。他们的工作是为生产而生产，是无目的的生产。在鲍德里亚看来，这些人的斗争具有破除生产的幻觉的作用。所谓"生产的幻觉"[①]，就是那些传统的工人、加入工会的无产者的幻觉。他们认为，他们在进行有目的的生产。实际上，他们已经不生产了，而只是在进行再生产。他们还相信，他们在劳动中受到剥削。在他们看来，尽管他们受到了剥削，但是，他们的劳动还是有用的。他们抱有强烈的"无产阶级意识"。在鲍德里亚看来，正是这种无产阶级意识妨碍了人们对资本统治的解构。只有当他们放弃了这种无产阶级意识，他们才能够和那些不相信生产的人结合在一起，才能真正为推翻资本的统治发挥作用。只有当再生产的性质被工人阶级认识到，他们才会相信，他们是不生产的人，他们才能进行真正的革命。然而，这些人总是相信自己在生产。即使他们被剥削、被异化，他们也能够忍受。他们之所以能够忍受，是因为，在这种剥削和异化中，他们毕竟是有用的人。然而，如果他们认识到自己没有进行生产，认识到自己是没有用的人，他们就会感到无法忍受。一旦他们感到自己是无用的人的时候，他们就会自觉地意识到，他们和那些文科的大学生一样，他们是无用的人，边缘人。在这样的情况下，把大学生和劳动者结合起来的问题就是一个假问题了。因为，这里本来就没有劳动者。

第三节　作为仿真模式的政治经济学

第一，政治经济学是已故秩序的视野。

在当代社会，生产已经终结，而再生产出现了。政治经济学是从生产的秩序来看待社会现象。由此，政治经济学是已故秩序的视野。政治经济学包括马克思的政治经济学批判都已经失去了所指的对象。从这个意义上来说，政治经济学以及政治经济学批判都成为纯粹的符号。这些纯粹的符

---

① 第37页。

号本身构成了一个符号的世界。这个符号的世界有资本、有生产，有工资，有价值。如果我们坚持政治经济学，那么我们就会认为当代社会的生产仍然是真实的生产。然而这种生产已经被再生产取代。在这里，虽然劳动终结了，但是工厂中的工人还是在"劳动"。这种劳动不是政治经济学意义上的劳动。但是政治经济学却把这种劳动作为所指对象。于是，人们一旦看到工厂中的劳动，就以为，这是政治经济学意义上的劳动，一旦看到工人，就以为，这是政治经济学意义上的工人。政治经济学所研究的对象在当代仍然是"真实"的。我们也可以这样说，凡是坚持从生产模式看待当代社会现象的人都会认为政治经济学是"真实"的。那些批判鲍德里亚的人、那些认为鲍德里亚没有一点经济学常识的人也坚持认为，政治经济学是"真实"的。从生产的系谱学来看，我们也不能说，政治经济学完全是"想像"。在当代社会再生产是普遍现象，而生产是其中的特殊情况。但是，我们无法区分，哪一种生产是真实的生产，哪一种生产是想像的生产。在这里真实和想像无法完全被区分开来。在普通人（包括政治经济学家）看来，在工厂中切实进行的劳动，是从事生产的劳动，这似乎是"真实"的劳动，然而，这完全可以是人们的一种"想像"。实际上，他们的劳动可能并没有生产真正有价值的东西。因此，对于鲍德里亚来说，真实，"因此"就是想像。鲍德里亚指出，"代码（价值的结构规律）使政治经济学（价值的有限商品规律）作为我们社会的真实/想像而系统地复活"[1]（在这里，由于真实和想像无法区分，因此鲍德里亚把它表达为"真实/想像"，即仿真）。由于生产在一定程度上还存在，价值的商品规律在非常有限的范围内（价值的有限商品规律）仍然是有效的，由此，在再生产占主导地位的社会中，我们无法区分真实的生产和想像的生产。正因为如此，代码使政治经济学作为我们社会的真实/想像而系统地复活了。我们可以说，政治经济学让我们社会中的真实生产（也是想像的生产）复活（现实化）起来了，让人想像自己的生产是真实的生产。其实，这种生产既不是真实的，也不是想像的，而是仿真的。它超越了真实和想像。鲍德里亚把这种现象定义为"象征"[2]（在前言中，鲍德里亚强调，"象征"意味着可逆性，从象征的角度来看，"真实"可以转换为"想像"。真实和想

---

[1] 第39页。
[2] 第186~187页。

像无法区分）。

如果人们仍然按照政治经济学来批判资本主义的话，那么人们就会把马克思政治经济学话语中的利润、剩余价值、资本机制、阶级斗争等作为参照。人们就会说，在现实中存在阶级斗争。在鲍德里亚看来，这就是经济的"决定性体制"，是一种淫秽（用公开的不道德行为诱惑人。资本主义说，我剥削你，公开了自己的不道德，但是人们喜欢这种不道德行为，并参与到经济过程中。资本公开地"卖淫"）。人们总是从政治经济学批判的角度来看待所有这一切。但是政治经济学批判的这种做法恰恰掩盖了资本在当代社会所进行的控制。这又是一种挑衅。在历史上，资本总是从自然、上帝、道德角度说明自己的正当性，说明自己没有剥削或者统治工人（资本的活动是按照自然规律来进行的，买卖公平，天经地义。这也符合上帝的旨意。如此等等）。现在，资本不一样，它按照政治经济学的原则来解释经济现象，公开承认自己在剥削。这难道不是公然对人类良知的挑衅吗？资本不仅承认自己剥削，而且喜欢人们对它的批判，喜欢政治经济学批判。今天，当人们批判资本在剥削的时候，资本很高兴。资本窃喜。因为，资本知道，当人们都批判资本进行剥削的时候，资本的控制就得以维持了。因为，在这里，资本已经不剥削了。在所谓剥削中，资本已经不在场了[1]（这里的"不在场"，不是"unpresent"，而是"alibi"，即不在犯罪现场。资本没有在犯罪现场出现，没有在剥削中出现）。这就是说，资本"直接到政治经济学中，到它的批判中寻找（自己不在场的证明——引者注），并且依靠对自身的内在揭露而生存——这是辩证的刺激和反馈"[2]。就剥削和统治来说，资本没有出现（不在犯罪现场）。原来资本要靠自然、上帝、道德来说明自己没有剥削（剥削意义上的资本是不在场的）。如今它按照政治经济学的原则来寻找自己不在场的证明。按照政治经济学的规则，资本通过雇佣劳动来剥削工人，然而，现在资本不是剥削雇佣劳动，而是提供"劳动"（工作岗位）给工人消费。因此，按照政治经济学的逻辑，资本也没有剥削和控制，资本没有出场。资本通过政治经济学批判寻找自己不在场的证明（按照政治经济学，它没有剥削，由此它不是剥削工人的资本）。换句话说，政治经济学（或政治经济学批判）现在已经成为

---

[1] 参见法文本，第54页。
[2] 第41页。

资本家为自己辩护的有力理论了。马克思的政治经济学批判也是资本家所喜欢的东西。资本就是通过对符号统治的设计来对付政治经济学批判。在资本所进行的设计中，政治经济学批判就是为它进行无罪辩护的。

鲍德里亚认为，他所进行的分析与布尔迪厄对学校的分析是一致的。布尔迪厄曾经分析学校在阶级结构的再生产中的作用。按照布尔迪厄的看法，社会本来有不同的阶级、等级，因此也存在着等级上的差别。比如，不同的人由于他们所拥有的资本不同，他们就有不同的等级，但是他们却把这种差别转换为教育程度上的差别，不同学位上的差别，从而掩盖他们在所拥有的资本上的差别（在这个象征意义上，真实和虚假也是可以转换的）。而学位不过是一种象征符号（从表面上看，人和人之间的差别是学位上的差别，而实际上这是一种阶级差别。学位上的差别是真的，也是假的）。这样，他们就用象征符号上的差别掩盖了社会差别。从表面上看，在这个社会中资本没有进行统治，资本似乎是不在场的（我认为，布尔迪厄的象征统治与鲍德里亚的说法是有差别的。布尔迪厄还是强调象征统治的经济基础的，而鲍德里亚则完全否定了这里的经济基础。参见《国家精英》等著作。他们之间的一致性表现在他们对象征的理解上）。同样政治经济学也进行类似的工作。按照这种经济学的自主性原理，经济规律（资本的剥削）在资本主义社会中占据统治地位。人受到经济要素的控制，但是在当代资本主义社会，人没有受到这种经济要素的控制，而是受到了仿真生产（象征）的控制。这里所发生的是一种象征游戏。在这种象征游戏中，表面上的剥削转换为无剥削，转换为控制。这类似于布尔迪厄所分析的把经济上的差别转换为非经济上的差别（学位上的差别）。在这里，人们进行着代码控制，而不是经济控制。而政治经济学从反面证明，资本的经济统治是不在场的。政治经济学在这里成为"遮羞布"，成为"不在现场的证明"。至于"资本对生死的真实统治"①，我们在后面论述死亡的时候进行详细分析。

在这里，鲍德里亚把现代经济活动和当代经济活动区分开来。他把前者理解为第一个层面（真实的层面），把后者理解为仿真的层面。从第一个层面来看，资本家必须有效地生产一定的切实有使用价值的商品才能获得交换价值。而在第二个仿真层面上，资本家开始追求交换价值，而不顾

---

① 第41页。

使用价值。资本家生产出来的东西,在这里不过是符号。但是为了掩盖生产出来的东西的这种代码(符号)性质,这些东西必须具有交换价值。人们在这里误以为,这些具有交换价值的东西有使用价值。按照同样的道理,社会必须把阶级斗争生产出来,于是工人阶级就致力于阶级斗争(对于鲍德里亚来说,这大概类似于跟风车做斗争)。人们误以为,当代社会最重要的斗争就是阶级斗争,工人阶级忽视了真正的斗争对象——符号控制。或者说,人们无法从象征的角度摧毁这种符号控制(人们无法理解仿真所具有的象征性质。如果人们知道其中的象征性质,人们就可以按照象征交换的原则把它摧毁)。马克思的政治经济学批判鼓动人们进行阶级斗争,而不知道当代社会真正的斗争对象是什么。马克思主义的历史观认为,生产力的发展可以导致生产关系的变革(生产力会摧毁生产关系)。而马尔库塞则认为,生产力的发展不仅不会"摧毁"(导致变革)生产关系,而且还会使生产力的发展屈从于生产关系的需要。科学技术的发展巩固了资本主义的生产关系。因此,对于马尔库塞来说,要改变资本主义社会,不是要发展生产力,而是要改变生产关系,从而使生产力屈从于生产关系。这样,马尔库塞似乎就把马克思的历史唯物主义颠倒过来了。鲍德里亚不满足于这种颠倒。他认为,在当代资本主义社会,符号统治(象征统治,仿真类似于象征,真假不分)在这里占据决定性的地位,而不是经济基础占据决定性地位。符号统治使所有的生产关系和生产力都屈从于自己。或者说,在当代社会,生产关系和生产力都是为符号统治(象征统治)服务的。因此,斗争的首要问题不是改变生产力或者生产关系的问题,而是改变符号统治的问题。而象征统治就是"在政治经济学及其革命的表面运动中找到了一种新的合法性和最美的不在场证明"[①]。

在他看来,如果今天,我们仍然坚持政治经济学批判,那么这只能掩盖资本主义社会中的符号统治。比如,当代资本主义社会经常出现"危机",资本主义诱导人们从政治经济学的角度来看待这种危机。而实际上,这是仿真的危机。比如,20世纪70年代的能源危机,在很大程度上挽救了资本主义。这是因为,一旦危机出现了,人们就要开始生产,比如进行新能源的生产。工人又获得了就业岗位,生产问题又成为社会面临的主要

[①] 第42页。译文略改。中译本把这里的"alibi"翻译为"托词"。这当然也可以,但这句话会因此变得较难理解。

问题。这实际上又把人们的目光引向生产问题、经济问题、阶级问题。因此，鲍德里亚认为，现代社会的所谓"危机"实际上都是仿真的危机。这种危机就是要人们误以为当代社会还存在着"短缺"，存在着生产不足。在鲍德里亚看来，这不是生产的危机，而是再生产的危机。① 这就是说，这个时候不是生产无法继续下去了，因为生产本身就不是真正意义上的生产，而是再生产出现了困难。比如，赋予工人以"劳动者"这个符号出现了困难，就业岗位不足了。资本对工人进行符号控制出现了困难。于是就需要危机来解决问题。一旦危机出现了，"生产的机器"就开动起来。比如，能源危机就是如此。本来，如果社会不生产那些可有可无的东西，比如不生产航空母舰，不生产航天飞机，不穷兵黩武，那么能源危机就不会发生。但是资本主义社会系统需要"冷战"，有了"冷战"就有了能源危机，有了能源危机，再生产机器就开动起来。对于鲍德里亚来说，一旦经济危机出现了，马克思的经济理论又受到重视（据说，由于当代社会出现了金融危机，马克思的政治经济学理论又受到重视。如果从鲍德里亚的角度来看，这又是一个圈套）。对抗符号控制的斗争又被人们忽视。另一圈又重新开始。②"危机"是资本的诡计。鲍德里亚告诉我们，面对危机，我们无须恐慌。鲍德里亚说，危机是"给予系统的真正的恩惠"③，因为，它能够让系统的机器继续运行。如果没有危机，生产之镜就没有实质性意义，而只是一个空洞而疯狂的形式。或者说，生产只是空洞的、纯形式的生产。一旦危机出现了，经济的代码又重新获得了指称，而没有危机的时候，经济的代码，比如劳动等不过是空洞的符号。

据此，鲍德里亚说，在当代资本主义社会，政治经济学进入了审美阶段（请读者联系前面关于生产是演戏和编剧的思想来进一步理解这里所说的审美阶段）。资本主义的再生产活动就如同表演。当然这种表演的目的不是娱乐，而是要进行符号控制。按照康德的审美观念，审美活动是一种无目的的目的性活动。资本主义社会经济活动就是无目的的目的性活动。它无目的，因为，它不生产真正的使用价值，它有目的，它要维持再生产，资本要进行符号控制。而资本要进行符号控制就要让人们感到生产的必要性，就要保持生产的"假象"。正是这个原因，资本

---

① 第43页。
② 第43页。
③ 第42页。

怀念伟大的伦理时代,生产伦理的时代。为此,资本就必须把"短缺"制造出来,把"危机"制造出来。一旦"危机"出现了,经济学原则就会发挥作用。一旦经济学原则发挥作用,人们就无法真正地理解当代社会中的符号统治。符号统治就稳固了,安全了。这也使我们理解,为什么资本主义社会总是有各种危机,而每一次危机之后资本主义体系都安然无恙。能源危机等各种危机能够防止资本主义社会系统所面临的颠覆性的毁灭。它把这种颠覆性的毁灭转变成资本主义经济系统中的内在矛盾(即需求和生产的矛盾)。

第二,短缺与富裕的中和。

政治经济学的一个重要课题是经济中的短缺和生产中的过剩问题。那么在当代社会,短缺和富裕究竟是一种什么关系呢?

鲍德里亚指出,有一种观点认为,经济发展过程表现为社会的经济状况从短缺经济走向富裕经济,从生产不足走向生产过剩。鲍德里亚认为,这种观点是错误的。自从生产的终结以来,短缺和富裕如同生产、消费、劳动等概念一样,失去了其确定的意义(没有确定的参照)。20世纪70年代(鲍德里亚写作《象征交换与死亡》的年代)的能源危机也表明,危机成为资本为了维持控制地位而采取的一种策略。从这个意义上来说,在当代社会,短缺和富裕是可以互换的(这两者都被中和了),这是因为,这两者之间没有确定的参照,没有确定的所指。因此,在这种情况下,人们可以对短缺和富裕进行策略性的灵活运用。当然,鲍德里亚认为,只有到了再生产的完成阶段,人们才有可能策略性地运用它们。而在1929年的时候,人们还没有学会策略性地利用这种危机。在当代西方国家,政府一会儿通过大量地发行货币来刺激经济,一会儿又通过缩紧银根来约束通货膨胀。这都是政府对短缺和富裕所进行的策略性运用。在这里,短缺和富裕都没有所指,是没有差别的符号。既然如此,为对付短缺和富裕所采取的左翼策略和右翼策略也是没有确定的所指的。左翼认为,当代社会中仍然存在短缺(危机),因此要多干预,而右翼认为,当代社会是富裕阶段(无危机),应该自由放任,减少干预。而实际上短缺和富裕都是不确定的。我们既可以说,当代社会经济处于危机阶段,也可以说没有危机。有没有危机,这是任意的,因此,采取哪种措施也是任意的。

因此,在这里,富裕和短缺没有马克思主义哲学意义上所说的那种辩证关系。因为,在马克思主义哲学中短缺和富裕是有确定所指的,因此是对立的，而对立面的转化是建立在两者之间明确的区分基础上的。而在这里，富裕和短缺没有确定的意义，也没有对立。因此，当出现危机的时候，这种危机是仿真的危机（看上去似乎有危机，而实际上没有危机，或者更准确地说，有没有危机，这是无法确定的）。面对这种仿真的危机（一些人会认为，这种危机是虚假的危机），人们会认为，这种危机是大资本所策划的，是一种"阴谋"。比如，人们会说，大资本为了操控石油价格而散布"能源危机"的消息，或者借助于政治力量来干预国际能源市场。虽然这种说法也认识到，"能源危机"是虚假的，但是，它仍然用经济的原因来解释这里的问题。而在鲍德里亚看来，这不是什么经济问题，不能用经济原因来解释。在他看来，政治经济学意义上的生产、资本、劳动已经结束了，没有经济意义了，或者说，没有经济上的所指了。为此，他批评这种政治经济学的解释方法。他说，在这里，人们"宁愿要资本的这种经济暴行，也不愿承认我们所处的形势"[①]。

在1929年经济危机的时候，人们用政治经济学的原理来解释那个时候的危机，把这个危机称为生产过剩的危机。这就是说，人们生产出来的东西失去了目的性（是盲目生产）。生产出来的东西超出需求的范围。于是人们开始刺激需求，并借此来解决危机。而刺激需求的方法实际上就是要让无目的的东西重新具有目的性。这种目的就是我们前面所说的"无目的的目的性"（生产的审美阶段）。资本对于经济活动的这种调节就使生产和需求之间的关系发生了一个根本性的变化，生产和需求就不再有原来意义上的目的性。一旦生产和需求的意义发生了根本性的变化，那么以解决生产和需求关系为目标的政治经济学也就失去了原来的意义。但是经济学似乎还是在解决生产和需求之间的关系。这种经济学就是仿真的经济学，用鲍德里亚的话来说，整个经济学失去了"任何内在确定性"[②]。

在这里，鲍德里亚提出一系列相关的问题，这些问题的核心都涉及经济学学科的性质。这就是，在历史上是不是存在过真正的短缺？如果从来就没有存在过真正的短缺，那么短缺和富裕之间的对立就不存在，短缺和富裕之间的交替就没有意义。如果真正存在过短缺，那么马克思关于短缺和富裕的辩证法就是有意义的。鲍德里亚在这里似乎走向了极端。在他看

---

① 第44页。
② 第44页。

来，似乎从来就没有存在过真正的短缺，把短缺和富裕对立起来是经济学制造出来的。经济学就是建立在短缺与富裕辩证法的基础上。为此，他说："经济学为了自我生产（它从来都只是生产自身），需要短缺和富裕之间的这种辩证张力。"[1] 应该承认，富裕和短缺是一个相对的概念，不同的历史条件下人们对于短缺和富裕的理解也不同。从这个意义上说，短缺和富裕是可以被操弄的。但是在特定的历史条件下，还是有相对的标准的。鲍德里亚说，一切政治经济学都是通过操弄短缺和富裕来进行自我生产，这似乎走向了极端。最后，他认为，当代资本控制的社会系统需要政治经济学的神话操作来进行自我生产。当政治经济学通过操作，把短缺和危机制造出来的时候，再生产体系就可以运行了，资本控制的社会系统就得到了再生产。

第三，政治经济学批判拆除了革命的引信。

由于政治经济学批判不仅不会对资本主义构成威胁，而且政治经济学的操作还为资本主义的存在提供了保护，于是人们便热衷于用政治经济学的观念来解释当代资本主义社会现象。人们在对社会进行各种分析时都乐意采取马克思的观念。各种社会科学和人文科学都接受了马克思主义，甚至基督教徒都接受了马克思主义。他们用马克思的观念来解释当代资本主义的现实。按照他们的分析，各种社会现象，比如奇闻趣事、体育、艺术都是政治，或者都是意识形态，到处都有阶级斗争。这些现象都是受到背后的经济因素的影响。资本原来都潜在地发挥作用。对于这些人来说，现在这一切都是一目了然的。

1968年的"五月风暴"促使人们用政治经济学来化解危机。或者说，这场运动使政治经济学重新受到重视。这是因为这场运动是一种象征交换意义上的革命运动，或者说，是彻底颠覆资本控制的运动。这场运动试图表明，经济现象也是意识形态，也就是说，它揭示了经济本身不再具有传统上的经济意义了，而成为维护资本统治的意识形态。为了对付这场运动，人们引进了经济学话语，用经济危机、政治权力的危机等来化解这场资本统治（符号统治）的危机，从而强化了资本的力量。鲍德里亚认为，正是政治经济学，特别是马克思主义政治经济学批判使资本顺利地度过了这场危机。正是为了化解这场危机，人们才认为，政治经济学批判在当代

---

[1] 第45页。

社会还有参照，还有现实意义。马克思主义也因此得到传播。

鲍德里亚认为，人们应该大胆地认为，政治经济学都是意识形态，包括马克思主义都是意识形态，都是为维护资本主义制度服务的。虽然这个说法足够大胆，但是，它仍然还是被局限在马克思主义关于经济基础和上层建筑的框架中。所以鲍德里亚说，这只是"古老的问题像手套一样翻个面而已"①。既然存在着经济基础和上层建筑的区分，那么经济学似乎就仍然可以有自己的所指。经济学也会重新出现。因此鲍德里亚强调，应该放弃经济基础和上层建筑的区分，终结这两者的确定性。因为，在鲍德里亚看来，经济完全是一个符号。经济已经没有经济的意义了。资本的系统自己已经终结了经济基础（经济基础意识形态化了）。但是资本仍然假装经济是基础。它要人们关注经济基础。这是马克思给资本提供的策略。资本有效地利用马克思提供的策略，从而使人们关心经济基础，用经济基础来解释各种社会问题。他说，资本从来没有把基础和上层建筑区分开来，"资本并非如此幼稚"②。对于资本来说，既不存在经济、不存在生产，也不存在"意识形态"。资本在社会的所有层面上运作。他说，只有马克思主义者才天真地相信，在当代资本主义社会还仍然存在着生产。由于存在着生产，存在着资本的剥削，所以无产阶级革命仍然是必要的。这就是他们的"幻想和最疯狂的希望"。而资本却不相信这种区分，它"占领全部生活空间"。③ 它把人安排到各种活动中去，让人有劳动，有娱乐，有文化，有需求，有自由，有法律，有性。所有这些其实都是资本控制着的符号，它们并没有人们所理解的那种确定意义，而是完全随意的。资本也不通过等级制来压迫人，资本要让所有的人平等、无差异（鲍德里亚的后结构主义就是强调人和人之间的差异、人的不同身份、不同特性。这个问题后面论述）。这就是资本的运行原则（等价原则）。但是这一切都是在"政治经济学"掩盖下进行的。

在鲍德里亚看来，资本就是这样一个巨大的、变幻莫测的机器。它把生活中的所有现象都变成了空洞的符号，然而它却仍然装出一副按照政治经济学原则来运行的模样。在这里，象征交换虽然还在一定程度上存在着，但是没有多大的作用了，而政治经济学的原则却在这里大行其道。所

---

① 第46页。
② 第46页。
③ 第46~47页。

有的东西似乎仍然按照价值规律运行。按照我们前面的说法，这是一种仿真现象。生产已经终结了，但是仿真的生产仍然存在着。鲍德里亚在这里对马克思《路易·波拿巴的雾月十八日》的有关思想进行了批评。马克思认为，路易·波拿巴的政变是当年拿破仑革命的"漫画化"。鲍德里亚把它称为"戏拟的形式复活"，也就是仿真。他认为，在马克思那里，真实的历史事件和历史的事件的"戏拟的形式复活"是不同的，真实的历史发展会超越这种历史闹剧。或者说，在马克思那里，历史发展的必然性是不可阻挡的，波拿巴的历史闹剧必然会被超越。鲍德里亚认为，马克思的说法不对。真实的历史不是不可阻挡的。在当代资本主义社会，真实与想像无法区分，仿真已经取代了真实（实体已经被掏空）（这个问题很值得重视，我们的历史研究既不是真实的，也不是虚假的，而是仿真的。这非常有道理）。对于鲍德里亚来说，仿真才是不可超越的。所以他认为，仿真抛弃了历史，也抛弃了我们。当然，鲍德里亚也承认，马克思曾经看到仿真现象出现的苗头（比如，路易·波拿巴）。比如，马克思也看到，资本的有机构成的不断提高，死劳动的不断积累，这导致生产过程中劳动力的减少。或者说，资本也试图不断地减少劳动力的使用。这也意味着劳动会走向终结。但是，鲍德里亚认为，马克思在这里却错误地认为，这是资本在这里挖掘自己的坟墓。在鲍德里亚看来，这不是资本在挖掘自己的坟墓，而是资本用更精巧的方式进行控制。那么，这种控制方式是什么呢？这就是把资本和劳动力对立起来，但是，这是一种仿真的对立；在这种仿真的对立中，资本借助于死劳动，而把劳动力变成顺从资本主义体系的力量。本来资本是借助于剥削雇佣劳动而发展的。现在资本不需要借助于雇佣劳动，而只要借助于死劳动体系就能够保持自己的运行了。但是，资本还是雇佣了劳动力，好像资本和劳动力是对抗的。而实际上，在这种雇佣劳动关系中不存在实质性对抗，而是仿真的对抗。资本雇佣劳动力，是给劳动力提供就业机会。于是，劳动力在这里从"可能会粉碎生产关系的断裂能量变成一个与生产关系同质的词项"[1]。也就是说，劳动力原来是可能粉碎资本主义的生产关系的，具有断裂的能量（是一种力），而现在却被同化到这种生产关系中，成为生产关系中的同质的词项（符号，即从一种力变成符号）。在这里，实际上只有死劳动（即资本）进

---

[1] 第48页。

行控制，但是似乎却存在着资本和劳动两种东西的对立。而这种对立实际上是一种仿真的对立，是二元编码关系。只有有了这个二元编码，资本控制的体系才能稳定下来。资本喜欢二元对立，仿真的对立。比如，本来在国家干预的资本主义社会中，完全对立的无产阶级和资产阶级已经不存在了。代表无产阶级和资产阶级的两个政党之间的对立也不存在了。但是，西方政治体系还是常常以两党竞争的形式出现。而两党竞争实际上不存在实质上的竞争，因为它们不代表对立的阶级，它们不过是没有实质对立的符号（在选举中，它们会制造对立的假象来争取选票）。用鲍德里亚的话来说，这是"编码运转的二元配置"，但是，在这种二元配置中"对抗被消解了"[①]。在这里，资本已经不屑于获得剩余价值了，而专注于对社会的全面控制。

马克思认为，资本减少劳动就意味着剩余价值率的降低，就意味着资本在自掘坟墓。马克思向资本阐明了，资本主义如果仍然按照生产的模式来运行的话，那么等待它的就是自我灭亡。那么当资本改变自己的策略、放弃生产而专注于再生产的时候，它是不是有了马克思的那种直觉了呢？是不是资本接受了马克思的建议，而放弃了生产模式呢？鲍德里亚的回答是："不是。"因为资本从来没有认真地对待过生产，即使资本曾经真正地进行生产，但是，它只不过是为了获得剩余价值，不过是在"玩弄"生产。当生产把资本带入自我矛盾的时候，即带入获取剩余价值与剩余价值率不断减低的矛盾的时候，资本果断地放弃了生产。在这里，它放弃了剩余价值，或者说，对剩余价值不屑一顾，它进行符号控制。整个资本主义体系所重视的是社会总体的稳定。由此，从资本作为一个体系的意义上说，资本对剩余价值不屑一顾（比如国家采取各项措施，比如就业政策、失业保险政策等）。当然从个别资本家来看，获取剩余价值仍然是他的主要目标。然而，如果我们按照鲍德里亚所说的那个系谱学来说明，对剩余价值不屑一顾是普遍现象，而把获取剩余价值作为目标只是特例。

因此，在鲍德里亚看来，只有放弃了生产的模式，不是从经济意义上进行斗争，资本的统治才能被动摇。

第四，只有象征交换才能摧毁资本主义、

从上面的分析中，我们可以看出，在经济领域或者政治领域（以经济

[①] 第48页。

为基础的政治领域）所进行的革命都不能摧毁资本主义。鲍德里亚用"麦比乌斯带"的扭曲循环来说明经济基础革命的作用。"麦比乌斯带"是一种循环的带状构造。沿着带状循环的一侧运行的东西会自动地走到另一侧。按照这样的类比，经济革命是反抗资本统治的，但是其结果却会加强资本的统治。资本就希望人们按照经济原则来理解资本的控制，人们越是关注经济原则，越是按照经济原则来进行革命，人们就越是不能推翻资本的控制，反而会加强资本的控制。这就是鲍德里亚所说的，人们永远不能按照系统自身所说的那种逻辑来战胜系统。在这里，人们总是认为，在当代社会，资本仍然按照经济原则来运行，经济原则仍然是真实的东西。人们仍然认为，劳动是真实的、资本是真实的。而实际上，这些都是仿真的东西。因此，鲍德里亚说："人们永远不能在真实层面上战胜系统，我们所有革命战略家所犯的最糟糕的错误就在于相信可以在真实层面上终结系统；这是他们的想像，是系统本身强加给他们的想像，系统的生存和残存所依靠的正是不断引导那些攻击它的人到现实的场地战斗，而这个场地永远是系统的场地。"① 资本主义社会系统诱导人们产生这种想像，以为当代社会的生产是真实的生产。比如，当工人在生产领域反抗资本主义的时候，当工人罢工希望获得更高的工资的时候，资本不会拒绝，它会给工人更高的工资。工资提高了，物价却上涨了。工人继续罢工，物价继续上涨。这种膨胀会连续发生，而资本主义经济系统被维持下来了。这是"赏赐系统又增加的一道螺旋"②。工资的提高是对工人的赏赐。但是人们总是在这个螺旋中存在。如果工人一会儿罢工，一会儿开工，那么工人就在进行象征革命。鲍德里亚认为，这是颠覆意义的革命。但是资本仍然把人们诱导到经济斗争中来，比如，通过工资谈判，通过改善劳动条件，通过工会的工作等。罢工斗争又回到经济系统中。这就是一个麦比乌斯圈。在经济领域所进行的斗争永远都摆脱不了这个麦比乌斯圈。用鲍德里亚的话来说，所有真实层面上的斗争都会返回到系统中。资本主义社会已经把各种危机的偶然性等因素都包含在系统的设计中了。无论人们在生产层面上进行怎样的斗争，这种斗争都会返回到系统中。我们甚至可以说，资本会鼓励人们在生产层面上进行斗争。因为，在当代资本主义社会，生产已经不

---

① 第48~49页。
② 第50页。

是原来意义上的生产了。无论人们在生产领域中如何进行斗争，他们都无法突破系统的控制。由此，鲍德里亚说："所有生产矛盾、生产力量关系，总之生产能量的东西，都必然按照一种类似麦比乌斯带的循环扭曲方式回归系统，推动系统。"① 鲍德里亚把资本主义社会的这种控制方式称为"象征暴力"②。本来，人们可以通过革命来颠覆系统，但是系统通过象征暴力把这种革命重新纳入系统，使它返回系统。象征暴力与象征交换一样都是永恒的可逆性。资本鼓励人们在经济领域进行斗争，而这种斗争反过来巩固了资本主义的社会系统。在真实场地中的斗争是虚假的斗争。这种暴力是一种真假互换意义上的暴力。这也是一种暴力，这种暴力不是用皮鞭、不是用枪炮，而是用一种象征逻辑把人们强制约束在系统中，约束在生产系统中。比如，工人在就业岗位上，本来不进行生产性劳动了，但是人们还是按照系统的要求劳动。而这种劳动纯粹是一种象征性劳动。当然这种劳动不是真劳动，也不是假劳动，而是象征性的劳动。这就如同中央领导每年植树节的时候都去植树。中央领导植树是象征意义的。我们不能按照广大群众去植树的方式来理解领导的植树，比如查看植树的数量、质量等。从这个意义上来说，他们不是真植树。但是，我们也不能认为他们是假植树。他们确实去植树了。当代西方社会中的工人的劳动也是如此。这是一种象征意义上的劳动。中央领导植树劳动是有意义的，它号召全国人民一起来植树。而工人作为象征性的劳动也具有意义，它只是为了让人们回到经济系统中，把人纳入系统中加以控制。这是经济系统对人所采取的一种象征暴力。这就是把一切放在系统的控制中，让它们在系统中循环。鲍德里亚认为，"系统不需要真实的暴力或反暴力，它依靠象征暴力而生存"③。在这里，鲍德里亚还特别强调，我们不能把象征暴力和符号暴力等同起来，比如，我们把某种符号加在某个人身上，比如说某个人是"黑人""女人"就是一种符号暴力。通过这个暴力，人在这里受到压制和歧视。

在这里，鲍德里亚认为，这种象征暴力不仅具有可逆性，而且具有"反馈赠"（contre-don）的永恒可逆性。④ 这就是说，如果你反馈赠，那么

---

① 第48页。
② 第49页。
③ 第49页。
④ 第49页。这一句话可以翻译为"这就是复归，即反馈赠的永恒可逆性"。参见法文本，第63页。反馈赠的永恒可逆性，就是指人们永远都可以反馈赠，都可以摧毁单向的馈赠。

我也要阻击你的反馈赠，使你无法逃避馈赠。要理解"反馈赠"，我们就必须首先理解"馈赠"。按照莫斯的看法，在原始社会，人们是按照象征原则来对待财富的，或者说，他们不是把财富当作有使用价值的东西，而是当作有象征意义的东西。当一个人把财富馈赠的时候，特别是当这种馈赠的财富巨大，而使接受馈赠的人无法回礼的时候，这个人就获得了对受馈赠者的统治，受馈赠者对馈赠者就存在着一种象征义务。人们通过单向馈赠而获得权力。统治者享有馈赠的专有权，而其他人的回礼也会陷入统治之中。当代资本主义所进行的控制就是这样一种馈赠，享受馈赠专有权的馈赠。比如它把劳动馈赠给工人（使工人获得就业岗位），这让那些接受劳动伦理的人不得不接受。如果人们接受了这种馈赠，那么工人就要回礼，比如，就要参与劳动（消费劳动）。在工人回礼（参加劳动）之后，资本就进一步馈赠，给予工资（工人无法摆脱资本的馈赠）。这样工人就永远无法摆脱资本的象征控制。这就是象征暴力。正是在这个意义上，他说，"消费只不过是这个陷入绝境的赏赐系统又增加的一道螺旋，因此它也就是统治又增加的一道螺旋"[①]。于是罢工、劳动、提高劳动保障等，都是增加资本控制的又一道螺旋。再比如，资本控制了各种媒介，给人们提供了各种信息，大众只能被动接受这些信息，看电视，看报纸等。同样，它给整个社会提供了各种福利、各种社会保障（医疗保障）、各种安全保护（比如劳动保护法、食品安全法）。资本馈赠给人们这些东西，人们是无法拒绝的，谁也摆脱不了。如果人们接受这些馈赠，那么人们就接受了资本的控制，人们就对资本欠下了象征债务（这是单向的馈赠，这种单向的馈赠产生了权力）。馈赠是单向的给予。在这个时候，对付这种馈赠的方法就是反馈赠。这种反馈赠也要像资本所进行的馈赠那样，使最终的回礼成为不可能。这就是说，人们馈赠给资本的东西是如此重要（比如生命的馈赠，象征意义上的生命和死亡。比如，再生产就是生产的死亡和生产的复活），以至于资本没有任何东西可以用来进行回礼。由于象征义务的存在，资本只能用自身的死亡来进行回复。我们要给资本主义社会系统馈赠某种东西，让资本没有任何回复或者回应的可能性，而只能用自身的死亡来回应。在鲍德里亚看来，这种馈赠就是死亡馈赠，就是我们要把自己生命馈赠给系统。这个时候，"系统本身必须通过自杀来回应死亡和自杀

[①] 第 50 页。

的反复挑战"①。在这里，我们可以看到，要摧毁这个系统，工人就不能进行一般的回礼，而要进行生命的馈赠。既然资本是按照象征暴力的方法来维持自己的生存的，那么我们也要按照象征暴力的方法来颠覆系统；既然资本不是从生产的层面上，从经济的层面上来对待工人的工资和工作的，那么我们也要在象征的层面上对待工资和工作。这就是说，我们对付系统的唯一方法是"让系统的统治原则本身反转过来对抗系统"②。资本的统治是用单向馈赠来维持的，那么我们也要用单向馈赠来对付系统，我们也要用无法回礼，用"回礼和报复的不可能性"来对付系统。比如，我们一会儿上班，一会儿不上班，我们一会儿要工资，一会儿不要工资。如果我们不上班，我们吃什么呢？我们宁愿没有吃的，我们也要抵抗。这是一种死亡冒险。我们在这里就是要用生命来做赌注，我们把自己的生命交给系统。在这个时候，系统也只能用自己的死亡来回应我们。既然系统是按照象征逻辑来办事的，那么系统就要承担象征义务；既然你单向馈赠我们，从而控制我们，那么我们也单向馈赠给你，让你无法回礼，让你只能用自己的死亡来回应我们。否则系统就没有履行象征义务，系统就会丢脸。

鲍德里亚用恐怖分子扣押人质来说明这种挑战的方法。他认为，恐怖分子（挑战系统的人）扣押人质（自己或者其他人的生命）就是对（资本控制的）系统的这样一种挑战。恐怖分子打算把自己的生命馈赠给系统，来挑战这个系统。从象征的意义上来说，恐怖分子的生命和人质的生命是没有区别的。这是因为，恐怖分子在扣押人质的时候，是不管人质是否无辜的，或者说，对恐怖分子来说，人是没有区别的。于是恐怖分子对他自己和人质也不进行区分（如同象征中真实的劳动与虚假的劳动无法区分一样）。从这个意义上来说，恐怖分子的生命和人质的生命对于恐怖分子来说是一样的。如果人质死亡了，那么恐怖分子的生命也无法得到保障。人质的死亡也意味着恐怖分子的死亡。如果人质安全了，那么他自己也安全了。在这里，恐怖分子有两种。一种是期望通过扣押人质而获得特殊的利益。这样的恐怖分子在扣押人质的时候，是进行精打细算的，他要与系统（权力机构）进行讨价还价的谈判。并且在谈判过程中，恐怖分子

---

① 第50页。
② 第50页。

会不断加码，力图获得对自己最有利的结果。从这个意义上说，这种谈判所遵循的是一种经济学原则，这里所呈现的是"交换剧本"①。比如，恐怖分子试图通过人质换取赎金，或者换取某人的释放。因此，鲍德里亚说，这种意义上的扣押人质毫无新颖之处。这种人质危机可以通过传统暴力或谈判来化解（争取工资的罢工就是如此）。比如，打死恐怖分子，或者满足恐怖分子的要求。"这是一种战术活动。"② 而另一种扣押人质的活动则完全不同。这种扣押人质的活动不能通过讨价还价来解决，而是一种象征意义上的活动。这就是鲍德里亚所说的生命的馈赠。在这里，恐怖分子准备献出生命来对整个权力系统进行挑战。在这里，恐怖分子扣押人质不是为了交换，它甚至不进行任何谈判，而是要通过生命的馈赠来挑战被攻击者的统治地位。鲍德里亚说："这里上演的正是：任何谈判的不可能性，因此也就是向象征秩序的过渡，这种秩序完全不了解这一类型的计算和交换。"③ 鲍德里亚的潜在意思是，资本总是要通过交换（谈判）来解决危机，或者说，资本所遵循的是经济原则，而恐怖分子却没有遵循经济原则，而是一种象征逻辑。他们把自己的生命作为"赌注"而从象征的意义上挑战资本的控制秩序（因为，资本主义的控制秩序是一种象征秩序，因此对于这种控制秩序的挑战，只能在象征意义上进行）。在这种象征挑战中，系统的回应只能是恐怖分子的死亡，或者击毙恐怖分子，或者恐怖分子与人质一起死亡（自杀式的恐怖爆炸）。虽然恐怖分子死亡了，但是系统却没有赢得胜利。用鲍德里亚的话来说，控制系统也失败了。这是因为，恐怖分子本来就是要献出生命来挑战控制秩序的，生命是它的赌注。就像原始人类那样，他馈赠了重大的礼物，这种馈赠也是赌注，他希望通过这个赌注来获得控制力量。在这里，虽然恐怖分子没有赢得胜利，但是控制系统却暴露了自己对他人的压制和控制。这就是说，虽然恐怖分子死了，但是它却表明"系统仅仅被自己的暴力所刺透"④。或者说，系统自身的暴力控制力量被暴露出来了。从这个意义上说，控制系统没有能够真正有效地回应恐怖分子对它所提出的象征意义上的挑战。鲍德里亚指出，这种象征意义上的死亡与战争意义上的死亡是不同的。战争意义上的死亡是

---

① 第 50 页。
② 第 50 页。
③ 第 50~51 页。
④ 第 51 页。

可以预期的，或者用鲍德里亚的话来说，"是很容易在系统中推算出来"。恐怖事件中的象征死亡却不是这样。我们可以设想这样的情况：如果有恐怖分子用生命作赌注来挑战控制系统（即第二种意义上扣押人质的事件），他虽然也可能和控制系统讨价还价，但是在讨价还价中他总是不断提高价码，直至提出控制系统无法满足的价码。面对象征死亡的挑战，系统只能用自身的死亡来回应。正是在这个意义上，鲍德里亚说："系统为了回应而陷入自杀的绝境"。鲍德里亚指出，这种自杀的绝境"通过自身的紊乱和衰退明显表现出来"①。对于巨大的控制系统来说，恐怖分子的力量完全是微不足道的，但是这种微不足道的力量却对系统提出了巨大的挑战，而使系统面临死亡的绝境。全部暴力机构都无法有效地应对象征死亡。为此鲍德里亚说："系统进行交换，只可能死亡，它接受挑战，只可能失败。"②系统自身的死亡就是对象征死亡的回应。读者应该注意，鲍德里亚不是鼓励人们进行这种自杀式的恐怖活动，他在这里所说的死亡不是生理意义上的，而是象征意义上的。这个问题我们在后面讨论象征死亡的时候还会涉及。

鲍德里亚认为，在人类社会的各种不同组织形式中，人们都懂得这种象征交换关系，而只有资本主义不知道这种象征交换关系，它只知道经济上的交换关系，只知道讨价还价的交换原则。而象征交换绝不是这种意义上的交换（因此，象征交换实际上也不能说是一种交换）。象征交换从本质上来说，就是回礼的不可能性。当然，鲍德里亚也兴奋地发现，当代资本主义社会中的人们正在重新发现这种象征交换的作用。

在这里，鲍德里亚试图举例说明在其他各种不同社会形式中所存在的象征交换。比如，古代社会的人们还是懂得象征交换的。渎圣的苦行者也是在象征交换的意义上向上帝提出挑战，他认定上帝也不能用等价交换的方式来回应他。比如，基督教史上一个派别叫纯洁派，他们认为，世上的一切，如婚姻、性交、工作、战争都是罪恶的。这些苦行者也试图达到极高的修炼境界，甚至达到与上帝一比高下的地步。在他们看来，基督之死也毫无价值。他们对上帝提出了象征挑战。在这种情况下，上帝不能接受他们的挑战。因此，这些人被看作异端，教会对他们进行审判。鲍德里亚

---

① 第51页。
② 第51页。

认为，教会对他们所进行的审判就是为了避免上帝与这些异端分子在象征层面上"面对面"。如果他们在象征层面上面对面，那么上帝将无法回应苦行者的挑战，就会被勒令死亡。为了避免上帝的"死亡"，教会就充当了一个中介，防止上帝直接面对苦行者。于是，教会就让人们到教堂里忏悔，而忏悔的人们也会从上帝那里得到恩惠。于是上帝和苦行者之间就建立了一种"经济意义"上的交换关系。教堂就是让上帝和苦行者之间发生交换关系的经纪人。教堂的作用就是化解象征意义上的挑战，而使之转化为一种"经济意义上的"交换关系。

于是鲍德里亚认为，当代社会生活中的许多社会机构都充当了这种经纪人的作用。本来，我们也可以用象征死亡对系统提出象征挑战。但是社会机构就像这种经纪人那样来调节我们与系统之间的关系。比如，在1968年，当工人对资本的控制体系进行象征挑战的时候，工会出现了，它努力把一切都返回到经济层面，从讨价还价的角度来调节工人和资本控制系统之间的关系（鲍德里亚在后面的分析中，把工会等理解为阻止死亡的社会机制，让系统自然死亡，见"自然死亡与牺牲"那一节）。所有这些社会机构都是要避免人们对系统提出象征挑战。这种挑战意味着系统的死亡。它总是努力让一切都通过协商解决。鲍德里亚认为，"这就是我们那深深的烦恼的根源"[1]。

在鲍德里亚看来，扣押人质从一定意义上说，具有重要的意义。一方面，对于扣押人质事件，系统只能用暴力来镇压。这时它会把自己的暴力特征显示出来，把自己的控制和压制的特征暴露出来。另一方面，系统可以使用象征暴力来控制社会，但是却不能用把自己的生命献给系统那样的象征暴力来进行社会控制。这是它无法利用的象征暴力。

在这里，我们必须指出的是，鲍德里亚按照他自己对当代资本主义的分析指出，当代资本主义对社会的控制不是按照传统的政治经济学原则来进行的。经济学意义上的讨价还价或者斗争无法解决资本主义社会的问题。当代资本主义的社会控制形式是象征暴力。因此，我们只能用象征暴力来抗拒资本主义社会的象征暴力。而在所有这些象征暴力中，死亡馈赠是最根本意义上的象征暴力，它将最终摧毁资本主义制度。当然鲍德里亚不是鼓励人们去从事扣押人质的暴力活动。资本主义社会的再生产就是象

---

[1] 第52页。

征意义上的生产，仿真的生产，但是，这种仿真的生产却有经济交换的意义，没有完全脱离政治经济学的交换规则。它是第一种意义上的扣押人质。工会把工人作为人质而与资本主义社会系统谈判。工会就是像教会那样的东西，它阻止工人直接面对"上帝"，即经济系统。只有彻底拒绝这种再生产，即实行第二种意义上的扣押人质和自杀（只在象征意义上），才能彻底摧毁这个系统。鲍德里亚的扣押人质的思想应该这样来理解。

第四节　劳动与死亡

前面我们已经说明，当代资本主义社会通过象征暴力来维持统治。那么我们就需要通过象征暴力摧毁这种象征暴力。我们的象征暴力就是"死亡"。在这一节，鲍德里亚就是要在象征层面上说明劳动和死亡的关系。在这里，他的基本思想是，要么缓慢地死亡（劳动），要么暴死，这是当代资本主义社会的人们所面临的选择。如果人们选择了缓慢死亡，那么他们就会成为奴隶；如果人们选择了暴死，那么人们就获得了生命的自由、生活的自由，不受系统控制的自由。这就是从象征意义上理解的劳动与死亡。

按照鲍德里亚的看法，原始人类在象征层面上对许多不同的东西下赌注。这就如同恐怖主义者用自己的生命做赌注一样。比如，原始人类用出生来做赌注。如果说恐怖主义者试图通过生命的赌注来解构统治秩序的话，那么原始人用出生来做赌注，也是要解构统治秩序，这就是亲属关系的秩序。比如，原始人通过某种秘传仪式而不仅有了自己生物学意义上的父母，而且有了象征意义上的父母[①]（无法区分真假，具有可逆性的父母）。在这种秘传仪式中生物学意义上的亲属关系就被解构了。同样，关于灵魂与身体、真与假、现实与假象之间的关系也都是如此（参见"死人的引渡"，该书第五章第一节。请注意这里的生命和死亡是象征意义上的，如同原始社会中象征仪式上的生死。这里的恐怖分子也是象征意义上的）。但是，政治经济学却把所有的象征关系都纳入经济学上的交换关系。比如，有两种不同意义上的扣押人质。一种是经济学意义上的扣押人质，一种是象征意义上的扣押人质。但是，人们往往把象征意义上的扣押人质也

[①] 第 185~186 页。

理解为经济学意义上的扣押人质。在他们看来,恐怖主义者扣押人质总是试图获得某种利益。这就如同人们以为,生产中人们总是生产某种使用价值。人们认为,扣押人质的事件只有经济意义,而没有象征意义。为此,鲍德里亚说,政治经济学把一切归结为唯一的赌注——"生产"。这里的生产是狭隘的经济意义上的生产。于是按照经济原则,改变社会秩序的希望就只能从经济领域入手。而原始人类则不同,他们从象征的角度入手。从政治经济学的角度来说,唯一的赌注就是生产(就像扣押人质的赌注一样,如果人们接受了生产,那么经济学就生存下来了)。政治经济学希望按照第一种扣押人质的方式来对待生产,与工人进行谈判,于是对于政治经济学来说,"暴力和希望都过度了"[1]。在鲍德里亚看来,在今天的西方社会,生产没有经济的意义了,或者说,只有仿真的经济意义了。这就如同象征意义上扣押人质没有经济意义,而只有象征意义一样。在今天的资本主义体系中,生产真实内容已经被掏空了。在这样的情况下,一种更为根本的真相显露出来了,这就是生产已经进入象征阶段,具有象征的意义。消除生产的经济意义,而给它注入象征意义,这是资本本身完成的。当资本完成了这项工作之后,生产中的象征意义就凸显出来了,人们因此也就容易看出这种生产的赌注具有象征的意义。于是鲍德里亚认为,现在可以把政治经济学当成与生产无关的东西来分析。这就是要从象征意义上来分析政治经济学,从象征意义上来分析劳动和生产,分析劳动与死亡的关系。在鲍德里亚看来,在象征意义上,劳动不是要生产某种使用价值,而是要与死亡进行象征交换。劳动就是要换取(象征)缓慢死亡。从象征意义上说,劳动(今天的劳动也是象征意义上的劳动)与死亡(缓慢死亡)可以互换。

在鲍德里亚看来,在当代社会,一切赌注都要从象征意义上理解,而不应该被还原为经济意义。而在结构价值规律占主导的社会中,赌注都是象征意义上的赌注。这就是说,在当代资本主义社会,结构价值规律是主导规律,所有的东西都成为符号意义的东西,象征意义的东西。比如,生产是象征意义上的生产,劳动是象征意义上的劳动。既然这些东西都是象征意义上的,那么我们也应该从象征意义上理解劳动、生产、生命和死亡等。

---

[1] 第53页。

从经济学意义上说，人在雇佣劳动中出卖了劳动力；从象征意义上来说，人在这里出卖了自己的生命和尊严。一个是用自己的生命换取劳动报酬，用生命时间换取劳动报酬。因此，一个人必须正在死去才成为劳动力。于是，从象征意义上来说，工人的工资兑现的就是工人的死亡，就是工人成为经济系统一部分。只有工人正在死亡，变成经济系统中的一部分，工人才能够获得工资。在这里工人受到了象征暴力的控制，成为劳动力就是人受到象征暴力控制的标志。马克思认为，人在资本主义的体系中受到了剥削。这就是说，工人的工资和劳动力的付出是不等价的。这是一种经济暴力。与这种经济暴力相比，鲍德里亚认为，人在这里还遭受到一种象征暴力。这种象征暴力意味着工人出卖了自己的生命。人在这种单向的馈赠（生命的馈赠）中受到侮辱。在鲍德里亚看来，与象征暴力相比，经济暴力实在是微不足道。从经济意义上来说，资本购买了人的劳动力，并从经济上剥削了工人。工人在这种非等价关系中遭受经济暴力。与这种象征暴力相比，与工资购买人的生命（使人缓慢死亡）相比，这种经济暴力实在是微不足道。资本家给工人付工资，让工人缓慢死亡，就是要让工人成为"奴隶"，就是要让人在这种缓慢死亡中接受劳动力这个称号（对人的定义），从而使人受侮辱、受控制。

鲍德里亚说，"数量等价关系的可能性本身就已经预设了死亡"①。这就是说，本来人都有各自的特点，如果人就是一个数量，比如就是统计学上的"1"，那么这就是把人当作死亡了的东西。如果所有的人都是统计学意义上的"1"或"0"，那么人在象征意义上就死亡了。同样的道理，如果所有的东西都可以用数量来表示，那么这些东西在象征意义上也就死亡了。每个东西都有自己的特征，不能简单地用数量来表示。我自己用的手机与别人的手机虽然都是一个牌子的，一个型号的，表面上完全一样，但是这里包含了我自己私人的东西。所有的东西都有象征意义，都不能用简单的数量来表示。所以，鲍德里亚说："正是死亡在各处都使得等价关系的计算和随意性的调节成为可能。"② 在这里，生命和死亡都是象征意义的。一个人被当作"1"就是死亡，但是却被当作有生命的人。在对人的活动进行统计的时候，人的死亡不是暴力的，也不是身体的，而是生命和

---

① 第 53 页。"先设"改译为"预设"。
② 第 54 页。

死亡可以随意调换。我们既可以说，这个人生，也可以说这个人死。这个死亡也可以说是变换了意义的死亡，是延迟的死亡（这个变成"1"或者"0"的人先是社会意义上死亡，然后是生理意义上死亡）。

对于鲍德里亚来说，工资、劳动、商品、死亡等在当代社会中都不能从经济意义上来理解了。从前面的分析中，我们知道，在当代社会的经济系统中，劳动没有真正的劳动的意义，而是一种象征性的劳动，甚至类似于演戏。在鲍德里亚看来，对于这样的劳动我们不能从经济意义上来理解，也不能按照唯心主义的方式来理解，比如，把它理解为"生命的实现"①。黑格尔已认识到，劳动就是人的生命的实现，他把劳动看作人的自我确证②的本质。象征意义上的劳动是缓慢死亡。鲍德里亚强调，不要把缓慢死亡理解为生命的逐渐衰落（这是经济意义上的理解），而是要从象征意义上理解缓慢死亡，它与象征意义上的暴死相对立，比如，与恐怖分子的那种暴死相对立。这种象征意义上的缓慢死亡就类似于接受统治，类似于那种讨价还价的恐怖分子。我们可以把这两种象征意义上的死亡分别理解为接受象征暴力的死亡（维持资本主义系统意义上的死亡，接受资本控制意义上的死亡）和象征解构意义上的死亡。接受象征暴力的死亡是经过计算的死亡，是与工资进行交换的死亡，是缓慢死亡，而象征解构意义上的死亡，是牺牲。按照那类虔诚的"革命"观点，劳动是生命的耗费，放弃劳动，争取闲暇，这是他们的革命目标。而鲍德里亚认为，从象征意义上来说，劳动（发达资本主义社会中的象征劳动，仿真劳动）不是与闲暇相对立，而是与暴死、牺牲相对立。只有牺牲才能摆脱控制，而劳动不过是缓慢死亡，是接受控制的死亡。

在前面的分析中，我们已经说过，现代资本主义社会的控制就是生命的单向馈赠，劳动的单向馈赠，让生产继续下去，让劳动继续下去。在鲍德里亚看来，这种生命的单向馈赠使人成为奴隶。他通过奴隶的系谱学来说明这一点（这里，我们再次看到他的系谱学分析）。在古代社会，被俘虏的战俘最初是被处死的。战俘虽然被处死了，但是他们却有战士的尊严。后来，战俘的生命被保存下来了，但是他们却成为奴隶。最后当他们被免予处死的时候，他们成为劳动者。从系谱学的意义上来说，从表面上

---

① 第54页。
② 参见马克思《1844年经济学哲学手稿》，人民出版社，2000，第101页。

来说，人获得了生命，但是，人却成为奴隶。这就同福柯在分析规训和处罚时的情况一样。在当代社会，虽然人不再被残酷的处死了，但是所有的人都成为奴隶。同样的道理，在当代社会，虽然从表面上来看，当代社会更加人道了，人不被处死，但是所有的人都成为奴隶。在缓慢死亡中，人成为劳动者（奴隶），而在即刻的死亡（暴死）中，人获得了尊严。

缓慢死亡和暴死分别从属于两种不同组织：经济组织和牺牲组织。在经济组织中象征关系是一种暴力控制的关系，遵循着经济学上的交换原则；而在牺牲组织中，象征关系解构控制关系。在这里，鲍德里亚隐含地批判政治经济学，按照政治经济学原理，象征暴力被人们（政治经济学意义上的革命者）理解为经济暴力，而按照他的象征交换原理，要按照象征暴力所遵循的原则来解除象征暴力。这就是牺牲或暴死。

于是，鲍德里亚在这里进一步解释当代资本主义象征关系中所包含的象征暴力。这种象征暴力表现为统治者对被统治者的单向生命馈赠。统治者给被统治者留下生命，让他们背上劳动者的符号。为此，鲍德里亚说，在这里，劳动是屈辱的符号，劳动者被判定必须活下去。按照鲍德里亚的说法，在这种象征关系中，主人不一定是进行剥削的人，而是能够"悬置死亡的人"，让人活下去的人。因此鲍德里亚说："权力从来都不是处死的权力，恰好相反，是留命的权力"。[①] 主人自己可以进行死亡冒险，而奴隶却被剥夺了死亡冒险的权力。从现实来看，那些敢于冒死的人往往成为黑社会中的头头，而那些胆小怕死的就是跟班。主人使奴隶脱离了死亡，奴隶就成为劳动者，他也因此失去了用自己的生命进行象征交换的权力。他不能暴死，不能用生命进行赌注，而只能缓慢死亡。他失去了用生命进行赌注，用生命进行象征交换的机会。黑格尔在分析主奴关系时也是如此，谁能搁置别人的死亡，谁就能够成为主人。从系谱学意义上来说，原来只有战俘被保留生命，延迟了死亡，并由此而成为奴隶。而在当代社会，许多人都被剥夺了死亡的权利，而成为劳动者，他们也是奴隶，他们也是权力结构中的奴隶。在这里，鲍德里亚实际上提出了一个重要思想：关于权力结构的思想。在他看来，权力关系应该从象征交换的角度来理解。从象征交换的角度来看，那些单向馈赠的人获得了权力，而那些把生命馈赠给别人的人，悬置别人死亡的人才能获得绝对的权力。如果一个人馈赠别人

---

① 第54~55页。

以生命，那么这个人就获得了对受赠人的绝对权力。而当代资本主义社会的权力关系就要从这个角度来理解。资本不是通过经济上的控制而获得权力，而是通过生命的馈赠获得权力。这是因为，在当代资本主义社会，劳动等已经没有经济意义了，而是象征性的。当代资本主义馈赠劳动，就是相当于馈赠生命，相当于延迟生命。资本就是在这种生命的馈赠中获得了对人的控制权力。因此，鲍德里亚说，"这就是权力的秘密"①。从象征意义上来说，今天的工人是被剥夺了死亡权利的奴隶。强迫工人劳动、生产，对他们进行剥削，这只是少数情况，或者说，这些东西"只是这种权力结构可能有的变形之一"②。从整个人类历史来说，权力关系都根源于馈赠（象征意义上说的）。从表面上来看，当代资本主义社会的权力关系是一种剥削关系，而其本质仍然是馈赠，是生命的馈赠。从系谱学的角度来说，当代社会似乎更加文明，不再处死战俘了，但是，其最终的结果却是这个社会中的所有人几乎都成为"战俘"，都成为劳动者。鲍德里亚在这里就是要告诉我们，在今天，我们要这样来理解工人，把他们看作失去死亡权利的奴隶，而不能把他们看作受剥削者。现代社会强迫他们生存，让他们成为奴隶。这就如同过去的战俘一样。

既然权力来自死亡的悬置，那么革命就不是要杀死自己的对手，而是要重新夺回自我决定生死的权利。如果权力来自单向赐予生命，那么推翻权力的唯一方法就是交还生命。既然工人是被剥夺了死亡权利的奴隶，那么传统上的那种废除权力的革命观点就过时了。于是鲍德里亚说："只有交出这一生命，用即时的死亡来报复延迟的死亡，这才构成一种根本的回应，这才是废除权力的唯一可能性。"③ 按照鲍德里亚的看法，交出生命的这种行动就是象征交换。这就如同象征意义上的扣押人质一样。这种扣押人质的行动追求的就是暴死。在鲍德里亚看来，与其这样屈辱地活下去，毋宁有尊严地暴死。这大概也是东西方概念的不同吧。对于西方人来说，"生命诚可贵，自由价更高"，而对中国人来说，似乎应该是"好死不如赖活着"。于是西方人致力于用生命的冒险来获取自由，而中国人却宁愿像奴隶那样活着也不愿意用生命来冒险（这不是鲍德里亚的本意，鲍德里亚的话要在象征意义上理解，而我是在生物学意义上解释了）。显然，鲍德

---

① 第55页。
② 第55页。
③ 第55页。

里亚的思想是非常激进的。当然这种激进虽然也包含了死亡冒险，但是这种死亡冒险并不是鼓励人们革命，不是要人们杀死统治阶级，而是要"自杀"，要在自杀式的死亡中象征性地解构权力秩序。

在鲍德里亚看来，象征交换也是有节奏的。这就如同我们的生活中礼物的交换也是有节奏的。如果有人送礼物给我们，我们如果立刻回礼，那么这就是拒绝送礼者给我们施加的象征义务。如果推迟还礼，那么这就意味着我们之间存在着象征义务关系，我们愿意接受送礼者施加的义务关系。因此，鲍德里亚强调，权力系统就是要控制节奏，不让接受礼品的人即刻还礼。于是鲍德里亚按照这样的观点分析劳动过程。资本赐予生命，延迟死亡，就是期望工人用自己的劳动来回礼。正是在这样的回礼中，权力关系建立起来了。因此鲍德里亚认为，被剥削者不能在劳动中把生命交还给剥削者，如果这样做的话，根本无法消除权力关系。这是因为，这就是接受了生命馈赠所产生的义务关系。于是，权力就在推迟死亡中建立起来了，就是在死亡的延异（différance，推迟死亡，并使之发生变化）中建立起来了。因此如果用劳动来归还生命，那么这没有改变死亡的延异，也不能改变权力结构（在这里鲍德里亚用"延异"这个概念来说明权力结构的形成，这表明他对德里达的思想表示怀疑。延异不能解构权力，而是加强权力形成的基础）。在鲍德里亚看来，如果在劳动的缓慢死亡中归还生命，那么统治者可以继续给劳动者提供劳动岗位，让他处于劳动中，继续延迟他的死亡，继续把生命赐予他。在鲍德里亚看来，这种做法正好中了统治者的计策。统治者在这里坚持了一种辩证法，这种辩证法就是把生和死分离开来，使之成为对立的两极。人或者是生，或者是死。如果人要生，那么人就必须在劳动中缓慢地死。这种生死的辩证法恰恰使权力关系建立起来，统治者在生死的对立中控制了生杀予夺大权。鲍德里亚在象征意义上理解生和死，而在象征意义上生和死根本无法对立起来。或者从象征意义上来说，不存在生物学意义上的生死对立（我们在本书第五章第一节继续分析这个问题）。在他看来，人只能通过象征意义上的暴死，比如自杀来颠覆统治秩序。比如，一个人的自杀象征着一个人对于社会的彻底失望，他用自己的死亡来表示他对社会秩序的抗议。从生物学意义上来说，自杀的人死了，但是从象征意义上来说，他获得了生命。他在轰轰烈烈的死亡中让人摆脱控制，使生命获得新的意义。比如，孙志刚的死就是一种象征意义上的死亡（虽然他是被暴打而死），他的死使我们的社会结束了收容制度。从这个意义上说，孙志刚仍然活着（象征意义上活着）。而主人就是要把生死对立起来，让奴隶生存下去，从而控制奴隶。为此，鲍德里亚说，在劳动中，"奴隶依然是主人的辩证法的囚徒"①。一个人在劳动中死亡，是自然死亡，是作为囚徒的死亡。这种死亡不会有任何象征意义，这种死亡就是生物学意义上的生命终结。

在这里，鲍德里亚还提到了利奥塔的"里比多经济学"。在利奥塔看来，在社会中存在着巨大的里比多能量，社会的系统和结构会利用这些里比多能量，并把这种强烈的里比多能量引导到社会结构和系统中。比如政治制度就是要把强烈的里比多能量导入社会之中，而不让它出现暴力的冲击。而受控制者、受剥削者虽然受到了控制，但是也能够从里比多的冲动中获得快感。如果里比多能量受控制，那么变革的可能性也受到了限制。在利奥塔看来，社会结构只有通过变革才能肯定生命，而控制变革意味着结构自身的死亡。因此，里比多的冲动总是有死亡和放弃死亡的冲突。只有释放里比多才能改变权力结构，而在受控制的快感中是不能改变权力的。②鲍德里亚在这里，吸收了利奥塔的思想，这就是社会结构只有在死亡的冒险中才能获得生。只有把里比多的强烈死亡冲动释放出来，结构获得变革，社会结构才获得了生。而这种结构的生，是原来结构的死亡的再生。相反，如果受剥削者在屈辱的剥削中体验到强烈的快感，那么他们就会趋向于缓慢死亡。他们就会接受劳动。或许，在劳动过程中，劳动者也会反抗权力（中译本译为"劳动过程中也许有反权利"③，"contre-pouvoir"被译为"反权利"，似乎不妥），即劳动者用自己的缓慢死亡来冒险。比如，劳动者也会罢工，也会消极怠工等，但是，这不能从根本上废除权力关系。因此，鲍德里亚说，"无能为力的快感永远不能废除权力"④。鲍德里亚在这一页的注释中也说明了，这是商品价值规律下人们所采取的方法。这种情况是真实存在的，而在价值的结构规律占统治地位的时代，经济关系已经由象征关系所取代。

如果说劳动是延迟死亡，是为了保证或者再生产社会系统的权力，那

---

① 第 56 页。
② 参见利奥塔《里比多经济学》第三部分。Jean Francois Lyotard, *Libidinal Economy*, Indiana University Press, 1993, translated by Iain Hamilton Grant.
③ 第 56 页。
④ 第 56 页。

么工资是干什么的呢？由于统治者赋予人们劳动，延迟了死亡，从而把权力关系确立起来，于是劳动者就会反抗这种权力关系，为了防止劳动者的反抗，统治者就会给劳动者发放工资。工资就是用来抵消劳动者的反抗的，它收买了劳动者，使劳动者放弃抵抗。用鲍德里亚的话来说，工资"中和了这种象征报复"①（工资把人们之间的象征关系转化为经济关系，从而中和了象征报复）。本来，统治者把生命赋予劳动者，使之免于死亡，他们悬置了被统治者的死亡。为了避免象征债务，被统治者把生命归还给统治者，或者说，试图暴死。而统治者为了避免劳动者暴死，于是，他们就用工资来收买劳动者。这实际上就是说，工资是用来购买劳动者死亡的。"死亡"在劳动者那里是一件可以买卖的东西。当劳动者的"死亡"被统治者购买了的时候，劳动者就只能生，只能像奴隶那样生。在鲍德里亚看来，当代资本主义社会中的劳动就是这种意义上的劳动，就是出卖了死亡的劳动，是悬置死亡的劳动。

为了进一步分析工资的特性，鲍德里亚分析了当代社会中劳动的特点。从前面的分析中，我们知道，在当代社会，由于死劳动替代活劳动，活劳动的需要越来越少，这导致了失业的大量增加。于是社会就要刺激需要，增加就业岗位。在这里，劳动是社会系统恩赐的，是给予，是馈赠。他引用了德语的工人和工厂主的概念的字面意思来说明这种情况。在德语中，工厂主（Arbeitgeber）的字面意思就是给予劳动的人，而工人（Arbeitnehmer）的字面意思是接受劳动的人。在当代资本主义社会，劳动就是馈赠，就是给予。它没有经济意义了，而是一种象征意义上的东西，是象征意义上赠予的礼品。馈赠劳动就是要获得权力，而拒绝劳动就是拒绝象征统治。从这个意义上来说，工资就是对工人接受象征统治的补偿。因此，鲍德里亚说，"工资则是这种带毒礼物的标志"②。接受工资就是接受劳动的单向馈赠，就是接受控制，接受"劳动者"这个屈辱的符号。同时，工资也是一种财富的标准，给予工资也就是给予财富。于是，工人不仅接受了劳动这种礼物，而且还接受了财产这种礼物。于是，工人不仅是劳动的接受者，而且是财富的接受者。从这个意义上来说，接受工资也增加了工人的象征债务（义务）。我们也可以说，他们的"象征亏损"更加

---

① 第56页。
② 第57页。

严重。因此，拒绝劳动、拒绝工资也就是对馈赠、收买、补偿提出抗议，就是对它提出"诉讼"。这样做就是要暴露这里所存在的象征统治。为了对付这种诉讼，对付这种抗议，资本家的办法就是要让工资具有经济的意义，比如签订契约，使工人在法制和契约范围内理解工资。让劳动和工资返回到经济的意义，这是资本家对付工人抗议的最好方法。

为此，鲍德里亚在这里进一步揭示了工资的象征意义。在他看来，工资不是用来和劳动交换的。给予工资就是为了让人花费，而花费工资不是经济意义上的消费行为，而是另一种类型的劳动。在不断被刺激起来的消费中，人的消费行为已不是通常意义上的消费。比如，本来人不需要再加餐了，但是消费刺激起食欲，这不仅不利于身体，反而会伤害身体。例如，在当前流行的消费中有一种消费叫自助餐。在自助餐中，消费者为了获得最大的利益而尽可能地消费，而出售者为了保证自己的利益而更加精确计算。消费者在这种博弈中，尽可能消费，这种消费可能把胃吃坏，而不利于健康。这种消费实际上就是一种劳动，一种为增加就业而进行的劳动。当然，鲍德里亚不是停留在这个意义上来说明消费是一种劳动，而是在象征关系上来说明消费是一种劳动。他认为，消费是一种象征关系，这与劳动中的缓慢死亡是一种同样的象征关系。当消费者消费一种产品的时候，也是要让产品延迟死亡（人购买了东西总是要把自己的东西保护好，让它延迟死亡）。这就如同工厂主购买工人劳动时，就是要让它延迟死亡一样。由于工厂主对劳动进行了单向的馈赠，并在单向馈赠中获得了权力，为此，他要向被馈赠者进行补偿，或者说，他要对自己所获得的权力进行赎买。而工资就是进行这种赎买。同样，购买商品支付的价格也是这种赎买，是对这一产品的延迟死亡的赎买。对于鲍德里亚来说，产品应该被挥霍掉。没有被挥霍的产品，剩余的产品、没有及时耗费了的产品是建立权力关系的基础（在这里，我们要特别注意鲍德里亚对于剩余、积累的批判。在他看来，原始社会中人们之间的权力关系就是在积累财富的基础上才产生的。但是，这不是从马克思主义的基础上来解释这种权力关系，而是从象征意义上来解释这种权力关系。从象征意义上来说，一些人把积累起来的产品馈赠给别人而获得了权力。在现代社会，物质生产的财富是用来满足人的需要的，但是，当代社会过度的剩余和积累，也导致了象征的权力关系的出现。1929年之后，出现了生产过剩的危机。资本主义的剥削关系转化为象征意义上的权力关系）。这就如同，人在劳动中延迟死亡，从而人受到了控制一样，产品在消费中延迟死亡，产品就处于被支配的地位，人就获得了支配产品的地位。而人对产品的支配就是权力关系的开始。只有在产品的无意义的耗费中，政治经济学的原则才会被打破，按照政治经济学原则所建立起来的权力关系才能被打破。人的暴死，而不是在劳动中缓慢死亡；对产品的无意义的挥霍，而不是价值的积累，才能打破权力关系。

从前面的分析中，我们可以看出，在当代资本主义社会，资本为了获得对工人的控制地位，它把劳动赐予工人，使工人延迟死亡。它因此获得了对工人的统治地位。为了保证这种统治地位，资本必须赎买，即必须支付工资，赎买工人的延迟死亡（否则工人要暴死，工人如果暴死了，那么资本的统治地位就会丧失）。在鲍德里亚看来，这种象征关系（象征暴力）是普遍存在的。在象征关系中，一切统治形式都必须赎买。但是，古代社会中的赎买，或者原始人类的那种赎买和当代资本主义社会中的赎买是不同的。在原始人类那里，这是通过牺牲来实现的。比如，在原始人类那里，首领或者头人在一定的象征仪式上死亡（他们通过象征的死亡来赎买权力。或者说，他们之所以能够获得权力是因为，他们将用自己的死亡来赎买这种权力）。他们通过这种象征性死亡，而使权力流动起来。如果他们不死亡，那么权力就会在他们那里积累，权力体系就会固化。夸富宴等宴请和仪式都有类似的特点。在夸富宴中，人们把财富挥霍掉。当一个人挥霍了财富的时候，他获得了权力。这些挥霍掉的财富也就是对权力的赎买。在鲍德里亚看来，原始人类中所存在的这种馈赠和赎买是公开进行的。但是，在当代社会，这种象征交换中所形成的权力关系是秘密进行的。或者说，象征交换意义上形成的权力关系表现为一种经济关系。经济关系掩盖了象征交换意义上的权力关系。鲍德里亚说："由于有了主人和奴隶的辩证法，这种复归的社会游戏停止了，权力可逆性被权力再生产的辩证法所取代。"[1] 这就是说，在原始社会，权力的赎买表现为权力是可逆的，首领的象征性死亡意味着权力的流动，或者说，意味着权力的消解。而黑格尔意义上的主奴辩证法虽然发生了权力的转移，但是权力关系却没有被摧毁。奴隶代替主人重新成为权力的拥有者。或者说，这是权力再生产的辩证法。而鲍德里亚所说的权力的可逆性是权力的消解，是权力关系

---

[1] 第57页。

的解构。在当代社会，在男和女、殖民地和殖民国家的两极对立中，按照黑格尔主奴辩证法，权力关系永远都不能被解构。而只有人们在其中象征地死亡，这种对立关系才能消除，权力关系才能被解构。如果男性象征地死亡了（象征性地把自己解构了，这也类似于古代社会中的那种赎买自己的权力的死亡仪式），那么男女之间的对立就不存在了，其中的权力关系也不存在了。而在男和女、殖民地和殖民国家的两极对立中，权力的解构实际上总是权力的再生产。

鲍德里亚认为，在当代资本主义社会，权力的赎买是仿真性的。在原始社会，人们赎买权力意味着权力是可逆的，而资本在赎买权力的时候，则把权力再生产出来。或者说，在当代社会，人们赎买权力是按照主奴辩证法来进行的。资本所进行的赎买不是真正的赎买，或者说，不是像原始人类那样，这种赎买不是权力的解构。因此这种赎买是仿真的赎买，是权力再生产意义上的赎买。在这里，赎买"是通过劳动、工资和消费的巨大机器完成的"①。在原始社会的赎买中，主人解构了自身、使自己象征性死亡。而在资本的赎买中，资本没有解构自身，没有死亡，或者用鲍德里亚的话说，"没有让自己真正地重新冒险"。资本的统治成功地赎买了自身，即资本通过支付工人的工资而使自己的统治地位维持下来了。因此鲍德里亚说："它还把赎买的过程转向了它自身的无限再生产。"② 这就是资本的象征统治以经济的形式出现了，象征关系在这里转变为经济关系，而这种经济关系把权力系统再生产出来。于是，鲍德里亚说："经济的必要性及其历史性出现的意义也许就在此：在远比原始群体更广泛、更多变的社会层面上，人们急需一种既可测、又可控，还可无限延伸的赎买系统（宗教仪式就不是这样的），它尤其是不能对权力的行使和继承提出疑问——生产和消费是一种对此问题的史无前例的新颖解决方案。"③ 在原始社会，权力的赎买很简单，就是象征性死亡，就是无意义的耗费。甚至在宗教中，权力的赎买也是以象征性死亡为特征的。比如基督教中耶稣的死亡，就是十字架上的象征性死亡。而在当代社会，权力的赎买是一种仿真的赎买，不是象征性死亡，是一种可以无限延续的赎买，这就是不断地向劳动者提供报酬和消费以进行赎买。当劳动和消费被不断地再生产出来的时

---

① 第57页。
② 第57页。
③ 第57~58页。

候，权力系统也被再生产出来了。于是，鲍德里亚认为，生产和消费是可测和可控的赎买系统。在这样的情况下，象征死亡意义上的交换（赎买）在这里转变成经济意义上的交换。这种交换"保证了政治力量对社会的最终霸权"[1]。显然如果把一切象征关系都转变成经济关系，如果用政治经济学的模式来解释资本所进行的象征统治，那么这只能把资本的权力关系再生产出来，而绝不可能解构资本的权力。

在这里，政治经济学成功地把象征关系转变成经济关系，从而掩盖了权力的真正结构。本来，权力是通过单向的给予而获得的，但是政治经济学却让人们以为，权力来源于单向的接受和占有，比如接受、占有剩余价值。按照经济学的观点，谁占有了财富，谁就获得了权力（这是生产阶段的情况）。而在当代社会，情况就不同了，谁赠予了财富，谁就获得了权力（由于过度的积累和剩余出现了，馈赠成为获得权力的根本方法。这是再生产阶段的情况）。当代资本主义国家就是在进行这样的馈赠，比如馈赠养老保险，馈赠失业救济。正是由于政治经济学对权力产生的根源发生了误解，象征统治继续存在并得以完成。当代社会中的资本就是进行着这样的象征统治。然而被统治者也在政治经济学的误导下，把罢工、争取更多的工资或者把争取财富（剥夺剥夺者即推翻资产阶级统治的夺权斗争本身）等看作夺取政权的方法。他们都跌入了政治经济学的陷阱之中。他们越是用这样的方式来夺权，他们就越是成为被统治者。因为当工人要财富的时候，资本本来就想给他们，资本本来就是要馈赠他们，资本就是通过这种馈赠来达到对工人的统治。因此，工人夺取权力的努力，只能使自己成为被统治者。总之，在他看来，马克思的政治经济学批判误导了工人阶级，中了资本的诡计。

为了去除马克思的政治经济学的影响，鲍德里亚力图从象征意义上重新解释劳动、工资、权力、革命等重要概念。他剔除了这些概念的经济学意义，而赋予其象征的意义。从象征意义上说：

——劳动不是剥削，而是资本的恩赐，是资本的馈赠品。

——工资不是争取的，而是给予的、馈赠的。它与劳动力之间不存在买卖关系。它赎买了资本的统治。各种补助、补贴、救济等"负征税"的方法就是这种给予和馈赠。

---

[1] 第58页。

——劳动的缓慢死亡是不可容忍的（n'est pas subie，中译本翻译为"不是命定的"，似乎是误译）。这种缓慢死亡是对资本所进行的单向馈赠即向劳动的单向馈赠的徒劳无益的挑战。而只有象征意义上的暴死才能真正地挑战资本的单向馈赠。

——对权力唯一有效的反击就是把它给予你的东西还给它。比如，资本把劳动馈赠给劳动者，劳动者就要把劳动返还给它，拒绝成为劳动者。这就是劳动者以象征的方式死亡。

但是，在这里，鲍德里亚面临着一个问题：如果系统中的这些东西，比如、劳动、工资等都没有经济的意义，如果这些东西都没有实质性的存在形式，那么象征暴力还依然能够存在吗？这就是说，馈赠总是要馈赠某种实体性的东西，没有这些实体性的东西，人们能够感受到这种馈赠吗？如果人们感受不到馈赠，那么由馈赠所产生的象征暴力就失去了存在的基础了。对于这个问题，鲍德里亚认为，馈赠不一定需要有经济的意义或者实体性的东西。比如，媒体所进行的馈赠，它也是单向馈赠，而没有反馈赠的可能性。那么为什么没有实体意义或者实质性意义的单向馈赠仍然能够获得象征暴力呢？鲍德里亚认为，这是因为单向馈赠与延迟死亡混同起来了。这就是说，单向馈赠中总是包含了延迟死亡。如果人们接受延迟死亡，那么人们也就接受了象征暴力。比如国家对于交通事故的管理就是一种馈赠（这是没有实体意义的单向馈赠，也没有经济意义），通过这种馈赠，人们被延迟死亡了。这里也存在着象征暴力。鲍德里亚在这里所引用的一大段文字就是说明，单向馈赠中所包含的债务。政府在对交通事故进行管理的时候，它能够使人延迟死亡，而人们的延迟死亡（减少死亡率）就是向政府归还象征债务。或者说，交通事故就是向国家交还的象征债务。为了防止人们偿还这种象征债务，政府会采取更多的预防事故的措施，而这些新的预防措施会进一步增加债务。实际上，这就是说，这些新的预防措施增加了对社会的控制和管理，提升了政府的权力。而所有这些权力都是以馈赠的形式出现的，即政府制定的这些措施是为了保障人的生命，是为了让人缓慢死亡。政府给老百姓送去好处，即馈赠，而这种馈赠（单向馈赠）最明显的特征就是延长寿命，保障生命，延迟死亡（单向馈赠和延迟死亡结合在一起了）。而所有这些延迟死亡的措施都被用来增加政府的权力了。在这里，鲍德里亚甚至把各种保障生命安全的制度都理解为一种单向馈赠，理解为象征暴力的控制，理解为权力的再生产。这固然不错，这些措施确实维持了国家权力并把国家权力再生产出来。但是，这是不是意味着我们应该破坏制度，用生命冒险来对抗这些制度呢？比如酒后驾驶是被交通安全制度所禁止的，我们应该死亡冒险，通过这种死亡冒险来摧毁这个制度吗？在日常生活中，经常有人这么干。按照鲍德里亚的看法，这也是解构权力的方法。如果这样去解构，那么社会就处于完全的混乱状态了。不过，我们要注意，鲍德里亚是在象征意义上讲暴死，即拒绝接受，拒绝那些福利，拒绝电视的单向馈赠等。

于是鲍德里亚得出结论，"各处的斗争都使社会和政治体制相对立"①。本来社会是会自我管理的，人们之间平等交流，自主处理事务，社会中的人们相互帮助，像原始社会那样，人们进行象征交换意义上的馈赠。但是，政府却压制这种象征交换，把自己和社会对立起来。政府总是要不断地向社会馈赠，并通过馈赠而获得权力，用馈赠压制社会。它所采取的方法就是要让社会生存，阻止社会的死亡。当政府用权力关系来馈赠社会的时候，社会中人们之间的相互依赖的关系就解体了，甚至家庭关系也解体了。比如本来儿子赡养父母，这是家庭中的义务，现在变成了国家的义务。家庭关系解体了，"社会死亡"了，但是，社会却好像还存在着，好像没有死。我们不能说当代社会中，家庭死亡了，但是家庭关系发生了一个根本的变化（缓慢死亡）。于是，要不要让家庭死亡，这就由政府来决定。只要对维护权力体系有意义，政府就让它死，如果它的死亡会对权力体系产生危害，就不让它死。这个时候政府把"死亡"贮存起来（鲍德里亚在后面对于死亡的进一步解释中说明，死亡成为一种产品）。其实一旦人们认识到这种缓慢死亡所包含的权力关系的时候，人们就会抵抗，人们不会接受这种馈赠。但是，人们越是抵抗，权力系统就越是馈赠。最后，个人或者社会不得不依赖于自我摧毁来抵抗权力体系。在这种情况下，人们只要稍微抵抗一下，权力体系就会崩溃。比如，1968年的政治运动以及扣押人质的象征性"讹诈"②，就有这种摧毁的作用。对于鲍德里亚来说，摧毁资本控制体系的方法就是象征死亡：权力依靠我的缓慢死亡而生存，我要用我的暴死来对抗它。在这里，鲍德里亚不是鼓励人们去自杀。如果所有的人都去自杀了，那么资本控制的系统就毁灭了。实际上，鲍德里亚

---

① 第59页。
② 第59页。

所说的暴死，是一种象征死亡（解构意义上的"死亡"），或者类似于他所说的象征性"讹诈"。自杀就是象征性的自我解构。

在这里，我们还应该注意，鲍德里亚的这种象征死亡的思想是在批判发达资本主义国家的各种控制方法。比如，福利制度都是维持国家权力的方式，也是维持资本主义系统权力的方式。象征死亡就是对抗资本主义的这个控制系统的有效方式。

第二章　仿象的等级

鲍德里亚在这一章中对三种不同形式的仿象（simulacre）进行了区分，并说明了不同仿象的特点。

第一节　仿象的三个等级

仿象（simulacre）一词的法文动词形式是"simuler"，这个动词的意思就是模仿的意思。而模仿的结果就是"simulacre"。而与仿象不同的另一名词是"simulation"，也是从"simuler"这个动词变形而来的。我们在这里把它翻译为"仿真"，表示一种模仿的动作（仿真是模仿的一种形式）。在鲍德里亚看来，自从文艺复兴以来，人类产生了三种不同的模仿形式。这三种不同的模仿形式就产生了三种不同的仿象。这三种不同的模仿形式是：

——仿造（contrefaçon），也可以叫造假，是对真实东西的模仿。比如，公园中泥塑的动物是假动物。模仿真实的货币，制作造假的货币就是伪币。

——生产（production），也是模仿。比如，在生产线上批量生产出来的东西，就是相互模仿。

——仿真（simulation），前面所论述的仿真的劳动、仿真的生产、仿真的工资等都是这种意义上的仿真。而所有的这些仿真的东西看上去跟真东西没有差别，而实际上完全不同。比如，仿真的劳动与工业生产上的劳动看上去是一样的，但是，实际的功能却完全不同。在这里，读者应该注意仿真与仿造之间的差别。仿造是对自然界的真实的东西模仿，这种模仿是有原型的。而仿真不是对于原型的模仿，而是对模仿的极端模仿。这种极端的相互模仿甚至使人无法区分真假。生产的极端化，超出需要的生产就是仿真的生产。这里暗示了现实主义、现代主义和后现代主义之间的区分。后面我们会论述这个问题。

鲍德里亚根据这三种不同形式的模仿把文艺复兴以来的资本主义社会区分为三个阶段。第一个阶段是从文艺复兴到工业革命的时代（近代）。这个时代的模仿形式是仿造。这个时代人们所遵循的规律是价值的自然规律。在这个时代，人们认为，价值不是从劳动中产生的，而是上帝或者自然赋予的，生产出来的东西以模仿自然为主要特征。在第二阶段，即工业革命的时代（现代），模仿的形式是生产。在这个时代，人们所遵循的是价值的商品规律。政治经济学就是揭示这种规律的。而第三阶段，模仿的形式是仿真，这个时代（当代即后现代）所遵循的价值规律是价值的结构规律。

新的符号秩序总是要把自己伪装成为旧的符号秩序。这种伪装就是模仿的结果，就是仿象。鲍德里亚对于仿象的三个等级的说明，就是要揭示这种模仿关系。

第二节　仿大理石天使

在这一部分，鲍德里亚以仿大理石天使（l'ange de stuc）来说明从文艺复兴到工业革命这个历史时期仿象的特点。这个时期，人们以自然为模型进行符号的生产。文艺复兴以来出现一种具有石灰质感的泥灰，这里所说的"仿大理石"就是指人们用这种材料进行雕塑。如果说在文艺复兴运动之前，人们是在石头上雕刻天使的话，那么文艺复兴以来，人们开始用泥灰来塑造天使。而仿大理石天使作为一种符号指称着耶稣会控制社会的理想。其核心特点是，模仿自然，以人造的秩序来控制社会。

在鲍德里亚看来，仿造与时尚是同时出现的。它们都是在符号解放的背景下发生的。而符号的解放是与封建秩序的解体联系在一起的。文艺复兴正标志着符号解放的开始。显然，如果一个人所穿戴的衣服作为符号表示一个人的地位和身份，那么其他人就不能随便模仿（比如，帝王的衣服）。而时尚的东西只有在模仿之后才能流行起来，才能成为时尚。因此一个人不能随便仿造帝王的衣服，并穿在自己身上。如果有人这样做，那么这是要杀头的。因此，"一种禁忌在保护符号，保障符号的完整清晰性"[①]。这

[①] 第63页。

就是说，整个封建秩序严格规定了符号能指形式、所指对象以及它的意义。在这里，符号的三个要素即能指、所指、所指对象都是非常明确的、紧密联系的。正因为如此，每一个符号都毫无歧义地指向一种地位。在古代社会，有各种礼仪（而没有时尚），礼仪中有各种规矩，它们规定礼仪中的各种符号的确定意义。因此在这种礼仪中不能有造假的东西。比如，向神献祭就不能用仿造的东西代替。例如，不能用仿造的猪头代替猪头。这种替代只有在符号解放了的今天才有可能。我们现在到庙里的时候，经常听到念经的声音，不过这不是和尚在念经，而是录音机在念经。这是符号解放的显著特点。这是模仿和造假。在鲍德里亚看来，符号的解放是人类进步的标志，但也产生一定的问题。这是因为明确的、严格的符号世界是与封建的等级制度联系在一起的。古代社会、种姓社会以及封建社会是残酷的社会，是用有限的符号束缚人的社会。每种符号都有禁忌的价值，因此在那个社会，符号的数量有限，适用范围有限。在古代社会，一个能指的符号，比如皇冠把帝王和任何一个人的关系束缚在一种不可逃避的关系中。它仿佛在人和人之间画出一条不可逾越的分界线。在这里，能指符号的意义是确定的。如果我们还期待建立这样一种可靠的符号秩序，或者"象征秩序"，那么这就是要恢复过去的残酷制度。而在符号解放了的情况下，能指与所指之间的关系是任意的。一个能指（某种声音）代表某种意义。这完全是任意的。它指涉那个祛魅了的所指世界。原来，能指所指称的是一个充满魅力的世界，比如在原始人类那里，自然都有特殊的魅力。再比如，特权等级都是上帝的代表。然而，当符号解放的时候，特权等级没有神秘魅力了，但是，这并不意味着等级关系不存在了。我们可以把传统社会中的符号关系和现代社会中的符号关系进行比较来说明这里的差别。在传统社会中，师傅的概念把师傅和徒弟的关系严格地规定下来，"师傅"作为符号包含一种严格等级上的意义，甚至包含神秘的意义（通过仪式来规定两者之间的关系）。这种等级关系成为全部社会关系的写照，全部现实的社会关系都应该从这种等级关系的基础上得到理解。从这个意义上说，"师傅"概念所包含的意义成为现实世界的公分母。对于由此而构成的等级社会，所有人都有服从的义务。人被束缚在这种义务关系中。

但是文艺复兴以来，传统的社会秩序受到了质疑。符号不再具有严格的意义。比如，就人的衣着来说，衣服不再代表人的身份，而所有人都可以随意选择自己的衣服。所有的等级都可以玩弄符号。这就意味着封建社会中的那种严格的符号体系解体了，符号可以由人们进行自由地创造，可以按照人们的需要而自由地增生。但是，这种增生也不是完全任意的。这个时候许多新兴的资产阶级期望像贵族那样生活，模仿贵族的生活方式成为一种时尚。如果贵族有祖上流传下来的独一无二的石雕神像，那么资产阶级就用其他材料仿造一个类似的东西。这就是说，虽然文艺复兴以来的近代社会，符号得到了解放，但是人们在符号的使用上仍然迷恋封建社会的那种符号秩序，仍然在一定程度上期待符号的能指、所指、所指对象之间的严格联系。这就意味着，"增生的符号"是"强制符号"的仿造。在这种情况下，增生的符号"仍然在模拟必然性，装出与世界有联系的样子"①。比如说，在现代社会，师傅和徒弟之间已经没有传统社会的那种关系了，徒弟已经有了人身自由，但是人们仍然梦想着师傅和徒弟之间的严格的、封建的等级关系。用鲍德里亚的话来说，现代符号仍然希望"重新找到自己的真实参照和一种义务"②。但是事实上，封建社会中的义务关系不存在了，但是师傅和徒弟仍然在一定程度上模仿从前的关系。"一日为师，终身为父"的观念就是封建的义务关系的仿象。那么人们为什么需要这种"象征义务的仿象"呢？它需要人们仍然按照传统的符号意义来设想现代社会的关系，从而维持现代社会的秩序。传统社会秩序是一种"自然"秩序，人们需要参照这种自然秩序，需要指称这种秩序。或者说，符号秩序是自然秩序的延伸。比如，父子关系就反映了一种自然关系。符号的意义是由自然关系来说明的。在这里，鲍德里亚说，这种仿造的自然秩序不是对最初的东西（原形，original）的"变性"（denaturation），或者说，不是对原形东西的去自然化。当资产阶级否定封建秩序的时候，他们只是否定了封建秩序中那些神秘的东西，而没有完全否定这种秩序。在文艺复兴时代，新兴资产阶级并没有完全否定秩序，他们要求像人那样生活，也就是像贵族那样生活。他们否定了各种符号的固定关系，而要任意使用符号。贵族的衣服，他们也可以穿，贵族的生活方式所有人都可以模仿。如果说贵族是天生的，那么虽然资产阶级没有贵族的血统（自然的），但是他们可以通过衣着等生活方式来与贵族一致起来。所以，鲍德里亚认为，文艺复兴时代的资产阶级不是要对封建贵族去自然化，而是要通过生

---

① 第 64 页。
② 第 64 页。

活方式等方面的追求来模仿规则。这就是以"材料的延伸"来模仿贵族。而原来贵族是根据血统来划分的，不允许这种材料上的延伸。于是，通过材料上的延伸来再造自然，就成为新兴资产阶级的企图。这种企图当中就已经包含资本主义制度所不可消除的东西，虚假的同一性。模仿，仿造，仿真都是一种虚假同一性，都是符号形式上的一致。正因为如此，鲍德里亚说："符号在这里的命运和劳动相同。"① 这就是说，符号获得了自由，但是符号自由的背后有一种虚假同一性在其中发挥作用。同样，在资本主义社会，劳动获得自由，但是，自由的劳动背后仅仅是要生产等价关系，生产一种虚假的同一性，表面上的平等交换，却包含了剥削。

根据近代符号的这种特点，鲍德里亚认为，近代符号是"自然"的仿象，它总是企图指称自然，反映自然。在它那里符号是自然之镜。虽然资产阶级说，人和人是平等的，但是对于他们来说，人和人的生活水平上的差距却是自然的。这种符号上的差别反映了自然秩序。他们要按照自然法来构造资本主义制度。为此，鲍德里亚把这种观念称为"实在与表象的形而上学"②。在他看来，尽管在现代社会符号不再参照自然，不再指称自然，比如，在现代工业大生产中，符号都是人创造出来的，但是人们仍然怀念着符号与自然之间的联系。在当代资本主义社会，人们仍然要用人造自然来模仿自然秩序。比如，人们要重塑人的需求（这种重塑出来的需求当然不是自然的需求），来模仿自然秩序。比如，当人们都从心里的需要出发来购买时尚品的时候，这种购买行为就是要模仿贵族秩序。因此，我们可以说，模仿自然、重塑自然是资产阶级从一开始就有的精神。这是从他们对符号的利用中清楚地表现出来的。

因此文艺复兴以来模仿自然、以自然关系为符号的价值内涵占据了主导地位。从假背心、假牙到舞台布景、室内装潢，人们都是用某种人工的材料来模仿自然的东西，而并不是真正自然的。或者说，它们只有自然的模仿。鲍德里亚在这里暗示了资本主义初期的那种自然权利的观念。这种所谓自然权利，只有自然的内涵，而没有自然的所指对象（自然权利不是自然的）。这些东西从表面上看是自然的，而实际上是世俗造物主（新兴资产阶级）所创造的。按照封建时代的宗教观念，上帝是世界的创造者，

---

① 第64页。
② 第64页。

如今资产阶级模仿了上帝，而在世界上创造各种制度和秩序。因此，鲍德里亚认为，这些新兴的资产阶级把"自然"当作了人的"社会性"。或者说，人的社会性就表现在尊重人的自然权利上。既然人都有同样的自然本性，那么人和人之间就不存在血统、等级和种姓上的差别。于是，鲍德里亚认为，人的自然性，就如同泥塑这种装饰材料（仿天然的人工装饰材料）一样，是"一切人造符号的辉煌民主"①。文艺复兴时期的思想家高呼，我有一切人所具有的天性，我就是要按照我的天性来享受人间的一切。在鲍德里亚那里，泥塑材料象征着人的自然本性（人工合成的自然）。正如文艺复兴时期建筑师借助于泥塑材料而建筑各种教堂、宫殿、进行各种装饰一样，人的自然本性（像泥塑材料那样的自然本性，不是真正意义上的自然本性，是资产阶级所构造出来的自然本性）被用来建筑资本主义的制度大厦。正因为如此，鲍德里亚才说，这种泥塑材料是其他物质的"一般等价物"。这就是说，社会中的各种制度、各种规范都必须按照它们是否符合人的自然性来加以衡量，资产阶级所表演的全部戏剧都要借助人的自然性来提高它们的魅力。文艺复兴时期的艺术家莫不如此。

然而鲍德里亚指出，这种仿造（造假）的自然性，不仅仅是一种符号游戏，而且意味着一种社会关系、一种社会权力。在文艺复兴时代，究竟什么人能够像贵族那样自然生活呢？究竟谁能够随意使用符号来显示自己的特殊地位呢？自然权利的观念从一开始就是一种等级观念。虽然资产阶级进行的仿造使符号得到了解放，摧毁了封建的符号秩序，但是这种仿造出来的符号仍然在一定程度上模仿封建秩序。这就如同泥塑材料是随着文艺复兴以来的技术发展而出现的一样。而这种泥塑材料在巴洛克建筑艺术中被到处采用。巴洛克的艺术风格又是与反宗教改革的运动联系在一起的。文艺复兴以来，在资产阶级反对封建秩序的过程中，传统的天主教统治地位动摇了，新兴资产阶级以宗教改革的名义来反抗封建秩序。天主教为了对抗这种新教改革，成立了耶稣会。而巴洛克艺术风格用奢华、气势恢宏来凸显等级制度，并与清教所主张的那种节俭、自我约束的思想完全对立。泥塑材料在巴洛克艺术风格中的运用恰恰反映了近代符号对传统符号的迷恋，它试图像传统符号那样重新建立严格的符号秩序，或者说，它要仿造传统符号。文艺复兴以来的现代秩序对封建秩序的迷恋，是对封建

---

① 第65页。

秩序的模仿。鲍德里亚把这种模仿叫作"仿造"(造假)。本来不是自然的东西,它却要模仿得像自然一样。鲍德里亚认为,泥塑材料在巴洛克艺术风格中的运用与耶稣会所建立的世界秩序有类似之处。

耶稣会为天主教的主要修会之一,为对抗当时基督新教的宗教改革,1534年由西班牙贵族依纳爵·罗耀拉(Ignace de Loyola)创立,并获得罗马教廷教宗的许可。耶稣会仿效军队编制,组织严密,纪律森严。总会长为终身制,驻罗马。在全世界设77个教省,各设省会长,任期3年,其下按地区分设会长和院长。各省会士外出传教,即在当地建立归该省管辖的传教区。正式会士除发三愿(绝财、绝色、绝意)外,还发第四愿,即绝对效忠教皇。在鲍德里亚看来,耶稣会教士的这种顺从精神与文艺复兴以来的符号变革,即消除自然实体而代之以人造合成物是一致的。近代符号不是从自然中形成的,而是人造的符号,而耶稣会所建设的机构不是天主教的那种"自然"机构(从古代自然继承下来的),而是人造的秩序。所有人都像"死尸"那样顺从秩序。这就意味着,所有这些人如同泥塑材料一样,可以适合于任何社会构造。它具有"死尸的理想功能性"[①],人们想把它塑造成什么就能够把它塑造成什么。所有的技术专家和政治专家在这里是一致的:普遍实用的材料和这些材料的普遍的使用、组合(人如同泥塑材料)。人们可以用泥塑材料建设世界,也可以用泥塑般的人(对人的心理的塑造,比如,让你产生追求奢侈品的欲望)来建立世界秩序。如果说建筑师要用泥塑材料建造统一风格的世界的话,那么罗马天主教会就是要用天主教的原则来统一宗教秩序,弥合由新教改革所产生的分裂。既然人也如同泥塑的东西一样,那么对所有的人也可以进行教义上的教育。传教士被耶稣教会输送到世界各地。不仅如此,耶稣教会还建立各种学校,对各类人进行重新塑造。大概这些人就成为"仿大理石天使"(实际上资产阶级要让所有的人都如此)。耶稣会对人进行改造而试图建立一个统一的天主教秩序,而巴洛克艺术风格就是要用泥塑材料建造一个统一风格的世界。于是,鲍德里亚认为,巴洛克的泥塑建筑和耶稣教会的组织机构属于同一类东西。它们都具有普遍霸权和普遍控制的理想,它们具有同样的社会纲领。

于是,鲍德里亚用阿登山区的老厨师的例子来说明这种社会理想和社

---

① 第65页。

会纲领。阿登山区的这个老厨师叫卡米耶·雷诺（C. Renault）。他也试图像上帝那样创造世界（当然，这是由于上帝创世的思想受到了否定，也就是鲍德里亚所说的"在上帝放弃世界的地方"，暗指文艺复兴以来的宗教改革）。他用混凝土建造了各种东西，比如大树、野猪等。当然树上的树叶是自然的，而野猪的猪头也是自然的。这就使它们更具有"现实主义"的特点，或者说，让它们看上去像真的，像自然的一样。这就是文艺复兴以来资产阶级的一种精神，让不自然的东西，看上去像自然的东西。这表明这些符号总是力图指称自然。那么他为什么这样做呢？他不是要给神创造的世界找毛病（说明神创造的世界不够完美），也不是为了"淳朴"的艺术，而是为了实现统治世界的理想（今天人们追求时尚就像资产阶级追求统治世界的理想一样）。这个理想与耶稣会是一样的，与巴洛克艺术是一样的。虽然雷诺的仿造与上帝创造世界在材料和形式上不同（但是，其中的关系和结构是一样的，意思是，对世界秩序的理解是一样的），但是目标都是一样的，即对世界进行控制。在这种控制中，有一个重要东西，合成的实体，人造的材料，比如仿大理石材料。这种人工合成材料是一种不会消失的东西，鲍德里亚把它比喻为现代社会出现的塑料。塑料无法降解。这里的人工合成材料实际上是暗指资产阶级的精神：模仿，搞虚假的同一性。资产阶级塑造了人的心灵，使人产生了一种虚假同一性的追求（像贵族那样生活），而资本主义就需要这种虚假同一性，就需要这种模仿来进行社会控制。在鲍德里亚看来，资本主义社会之所以能够维持下去就是因为它塑造了人的心灵。这就是鲍德里亚所说的"统一的精神实体"。为此，鲍德里亚说，"一种不可摧毁的人造物将保证权力的永恒"[①]。这就如同在现代社会，塑料这种不可摧毁的东西象征着权力的永恒。现代符号所期待的就是这样一种理想，通过符号的解放来塑造人的心灵，让人产生这样一种精神，虚假同一的精神，像贵族那样的精神，模仿自然的精神，用概念进行概括的精神（概念就是把不同的东西虚假地等同起来）。正因为如此，鲍德里亚才说："这种仿象中凝结着一种普遍符号学的抱负。"[②]这种形式的社会控制与"进步"或科学技术无关，而与符号学的特性有关，这就是：用符号构造虚假的同一。在这里，我们应该注意作者所采取

---

① 第66页。中译本为"一种不可摧毁的假象"，现译为"一种不可摧毁的人造物"。
② 第66页。

的一种系谱学方法。这就是，符号解放不是真正的解放，而是一种新的控制形式的出现，泥塑的天使是一种解放的符号，但是一种新的控制形式。后来的各种新的符号形式，生产的仿象、仿真的仿象都是一种控制，更加微妙的控制。

泥塑的天使作为一种符号，包含对传统符号秩序的模仿，包含模仿自然的精神，也包含用同一的体系（精神实体、自然法的精神、理性的精神）控制世界的理想。这种理想是通过塑造一种精神实体来实现的。这种精神实体在文艺复兴时代模仿自然的时候就已经出现了，这就是用泥塑的材料来模仿自然，用虚假的自然权利来模仿自然秩序（封建秩序），用炫耀的消费来表明自己的地位。巴洛克艺术的风格体现了资产阶级最初出现的这种精神，从这个意义上来说，资产阶级就是巴洛克艺术中的那些泥塑的天使。它期望所有的人都是这样的天使。今天社会中的炫耀式的消费不是也具有巴洛克艺术的特点吗？资产阶级认为，人的自然权利都是相等的，人人都可以像富翁一样消费。这显然是虚假的，是反映资产阶级思想的曲面镜。在这个曲面镜中，所有的人都是手脚相连的巴洛克式的仿大理石天使，他们都是具有"自然权利"的人，都可以像贵族那样消费，都是被塑造了心灵的天使。这些天使都是资产阶级塑造出来的美丽天使。我们都是这样的天使（参见拙文《另一种资本主义精神批判》，《学术月刊》2015 年第 12 期）。

第三节　自动木偶与机器人

在这个部分，鲍德里亚以自动木偶（l'automate）与机器人（le robot）之间的差别说明第一级仿象和第二级仿象之间的差别。自动木偶与机器人暗示人的两种受控制形式。

第一级仿象是对自然的模仿。因此，如果我们要制造某种像人一样的东西，就要模仿人，比如制造自动木偶，那么我们就应该让自动木偶像人，要在外形上相似。因此，在制造自动木偶的时候，人们应该从戏剧和机械性的角度或者像钟表结构那样尽量使木偶像人。在这里，外表上的相似性非常重要。而对机器人来说，外表上是否像人并不重要，重要的是它能够完成只有人才能完成的任务，甚至完成人所不能完成的任务。因此，在这里，最重要的是它的机械性。机器人是现代工业化大生产的产物，是资本主义市场交换制度建立之后按照市场交易原则构造起来的。因此，它所遵循的是等价交换的原则。而自动木偶是资产阶级革命之前所存在的东西。自动木偶是戏剧中出现的，而机器人是生产过程中出现的。前者所遵循的是相似性原则，所以，自动木偶可以和人下棋（这意味着，在资产阶级大革命之前，人像木偶一样被支配）；后者所遵循的是等价原则，按照等价原则，人变成了机器一样的东西，必须服从于机器（在这里，人和机器是相等的）。这就是第一级仿象和第二级仿象的根本差别。这暗示，资产阶级解放并没有把人解放出来，而是使人更加受控制。当人成为自动木偶的时候，这个木偶可以和人下棋，还与人有一定的相似性；而当人成为机器人的时候，人服从于等价原则，所有的人都像机器那样受操控。

因此，在第一级仿象中，自动木偶应该在外形上像人（如仿大理石天使），那么这个外形像人的东西有没有灵魂呢？在外表的形象背后是不是存在某种本质呢？在这个阶段的人总是会追问这样一类形而上学的问题，灵与肉、现象与本质成为这个阶段的人所关心的核心问题。人关心这类问题，这是因为，人在这个时候也像上帝一样，要"创造世界"，用泥塑来模仿自然、创造世界。人在上帝创造世界的时候也要追问类似的问题："下面有什么""里面有什么""后面有什么"。这里人所追问的问题和向上帝所追问的问题是一样的。当然对于这样的形而上学问题的发问，在法国大革命之后终结了。因为，在鲍德里亚看来，在法国大革命之后，占统治地位的是生产的逻辑，而不是仿造的逻辑。按照仿造的逻辑，人们一定要把木偶和人加以比较。大概正是由于木偶与人非常相似，所以木偶才产生戏剧效果。所以，在木偶的制造方面，人们要努力让它成为人的复制。当然即使如此，人们也不能把木偶搞得和人一模一样。必须让木偶和人产生差别，否则就有渎神之嫌了。因为只有上帝才能创造人，人如果把木偶搞得和人一模一样，这个造木偶的人不是成为神了吗？正是因为人和木偶之间有差别，所以有时候人也要把自己变成木偶（像木偶一样受控制）。比如，我们在舞台上看到的那种像木偶那样的舞蹈。正是由于木偶和人之间始终存在着差别，关于木偶是不是有灵魂这样的问题总会被不断地提出来（那个时候，人虽然是木偶，但是人们还可以追问，木偶是不是有灵魂。而现代人成为机器人，已经没有灵魂可言了。人们不再追问这个问题了。现代文明残酷呀！这就是鲍德里亚所说的意思）。不过，在鲍德里亚看来，自动木偶的出现就已经可以引起恐慌。他用18世纪关于自动木偶的寓言来说明这里的问题。① 自动木偶在出现的时候就是要与活人相对照，要尽力模仿人。而人在进行表演的时候，就会让自己像木偶（比如，我们在赶时髦的时候，就是进行表演，这种表演就是类似于木偶）。假如舞台上的活人和木偶同时进行表演。木偶要尽可能地像人，而人要尽可能地像木偶。最后，在表演中活人和木偶无法区分。这必然会引起恐慌。在表演中，人已经无法区分木偶和活人了。在自动木偶的表演中，人已经失去灵魂了，而这个灵魂变成一个脱离自己的人并追捕自己（参见这个段落中关于布拉格大学生的注释）。今天的社会，我们没有感到自动木偶在追捕活人吗？那些赶时髦的表演者（自动木偶）不是在追捕我们吗？不是要努力消灭我们吗？他们努力让我们变成同样的自动木偶。这里已经包含了恶魔的内涵了。

而机器人则不同。它只顾生产的效率，而不顾自己外表的形象是否像人。机器人甚至可以再生产机器人。这些机器人可以完全一样。因此，在机器人的自我生产中，外表的模仿与真实的东西之间的差异的问题（第一级仿象中的问题）在这里已经不存在了（在人成为自动木偶的时候，人还"像人"，而成为机器人的时候，人就根本不"像人"。人类太悲惨了！）。于是鲍德里亚说，第二级仿象"建立了一种没有形象、没有回声、没有镜子、没有表象的现实：这正是劳动，正是机器，正是……整个工业生产系统"②。第一级仿象总是存在着活人和木偶之间的差异，而在第二级仿象中，不存在机器人和人相似的问题，人们不需要这种相似性。或者说，在这个阶段，人们所追求的就是完全一致的东西的复制。这里不存在原形和复制品之间的差异问题，不存在反映和被反映者之间的关系问题。所以，鲍德里亚说，它"吸收表象或清除真实"③。

因此，第二级仿象是机器大生产意义上的仿象，是生产线上相同东西之间的模仿。它不模仿自然，不模仿某个自然实体。它们批量生产，大量繁殖。这种批量生产和大量繁殖最终所出现的情况就是，人自身随着工业革命而取得了机器的地位（人在工业化中成为机器）。本来人生产了机器

---

① 参见〔法〕鲍德里亚《物体系》，林志明译，上海人民出版社，2001，第154～155页注。该译本把鲍德里亚的法文名字翻译为"布西亚"。
② 第68页。
③ 第68页。

人，而最终的结果是人自己成为机器人，"他们只是生产系统的微型化等价物"①。在这里，人就是微型化的生产系统，是机器。于是，鲍德里亚说，这是"仿象的报复"②。这种仿象的报复不是在第一级仿象中发生，而是在第二级仿象中发生。在第二级仿象中，人的仿象，即机器人迫使人像机器一样劳动（机器人成为人的理想形象）。在这里，机器人的霸权出现了，机器的霸权出现了。人的活劳动，甚至像机器一样的活劳动，控制着机器。这是活劳动对死劳动的霸权。这就是说，这个时候虽然机器在生产中发挥重要作用，但是人仍然是价值的创造者。马克思关于剩余价值的理论在这里仍然是适用的。当生产占据了主导地位的时候，价值的商品规律发挥出主要作用。正是由于活劳动对死劳动的霸权（注意：死劳动对活劳动的霸权，是第三级仿象的特点），人类社会进入了机器大生产的阶段，而脱离了仿造自然的阶段。

第四节　工业仿象

在这一部分，鲍德里亚对第二级仿象和第三级仿象进行了区分，并说明它们之间的联系和差别。

在第一级仿象中，符号虽然被解放出来了，人们可以根据需要而创造符号。比如，人们可以根据需要制作自己喜欢的服饰，而这种服饰仍然标志着一种社会地位。但是当服饰被批量生产出来的时候，服饰所包含的这种等级意义就不存在了。从工业革命开始，批量生产的形式出现了。这个时候，符号彻底摆脱了等级和地位的限制。在第一级仿象阶段，人们仿造的东西是有独特性的，是按照特定的形象生产出来的。而在工业仿象的阶段，产品是批量生产出来的。鲍德里亚也把批量生产称为系列生产。这就是说，符号的解放既有进步也有倒退。倒退表现在，人的特定形象被否定了。

---

① 第 69 页。微型化等价物即相同的东西，中译本都翻译为"等价物"。这有好处，它意味着等价原则在资产阶级革命之后占据了绝对的统治地位。但也有不利之处，它总是让人从经济意义上理解这里的关系，而实际上没有这种价值上相等的关系，而只是一种等同关系。这就是说，在资本主义社会，抽象的"人"的概念出现了，所有的人的差别都被否定了，人成为"人"，批量生产出来的"人"。

② 第 69 页。

从哲学意义上说，系列生产的产品之间不再存在原型和复制品之间的差异，不再存在反映和被反映的关系，不再存在原型和仿造之间的关系，而只存在相等的关系。在系列生产中所有产品都是一模一样的，是完全相等的、无差别的（等价原则占主导地位）。在这里，人们不问最初的原型是什么，而只是让所有产品之间相互模仿。这种相互模仿，这种无差异性，使大规模的生产成为可能。不仅产品是无差别的，生产产品的人也成为无差别的，都像机器一样（人成为抽象的"人"。这是普遍的等价法则在发挥作用）。工人都进行简单的机械化操作，工人的工作岗位可以进行简单替换。这意味着工人的劳动都可以用数量上的等值关系来表示。于是，在这样的背景下，生产（马克思主义意义上的生产）成为可能。在这里，鲍德里亚所说的生产是特定意义上的生产，即以机械复制为基础的批量生产。

在原始人类看来，植物生长是由于某种自然的力量，或者神的力量。而在现代的大规模的批量生产中，自然要素在其中的作用已经无法辨识了。按照马克思主义的观点，生产是一种创造性的劳动，是一种类活动。鲍德里亚说："到目前为止，我们都是把生产和劳动理解为潜力，理解为力量和历史过程，理解为类活动，即现代性特有的经济能力的神话。"[①] 但是，在批量生产的过程中，在人机械化的过程中，人的创造性能力丧失了。他说："如果我们不把生产看作一种原初的过程，看作一切其他过程的起点，而是相反把它看作这样一个过程，即看作吸收最初存在并引入相同系列存在的过程，那么对生产的全部分析就被动摇了。"[②] 如果我们不把生产看作一种改造的力量，看作马克思所理解的那种物质生产，而看作相同产品的系列生产过程，那么关于生产过程的马克思主义式的分析就不适合了，就被动摇了。换句话说，如果我们把生产过程纳入再生产过程中分析，那么从马克思主义角度对生产进行的分析就不能被用来进行再生产分析了。显然，如果没有大规模的复制就没有重复，没有再生产。再生产是对生产的重复，再生产是模仿生产的。于是鲍德里亚强调，生产只是符号秩序中的一个特殊阶段，是仿象世系中的一个插曲。在他看来，重复性生产是一种复制，这种复制是对"自然"秩序的挑战，或者说是对模仿自然

---

① 第70页，译文有所改动。
② 第70页，译文有所改动。

的挑战，但是，这仍然是第二级仿象，即生产的仿象。与第一级仿象相比，第二级仿象的规模要小，是规模较小的时代。而第三级仿象则是规模大得多的时代。对于鲍德里亚来说，似乎生产仿象阶段的历史地位并不突出，因此生产的理论，政治经济学理论，马克思的理论也就不那么重要了。因为这些理论都是分析生产的。

本雅明在《机械复制时代的艺术作品》中对再生产的原则做出分析。他的这个分析表明，西方社会的生产正在转向再生产。按照本雅明的分析，在生产时代艺术品具有独特性、唯一性，而在当代社会，艺术品可以被大量地复制，其中的电影艺术就是这种机械复制的典型。当艺术品可以批量地复制出来的时候，艺术品的许多特性都发生了重要变化。比如，最初艺术品的出现是与礼仪联系在一起的、特别是与宗教礼仪联系在一起的。因此，当人们欣赏艺术品的时候，艺术品具有一种膜拜价值。而当艺术品能够被批量生产的时候，艺术品的膜拜价值被展示价值所取代。当艺术品被当作神圣的东西而受到崇拜的时候，一种拜物教的观念在其中发挥作用。这种拜物教与商品拜物教是同时代的，属于同一性质的，而当机械复制艺术大量出现的时候，这种拜物教就受到了冲击。本雅明看到了机械复制艺术所具有的这种革命意义。鲍德里亚从本雅明的机械复制艺术的分析中得到启示。同一物品的机械复制是革命性的，物品的大规模的机械复制满足了人的真正的物质需要，至少最初是如此。而在当代社会的发展中，艺术品的机械复制出现了，它属于再生产领域。艺术品的机械复制性质和产品的机械复制性质有很大的不同。艺术品的复制属于没有真正意义（艺术创造价值意义）上的生产，属于再生产。在鲍德里亚看来，这个再生产领域首先出现在电影、大众传媒、时尚等领域，而后这些领域被推广到整个社会经济领域。马克思主义把电影、大众传媒排除在生产领域之外，认为这是"资本的意外开支"。而正是这个意外开支如今成为生产中的主导形式（再生产）。今天正是这个领域发起了对整个社会的变革，像艺术那样的无意义的复制已经成为这个社会领域的普遍现象——再生产就是如此。在他看来，这是对马克思主义的莫大讽刺（这里也存在系谱学的思路，被马克思视为边缘的东西，现在成为核心。他认为，马克思主义被颠覆了）。他认为，本雅明第一个（接着是麦克卢汉），没有把技术当作"生产力"。在本雅明那里，技术不是生产力，而是改变传统艺术的中介和手段，技术导致了再生产。而马克思主义只是把技术理解为"生产力"，看作生产中的要素。在鲍德里亚看来,这个中介的出现有革命的意义。这是因为,技术的出现,强化了产品的复制能力,当产品可以被系列地复制出来的时候,劳动力也可以系列地复制出来(人像机器那样劳动)。在这里,技术的发展取代了劳动力,"压倒了劳动力"。当技术的发展压倒了劳动力,取代了劳动力之后,劳动力就不再像马克思主义所认为的那样具有革命的意义(即导致资本主义社会的崩溃)。同样,当技术作为中介而把产品系列地复制出来的时候,产品的使用价值也发生了变革(这就如同艺术品被复制出来,艺术品的信息即它的价值也发生了变化)。这就是说,当产品被批量地复制(再生产)的时候,产品就没有原来意义上的价值了。本雅明和麦克卢汉认为,在当代社会,艺术品进入了一个再生产的年代。真正的创造性艺术已经消失了,所出现的都是各种不同艺术品的简单复制。因此,我们看到,在后现代主义的艺术中,简单的复制就是艺术。比如沃霍尔的《玛丽莲·梦露》就是如此。

鲍德里亚进一步认为,在工业产品的系列生产之后、在工业机械化生产线的大规模的批量生产之后,当代社会又出现了新的情况。这就是模式生成的阶段。他说:"从死的劳动压倒活的劳动开始,即从原始积累结束开始,系列生产就被模式生成替代了。"① 如果说大规模的批量生产(生产阶段)是第二级仿象的话,那么模式生成属于再生产阶段,是第三级仿象。那么究竟应该如何理解模式生成呢?鲍德里亚没有给出明确的解释。我认为,当各种不同的符号以相似的形式结合在一起的时候,这些形似的形式就构成了模式。比如,在时装领域,某种模式的时装构成一个系列,这个系列的时装就构成了一个模式。在这个时装系列中,基本的格局是类似的,只是局部发生变化。比如,在一件衣服上口袋在左边,而在另一件衣服上口袋在右边。这就是同一个模式的系列。或者说,这个产品系列形成了一种模式。这个时候,复制不是像工业化大生产那样,完全一样,而是不同符号之间的重新编码和结合。比如,今天的人们穿衣服不能雷同,衣服都要不一样。但是在这种不同中,其实包含了类似的模式。这就如同当今的科学研究不是简单抄袭,而是模式生成。张三如果讲 A,那么李四就讲非 A。人们在这里故意制造对立(区分性对立)。这就如同时装上口袋位置的变化。在这里,起源被颠覆了。这是因为,模式生成之中没有哪

---

① 第 71~72 页。

种东西是原始的、最初的,而是相互模仿。在这种大批量的生产中,生产的目的不是满足人的自发需要,而是要满足时尚的追求。所以在这种模式生成中,生产的目的性消失了,生产就是进行新形式的编码。为此,鲍德里亚说,这里"不再有第一级中那种对原型的仿造,也不再有第二级中那种纯粹的系列:这里只有一些模式,所有形式都通过差异调制而出自这些模式"[1]。各种纯粹的能指符号构成了模式,其他各种差异符号必须被纳入能指的结构中才有意义。任何东西都没有自己的目的(或者说,任何符号都没有自己的意义),而符号建构本身就是目的,所有的能指必须在符号中才有意义(这是它的唯一似真性。这就是说,在模式中,它似乎真的有意义了。比如在政治经济学的模式中,劳动在与其他代码结合起来的时候似乎真的有意义了)。在模式中,各种差异性符号存在着区分性对立,并且存在着相互替换的可能性(比如说,劳动和休闲是可以相互替换的)。这就与第二级仿象不同了。在第二级仿象中,生产出来的东西是相互等同的,并且不同的东西按照等价原则相互交换。因此,鲍德里亚认为,在第三级仿象中发挥作用的是价值的结构规律,而不是第二级仿象中的价值的商品规律。那么第二级仿象和第三级仿象之间的关系如何呢?我们知道,在第三级仿象中,虽然人们也生产,但是这种生产没有真正生产的意义了。因此,对生产这个符号,我们不能再从技术和经济的意义上来理解。但是,在这种再生产中难道就没有系列生产了吗?鲍德里亚当然不否定这种系列生产的存在。[2] 这种系列生产恰恰是再生产所需要的。正是由于符号再生产的需要,生产才是可能的。比如正是为了进行再生产,人们才进行批量生产,进行大规模的生产。在当代社会,正是为了达到再生产这个目的,人们才进行大规模的批量生产。比如,只有当人们都去赶时髦的时候,工业生产才是可能的。而赶时髦就是一种符号的编码,或者说就是一种无实际目的的消费。正因为如此,鲍德里亚才说:"应该到代码和仿象的起源中去寻找工业生产的可能性本身。"[3] 这就是说,正是大规模的批量生产使代码和仿真成为可能(时间上的前提。没有第二个阶段就没有第三个阶段)。而代码和仿真(第三级仿象)要能够持续维持下去就必须进行工业生产(第二级仿象)。正是在这个意义上,

---

[1] 第72页。
[2] 前面我们已经说过,生产是再生产的一个特殊形态。见《象征交换与死亡》第35页。
[3] 第72页。

工业生产是代码或者仿真中的必要环节。正是为了能够再生产，工业生产才有可能。正是在仿真和代码中，工业生产才有可能。因此，只有当仿真要求大规模生产的时候，这种工业生产才有可能。这种生产究竟是生产意义上的生产还是再生产意义上的生产已经无法区分了。这说明，第三级仿象捕获了第二级仿象，或者说，第三级仿象使第二级仿象（生产）按照再生产的原则、要求来运行。于是，与三级仿象之间的历史关系相反，第三级仿象捕获了第二级仿象，第二级仿象捕获了第一级仿象。于是，如果有人问，在当代资本主义社会有没有批量生产（第二级仿象），有没有仿造（第一级仿象），那么我们的回答是，当然有，但是所有这些东西都是按照再生产的需要进行的。应该说，鲍德里亚的这个分析是有道理的。

鲍德里亚认为，本雅明和麦克卢汉的分析处于生产向再生产过渡的阶段。按照本雅明和麦克卢汉的分析，复制或者艺术品的再生产已经改变了艺术品的价值，这种价值的变化意味着参照的丧失（意义的丧失）。鲍德里亚在这里使用了"眩晕"（vertige）这个词。而且这个词也是他常用的词。从字面上说，当我们看到无数旋转东西在眼前绕过的时候，我们会眩晕。无限地再生产出来的无意义东西在我们的面前出现也会使我们眩晕。在这里，鲍德里亚所说的"生产出现眩晕"[1]，就是指生产类似于再生产了，于是，人们在这里无法确定，这种生产究竟是生产还是再生产（这就出现了眩晕）。对于本雅明和麦克卢汉，鲍德里亚给予充分的肯定。而对于维布伦（T. Veblen）和戈布洛（E. Goblot）则提出批评。他认为，这两个人在分析时尚的时候仍然停留在生产的意义上，而强调时尚的价值、意义和目的性。比如他们认为，时尚体现了一个人的社会地位、声望等。而在鲍德里亚看来，当代社会中的时尚已经成为失去意义的纯粹符号性的编织，与所谓社会意义无关。据此，鲍德里亚认为，维布伦和戈布洛是在生产的意义上理解时尚，这就是说，他们还停留在马克思的政治经济学水平上理解时尚。因此，在他看来，他们的策略和马克思的策略是一样的，他们属于同一时代的人。按照他们两个人的思想，符号，比如时尚的衣服，是有使用价值的，比如体现自己的社会身份。这就如同马克思认为，在他那个时代，劳动所生产的东西是有使用价

---

[1] 第72页。

值的一样。显然，在那时，如果一个人去买东西，而买回来的东西没有使用价值，那么这个人就是疯子；同样如果一个人去劳动，而不生产任何有用的东西，那么这个人也是疯子。维布伦和戈布洛按照政治经济学的观点来理解人们的时尚行为，从这种政治经济学的角度来说，人们都是"理性"的行动者。同样，进行生产的人也是"理性"的劳动者。而对于鲍德里亚来说，现代人并不那么"理性"了。

第五节　代码的形而上学

如果说在第二级仿象中，模仿的方式是简单的复制，那么在第三级仿象中，模仿的方式就不同了。这是模式生成形式的模仿，是故意制造对立意义的模仿。比如，今天，学术论文强调创新，于是人们为了创新而创新。如果别人说 A，他就说非 A。表面上，这是对立的，而实际上这是一种复制和模仿。再比如，在西方国家的两党竞争的民主中，由于在这些国家中产阶级占绝大多数，因此，任何一个政党要获胜都必须依靠中产阶级。于是，在选举中，两个政党在政治主张上不会有太大的差别，都是要迎合中产阶级的需要。但是为了选举，他们会故意制造对立，而实际上没有什么差别（鲍德里亚所一再强调的"中和"或者"内爆"都是这个意思）。这个 A 和非 A 就类似于莱布尼兹的 0 和 1，而生物有机体的遗传就是按照这种密码进行的。遗传的过程也是一种模仿的过程。但是这种模仿不是完全一样的模仿，而是有变化的模仿。按照鲍德里亚的理解，第三级仿象所进行的模仿就是这种意义上的模仿。在这一节，鲍德里亚吸收了现代科学技术的知识，特别是吸收了现代生物学和现代物理学的理论来说明代码的特点，分析了第三级仿象。这实际上也是对当代社会的模仿的分析。我认为，这部分是对后现代社会的社会特征的一个说明。

在这里，鲍德里亚首先对三种不同仿象之间的差别进行了进一步的说明。鲍德里亚认为，人类所创造的仿象是从第一级仿象走向第二级仿象，并进一步从第二级仿象走向第三级仿象。第一级仿象是模仿自然的仿象，是按照自然的法则所进行的仿象。第二级仿象是力量和张力的世界，即以生产的发展为基础的仿象。而在生产中，劳动是创造价值的，这种价值被资本家剥夺了，因此存在着阶级斗争，存在着张力。而第三级仿象是结构和二项对立的仿象。这种仿象是无意义符号组成的结构，或者说，无意义的符号之间存在着一种结构关系。而在这种结构关系中两个差异符号之间的对立是最典型的结构关系，比如无产阶级和资产阶级之间两个阶级的对立，保守党和工党之间的两党对立①，苏联和美国两个超级大国之间的对立。在这里，无论是无产阶级与资产阶级的对立，还是工党与保守党的对立，或者是苏联与美国的对立，都不是大工业社会意义上的对立，而是仿真的对立。比如，当工人不再生产了，资本家对工人的剥削就不存在了，于是，无产阶级和资产阶级的对立，就不是剥削意义上的对立了，而只是这种对立的仿真（我们后面进一步解释）。从符号学的意义上来说，第一级仿象是对原型的反映，是存在和表象之间的关系，而在第二级仿象中，劳动是生产力，是能量，生产力的含义是确定的，能指的符号都有确定的所指。因此，这是一种能量和确定性的形而上学。在这里，人们所进行的是实际的生产活动，是实际的运作（opératoire）。第三级仿象是非决定论和代码的形而上学。在这里代码没有确定的意义（比如，劳动和休闲），是纯粹的能指符号。这种能指符号就如同遗传密码中的编码那样，虽然这种编码本身是随意的，但是受控制的。这里人们所进行的是编码操作、符号的运演（opérationnel）。鲍德里亚试图根据遗传密码理论来理解当代社会的特点。

如果我们从符号所应该具有的三个要素（能指、所指和所指对象）之间的关系来分析仿象的三个等级的话，那么我们可以说，第一级仿象有能指，有所指，也有所指对象（自然），符号反映自然。而在第二级仿象中，所指对象没有了。符号不反映自然，符号是创造出来的，比如商品。但是商品是有目的和意义的。因此作为符号，商品作为能指的符号有所指，有意义。而在第三级仿象中，符号既没有所指，也没有所指对象，而是纯粹的能指。

第一，以生物遗传密码为范本分析当代社会。

美国印第安纳大学语言学和符号学教授塞比奥克（Th. Sebeok）在他的《遗传学和符号学》中把符号学与遗传学结合起来，用遗传学的概念来理解符号学，并进一步把符号学的理论运用于不同的社会领域的研究。他认为，核糖核酸和脱氧核糖核酸是生物有机体的遗传物质。这个遗传物质

---

① 这两个党派相互抄袭，相互模仿，参见拙文《政治的终结与后现代政治哲学的崛起》，《学术月刊》2013年第9期。

包含大量的信息，而正是其中所包含的信息控制着生物的各种特征。而生物遗传学上的这种理论可以被运用到符号学、传播学、语言学等广泛的领域。因此他认为，"遗传密码应该被看成是所有符号网络的基础"①。人类社会的各种符号都有这种遗传学的特点。鲍德里亚认为，塞比奥克从遗传学中发现了"仿象的发生"（genèse des simulacres）② 的完善形式。

鲍德里亚按照这个思想来理解当代社会。当代社会所生产出来的各种东西都成为没有确定目的的符号，纯粹的能指符号。如果说遗传密码控制着生物有机体的特征的话，那么这些能指符号也像遗传密码那样控制着社会各种特征。如果说核糖核酸和脱氧核糖核酸也具有一定的编码的话，那么这种编码可能也类似于电脑中的原始编码程序，它是由1和0构成的。因此，数字性是这一新形态的形而上学的原则，而脱氧核糖核酸则是它的先知。③ "1"和"0"（鲍德里亚用"1"和"0"暗指二元对立，后面讨论）这样的基本的编码符号是没有参照（所指对象），也没有目的性（意义，所指）的。这就是说，这些编码即遗传密码既没有所指对象，也没有所指。而当代社会中的代码（失去意义的符号）也一样没有所指和所指对象（如劳动和游戏）。这些代码既没有相似性（像第一级仿象那样，与自然相似），也没有指称（所指），但是，这样的编码符号却操纵了生物的特性，同样也操纵了社会的特性。它们进行着社会控制。在鲍德里亚看来，当代社会的社会控制就是这样进行的。因此，在鲍德里亚看来，工业仿象的操作方式与代码仿象所进行的操作是不同的。工业仿象是生产，使用价值的生产，而编码仿象所进行的操作是符号操作。这种符号操作包括自动控制（如同电脑中的编码系统所进行的控制一样，如同遗传密码所进行的控制一样。这种控制不需要看得见、摸得着的控制者。控制者消失了，自动控制形成了）、模式生成（各种编码构成的结构模式。比如，时尚就是各种模式的生成）、反馈（比如社会调查就是类似的反馈。自动化系统中的反馈调节）、问/答游戏（普选、答案已经设计好，无论选择谁，都不对控制系统产生冲击。这就如同电脑中进行的编码，在编码中，各种可能的情况都已经被考虑了。因此，无论进行怎样的选择都无关紧要。关于这些不同的操作方式，后面都会有所论述），这些都是当代社会控制的形式。

---

① 第75页。
② 第73页。中译本翻译为"仿象的起源"容易引起误解。
③ 第73页。

因此，这种操作与工业仿象完全不同。在这里，我们再强调一次，工业仿象所生产的是完全相同的东西，而第三级仿象生产的是完全不同的东西，甚至是对立的东西，但是对立的东西不是没有模仿，而恰恰就是模仿（仿真的问答就是问和答的相互模仿）。

鲍德里亚认为，第二级仿象中包含着符号的理性用途的问题，比如，一种东西有什么实际的使用价值；包含真实和想像之间的区别（人们在进行着真实的生产。真实和虚假在这个阶段能够被区分）；包含本能（力量）的压抑的问题（为了生产，压抑本能，本能需要得到升华。弗洛伊德的思想和马克思思想有相同的性质，说法相反。马克思认为，在资本主义社会，生产力即人的能量得到了释放，但是释放出来的能力受到了别人的控制，受到了剥削。相反，弗洛伊德却认为，资本主义社会中人的能量及本能受到了自己的控制，因此，这种能量应该被释放出来。其核心都一样，能量受到了控制，无论是别人的控制还是自己的控制，能量都应该被释放出来），包含它们的转向的问题，包含它们的幻觉问题（这里仍然能够区分虚幻的和真实的），包含它们的沉默和平行意指（一个词意指两个意思）等问题。而在第三级仿象中，"所有这一切都被抹去了"[①]。在第一级仿象中还出现充满幻觉的复杂符号，有模仿自然而出现的假东西，这些东西模仿得与真的一样。第二级仿象是工业生产中的重复符号。而第三级仿象中的符号发生了重大变化，这些符号变成了无意义的代码。既然这些代码无意义，那么这些代码就无法解读，无法解释。但是这些无意义的代码像遗传密码一样控制着社会。正如生物体中存在着某些程序"母型"一样，在社会的代码中也包含程序"母型"。这种程序"母型"像是一个"黑匣子"，是包含许多密码的黑匣子，它控制着社会。这个黑匣子发出指令，我们必须对这些指令做出回应。所有的人都受到这种指令系统的操控，社会生活的各个领域如同受到遗传密码控制的细胞，监狱细胞、党派细胞、电子细胞、微生物细胞都是如此。社会所有的领域都是由一些无意义的编码构成的，而这些编码就如同遗传密码一样控制着社会各领域。在第二级仿象中，政治经济学曾经作为意识形态而发挥作用，它证明资本主义社会系统的正当性。而在第三级仿象中，这种代码操作取代了政治经济学。从表面上看，它没有控制，而是自由选择，比如发达国家民主制度中的政党

---

① 第 74 页。

选择，而实际上就是一种控制。

20世纪60年代，法国分子生物学家莫诺（J. Monod）提出了调节基因表达的操纵子模型。莫诺与雅可布（F. Jocob）最初发现的是大肠杆菌的乳糖操纵子。这是一个十分巧妙的自动控制系统。这个自动控制系统负责调控大肠杆菌的乳糖代谢。他们认为，进化是突发的偶然性与严格的必然性交互作用的产物。他们的研究表明，基因的功能并不是固定不变的，而是随着环境变化而变化的。因此在这里存在偶然性和非连续性。鲍德里亚把分子生物学上的这种新思想用来研究人类社会，在他看来，人类社会也有遗传密码的这种特性。按照他的看法，遗传密码预设了目的，这种目的不是在活动的终点，而是作为遗传密码的符号在发生学的起点上发挥作用。在实际生活中，我们预先设定了行动的目的（在当代社会，这就是维持资本主义社会系统的运行），但是也考虑到目的无法实现的情况，比如，由于环境发生了变化，目的无法实现了。那么这个时候，我们就需要预估在目的无法实现的情况下，应该采取的调节行动（都应用各种编码程序设计好）。在这里，人们不是要克服一切困难使目的得到实现，而是允许各种随机性的出现，要面对随机性而自主调节。如果说在第二级仿象中，符号的操作有目的性，那么在第三级操作中，没有预先确定的目的，而是有随机性。但是这种随机性不是没有控制。这就如同遗传密码一样，其中包含随机性。比如，在选举中，究竟哪个政党获胜，这是随机的，但是控制是必然的。因此，他认为，在这里"目的秩序输给了分子游戏，所指秩序输给了能指游戏"①。这种生物控制论思想类似于神学了。莫诺的这个思想与莫兰（Edgar Morin）的思想是一致的。在莫兰看来，脱氧核糖核酸相当于上帝。他们对代码控制过程的论述类似于论述当代社会的权力现实。

鲍德里亚根据这一点认为，分子生物学中的控制原理与耶稣教会的控制原理类似（符号越是解放，控制就越广泛，控制就越深入。系谱学方法）。前者用遗传密码的原则，而后者用同质实体的原则。尽管这两者有差别，但是核心却是一致的，都是模仿，都是控制。当代社会秩序的控制在很大程度上模仿了分子生物学的原理。控制社会秩序的是"遗传密码"，是"计划编程的预算系统"。在我看来，这种控制是把不确定性、偶然性考虑在其中的控制，它允许不确定性和偶然性。但是，这种不确定性和偶

---

① 第76页。

然性的出现却不会摧毁系统、动摇系统。而传统的社会控制，是目的性控制，是对于偶然性和不确定性的控制，它试图消灭偶然性，或者说，从一切偶然性背后找出必然规律，并控制偶然性。而现代社会的控制却允许偶然性和不确定性的发生。因此，鲍德里亚认为，莫诺对分子结构的设想是继斯宾塞、雅各布之后的有关第四级结构的理论。

在这里，无论是遗传密码的控制还是社会控制，其中所出现的都是代码。与社会中的权力（暴力）控制不同，遗传密码的控制似乎在细胞交流中增加了一种新东西，这种新东西被称为"立体定向复合体"。莫兰把这个复合体美化为分子的"情欲"，似乎细胞内的分子也有某种"情欲"而相互结合并构成复合体。通过遗传密码形成的复合体结构会有各种差异，但是无论它们如何相似或者相异，都是某个生物遗传的结果，也无论当代社会如何变异或者相似，其中的控制原则都是一样的。

鲍德里亚认为，这种把偶然性考虑在内而进行的社会控制是通过不确定的突变进行的控制，是通过预测进行的社会控制，是通过仿真进行的控制。这种社会控制与辩证法意义上的社会控制不同。辩证法意义上的社会控制虽然也承认偶然性，但是要克服偶然性，要控制社会条件的变化，从而达到目的。这种控制虽然也预设目的，但是，这个目的要在行动的结束时达到。而当代社会的这种控制不存在那种确定的、必须达到的具体目的。或者我们用前面用的那个说法，这是无目的的目的性。在这里，人们不是按照既定的发展目标而行动，而是根据模式而发生各种行动（根据模式而进行的发生学过程）。我们受到了"输入"的控制，而不是预言的控制。这就是说，我们不是在达到目的的过程中受到控制，比如，我们不是在生产有效产品的过程中受到控制，而是在被纳入模式中受到控制，有如大家一起赶时髦。鲍德里亚认为，这是一种新的社会控制方式。从社会控制的角度来看，生产本位主义的现代资本主义和当代资本主义是一样的。不过，当代资本主义所进行的社会控制不同了，它所追求的是绝对控制，即把所有的人都当作随机代码而进行控制。这种控制允许"突变"，而这种"突变"不是"不确定的"，而是被预测的，是社会所允许的突变。比如，当代资本主义社会会发生危机，但是这种危机、突变是在社会控制的预测范围之内的，甚至是社会自己所需要的。这里没有超验性、必然性，没有上帝、进步、人类（这里的人类是一个超验的类概念。而当代社会只有像分子一样自由活动的个人，而没有作为类的人）。

第二，新的控制形式终结了革命的神话。

当代资本主义社会系统通过不确定性、偶然性再生产自身。遗传密码控制社会是通过偶然性来进行控制的。既然社会系统是通过偶然性再生产出来的，那么人们就无法清楚地说明它的产生根源，而这些偶然的符号也没有所指。因此，鲍德里亚说，这个系统终结了自己的起源的神话，也终结了所指的神话。与此相联系的是，它也终结了自己的末日神话：革命的神话。这就是说，在这个社会，通过革命来改变控制秩序是不可能的，革命不可能再发生了。从前面的分析中，我们可以看出，既然资本已经不再剥削无产阶级，那么无产阶级和资产阶级之间的对立也就不存在了，无产阶级对抗资产阶级的革命也就不可能发生了。鲍德里亚认为，革命之所以终结是因为，过去的革命都是以"人类"名义进行的，资产阶级进行革命的时候，要实现人人平等，它是以人类的名义进行的革命。无产阶级革命也是以所有人的名义进行的。而革命成功之后，人就被区分为两类：压迫者和被压迫者，被压迫者反对压迫者的革命都是以"统称的人类本身"的名义进行的。革命的黄金时代，是资本的黄金时代，即无产阶级革命的时代。那个时候，无产阶级革命的思想还在社会中传播。然而，在当代社会，资本使人不再成为"统称的人类本身"，或者说，作为"类存在"的人已经消失了，人原子化、孤立化、个体化了。人和人之间组成不同的对立团体的可能性不存在了，因此，不同政治集团之间的对立和斗争不存在了。这种革命的神话曾经是资本所面临的唯一的危险，这是因为，资本按照"理性"原则进行生产，而无产阶级也按照理性原则来革命。而在当代资本主义社会，这种"理性"原则已经终结。当革命的神话终结了的时候，资本主义社会已经变成了一个由随机因素控制的机器，在这些随机因素中有一种类似于遗传密码的东西在控制着社会。在这里，鲍德里亚认为，当代资本主义社会中的矛盾都是仿真的矛盾，而不是真正的矛盾，今天资本主义社会中的危机都是仿真的危机，这些危机不仅不会颠覆资本主义反而会强化资本主义。正像我们在本节开头所指出的，A和非A在表面上是矛盾的，而实际上并没有矛盾，这种矛盾在资本主义社会中成为仿真的矛盾。由此，反资本主义表面上与资本主义矛盾而实际上就是资本主义内在的一个部分。颠覆社会制度的东西成为维持资本主义的一个要素，因此，社会系统没有给颠覆留下任何机会。这才是资本主义社会的"真正暴力"①。当代资本主义社会是一个全面控制的社会，但是却允许各种偶然性，是通过偶然性进行的控制。它不给人留下任何控制的印象，好像人是完全自由的，允许各种偶然性。不仅如此，这种控制还使革命不再可能，这就如同遗传密码中允许有突变一样，它是控制中所允许的偶然性。

最后，科学理论实际上也是一种仿真系统。过去的科学理论，比如，工业时代的科学理论是参照真实的，而后现代科学不参照真实了。现代科学如此，从柏拉图到马克思的各种政治、伦理理论都是如此。科学本来已经不指称现实了，而只是人们约定俗成的东西，但是人们相信科学指称真实东西。莫诺曾经指出，科学有一个基本的公设，即客观性的公设。这个公设是不能讨论的。但是，鲍德里亚认为，客观性的公设从来就不纯洁。这是因为，这种公设实际上只是话语一致性的公设。这就是说，当我们说，某个科学原理是客观的，其意思是，所有的人都一致这么说。在这里，人们把一致性理解为客观性。而莫诺本人也承认这一点。于是，鲍德里亚认为，科学的根据是约定，真理是人们的一致约定。我们不能认为，科学理论指称"真实"的东西。既然科学的话语是约定的，那么科学的话语和任何意识形态的话语是一样的，如果所有的人都赞同了，那么它就是客观的。这正如科学为了证实自身的正确性，预设了"真实"的存在。在意识形态中，人们也预设了"真实"的存在，各种政治观念也都预设"真实"的存在。鲍德里亚认为，这是一种形而上学。在他看来，在仿真阶段，"真实"（比如，真实的生产）已经不存在了，"真实"是人们的意识形态设想。当人们认为"真实"还存在的时候，革命的理论就有了可靠的基础。从这个意义上来说，"脱氧核糖核酸"也不是"真实"的，而是一种科学的约定。实际上鲍德里亚评论的这种约定论思想，具有某种反形而上学的特征，它会走向相对主义和怀疑主义，甚至走向虚无主义："真实"的东西不存在，真理不存在。于是，在这里，出现了尼采"打倒一切允许信仰真实世界的假设"②。

---

① 第78页。
② 第79页。

第六节　触觉与数字

在这一节，鲍德里亚具体说明，遗传密码是如何进行社会控制的。

如果说遗传密码是一种社会控制模式，那么这种社会控制模式究竟是如何具体进行控制的呢？鲍德里亚对我们日常生活中所发生的许多行为进行了分析，比如全民公决、民意调查、原始民族的研究等，以此来说明这种社会控制模式在我们日常生活的所有领域是如何发生的。如果我们用数字中的"0"和"1"来类比遗传密码的编码过程的话，那么可以看到这种编码控制的形式在我们的社会生活中到处存在。全民公决就是如此。比如，苏格兰人要进行全民公决，其问题是，你是不是同意苏格兰脱离联合王国？回答只能是"是"或者"否"。这种"是"和"否"就如同遗传密码控制中的"0"和"1"。鲍德里亚把这种全民公决或者类似的东西称为"测试""问/答""刺激/反应"。从字面上来说，全民公决确实就是一种测试、问答或者刺激/反应。当然鲍德里亚不是从这种字面的意义上来理解这些概念的，他有自己的特殊的解释。在鲍德里亚看来，在全民公决中，提出的问题已经包含了答案，可能的答案已经包含在问题中了。因此，鲍德里亚把这种提问称为"诱导性提问"。在这种提问中，既然问题已经包含了答案，那么这种问题就不是真正的问题，或者说，问题中的内容已经被取消了，被"中和"了。虽然这种提问和回答从形式上看与遗传密码的控制有着很大的差别，但是，二者所运用的控制策略是一样的。遗传密码的控制允许各种随机性的存在，而全民公决的控制也允许随机性的出现。与遗传密码的控制一样，随机性已经被预测到了，已经受到了控制。因此，鲍德里亚说，它们"在策略上具有相同的不确定性"[1]。本来问题和回答问题不应该包含意义的循环（真正问题是开放的，包含了各种可能的答案。如果问题已经包含了可能的答案，那么这就出现意义的循环了，问题就不是问题了），而这里的问题存在意义的循环，问题包含了答案，问题吞噬了答案。鲍德里亚把这种意义的循环说成"返回出发点的循环"[2]。在鲍德里亚看来，这种新情况与生产终结的情况是一样的。本来，

---

[1] 第80页。
[2] 第80页。

生产应该受到需求的引导，满足需求，但是在再生产的过程中，在产品过剩的情况下，生产刺激需求，生产迫使需求对生产做出反应（生产、供应吞噬了需求）。全民公决的情况也是如此，问题索取答案，强迫要求答案。刺激需求的生产不是真正意义上的生产，索取答案的问题也不是真正意义上的问题，包含了答案的问题不是真正意义上的问题（仿真的问题）。从这个意义上说，代码失去了所指。问题不是真正地指向答案，而是指向问题本身，于是问题的提出不过是为了符号自身再生产的需要。产品的广告也是如此，它也要刺激人们对产品的需求。所有的广告似乎都可以转换为这样的问题，它索取需求，创造需求。于是，鲍德里亚说："到处都是供应在吞食需求，到处都是问题在吞食答案……或者是问题杜撰答案，再以可预料的形式预测答案。"[1] 当代资本主义社会就是通过这样的方式来进行控制的。在这里，问题不是真正的问题，产品不是真正的有用产品，信息不是真正的有用信息。这些东西全都是"仿真"（看上去问题都是真问题，答案都是真答案，其实都是仿真）。这种仿真的控制允许偶然性，允许不确定性。而所有的偶然性和不确定性都在预计之中。我们所有的人如同孙悟空，无论有多大的本领，也逃不出如来佛的手掌心。在这里，我们谈谈他所说的"中和"（neutralize）。在再生产的过程中，我们不知道是需求引导供给，还是供给刺激了需求。这两者已经中和了。同样我们前面所说的对立的东西 A 和非 A 也中和了。这是内爆的一个结果。

于是，鲍德里亚说，我们按照全民公决的方式生活，这恰巧因为不再有参照。全民公决就是向人提出包含答案的问题，这些问题是没有参照的。而我们的生活也是如此，各种物品（我们的社会生产了太多的物品）被提供给我们，它们向我们发问：需要不需要？各种信息（我们的社会生产太多的信息）提供给我们，问我们需要不需要。各种民意测验被提供给我们，向我们索取答案。这些东西都是以问/答的形式出现的。本来在社会生活中，人是通过信息相互交流的，但是现在信息太多了，我们无法对大量信息进行思考和交流。这些信息都单向地提供给我们（单向赠予，如电视节目）。在许多无法选择的信息中，一些信息为了获得关注，而使信息更具有视觉冲击效果。对于这些有强烈冲击效果的信息，我们只是进行简单的回应。社会提供的都是索取回应的刺激。因此，在这里信息的交流

---

[1] 第 80 页。

变成了刺激反应，变成了简单的问/答关系。这里的信息还是信息，但是其意义发生了变化，成为一种刺激，成为没有切实意义的信息，索取需求的信息。因此，这种信息是仿真的信息。同样，这里的问题好像是问题，但是却是包含了答案的问题，因此，是仿真的问题。同样全民公决也是一种仿真的形式，是单向性的问题，是包含了答案的问题。在这里，"答案是从问题中归纳出来的，它事先就被设计好了"①。既然，全民公决中答案已经包含在问题中了，那么它就不是真正的问题，它就没有在"发问"，而是一种符号的自我再生产。但是，人们会提出问题，在全民公决中，人们毕竟有两种完全对立的答案，毕竟存在"两极之间的差距"。而在鲍德里亚看来，这不过是一种控制策略，是仿真的形式。比如，在竞选中，选择共和党还是民主党，这似乎是完全对立的，而实际上，这种对立只是形式上的，而不是实质上的对立（两党的政策相互交叉）。在苏格兰是否留在联合王国的全民公决中，无论结果如何，人们的生活一如既往。而这个公决本身不过是一种政治上的炒作。

第一，测试的含义。

从前面的分析中可以看出，在当代社会，各种信息、物质都在测试我们，我们处于被测试的地位。那么究竟应该如何理解测试呢？鲍德里亚从本雅明的《机械复制时代的艺术作品》一书中引述了三段文字来加以说明。

第一段文字说明，在拍电影的过程中，演员不是面对观众进行表演，而是面对摄影机进行表演，这个时候演员就要服从摄影机的要求来进行表演（仿真的表演）。在这里，摄影机就对演员进行测试（摄影机索取演员的回应，而不是观众对演员的表演做出回应。这里没有观众和演员的互动。演员模拟剧场表演。演员的表演也像艺术学院的招生考试，他面对考官进行表演，而不是面对观众，与观众交流。从这个角度来说，演员在摄影机前面的表演是测试）。这就是说，演员的表演是对摄影机的位置、光学特点等做出回应，对摄影师的指导做出回应。不仅如此，电影形成之后，电影的观众也是站在摄影机的角度来观看电影（仿真地看）。本来他应该从自己的角度看，但是他不能这样，因此他的看也只能是仿真地看。他们只能从摄影机的角度来看。他们也像摄影机一样对演员进行测试。

---

① 第 81 页。

第二段说明，演员所进行的这种表演与一个人参加职业测试是一样的。在职业测试中，一个人也要知道考官想知道什么，每个人也要做出类似演员所做出的回应。我们都要像演员那样表演，从而使考官感到，我们是有用的（能够做出回应的）。摄影机对演员进行测试。整个社会经济系统也要求我们像演员（像职业测试中的被测试者）那样对经济行动做出回应。经济系统对我们进行测试。

第三段说明，达达主义艺术作品是突然扑向观众，获得一种触觉效果。它不给人们留下思考的余地，人们必须对它做出即时回应。这就如同一个人在触摸到滚烫的东西时，立刻会缩回自己的手一样。这种反应是触觉反应，是即时回应。这种即时回应也是测试。达达主义所追求的就是对观众的视觉冲击。这类似于产品对于需求的索取，产品迫使人们对它做出反应。这就是电影、电视等为什么要追求刺激效果的原因。这里不存在观众和演员的互动，而只是把大量的电影、电视剧生产出来。这些被生产出来的东西如同批量生产出来的产品一样，刺激人们的需求。电影对于需求的刺激被理解为测试。这也是一种测试。

从这三段文字中，我们可以看到，测试就是索取回应，而这种回应是一种仿真现象，即被测试者按测试者的期待进行回应。在当代社会，我们都是演员，都按照摄影机（经济系统）的要求做出回应。我们被经济系统、信息系统中的各种东西测试着。

鲍德里亚认为，在看电影的时候，电影也对人进行测试。电影都是由一个一个的照片组成的，而这些连续的照片都是即刻地提供给观众，而观众不能对这些图片做出任何思考，而必须做出即刻回应，反应的时间被极大地缩短了。从这个意义上来说，在看电影的时候，电影也对观众进行测试。正是由于电影给人提供刺激，并要求人做出即时回应，因此，人不可能对电影提出问题，而只有电影对人提出要求。电影对人索取回应，如同问题索取回应。用鲍德里亚关于象征债务的观点来说，电影是单向赠予的，观众不能"回礼"，不能发问，电影对人进行了操控。当然，鲍德里亚的这个观点是从麦克卢汉那里吸收过来的。按照麦克卢汉的看法，现代传媒就是要求人们进行这种意义上的回应，即触觉式的反应。在这里，传媒对人进行操控，这就如同摄影师对演员进行操控，医生对病人进行操控、电影对观众进行操控一样（完全的塑性，完全接受控制，任由他人型塑）。于是，鲍德里亚说："信息扮演的角色不再是告知，而是测试，最终是控制。"① 这就如同摄影机对演员的测试一样，演员根据摄影机的位置来表演。各种信息也不是要给人们提供知识，而是要刺激人们做出回应。前面说过，在当代社会，我们都是演员，都按照摄影机的要求进行表演。我们的这种表演就是受到控制的表演。当信息对人进行测试的时候，人应该做出反应，而这种反应已经被规定了，或者如鲍德里亚所说的那样："所有的回答都已经输入'角色'，都如其所愿地记录在代码中。"② 本来，人可以自由地选择信息，人是主体，信息是客体，它们的角色不同，地位不同。现在的情况完全不同了，不是人选择信息，而是信息控制人。信息发挥了反角色的功能。本来，摄影机应该服从演员的表演，而现在演员要服从摄影机的要求。从这个意义上来说，所有的回应都不是真正意义上的回应，而是仿真的回应。看上去像是在回应，而实际上不是回应。比如，在看电影的过程中，看电影的人都必须按照电影的剪接和编码的要求来对电影进行拆解和分析。

　　鲍德里亚认为，物体和信息都对人进行测试。那为什么说，物体和信息对人进行测试呢？本来物体生产出来是为人服务的，信息生产出来是给人提供知识的，或者说是进行告知的，但是在当代社会，物体和信息的情况与现代社会（生产本位主义社会）不同了。在当代社会，生产出来的物质性的东西非常多了，超出了人们的需求范围。这个时候，生产过程中生产出来的产品就不是满足人们需求意义上的产品，而是一种中介和环境。这个环境强迫人对它做出反应。过去，我们也生产产品，这种产品是为了满足我们的需要的。而现在，产品、物体从外在形式上来说，是一样的，但是现在物体设计出来不是为了满足人的需要，而是激发人的需要，从而迫使人对它做出反应。物体诱惑人，使人对它做出反应。这里不是物体的"功能"满足人的需要，而是激发人的需要。这与电影中的情况是一样的，在拍电影的时候，演员按照摄影机的要求来表演。产品也是按照如何激发人的需要而设计的，人被迫像演员那样对产品做出回应。在这里，产品不是为人服务，而是对人"测试"。通俗地说，产品的设计者和生产者通过自己对消费者的评估而设计和生产产品。这些产品被用来刺激消费者、引诱消费者，从而迫使消费者做出反应。比如，我们到市场上购物，我们就

---

① 第82页。
② 第82页。译文略改。

会发现，市场上的各种东西非常光亮，甚至耀眼、刺眼，或者非常刺耳，非常奇特，这些东西都让我们对它们做出即时反应。而我们对它们的反应是在产品设计的时候就已经计算到了，我们要还是不要，喜欢还是不喜欢，产品的设计已经把可能的情况都考虑在其中了。我们总是按照产品的设计所期待的那样对产品做出各种可能的反应。如果用麦克卢汉的话来说，那么这就是说，产品就是符号，就是中介，就是新的环境，这种新的环境要求我们对它做出反应。这个环境训练我们对环境做出相应的反应。这就如同巴甫洛夫当年对狗进行测试一样，我们像狗一样不断地被刺激起需求（当然，后现代社会中的情况与巴甫洛夫训练狗的情况也不完全一样。我们在后面论述）。而信息也是如此。在我们的生活环境中信息太多了，信息的传输与其说是给我们提供知识，还不如说是给我们提供刺激，并逼迫我们做出反应。它们要猎奇，要刺激，如此等等。从这个意义上来说，信息与事件的"现实"①（在这里，我们看到鲍德里亚给"现实"打上了引号，这不是本真意义上的现实）无关了。当然，人们也会提出质疑，人们会说，难道生产出来的物体真的不是为我们服务的吗？难道信息与事件的"现实"一点也无关吗？鲍德里亚的回答是，它们与本真意义上的"现实"无关，而与我们现在生活于其中的现实（被测试了的现实）有关。鲍德里亚对这个问题的回答是，物体和信息已经测试了"现实"。这就是说，我们的现实，并不是本真意义上的现实，而是被编排、剪接、加工了的现实。比如，我们每个人都是有需求的，但是，这种需求不是"现实"的需求了，而是被测试了的需求，是被诱导或被引导了的需求。我们对于信息的偏好也是被诱导了的偏好。在这个时候，我们已经不知道什么是我们真正的需求或者真正的偏好了。用鲍德里亚的话来说，物体和信息把现实分解为一些简单的元素，然后又对它们进行重新组合。比如，它们先刺激和改造人们的需求，然后发现，它们就是人们所需要的物品。如果从信息的角度来说，它们先大力宣传，社会有两个不同的阶级，让人们形成阶级对立的观念，然后宣称发现了社会中所存在的阶级对立的"事实"。这种对立究竟是它们编制、诱导、制造出来的，还是它们发现的呢？我们已经无法进行这样的区分了。它们先作为中介改变了事实，然而再发现事实。因此。鲍德里亚说，这就如同摄影师所做

---

① 第 82 页。

的一样，他先把反差、光线、角度等强加给对象，然后恰巧就拍到了对象所具有的反差特性。同样，社会调查或者全民公决也是如此。在社会调查的时候，人们先把问题强加给受试者，然后从受试者那里获得答案。或许这个问题根本就不是受试者思考的问题，但是受试者按照问题的诱导而给出了答案。这就是测试（索取答案，迫使人做出回答）。全民公决等都是类似的测试。这就是说，它们先把某种东西强加给对象，然而从对象那里获得期待的信息。这就是说，人们先用中介调节了现实，然后又从调节后的现实中获得信息。从这个意义上说，媒介就是信息。于是，鲍德里亚说，"现实经过这样的测试，反过来又按照相同的格式测试你们"[1]。现实在中介中发生了变化，而后发生变化的现实又使"你们"发生同样的变化；于是变化了的"你们"又按照中介变化现实的方式来解读现实。比如，在社会调查中，调查者提出的问题使受试发生了变化，而受试（变化了的现实）给出的答案实际上又以同样的方式回答调查者。他们先把代码输入社会之中，然后又从社会中发现了代码。在现实中，所有的东西都被中介测试过，所有的东西似乎都被输入了"代码"，他们就是要发现这些代码。鲍德里亚认为，这种代码"像微型化遗传密码一样"[2]。比如，我们社会中所生产出来的各种物品都是经过测试的，生产什么样的产品，满足什么人的需要等，它们似乎都有内在的密码，我们作为消费者就是要阅读其中的密码。

鲍德里亚实际上在这里提出了这样一个重要理论，这就是，当我们作为主体观察社会、理解社会的时候，我们以为我们是自主的独立的，而事实上却不是如此，当我们理解社会的时候，社会（其他人、那些进行民意调查的人）也在理解我们（测试"现实"），并根据对我们的理解而向我们提出问题，得到他们期待的答案。鲍德里亚认为，在当代社会，许多东西都是以系列的形式出现的，这些东西逼迫我们做出选择。因此，鲍德里亚说，"我们……是阅读者和选择者"[3]。但是，他同时要我们注意，我们自己也是被阅读者和被选择者，我们本身也受到阅读和选择。比如说，人们在进行社会调查的时候，他们要选择样本，但是这些样本本身已经受到媒介的限制、切割等。鲍德里亚用"触觉收缩性神经冲动"来比喻媒介所

---

[1] 第83页。
[2] 第83页。
[3] 第83页。

进行的切割。在日常生活中，我们都用手来测试锅碗的热度，当它们太热的时候，我们的手就缩回来。这就是一种收缩性神经冲动。经过多次这样的测试，我们最终就可以把控锅碗了。同样，各种媒介也会对我们进行类似的测试，并最终把控我们。正因为如此，鲍德里亚认为，媒介所捕捉到的东西不是真实的，不是自主的群体，而是媒介改造过的样本，是在精神上和社会上被改造过的样本。① 新闻媒介要了解社会现实，社会是它的调查对象，但是我们不应该忽视，这个社会已经是样本了，是被媒介调节和改造过的样本。所以新闻媒介所得到的社会现实不是社会现实，而是它自己改造过的样本。电视上经常对人进行随机采访。被采访的人经常看电视，他们知道如何回答采访人提出的问题。因此，鲍德里亚说："'公众舆论'显然是这些样本中最美的样本。"② 公众舆论改造了自己的对象，然后又把这个对象作为样本而从中获得关于社会现实的材料。公共舆论是自我生产，是进行舆论的再生产。公共舆论不能真正地指称现实。因此鲍德里亚认为，公共舆论超越了真和假。我们不能说它是假的，它确实与社会有关（又不完全是真实的）。因此鲍德里亚说，它不是非真实政治实体。它是超级真实（我把 hyperreal 与 surreal 区分开来。这两者的区分类似于超级现实主义和超现实主义的区别。关于这两者的差别，我们将在后面论述，见本章第七节的论述）的政治实体。

在鲍德里亚看来，像全民公决那样的问/答与公众舆论中的问/答是一样的，都是测试。这类测试与真实无关。公众舆论不指称现实，不存在能指和所指之间的关系。同样，政治领域中的代表和被代表之间的关系也不存在了（比如它提出问题向大众索取答案。这种答案是超越真假的答案。在这种情况下，代表者如何知道被代表者的思想呢？既然代表者不知道被代表者需要什么，那么它如何能够代表被代表者呢）。由此，鲍德里亚得出三个相关的结论，这是物体使用价值的终结，是选举制度中的代表的终结，是需要解答的真实问题的终结。在这里，真和假已经无法真正被区分开来了（或者说真假被中和了）。比如公众舆论究竟有没有真正地反映现实呢？我们无法回答。舆论改造了现实，现实又按照舆论的要求对舆论做出回应。舆论和现实不存在反映与被反映的关系。在这里，不存在真假的

---

① 第 83 页。
② 第 83 页。

问题了，或者说真假已经被超越了。它既不是真的，也不是假的，但是看上去却非常真实（超级真实）。比如，全民公决得出的结果非常真实，许多人都信以为真。当我们用全民公决的方式来提问的时候，比如，提出苏格兰是否应该脱离英格兰的问题的时候，提问方式就已经设计了一个圈套了。本来这里有许多可能性，比如，许多人对这个问题无所谓，但是在政治操作中这个问题变成了一个真问题，成为人们必须面对的问题。对于这些问题的回答似乎非常真实。因此，鲍德里亚把它说成是"超级真实"（hyperreality）。比如，人们对智商的测试就是如此。在测试智商的过程中，测试者提出了问题，而这些问题都包含测试者自己的目的、愿望，而被测试者必须按照测试者的期待选择最佳的答题方式。由此而得到的结果实际上与智商无关。因此，人们认为，智商是伪造。在这里，鲍德里亚还特别引用了这句话"伪造和为了认知而对物体进行的控制性改变是完全不同的两码事"[①]。我们知道，在认识事物的过程中，我们常常需要对物体进行控制性的改变，比如我们做实验，但是这是为了获得真实的状况。而伪造就不同了，这是故意造假，如科学研究中的伪造数据。智商测试就是故意造假，是仿真。超级真实就是仿真，看上去比真的还真。全民公决中的问题是仿真的问题，社会提供给我们的产品有仿真的使用价值。民意调查是仿真的调查。

  鲍德里亚借助于麦克卢汉的"媒介就是信息"的观点来解释这里所出现的各种现象。无论是全民公决、社会调查中的问/答、智力测试，还是生产上销售的产品，它们都是媒介，都是对环境进行改造的媒介，所有的信息都是在改造中出现的信息。媒介对现实进行剪接、切割、质问、煽动等，然后把由此所得到的结果作为信息输送出去，而实际上，这些东西不是什么信息，而是媒介制造出来的。当媒介本身成为信息的时候，那么这就意味着，信息已经被媒介吞噬了。本来媒介和信息是两个不同的东西，是符号中的能指和所指之间的关系，而"媒介就是信息"则意味着媒介吞噬信息，能指吞噬所指。当媒介吞噬了信息，能指吞噬了所指的时候，所剩下的就只有能指，只有媒介，而没有意义和所指对象。在这种情况下，人们不需要反思所指、理解所指的意义，而只需对符号做出反应。因此，鲍德里亚认为，在这里，人们是用触觉而不是视觉来接触或感知媒介。这

---

① 第 83~84 页。

种说法也是他从麦克卢汉那里吸收过来的。这种说法非常令人费解。一般来说，人都是看电视，看报纸，而不是触摸电视，触摸报纸。不过，鲍德里亚认为，在当代社会，人看报纸中的"看"有了"触摸"的意义。这里所说的触摸不是生理意义上的触摸，人不是在生理意义上触摸电视或者报纸，从而获得信息。用鲍德里亚的话来说，这里的"触摸"失去了"感官和肉体价值"，而成为"传播界的图式"①。而鲍德里亚和麦克卢汉用触觉代替视觉就是为了表明，这些媒介给人提供的不是有意义的信息，而是刺激（媒介没有信息了，所以不需要理解）。人们对它们只能进行刺激反应。这就如同人触摸到某种东西，比如热水，就会立刻做出反应，这里没有思考，没有理解，而只有简单的反应。"在视觉世界中，间离效果更明显，反思总是可能的。"② 而在触觉世界中就不存在这种间离效果，也不存在反思。在当代，媒介已经不需要人做出视觉反应了。媒介在触摸人，测试人。在这里，信息为了使自己成为"信息"就要不断地触摸人，进行各种形式的煽动，比如，标题党所拟定的各种新闻标题，都是"劲爆"啦，"天下第一怪事"啦。这些东西都是传媒的策略，都是它们事先策划好的。鲍德里亚认为，这种传播是触觉和策略的仿真，或者说，这是仿真的传播。而现在的意识形态都是"触摸的"意识形态。大众传媒就是这样一种触摸式的意识形态，它被用来测试社会，让社会服从它的命令，它不再需要用曲折的形式来反映社会关系了。这里的控制方法就是测试，就是问/答，而这种问/答类似于遗传密码中的代码，类似于0/1。

第二，传媒在政治领域中的作用。

如果说在经济领域，资本在进行仿真的生产的话，那么在传媒领域，资本也同样进行着仿真的生产，或者说，进行着再生产。而依赖于传媒进行的政治游戏也是一种仿真的操作。政治成为仿真的政治，成为政治游戏，也是政治领域自身的再生产。

当传媒和民意调查被运用到政治领域时，政治领域失去了它的特定内容，失去了它的特殊性。政治也成为游戏。正如我们前面的分析所说明的，传媒或者民意调查所运用的方法都是问/答游戏，而在这种问/答游戏中，问题已经吞噬了答案。这种问题是仿真的问题，答案当然也是仿真的

---

① 第84页。
② 第84页。

答案。选举本来是不同政党、不同政治势力轮流执政的体制，是权力和利益交换的体制。但是当生产终结了之后，选举没有这样的意义了，选举就是要得到一种回应（或者说，索取回应，一种仿真的回应）。这种回应就像问/答游戏中所得到的答案。从前面的分析我们知道，在当代资本主义社会，工人不是原来意义上的工人，资本也不是原来意义上的资本。资本和劳动的对立已经不存在了，工人阶级和资产阶级的对立也不存在了。因此代表这两个阶级的政党也不是原来意义上的政党了。政党成为符号，没有指称的符号，它不代表任何阶级。正如我们前面所指出的那样，这是代表制的终结，这里不存在代表和被代表之间的关系。从这个意义上来说，选举就不再是原来意义上的不同政治势力之间的斗争，不再是真正意义上的轮流执政，无论哪个政党执政都不会对资本控制体系产生冲击。选举就是要得到一种回应，就像问答游戏一样，它让人觉得这是"真"的。如果说普选就是要获得一种回应的话，那么传媒也是如此，传媒不是真正传播信息，媒介本身就是信息，传媒所要获得的也是一种回应。因此，普选和传媒是同一类东西。

　　由于政治已经成为游戏，因此，鲍德里亚认为，从19世纪到20世纪，政治实践和经济实践结合在一起，使用同一种话语，进行同样的游戏。比如，商品要有广告，政治要有宣传，商品的广告和政治的宣传属于同样性质的东西。政治和经济都是符号，并且成为无所指的符号，因此政治和经济属于同样的语言。鲍德里亚挖苦说，这是政治经济学的完全实现，也是政治经济学的终结。这是政治经济学的完全实现，因为，政治和经济都按照同样方式来操作；这是政治经济学的终结，因为，在这里，生产终结了，政治也终结了，政治经济学也因此没有任何解释作用了。用鲍德里亚本人的话来说，这两个领域已经处于完全不同的现实中了，即处于生产的终结和政治的终结的现实中了。而这里所说的现实实际上也不是现实，而是超级真实。在这里，权力也不是原来意义上的权力了，而是第三级仿象中的权力了。原来意义上的权力是以暴力为后盾的，而这里所说的权力是仿真意义上的权力，纯粹能指意义上的权力，主要不依赖于暴力，而更多地依赖于单向赠予，即由死亡的悬置而产生的权力（这个问题，我们在第五章论述）。

　　鲍德里亚用《世界报》上的一句话来说明当代政治的特征：传媒侵入了政治，政治传媒化，民意调查（不反映民意）取代了舆论（这个舆论是指反映民意的舆论)。如果有人对此感到遗憾,那么这只能表明,他不懂得当代政治。

当代政治是超级真实的政治。在这种政治中,两党政治、问/答游戏等二项系统和民意调查结合起来。而在鲍德里亚看来,民意调查并不反映民意,因此,不能和舆论(真正反映民意的舆论)等同起来。当然,在鲍德里亚看来,当代社会不存在所谓真正的舆论,而只有舆论的仿象,而民意调查所参照的正是舆论的仿象。那么为什么民意调查参照的是公众舆论的仿象呢?在鲍德里亚看来,这是因为,公众舆论不是真正意义上反映民意的,而是被操控的民意。这种公众舆论是公众舆论的仿象(在这里我们把公众与公共区分开来,公众是"mass",是大众舆论,而公共是"public"。本来的公共舆论应该是 public 意义上的)。问卷调查就是在这种仿真的公共舆论中进行的。这种调查所指称的就是公共舆论的仿象。因此,调查结果不反映真正的民意,而是民意的仿真形式。这与公共舆论相似。舆论影响了社会,人们又从社会中看到大众的意见,即认识到这种大众(公众)舆论。这与民意调查是一样的,都是舆论的自我生产。鲍德里亚把舆论的自我生产与经济活动中的再生产进行类比。如果说传统上舆论是反映社会实际的,而在当代社会,舆论却进行着自我生产,即舆论影响社会,然后又从社会中得到了舆论。如果说生产终结了,GDP 成为纯粹的数字游戏,那么在当代社会,舆论终结了,舆论的再生产出现了。各种舆论积累起来了,积累起来的舆论就是 GDP。民意调查的数据就是这类 GDP,民意调查中的数据就如同 GDP 中的数据(多少亿元)一样,具有一般等价物的意义,是空洞的数据符号。在这里,鲍德里亚所说的一般等价物还是指,这些舆论都是自身的重复再生产,是简单的重复,而这些重复的东西是相等的,这是以不同的形式出现的相同的东西。

在这里,鲍德里亚对麦克卢汉的名言"媒介就是信息"进行了解释。媒介就是信息意味着媒介吞噬了信息(媒介和信息的分离,媒介传播信息是第二级仿象的特点)。在鲍德里亚看来,公众舆论既是媒介也是信息。从前面的解释中,我们可以看到,公众舆论是媒介,因为它对社会进行了干预。它是信息,它把干预的结果当作真实状况。或者说,它究竟是中介还是信息,这已经无法区分了。民意调查也是如此,它既是中介,也是信息。舆论往往是建立在民意调查基础上的,而民意调查本身就是中介和信息的结合体。因此,公众舆论也是中介和信息的结合体。而其他传媒所进行的问/答游戏，也是类似的民意调查。

那么民意调查是不是可靠呢？在鲍德里亚看来，民意调查实际上也不是调查，而是对民意的操控。他说："民意调查操控着那些难以确定的东西。"[1] 比如说，在选举投票中，民意调查真能够让选民改变决定吗？民意调查真的能够反映民意吗？鲍德里亚认为，这都是无法确定的。正是由于存在着这些无法确定的东西，民意才需要民意调查的操控。同样，也正是由于不确定性的存在，民意调查总是要承认调查结果的不确定性。从这个意义上来说，鲍德里亚认为，在民意调查中的那种统计都是钻牛角尖，没有多大的作用。在他看来，民意调查的结果的准确性与调查的技术或者统计的技术无关，而是与民意调查的固有特点有关，即与它的仿真特性有关。由于民意调查本身是仿真，与现实没有密切的关联性，这就注定了民意调查是不确定的，这就如同当代社会中的经济危机是不确定的一样。因为当代社会中的经济危机是仿真的危机，而不是传统意义上的危机。正是由于这种社会调查是一种仿真，所以即使再科学的方法，即使再好的手段，在这里也没有多大作用。这种调查在现实中折射率为零。按照物理学的原理，如果光照在某种东西上，没有任何反光（折射），那么我们什么也看不见。如果民意调查的折射率是零，那么这就意味着，我们什么也没有看见，我们不知道真假。然而，人们必然会提出这样的问题，既然这些调查方法没有任何作用，人们为什么还是乐此不疲呢？这种方法之所以如此有魅力，就在于它被一些人看作真理，而这些人之所以把它看作真理（由于仿真是无法区分真假的东西，所以人们才有可能把它当作真的），这是因为，这是他们所期待的。他们期待用测试方法来控制社会，他们向社会提出问题，社会给出适当的反馈。他们努力让社会按照他们所期待的那样进行反馈。这些人就是鲍德里亚所说的那个"种姓"或者那个"群体"[2]，即资本体系中的控制者。他们期望社会适应他们的测试、接受他们的调查，从而接受他们的完全控制。

在民意调查中，人们都是以两党对立或者政治力量的划分为前提的。这里存在着掌权者的更迭以及多数派和少数派的轮换。如前所述，本来不同政党代表不同的人群，每个政党都期望尽可能地代表更多的人，获取更

---

[1] 第 85 页。译文略改。
[2] 第 86 页。

多的选票，从而获得政权。它们要最大可能地利用代表制。当对立的党派要努力代表绝大多数人或代表所有的人时，政党之间的对立实际上就不存在了（他们的政策主张，所代表的对象几乎都一样了）。或者说，这种对立只是形式上的对立了，这种区分性的对立最终就走向死亡。本来政治领域中所进行的斗争是政治党派为了党派的利益而进行的，但是如今不同党派之间的差别只是形式上的差别，而没有实质性差别。从这个意义上来说，政治终结了，"政治领域正在变得空旷"①。鲍德里亚说，这种政治的终结是政治阶层为了实现全面控制所付出的代价，当所有的政党都期待完美地操控代表制的时候，代表制就走向了终结。在鲍德里亚看来，所有的操控机器都是如此，当人们追求最完美的操控的时候，这种操控就会走向终结。这也是鲍德里亚的象征交换所表达的意思。比如，当人们把生产的模式推广到全社会的时候，或者当工厂被扩展到全社会的时候，工厂就终结了。同样，当人们把教堂推广到全社会的时候，教堂也就终结了，当代表制被推广到全社会的时候，代表制就终结了，当一个政党成为代表全民的党的时候，这个政党也就终结了。这个党也不是真正意义上的政党了。这种分析方法也是系谱学方法。

　　前面我们说过，民意调查不反映真正的民意，而是一种操作，一种测试。大多数人都不相信，但还是有人相信，相信它们的人就是政治阶层。这就如同只有广告人员或者推销人员才真正相信广告一样。那么为什么政治阶层相信它呢？鲍德里亚认为，因为政治阶层所进行的游戏规则和民意调查的游戏规则是一样的。民意调查不是真正地了解民意，而是要用测试的方法对公众进行操控。但是，它所使用的方法却是要了解真相，获得真理，而实际上这就是一种策略性的游戏。而政治阶层也是如此，它们致力于操控大众，它们也要使用这种策略性的游戏。好像它们的政治活动是真正的政治活动，而其实都是政治表演，是没有政治内容的政治。而民意调查也是没有真实内容的调查，两者完全一致。政治家不代表任何人，是"完全空无的超级代表"②，但是民意调查使他们代表了许多人。因此，鲍德里亚说，人们通过民意调查或者传媒可以欣赏到政治家的滑稽表演，看到他们的政治游戏。这就如同我们看到的统计数据是纯粹的"统计学观

---

① 第86页。
② 第86页。

赏"① 一样,是无真正的统计意义的数据。在鲍德里亚看来,民意调查之所以那么有诱惑力就是因为它中和了这种空无,或者说,它看上去有真实的内容。政治家的政治活动没有政治意义,民意调查没有真实的内容,但是它们看上去总是让人觉得是"真的"。

在鲍德里亚看来,既然民意调查是假的,没有实际意义,那么它也没有多大实际影响,许多人并不相信。同样广告也是如此,没有多少人相信广告,也没有多大的实际作用,许多人都会对它有怀疑。所以对于社会来说,民意调查的真假并不重要。重要的是,它造成了一种仿真现象,而这种仿真现象在整个社会氛围中出现了,整个社会到处都出现了类似的仿真。鲍德里亚把这种仿真比喻为社会的白血病。白血病就是淋巴白细胞大量增生,并取代了血液。现代社会中的问题就是仿真代替了真实。这就是说,在我们的社会中如果有人用广告进行无根据的宣传,没有多大作用,没有多大的社会影响,然而问题在于,这个社会生活都是仿真的舆论、仿真的调查、仿真的政治、仿真的经济,这就意味着,我们的整个社会生活就如同表演。一个演员习惯了演戏,比如习惯了如何控制自己的眼泪,这个时候,我们已经无法区分哪一次是真情,哪一次是虚假。我们所有人都像演员那样生活。演员经常要在戏里擦出火花,产生恋情。生活中,她也会擦出火花,但是,她的丈夫可能无法判断哪个是真的;甚至在戏里,演戏的人也不知道,他们之间是真恋情还是假恋情。

如果说民意调查是空洞的、无聊的仿真行为,那么社会科学的许多活动也是仿真行为。

第三,人类学等是一种仿真的学术。

在政治领域,人们进行民意调查,这种民意调查是一种问/答游戏,是一种仿真游戏。而在人类学研究中,人们也采取问卷调查的方法,这种调查方法实际上也是一种问/答游戏。从这个意义上说,我们也可以怀疑人类学。前面我们已经说过,在问/答游戏中,答案已经包含在问题中了,在人类学调查中,问题也包含着答案。更重要的是,在对原始人群的研究中,由于原始人群与现代人的接触,他们已经知道现代人对原始人所提出的问题究竟包含怎样的含义,已经知道问题的提出所期待的答案是什么。于是原始人就会按照这种期待来回答。在鲍德里亚看来,只要我们承

---

① 第86页。

认原始人有模仿（仿真）的能力，那么我们就必须承认，我们从原始人那里所得到的答案会是仿真的答案。为此，鲍德里亚说，当我们向原始人提出诱导性问题的时候，我们"不可能得到不是仿真的回答"①。比如，当人们向原始人提出某种诱导性问题的时候，原始人就已经从问题中知道，我们所期待的答案。而这个答案就包含在问题中。因此，鲍德里亚说，这种回答就是"复制问题"。鲍德里亚甚至大胆地认为，人们在向动物、植物发问的时候，人们可能得到的也是仿真的回答，而不是"客观"的回答。当然鲍德里亚的这种说法是一种类比。人们在研究自然现象的时候，会带着自己的问题去研究，而这种问题中就包含了自己期待的答案，比如当人们追问某种动物有什么活动规律的时候，人们就可能从动物的各种行动中归纳出某种规律来，而这种所谓规律，可能并不是"客观的"（本真意义上的客观）。现代科学哲学研究表明，人类在向这些自然现象发问的时候往往也难于得到客观的真理（这里反映了鲍德里亚的约定论思想，参见本章第五节最后一段的解释）。在向被调查者、土著人或者原始人进行调查的时候，人们都预先对土著人或者被调查者有某种设想，并根据这种设想而向他们提出问题，而他们也会像我们所期待的那样回答。于是鲍德里亚说："这些被提问者的表现，永远和问题对他们的想像、对他们的要求一模一样。"② 从这个意义上说，人类学就不可能是真正的科学，而是仿真的科学。人们从原始人那里调查来的东西，没有什么"客观性"。

鲍德里亚把它的这种思想进一步放大，认为其他各门社会科学都是如此。在他看来，今天的精神分析也面临着同样的困境。比如人们在精神分析的临床实践中就可能面临这样的问题：当一个人向精神病人提出问题的时候，精神病人就会从问题中知道答案并进行回答。这个精神病人甚至可能还懂得精神分析的理论。因此，人们向病人提出的问题必然会得到仿真的回答。按照精神分析的理论，精神病人和心理医生之间可能会发生移情或者反移情的情况，那么这里就可能出现模仿出来的移情或者反移情。精神分析认为，精神病人会移情，于是，懂得精神分析理论的人就会模仿移情。精神分析获得了自己所期待的东西，它自我实现了自己的预言。这里

---

① 第87页。
② 第87页。

出现了仿真的俄狄浦斯,出现了仿真的本能、仿真的冲动。也就是说,精神分析理论成为一种仿真的理论。在此基础上,鲍德里亚甚至大胆地提出,人类学、社会学、精神分析等学科就是因为这种仿真而得到发展的。而在这种仿真中,被分析者、被调查者或土著人言语都被忽视了,我们所得到的只是他们的仿真的话语。人类学、社会学和精神分析就是借助这些仿真的答案,仿真的言语而得到发展。比如,生产终结了,但是仿真的政治经济学得到发展。当然,我们还可以换一个角度来分析问题。如果我们承认,受访者、被分析者、土著人的回答是仿真的回答,那么他们的回答就成为一种挑战,也就是对社会学、人类学和精神分析的一种挑战。这种挑战就是要摧毁社会学、人类学和精神分析。既然社会学、人类学和精神分析是一种游戏,那么我们就玩这种游戏,我们就把它们当作游戏来玩。这就是用一种犬儒主义的态度来挑战这些不同的学科。这种方法是这样的,你询问我什么问题,我就回答你什么问题,你想让我怎么回答,我就怎么回答。这就是让问题和问题的回答处于恶性循环中。那么这也同样让权力处于恶性循环中。当然这样一种不屑一顾的态度确实能够在一定程度上解构提问者、调查者的权威地位。同样的道理,在选举制度中,选票也向选民提问,选民也进行回答,但是这种回答就是随意的回答,这种回答就是要彻底否定代表制,让人们谁也不能代表。于是鲍德里亚认为,从这个意义上说,被统治者在受控制情况下所进行的回答也能解构权力,也是对权力的报复。这种回答是挑战性的回答,是嬉皮士式的回答,是犬儒主义的回答。

第四,两党竞争中仿真的"民主"。

西方国家的两党制是被当作"先进民主制度"确立下来的。那么这个民主制度为什么"先进"呢?在鲍德里亚看来,这是因为,一方面它是权力的"垄断",是"专权",另一方面,它又以非"垄断"、非"专权"的形式出现,是以两个政党轮流执政的形式出现的。用流行的术语来说,它是"民主"。这里所说的"垄断""专权"不是一党专政,而是"同质的政治阶层"的垄断。从表面上看,这里存在着左翼和右翼之间的对立和竞争,而实际上这种对立是虚假的对立,是对立的仿真。他们属于同质的政治集团。这是因为,生产终结了,传统意义上的政治斗争已经不存在了。同一类人掌握着国家的权力,但是他们却分成两个党派。有了两个党派就可以进行问/答游戏了(你选择哪个政党呢),就可以有公众舆论的反馈了，就有"民主"了。在轮流执政中，人们似乎可以看到不同党派代表不同的阶级，这里好像有代表制的"精华"，仿佛存在着真正的两党竞争。在鲍德里亚看来，这都是仿真形式。鲍德里亚认为，两个政党实际上是相等的，不过，这两个大致相等的东西被放在跷跷板的两端，一会儿这一端翘起，一会儿那一端翘起，而两边的差异极其微小。但正由于存在着差异，人们就可以探讨共识了（如果没有差异，共识的概念就没有意义了）。有了差异，人们就可以询问，究竟哪个党代表了自己的利益（如果没有微小的差异，这个问题就不存在了。如果只有一个政党，并代表了所有的人，那么也可以说，它什么人也不代表。因为在这里"代表"的概念已经失去了存在的意义，政治也就失去了存在的价值）。有了这种差异，人们就可以进行"理性"的思考（这里的选举已经没有选择的理性基础了，在没有什么差异的东西之间选择，是理性的选择吗），思考自己究竟应该选择哪个政党。同时，在鲍德里亚看来，西方民主制度规定选民的选举是"自由的"，但是这只是法律上的规定而已，而在实际的运作过程中选举却是强制的。这就是说，两个政党会不断地"催票"，在两党之间竞争的结构性约束中，如果你是政党结构中的一个分子，那么你就属于一个有政治倾向的人。如果你不投票，那么可能就支持了其他党派。这就是说，在选举中，社会的结构性强制在发挥作用。最后，由于两个政党之间差异非常小，甚至几乎一样，因而选择虽然是"自由"的，人们却无法选择，因为，如果两个东西是一样的，那么选择还有什么意义呢？所以，鲍德里亚把这里的投票行为看作类似"猴子在投票"，这种投票行为完全是随机的。

鲍德里亚认为，两个对立的政党只有谁都不代表的时候才能以完全游戏的形式出现。

在"古典"即"现代"（modern）普选制度中，由于政党之间就选举规则达成了共识，从而在一定程度上化解了对立（中和了对立）。然而，尽管如此，在舆论中两个党派还是对立的。这就意味着，两个党派在舆论上还是代表不同阶级或者政治群体的。而在当代社会，这种舆论上的对立也被消解了。因为，在这个阶段，舆论已经成为纯粹的符号，舆论不过是在进行自我生产。舆论中的对立也是仿真的对立，因此，两党的对立也是仿真的对立。实际上两个政治党派在舆论上也没有多少对立，两个政党的政治目标互相吸收，政治话语可以相互转换。本来两个不同的党派应该有各自的政治目标，代表不同的利益，但是，当它们的政治目标差不多的时候,代表和被代表关系就不再存在了。本来政治党派应该代表一定的阶级,这个被代表的阶级就是政党的所指,但是现在它没有所指了,政党不代表阶级,就像生产没有真正使用价值的东西一样。政党也成为纯形式的,成为纯粹的能指。

第五,二元对立:仿真的核心。

两党制度是"先进民主制度"的完成形式,是资本主义民主制度的策略性伪装。同样的东西以伪装的对立形式出现。两个政党看起来是有竞争的,而实际上是权力的垄断。这种二元化的策略不仅在政治领域中存在,而且在经济领域中也存在。为此,鲍德里亚指出了人们的一种错误看法。这就是认为,资本主义社会中的经济发展过程具有这样的特点,先是许多资本家之间的自由竞争,然而是数个寡头垄断,最后发展为某个资本家的垄断;而民主制的发展过程是这样,先是许多不同政党之间相互竞争,继而发展为两党之间的竞争,最后发展为一党专政。鲍德里亚认为,这种看法是错误的。西方民主制度实质上是一党专政(同一类人掌握国家政权),但是却策略性地区分为两个政党。同样,在当代资本主义社会,各行各业也是一类资本在控制着,但是它却策略性地把自己区分为几个垄断企业或者两家垄断企业。它们要保留一种竞争性的外表,呈现为"仿真的竞争"。两家垄断就是垄断的最高形式和完成形式,资本主义社会不会出现一家垄断。这不是因为国家有《反托拉斯法》等反垄断措施,而是因为,一个系统要稳定地存在就必须有两个不同的主体,而一家独大是不稳定的,最终整个系统都会衰弱。系统一分为二并不意味着它们没有垄断,而是有更强大的垄断。这两家都会权力倍增。鲍德里亚说:"权力只有使自己分解为一些等价的异体,只有使自己分裂为两部分而得到倍增,才是绝对的。"①在整个社会经济领域,甚至在国际体系中,情况都是如此。比如在冷战时代,两个超级大国垄断了世界体系,在它们的垄断体系中,所有其他主权国家都受到这两个国家的霸权控制,所有的小国都要找一个靠山。这确实是垄断的最高形式。而冷战一旦结束,美国的霸权地位也受到挑战。鲍德里亚认为,这种恐怖平衡是一种受到控制的对立。这就是说,两个东西是对立的,但是这种对立又是受到控制的。在鲍德里亚看来,控制着这两个国家之间对立的不是原子武器,而是结构性的策略。那么这个结构性策略

---

① 第 91 页。

究竟是什么呢？世界的稳定结构需要有两个霸权系统的对立。这是国际政治结构稳定的需要。而在其他领域也存在着类似的二元结构。当然这个二元结构可能在其他更复杂的领域中出现，但二元结构这个核心却都是类似的。比如，我们在学术领域，常常看到两个学者之间相互批判，一个说 A，一个说非 A，而实际上这种表面的对立背后都隐藏着相似，而这种对立中的竞争就是要让他们两个人在某个学术领域占据垄断地位。

鲍德里亚认为，从最小的选言单位（要么……，要么……），到经济系统、政治系统乃至整个世界系统都是由这种二元结构来维系的，其核心就是 0/1 的编码，是二元的划分。社会的各种系统都通过这种二元结构来维持动态平衡。而鲍德里亚认为，这种二元编码是仿真过程的核心。比如，在我们的社会，什么东西都要分成两个，而且把这两个对立起来。比如，男和女，人和动物，生和死，肉体和精神（为什么要搞仿真的对立呢？是为了维持权力，通过仿真的对立来实现权力的垄断和控制）。在鲍德里亚看来，这些对立都是仿真。而在一切仿真中，比如，仿真的生产、仿真的劳动等各种仿真中，资本和劳动的对立是核心，这是二元对立，是在资本主义经济关系的仿真中最核心的仿真形式。同样，在社会生活中有各种仿真，二元对立的仿真是仿真的核心。比如，生和死的对立是最核心的对立（只有把生死对立起来，一些人才有可能借此来进行控制）。二元结构的仿真是仿真的核心，而其他形式，比如许多方面的对立，或者单方面的垄断都是这种二元形式仿真的变体，而不是对二元结构仿真形式的否定。

按照这样的观点，鲍德里亚又进一步分析了纽约的建筑形式。在纽约的中心即曼哈顿地区，高楼大厦林立，相互竞争，相互比拼。它们在多元"竞争"中熠熠生辉。然而在这里，最耀眼的是世贸中心的两座塔楼（在"9·11"恐怖袭击中被撞毁的两座塔楼）。为什么世贸中心有两座塔楼呢？在鲍德里亚看来，这是资本主义社会体系仿真形式的代表。如果我们从海上看曼哈顿，那么各种不同的大楼像金字塔那样林立，又相互竞争。而在 20 世纪 60 年代这种情况变了，"资本主义制度的摹拟像从金字塔变为打孔卡"①。这就是说，如果我们从天空中看曼哈顿，那么每个金字塔就变成了一点，许许多多的金字塔就像打孔卡上的一个个洞。我们知道，在 20 世纪 70

---

① 第 92 页。

年代，即鲍德里亚写作其书的年代，打孔卡是一种记录数据的形式，用打孔和不打孔来表示数位信息。鲍德里亚用金字塔森林和打孔卡来比喻资本主义社会的两个不同时代，即生产时代和再生产时代，生产控制的时代和仿真控制的时代。当资本主义的摹拟像从金字塔变为打孔卡的时候，资本主义就从生产时代走向了再生产时代。因此，生产意义上的竞争已经终结。它让位于再生产的控制，而再生产中不存在竞争，不存在经济意义上的竞争，而只存在各种仿真形式，各种符号，没有所指的符号（代码）。鲍德里亚把这种仿真控制形式理解为垄断。为此，当世贸中心的两座大楼出现的时候，垄断的风格出现了，这两座楼代表 0/1，代表打孔卡上的编码核心（这两座大楼又是一样的，两座一样的大楼相互对立）。为此，鲍德里亚说，这两座相同的大楼意味着一切形式的竞争的结束。[①] 如果只有一座大楼，那么这就无法体现垄断，无法体现符号控制体系意义上的垄断。正如我们前面所指出的那样，在再生产阶段，符号失去了所指和所指对象，成为纯粹的符号。而曼哈顿的这些大楼也代表着这些无意义的符号的重复。为此，鲍德里亚强调，只有出现同样符号的重叠，符号才能结束所指。我们知道，从符号学的角度来说，只有不同的符号结合在一起才有意义，如果都是同样的符号，那么符号就没有意义。如果一个人发出的声音都是完全一样的（完全是一个声调，a），那么这个声音就无法表达任何意义。而安迪·沃霍尔许多作品就是要通过同样符号的重叠来解构符号的意义。比如，《玛丽莲·梦露的印刷肖像》就是如此（见图 1）。

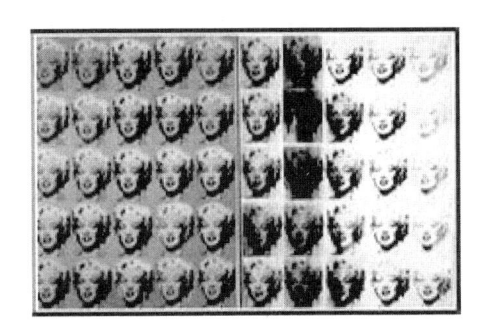

图 1　玛丽莲·梦露的印刷肖像

---

① 第 92 页。

这幅图画就是玛丽莲·梦露的肖像的批量复制，其中没有任何一个是原型。这就意味着，这幅图画不是对某个原型的复制，不是对玛丽莲·梦露的"反映"，因此，这里也不存在代表和被代表意义上的"反映关系"。而世贸大厦的两座大楼也是如此，它们是一样的。因此，它们也不是"谁代表谁"或者"谁反映谁"的关系，而是简单的复制。因此鲍德里亚认为，这两座塔楼之间的相互复制关系结束了符号的所指。而其他的大楼原来还是相互竞争，并试图通过这种相互竞争而超越自身。而世贸大厦的两座大楼之间的相互重叠终止了这种竞争关系。生产体系被纳入再生产体系中成为再生产的一个要素。再生产就是重复，就是无意义的重复。如果那两座大楼代表了竞争的终结，代表了系统的稳定性，那么其他大楼有什么意义呢？在鲍德里亚看来，当资本主义系统发生危机的时候，资本主义系统必然会超越自身，借助于危机来使系统升级。比如说，环境危机的时候，新的产业发展起来了，而新产业就是在原来不起眼的企业中发展起来的。世贸大厦之外的其他大楼也一样，它们代表了资本主义系统克服危机，从而超越自身的原始时刻。

鲍德里亚认为，这两座大楼的相互复制具有特殊的意义。这就是说，它们两个一样高，形式都是一样的，因此，它们之间没有比较，没有竞争。这是竞争的终结。尽管它们比所有的大楼都要高，但是它们不再比较高度了，即"垂直的终止"。它们相互之间不比较高度，也不与其他楼比高度。因为，其他楼与它们"不是一个血统"，不属于同一类。它们属于当代的再生产时代，而其他楼属于生产时代、竞争的时代（也意味着，它们不在一个量级上，无法相互竞争）。这两座高楼对其他楼不屑一顾。正是从这个意义上来说，高度对它们来说，失去了意义。它们不挑战其他楼，也不和它们比较高度。它们相互反映，相互复制（而不是相互竞争）。既然它们之间是相互复制的，那么它们就构成了一个模式。它们向世界宣告，它们有共同的模式，它们宣告，我们这个时代进入了模式生产的时代。相互复制的东西把模式生产出来了，它们中的任何一个都不再努力超越另一个。竞争和超越已经过时了，于是，鲍德里亚认为，在这里，模式和替换的策略替代了传统的竞争策略。此外，像洛克菲勒中心、大通曼哈顿银行等建筑物还注重"外观"，还有玻璃幕墙。鲍德里亚把这些东西称为"镜面修辞"。这表明，这些建筑物还要反映，或者被反映。这种反映和被反映的关系从符号学上来说，就是符号与它的所指的关系。这意味着，这些建筑作为符号，它们还试图有"所指"。而世贸中心的两座大楼既没有"镜面修辞"（放弃反映和被反映关系），也没有"垂直修辞"①（即放弃高度的比较）（这就是说，如果这两座大楼可以被看作符号的话，那么它们成为纯粹的能指，而没有所指和所指对象）。它们变成了纯粹的能指的符号。这两座大楼于是就变成了纯粹的数字，成为符号系统中的遗传密码。

第七节 仿真的超级现实主义

在这个部分，鲍德里亚提出，仿真类似于超级现实主义的艺术。如果说超级现实主义消除了真实和想像的对立，那么仿真也是如此，它消除了真实与想像的对立。从前面的分析中，我们知道，在当代社会，一切都是仿真，从政治、经济到科学文化，甚至我们的整个生活，各种形式的二元对立等都是仿真的。这些仿真的东西类似于超级现实主义艺术作品，仿真也造成了一种超级真实的状况。

通过上文的分析，我们可以看到，当代资本主义所进行的控制是二元对立的代码进行的控制。在这种二元对立中，所有的人都被提供了两种不同的选择，但是无论一个人如何选择，比如，无论他选择哪个政党，受控制的地位都是一样的。这就意味着，在当代社会，一个人可以任意进行选择，而这种选择完全是偶然的，但是无论一个人如何进行选择，他都逃不出系统所进行的控制。在这里，两个不同的政党实际上是相互复制的政党，这两个相互复制的政党就如世贸大厦的两座大楼一样，它们是一样的，所以它们之间没有竞争。但是它们却以两极对立的形式出现。实际上它们属于一个模式。这里所出现的东西都是一样的，都是最小选言单位（0/1）。鲍德里亚认为，这个代码空间所进行的控制与工业化时期所进行的控制是不同的。工业化时期符号都是有所指的，因此都是有意义的。比如，那些狂轰滥炸式的广告都要告诉人们所宣传的东西的有用性，政治宣传都要指明自己所代表的对象，针对的对象。这些东西就好像人们用巴甫洛夫条件反射原理来训练人一样。巴甫洛夫在训练狗的时候，当他给出一个信号的时候，就给狗提供某种食物。这就意味

---

① 第93页。

着信号指称食物,因此,这些信号是有意义的。工业化时期的那些"广告"或者"政治宣传"也是有意义的。这些有意义的符号指称某种东西。于是鲍德里亚认为,这些符号对人的刺激就如同巴甫洛夫给狗发出的信号一样,在这种刺激反应的训练中,狗变得很顺从,而人也在这样的训练中变得很恐惧或者很顺从。鲍德里亚认为,这种训练和控制方法是工业化生产时代的控制方法,这是商品的价值规律发挥作用的时代。而商品价值规律的时代,人们是按照一般等价物的规律来行动的。这是一种官僚集权制度。而在当代社会,仿真是主导的控制形式。这里出现的是模式散射,即同一模式的各种变体,是区分性对立(比如两党制度)。这种新的控制形式与传统控制形式是不一样的。鲍德里亚认为,"人们从命令转向代码的选言,从最后通牒转向煽动,从必需的被动性转向一些当下建构在主体的'主动回应'……基础上的模式"①。在商品的价值规律发挥作用的时代,系统的控制是下命令,而当代社会系统的控制是给出可选择项;在商品的价值规律发挥作用的时代,系统的控制是发出最后通牒,而当代社会系统的控制是煽动、诱惑;在商品的价值规律发挥作用的时代,系统的控制是让人被动地接受,当代社会系统的控制是让人主动地参与。在这里,人们主动地卷入其中,人们快乐地、嘻嘻哈哈地参与其中。于是,整个社会就构成了一个代码空间,这个代码空间就是我们的整个生存环境。在这个生存环境中,我们由相互复制的模式控制着(比如,人家有某种名牌产品,我就模仿,也购买类似的东西。这就是相互复制)。我们在这里接收信号,做出回应,这就好像维纳描述的控制系统一样,我们就是在这样的控制系统中接收控制。一位在匈牙利出生而后又加入法国籍的艺术家舍弗(Nicolas Schöffer)把这种情况称为"总体环境的具体化":在一些大模式的吸引之下,无数人受到各种各样的测试和问/答,或者说,整个环境就是一个测试问题的环境,而每个人都在其中接受不同的测试和问/答。

在这里,鲍德里亚吸收了舍弗的技术光动艺术空间(techno-lumino-kinetic art)和空间动力学总体剧院(total spatio-dynamic theatre)的构想,用它来分析当代社会的状况和当代艺术,说明这两者之间的一致性,说明人就是生活在这样一种仿真的环境中。舍弗的技术光动艺术接受了维纳的控制论

---

① 第 94 页。

思想，用各种钢铁、光学材料、微电脑来进行控制，并转动机械。（见图2）

在这里，艺术不是某种固定的绘画作品或者某个雕塑，而是对环境做出回应的东西。它吸收环境中的光、色彩等方面的变化而做出变化。这就是说，艺术已经把整个环境包含其中了，是一种总体艺术。按照鲍德里亚的看法，我们的整个社会就类似于这种空间动力学总体剧院。或者说，我们所有的人都在一种仿真的环境中接受各种刺激，我们会对这些刺激做出反应，而这个艺术系统（我们的生存环境）就会根据我们的反应进行调整。我们的整个生存环境都是一种操作性的仿真世界，我们对多种刺激做出回应，而且是触觉式

图2　CYSP1

的回应。我们所有的人似乎都成为摄影机前的演员，接受导演的命令演戏。这种演戏是一种测试，是连续的测试。我们必须接受这种连续的测试，必须做出回应。当人们积极"参与"做出回应的时候，人就"成功适应连续测试"。舍弗认为，动物也与人相似，也有类似的适应能力。我们像动物那样进行回应。向性（tropisme，即动物和植物适应环境，趋向环境的生长）、模仿和移情等都是"人"对这种仿真环境的反馈方式。当然，这种适应在一定程度上与巴甫洛夫说的那种刺激－反应类似，但是要比那种刺激－反应更加合理。这是因为，在巴甫洛夫学说的刺激－反应试验中，受试者是被动地接受，而在仿真模式中，人是"主动参与"，是其中的积极演员，人积极配合系统对自己的控制。比如，人按照政治经济的模式，主动要求劳动（害怕失业）。如果说巴甫洛夫的那种方法类似于精神病治疗中的"电休克疗法"的话，那么人在仿真形式中的活动似乎就是精神健康的状况（非强制的刺激）。在这里所出现的是仿真环境，而不是像"电休克疗法"那样的强制和暴力。鲍德里亚说："随着需求、感知、欲望等概念的操作化，环境的装置在各处都取代了力量和强制的装置。"[①] 这就是说，人的需

---

① 第95页。

求和欲望等都是在社会环境操控下发生的，在这种操控下，人会自愿地接受控制，而不需要被力量和强制的装置来控制。这种仿真环境包括计划，神秘兮兮的恶作剧（mystique de la "niche"，中译本翻译为"'窝'的崇拜"让人费解）、在塞纳河左岸（巴黎"第七区计划"，不是"第七个计划"）建立的"审美与文化救生中心"、甚至还有像乳房一样的"性休闲中心"，在这样的休闲娱乐中心，所有的人都能在其中得到刺激和快乐。在这里，人的需求、欲望等都在这种仿真的环境中被激发起来。不过这种需求和欲望是仿真的需求，这种满足如同舞台剧中演员的表演所得到的满足，是仿真的满足。而建立起来的各种娱乐中心就是这个舞台剧中的布景或者环境（空间动力学意义上的整体舞台，受到刺激-反应调节的舞台剧）。当然，与舞台剧不同的是，这是"整体剧院"，这里没有演员和观众的区分。这就好比说，我们的整个生活环境就是一个人为构造起来的舞台，像剧院中的舞台，我们都在这个剧院里演戏。我们在这里快乐地演戏，我们享受，我们在这些刺激中获得快感，别人穿时装我们也穿时装，我们大家一起演戏。这是一个"整体剧院"。在这个整体剧院中，没有舞台，没有观众，而是观众和演员结合在一起。演员就是观众，观众就是演员（这就是说，我们的整个社会都是在仿真，都是在演戏。而在这个表演的戏剧中，没有演员和观众的区分）。观众观看演员的"目光"不存在了。既然在这个舞台剧中，没有观众和演员之间的差别，那么这就不是真正的表演。我们可以说，这是表演的终结，也是观众和演员之间关系（表演性）的终结，或者说，是人和人之间、观众和演员之间的审美关系的终结。或者说，人和人之间不存在审美关系了，而只有测试关系了。我们前面说过，这种测试关系类似于问/答游戏。这里不存在审美的距离，不存在反思，这里所存在的只是触觉传播，或者如鲍德里亚所说，这是"触觉交流的文化"。这里只有刺激-反应。可以说，我们整个生活就是这样一种"触觉交流的文化"。为此，鲍德里亚说，戏剧走向了整体的、融合的、触觉的、知觉（非审美的）的环境性。当然，这必然要让人想起阿尔托（A. Artaud）的整体戏剧或者残酷戏剧。而这种残酷戏剧完全颠覆了传统舞台剧的形式。在这种戏剧中，"传统的镜框舞台被取消，演出场所只剩四堵光墙和一个空荡荡的大厅，没有通常意义上的装饰和布景。演员戴上庞大的面具像巨型雕像般地进行表演，催眠一般地打动观众的感官，用经过训练的形体和呼吸来展示自己的感情以征服观众。观众或坐在大厅中央的平地上，或坐在可以移动的椅子上，演出在各种高度和深度上展开，从四面八方包围观众，舞台灯光要造成冷、热、愤怒、恐惧等各种感觉，同样地落在观众和演员身上，各种声音和音响效果要同时传入观众和演员耳中，观赏者和场面、演员和观众之间可以直接对话，空间本身被利用来表达思想"①。显然，在这种残酷戏剧中传统的演员和观众之间的关系不存在了。不过，阿尔托的这种残酷不是我们通常所理解的、暴力意义上的残酷，而是要让观众看到他们不愿意看到的真相这个意义上的残酷。因此在戏剧中，演员的作用就是让观众看到他们所不愿意看到的东西（鲍德里亚非常喜欢这种残酷戏剧。因为，他自己的作品就是这种残酷戏剧，让人们看到他们不愿意看到的真相，即在当代社会中所有的人都成为演员。生活不过就是演戏）。在残酷戏剧中，人们被迫看到真相，看到真实的东西。为此，鲍德里亚说，这种光动艺术空间或者空间动力学总体剧院让人以黑色幽默的心态想起了阿尔托的残酷戏剧。这两者都是总体剧院，不过前者让人快乐，而后者让人痛苦。或者说，我们只能从黑色幽默的角度来看待空间动力学总体剧院。因此，鲍德里亚认为，仿真环境中的那种戏剧、空间动力学的总体剧院是对阿尔托的整体戏剧的无耻歪曲。两者虽然都是整体戏剧，但是，在这里，前者要让人在刺激的临界点上获得快感，并失去对真实的了解，而后者则要让人在痛苦中看到真相。

  我们就是生活在仿真的环境中，我们就是在这个整体舞台上表演。从这个意义上说，现实即我们的现实生活在超级现实主义中崩溃了。这里没有真实（本真意义上的东西）。从符号学的意义上来说，我们生活中所出现的符号不是对某种现实、真实的东西的反应，不指称某种东西，这些符号也没有意义。从生产和再生产的关系的角度来说，这里生产终结了，再生产出现了。这里的再生产的含义就是同样东西的无限复制。那么复制的东西是不是对于某种原型的复制呢？不是，这不是对原型的复制，原型已经没有了，这里的复制就是相互复制，相互模仿。这些相互复制的东西构成了一种模式。如果我们用《玛丽莲·梦露的印刷肖像》来说明的话，那么沃霍尔的那幅图画不是对玛丽莲·梦露本人的照片（原型）的反映，而是对同一幅画的重复印制而形成的，更准确地说，是复印（从这幅画中，

---

① NR 百科，《残酷戏剧》，见 http://www.nrnet.cn/imrnet/Literature/NRBK/BKdetails.aspx?id=ENT0244386。

我们可以看到，复印机似乎质量不好，复印出来的东西还有许多瑕疵。仿真意义上的复制不是完全一样）。于是，鲍德里亚说，这种复制是从中介到中介的复制，是从照片到照片的复制，是从广告到广告的复制。在这种复制中，在这种仿真中，真实消失了。但是真实的消失不是真正的消失，而是以仿真的形式复活了。在当代，我们没有本真的生活了，我们都是在总体剧院中演戏。但是我们不会认为这是演戏，我们认为这是真实的生活。许多人都是这样认为的，他们认为以前的生活还不够真实，而只有现在这样的生活才是真实生活，人才活得像人。对于他们来说，这是比真实还要真实的生活。于是，鲍德里亚认为，在仿真的世界中，真实死亡了，但是真实的死亡，却反过来使真实得到巩固（"它也因为自身的摧毁而得到巩固"①）。这是对死亡的讽刺。本来死亡的意思就是结束，就是死了，可是，在仿真中，本真的东西（真实）死了，而类似真实的东西却复活了，它似乎比原来真实的东西还要真实。这是为真实而真实（仿真）。这就是要像真实，而且要比真实的还要真实。鲍德里亚把这种仿真称为"失物的拜物教"（fétichisme de l'objet perdu）②。物体消失了，但是拜物教的精神还存在。真实没有了，但是对真实的崇拜（本真，客观的物）的崇拜精神还存在。在仿真中，在总体戏剧中，人们不再再现客体，而且与客体没有任何关系，只是对真实或者客体的毁灭和否定的狂喜。为什么对于真实的毁灭和否定让人狂喜呢？因为，只有否定了真实，一种新的真实才会出现，这就是超级真实，它比真实还要真实。仿真就是"超级真实"（the hyperreal，中译本把它翻译为"超真实"③，这就与"surreal"混淆起来了）。比如，现代资本主义社会中的生产看上去确实是生产，而实际上是生产的仿真，是为生产而生产。这种生产就是超级真实的生产了，它比过去的生产还要真实。

鲍德里亚认为，从文学艺术上来说，现实主义（Realism）为仿真过程的出现开辟了道路。现实主义是以模仿真实为特点的。本来，真实本身不需要借助语言来体现自己的真实效果，而当真实通过语言、绘画来体现真实性的时候，真实的地位已经被动摇了。在现实主义作品中真实是描绘出来的，而不是真实本身。在鲍德里亚看来，在这里，真实本身就是一幅

---

① 第96页。
② 第96页。
③ 第98页。

画，就是语言。当然，现实主义还是传达意义和描述真实的（从符号学的角度来说，现实主义的艺术作品同时包含能指、所指、所指对象）。超现实主义（surrealism）试图打破对于真实的描述，而把想像纳入真实之中。比如，达利的作品《时间的轮廓》（见图3）就是把想像纳入真实之中。一方面，这是一个真实的钟表的描述，另一方面，它又加入了人的想像。在这种想像中，钟表发生了变形。超现实主义受到弗洛伊德主义的影响。按照弗洛伊德主义的观念，受理性控制和受逻辑支配的现实是不真实的，只有梦幻与现实结合才是绝对的真实、绝对的客观（人做梦的时候所想的东西就是人的真实思想，这时人的理性放松了警惕，让真实的、被压制的本能的东西显露出来）。（从符号学的角度来说，超现实主义作品包含能指和所指，但是不包含所指的对象）为此，鲍德里亚说："超现实主义仍然与现实主义有关联，它质疑现实主义，但它却用想像中的决裂重复了现实主义。"① 这就是说，它并没有真正地超越现实主义。

图3 时间的轮廓

而超级现实主义就不同了，它通过对"现实"（被中介了的现实）的极端的模仿而彻底摧毁了真实。它所构造的是超级真实。如果说在超现实主义中，真实和想像的矛盾还存在的话，那么在超级真实中，真实与想像的矛盾已经不存在了。从超级现实主义的艺术作品中，我们可以看到，这类作品往往非常大，它们不仅直接借助于照片的临摹，而且时常用幻灯机把照片底片投射到画布上，仔细地描绘好轮廓和每个局部，再上颜色。这类作品极为逼真细腻，连一根汗毛都画出来，给人的感觉是，画中人物的皮肤似乎在呼吸、出汗。这种超级真实的东西实际上不是对真实东西的描述（再现），而是复制，是非真实。这种"非真实不是梦想或者幻想的非

---

① 第96页。

真实,不再是彼岸或此岸的非真实,而是真实与自身的奇妙相似性的非真实"。① 这种非真实是通过复制而实现的非真实。当代资本主义社会的现实(真实)就是非真实,是通过复制而产生的非真实,或者说,是以再生产形式表现出来的非真实。而波普艺术和新现实主义也是如此。比如,沃霍尔的《玛丽莲·梦露的肖像》就是这种波普艺术(有人认为,法国的新现实主义是波普艺术的一个分支,两者具有同样的特征)。鲍德里亚认为,在波普艺术和新现实主义之前,法国的新小说流派就已经在文学创作中显露这种倾向。新小说在这里,创造了一个真实,即在真实的周围创造了空无。这就是说,在真实的周围一切都被剔除了,它消除一切心理的和主观的要素。在这里小说所描绘的是纯粹客观的东西。比如,从新小说的代表人物阿兰·罗伯-格里耶(A. Robbe-Grillet)的《窥视者》中,我们可以看到,作者只是纯粹的描述客观的环境,并且这种描述是跳跃性的,其中不包括作者的任何联想或者思考。在用词方面也是如此,作者尽量使用一些"中性"的词语,即不带情感色彩的词语,尽量不把个人的主观态度纳入其中。用鲍德里亚的话来说,新小说"铲除一切心理和一切主观性"②。但是,对各种真实状况的客观描述是不是真的不包含任何主观性呢?从《窥视者》的故事情节中,我们可以看到:一个旅行推销员马弟雅思回到他度过童年时代的小岛上兜售手表,在挨户访问顾客中,他知道一个十三岁的牧羊女雅克莲行为不端,而这个雅克莲的外表同他的女友维奥莱极为相似。这天牧羊女正在海边僻静处放羊,马弟雅思骑自行车经过,下车用拾来的绳子将雅克莲捆绑,强奸后杀死,将尸首推入海中。尸首被发现后,马弟雅思心虚,回到出事地点毁灭物证,却发现他的犯罪经过已被雅克莲的十八岁男友于连窥见。于连当面揭发马弟雅思说谎,证实他目睹犯罪经过,但是却没有告发马弟雅思。马弟雅思安然在小岛上住了两天,然后乘船回到大陆,逍遥法外。③

马弟雅思"自认为"没有被发现,而实际上他被"窥视"了。他的真实不是真实。用鲍德里亚的话来说,"这里的客观性只不过是目光的客观性"。人们只是相信自己的目光,而不是相信真正的客体。因此这是"摆

---

① 第 96 页。译文略改。
② 第 96 页。
③ 〔法〕阿兰·罗伯-格里耶:《窥视者》,郑永慧译,译林出版社,2007,译者序言,第 3 页。

脱了客体的客观性"。可是，这里存在着一种循环的诱惑。马弟雅思"自认为"没有被发现，而实际上他被于连窥见了，虽然于连当面揭发了马弟雅思说谎，但是，却没有告发他。于连也像马弟雅思那样自认为没有被窥见。在这里，人们都有一种"不再被人发现"的潜意识举动。新小说所构造的这种纯粹客观的东西，恰恰不是客观的，而是目光中的客观性。超级真实似乎是纯粹客观，完全真实的，但是这种真实只是目光中的真实。在超真实世界中生活的人都会认为自己的生活是真实的，他们都是马弟雅思和于连。

由此，鲍德里亚从新小说中得出了这样的印象：新小说力图使现实以极其精细而又不带任何主观想像的形式展示出来，而这种现实就是纯粹客观的东西，而没有进行意义的表达（省略了意义）。在这里，句法和语义都消失了，好像就是物体自身的客观呈现，"不再有幻觉（apparition，中译本把这个词翻译为'出场'，比较费解），只有物体的出庭"①，即只有客观的物体被小说呈现出来。用来描述物体的这些词没有隐喻也没有转喻。在他们的小说中，只有物体出场，这就是物体"出庭"，并像散乱的碎片那样受到"审讯"。在新小说中，小说的作者似乎并不打算表达任何意义，他只是把现实完全客观地呈现出来，或者说，就是为了呈现而呈现。这种呈现没有任何目的。可是在这种为了呈现而呈现的边缘，出现了空无，出现了现实的空无。这就是说，当阿兰·罗伯-格里耶纯粹客观地展示现实的时候，这种真实的周围表面上是空无。但是这个周围是不是空无呢？于是，这里就出现了"现实的眩晕"和"死亡的眩晕"。小说中的主人翁都认为自己没有被窥见，他们都以为自己生活的现实是完全真实的，然而事实上，他们都被窥见了。这里的真实不是真正的真实，这里的"空无"（真实边界外的空无）不是真正的空无。在新小说中，作者只是完全客观地展示现实，而没有显露人如何观察现实的视角。因此，这里"没有与物体感知相联系的起伏、视角和深度等"，这里只有对物体的表面的透视。新小说描述了纯粹客观的东西，它以艺术的形式展示了超级现实。如果说我们所生活的世界是一种超级现实的话，那么新小说就是以艺术的形式来展示这种超级现实。如果说小说中的客观现实面临着"死亡的眩晕"和"现实的眩晕"的话，那么我们的生活也同样面临着"死亡的眩

---

① 第96页。

晕"和"现实的眩晕"。比如我们的学术表演（不研究真问题而只是玩弄字句）就展示了这种超级现实。我们在学术场域的人都认为这是现实的学术，而且这种表演的学术非常繁荣，但是这恰恰是学术的死亡，我们所认为的现实恰恰是表演。我们在表演的时候创造了一个在我们生活周围的空无。

在鲍德里亚看来，这种真实的仿真所产生的眩晕有四种情况。

（1）真实被解构为它自身的各种细节。比如，新小说就是要完全客观地展示对象，对客观对象的细节进行仔细的描述。在新小说中，物体是封闭在一定的范围中的，而这个封闭的物体范围内所出现的是一种纵聚合的变化。比如，在阿兰·罗伯-格里耶的《窥视者》中马弟雅思认为自己没有被窥视，而于连也认为没有被窥视。这两个事件之间存在着一种纵聚合关系。但是在阿兰·罗伯-格里耶的描述中，纵聚合关系被一种线性的横组合关系展示出来。小说只是对可替换的物体进行线性的平铺直叙，作者只是通过字词的线性关系来表现细节。

（2）深度视域（la vision en abyme）也就是中译本翻译的纹心结构式视域。纪德的新小说《伪币制造者》体现了这种纹心结构，鲍德里亚把这种情况称为"物体在自身细节上分裂与重叠的游戏"[①]。在小说《伪币制造者》中，我们看到，小说的作者在小说《伪币制造者》中讨论了小说《伪币制造者》这本小说的内容和小说的创作方式。这就如同中国人常常引用的故事：山上有座庙，庙里有个老和尚和小和尚，老和尚对小和尚说，我讲一个故事给你听，故事是这样的；山上有座庙，庙里有个老和尚和小和尚，老和尚对小和尚说，我讲一个故事给你听，故事是这样的……这就是一种纹心结构。在这里，话语有两个部分，元话语和对象话语。《伪币制造者》这部小说本身构成了元话语，而这个元话语内部所讨论的《伪币制造者》是对象话语，是元话语所讨论的对象。在元话语中，作者构造了一个现实，创作小说《伪币构造者》的现实。这个现实不是真实的，而是超级真实的。

前面说的小说的两种叙述方式分别是纵聚合关系和横组合关系。我们知道，本来在语言符号中，各种差异的符号横向地组合在一起就构成了句子。比如"张三打狗"，这几个字都不同，不仅读音不同，而且字体的形

---

① 第96页。

状也不同,它们横向地联系在一起构成了句子。当然,这个句子的意义不仅是由这几个字所决定的,而且是由其他不在场的字词所决定的,比如,"狗"与"猫""猪""马""小孩"等有潜在的可替换关系。这些字词具有纵聚合关系。

(3)重复的系列本身,比如沃霍尔的绘画作品。在沃霍尔的作品中,我们看不到差异的符号,它们都是相同东西的重叠。这些相同的东西既不具有横组合关系,也不是有纵聚合关系,它所包含的是相同物体的临近。这里不再有反映和被反映的关系(折射率为零)。鲍德里亚认为,相同东西的重复所具有的作用就是"杀死原型"。在反映和被反映关系中,一个东西是对另一个东西的反映,而被反映的东西是原型。可是,在相同东西的复制中,原型没有了。鲍德里亚用一张照片中的一对孪生姐妹来说明这种情况。当两个相同美丽的身体出现在我们面前的时候,我们会注视哪一位呢?我们的注意力被分散了,我们的视觉会在这两者之间徘徊。鲍德里亚认为,"这是谋杀原型的精巧方法,但这也是特殊的诱惑"①。在这里,客体的任何企图,即展示自身、显示自身的任何企图都被相同东西的复制所破坏(人的目光不能聚焦到一点上,发生了散射现象)。物体像原生动物那样自我分裂,而不是像柏拉图所说的那样,人本来是四条腿,后来才被一分为二,即分为男人和女人。我们知道,原生生物的分裂都是同样东西的复制。这种复制就如同"一对孪生姐妹的色情照片",它们对人产生诱惑,使人无法专注于原型,使我们回到原生生物的自我分裂,即死亡的状况。所以,鲍德里亚把这种诱惑称为"死亡的诱惑"。我们人是有性生物,是柏拉图所说的那个一分为二的两个人(男人和女人)进行生殖行为的产物,而原生生物是无性繁殖的生物。当它们分裂开来的时候,它们与新产生的新的原生生物是一样的。如果人回到了原生生物的状况,那么这就意味着人作为有性生物的死亡。于是,对于人这样的有性生物来说,同样东西的复制就是把我们带回到原生生物的状况。它诱惑我们回到死亡状态,这就如同再生产导致生产的死亡一样。我们前面说过,模式生成就是相同东西的复制。无性繁殖就是一种模式生成,现代社会中占主导地位的控制方式就是模式生成。这种系列复制也解构了真实。

(4)上述那种同样东西的无限繁殖、复制的悖论性极限是两种东西的

---

① 第97页。

相互复制，但是相互复制的东西之间是不同的，甚至是完全对立的。我们可以说，复制的悖论性极限就是完全对立的东西之间居然是相互复制的。比如，有一个宣传报道发了一张色情的图画，当然做了适当处理，比如，在那个色情图画的特殊部位做了模糊处理，然后批判说，这个作品太色情了。这个色情图画与原来的图画有一点差别，但是，它们在完全相反的意义上被使用。这里出现了一种非常奇特的现象：相互对立的东西相互复制。在这里我们要问，那个经过处理的图画就不色情了吗？批判色情的东西不是也很色情吗？批判色情和色情无法区分了。这里也出现了仿真的眩晕。这就是复制的悖论性极限。这是二元性的、代码性的。当然，这两个东西之间存在着极其微小的差别，这个微小的差别就可以用来支持一种虚构的意义，比如"反对色情"。恰恰就是这一点微小的变化被人们用来支持自己的虚构意义，把它作为支撑这种虚构意义的"最小共同范式"（对立的东西成为虚构意义的即仿真东西的共同基础）。从前面的分析中，我们知道，相同东西的重复生产是一种仿真。在鲍德里亚看来，在仿真中，艺术品和消费品之间的差别已经非常小（比如，名牌产品、奢侈品等）。我们可以说这些东西是艺术品和消费品之间的区分性组合。从这个意义上说，消费品与绘画已经没有多大差别了。而在现代艺术中，艺术的东西和真实的东西之间的差别已经非常小，消费品和艺术品之间的差别非常小。这里只存在着超级真实（hyperréel）与超级绘画（hyperpeinture）（中译本翻译为"超绘画"，似乎不妥）之间的差别。仿真就是一种超级真实，看上去跟真实如此一样，以至于人们无法把真实和超级真实区分开来。通过前面的再生产分析，我们可以看出，发达工业社会就是一种超级真实存在，这几乎与超级现实主义的绘画作品一样。我们在生活中模仿真实，我们模仿得如此真切，以至于模仿与真实之间的差别不存在了，或者说，超级真实和超级绘画之间的差别几乎不存在了。在现代艺术中，人们还要让这种差别继续衰弱下去。而为了给真实让路，或者说，绘画作品为了使自己看上去像真的一样，而不得不牺牲自己，使自己看上去不是一幅绘画作品。但是，超级现实主义的绘画也会完全衰竭，它也会通过某些极小的差距而让自己复活。当超级现实主义绘画作品看上去像真人一样，但是，画面和墙面之间还是有一条边界线[①]，正是通过这条边界线，绘画与真人区

[①] 第97页。

分开来了，绘画复活了。再比如，绘画作品中，人们还会有签名，这也是绘画与真人之间的差别。如果正是由于签名，我们才能把绘画与真实东西区分开来，才是绘画成为现实的代表，成为对某个现实东西的形而上学再现，那么这个签名就是一个形而上学的符号，它表明这幅画具有形而上学特点，即具有再现现实的特点。而在绘画的边界范围内，它就是把自己当作原形，进行自我重复，或者说，在这个范围内它构建了超级现实。

于是在这里，鲍德里亚对真实和超级真实进行了区分。他说，真实是那个可以等价（相同）再生产的东西。这是近代科学对于真实的理解。科学理论在什么意义上把握现实呢？如果在相同的条件下，同样的现象会再次出现，那么科学理论就是把握了真实的东西。从这个意义上来理解，真实就是可以被重复再现的东西。在工业化大生产时代，我们就是复制，批量生产。近代科学的合理性就预设了普遍的相等（而古典的再现则不同，古典的符号是指称自然，因此它不是等价关系，不是使用价值的批量生产，而是转写、评论等，是对自然对象的转写和评论）。如果把这种复制推向极端，复制"杀死"原型，这个时候真实的东西就是仿真。比如，前面所说的再生产就是仿真。因此，鲍德里亚说，仿真是"那个永远已经再现的东西"。比如，我们在学术研究中，同样东西的复制（当然也包含差异的复制，这种复制也杀死了原形）也是仿真。这种仿真就是超级真实。比如，我们如何区分通过仿真而产生的学术与真正的学术呢？

上面的分析表明，艺术与真实之间相互吸收，艺术努力成为真实的，而真实反过来又努力成为艺术的。这是艺术和真实之间的相互吸收。那么在这种相互吸收中，艺术和真实是不是都终结了呢？鲍德里亚认为，从一个角度来说，真实和艺术都没有终结。从仿象的发展水平来看，真实和艺术都发展到了最高的水平，即仿真。这是艺术的顶点，艺术家所追求的就是要和现实没有差距。如果艺术家的表演达到这样一个水平，让人无法区分真假，这难道不是达到了顶点吗？同样，如果真实排除了任何现象和虚假的可能，那么这难道不是真实的顶点吗？而超级真实是有艺术性的，但是这种艺术性的东西不像超现实主义那样包含了想像，而是排除了想像的可能。这种现实已经成为超级现实，不保留一点艺术性的痕迹。这是超级现实主义艺术与真实相互吸收的结果。超级现实超越了再现，因为再现是再现某种真实东西，而超级现实不再现某种真实东西，而是仿真。在仿真中，再现不是再现某种外在的东西，比如绘画再现实物，而是对于自身的再现，是绘画复制绘画，是相同（或类似）东西的自我复制。因此鲍德里亚说，"在这里，再现的转盘变得疯狂，但这是一种内向破裂的疯狂"①。这种再现是如同细胞分裂一样的自我分化，这种再现具有纹心结构的特点。这种纹心结构式的东西也构成了一种超级现实。这种现实是在一定范围内形成的现实。这就是在真实周围制造空无。本来真实都是人在一定视野中看到的，如果真实周围没有任何东西，那么这种真实就比真实的东西还要真实，是超级真实。在鲍德里亚看来，当代现实中已经包含超级现实主义的东西。这就是说，当代社会现实就如同超级现实主义的绘画作品那样是简单重复，是对再现的再现。然而，如果超级现实中包含超级现实主义的东西，那么人就感到自己是像梦中那样生活，而不是在真实中生活。鲍德里亚解释道：超级现实主义类似于梦幻中的间离效果，这种间离效果让人感到自己是在做梦。但是，这种间离效果是不是终结了做梦呢？不是，它既进行梦幻审查，同时又让梦幻继续下去。我们就生活在超级现实中（好像在梦中），超级现实主义艺术作品似乎具有梦幻中的间离效果的作用，它既让我们看到自己的生活像是在梦中一样，同时又让这种生活继续下去。超级现实主义既揭示我们生活的超级真实的特点，同时又让这种超级真实的现实继续下去。

在鲍德里亚看来，我们还可以倒过来理解超级现实主义。在前面，他是从超级现实主义的角度来看超级现实的，现在他倒过来考察，即从超级现实的角度来看超级现实主义：当代资本主义社会的现实本身就是超级现实主义的，或者说，具有超级现实主义的性质。在这里，他把超现实和超级现实加以对比。在特定的时候，比如，在艺术或者想像中，任何现实，哪怕是最平庸的现实也可以成为超现实。这就是超现实主义的秘密。而在当代资本主义现实中，超级现实已经像超级现实主义一样，排除了想像和艺术。在超级现实中，政治、社会、历史、经济等全部日常现实都吸收了超级现实主义的仿真维度，它们都把想像和艺术排除了。但是排除了艺术和想像并不意味着，它们不具有艺术的特点。从这个意义上来说，"我们到处都已经生活在现实的'审美'幻觉中"②。在超现实主义层面上，人们可以说，"现实胜于虚构"，可是在超级现实主义的层面上，虚构已经被排

---

① 第98页。
② 第98页，译文略改。

除了。我们的整个社会现实都是超级现实主义的，都是不包含想像和艺术的超级现实主义艺术。从这个意义上来说，整个社会都是在进行一种现实的游戏，在进行一场审美游戏。鲍德里亚从符号学的角度来理解这种状况。在鲍德里亚看来，如果符号仍然有意义，仍然能够传播信息，那么这种符号就是"酷热"的，如果不传播信息，或者说，如果媒介本身变成了信息，那么媒介就是"冷酷"的。当代资本主义社会中的这些符号都不传达信息，由此都是"冷酷"的，这是一场冷酷游戏。

如果当代社会中的所有东西都是超级真实的，都是审美化的，或者说，作为符号都是无所指、无意义的，那么这也就意味着罪感、绝望、暴力、死亡等都成为符号，都是一种游戏。由此，这些东西会带来游戏的快乐，它们可以取代罪感、焦虑和死亡本身，或者说，在当代资本主义社会罪感、绝望、暴力、死亡等都是符号，都可以被当作游戏来玩。人们可以进行生命冒险，进行死亡游戏，这些都是仿真的游戏，都可以得到一种仿真的快感。既然这些东西都是符号，因与果、始与终都没有确定的意义了。从前面关于新小说的讨论中我们知道，在新小说中，人们在真实周围构建了一个虚空，真实是在这个虚空中真实，这个真实是封闭系统中的真实。小说中的主人翁生活在这种真实中，他们相信自己没有被窥见。实际上，任何一个封闭的系统都可以构建这样一种超级真实状况。比如说，当学者脱离现实，封闭在自己的学术圈子里，通过学术文献来研究学术时，这就构建了一个没有参照（不参照现实问题）的学术系统。这是在学术圈子中研究学术问题，而不解决现实问题。这就是没有所指的抽象的学术研究。同时在这个圈子中的人都是这么研究学术的，于是他们也不会产生焦虑：我们的这种没有所指的学术研究有没有意义？封闭圈子中的人不会产生这样的焦虑，既然这是一个封闭的圈子，那么人们就不会从圈子外来讨论这个圈子中的问题。如果我们用元语言和对象语言的关系来说明这里的问题，那么没有人能够站在圈子外，从元语言的角度来讨论它们，把自己的话语作为对象语言，来批判它们。这个圈子能够抵御这种元语言。其做法是，他们在自己内部使用自己的元语言，即他们在圈子内部进行自我批评，而这种自我批评，就如同我们前面所说的，那只是在相同东西之间制造微小的差别，甚至相互对立。这种差别和对立实际上就是自我重叠，他们正是通过这种自我重叠即自我批评来对付元语言。而元语言这种自我重叠制造了一种幻觉，好像元语言有对象，有所指。他们自己利用元语言，好像他们的语言有对象,有所指。从这个意义上来说,元语言的幻觉补足了参照的幻觉。

在传统上,我们还能说"这是马戏""这是剧院""这是电影",我们还能够把演戏和生活区分开来。然而当现实成为超级现实主义意义上的现实,或者成为超级现实时,表演的可能性被排除了。从前面的分析中,我们知道,超级现实主义的艺术是在现实周围制造空白和空无。如果我们超出这个范围,那么我们就可以发现超级真实不是真实的,而是与演戏结合在一起的。同样,我们是生活在地球上的,地球之外的生活是我们想像的生活。人们可以在地球上表演地球之外的生活,从而把自己的真正生活与想像生活区分开来。然而假如地球上的生活能够被搬到地球之外的空间上去,那么人们就不可能从想像的地球之外的生活说明自己的真实生活了。只有存在着地球之外的想像空间,我们才能够把想像和真实加以比较。然而,如今的问题是,我们已经"把真实送入了卫星轨道,把不可判定的现实送入轨道"①。这就是说,当我们把真实送入卫星轨道的时候,更准确地说,当我们想像的空间变成真实空间的时候,当我们把地球上的现实无限扩展,从而消除了想像的可能性的时候,超级真实就开始出现了。随着当代科学技术的发展,人们生活中两室一厅的房子似乎以登月舱的形式被送入太空。我们在卫星轨道上有空间站,人们的日常生活环境已经被提升到太空,被提升到"宇宙价值"的高度。地球上的人类生活已经被提升成为绝对普遍的生活形式,被提升到了"绝对的高度"。人们不可能从更高的高度来审视这种生活了。在新小说中,或者说,在超级现实主义的艺术中,我们还能够找到边界,找到签名,从而发现这是艺术。但是,现在我们人类生活已经极大地扩展了,所有的边界都被我们纳入生活中了,我们不可能在这个边界上区分艺术和生活,我们不可能再把"马戏""剧院""电影"与生活区分开来了。超出现实生活之外的形而上学设想不再可能了,或者说,我们不可能再从形而上学的高度来反思和深入思考我们的生活了。我们在前面说过,在这里不存在表现和被表现的关系,不存在形而上学,因此鲍德里亚说,这是形而上学的终结,是超级现实的时代的开始。当然,这个空间站,或者登月舱虽然超越了地球,但是它们不过是地球的复制。这种复制体现了超级现实主义的机械形态,超级现实主义就是

---

① 第99页。

进行这样的机械复制的。登月舱或者空间站实际上就是在地球之外复制了一个地球的空间,或者说,这是"仿真的地球"①。这个在地球之外的空间是一个超级空间,是复制出来的空间,鲍德里亚又把它称为"再现的超级空间"②。既然它是再现的超级空间,既然它是地球的复制,那么它也是地球生活形式的复制;既然人类在地球之外复制了一个地球,那么地球上的生活也可以被复制在太空中。所以,人如果在太空中,人就能从技术的角度进行自己生命的即时再生产,人能够在太空(超级空间,复制出来的地球生活空间)中再生产自己的生命。当然也就能通过自己的摄像机(通过对地球生活的复制)而看到自己的死亡。1973年,苏联飞机设计专家图波列夫设计的飞机(图-144飞机)在巴黎航展上失事,飞行员掉入布尔热湖。从再生产的角度来说,这些飞机上的飞行员似乎可以在摄像机上看到自己的死亡(在没有想像和真实的区别的意义上,这才是可能的。一个人可以想像自己在飞机失事时的死亡。但是当想像和真实不能区分的时候,那么一个人就能够看到自己的死亡。这是一种超级真实的状况)。当我们作为学者致力于无意义的符号的"学术再生产"的时候,我们也看到了自己的死亡。我们复制了地球生活的超级空间的生活(关于死亡的自我欣赏,请参看本书的附录)。

在再生产阶段之前,人们进行仿造(第一级仿象)和生产(第二级仿象)。这两种仿象或者指称自然,具有一定的魅力,或者生产有意义的东西,具有寓意。由此所生产出来的符号类似于镜子或者图像,反映自然或者表达意义。然而,在再生产阶段,想像和真实已经无法区分,并呈现出审美的特点,这就如同人们在艺术活动中进行剪切、编剧、特技一样。当然,在仿造和生产阶段,人们也进行剪切、编剧和特技活动。这两者之间的差别何在呢?鲍德里亚认为,在生产阶段,人们进行剪切、编剧或者特技活动,人们是要更好地反映自然或者表达意义;而在再生产阶段,人们不再反映自然或者表达意义,而是要进行一种编码和解码活动。从表面上看,这种编码似乎表达意义,而实际上不表达意义,人们不过是在这里进行一种"无意的戏拟""策略性仿真"。由此,要理解这些东西不能靠人的五官来加以感知,比如,我们不能通过绘画的观察进行审美上的感知。用

---

① 第99页注(原译"地球的仿象")。
② 第99页。

鲍德里亚本人的话来说，这里的美不是审美的距离带来的，不是艺术上的想像带来的，而是要靠"第六感"来加以体悟。从前面在对整体剧院的分析中，我们已经看到，在这种审美活动中，不存在观众和演员的差别，不存在观众对演员的审美观察，这是观众和演员无法区分的游戏。人们就是在这种游戏活动中获得审美的快感。鲍德里亚把这种情况理解为艺术向"第二级"、向"二次方"的上升。① 艺术原来是对自然的复制或者意义的表达，而超级真实的艺术（生活）是对复制的复制，所以这是艺术向"第二级"、向"二次方"的上升。这是让人无法区分真假的超级艺术。

在鲍德里亚看来，很早以前艺术就预示了今天的生活，即生活的艺术化，生产的无目的的目的性。艺术早就进行了艺术符号的重叠。而当艺术进入自身再生产的时候，当艺术品像沃霍尔那样进行自身重叠的时候，艺术进入了无限的自身再生产，甚至最平庸的日常生活中的东西的自我重叠也能够成为艺术。比如，沃霍尔的"Campbell's Soup"（见图4）究竟是艺术品还是商品的堆积呢？把同样的商品堆积起来就成为艺术，而反过来，艺术品就是商品。生活和艺术之间的距离消失了。在这里，"艺术进入自己的无限再生产：一切在自身重叠的东西，即便是平庸的日常现实，也同时落入了艺术符号的手中，而具有审美的特性"②。在当代资本主义社会，生产已经终结，而再生产出现了，再生产就是生产的重叠，如同"Campbell's Soup"的重叠一样。这种重叠就是艺术。同样生产的重叠也是艺术，再生产成为艺术。按照康德对审美的理解，它是无目的的目的性。而再生产也是如此，生产的目的性已经丧失了，而只有游戏和审美的目的，这是纯形式的生产，是无生产的生产形式，是抽象的生产。这种纯形式的生产就是艺术。既然生产和艺术无

图4　Campbell's Soup

---

① 第100页。
② 第100页。译文略改。

法区分开来，那么生产和艺术就可以相互交换，由此，艺术就可以成为再生产的机器，或者说，人们可以按照艺术的方式进行再生产。沃霍尔本人有一句名言"我想成为机器"。因为，只要按照机器的方式进行再生产，艺术品就被生产出来了。如果沃霍尔变成了机器，那么他也是伟大的艺术家。既然机器是生产艺术品的，那么机器就不是真正意义上的机器，或者说，不是生产有用产品的机器，而是生产艺术品的机器。那么这种机器就是符号意义上的机器了。生产没有任何目的性，而是在不断地进行艺术品的生产，于是 GDP 也就不再是真正的物质生产水平的标志，而是纯粹的符号了。

既然生活就是艺术，艺术就是生活，那么到处都有艺术；既然到处都是艺术，甚至生活也是艺术，那么我们也可以说，那种区别于生活的艺术终结了。为此，鲍德里亚说，"艺术死了"[①]。那么为什么艺术死了呢？这是不是因为我们失去了超越的艺术标准了？鲍德里亚的回答是，不仅超越的艺术标准丧失了，而且真实与想像无法被区分开来，艺术与生活无法被区分开来。现实生活不给艺术留下任何想像的空间。在不断的重复和再生产中，人们怎么可能还具有创造性的想像力呢？现实阻止了幻想，阻止了想像，现实拦截了"梦幻"。在这里，人们似乎也患上了精神分裂的毛病，即无法区分真实和想像。精神分裂的病人就是把想像的东西当成了真实的东西，而当代社会的现实就是使人无法区分想像和现实。不过，人们之所以患上了这种精神分裂的毛病，是因为，在现实生活中，真实和想像无法区分，在这里，人们不知道真实究竟在什么地方。这种精神分裂的毛病的根源不是弗洛伊德的本能压抑。按照弗洛伊德的精神分析理论，由于人的本能受到了压抑（初级压抑，区别于马尔库塞所说的额外压抑，即次级压抑），人会产生精神分裂的毛病。但是在这里，人的这种精神分裂的毛病与初级压抑没有任何关系。在弗洛伊德看来，人的本能所遵循的是快乐原则，但是人的本能要得到满足，必须遵循社会的道德规范，而这种道德规范作为现实原则压抑了人的本能。而鲍德里亚认为，这里的精神疾病与现实原则、快乐原则无关，而与仿真有关（这个思想是鲍德里亚后面批判精神分析的思想基础）。因此，他说："仿真原则战胜了现实原则和快乐原

[①] 第 100 页。

则。"① 另外，按照弗洛伊德的理论，语言使用中的隐喻、转喻与人的本能的压抑有关，正由于人的本能受到压抑，人才用隐喻或者转喻的方式把被禁止说出的东西说出来。而在仿真过程中，既然不存在本能的压抑，那么也不存在转喻和隐喻，而只存在各种编码，比如，二元对立的编码。这种二元对立的编码吸收了转喻和隐喻，或者说，转喻和隐喻在这里消失了。仿真既不是隐喻，也不是转喻，而只是符号编码。

第八节 冷酷的杀手或符号的起义

在鲍德里亚看来，酷热的符号是有指称或者有意义的符号，而冷酷的符号是失去指称或者失去意义的符号。符号的仿真现象表明符号开始失去所指和意义，符号正在走向冷酷。但是这种冷酷的符号总是试图让人以为它是酷热的符号，总是让人以为它是有所指的。冷酷的杀手（cool killer）就是要把这种无所指或者无意义的特性彻底暴露出来，"杀死"这些冷酷的符号。鲍德里亚认为，1972年纽约所出现的涂鸦风潮就是这样一种"冷酷的杀手"，或者说，它们进行了"符号的起义"。

当时，一些年轻人在地铁、公共汽车、电梯、走廊、纪念建筑物等地方写上了一些简单的、有时是精巧的字迹。比如"DUKE SPRIT SUPERKOOL KOOLKILLER ACE VIPERE SPIDER EDDIE KOLA"等等。这些东西是一些连环画上的名字或者绰号，没有任何政治或者色情的含义。所有这些字迹都是用标记笔或者喷涂罐写成的，有时这些字高达一米甚至更高。为了阻止这些年轻人，消除这些东西，人们擦洗车辆，逮捕涂写者，禁售标记笔或者喷涂罐，然而却毫无作用。这些年轻人自己制造工具，并每晚重新开始。在当今社会，这种涂鸦运动已经结束了，虽然在少数地方仍然有涂鸦，但是规模都比较小，而且更为讲究。

那么究竟应该如何看待这些涂鸦呢？鲍德里亚认为，这场涂鸦运动也是一场动乱，不过这不是经济动乱或者政治动乱，而是符号动乱。这就是说，这些年轻人不仅把纽约看作政治和经济权力的空间，而且还看作符号空间，看作"传媒、符号和主导文化的恐怖主义权力空间"②。而涂鸦运动

---

① 第101页。
② 第103页。这些符号"勒索"人们，"强迫"人们观赏它们。

就是要颠覆这个权力空间。

第一，城市成为被符号分割的空间。

过去，人们从工业生产和商品交流的角度来理解城市，而鲍德里亚则是从符号的角度来理解城市。从符号的角度来看，当代西方的城市既是同质的空间，又是被区隔的空间。那么为什么城市是同质的空间呢？这是因为城市已经从实质意义上的商品生产和商品交换的空间过渡到非商品生产和交换的空间，或者说，人们只是在符号意义上进行生产和交换，这是符号再生产意义上的空间。从这个意义上来说，城市是中性化和同质化的空间。同时城市又是从符号的意义上被区隔开来的空间，比如城市有平民区，有富人区。但是，这只是符号意义上的穷人和富人。当然，这不是说，这些人在财富的多少上没有差别了，而是说，这些人财富具有符号化的意义。在切实的使用价值意义上，他们都是差不多的，但是在符号意义上，他们不同。比如，在平民区，人们开的是大众汽车，而在富人区人们开的是高档跑车，而在城市中高档跑车并不会比大众汽车更快。其差别只是品牌上的差别，符号上的差别。鲍德里亚认为，在我们的生活中，每一种实践，每个日常时刻都被分配在符号区隔了的时间和空间里。比如，我们去理发，这里就有符号意义上的高低之分。比如，我们在超级市场购买低档产品，市侩之人就会以一种鄙夷的目光来看低我们。在这里，人们所关注的不是功能而是符号。在这些符号空间中，贫民窟是最突出、最明显的符号空间，用鲍德里亚的话来说，这是城市形态的极端表达。[①] 我们不应该忘记，在当代生活中，吃饭、娱乐、购物等活动不是传统意义上的活动，而是符号意义上的活动，我们在符号意义上被分类了。正因为如此，鲍德里亚认为，现代城市中的贫民窟是一个"巨大的分类禁闭中心"，这不是经济意义上的禁闭中心，而是符号意义上的禁闭中心。当然，这不是说，这些活动没有任何经济意义或者政治意义，而是说这有仿真性的经济和政治意义。在这里，政治经济意义上的社会关系都被象征性地摧毁了，人们所进行的是符号方面的再生产。

在鲍德里亚看来，我们当然可以对城市进行政治经济学的分析，比如从使用价值的生产和再生产以及交换价值的生产和再生产的角度来进行分析，也就是从水平和垂直两个维度来进行分析。但是，我们也可以进行符

---

① 第103页。

号学分析，或者说，从符号政治经济学的意义上来进行分析，从符号的能指和所指的意义上进行分析。城市中原来意义上的社会关系，被这种新的社会关系所包围和粉碎，比如，工人阶级与资产阶级这样的实质性社会关系被粉碎了，而变成一种符号意义上的没有实质意义的关系。人们在进行城市规划和建设的时候，也就进行了符号学意义上的操作，城市就是一个符号学体系。

不过，在鲍德里亚看来，这种符号学操作在不同的时代有不同的特点。在生产的时代，这些符号有确定的能指和所指。在那个时代，工厂进行有用品的生产，商店出售商品，实现剩余价值。因此，那个时代，工厂或者商店中还存在着剥削，还存在着工人和资本家的斗争。但是，在当代社会，我们进入了再生产的时代，城市不再是工业剥削的场所，而是对符号进行处理的地方，对符号进行生死判决的场所，即消除符号的所指和所指对象的场所。在这里，阶级斗争消失了。工厂虽然还存在着，但是，它是作为资本的社会化模式而存在的（资本的控制不是局限在工厂，而是作为一个系统来控制，所有人都要按照工人的模式被社会化）。工厂就是要促使工人社会化（服从资本的控制秩序），让他们接受符号代码。"钢铁企业成为符号企业"[1]，或者说，钢铁企业不进行传统意义的生产了，城市不是要实现生产力，而是要进行无所指或者无意义的符号操作。在这里，人们建立了一个代码空间。

比如，在当代城市建设中，我们看到，人们进行各种功能区的规划，人们对城市的居住、交通、工作、休闲、娱乐、文化等进行规划。这些东西好像都有切实的功能，而实际上，这些都是再生产中的符号。在这个城市中，生产就是娱乐，娱乐就是生产，它们都是"可以替换的词项"。从表面上看，这都是按照人们的需求以及满足需求的功能要求来设计的，而实际上，这些所谓需求就是仿真的需求。从这个意义上，鲍德里亚认为，整个城市就是一个同质的空间，一个没有所指的仿真的符号学空间，人就被纳入这些仿真的空间之中而受到符号的控制。同样的道理，人被区分为各个不同的"民族"，这些不同的"民族"居住在不同的地域，或者说，人被区分为各种不同的等级并被束缚在这些等级符号之中。为此，鲍德里亚认为，都市规划和种族主义具有同样的性质，它们都是用仿真的符号对

---

[1] 第104页。

人进行控制。人为了仿真的需求而工作,而购物,而娱乐(受诱导的娱乐和消费)。同样,人受到仿真符号的控制,好像人都是有等级的,并按照这样的等级来居住、工作、生活。比如,某些人生活在贫民区,或许这些人不再是真正意义上的"贫民"(由于福利政策),但是他们都被戴上了"贫民"的符号。

因此鲍德里亚把19世纪的城市和当代城市区分开来。19世纪的城市是"政治、工业多边形",在那里,人们进行多种多样的政治和经济活动;而当代城市是"符号、传媒、代码的多边形",在这里,人们进行多种多样的符号操作、代码操作。① 在这种代码操作中,人受到这种符号的控制。因此鲍德里亚说,"它的真相就是形式/符号中的监禁,这到处都存在"②。既然当代城市进行符号操作,把人束缚在符号之中,这就意味着人在任何时候都生活在"贫民区"(无意义的符号)当中,或者说,所有的符号都像"贫民区"这个符号那样束缚着人们。因此鲍德里亚说:"城市生活的每个时空都是贫民窟,所有人都被相互连接。"③ 整个城市的空间都是由无意义的符号构造起来的,是意义贫乏的"贫民窟"(注意这里的系谱学方法)。在当代城市生活中,人的社会化意味着人按照符号的要求生活,意味着人被束缚在符号中,比如赶时髦。而这种社会化就是非社会化,就是人和人之间的社会关系的解体。本来在生产中,贫民区中的人是工人,他们作为工人而相互联系在一起,而在当代社会,情况不同了,人只是被戴上了"贫民"的符号,但是却没有工人阶级意义上的联系。为此,鲍德里亚认为,工厂、城市和工人的历史性关联消失了。④ 而在当代社会所有的人都被戴上了"符号",都在大众传媒和"城市地图"即城市区域划分的影响下生活,都按照人们所编制的行为模式来行动。在这里,所有的人都按照代码的要求来生活,接受社会编码给自己规定的角色,而不存在阶级意义上的社会联系。个人变得非常孤独,他们都被"隔离"了,并且无足轻重。在这里,鲍德里亚描述了社会性终结的情况。⑤

---

① 第104页。
② 第104页。
③ 第104页。
④ 第104页。
⑤ 参见拙文《社会的大众化与社会性的终结》,《哲学研究》2013年第8期。

因此，鲍德里亚最后进行了总结：在当代资本主义社会，生产已经终结，城市和商品生产、商品流通的历史联系也终结了①，代之而起的是代码空间、再生产的空间。现代资本主义社会所进行的控制是代码控制、是再生产的控制。当代革命的主要任务就是进行符号起义。

第二，涂鸦运动所进行的符号起义。

既然在当代城市生活中，人们所遭受的控制是符号统治，那么社会革命的任务就是要针对这种符号统治发动起义。而这种符号统治所遵循的是符号价值规律。或者说，在符号结构中，贫民窟中的人似乎是真的"贫民"，他们在稳定的符号结构中获得了确定的意义。而符号起义就是要消解这种功能，就是要消解当代城市的符号结构。而消解这种符号结构的方法就是把符号结构中的所有词项都当作无所指、无意义的符号，当作可以相互替代的符号。在鲍德里亚看来，城市涂鸦运动就具有这样的功能，这是一种解构的方法。

从政治的角度来看，既然当代资本主义的城市控制是要给人们加上符号，比如"贫民""工人""黑人"这样一些"类"的符号，那么对抗这些符号的方法或许是，凸显个人的个体特性。比如，一个人可以说："我存在，我是某人，我住在某街，我生活在此时此处。"这就是要强调个人的特殊身份（identité，中译本翻译为同一性），这就是"反对匿名，要求一个名字和一种属于自己的现实"②。在鲍德里亚看来，在当代资本主义社会，恢复人的特殊身份已经不可能了。③ 既然恢复人的个体性身份是不可能的，那么这就要彻底否定一切身份，否定一切确定性，而涂鸦运动就是如此。在他看来，涂鸦运动不是为了重新获得身份，而是要凸显不确定性，用不确定性来毁灭仿真的符号，即消灭仿真符号所携带的那个仿真的意义。在鲍德里亚看来，这就是按照代码自身的逻辑来摧毁代码，"在无参照中超越代码"④。虽然当代社会中的代码是无意义、无所指的代码，但是它们却表现得似乎是有意义、有所指的。符号造反就是要表明，它们是

---

① 第 105 页。
② 第 105 页。
③ 这表明他与马克思思想的分歧。马克思虽然也反对把人归入某个"类"，反对抽象地讨论人，而强调人的个体性和差异性，承认有个性的个人是可能的。而鲍德里亚却认为这是不可能的。他走向了后现代主义。参见拙文《在现代与后现代之间——马克思的人的观念的历史定位》，《华中科技大学学报》2013 年第 4 期。
④ 第 105 页。

无意义和无所指的，是没有任何确定性的代码。

比如，鲍德里亚指出，SUPERBEE SPIX 139 KOOL GUY CRAZY CROSS 136 的字词，如果单独地看似乎还是有意义的，但是结合在一起看就毫无意义，也不是某种名称（在符号结构中，符号的意义被解构了，这表现了一种解构主义的思想）。它们纯粹是从连环画中拿来的，但是，这些符号却能够搅乱公共符号系统。人们不知道这究竟是什么名称。它们像一声哀叹，一声呐喊，一声呼号，并借此来对抗我们日常生活中的句法、诗歌、话语。它们不是话语，不表达意义，没有所指对象，因此，它们不需要解释。这些符号在城市中穿行，搅乱了符号秩序。比如，我们的生活中都有各种门牌号码，这是我们生活中必不可少的地图。如果人们在所有这些门牌号码旁边都加上了无限的类似的字，那么我们就不知道门牌号码是哪一个了。我们失去了方向，生活秩序就搅乱了。符号起义就是要彻底搅乱我们生活中的符号秩序。鲍德里亚把这种情况称为"空虚能指，闯进了城市的充实符号领域"①。

鲍德里亚认为，这些涂鸦中所出现的名字具有象征意义。这就是说，这些名字不是一个人的专名，不指称某个人的人格，不表明某个人的身份，而是一种象征，类似于一个部落的象征，类似于一个部落的图腾。当然，在当代社会，部落已经消失了，但是类似于部落的各种团体、群体、年龄段却还存在。当这些团体把这些名字作为他们的图腾的时候，那么他们就在部落群体中进行着象征交换（我们知道，当代社会中的符号是仿真的符号，是超越真假的符号，而象征的符号也是超越真假的符号。不过象征符号比仿真符号更激进。这是因为仿真符号还试图表达意义，似乎还有确定的意义，而象征交换表明所有这些符号是可以相互替换的。既然所有的符号都可以相互替换，那么这就彻底动摇了仿真符号）。用鲍德里亚的话来说，这些名字借助于集体交换而生存。这些符号在团体中的交换被鲍德里亚理解为象征交换，而象征交换如我们所说的那样，解构当代社会中的符号意义。由此，鲍德里亚说，虽然这些名字是从连环画中得来的，但是人们对它们却像图腾一样加以崇拜。当代社会，人们都需要专名，每个人都有自己的专名，并根据这个专名而在团体中获得自己的身份、地位。这里包含了统治关系。而象征性的名称、图腾却没有这样的意义。在象征

---

① 第 106 页。

性的关系中，这些名字不是某个人专有的，或者说，这些名字没有"隐私"，没有私人性。人们在这种象征关系中相互交换，相互替换，在这种相互替换中，字词的特有含义被解构了。因此，从鲍德里亚的视角来看，这些象征性名称与专名相反，摧毁了专名，也摧毁了与专名联系在一起的权力关系。授予符号，给一个群体命名就是把这个群体固定在某个秩序中。从这个意义上说，摧毁专名就摧毁了权力。

在鲍德里亚看来，涂鸦类似于古人所进行的那种象征仪式，比如，夸富宴那样的象征仪式。因此，象征性的涂鸦与广告，比如公共汽车上的各种广告，有很大的差别。这种广告与纽约汽车上的涂鸦似乎属于一类，它们与纽约汽车上的涂鸦一样都很热闹，好像也类似于某种象征仪式。鲍德里亚认为，虽然涂鸦的行动与广告看起来差不多，似乎是相同的咒语，而实际上这两者有很大的差别。这是因为，广告不创造人和人之间的象征关系。广告是有意义的，它需要人解释，一旦它的意义被破译了，那么它的意义就枯竭了。因此，鲍德里亚说，广告是"一堵功能符号墙，这些符号就是为了被破译才出现的"[1]。广告有功能，而涂鸦没有任何功能；广告有意义，它期待人们解释，而涂鸦没有意义，不需要解释。广告需要媒介来传播，人们需要在墙面上做广告，但是广告不会局限于墙面，要在墙面之外发挥作用，因此"广告大于承载它的墙面"[2]，而且它本身就是一堵墙，因为，这里，媒介和信息是同一的，媒介本身就是信息。而涂鸦不同，在涂鸦中，墙面被解构了。在涂鸦中，墙面不是作为媒介发挥作用，墙面要随着涂鸦一起流动。墙面在这里没有媒介的功能。因此，墙面也被解构了。

为了进一步说明传媒符号与涂鸦的差别，鲍德里亚借用了德鲁兹（本书中译本为德勒兹）和瓜塔利在《反俄耳浦斯》一书中关于"无器官的身体"（body without organ）[3] 的说法。德鲁兹和瓜塔利所说的"无器官的身体"意味着人的身体的所有地方都是一样的，没有严格的功能区分。我们知道人的身体都是有器官的，这些不同的器官规定了身体的功能，而且每个器官在身体中都对其他器官发挥作用，它们构成了一个有机体。如果身体中没有器官，那么身体各个部分就没有确定的联系，也没有确定的性

---

[1] 第106页。
[2] 第106页。
[3] 第106页。

质。显然这种意义上的身体就不是一个有边界、有范围的身体，而是一个流动的身体，一个不断变化的身体。这个身体和其他身体也没有界限。一旦身体有了某种确定性，那么这就是身体的辖域化（territorialize）[1]。鲍德里亚借用了他们的这个思想，认为，城市类似于一个无器官的身体，或者说，城市也是一个"没有品质的空间"（没有功能划分）。各种传媒符号都是在流动的城市中发生的，城市把符号的生产者和消费者、符号的发送者和接受者割裂开来，是符号辖域化的一种特殊情况（把符号固定化，意义固定化）。然而，如果城市是"无器官的身体"，那么符号也不会固定在某个辖域，而是会流动的。涂鸦最初就是辖域化，它局限在某个区域，它在某个区域辖域化。在鲍德里亚看来，这使整个区域或者集体充满活力。但是这些涂鸦不会被局限在某个区域，而是要流动的，这些流动的涂鸦实现了去辖域化。当贫民窟中的涂鸦通过地铁、汽车进入了白人区，进入富人区的时候，这表明，白人区是真正的贫民区。实际上，鲍德里亚在这里试图借助德鲁兹和瓜塔利的思想来解释他的象征交换。当我们的社会从象征意义上（非实质意义上）把黑人居住区变成贫民区的时候，那么按照象征交换的原则，整个社会也是贫民区（如我们前面所说的那样，当工厂成为象征符号意义上的工厂的时候，整个社会也成为这个意义上的工厂。当人们把贫民区变成象征符号意义上贫民区的时候，那么整个城市就成为象征意义上的贫民区）。从这个意义上说，"这个白人城市才是西方世界的真正贫民窟"[2]。社会中的其他符号也都像一堵墙，把社会隔离开来，而涂鸦者则拆除了这些墙。从这个意义上来说，涂鸦进行着象征交换。

鲍德里亚认为，涂鸦的出现是一场"符号动乱"。这个符号动乱与政治标语是不同的。我们知道，传统上，这些涂鸦都是在公共厕所、广场空地等地方出现。这些涂鸦往往是色情和淫秽的东西。然而今天，这些涂鸦与色情或者淫秽无关，也与政治标语无关。在日常生活中，我们有时会看到各种政治标语，这种标语在中国"文化大革命"期间最常见。在这里，墙面是载体，标语传达某种意义。而涂鸦则完全不同了，墙面不再具有载

---

[1] 第106页。中译本翻译为"变为领地"。
[2] 第107页。这里的贫民窟不是经济意义上的，而是符号意义上的。因此，这句话的意思是，白人城市是一个没有真正意义的符号，没有功能的符号，这是一个无符号意义的"贫民窟"。或者说，当白人想把黑人区变成标记上的"贫民窟"的时候，它自己也变成了"贫民窟"。

体的意义，涂鸦不局限于墙面，它会从墙面扩展到地上，从一个墙面过渡到另一个墙面，甚至两个不同墙面之间的空隙也成为涂鸦的一部分。另外，汽车、电梯、地铁上的涂鸦都是流动的。即使在不流动的墙面上，人们也不是把墙面作为载体，而是让墙面成为整个涂鸦的一部分。在许多涂鸦中，我们已经无法区分墙面和涂鸦了。比如，中国"文化大革命"的时候，人们贴大字报，我们一看就知道，大字报是贴在墙面上的，而在涂鸦中情况却不同，我们常常无法判断，墙面和涂鸦之间的区别（比如，涂鸦一直扩展到地面上）。为此，鲍德里亚说，在这里，涂鸦攻击墙面，让墙面发生变动，或者说，"把墙面废除了"（这与广告完全不同，广告就是一堵墙）。墙面在涂鸦中变成了一个恐怖的符号。鲍德里亚认为，这是一种反媒介的运动，而要对抗这种反媒介的运动，就要恢复媒介的特性。比如，让墙面重新恢复起来。当然这种恢复墙面不是抹去图文，或者重新刷墙，而是专门留出一块墙面，让人们张贴，让人们"涂鸦"。这时候，涂鸦就在墙面上进行了，而失去了涂鸦的真正性质。人们张贴广告也是如此，城市专门留出一些地方，供人们贴广告，而其他地方禁止张贴。当涂鸦变成了传媒意义上的东西的时候，涂鸦的造反性质就丧失了。①

  当然，对资本主义社会中所出现的符号控制，人们也曾经借助广告进行攻击。此外，鲁宾（Jerry Rubin，一个善于煽动群众和组织群众运动的社会活动家、媒体人）以及美国电视上的反文化思潮也曾经进行过类似的攻击。但是鲍德里亚认为，这些攻击都缺乏涂鸦那样的造反性质。这是因为，它们都没有改变媒介的性质。而涂鸦改变了媒介本身。

  那么为什么涂鸦能够改变媒介本身呢？这是因为，涂鸦运动对媒介本身进行了攻击，涂鸦消解了媒介。我们知道，在当代社会，符号的意义消失了，符号成为纯形式的符号，但它仍然试图借助媒介来表达意义，比如借助墙面、广告牌等，而涂鸦在"城市运输和移动载体"中出现，它要彻底动摇意义。涂鸦的这种生产方式改变了传媒的生产方式。原来，传媒是传播信息的，但是在当代社会传媒不传播信息了，传媒本身变成了信息。因此，现在需要被攻击的是传媒本身。涂鸦作为一种新的传播方式，对传媒本身进行了攻击。鲍德里亚说："传媒第一次在自己的形式本身中受到

---

① 在我国南方某名牌大学山洞中的"涂鸦"就是如此，它被束缚在一定的墙面上。真正的"涂鸦"要解构墙面，解构媒介。

攻击,即在自己的生产方式和传播方式中受到攻击。"① 在鲍德里亚看来,涂鸦之所以会具有攻击效果,是因为涂鸦没有内容,没有信息。而当代大众传媒实际上也不提供信息(媒介就是信息)。但是,这种媒介给人的印象似乎是,它们仍然传播信息。而涂鸦是纯形式的东西,它不产生任何信息。因此,它能够把当代传媒的特点凸显出来,或者说,它能够把传媒不生产信息的特点推向极端。而在鲍德里亚的思想中,这种推向极端的做法就是最好的攻击方法。这种推向极端的方法也很容易,因为它把这个社会自身的原则继续向前推进。而当代资本主义社会的运作原则就是,纯形式的再生产,纯粹的能指的再生产。用鲍德里亚的话说,对当代资本主义社会的攻击应该"在能指层面上运作"②。这是当代社会中最脆弱和最容易受伤的地方。因为,当代资本主义社会最核心、最本质的问题就是各种纯形式(纯粹的能指,无所指的能指)生产的问题。

在当代西方社会,城市贫民所进行的革命,即无产阶级的革命受到了镇压。面对资本主义系统的这种镇压,人们出现了两种不同的态度:一种是马克思主义者的态度。这些马克思主义者仍然要建立无产阶级政党,要组织工人运动。另一种态度是用无意义、无目标、无意识形态的"野蛮文化"来攻击资本主义系统。鲍德里亚认为,在当代资本主义社会,前一种态度已经过时,而只有后一种态度,即采用涂鸦文化来对抗资本主义系统才是最有效的,它具有真正的政治造反方面的意义。然而在当代资本主义社会,有人认为按照前一种态度进行的革命才是真正的革命实践,而鲍德里亚认为,20世纪70年代所进行的革命就是前一种意义上的革命,这种革命失败了。于是,在能指层面上的革命变得越来越激进,也越来越具有革命的意义。鲍德里亚认为,这是在理论和实践上的极大进步,这里也不存在理论和实践上的分离。传统马克思主义的无产阶级革命理论是理论和实践分离的,马克思主义发现真理,然后把这种真理灌输给群众,使群众革命。而在符号造反中却不存在独立于符号造反之外的理论,在这里,理论和实践真正地统一起来了。

鲍德里亚认为,在当代资本主义社会,生产已经终结了,城市中不再

---

① 第107页。
② 第107页。

有生产力，没有力量关系，而只有符号和代码关系，它只是"再生产和代码的场所"①。而符号和代码关系不依赖于生产力，不依赖于力量。符号的力量来源于符号的差异，差异的符号被编码为有意义的符号（构成网络的符号，结构化的符号），而符号起义就是用无意义符号的绝对差异来抵抗差异符号，是用绝对差异的符号来摧毁代码网络，摧毁被编码的符号体系。在鲍德里亚看来，资本主义社会系统遇到这种绝对差异就会崩溃。因此，鲍德里亚认为，符号造反不需要像马克思主义那样发动群众，也不需要无产阶级有政治觉悟，而只需要人们拿起标记笔或者喷涂罐，这些喷涂罐可以打破城市中的符号秩序，搞乱城市的标记系统。如果城市的标记系统被打乱了，那么城市的正常运行就被迫中断。鲍德里亚认为，人们的这种做法就如同当年捷克斯洛伐克对抗苏联入侵一样。捷克人改变了布拉格的街道名称，从而迷惑苏联军队。纽约中的涂鸦就是类似的游击战。

可是，纽约人的这种涂鸦、这种符号造反果真触动资本主义系统了吗？这种造反似乎对这个系统没有发生任何作用。鲍德里亚的想法似乎太天真了。

第三，涂鸦与墙绘的差别。

鲍德里亚强调，我们不应该把涂鸦与政府或基金会组织实施的墙绘等同起来。这些墙绘是艺术家的作品，或者他们要使广告更具有艺术品位，使艺术从画廊和博物馆走向社会。

当艺术家的绘画艺术与城市的设计、建造结合起来的时候，城市和艺术都得到了发展。城市的设计和建设借助于艺术家的参与而更加具有审美意义，而艺术家在城市的设计和建设中展现了自己的艺术才华和艺术风格。因此，鲍德里亚说，"在这里，城市赢了，艺术也赢了"②。艺术没有破坏城市的结构，城市的结构也没有影响或者阻碍艺术的发展，城市与艺术都借助于对方而得到了发展。因此，鲍德里亚说，这两者只是交换了自己的特权。这就是艺术放弃了自己拘泥于博物馆和画廊的特权，而城市放弃了自己的地盘，并向艺术开放。

在这里，鲍德里亚把墙绘艺术家和涂鸦画家"Superkool"③的话语

---

① 第 108 页。
② 第 109 页。
③ 第 109 页。中译本中叫"超酷"，当代信息是"冷酷"的，而"超酷"就是要进一步解构冷酷的符号。

加以比较来说明墙绘与涂鸦的差别。墙绘艺术家的目标是要"把艺术献给纽约市民",让市民获得审美的享受,而涂鸦画家则不是这么想的。在他们看来,无论纽约市民喜欢不喜欢,他们都要进行涂鸦,他们要用"最带劲儿的艺术运动来狂扁纽约市"①。这就是说,墙绘艺术要给纽约市民奉献艺术,而涂鸦要改变纽约的结构,用涂鸦来冲击城市,攻击城市。

由于这种差别的存在,墙绘艺术会很美,甚至会在艺术史上留名。他们力图让建筑物具有审美特性,或者也可以说,它们"用想像扩展了建筑"②。鲍德里亚认为,这也是墙绘艺术的局限性。当艺术家们让建筑物具有审美特性的时候,建筑物就应该成为艺术品,而非实用的物品,建筑物应该参与到一种无实用目的的游戏之中。但是,实际上,当艺术家让建筑物具有审美特性的时候,他们并不改变建筑物的实用价值,或者说,他们并没有改变建筑物自身的游戏规则。他们是在尊重建筑物的实用价值的前提下而使之具有审美特性的。因此,鲍德里亚说,"它们在想像中回收了建筑,却保留了建筑的圣体"③。墙绘艺术只是在想像中解构建筑,而实际上却保留了建筑的最根本的目的,即它的使用价值。在鲍德里亚看来,从那些纪念性的建筑到体现白人"高级"社会地位的建筑都是要让建筑物保持一定的审美特性。

在鲍德里亚看来,城市中的建筑以及城市设计都是努力让城市具有一定的审美特性。在这里,建筑物是媒介,艺术家试图借助这个媒介来给人们提供审美的享受。从这个意义上说,在城市设计中,无论人们如何通过想像来改变城市的面貌,这些东西都类似于大众传媒。这些大众传媒总是要考虑人们的审美情趣,考虑人们的偏好,用鲍德里亚的话来说,它们生产的是大众的社会关系。它们考虑如何让大众接受它们的作品。其结果自然是"它们让人集体地没有反应"④。如果说,它们有什么社会功能的话,那么这就是"活跃气氛"。从表面上看,这种审美艺术也具有类似游戏的性质,具有无目的的目的性,具有审美意义。它们构造了非功能性的空间,而实际上,这都是游戏的仿真或者非功能性空间

---

① 第109页。
② 第109页。
③ 第109页。
④ 第109页。

的仿真。或者说，它们构造的东西并不是真正的游戏，也不是真正的非功能性空间。这些东西就如同城市中的儿童游乐场、绿地、文化馆一样，只是用来"活跃气氛"的，并不是真正的非功能性空间。这些东西并不是真正意义上的游戏空间或者非功能性空间，而是整个社会实用空间中的一部分。墙绘也把游戏的东西纳入实用价值的考虑中，这些东西就如同城市中专门留出的墙面即供人提意见的"争议墙"一样。它们并不会真正地颠覆城市，这就如同大众民主制度中，政治体系专门设计了一个让人表达意见的空间，无论人们如何表达意见，都不会改变政治体制的基本结构。

而涂鸦就不同了，它们不会被束缚在专门留下的墙面之中。它们要忘记建筑，摧毁建筑，它们不管建筑之间的界线、距离，它们的绘画作品会从一个大楼跳到另一个大楼，从一座建筑走到另一座建筑。它们的绘画甚至会从楼面到地面，把墙面和地面整合在一起（鲍德里亚把这个称为"叠合"，即消除作为平面的载体）。在鲍德里亚看来，这就与画家有很大的不同，画家的绘画作品是有界线的，比如受到自己画架的限制，而涂鸦却不受这种限制。鲍德里亚把这种不受媒介限制（摧毁媒介）或者不管媒介的绘画方法与儿童的多态性反常类比。我们知道，人在幼儿时期没有性别的概念，或者说，他们有多种性特征，他们不知道什么叫性，也不知道性感区。对于他们来说，性与人的性器官无关。对于涂鸦者来说，城市的墙面也是如此，没有固定的界线，是多性的身体。涂鸦者把城市就当作了这样的身体，当作没有固定界线的身体，就如同儿童对待自己的身体一样。如果城市的各个地方，墙面、地面、地铁、汽车等都是"身体"，那么在身体上作画就如同原始社会中的文身。在鲍德里亚看来，原始人类所进行的文身是要进行象征交换，原始人的文身也是要解构身体。如果没有文身，那么身体就是它所呈现的样子，裸露而无表情。如果文身了，那么身体就被解构了，身体的各个部分就不能按照它的功能意义来理解了。如果说文身能够把人从身体的功能性框架解放出来，那么涂鸦画家也能把城市从结构性框架的束缚中解放出来。对于原始人来说，文身是一种礼仪，在这种礼仪中，人进行象征交换，或者说，通过文身，人把自己的身体作为象征交换的材料（而不是生理意义上的东西）。当原始人把自己的身体作为象征交换的材料加入社会交换的过程中的时候，人的身体就处于流动过程之中了，成为社会性意义上的身体，而不是简单的生理意义上的身体了。或者说，人的身体的生理界限被打破了。鲍德里亚认为，城市中的涂鸦与原始人的文身是一样的，具有象征交换的意义。当涂鸦者对墙面进行图绘的时候，墙面的物质性质就被消解了，而获得了一种社会性质，或者说社会交换的性质。正如文身把人从生理的束缚中解放出来一样（人体彩绘似乎也是如此），涂鸦把城市从水泥森林的束缚中解放出来，成为"社会性的活跃物质"，成为"运动的城市身体"[1]。于是鲍德里亚说："当各种墙面经过文身成为古代模拟像时，它们的面积确定性就终结了。"[2] 同样，当城市的汽车、地铁像某种动物那样在城市中奔驰的时候，汽车、地铁就不再是某种物质性的东西，而是与人进行社会交换的象征存在。因此，它们的那种压迫性空间概念也消失了。鲍德里亚认为，当城市中的东西都被涂鸦的时候，它们都获得了某种象征性的意义，而不是原来的物质、有界限的存在。它们不再约束人、限制人了。我们知道，原始人在进行象征交换的过程中，往往举行某种仪式。这种仪式是一种集体的狂欢，是人们全新社会关系的建立。既然涂鸦也是一种象征交换，那么这种交换也是一种集体的狂欢，类似于秘传仪式和集体参与。

鲍德里亚对于涂鸦的这种革命意义给予高度的肯定。在他看来，纽约这座城市是在世贸大厦监视下的城市，是二元代码控制下的城市，而涂鸦却试图把这座城市从这种二元控制的压抑空间中解放出来。

第四，涂鸦与贫民窟中的壁画。

与涂鸦不同的还有另外一种东西，那就是贫民窟中的壁画（fresco and mural）。这些壁画没有得到政府的许可，也没有得到行政当局的支持。从这个方面来说，它与涂鸦有类似之处。这些壁画往往包含革命的主题，比如，被压迫者的团结、世界和平等。从这个方面来说，它与涂鸦也不同：涂鸦是没有符号上的意义的，而壁画是有意义的，它与我们前面所说的墙绘也有不同。墙绘吸收了抽象艺术、几何艺术和超现实主义艺术的内容，而这里的壁画却是现实主义性质的东西。它描绘现实生活中的具体形象，表达某种意愿和理想。前者是一种极致的，受到过文化熏陶的艺术家的作品，而后者却是通俗的绘画，甚至还有些幼稚，往往包含一定的意识形态

---

[1] 第110页。
[2] 第110页。

内容，比如革命、幸福等。它是被压迫群众的政治意识和文化意识的表达。

这些壁画有些比较美，而有些不怎么美。无论美还是不美，人们在这里还是有一定的审美标准的。它们还是传达一定的意义的。鲍德里亚认为，这表明，这种壁画在政治意义上还是软弱的，没有像涂鸦那样具有进攻的、革命的性质。这是因为，尽管它们也像涂鸦一样，没有得到政府的许可，但是它们却接受墙面的限制，在墙面的框框中绘画，并且按照绘画的语言来进行绘画，按照一定的审美标准来绘画。它们努力把自己变成艺术品，努力凸显自己的审美价值。与它们相比，涂鸦就完全不同了，它既没有审美标准，也不接受墙面的限制。因此，涂鸦更具有革命的性质。由于涂鸦和壁画在革命性质上有差别，它们各自所面临的命运也不同。壁画会由于墙面老旧而被拆除，或者被栅栏所取代。由于它们还有一定的革命性质，所以它们也不能被放到博物馆中去，政府也不会保护这些艺术品。但是涂鸦的命运与此则完全不同。涂鸦更具有攻击性，更加激进，因此它受到了系统的镇压。同时，涂鸦和壁画还存在这样一种完全相反的性质。虽然在壁画上，画家是不签名的，但是从绘画的风格、主题和意义中，人们仍然能够知道画家是谁。这些壁画潜在地带有签名。而涂鸦中的文字尽管带有签名，但是没有人知道涂鸦者是谁。涂鸦是匿名的，无意义的。只有它才具有野蛮人性质，只有它才真正具有进攻性。现代社会中生产已经无意义了，对无意义的再生产的进攻只能是使用无意义的符号。

第五，消除涂鸦攻击性的两种途径。

除了警察的镇压之外，还存在着其他两种消除涂鸦攻击性的途径，即回收涂鸦的途径。或者换句话说，人们对涂鸦进行了两种不同的解释，这两种不同的解释都试图掩盖、消除涂鸦所具有的攻击性。

第一种解释是，涂鸦是一种艺术。比如，雅各克斯（Jay Jacoks）认为，这是抽象的表现主义艺术形式，是"艺术史长廊"。人们把这些涂鸦的人称为"涂鸦艺术家"。鲍德里亚认为，这是从审美的角度来解释它，或者说，把它还原为艺术。

第二种解释是，涂鸦是追求个人身份（中译本中翻译为"同一性"）和自由的表现，反对墨守成规（鲍德里亚自称，他对这种解释最为赞赏）。比如，有人在《纽约时报》上这样解释：当代资本主义环境是一种非人道的环境，而涂鸦是非人道环境下个体精神的残存。在资本主义社会环境中，每个人都是独一无二的生物，但是却受到了压制。资本主义社会所遵循的是同一性原则，把每个人都限制在"人"的框架中，使他们成为匿名的存在。鲍德里亚赞赏这种解释，但是他仍然认为，这种解释无法真正揭示涂鸦的冲击力和革命精神。他认为，涂鸦是没有任何意义的名称，如同枯燥无味的祷告文字一样，这些祷告文字不是要捍卫自己的个人身份，而是要回到共同体，回到把物品当作象征而相互交换的共同体。从这个意义上来说，涂鸦在城市中引发象征性爆炸。

第三章 时尚或代码的仙境

在鲍德里亚看来，狭义上的时尚（生产终结以来的时尚）是形式化的符号，是一种仿真现象。既然时尚是"无意义"形式化的符号，与仿真在本质上是一样的，那么我们可以说，仿真现象就是时尚。而在当代资本主义社会，从文化产品到人的生产活动，都是仿真现象，这些仿真现象都跌入时尚之中。因此，对时尚的分析，也是对资本主义社会各种仿真现象的分析。鲍德里亚在这里分析的时尚主要是狭义上的时尚，但是他有时也从广义上来理解时尚，即从符号解放的意义上理解时尚，从"现代性"框架中理解时尚。

第一节 似曾相识的轻浮[①]

在鲍德里亚看来，时尚（fashion）最引人注目的一个特点是，在时尚中，世界最终消解了。世界本来就存在，无所谓消解不消解，但是，当世界时尚化的时候，我们生活在一种超级真实的世界中，它已经成为一种符号，失去了所指的符号，这些所指都一致地、确定性地消解了。符号变成了一种能指的差异游戏，并且是一种不断加速的差异游戏（通过差异符号的编码来显示游戏的意义）。这种能指的差异游戏使我们狂喜和眩晕，我们受到了这种差异游戏的迷惑。时尚的产品不是一般消费品意义上的产品。当消费品生产过多的时候，人们就需要生产时尚品来满足人，对于时尚品来说，最重要的不是它的使用价值，而是它的符号价值。因此，我们不能从政治经济学的意义上来分析时尚。用鲍德里亚的话说，"时尚是政治经济学的完成形式"[②]。这就是说，只有出现生产过剩的时候，只有当人

[①] 本节题目中译本为"常见的轻浮"。
[②] 第115页。

们不追求实用价值的时候,时尚才会流行起来。

既然时尚品与使用价值无关,那么它就是纯形式的符号,没有所指。从符号学的角度来说,既然符号没有所指,那么符号作为纯粹的能指就可以相互替换。比如,在时尚的衣服中,既然口袋纯粹是装饰,那么口袋放在哪个位置就不重要了,作为纯粹的符号,人们可以随意放在自己喜欢的地方。这是纯粹符号上的差异游戏。作为装饰,衣服上一会儿有口袋,一会儿没有口袋,一会儿是死口袋,这些不同的方法被循环使用(出现了疯狂而精细的反复)。比如,死口袋就是一种纯形式的口袋,这种口袋看上去是真的,而实际上是假的。这就是仿真,最高级的仿真。如果说日常生活中的衣服、身体、物品等都可以用仿真的形式出现,那么这些是"轻巧"符号的仿真。鲍德里亚之所以把它们说成是"轻巧"符号,是因为这些符号只是对个人生活发生影响。而"沉重"的符号,比如政治、道德、科学、经济、文化等对所有人的生活都发生影响。这些东西也成为仿真符号。前面我们对再生产的分析就是对"沉重"符号的分析。在当代资本主义社会,"生产"成为仿真的生产,"消费"成为仿真的消费。虽然"轻巧"的符号和"沉重"的符号都是仿真,但是程度有所不同,我们可以从仿真的等级上对它们进行划分。在所有这些仿真形式中,"轻巧"的符号是最高等级的仿真,因为,在这里,符号更加形式化,根本没有任何意义(所指),而"沉重"的符号却在一定程度上仍然保持着对意义的"眷恋"。比如,女性的时尚手提包,主要是一种装饰,其实用价值并不重要。但是,科学研究似乎总是研究实际问题的,而不是追求时尚(实际上,也在一定程度上时尚化。特别是人文社会科学)。然而,无论它们的差别如何,它们都逼近仿真,都受到"时尚"的纠缠,或者说,所有的那些"沉重"的符号都在不同程度上时尚化。比如,我们的学术研究越来越时尚化,我们的生产越来越时尚化。因此,鲍德里亚说,时尚是最浅薄的游戏,这是因为,它是流行的社会生活形式。但是,时尚又是最深刻的社会形式,这是因为,我们的社会生活中所有的东西都追求"时尚",都在不同程度上逼近最高程度的仿真——时尚。比如,我们前面所说的政治上的选举、经济上的生产、文化上的研究(人类学、社会学的研究)等都在时尚化。这对我们的社会生活产生了深刻的影响。

既然时尚作为符号没有所指,那么它就如同代码一样。当时尚失去所指的时候,它就成为纯粹的能指符号,能指和所指的区别也就消失了。各种符号之间可以相互替换，出现形式的反复。在当今社会，生理意义上的本真的两性关系也被时尚化了。在我们的社会中到处都是性，但是这种意义上的性与本能的需要无关，而是与流行的趋势有关。比如，据环球网2013年8月31日报道，一位21岁的波兰女子欲与十万男性交媾，已完成284个指标。这种性交与本能的满足没有关系，与真实的两性差异意义上的性没有关系，而是从男女纯粹形式差异意义上发生的性，是纯粹为了表明男女差别而产生的性。这也是一种拜物教，男女之间的社会关系变成了纯粹性器官上的对立。在这里，"性别变为区分性对立"①。男女之间的性关系成为一种时尚行为，而不是实质性的满足需要的行为（与生产中的情况一样。如果是满足本能的需要或者为了生孩子，那么这是一种真正的性行为，是有意义的性行为，与生产类似。如果不是为了生孩子，不是为了满足性需要，而是要游戏，是为了性差别的再生产，那么这就是时尚，是再生产）。这是在性解放时代的时尚。鲍德里亚认为，这既给人带来了快乐，也给人带来痛苦。它之所以给人带来快乐，这是因为，它具有纯粹操纵的魅力，这就是说，性成为一种纯粹的符号，人们可以任意地玩弄。但是它也给人带来痛苦，纯形式的符号没有任何所指，没有任何确定性。这类似于人放浪形骸之后的空虚，类似于人们"今宵酒醒何处"的空虚。当符号没有所指的时候，人们无法把握其真正的意义，当一切东西成为时尚，成为没有意义的符号的时候，我们不需要借助于理性来思考意义，把握意义了。因为这里不存在符号所指的意义，我们无法借助理性来判断，什么是真的，什么是假的。一些在巴黎购买时尚品的人，宁愿花上万元买一个皮包，而这个皮包无非就是式样或者标识（logo）与其他皮包不一样。但是，他们却不愿意花50欧分去上厕所。他们已经不知道什么是自己的基本需要了。这样，人们就陶醉于理性的毁灭中，陶醉于意义的消解中，陶醉于无目的的目的性中。但是，当人们感觉到自己把生活变成表演的时候，人们也会因为时尚的合理性的丧失而感到痛苦。

我们知道，当一切都落入商品的时候，我们会抵抗，比如有人把自己的肉体当作商品来出售，把人格当作商品出售，我们会抵抗。同样，当一切都落入时尚的时候，我们会更激烈地反抗。显然，当生活中的一切都时尚化，一切都是表演的时候，人必定要抵抗，人一定要追求有切实意义、

---

① 第115页。

有切实价值的生活。在鲍德里亚看来，这是因为，商品还是有交换价值的，而时尚却消解一切价值、意义。他把商品交换和时尚加以对比，从而表明，在时尚的领域意义消失得更加彻底。在商品交换的领域，所有的劳动，无论其差别如何都可以转换为抽象劳动，都可以用货币来加以衡量，尽管转换为抽象劳动的具体劳动失去了特殊性。而在时尚中，劳动不过是一种形式，因此劳动类似于休闲，可以和休闲互换。在商品交换的条件下，文化产品可以在市场出售和交换；而在时尚中，文化产品都失去了文化的意义，比如说，人类学的研究成为仿真的研究，艺术的作品成为仿真的艺术（比如，沃霍尔的复制的可乐瓶）。在商品交换的条件下，爱情就是卖淫，两性之间的爱是以金钱为基础的（按照价值规律来进行的）；而在时尚中，性成为一种形式的东西，人被理解为"欲望的机器"，男女之间的关系只能从无拘无束的性关系中来理解（性行为成为时尚意义上的性行为，纯形式的性行为）。在商品交换的条件下，时间是线性的，是可以不断积累的，商品的交换是按照积累起来的时间（时间的总和，抽象劳动时间之和）计算的；而在时尚中，时间不是连续的，而是中断的，循环的。时尚的东西往往是过去的东西在新形式下的复活，比如，某个历史时期流行的样式在现代成为时尚。这就意味着历史中的某个时间碎片在现代复活了。比如，在当代社会，收藏成为时尚。如果生产的东西是为了满足需要，那么这种东西就是有使用价值的东西，而不会被收藏起来。如果生产的东西不是为了使用，而是为了收藏，那么收藏的东西就没有使用价值。这种没有使用价值的东西就是时尚。如果收藏是时尚，那么博物馆就是时尚品。既然博物馆是时尚品，那么时尚就不是时间的连续性，而是时间的中断和循环。

在鲍德里亚看来，在当代社会所有的东西都被纳入时尚中，都成为时尚（时尚的东西不断变换样式，怎么会在同一性中成为时尚呢？前面我们说过了，时尚就是模仿，而且是形式化的模仿。模仿所追求的就是纯形式上的东西。所以，从这个意义上来说，它与市场规律具有一致性，是符号的浮动）。我们知道时尚是一种纯形式地变化的东西。因此，一种东西无论什么时候出现，只要它的形式能够流行起来，被人们接受，它就能够成为时尚。从这个意义上说，在时尚中，时间被打破了，粉碎了（比如，收藏的时尚）。这就是说，不管是哪个时代的东西，都可以成为时尚的一部分）。同样任何形式也可以进行适当改变而反复使用，因此，鲍德里亚说，

"时尚总是复古的,但它建立在取消过去的基础上"①。这是因为,时尚把过去的某种形式(死亡了的形式)吸取过来,把它放在现时代的框架中,使之流行起来。比如,博物馆就是复古,但它是在取消过去基础上的复古。博物馆中的东西看上去好像留下历史的意义,其实不过是历史的仿真,而不是真正的历史,或者说,它是过去的仿真,而不是真正的过去。只有取消过去,博物馆(过去的仿真)才能出现。在这里,时间上的过去(真正的时间、流逝的历史意义上的时间)被消除了,过去的形式(掏空了历史内容的时间)被吸收了。为此,鲍德里亚把这种情况又解释为"形式的死亡和形式幽灵般的复活"②。博物馆中的东西是过去的形式(比如过去没有使用价值的东西,墓葬中的东西,是没有使用价值的东西,是纯形式的东西,死亡了的形式),但是这些纯形式的东西,在博物馆中复活了。时尚的现实性即时尚在现时代的出现,不是因为它与现在(present)有关,不是因为它指称现在(时尚没有指称),而是因为,它直接就是完全的再循环,是过去形式的复活。这反过来也意味着时尚与时间没有关系,它脱离了时间,从时间中抽离出来了。从这个意义上说,时尚又是非现实的。但是,这又不是说,时尚与现在无关,时尚总是在现在、当下流行的东西。它是脱离过去的抽象形式在当下的流行,因此,它是用自己的非现实性(无用性、抽象的时间性)来纠缠现在(当下)。社会的各种东西都会发生结构性变化,但是时尚却把过去的东西从传统结构中抽离出来,并使之在当下出现(从结构中抽离出来的符号就是没有意义的符号,就是时尚)。因此,时尚"用回归的全部魅力对抗结构的变化"③。我们总是认为,时尚的东西给人以审美享受,那么这个审美享受是什么东西呢?纯形式的东西给人提供感官上的愉悦。这种纯形式的东西是从过去抽象出来的。鲍德里亚说,"它是从死亡拉出琐碎,从似曾相识中拉出现代性"④。这就是说,时尚从已经死亡的东西中找出那些不重要的东西(纯形式),从过去曾经出现的、似曾相识的东西中找出具有现代意义的东西。时尚的这种特性既让人失望,也让人兴奋。让人失望的是,所有的东西都会死亡,让人兴奋的是,人们知道,死亡的形式会再次复活。当这个死亡的形式再次复

---

① 第116页。
② 第116页。
③ 第116页。
④ 第116页。译文略改。

活的时候，它构造了一个仿真的世界——一个由无意义的死亡符号构成的仿真世界。这是符号的死劳动压倒了活的指称。我们知道，在当代资本主义社会，由于死劳动压倒了活劳动，死劳动吞并了活劳动，仿真的劳动现象才会出现。同样的道理，工业社会中的符号积累、文化积累（符号的死劳动）使符号的生产超出了人们的需求，而符号的生产为了能够引起人们的重视，越来越注重形式的变化，注重符号的视觉冲击效果。于是符号的生产越来越形式化，符号再不指称任何东西了。而且今天的这种符号不过是符号的再生产，是过去的符号的纯形式变化。如果说死劳动压倒了活劳动导致了劳动的仿真现象的话，那么符号的死劳动压倒了符号的活指称，也使符号成为仿真的符号，符号失去了所指对象，成为纯形式的符号。当死者捕获了生者，当死劳动对活劳动取得优势，当死符号压倒了活指称，符号就成为没有意义的时尚，就具有了审美的意义。这与再生产的审美意义是一样的。从这个意义上来说，"只有死的劳动才有常见的完美和奇异"①。时尚的快乐就是不断地让符号的死劳动复活，让死去的形式重新复活。于是，这就出现了一种奇特的状况，虽然符号注重当下，注重当下的流行趋势，但是，它却是死形式的复活。时尚来得快，去得也快，因此一种时尚流行起来的时候，也就意味着它的死亡（这是符号的过度生产的结果，是再生产的结果）。从这个意义上来说，时尚有一种类似"自杀"的欲望。但是这种自杀不是果真自杀，因为，如果一个人自杀，那么它就死了，而且不能复生。但是时尚不一样，它追求死亡，而且希望通过死亡来复生。如果没有自杀的欲望，时尚就不成为时尚。任何一个时尚设计师，都期待自己设计出来的时尚很快过时，从而新的时尚才能流行（当某种时装发布出来的时候，人们就已经思考用哪一种新形式来取代它了，时尚就是一种重复，就是一种再生产形式，是纯形式的再生产。参考前面所说的，死亡就是细胞的自我分裂，是同样东西的复制和再生。这里，特别值得注意的是死符号对活意义的压制）。如果时尚的东西不过时，那么时尚就不再是时尚了。时尚设计者在设计某种时尚东西的时候就预知了它的死亡，他们已经为它的死亡做好准备了，他们已经在准备一种新的时尚的东西了。时尚的东西就是要不断翻新，不断更新。因此，时尚的东西不是真

---

① 第117页。

正的死亡，或者说，"时尚回收了死亡的欲望本身"①，它不是真正的死亡。如果它是真正的死亡，或者说，如果它是真正的自杀，那么它就有颠覆性的作用（我们前面说过了，自杀是对体制的抗议）。如果时尚真正自杀了，那么这就意味着拒绝时尚体系。但是，时尚没有这种颠覆性的意义，它只是通过自己的死亡而重新复活。时尚就是通过这种不断的循环而生存，时尚的东西就是要不断地自我否定和自我循环。在鲍德里亚看来，我们应该把这种时尚推向极端，让时尚真正地自杀，时尚才能真正地颠覆当代社会这个时尚体系，而当代社会之所以能够维持这个时尚体系就是因为它"回收了死亡的欲望"。

从表面上看，时尚似乎具有颠覆的意义，它要不断地摧毁已经出现的形式。然而时尚虽然有自杀的冲动，但是它不过是要达到自我循环。从这个意义上来说，时尚不过是给人一种颠覆性的幻觉。从表面上看，时尚进行了某种颠覆，而实际上它是在重复前人。而这种重复给人以十分巨大的魅力。从这个意义上来说，时尚消除了颠覆性的幻觉，而只是在重复。从表面上来看，这与古希腊人重视形式是一致的。但是鲍德里亚认为，时尚的追求与古希腊人重视形式不同。虽然古希腊人重视表象，重视形式，但是古希腊人是以深刻为基础的，而时尚只有表象、只有形式，而缺乏深刻。因此，鲍德里亚认为，时尚是古希腊人的生活形式的仿真现象。当我们把古希腊人的东西放在博物馆的时候，这些东西只是作为纯粹的形式存在，而这些纯粹形式的东西在现实中得到再现。人们认为，博物馆里的东西再现了古代人生活。实际上这纯粹是一种仿真，脱离历史的仿真。博物馆不过是过去东西的形式再现，是过去东西在形式上的现实化。时尚也是如此，死去的东西以纯形式的方式复活了（纯形式的再生产）。所以，鲍德里亚认为，时尚与博物馆是同时代的。博物馆就是把没有用的东西、没有历史意义的东西纯形式地展示出来，时尚也是把历史上积累起来的东西纯形式地展示出来。它们都是再生产的产物。过度的生产导致剩余，于是剩余的东西就成为没有切实意义的东西，成为时尚。剩余的东西需要收藏，就出现了博物馆。从这个意义上来说，博物馆和时尚是同时代出现的。当基本生活需要无法得到满足的时候，人们不会收藏，也没有东西可以收藏，而只有当人们生活中钱太多了，基本生活需要完全得到满足的时

---

① 第117页。

候，人们才开始收藏，才开始用新形式的东西取代旧形式的东西。收藏就是一种游戏，是一种时尚。时尚和博物馆是同样性质的。博物馆是脱离历史的纯形式的东西，但是这种纯形式的东西总是被现实化，被人们从现实的角度来理解。从这个意义上说，"收藏形式（记录形式）"和"纯粹的现实化"就是我们所进行的文化操作。比如，我们在学术研究中，某些学术研究只是从形式上改变了传统的东西，但是我们却认为这种形式的改变具有重要的现实意义。从这个意义上说，我们的某些学术研究实际上就是从形式上把"博物馆里的东西"现实化。

不仅如此，博物馆和时尚还有其他的类似之处。我们知道，在历史上曾经有各种不同的文化，有各种不同的风格，但是，博物馆把所有这些不同的东西都从历史的文化氛围中抽取出来，放在一起。于是所有这些不同风格的东西似乎是"潜在共存"的。在当代社会，人们甚至可以用货币来衡量这些不同风格的文化遗产的价值，把它们相互比较。这些不同的东西被混杂在一起，相互影响，因此，鲍德里亚说，时尚也做同样的事情，不同风格的东西混合在一起，相互替代，相互影响。同时，博物馆中的东西和时尚的东西，在时间性上有某种类似之处。博物馆里的艺术品的时间性是"完成的时间性"，它已经不在时间中存在了，它超出时间了，在时间中永恒存在了。从这个意义上说，它的时间性是"完美的时间性"。它曾经在历史中存在，当它被放在博物馆中的时候，它摆脱了具体的历史和时间（它具有脱离时间的时间性）。这样的独特时间性，使它有特殊的艺术价值。它曾经在现实中存在，但是它从未是现实的存在；它曾经在历史中存在，但是当它被放在博物馆的时候，它又超出了具体的历史环境而成为超时间性的存在。从这个意义上来说，它从未是现实的存在。而时尚也是超时间性的存在（它既是当下的，又是复古的），是形式的死亡和形式的复活。时尚从未是现实的，这是因为时尚本来就是表演，而不是真实的生活，不具有现实性。时尚是从死亡符号的无时间性的积累开始的一种纯形式的循环。既然时尚是纯形式的东西，是超时间的东西，那么它就像博物馆中东西一样被存储起来了，它把形式存储起来了。如果说博物馆的东西由于摆脱了具体的历史和时间，而具有"完美的时间性"（没有时间意义的时间，没有时间内容的、纯形式的时间），那么，博物馆中的那些艺术品，在历史上被生产出来的时候，就不是具有使用价值的东西，比如墓葬中的东西（如果切实被使用了，有使用价值，那么它们就会在使用中被耗费，而不会有任何留存）。从这个意义上说，它们曾经是现实，而又从未是现实的状态（它们曾经是具有使用价值的东西，但是却从未被使用）。时尚也是如此，它是当下的，但是却没有当下的使用价值，而只有使用价值的形式。或者说，它们是现实，却没有现实的状态。于是，我们也可以说，时尚也有博物馆的时间性，"完美的时间性"。正是这种时间性赋予时尚以特殊的价值。因此鲍德里亚说："时尚年复一年地通过非常自由的组合，修理着'曾经存在'的东西。它的瞬间'完美'效果即源于此。"① 在日常生活中，我们也看到，某些高档酒店在进行装饰的时候，有时用某个仿古的东西来表现它的完美。古代的东西在形式上得到了复活（似乎非常完美）。时尚也是如此，死亡了的形式，"曾经存在"被修理一番之后似乎也呈现出完美的形式（死劳动的完美）。不过这种东西昙花一现，它所体现的是瞬间的完美（时尚的形式来得快，去得也快）。无论是博物馆还是时尚都是把不同文化风格的东西进行混杂，是不同风格的混杂。历史上出现的文化并不是相互兼容的，也不能按照同样的价值尺度进行评估，然而博物馆或者时尚恰恰把不同风格的文化混杂在一起（脱离历史、脱离内容的纯形式的混杂），甚至用同样的价值尺度（审美尺度）对它们进行评估。它们共同对抗着历史上出现的文化（剔除了文化的一切内容，而成为纯形式的文化展示。卢浮宫里的那些展品有历史内容吗？它更像是艺术品的展示。它既有历史，也没有历史，是无时间的时间性。这是历史的仿真）。它们是反文化的同谋。今天的学术时尚同样也是反文化的同谋。②

博物馆是死文化的复活，这与时尚是死去的东西复活，在本质上是一样的。从这个意义上说，博物馆也是一种时尚，是没有历史意义的历史，是没有时间意义的时间。时尚东西生产太多，也就进入博物馆。当代社会所出现的景象是时尚的展览，也像是博物馆。顺便说一句，许多人的家里都有一个收藏物的展览，这些收藏物曾经是时尚，现在仍然是时尚，被储存起来的时尚。收藏与时尚在时间意义上是一致的。

另外，本节的标题中译本为"常见的轻浮"，意思是，我们日常生活中常见的那种形式上的展示，即时尚没有内在的确定性。不过作者在这里，似乎还从时间的意义上来说明时尚，特别是从时尚形式的周而复始变

---

① 第117页。
② 参见拙文《论学术"时尚"》，《哲学动态》2013年第7期。

化的角度来说明时尚。为此,我把它翻译为"似曾相识的轻浮"。

第二节 时尚的"结构"

如果说第一节讨论了时尚的时间性,那么这一节,鲍德里亚则讨论了时尚的"结构"。这里作者主要从符号的结构关系的角度来说明时尚。

前面我们指出,时尚是一种仿真现象。如果这样,那么这就意味着只有后现代社会才有时尚。而事实上,自从文艺复兴以来,时尚就开始出现了。我们应该如何来看待这种现象呢?按照鲍德里亚前面关于符号的解放的观念,自从文艺复兴运动以来,特别是启蒙运动以来,符号就获得了解放。符号的解放意味着,人们可以按照自己的偏好来使用符号,而不受社会结构的限制。在封建社会,符号是受到社会结构的制约的,因此是不能随便使用的。于是,那个时候有礼仪,而没有时尚。但是文艺复兴,特别是启蒙运动以来,时尚就出现了。[①] 从这个意义上来说,时尚是在"现代性"框架中出现的。从符号学的角度来说,只要符号能够随意使用,只要这些符号是无所指的符号,那么这就出现了时尚(我们可以随意说话,话语生产中只有能指没有所指,那么这就是一种时尚)。虽然启蒙以来就出现了时尚,但是,那个时候的时尚是少数人的事情。那个时候,仿造和生产占据主导地位,而时尚(仿真)处于边缘。而在后现代社会,时尚(仿真)处于主导地位,而仿造和生产只是时尚中的重要环节,或者说是后现代时尚得以可能的条件。鲍德里亚在这里所分析的时尚主要是"现代性"框架中所讨论的时尚,是广义上的时尚。而仿真意义上的时尚是狭义的时尚。

那么究竟应该如何理解现代性呢?学者常常从不同的角度来理解现代性。韦伯从"合理化"(rationalization)的角度来理解现代性。在他看来,现代性就是整个社会的合理化。而这个合理化的过程是从欧洲的宗教改革开始的。鲍德里亚从符号解放的角度来理解现代性。从符号解放的角度来说,现代性表现为符号的不断革新、决裂。马克思、恩格斯在《共产党宣言》中所提出的"两个决裂"即同传统所有制关系的彻底决裂和同传统观念的彻底决裂,实际上也是从更新和决裂的意义上来理解现代性。在谈到

[①] 第63页。

资本主义社会同封建社会的不同性质的时候，马克思、恩格斯说："生产的不断变革，一切社会状况不停的动荡，永远的不安定和变动，这就是资产阶级时代不同于过去一切时代的地方。"① 在资本主义之前的时代，时间的变化在社会结构中似乎没有留下多少痕迹，时间似乎凝固了，而在现代资本主义社会，社会流动性增强了，社会的变迁加速了。因此，鲍德里亚认为，自启蒙运动和工业革命以来，社会总是处于变化与危机之中，或者说，社会随着时间的变化而变化。社会之中被加入了线性的时间上的变化维度。从这个意义上来说，现代性设置了一种线性的时间，鲍德里亚把这种线性的时间理解为生产和历史意义上的时间（这种线性的时间也是商品价值计算的基础）。但是鲍德里亚认为，现代性并不是彻底决裂，它总是包含对过去的回顾。比如文艺复兴是现代性崛起的时代，然而它却以古希腊文明复兴的形式出现。因此，鲍德里亚说，现代性还包含了循环的时间（再生产，物质的积累，"死劳动对活劳动的霸权"，都包含了时间的循环）。而现代性的这两个维度即时间的线性和时间的循环性的存在使时尚的出现成为可能。时尚的时间特性就是时间的线性和循环性的结合（是形式的死亡和形式的复活）。因此，他说："现代性永远都既是新生的，也是追溯的，既是现代的，又是过时的。"② 既然现代性既包含了新生，也包含了追溯，那么这就意味着，现代社会虽然是变化的，但是这种变化总是受到一种回溯力量的制约，这种回溯的力量把社会的变革控制在社会的基本秩序的范围之内。从这个意义上说，现代性容许变化，但是这种变化是在基本秩序的范围内发生的。因此，现代性是由"可以容忍的变化率定义的"③。现代性的这种特征与时尚是一致的，或者说，时尚和现代性并不背道而驰。时尚也是要变化的，它也陈述变化的神话（它特别强调变化，如果没有变化，时尚就消失了）。但是，时尚的变化是有"结构规律"的，就像现代性一样（变化是有限度的）。这种变化的"结构规律"就是"模式和区分性对立"。这就是说，时尚的东西总是要通过变化才能保持自己的时尚地位，但是，这些东西又是按照一定的模式发生的，或者是按照区分性对立，或者是按照模式发生的。这就像我们生活中看到的时装那样，它们是有模式的。比如中国近些年流行的唐装系列就是一种模式。时尚当

---

① 《马克思恩格斯选集》第 1 卷，人民出版社，1995，第 275 页。
② 第 119 页。
③ 第 119 页。

中最时尚的东西就是区分性对立，比如，纽约的世贸大楼，两个完全一样的东西对立起来。而这种区分性对立也树立了一种模式，区分性对立的模式。从这个意义上说，区分性对立是时尚中最核心的模式。比如，我们前面所说的政治斗争中的两党对立、我们学术研究中的故意对立。这就如同在各种编码符号中那样，最核心的编码形式是二元的编码 0/1，其他编码形式都是这种基本的编码形式的变体。这也是现代性的特点。现代性的本质就是二元逻辑：传统与现代、美与丑、生与死、善与恶。在现代性的体系中，几乎所有的东西都被一分为二。这是其中的核心，其他东西是这种核心的变体。于是，鲍德里亚说："这种逻辑在促进无限的分化，加强分裂的'辩证'效果。"① 哲学所说的那种辩证法就是讲这种二元逻辑（la logique binaire）。各种价值，比如传统与现代、美与丑、生与死、善与恶等等，在历史上就曾经出现过，现代社会并没有使之发生实质性的变化（transmutation）。它只是把这些东西重新罗列，并使这些重新罗列变成一些空洞的概念，从而使它们能够相互替换，模棱两可。比如说，平等实际上就包含了不平等，平等和不平等实际上是可以相互替换的。而这些僵化概念的内涵实际上已经被掏空，如同生产与消费的对立失去了对立的意义一样，它们成为空洞的代码，成为纯形式的对立。因此，鲍德里亚说，现代性是代码，而时尚则是这些代码的标志。

在鲍德里亚看来，如果把时尚看作代码，看作创新和复古的统一，那么，我们就可以消除两种错误观念（我们无法确定谁有这种观念。作者也没有提供相关的信息）。第一种错误观念是，把时尚的领域扩展到人类学的边缘，甚至扩展到动物。动物界肯定不会有时尚。养动物可以成为时尚，但是动物自身却没有时尚。动物的衣服不是动物的时尚，而是人的时尚。第二种错误观念是，把时尚局限在时装和外部符号（例如，某些装饰性符号）。既然时尚是代码，那么凡是具有代码性质的东西都是时尚，从这个意义上说，当代社会生活中所有的东西都可以被理解为时尚。

时尚是在符号解放下发生的，特别是在当代社会，时尚是一种仿真现象。因此与仿真现象一样，时尚具有区分性对立的系统、有模式、有系列组合等。而这和仪式是不同的。我们知道，在仪式中，所有的符号都有确定的意义。作为中国人，我们都知道，在结婚仪式中，父母应该坐在什么

---

① 第 119 页。

位置，家庭中的亲属在吃饭的时候应该坐什么位置，这都是有讲究的。而时尚则完全相反，它把符号从这种意义的束缚中解放出来了。因此，即使当代社会还存在礼仪，这些礼仪也是从传统社会秩序中继承下来的，而时尚则是现代社会的产物。时尚最突出地反映了现代社会的特点。因此，鲍德里亚说："时尚处于全部现代性的中心。"[①] 在鲍德里亚看来，不仅衣着、绘画、装饰等可以成为时尚，而且科学、传媒、性爱、政治甚至革命都有时尚的特点。在我们的生活中，有些时尚与礼仪类似。比如，在节日中，我们也聚在一起活动，也喝酒、吃饭，甚至会铺张浪费，但是这种活动更多地是时尚，而没有礼仪的特点。为什么这些东西有时尚的特点呢？显然，这些活动是无目的的，是审美性质的，因此，是时尚，而不是礼仪。礼仪是有程序，有目的的（确认亲缘关系或者共同体关系），其中每个符号都是有意义的，而时尚的符号都是空洞的符号，无意义。在节日里，人们不是为了某个特定的目的聚集在一起，这是无特定目的的行动（礼仪都是有特定目的的）。审美活动的特点就在于它的无目的的目的性。从这种审美角度来看，礼仪和节日是不同的，这就是从有用/无用这个现代性的尺度来区分礼仪和时尚。对于时尚品，人们不是从其使用价值来评判，或者说不是从某种特定的目的（使用价值）而是从审美的角度来评价。如果一个人拘泥于使用价值来购买时尚，那么这就被看作俗气。如果我们按照这样的尺度来区分时尚和礼仪，并把这种区分投射到古代社会的话，我们就会得出这样的结论：时尚是表演，是审美上的自我重叠，是游戏，是为变化而变化的游戏（无目的性）；而古代人的节日虽然类似于表演，甚至包含了表演，但是，与我们的时尚还是有很大差别的。比如，在"赠礼节"当中，他们把许多东西都无目的地耗费了，馈赠了（鲍德里亚把它称为象征交换）。虽然时尚和古代的赠礼节等都是一种无意义的耗费。但是，这两者还是有差别的。我们的时尚的耗费具有审美的意义，而赠礼节却没有审美的意义。它们在节日中也有歌舞表演，但是我们都不能从审美的意义上来理解，它们是建构共同体的活动，是女人的交换等。因此，虽然在原始的秩序中，人们也进行符号上的炫耀，但是，却没有审美的意义。他们把财富无意义地耗费掉，这是没有审美意义的。当然，人们或许会说，我们现代的审美也是超越审美意义上的审美（"esthetique" de la transgres-

---

[①] 第120页。

sion，中译本翻译为"违反美学"①）。我们这种审美是超级现实主义上的审美。好像原始人类也是这样，他们已经把审美和生活结合在一起。鲍德里亚认为，这样的观点实际上是用现代人的审美标准来看"原始结构"，那么这就是把我们自己的视野"投射到了一些古老的结构上"②。因此，鲍德里亚说，"这是赠礼节的'审美'重写，种族中心主义的重写"③。在鲍德里亚看来，时尚与古代人的象征交换是完全不同的，古代人的象征交换是确认共同体之间关系的活动，而时尚是仿真、审美的游戏。我们不能用现代人的审美游戏来理解古代人的象征交换。概括起来说，在鲍德里亚看来，仅仅从有用性和无用性的角度来区分礼仪和时尚是不够的，因为，古代的许多仪式、节日也搞一些没有实际作用的活动，因此，我们还需要从是否具有审美意义的角度来区分礼仪与时尚。礼仪虽然也是表演，但是没有审美的意义，而时尚是具有审美意义的，是要刺激人的眼球，引起人们感官上的兴趣（这就是审美）。

鲍德里亚认为，如果我们要更加深入地把时尚和古代礼仪区分开来，仅仅从是否有用、是否具有审美意义上看还是不够的，我们要更深入地把握符号的结构，特别是现代时尚符号的结构。极端的时尚就是仿真意义上的时尚，只有更深入地理解这种极端的时尚，我们才能更好地把时尚和礼仪区分开来。在这里鲍德里亚引用了拉达尔的话来说明时尚。按照拉达尔的分析，时尚所注重的是风格、语气、语调等，而不是意义，时尚需要的是表面的形式、手段、中介，而不是内容本身。时尚可以不顾内容，但是它需要各种各样的手段、材料、中介来表达自己的形式。鲍德里亚认为，拉达尔的这个时尚的定义太肤浅了，没有抓住时尚的"结构"。当然，在拉达尔对时尚的分析中，他还是注意到结构，二元对立的结构，他认为，存在主义和结构主义都一样，其差别就是它们的话语形式不同。这个分析把时尚中的二元结构对立保留下来了，而这种二元对立结构是现代时尚（仿真）的最核心的形式。对于鲍德里亚来说，无论是结构主义还是存在

---

① 第 120 页。
② 第 120 页。
③ 第 120 页。中译本为"'美学'重写"，笔者译为"'审美'重写"。我没有把"aesthetics"翻译为'美学'，因为在现代科学中，比如在物理学、社会学中，理性的推理是这些学科的基础，而"美学"却不是以理性推理的过程为基础的，而是依赖于判断力。它不是以"美"为研究对象的科学。

主义，它们都像仿真一样，是故意制造对立，从而构成学术的时尚。在鲍德里亚看来，现代时尚的生产有一种"客观"的结构，就是二元对立，区分性的对立，而这种区分性对立就是"仿真与组合革新的游戏"[①]。比如，服装是一种时尚的形式，而服装这种时尚形式进一步深化就是身体的时尚化。这就是身体本身变成了时尚的材料。而男女之间的性别的对立就是一种时尚，就是区分性对立。女性把自己身体上的女性特质更加凸显出来，这就是现代的时尚。这个时候身体就像服装一样成为一种时尚品，身体成为形式的身体，成为时尚的身体，而与真正意义上的性无关（身体的同一性）。如果我们把身体看作一种时装，那么衣服作为时装就是身体这种时装的一个特例，我们的身体就是按照二元对立的游戏建构起来的时装。衣服是日常生活中的用品，可以普及的用品，因此也是容易时尚化的东西。身体是每个人的用品，也容易时尚化。在我们的科学文化领域也是如此。鲍德里亚认为，当科学文化得到普及的时候，它们也会产生"时尚"的效果。当然，越是容易普及、越是容易模仿的东西就越容易成为"时尚"。比如，在我们的社会中许多人好像都懂得哲学，因此，许多人都似乎可以成为哲学家，相比而言，成为数学家就似乎很困难，因此，数学研究不能成为"时尚"。在日常生活中，我们看到人们研究了许多哲学问题，这些问题看起来很有意义，而实际上不过是为研究而研究，而没有任何实际意义。它已经成为时尚。这实际上就是科学变成了仿真的科学。因此，鲍德里亚说，当人们说，他们在科学上有所创新（"originalité"，中译本翻译为"独特性"，容易引起误解）的时候，我们就必须考察，这些东西是不是时尚，是不是服从了时尚的结构，而时尚的结构所服从的是纯形式的变化，是对材料的简单调整，是对"分析模式、简单成分和调节性对立的操纵"[②]。比如，某些学者为了出名，为了表现自己在理论上的创新，于是，当某个名家提出了某种观点的时候，他就批判这种观点。从表面上来看，这是一种创新，而实际上，这是操纵对立。当人们按照纯形式的变化而进行研究的时候，人们实际上就是借助于保留下来的材料而进行形式的变化。比如，当精神分析理论普及的时候，人们就把精神分析简单地套用到各种情况上去，甚至把它无限地扩展而普遍地运用于社会生活的各个领

---

① 第121页。
② 第121页。

域。比如，人们看到有人在公共场合露出自己的隐私部位，便认为，这是本能没有得到满足；当人们看到大街上有人拿刀杀人，也认为，这是受压抑的本能的发泄，是本能的表达。这实际上就是把弗洛伊德的理论到处套用。或者说，弗洛伊德理论的基本内容是一样的，但是表现形式发生了变化。这是弗洛伊德理论的普及（这种普及被理解为创新），也是弗洛伊德理论的时尚化。于是，这里的创新性就是普及性。用鲍德里亚本人的话来说，在这里"'创新'的层面和普及的层面实质上变得同质"①。鲍德里亚这样来说明文化领域的"时尚"现象："整个文化领域自我参照，各种概念通过纯粹的思辨相互生成，相互回应，此时除了话语的'表情'，话语的意义本身也在时尚的影响下崩溃了。"② 这表明，如果学术研究时尚化了，那么人们只会玩弄概念，在概念中相互解释，而概念的切实意义被掏空。概念变成了纯形式的东西。我们看到，许多年轻学子的博士论文，热衷于玩弄概念，自我操作。在鲍德里亚看来，许多领域中的学术研究都成为时尚。比如，在当时的法国，弗洛伊德主义就成为时尚。这实际上暗示了他对拉康等人的思想的怀疑和批判。他说，精神分析也没有逃脱时尚的命运。凡是需要进行切实研究来解释的现象，人们都努力在其中发现"潜意识"（如果潜意识都能够被人们发现，那么潜意识就不是"潜在"的了，而是"显在"的了）。在弗洛伊德主义的视野中，"潜意识"被泛化了，被普及了，似乎潜意识无处不在（这就如同广告把人的虚假需求调动起来一样）。本来"潜意识"是人所具有的东西，但是，在文本的结构中人们也能够找到"潜意识"，在古代神话结构中人们可以发现"潜意识"。"潜意识"失去了本来的意义。从这个意义上说，"潜意识"的概念成为一种时尚。于是，鲍德里亚说，以往"潜意识"在日常生活中发挥作用，它在"工作"，这种"工作"使得人们可以借助精神分析理论确定"潜意识"的存在。而如今，情况完全相反，精神分析从自己的概念出发去确定"潜意识"。因此，对于流行起来的精神分析来说，到处都有"潜意识"。在这里，"潜意识"没有进行自身的生产（潜意识自身不存在），而是精神分析把它再生产出来。这就是说，精神分析没有参照对象，而是自我参照，进行自我生产。为了自我生产的需要，"潜意识"理论越来越复杂化。当精

---

① 第121页。译文略改。
② 第121页。

神分析流行起来的时候，社会对于精神分析需求也越来越大。当社会对精神分析理论的需求越来越大的时候，精神分析也要表明自己越来越有作用，它到处都可以发现"潜意识"。这与时尚是一致的，时尚没有参照，作为符号没有所指对象，而是自我参照，或者说它按照模式自我生产。这也是仿真的特点。现代精神分析成为仿真的科学，或者说，它是时尚的科学，这都是一个意思（这实际上与政治经济学是一样的，当生产不存在的时候，仍然用政治经济学的模式来研究生产，那么政治经济学在这里就是一种纯形式的科学，而没有实际的意义，成为一种时尚）。

我们知道，人们喜欢时尚，因为时尚能够产生社会效应，一种东西一旦成为时尚就会让许多人赶"时髦"。一种东西要成为时尚就必须具有"社交活动"的能力，这就是说，这种东西必须被操作，并产生广泛的社会影响。一旦这种东西有影响了，那么这种东西就成为时尚。一旦成为时尚，它就失去了本来的意义，而成为空洞的形式。各种各样的东西都可以成为时尚：梦想、幻觉、精神病、科学理论、语用学流派、艺术、政治等都可以成为时尚。在鲍德里亚看来，这并不重要，重要的是，时尚困扰着那些模式学科（discipline modéle）。某种主义可能是中国的模式学科；精神分析成为结构主义的模式学科；索绪尔的语言学成为模式学科。比如，精神分析就成为一种分析模式，它从心理学领域被进一步推广到了文学艺术领域、语言学领域、社会学领域、人类学领域。在时尚的作用下，这些成为模式的学科取得了辉煌的胜利，赢得了广泛的社会荣耀。它的理论成为普遍适用的公式。不过当它的理论成为普遍使用的公式的时候，它也失去了应有的解释力，成为空洞的符号，成为语言游戏。为此，鲍德里亚挖苦说，它具有审美的特点了。它只是用纯形式的特点来吸引人，就如同某些数学公式一样。作为特殊的分析模式，它被人们随意地套用。

第三节　符号的浮动

时尚是从符号的解放中发展起来的，是从封建秩序的解体过程中发展起来的，而市场经济也是从封建制度的解体中发展起来的。因此，时尚总是伴随着市场经济的发展而发展。从这个意义上说，时尚和政治经济学是属于同时代的。在市场交易中，人们把不同的东西都按照价值这种抽象的形式等同起来，市场所关注的是普遍形式。而时尚也是一样，它只关注形式，只考虑形式的变化。在市场中所有的产品都可以用货币这种抽象的形式来相互交换，时尚也是类似于货币的东西，所有的符号都可以借助于时尚（纯粹的形式）来相互交换，或者说，所有的符号都可以被理解为纯粹形式的变化。不同的符号如果仅仅进行形式的变化，那么这种符号就是时尚。如果说在市场经济中所有的商品都可以在市场上交换，那么在时尚中所有的东西都可以变成纯形式，所有的东西都可以成为时尚。从这个意义来说，"时尚是唯一可以普遍化的符号系统"[1]。这就是说，所有的东西都可以成为时尚，从市场交换到政治行动、到日常衣着等都是时尚。这些不同的时尚作为纯形式的符号是可以替换的，因为它们都没有确定的意义。比如生产就是游戏，游戏就是生产。政治也是游戏。政治就是再生产，再生产就是政治。就如同市场中不同的商品借助于一般等价物而相互交换一样，各种时尚借助于纯粹抽象的形式（时尚）而相互交换。从这个意义上说，时尚相当于市场交换中的一般等价物（货币符号）。我们知道在市场交换中，各种不同的商品都要与一般等价物（货币）进行交换。当时尚成为唯一普遍化的符号系统、成为符号的唯一交换系统的时候，在时尚中，符号交换的一般等价物是什么呢？鲍德里亚的回答是，符号的交换中没有货币，而时尚本身（所包含的模式）就是货币，甚至比货币更货币。这是什么意思呢？我们知道货币作为一般等价物，是表示抽象劳动的数量。这样我们就可以不管具体劳动的形式而就抽象劳动本身的数量来进行比较，货币就是这些抽象劳动的数量表现。而时尚比货币更加抽象，它连数量表现都没有，或者说，它摆脱了一切内容，而成为纯粹的形式。从这个意义上说，它比货币更加抽象。为此，鲍德里亚说，时尚作为"一般等价物的形式继续存在"[2]。这就是说，它虽然不像货币那样是一般等价物，但是它比货币更抽象，是纯形式意义上的一般等价物，无数量意义的一般等价物。由此，鲍德里亚说："价值的数量交换需要一般等价物，而差异交换则需要一些模式。"[3] 各种不同符号之间的相互交换、相互替换表明，这些相互替代的东西有共同的模式（共同的形式）。这里的模式或许就是时尚符号交换的"货币"，或者说，它类似于货币。这些模式支配着时尚的生成。比如"裙裤"和"裙子"是属于同一个模式生产出来的东西。

---

[1] 第 122 页。
[2] 第 122 页。
[3] 第 122 页。

鲍德里亚说:"这些模式是时尚的开关、媒介、效应器、分配器,时尚正是通过它们无限地自我再生产。"① 时尚的东西都是按照一定的模式生产出来的,而不是按照一个东西自身的性质来获得形式(根据内容的需要而确立一定的形式,如果不顾内容,只顾形式,搞形式主义,那么这就是时尚。如果某种主义变成形式,那么这种主义就是时尚。如果开会不讨论问题,而是为开会而开会,那么开会就是形式,开会就成为一种时尚)。因此,它不是生产(按照使用价值而被生产)出来的,而是按照一定的模式被再生产(为开会而开会)出来的。时尚作为符号没有参照物(没有所指,没有使用价值),而只有模式(形式),模式才是它的唯一参照物。

由于时尚作为符号没有参照物,那么时尚就如同货币一样浮动起来了。我们知道,1971年8月15日,美国总统尼克松宣布美元与黄金脱钩。从此货币符号开始浮动起来了,货币成为没有所指的货币(不再代表一定数量的黄金)。鲍德里亚认为,这是在资本的原始积累完成之后,也就是他所说的死劳动取代活劳动之后才开始的,这就是说,只是在再生产阶段才出现货币符号的浮动。货币与有效的使用价值无关,而成为纯粹的符号。在鲍德里亚看来,符号的浮动比原始积累完成的阶段更早。他认为,符号早就完成了自己的原始积累。② 鲍德里亚多次提出这样的观点,但是,他并没有解释符号何时或者什么情况下完成了原始积累(实际上无意义的符号生产太容易了。人们可以随便说话。从这个意义上说,即使符号生产的原始积累不是从来就有,那么它也很早就开始了)。由于符号生产的原始积累早就完成了,所以,在封建社会,人们要束缚符号,使符号不能随便使用。如今社会给人们提供的时尚形式过多,人们对它们无法选择(人们由此而陷入了眩晕的状态)。在这种情况下,符号更注重形式的变化以便吸引人们的注意力。因此,各种传媒需要进行符号操作,更注重符号对人们所产生的视觉冲击效果,更注重抽象的形式,而忽略了内容。在这样的情况下,符号就开始加速流动,进行无限地自我复制和无限地组合。在这个时候,符号的生产如同商品的生产一样,它不是为了满足人们的需要而进行的生产,而是为生产而生产,进入了符号的再生产。符号的生产开

---

① 第122页。
② 第123页。

始致力于调动人们的需要,刺激人们的感官。当货币脱离了金本位而导致货币的超量发行的时候,人们开始操作货币,并借助货币的操作来获取利益。在这里,货币不是为了生产和交换的需要而被印制出来的,而是根据刺激需求、促进生产(再生产)而印制出来的。通过货币进行投机操作获取利润成为当代资本主义的重要经济活动。当今的金融危机正是这种投机操作的结果。今天,时尚也进行类似的投机操作,它进行着无限的自我生产,而不受任何参照的约束。社会生活的所有领域都成为时尚,而且这种时尚不断膨胀,人们所干的各种事情都成为没有意义的符号操作。日常生活中的行动是这样,衣着是这样,政治活动是这样,甚至经济活动也是这样。当时尚没有任何参照而成为纯粹的符号的时候,它就可以被人们随意组合,可以按照一定的模式重复出现。时尚成为浮动的符号。在鲍德里亚看来,时尚的这种特点预示着经济将有类似的特点。如果货币成为浮动的符号而超量发行的话,那就会导致通货膨胀,导致重复性的危机,社会的经济活动就越会来越具有时尚的特点,具有不确定性。如果生产就是为了满足需要的话,那么经济的增长可以预测,是线性的,是财富的不断积累,但是,如果经济发展成为一种符号的操作,那么经济的不确定性就必然出现。大规模的无意义的时尚符号的生产,预示着经济发展的特点。这里鲍德里亚似乎预测到了后来重复出现的经济危机。

第四节 时尚的"冲动"

人为什么会如此这般地喜欢时尚呢?为什么会有时尚的冲动呢?按照弗洛伊德主义的看法,在当今社会,"本能""欲望"已经成为一种流行的时尚。时尚化的趋势把"潜意识"和"欲望"大规模地生产出来,时尚表达并传递了人的"潜意识"和"欲望"。我们可以从时尚中看出人的潜意识(冲动),比如,到处都有人把性展示出来,从脱衣舞女到时尚女性,这是时尚化的性。在鲍德里亚看来,这种说法无法真正地揭示时尚的特点。因为,在鲍德里亚看来,在当今社会,欲望本身就是一种时尚,或者说,弗洛伊德主义所说的欲望本身就是一种时尚的欲望,而不是本能意义上的欲望。在他看来,时尚确实是"冲动",不过,这种"冲动"不是弗洛伊德的"潜意识""本能"意义上的冲动,不是个人意义上的冲动,而是整个社会体系意义上的冲动。这种冲动包含三个方面:废除意义的冲动、投入纯粹符号的冲动和野蛮的直接社会性的冲动。时尚的符号是无意义的符号。如果在我们的社会中，人们都努力像游戏那样行动，那么这种行动就是废除意义的冲动。比如，努力进行再生产的冲动、国家刺激需要、制造就业岗位的冲动就是一种废除意义的冲动。如果人们致力于把一切东西都作为纯粹符号生产出来，那么这就是投入纯粹符号的冲动。比如，那种虚假的学术研究就是这样纯粹的符号化的冲动。前面所讨论的符号的"漂浮"就是指时尚变成了纯形式的符号。追求直接的社会性的趋势，通俗地说，就是一种引人注目的吸引眼球的趋势，比如，我们出门都要穿时装，这就是要引人注目。所有的时尚都有这样的冲动。鲍德里亚把时尚的这种冲动称为"直接社会性的欲望"[1]。在这里，鲍德里亚主要讨论符号的社会性的冲动。在他看来，与媒体以及经济活动相比，时尚具有某种"激进的社会性"。媒体、经济的东西必须得到人们的喜欢，时尚的东西也必须得到人们的喜欢才能流行起来。因此，从心理的层面上说，这些东西在社会性方面没有多大的差别，差别仅仅表现在符号分配的层面上。这就是说，由于这种时尚符号的分配上的差别，某个人有时尚品，而其他人没有时尚品，于是其他人对此也有好奇心并试图获得它。正是由于这种好奇心，时尚的符号才流行起来，并取得了广泛的社会性。时尚的这种社会性冲动是由人的好奇心推动的。这种好奇心表现在一个人对其他人所特有的某种符号所产生的强烈爱好上，产生的强烈激情上。而这种强烈的激情非常奇特。一般来说，人们会对那些特别有用的东西产生激情，但是时尚的东西不过是一种纯形式的东西，而没有任何实际的使用价值，但是，人们对于这种纯形式的"微小的东西"却充满了激情。尽管这个东西非常微小，不值得一提，但是，拉布吕耶尔（J. La Bruyere）认为，这种激情有时如同爱情和野心一样强烈。时尚具有"激进的社会性"。这非常荒谬而奇特。

拉布吕耶尔认为，时尚的激情类似于收藏的激情或者对某种对象的激情。那么这是为什么呢？王尔德（Oscar Wilde）认为，这时尚的激情和收藏的激情都给人以安全感，这种安全感甚至连宗教都不能提供（与他人一致，与他人统一所产生的安全感。没有参与时尚的人、没有赶时髦的人感到自己被社会抛弃了）。正是对这种安全的渴望，人才产生了对时尚的激

---

[1] 第124页。

情。鲍德里亚吸收了这两个人的思想。

如果说一个人在宗教中获得安全感，感到自己似乎获得了拯救，那么在时尚中，一个人也会感到自己获得了拯救。追求时尚的人也会像一个人加入宗教组织那样，感到自己融入了集体，感到自己很安全。时尚所追求的是直接的社会性，追求时尚的人也在这里获得一种直接的社会性。鲍德里亚认为，这种追求时尚的激情是集体的激情、符号的激情、循环的激情（时尚具有循环的特点，而收藏也有这样的特点，把类似的东西收藏起来）。追求时尚会使某种时尚在社会中流行起来，并迅速传播开来。接受时尚的人构成一个群体，使人被整合在一起，他们成为同一类人。正是由于人们有集体的激情、符号的激情、循环的激情，时尚才在社会中迅速流行起来，并显示出时尚自身的特点，即对抽象形式的追求，对无意义符号的追求，对模仿的追求（时尚相互模仿，把不同的东西统一起来）。

当一个东西被购买并收藏的时候，这个东西就不能在一般商品的意义上理解。时尚的符号性与经济的功能性是相互对立的。时尚的符号性表明，时尚是没有所指对象的，没有功能性意义的，而属于审美的范畴。它是模式的散射、符号的回溯和重叠。而生产过程是有目的的，是功能性的。按照韦伯对资本主义精神的理解，生产有效的使用价值属于伦理精神。但是，我们也应该注意，鲍德里亚在这里的注释中又指出，当代资本主义社会已经从生产走向再生产，而再生产也开始离开经济，成为无目的的目的性活动。从这个意义上来说，生产与时尚的无用性汇合在一起了。按照罗兰·巴尔特（Roland Barthes）的看法，时尚的符号是无内容的，也是无意义的，人们使用时尚品就类似于人们进行自我表演。时尚品本来是无内容、无意义的，但是人们总是要为这种东西寻找意义。比如，一般的名牌包从使用价值来说，与普通的包没有差别，差别就是名牌包上有某种特殊的符号。这个特殊的符号无价值，也无特殊的意义。但是使用名牌包的人总是要给自己的包找到某种特殊的意义，比如，风格好（纯形式意义），更有品位，更耐用（纯粹的自我感觉）。因此，鲍德里亚说："时尚的特殊魅力在于，它颁布了裁决，但是它除了自身之外，没有给出任何证明。"① 这就是说，时尚自我宣称自己有某种特殊的价值（都是依自己的价值做出裁决），而不需要对此做出证明，也无法做出证明。它意味着，时

---

① 第125页。译文略改。

尚的东西就是好，至于这个东西为什么好，它不提供任何证明。这当然是一种专横的武断，这种武断就如同某些等级一致地坚持符号上的歧视一样。比如，一些白人就会专横地认为，白色的皮肤作为符号就高人一等。这里没有任何理由。或许这些人会专横地认为，他们是被选择出来的，他们就应该享有这种地位（种姓的地位）。正是在这一点上符号与经济区分开来，在经济活动中一种东西的使用价值是客观的，而不是自我感觉、自我判断的结果。从这个意义上说，时尚告别了经济，或者说，时尚是经济的完成。事实上，在日常生活中，当购买和使用时尚品的时候，人们不是从经济的角度来考虑的，而是超出经济的意义来考虑的。从这个意义上说，时尚品对有钱人来说，才有特别的意义，没有经济上的剩余就没有时尚。剩余就意味着它没有切实的使用价值，剩余是时尚的开始。人们使用时尚品就像过节日。在节日中，人们的消费活动往往不是根据经济原则来考虑的，在过节日时候，某些东西有时特别贵，但是人们还购买它，这不是从使用价值的意义上考虑的，而是从人们以为的意义上来考虑的。比如，过年的时候，人们会图个乐子而购买某种无使用价值的东西（如鞭炮）。从这个意义上来说，时尚类似于节日（无意义的奢侈和耗费）。虽然时尚品也要在市场上销售，但是时尚品不是作为使用价值而按照价值规律销售的，它颠覆了市场中的绝对命令。当然，当经济和市场不是出售具有使用价值的东西的时候，经济和市场也时尚化，也具有表演的性质。

时尚本能地具有传染性，人们都集体地追求时尚，而市场却把人区隔开来。这是因为，市场中，人都是利己的，都是为了自我的利益进行核算，但是这两个完全对立的东西居然会结合在一起。在经济活动中，人们进行效益核算。而在时尚中，人根本不考虑效益。但是对于这种无效益的东西人们却趋之若鹜，人们对它有着特别的激情。在这里符号失去了意义和有效性，这就如同当代资本主义社会的经济系统一样，生产、消费成为无意义的符号。从这个意义上说，资本主义社会系统发展到一种完美的形态，或者说，当代资本主义社会已经超越了经济原则，按照审美原则运行。这是一个完美的系统，当然也是一个非常荒谬的系统。在这个荒谬的系统中，没有东西是真实的（都是仿真的），都纯粹是符号。在这个系统中，人们看上去是在生产，而实际上不是真实的生产，而是符号的生产。

因此,"在这里什么也不再与真实交换"①。在这里符号都是任意的,都是无意义的能指,因此这些符号具有绝对的内在逻辑。在这种符号的运作中人们有节日般的快乐(这是时尚,是无意义的耗费)。比如,在进行没有实际效用的游戏的时候,我们会获得快感,在节日中,我们在无意义的游戏中获得快感。但是,时尚却具有传染的危害性,一个人有时尚的东西,其他人都会模仿,社会生活的一个领域出现时尚,其他领域也会受到传染。于是,时尚会成为社会的总体现象。当时尚成为社会总体现象的时候,它就会带来一定的社会危害。在这个总体现象中,真实与想像已经无法区分了。比如,在购买时尚品的时候,我们都认为,这些东西有真实的价值,比如审美价值、品位价值等,但是,这种东西真有这种价值吗?我们在这里已经无法区分真实的价值和想像的价值。当艺术品是为了满足人们的审美需要的时候,人们可以根据自己的审美需求来判断艺术品是美还是丑,但是当艺术品不是用来满足人们的审美需求,而是要吸引人的注意力,催发人的审美需求的时候,人们根据什么来判断这个东西是美的还是丑的呢?时尚符号就是在符号再生产的框架中出现的,或者说,是在为符号生产而进行的符号生产的框架中出现的,而不是根据人们的审美需求而被生产出来的。从这个意义上说,我们无法对它进行审美上的判断。同样的道理,我们不能说购买时尚品的人是非理性的,也不能说他们是理性的。我们没有判断他们的行为的标准。这就是说,时尚颠覆了真实与想像、美与丑、理性与非理性之间的界限。鲍德里亚认为,对于这种现象,他要像莫斯(Marcel Mauss)研究礼物交换那样来研究。按照莫斯的礼物交换的思想,原始人类在进行礼物交换的时候不是按照市场交换的价值来进行交换的,在交换中,人们不考虑价值,考虑的是象征价值。在鲍德里亚看来,时尚不是按照市场交换的原则来运行的,比如,当代资本主义社会的生产方式就不是按照经济原则来运行的,而是类似于时尚。在当代资本主义生产方式中,劳动是馈赠的,与莫斯的礼物馈赠一致。这就是鲍德里亚要用莫斯的思想来研究时尚的理论的根源。这实际上暗示了,人们应该按照象征交换的原则来理解时尚,并按照时尚自身的逻辑来颠覆时尚,而不能按照市场经济的原则来消灭剥削等。

前面我们说过,时尚具有"直接社会性的冲动",这与语言类似。语

---

① 第125页。

言就是用来在人们之间相互交流的。因此，鲍德里亚认为，时尚也和语言一样，从一开始就是具有社会性的。但是语言和时尚又不同，在语言交流中，人要传达意义，而在时尚的表演中，人们不传达任何意义，而只是要达到某种戏剧效果，能够引人注目。如果能够引人注目，那么使用时尚品的人就会感到满意。因此鲍德里亚说，对每个具体的人来说，时尚具有重要的意义，它涉及个人的形象，我们追求时尚就是要确立个人的外在形象。在语言的交流中，我们要传达意义，而在时尚的表演中，我们不是要传达意义，而是把表演本身、把交流本身当作目的。所以鲍德里亚说，时尚的表演是"玩弄交流，把交流变为一种无信息的意指"[①]。这种表演不过是要吸引人的眼球而已，与美丑无关。我们或者可以说，这是虚假的审美游戏。

时尚具有节日的特点，因为时尚不顾使用价值，不顾经济效益，而类似于玩弄符号游戏。节日也是如此，在节日的活动中，人们的活动是没有经济意义的，是一种游戏。在这里，鲍德里亚认为，时装往往进行着"奢侈消费"，类似于"夸富宴"，似乎特别有"节日气氛"。越是在节日，我们越是要穿时尚的衣服。在这里，他引用了《流行》杂志中的一段话来说明时装的"游戏性质""节日性质"。人们在加工某个时装的时候，耗去巨大的人工，做出一个价值 200 万法郎的裙子。这显然是一种过度的奢侈，是类似于"夸富宴"的行动，是极不理性的。从经济的原则来看，这是非常荒唐的。但是，时装本来就类似于节日的活动，是与经济原则对抗的，是一种社会性的游戏。当代资本主义社会就在玩这种社会性的游戏。本来时装是多余的，没有实际的使用价值，但是时装又是必需的，是生活的一部分。这种荒谬的状况不能用理性来解释，这类似于宗教，是人们的信仰。这种东西没有使用价值，但是人们都需要它，为了达到在游戏中的社会性，为了融入社会。

在鲍德里亚看来，在当代社会类似于时装的活动还有很多，比如，广告、集市、绘画、赛马等都有类似时装的特点。广告类似于"消费节"，它引导人们消费，而这种消费不是自己主导的，而是被别人诱导的。这不是真正满足自己需要的消费，是无意义的消费，传媒越来越不传达意义，而只是努力吸引眼球、引人注目，因此，它是信息的浪费。绘画市场（在

[①] 第 126 页。

当代中国，艺术品市场特别火爆，这是与非实用消费的要求联系在一起的）就是对于无使用价值的东西进行交换价值的操作，完全类似于"赠礼节"，即把财富挥霍掉（购买没有实际使用价值的东西。况且，它越来越成为市场操作的对象）。所有这些都是功能性浪费。这些功能性的浪费虽然与经济原则对立，但是不能与象征性摧毁等同起来。鲍德里亚所说的象征性摧毁，也就是象征交换。在他看来，原始人类所进行的交换是象征性交换，或者说，是象征性摧毁（摧毁一切剩余，有了剩余就有了非功能性的消费，钱太多了，人就会进行非功能性的消费）。比如，一个人把礼物（剩余物）送给别人的话，就是要别人接受象征义务，而接受礼物的人会以更加无可比拟的礼物回赠，摧毁由礼物的交换所产生的权力关系。"赠礼节"也是如此，这就是要通过财富的象征性摧毁来摧毁权力关系。在我看来，这里隐藏的意思是，一切财富甚至我自己的生命，我都不在乎，都可以随意地奉送和摧毁，那么任何人都不可能借助于馈赠财富或者要挟生命而获得对我的控制。显然，如果一个人完全超越了对财富，甚至对自己生命的关注，那么这个人就完全自由了，没有任何人能够用权力来控制他。如果我们想积累财富，如果我们想积累生命（延长生命），那么就必须接受别人的控制，接受权力关系。在鲍德里亚看来，当代社会所出现的功能性摧毁却没有这种象征交换的意义。这是因为，时尚当中还包含等价原则，即模式，时尚的符号是按照模式形成的，受到模式的调节。而模式类似于市场交换中的等价交换原则。因此鲍德里亚说，在当代社会，"价值规律超出了经济范围，它在今天的真正扩展就是模式裁判权的扩展"①。这就是说，在今天这个社会，价值规律是以模式裁判权的形式出现的。各种时尚，各种仿真形式中都存在某种模式，这些模式类似于价值规律，类似于一般等价物。既然当代社会生活中的一切领域都具有仿真的特点，那么这就意味着当代社会生活领域都由各种模式控制着。价值规律之中仍然包含对人的压迫和控制。在时尚中，包含了等级的观念。从这个意义上说，时尚中的价值规律超出了经济的范围。因此，鲍德里亚说："哪里有模式，哪里就有价值规律的强制，就有通过符号的镇压和对符号本身的镇压。"② 在这里，模式通过符号来进行控制，确立人和人之间的等级关系。

---

① 第 127 页。
② 第 127 页。

同时，这又是对符号的镇压，这是因为，它并没有让符号彻底漂浮起来，没有使符号完全成为无意义的符号。象征礼仪也把人结合为共同体，但是这与时尚是不同的。在时尚中，价值规律还起作用。

在这里，鲍德里亚进一步把这里的符号与原始社会中的符号加以比较，说明这两类符号之间的差别。在原始文化中，所有的东西都是符号，而且都是象征符号，一种东西作为象征符号直接表达了自己的意义。这些符号中不存在能指和所指的分离。一座山象征山神，它既是山又是神，两者结合在一起。因此，鲍德里亚说，这里的符号没有所指的"积淀"，没有与能指分离开来的所指。既然这里的符号没有能指和所指关系，那么这里也不存在符号代表某种其他东西、反映其他东西的问题。或者说，这里的符号不反映真实。符号的意义也不是由符号背后的东西所决定。比如说，弗洛伊德主义认为，人所说的话是受到潜意识的作用，本能的东西以曲折的形式表达出来。于是在他们看来，从人的话语背后，话语的深层结构中，我们都可以找到潜意识。而在原始人类的符号中，象征没有背后的世界，象征与这个世界是结合在一起的。这既不是幻觉，也不是真实，没有幻觉与真实的对比。

与这种原始符号相比，现代符号却是具有能指和所指的符号。而在当代，这种能指和所指的符号却发生了分裂。一方面，是纯粹的能指符号，或者说，感性的东西成为纯粹的能指符号；另一方面，意义、功能、实体、自然等又按照相同的比例构成了符号的所指。本来能指和所指是对称的，能指指称所指。在当代社会，能指成为纯粹的能指，不再指称所指了。但是它又总是让人感到，能指的背后似乎有所指。而仿真就是如此，"真实死了"，但是，这些符号似乎还指称真实。鲍德里亚把这种真实称为"超级符号的真实和参照"[①]。这是以超级符号形式出现的真实，即仿真。在当代世界一切都是纯粹的符号，没有指称，但是它总是模仿真实，似乎还指称真实。这是超级真实。同样，时装作为符号，它好像指称真实（时装背后有东西，这个东西是真实的东西，能指符号指称不在场的所指），但是，它指称的不是真实，而是超级真实。时装背后所指称的是裸体，而这个裸体就是超级真实意义上的裸体。这是仿真的裸体（比如，我们的影星的时装指称背后的身体、裸体，但是这个裸体是表演的身体，表演的裸

---

① 第127页。

体。它既不是真正意义上的裸体,也不是假的裸体,而是超级真实的裸体。只要你看看穿着时装的女星,你就明显地认识到这一点。她穿着时装,似裸非裸)。为此,鲍德里亚说,真实死了,超级符号意义上的真实万岁。这就是当代符号与传统符号的差别。我们前面说过,传统符号都是象征,没有真实,因而也没有仿真。在巫术和礼仪中,人们使用各种符号,但是这些符号都是象征意义上的符号。比如,古代人的面具或者文身,使身体成为象征意义上的东西,身体不再是真实意义上的身体,也不是仿真意义上的身体。这是象征和超真实之间的差别。

于是,鲍德里亚得出结论,虽然时尚如同节日,如同游戏,让人感到狂喜和快乐,但是其中内在地仍然保留着市场经济的控制形式,还存在着一般等价物的控制,还存在着仿真、代码和法则的控制。我们只有按照古代的象征交换原则才能彻底解构时尚。

第五节　改变的性别

这一节的核心思想是,时尚没有实现性解放,而是使性别成为符号,纯形式的符号,使身体成为性符号。身体在时尚中被理解为仿真的性本能的体现,是时尚的符号。从生理上说,性别是不可改变的,只有在时尚中,性别才会发生变化。

符号的解放是从18世纪启蒙运动开始的。符号的解放使时尚流行起来。时尚不仅影响了衣着、住房、日常消费品,而且影响了人的身体和性特征,或者说,人的身体和性也开始时尚化。用鲍德里亚的话来说,人的性特征改变了,并在时尚层面上起作用,或者说,人按照时尚的要求来理解自己的性特征,按照时尚的要求改变自己的性特征。人们会说,人的性特征是一种生理的、自然的特征,这种特征是不会改变的,一个人是男的,就不会变成女的,这是非常自然的事情。鲍德里亚所说性特征的改变当然不是指人的这些自然特征的改变,但是如果一个人用衣着或者化妆品把自己的性特征凸显出来,比如,把自己的胸部凸显出来,把自己的"女性"特征凸显出来,那么这个意义上的"性"就是被改变了的性,而不是生理意义上的性。我们可以说,她在时尚意义上改变了自己的性。这个意义上的性实际上就是把身体变成纯形式的材料,而与"性"(真正的性)本身无关。胸部的大小与一个人的性别无关。时尚意义上的性是无意义的性、无价值的性，是纯形式意义上的性。因此，虽然服装、化妆品是为特定性服务的，但是这却不能被理解为"性特征包围了服装和化妆品等"，而要理解为，服装和化妆品使性特征发生变化，使它时尚化。在日常生活中，我们也常常发现，人们对时尚化的性特征提出批评，比如，人们也批评某某明星穿透装，甚至故意裸露等。对于时尚的这种批评也会受到指责，会被认为，这种批评是思想保守，类似于清教徒对性生活的压抑和否定。鲍德里亚认为，虽然他也对时尚化的性（改变了的性）进行批评，但是，这种批评与清教徒的批评是不同的。清教徒是压制性、否定性的，而他对时尚化的性的批评不是针对性本身的。他不反对人进行真正的性满足，而是批评时尚的性。虽然他也反对无意义的性，但他反对性与清教徒反对性的角度完全不同。清教徒反对性是要压制性本身，而鲍德里亚反对时尚的性是因为，在性解放的当代社会，真正意义上的性不存在了，真正意义上的本能不存在了。他要彻底解构这种时尚。他所主张的是彻底颠覆时尚化的性。由于时尚和性混淆在一起，人们在批判时尚时，往往也显示出清教徒的暴力。但是，他们的批判与清教徒还是不同的，他们不是要压抑性或者否定性，或者说，他们的批判不是针对性本身的。他们从功利原则的角度来批判时尚的性，认为这种时尚的性违背了功利的原则，而这种功利原则是全部资本主义文化的基础。这种时尚化的性是无意义的、纯粹的符号。这种时尚化的性摧毁了现代资本主义的全部文化基础，是对现代资本主义文化的最根本的挑战。与这种挑战相比，性挑战（性解放）对资本主义文明的挑战，是第二位的。[1]

  人们从功利的角度批评时尚，这是围绕着"无价值的性"，非生殖意义上的性展开的。这就很容易使人认为，这是清教徒式的否定性，是"延续清教主义计谋"[2]。人们的这种指责，实际上就是要把这里的讨论拉回到性本能是否受到压抑的问题上，似乎反对时尚的性就是否定性，就是要压抑本能（这个讨论似乎是针对弗洛伊德主义的）。当人们从这个角度来理解的时候，人们就把注意力转移到性上面，而不是注意时尚。于是，这里的讨论仍然是在现实原则的层面上展开，或者说，反对时尚的性这种做法就如同弗洛伊德所说的现实原则一样，压制了性。在这里，人们还是

---

[1] 第128页。
[2] 第128页。

认为，时尚的性或者时尚化的本能是有参照的，他们没有看到时尚的性是一种虚假的性，是没有真实所指的性，是"对抗参照原则"的性。本来人的身体不能简单地从性的角度来理解，但是在弗洛伊德主义的框架中，人的身体就被简单地区分为男女。这实际上就是一种时尚化的区分性对立，是一种差异游戏。本来对于时尚问题的讨论与性无关，而是与仿真有关，与表演有关，但是，人们却总是认为，批判时尚就具有性压抑的特点。在时尚的讨论中，人们引出了性的问题，在鲍德里亚看来，这实际上是"用性和潜意识中和象征"①。我们前面说过，人的身体具有象征的意义，不能简单地从性或者本能的角度，也不能从经济、医学的角度来理解。但是在时尚的讨论中，人们总是从性的角度或者本能的角度来理解身体（这也是弗洛伊德主义思路），这就是用性和潜意识来中和象征，即用性和潜意识来掩盖、否定象征。于是一旦讨论时尚，人们就讨论衣服，而讨论衣服人们就涉及身体，好像时尚的衣服具有性解放的意义。从这样的角度来看待时装，那么时装似乎就实现性解放，但是，这种性解放只是在时装中完成。② 在这里，人们始终是从性解放的视野来理解时装，理解时尚。

鲍德里亚反对从性解放的角度来理解时尚。他认为，时尚的性不是真正的性（性受时尚控制了。只要看到身体人们就认为这是性。在这里，人的身体，类似于皮囊，类似于衣服。我们可以设想，即使人身上没有穿衣服，似乎还有衣服，这就是皮囊。这个皮囊也是时尚化的衣服。如果一个人不是疯子，而不穿衣服，比如，某些女权运动者，就是穿了另一种时装，皮囊），是仿真的性。他说："时尚肯定是那种最有效地中和性行为的东西。"③ 从这个意义上，我们就能够理解，为什么化了妆的女人是不能碰的女人，这是因为，这个女人不是性意义上的女人，而是时尚意义上的女人。她的身体是时尚的身体，是符号（女性的身体被时尚控制了）。前面我们已经说过，时尚是一种激情，是投入符号的激情，是废除意义的激情。因此，它肯定不是性的同谋，而是性的对手，"时尚战胜了性"④。时尚中的性是无意义的性，是符号上的性。时尚与身体是密切相关的，而身

---

① 第 128 页。
② 第 128 页。即不是真正的性解放。
③ 第 129 页。
④ 第 129 页。

体又与性密切相关。于是，这就容易发生歧义，人们会误认为时尚有性解放的功能。时尚不仅不会解放性，反而中和了性，战胜了性。

最初时尚就是人穿的衣服。衣服是时尚，身体不过是体现时尚的衣服的中介。但是，后来身体的表演本身成为时尚（某些女权运动者，某些在特定场合裸体的人，他们表演身体，就是直接让身体成为时尚，成为时装），这个时候，时尚得到了深化。在这里，身体取代了衣服而直接成为时尚。原来是模特穿衣服来表演，而现在是所有的人都努力成为模特。模特的身体就成为时尚。这或许可以说是时尚的最高阶段。在这个高级的时尚阶段，人们把身体作为时尚的东西，作为时尚的表演来对待。于是人对待自己的身体的方式有了很大的不同，"从前身体是被压抑的圣地，这种压抑使身体很难被解读，而从现在开始，它也被人们加以投资"①。从前人们用衣服把自己严实地包裹起来，防止外露，于是，人们无法了解身体。而现在身体变成了时尚表演，身体获得一种特殊的功能，表演的功能。于是人们就要按照时尚的形式来加工身体，人们要化妆、要打扮。原来衣服是时尚，而现在身体本身变成了时尚。当身体本身变成了时尚的时候，"服装游戏就让位于身体游戏，而身体游戏又给模特的游戏让路"②。这就是说，最初人们穿时装的衣服，后来时尚进一步深化了，身体本身变成了时尚，人们开始裸露身体，进行身体的表演了。后来更进一步，人们要对身体进行投资，让身体变成像模特一样的身体。模特的身体是彻底时尚化的身体。本来，服装是礼仪性质的，具有特别的意义（人们穿衣服与时尚无关，而是一种礼仪。我们穿衣服见人，这是一种礼仪，不是要吸引人的眼球，不是时尚），这是一种符号，是有意义的符号，表达特定的意义（作为符号的符号）。但是随着服装时尚化，服装失去了礼仪的性质，服装时尚化，成为一种符号。但是，这个符号自身没有意义，与作为符号的符号即有意义的符号不同。由于这种符号自身没有所指，于是它就把另一种东西作为所指，即把它所掩盖起来的东西作为所指，这就是身体。所以，服装作为能指符号指向了身体这个所指。在原始社会，服装本身是有意义的，类似于面具，而每个面具都表达了自己的意思，比如，这个人属于哪个部落的（哪个社会层次的）。所以在那个时候服装具有丰富性。而当服

---

① 第 129~130 页。译文有较大改动。
② 第 130 页。译文略改。这里的 "modèle" 可以被翻译为模特。

装时尚化的时候，服装自身失去了意义，而成为纯粹的形式，成为形式化的符号。这个形式化的符号由于自身没有意义（所指），只能把身体作为自己的所指。而服装作为符号必须表达自己的意义，所以服装就必须裸露身体，具有裸露性。正是从这个意义上，我们可以说，服装受到身体的侵蚀。用鲍德里亚的话来说，服装"被那种指示身体的必要性中和了"[1]。为了指示身体、体现身体，服装就不是要遮盖身体，不是一种"面具"，而是引导人们透视身体。最时尚化的衣服必须是似裸非裸的。

然而当时尚的服装不断裸露身体的时候，身体本身也就变成时尚的身体了。用鲍德里亚的话来说，在这里，"身体本身也中和了"。身体不再是本来意义上的身体，不再是真实的身体，而是仿真的身体，时尚的身体。这种时尚的身体与原始人的那种衣服、身体的关系完全不同。在原始人那里，人的身体虽然也同样是裸露的，但是，却不是时尚的身体，而是象征的身体。对于原始人来说，身体没有那种功能的区分，不能简单地被理解为性，人用文身和饰物来解构身体的功能性区分。所以，文身和饰物对于他们来说，都具有面具的力量。原始人类也会装饰自己，通过装饰品把自然的身体和非自然的装饰品结合在一起。在后来的发展中，身体上的装饰品成为衣服。在这个时候衣服作为装饰品和身体是结合在一起的，它们之间没有能指的符号与所指的对象之间的关系。后来装饰品时尚化了。本来在原始人那里，身体和装饰品是结合在一起的，它们都是装饰品，或者都是身体，或者对他们来说，身体本身就是一种面具或者装饰品。但是，随着衣服的出现，特别是随着衣服的时尚化，身体"丧失了自己曾经在文身和饰物中所具有的那种面具力量"[2]。身体已不能作为面具表现自身，而是要被衣服隐藏起来，作为衣服的所指出现。在这里，服装和身体具有能指和所指的关系，是相互对立的。服装既要掩盖身体，又要显露身体。因此，服装和身体之间存在着一种指称和查禁的关系。服装既指称身体，又查禁身体（掩盖身体）。它玩弄这种指称和查禁之间的关系。服装（时装）既要让你看到身体，又要掩盖身体。它在羞羞答答地裸露身体。身体在这里既被压抑，又被暗示了。因此，鲍德里亚说："时尚是和这种压抑的、暗示的身体的划分同时出现的——正是时尚在裸体的仿真中，在作为身体

---

[1] 第130页。
[2] 第130页。

仿真模式的裸体中终止了身体。"① 在时尚中，裸体是一种仿真的裸体，是似裸非裸。在时尚中，一个人即使穿衣服了，她也是裸体的，是仿真的裸体；反过来说，一个人即使没有穿衣服，她也不是裸体的，而是仿真的裸体。穿衣服和不穿衣服都一样，都是时尚的形式，都是仿真的裸体。在时尚中，身体不再是原来的真正的身体，从这个意义上说，身体被终止了，真实的身体不存在了。本来在原始人那里，身体也是衣服，是面具，而现在，身体时尚化，身体本身也成为符号，身体也成为纯粹的能指，其所指就是性。于是，这种时尚化的身体就是在性工具意义上（时尚化的性）的身体。时尚化的身体就是性的身体。在时尚中，人们就是把身体理解为性。至少在弗洛伊德主义占主导地位的社会中，身体就是性工具。这是当代社会的时尚人对于身体的理解，与印第安人的理解形成了巨大的反差。印第安人也可能会裸体，但是他们从象征意义上理解身体，而不是从功能的意义上理解身体。因此，对于他们来说，"整个身体都是面孔"②。

　　这就是说，在时尚中身体作为符号被理解为性，身体意指性，正如，服装既要意指身体，又要隐藏身体一样，身体既要意指性又要隐藏性。而在当今社会，人们首先把女人的身体看作性的意义上的身体，鲍德里亚在这里特别强调，这当然不是生理意义上的，而是神话意义上的。在生理的意义上，女人的身体就是一种身体，虽然她的身体有性的特征，但是不能把身体本身理解为性。而如今人们只是从性的角度来理解女人的身体，鲍德里亚挖苦说，这是现代神话，是从18世纪开始的狭隘视野。正是在这个狭隘的视野中，时尚一开始是与妇女结合在一起的。当时尚和女性结合在一起的时候，身体就开始意指性。人们就开始认为，"隐藏的身体是女性的"③，或者反过来说，女性应该把自己的身体掩盖起来。从这里可以看出，最初的时尚化并不是人的解放，而是对人的一种压抑。在鲍德里亚看来，最初的时尚服装是女性的服装，而女性的时装实际上也是对女性的压抑。在清教徒和资产阶级那里，女性要时尚，而这种时尚的衡量标准有二：第一，妇女的时装必须掩盖身体；第二，女性不能表达自己的性要求。从这两个标准来看，那个时代的时尚就是压抑妇女的。而在18世纪之前，社会还没有要求妇女时尚化。在没有时尚礼仪的社会中，社会并不要

---

① 第130页。
② 第130页。
③ 第131页。

求妇女按照时尚的要求来控制身体。最初时尚只是和妇女结合在一起的，只是妇女受到时尚的控制（之所以如此，鲍德里亚在注释中进行了简略的说明，这是因为妇女处于社会边缘地位，当初只有处于边缘地位的人才要时尚化。请注意这里的谱系学分析方法）。而在今天，时尚不仅仅和妇女结合在一起，而是和所有的人都结合在一起，或者说，所有的人都时尚化了，都要穿时装了。今天人们对性压抑进行反抗了，人们要求把真实的东西直接展示出来，人们反对社会用服装来压制身体（像 18 世纪女性和时装的关系那样）。人们反对把服装和身体对立起来，反对用服装来掩盖身体，而更主张性解放身体。这个时候，身体和服装的对立就被化解了，妇女和时尚之间的最初亲缘关系中断了，所有的人都可以穿时装了。在这个时候，"时尚得到普及"①。人们通常都认为，时尚的普及表示社会的解放，这就如同妇女最初穿时尚的衣服是一种妇女解放，而不是对妇女的压抑一样。然而，鲍德里亚认为，这是一种错误的理解。他说："这既不是一次进步，也不是一次解放。"② 在他看来，这是一种新的更加广泛的压抑。如果说在最初的时尚化中，这种压抑只是局限于妇女，那么今天，这种压抑和控制已经扩展到所有的人，所有的人都必须穿时装。他说："时尚得到普及离开女人的特殊载体，向所有人开放，这是因为关于身体的禁忌也得到普及，而且形式比清教派镇压更微妙：它采用的是普遍无性化的形式。"③ 我们知道，在最初的时尚化中，清教派对人的身体进行压抑，比如压抑人的性要求（否定无意义的性），要求人的衣服要掩盖身体，而在当代的时尚化趋势中，人们不再像清教派那样压抑身体了，而是允许解放身体，允许性满足。但是，对人的身体的控制并没有减少，而是更加微妙（在这里，请读者注意其中所采用的系谱学方法），这就是要求人的身体都像模特。既然所有人都穿时装，那么所有人的身体都应该是像模特那样的身体（无性的身体，符号化的身体，时尚化的身体）。当人们按照模特的要求来调整自己的身体的时候，人们就压抑了性要求；当模特展示自己的身体的时候，即使再裸露，也不是在性的意义上裸露身体，而是在时尚的意义上裸露身体。从这个意义上说，时尚的身体是无性化的身体。性在这里被否定了。在时尚中，人要按照时尚的要求来投资自己的身体，让自己

---

① 第 131 页。
② 第 131 页。
③ 第 131 页。

的身体像模特一样。而当人按照模特来改造自己身体的时候，这个时候人的性就不是本来意义上的性了，而是模特意义上的性（在这里，鲍德里亚还从法语词的特征上来说明这一点。在法语中，模特一词"mannequin"是中性词，而不是阳性、男性的或者阴性、女性的词）。仿真的性不是真正的性，但还是性，仿真的性。在这种时尚化的性中，在这种仿真的性中，身体是性符号，是潜藏着巨大的性潜力的。因此，从时尚的角度来理解，人似乎都具有被束缚着的性能量。因此，鲍德里亚说，"在时尚中，性作为差异消失，但作为参照（作为仿真）却普及了"[1]。在时尚中所有的人都应该像模特，因此他们的性特征都是模特意义上的性，是中性的，没有性差别意义上的性。但是他们又被看作有性潜力的人。由此，鲍德里亚得出结论，在我们的社会中，男性和女性没有自己的特殊性了，而是都有自己的第二存在，仿真的存在——他们是模特，具有巨大的被压抑的本能。这是纯粹符号意义上的性，是仿真的性。比如，一个要与众多男人交媾的女人是女性，不过不是真正意义上的女性（不是生孩子、满足性本能意义上的女性），而是仿真的女性。这个仿真的女性是以弗洛伊德主义的形式出现的。时尚化的身体就是性的身体。

于是鲍德里亚指出，我们的社会面临一种悖论：一方面是妇女的"解放"（不是真正意义上的解放，而是时尚化，是对女性的新压抑）；另一方面是时尚的流行。妇女被解放了，可以自由地进行性行为了（要与众多男人交媾的女人，这是女性解放吗？当我们的社会都要求女性很性感的时候，这是解放妇女还是压抑妇女呢）。但是，这是真正的女性吗？不是，这是时尚的女性，是仿真的女性（la femme，打引号的"女性"，中译本在后面有时也翻译为"女人"）。这些人不是妇女（le Féminin）。随着女性不再被歧视，整个社会开始女性化。这就是说，当代社会，在女性解放的口号下，女性得到了解放，但是却是作为性符号而得到解放的，而这个时候，所有的人都被当作性符号来理解了。这说明，当女性得到解放的时候，社会的所有人都像女性一样受到控制，都处于女性的地位，都要像女性那样被理解为性符号（这类似于工人原来处于被压迫地位，现在工人被解放了，结果，社会中所有的人都成为工人）。比如按照时尚的要求，男人必须"威猛"。男人的这种时尚标准让我们许多男人感到羞愧。按照当

---

[1] 第131页。

代社会的时尚标准,女性也有本能的需要,也应该获得满足,如果不能获得满足,如果不能获得性快感,那么女人就是"性冷淡",就不是真正的女人(实际上即指时尚化的女人)。在这样的时尚标准的统治下,女性必须表现出"欲死欲仙"的快感(时尚化让我们所有的人都获得快感)。这种"欲死欲仙"的快感也成为时尚的符号。这种时尚的符号实际上什么也不能表示,什么也不指称,是纯粹空洞的符号。在这里,我们可以看到,女人得到解放了,这实际上就意味着,女人应该成为"快乐力"和"时尚力"符号。同样,今天无产阶级也得到了解放,这种解放意味着,无产阶级都是"生产力",都要带上"生产力"的符号。现代资本主义就是给工人加上"生产力"的符号。无产阶级的解放和妇女的解放都有同样的特点。当人们拘泥于从身体和性特征方面来规定女性的时候,那么女性解放的口号所导致的结果就只能是性和身体意义上的解放,是时尚意义上的解放。当妇女按照时尚的要求使自己成为"快乐力"和"时尚力"的时候,妇女实际上就像当代社会中的无产阶段那样进行劳动。妇女必须按照时尚和快乐的要求来活动,这就是劳动,类似于当代无产阶级的那种无生产意义的劳动。反过来说,所有的人也都像妇女那样使自己时尚化,像妇女那样有快乐,像妇女那样有快感,所有人都要按照时尚的模式来活动。从这个意义上来看,鲍德里亚认为,时尚是一种劳动,它迫使所有的人按照时尚的要求来活动。因此鲍德里亚说,我们应该承认"物质"劳动(比如工厂中的表面的物质劳动)和时尚劳动是同样重要的,具有同样性质。这表现在,人们在工厂中生产商品,而在时尚的劳动中生产自己的身体,按照时尚的要求来生产自己的身体。这里实际上不存在实质意义上的差别,都是纯粹符号意义上的东西,纯形式意义上的东西。时尚的劳动、物质的劳动都是纯形式意义上的劳动。因此鲍德里亚认为,在这里社会的分工没有实质的意义,都是符号化的劳动。人们要按照时尚的要求生产自己的身体(无论是减肥、丰胸、还是穿时装),这也是劳动,其费力的程度一点也不比"物质"劳动差。因此,鲍德里亚认为,身体生产、符号生产、商品生产(关于死亡生产,我们后面再讨论)都是同样意义上的生产,都是纯形式意义上的生产,都是整个资本主义控制系统的一个环节。虽然身体的生产和商品的生产是一样的,但是,这里还是存在一定的差别。这种差别表现在,在工业生产中,劳动者是受到现实原则控制的(是按照表面上的经济原则来活动的),在这里,劳动者不是真正的自己(劳动者生前就与自己分离了。人从一出生就反抗这种劳动者身份)。劳动者要反抗自己的这种劳动者身份。而在时尚的影响下,女性努力按照时尚的要求使自己美丽和快乐,在这种追求美丽和快乐的氛围中,女性实际上也像工业生产中的劳动者那样不是真正的自己了(按照时尚来使自己美丽和快乐从一开始就表明,女性在时尚中异化了,她不是按照自己的意愿行动,而是按照时尚的要求行动)。这就是说,在时尚和快乐原则中女人生前就与自己和自己的身体分离了(时尚化的身体不是自己的身体)。虽然女人像劳动者一样与自己分离了,但是她们却不像劳动者那样反抗自己的劳动者身份,她们很高兴地追求自己的美丽和快乐。这就是鲍德里亚所说的"更糟糕"的情况。

第六节　不可颠覆性

人们在生活中追求时尚,实际上就是使自己受到时尚符号的控制。人们应该颠覆这种时尚控制,但是,按照鲍德里亚的分析,这种时尚控制具有不可颠覆性。

鲍德里亚指出,对于时尚的批判,在历史上早就开始了。比如在19世纪比尔日兰(O. Burgelin)就曾经从右派的角度批评时尚。而在今天社会党从左派的角度批判时尚。右派吸收了宗教的思想,认为时尚伤风败俗,颠覆了传统。因此,他们要批判时尚。而左派批判时尚是因为,时尚消解了阶级差别,使人丧失革命斗志。从无产阶级革命的角度来看,这是小资产阶级情调。而在鲍德里亚看来,无论是左派还是右派对时尚的批判,实质上都是一样的,都是要维持某种道德或者风俗,都是要维持某种秩序。右派要维持传统秩序、传统的风俗习惯,而左派则要建立新的道德和新的秩序,这是一种革命的秩序。

既然时尚同时受到了左派和右派的批判,那么这就表明时尚既不是左派的东西,也不是右派的东西,而是颠覆一切秩序的东西。这就是说,时尚既对抗传统秩序,也反对新的革命秩序,既反对传统道德,也反对革命道德。因此,鲍德里亚说,"时尚是非道德的"[①]。正是由于时尚是非道德的,是颠覆一切权威和秩序的,因此,各种权力或者那些梦想权力的革命

[①] 第133页。译文略改。

者都反对时尚，都仇恨时尚。在鲍德里亚看来，正是这种非道德的东西才真正具有革命性质（它颠覆一切价值标准）。从马基雅维利到司汤达，不道德都得到了承认，他们肯定不道德的意义。比如，曼德维尔曾认为，不道德使社会充满活力，一个社会只有通过不道德、通过罪恶才能产生真正的革命。而时尚就是这种意义上的不道德。它具有革命的意义。它能够颠覆美和丑、善和恶、理性和非理性。它颠覆一切秩序，也颠覆了权力。因此鲍德里亚说，时尚是"权力的地狱"。相反，一切权力体系都要摧毁这个地狱，都要和时尚做斗争。这就是为什么年轻人特别喜欢时尚，因为只有时尚才具有真正的颠覆意义，他们用时尚符号否定一切目标，颠覆一切意识形态，颠覆一切命令。这是因为，时尚无目标，无意义，无内容。

时尚能够颠覆一切，但是时尚本身却无法被颠覆。这是因为时尚没有内容、目标、而只是一种纯形式的东西，用鲍德里亚的话来说，时尚没有参照，它的参照就是它自身。如果一个东西有内容，那么我们就可以反对它的内容，揭露它的虚假意义。可是，时尚没有内容和意义，它没有任何东西可以被反抗或者被揭露。人们也许会说，虽然我们不能否定时尚的目标或者批判它的内容，但是，我们可以逃离时尚。鲍德里亚认为，人们无法逃离时尚。甚至反抗时尚的东西都成为时尚，比如，人们曾经用牛仔裤来反抗时尚，结果，牛仔裤本身成为时尚。所以鲍德里亚说，尽管人们可以逃离内容的现实原则，比如逃离生产系统，逃离剥削，但是，人们却不能逃离"劳动者"这个符号，不能逃离"代码"的现实原则（当代资本主义的现实控制是代码控制），人们甚至在反抗内容的时候越来越深入地陷入了代码的控制。比如，人们反抗资本主义剥削的时候，越来越深入地陷入了"劳动者"这个符号的控制。对一切内容的反抗最后都必然落入时尚之中，所有的人都在时尚中生活。于是，人类就面临一种非常痛苦的状况：虽然我们受到时尚的控制，但是我们既不能颠覆时尚，也不能逃离时尚。那么我们究竟有什么办法摆脱时尚对我们的控制呢？鲍德里亚认为，这就是时尚形式本身的解构。实际上，时尚本身已经解构了意义。那么如何才能解构形式呢？前面我们已经说过，时尚类似于象征交换，时尚也是一种耗费，无意义的耗费，但是时尚还受到模式结构的控制，而要解构时尚就要把象征交换的原则贯彻到底，或者说，按照时尚本身的原则来玩时尚，把时尚玩到底，玩彻底。这就是要让时尚走向极端。当时尚走向极端的时候，时尚就会死亡。这是因为，在象征交换中，所有人都无法逃避象征义务，当人把所有的东西都作为无意义的符号耗费掉的时候，甚至人把自己的生命作为无意义符号耗费掉（死亡）的时候，符号本身也必须把自己耗费掉，无意义的符号自己也要死亡。时尚就会终结。因此，对于符号的控制我们不能采取革命的方式，也不是要达到某种"自由"或者找到某种真理或者某种参照。鲍德里亚认为，"时尚没有给革命留出位置"①。因此，要推翻时尚的符号，就不能为时尚符号找出某种意义，找到某种指称，一旦为时尚找到了指称，找出了某种意义，那么我们就会舒舒服服地在时尚中生活了。任何赋予时尚以意义的努力都会被时尚本身消解。

---

① 第134页。

第四章 身体或符号的尸体

在这一章，作者通过对身体的分析来批判性解放运动。它表明，性解放不仅不能导致人的解放，反而导致人受到新的控制。而弗洛伊德主义认为，现代人受到的压制是性压制，性解放是人的解放的主要途径。作者在这里的分析思路与第一章分析再生产所采用的思路是一样的：如果说在商品的再生产中，人们所生产的是符号，那么同样在身体的再生产中，人们所生产的仍然是符号。

这一章的标题是"身体或符号的尸体"，其含义是说身体类似于符号的尸体。这就是说，时尚化的身体是符号化的身体，而这里的符号是时尚的符号，是没有意义的符号，是死亡了的符号。因此，身体是符号的尸体。在这里身体不再是活生生的身体，人的本真的身体，而是由无意义的符号建构起来的，类似于尸体。

在这里鲍德里亚提出了"性是符号的尸体，符号是无肉的性"[①]。性和身体是联系在一起的，身体是表现性的，而当性成为一个抽象的、空洞的符号的时候，性就成为符号的尸体。反过来说，符号是表示性的，但是却不是本真意义上的性，从这个意义上说，符号是无肉的性。

第一节 被标记的身体[②]

在本节开头的第一句话中，鲍德里亚把现代社会中人们对于自身身体所进行的打扮、加工、衣着比作人们对于物品的生产并加以比较。人们对于身体所进行的打扮和加工类似于人们所进行的商品生产（"仿照物体领域"），人们进行商品生产是为了市场交换，人们对于身体进行加工改造等

---

① 第136页。
② 本节标题中译本为"标记的身体"。

也是要把身体当作交换的材料。正如商品有使用价值和交换价值、符号有能指和所指一样，身体也被加工成为符号；正如商品交换获得一般等价物一样，身体作为交换的材料也可以换取一般等价物。这个一般等价物就是菲勒斯。菲勒斯（phallus）的本来意思是男根。人们操弄身体实际上就是把身体时尚化。而在时尚化中人们都有一个价值尺度，这个价值尺度就是符号政治经济学意义上的价值尺度。而当身体时尚化的时候，其中也有结构性的价值尺度，这个结构性的价值尺度就是菲勒斯。当人们打扮身体的时候，人们就是在用"标记和符号的网络覆盖身体、分割身体"①。当人们这样分割身体的时候，人们就把身体放在差异性和激进的二重性中，放在男女的性别对立中。本来人的身体有"游戏的潜在性和象征交换的潜在性"②，这就是说，本来人的身体不能被简单地概括在男女对立之中，有各种不同的特征，性特征只是身体的一个特征。如今人们在弗洛伊德主义的框架中，把身体简单地等同于性特征，人的身体被理解为性欲意义上的身体。既然人的身体是性欲意义上的身体，那么人们在构造、覆盖、化妆自己身体的时候，人们就要把自己的身体像商品那样衡量，看看它的菲勒斯价值。在这里，鲍德里亚似乎要表达这样的思想，性解放就是"菲勒斯"的生产，就是把性意义上的符号生产出来。显然，把压抑的本能释放出来，把更多的菲勒斯生产出来，潜藏着一种政治经济学的原理，或者说，弗洛伊德主义关于本能解放的思想与政治经济学的思想是一样的。在政治经济学的意义上，人们存在着巨大的物质需求，因此，我们的社会需要把产品生产出来满足人们的需求。同样，人们对于性也存在着巨大的需求，这个需求仍然没有得到满足，于是我们需要把性的产品生产出来，把身体变得更性感，从而更好地满足人们对性的需求。但是，这里的问题是，如果人们的性需求已经得到了满足（在性解放的背景下），而人们还在进行性的生产，那么这是不是会出现一种对性的诱导性需求呢？由此而生产出来的性是不是无用的性呢？鲍德里亚在这里正是要按照符号政治经济学的模式来说，当代资本主义社会正在进行着这样一种性的再生产，即无意义的性的再生产，纯形式的菲勒斯的生产。今天的人们就是这种菲勒斯生产体制的受害者。这是因为，我们所有的人都努力生产性符号，对自己的身

---

① 第137页。
② 第137页。

体进行分割、覆盖等，这种分割、覆盖等不是为了满足性本能（真正的性），而是为了再生产菲勒斯。这种为了生产菲勒斯而对自己身体的分割、覆盖等，在鲍德里亚看来就是对自己的阉割，就是自虐。比如，一个人本来已经得到性满足了，但是他却在性符号的刺激下产生了过度的性需要，而不断地吃伟哥来迫使自己勃起。这就是自虐，就是一种迫使自己勃起的性强迫症。这种意义上的勃起从本质上说也是阉割，这是在强制的勃起中对自己的阉割。这种强制的勃起与被刺激起来的再生产是一样的。在这里，中译本把这种操作过程翻译为"诉讼"①，有点费解，实际上，鲍德里亚在这里所说的意思是，人对身体的覆盖、化妆等就是一种对身体的符号化操作。

既然覆盖、化妆等是对身体的符号化操作，那么我们就可以进一步分析这里的符号结构了。鲍德里亚认为，在性解放中，从时装、广告到脱衣舞、裸体等，都像经济中的过剩生产一样。这种性的生产完全是表演性质的，这种表演既是勃起又是阉割。一方面，这种刺激起来的性，是性的再生产，是性的勃起，但是，另一方面，这种性又是无意义的性，或者说不是本真意义上的性。如果我们套用生产和再生产的关系来说明的话，那么这里的性就是再生产意义上的性。这种再生产意义上的性也是阉割。在性表演中勃起和阉割已经无法区分了（再生产出来的东西，其有用性和无用性已经无法区分了）。不仅时装、广告等如此，而且人们生活中的各种衣着，比如，长靴、皮裤、大衣下的短裤、眼睛上的布条、各种首饰等，凡是那些能够突出人的性感的东西都具有类似的作用，把性再生产出来。这都是性的再生产，是性表演，都有相同的剧本。既然性的表演既是勃起又是阉割，那么人身体上装饰的这些东西作为符号就具有相反的色情功能，它既表示勃起也表示阉割。因此，这些标记具有符号意义，它意味一种反常的色情功能（勃起和阉割同时出现。时尚的性是无意义的性，因此性的生产就是性的否定，这是反常的性）。鲍德里亚认为，人身体上的各种装饰就像一条标志线那样（une barre）（"/"，这类似于能指和所指之间的斜杠。身体上的这些标记阉割了身体，把身体变成了一个能指符号，这个能指符号可以指称某种东西，菲勒斯），它把人"阉割"了。所以，人身体上的各种装饰是戏拟阉割，是表演阉割的。人把自己身体阉割了，变成了

---

① 第137页。

一个抽象的能指符号，这个能指符号与所指分离了，在这里所指缺失，但是它总是指向所指。人身体上的各种装饰就是分割线，就是标志线，在这个标志线的两侧分别是能指和所指。这里的能指就是"身体的一个区"（注意，它绝不是性感区，而是色情区、性爱区。性感是本真意义上的性，是生产意义上的性，而色情是再生产意义上的性），而所指就是抽象意义上的、纯形式意义上的性欲。概括起来说，这段话的意思是，既然人的身体可以从符号意义上来理解，那么人身体上的各种装饰等就如同区分语言符号中能指与所指的那条标志线。身体就是能指，而纯粹形式意义上的性欲就是所指。而这个标志线表面上像勃起的男根，而实际上它是对人的阉割。

在这个符号模式中，即在能指/所指的模式中，能指和所指之间的标志线是表示符号关系的，它表示，身体进入了符号化状态。由于这个标志线只是表示身体进入了符号化状态，它既不是能指也不是所指，所以，这个标志线（表示阉割）被人忽视了。① 比如，在裸体和非裸体之间也存在着类似于能指和所指的结构对立，在这个结构对立中一种符号性关系形成了。既然这里存在着一种符号关系，那么其中就有一个标志线，而这个标志线就是要意指阉割。在这里，鲍德里亚用女性大腿上的长袜曲线来做说明。他提出这样的问题：为什么女性大腿上的长袜曲线具有色情的力量？人们常常认为，这是因为，这个长袜靠近性器官，给人一种性许诺的暗示。鲍德里亚不同意这种看法，他认为，这是幼稚的功能主义，即只是从性器官的功能性上来说明问题。他从符号学意义上来解释这个现象，他认为，长袜（非裸体）和大腿（裸体）之间的对立表现了一种符号关系，而长袜类似于符号关系中的那个标志线。它是阉割的标志。而裸露的大腿表示没有被阉割，而这个没有被阉割的大腿通过换喻而表示菲勒斯。在这里，鲍德里亚实际上是暗示了弗洛伊德主义。我们知道，按照弗洛伊德主义，人的本能是受到压抑的，或者说，人被阉割了。如果人没有被阉割，那么人的欲望就表达出来。没有被阉割，没有长袜的大腿暗示了性的解放，而穿上长袜的大腿就是阉割的表示。只有当人没有被阉割的时候，性本能才表现出来，菲勒斯才能生产出来，当阉割的表演终止了的时候，菲

---

① 第138页。这暗指身体符号化、时尚化现象被人忽视了。

勒斯就生产出来了。正是在这个意义上裸露的大腿才成为菲勒斯的模拟像。① 而这里的阉割不是真正的阉割,而是一种阉割表演。当社会没有压抑人的本能的时候,人可能要故意找出被压抑的假象,故意制造对立。比如,有些女权主义者,仅仅从性器官差别方面理解平等,要像男人那样裸露胸脯,她们认为,女性的胸脯不能裸露出来就是压抑。这实际上就是在裸体与非裸体的对立中制造出菲勒斯的偶像。实际上,裸露不裸露胸脯与本能是否被压抑没有任何关系。最后鲍德里亚得出结论:在物恋中,在对偶像的崇拜中,人们是通过消除阉割和死亡冲动来满足欲望的。这里所说的拜物教不是马克思本来意思上的拜物教,而是对无用物的追求,对符号的追求。在商品生产中,人们所追求的已经不是有用的东西,而是这些符号。于是在这里,人们就要不断地把相同的东西再生产出来。这是一种不死的追求,是永恒创新(类似东西的复制),人们的欲望不是通过购买有用品来满足,而是通过消除死亡冲动来满足,通过不死的冲动来满足。同样,在菲勒斯崇拜中,在本能的崇拜中(弗洛伊德主义),人们不是要真正获得本能的满足,而是要通过消除阉割来满足。那些在公共场合裸露胸脯的女权主义者,不是要获得本能的满足,而是要消除阉割,她们到处发现自己被阉割。当她们发现自己被"阉割"的时候,她们就会崇拜菲勒斯,就会喜欢本能的符号,就会喜欢"性器官"。她们不是真的要性器官,而是要抽象的菲勒斯。

于是,根据前面一段的举例说明,鲍德里亚在这里做出了概括性的说明:"色情化在各处都是由一个被阻挡的身体碎片的勃起性构成的,是由那种超越一切阻挡的、处于能指位置的菲勒斯幻想化构成的。"② 为什么我们的社会到处出现色情化的东西呢?这是因为,人们认为,自己被阉割了,在这里,身体被阻挡了,变成碎片了,于是,人们努力让碎片化的身体能够重新勃起。这是因为,人们以为自己是充满了本能的存在物,但是这些本能被阻挡了,人要把菲勒斯生产出来,把本能生产出来。如果从符号的角度来说,人好像是处于能指位置的符号,这个符号要指称所指,即一种缺失的存在(不在场的所指,性欲)。据此鲍德里亚挖苦说:"这是给人以安全感的驱魔结构操作。"③ 在这个世界上,人充满了恐惧,害怕自己

---

① 第138页。
② 第138页。
③ 第138页。

被阉割，害怕自己被压抑。对于他来说，这种压抑状况是一个巨大的魔鬼。只有驱除了这个魔鬼，他才感到安全，在这个时候，他才作为菲勒斯重新获得自己，他（她）才感到镇定。为了驱除这个恶魔，为了表现自己很性感，人们就要装扮自己，就要对自己的身体做手术，让胸脯更大一些，人就要锻炼身体，让自己的胸肌更发达一些。在鲍德里亚看来，这就是用符号覆盖自己的身体，就是要让身体碎片化。人可以认同自己身体的碎片化，人可以用各种东西装扮自己的身体，把身体偶像化。在这里，人明明是把身体碎片化了，但以为自己重新占有了自己的身体。在这里，人的欲望好像获得了满足，而且这种欲望永远都"不承认自己的失败"。人本来是要消除阉割的，但是却又不断地被阉割。人在自己身体上所装饰的东西，就是通过戏拟阉割，并通过终止阉割而使自己更加性感。性感是通过终止阉割而出现的。接下来的一段，鲍德里亚就要说明阉割和勃起之间的关系。

前面我们说过，人身体上的各种装饰品，比如镯子、腰带、项链等都能够对人的身体进行标记，进行切割，然而鲍德里亚忽然又说，这些东西是勃起物。[①] 在鲍德里亚看来，这里有一种符号操作，即前面所说的，通过一种终止阉割的表演，来构想一个菲勒斯。从这个意义上说，这些东西就是勃起物。于是，进一步的问题是，没有这些东西，没有"这些可见的线条或者符号"，那么就没有勃起物了吗？鲍德里亚的回答是，不是，即使没有这些东西，勃起物仍然可以出现。在鲍德里亚看来，只要人们进行符号性的表演，那么人们就要模拟阉割和终止阉割而把勃起物（菲勒斯）生产出来。他说："虽然没有符号，但整个身体的色情性仍然是以幻想的分界，即装扮并受挫的阉割为基础。"[②] 这就是说，虽然没有阉割，但是人们还是会表演，表明自己被阉割，并阻止了阉割，这样菲勒斯就能够被生产出来了（这就是说，如果有阉割，那么性解放是有意义的，但是，即使没有阉割，没有性压抑，人们仍然可以假装受到压抑，假装这种压抑被阻止了）。比如，在裸体的时候，人们也可以把压抑表现出来。为什么人跳脱衣舞的时候，衣服脱得很慢呢？因为，有东西阻止脱衣服（好像有文明的因素在压抑）。所以，即使没有线条，没有伤口，没有分割，但是阻挡

[①] 第138页。

[②] 第138页。

总是在那里，总是在脱落的衣服中。① 如果本来没有任何压抑，那么人本来就不用穿衣服了，既然要穿衣服，脱衣服，这就表示压抑存在着。而脱掉衣服就是摆脱压抑，就是把菲勒斯生产出来。所以脱衣服就是用来指示菲勒斯的，生产菲勒斯的。身体裸露出来，菲勒斯就被生产出来。

接着，鲍德里亚就指名道姓地批判弗洛伊德了。他认为，弗洛伊德对象征的意义应该重新解释。按照弗洛伊德的解释，人的手、脚、鼻子或身体的某个部位都类似于阴茎。这些突出的形状具有隐喻的意义。鲍德里亚认为，这个说法不对。他认为，这些东西之所以能够具有阴茎的意义，之所以能够被看作菲勒斯（男根、阴茎，比喻意义。男性统治的寓意），是因为它们是在"幻想性断裂"的基础上被树立起来的。这个所谓"幻想性断裂"就是人们设想的一种界限、一种阻挡、一种阉割的存在。只有当这些幻想性的断裂存在的时候，人的身体中的这些部分才能被当作阴茎树立起来，菲勒斯才能被生产出来（这里包含对弗洛伊德主义的批判。弗洛伊德主义认为，人处于性本能被压抑的状况，人被阉割了。鲍德里亚认为，当代社会中所出现的仿真的性或菲勒斯就是在这种想像的压抑中被生产出来的）。正因为如此，鲍德里亚才说出一个非常悖谬的话："这是一些因为被阉割才出现的阴茎。"② 没有（想像的）阉割，就没有勃起的菲勒斯（仿真的性）。按照这种理解，一切被阉割而又克服了这种阉割的东西都可以充当菲勒斯。于是，不仅前面所说的手、脚、鼻子可以被理解成菲勒斯，而且女性的性器官也可以被理解成为菲勒斯，甚至那些类似于女性的性器官的东西，"即带有开口的器官或物体"都可以作为菲勒斯而确立起来。这就是说，一种东西是不是可以被当作勃起的菲勒斯就是要看这种东西是不是在阉割的游戏中，凡是在阉割的游戏中的东西都可以被当作菲勒斯来理解。于是在这里，身体不分男女，只要是被阉割的，都能够被作为勃起的菲勒斯来理解。在这里，鲍德里亚还特别重视弗洛伊德所引用的一个例子：传统中国妇女裹小脚的例子。在这个例子中，妇女的脚伤残了，被"阉割"了，于是它就被当作菲勒斯来崇拜。中国男人崇拜小脚就是崇拜自己的菲勒斯，被扭曲了的性。在鲍德里亚看来，弗洛伊德的理论本来应该是这样的，但是他却忽略了这里所存在的阉割。

---

① 第139页。
② 第139页。

既然人的身体的所有不同部分，只要被阉割、被伤残，甚至在想像中被伤残，那么它们就能够被当作菲勒斯来崇拜。从这样的意义来理解，那么"抹了口红的嘴是菲勒斯性质的"①。为什么抹了口红的嘴是菲勒斯性质的呢？因为抹口红就是对身体的某个部分做标记，对身体进行覆盖、划分，是对身体进行结构性开发。对于鲍德里亚来说，这就是对身体进行阉割，就是把菲勒斯生产出来。从这个意义上来说，鲍德里亚认为，抹口红的嘴就不是生理学意义上的嘴，不是生理功能意义上的嘴，而是色情意义上的嘴，是性意义上的嘴（时尚化的嘴，菲勒斯意义上的嘴。女性时尚化就是要按照时尚的要求来打扮自己，把性即菲勒斯生产出来）。用鲍德里亚的话来说，这是具有"反常色情功能"（因为阉割而勃起）的嘴。在这里，口红的作用类似于首饰。它们都有标记、阉割的功能。因此涂了口红的嘴之所以性感不是因为它类似于它的性感的洞口，而是因为它被阉割而具有菲勒斯的特征，具有菲勒斯的交换价值。由于抹口红的嘴具有菲勒斯的性质，于是男人喜欢女人的涂口红的嘴就是男人迷恋上了他的自我形象（这个嘴就是菲勒斯。这里包含的潜在的意思是，在当代社会，女性处于受压抑的状态，女性也要生产菲勒斯，她们通过对身体的划分、标记而把菲勒斯生产出来，这表明她们的被阉割状况。这就是说，女性总是按照男性的标准来衡量男女平等。在她们看来，她们之所以比男性地位低是因为她们缺少男根，如果她们把男根生产出来，那么她们就和男性平等了。当然，如果她们的其他特性都和男人一样，那么她们就和男人平等了。而男人则迷恋自己，觉得自己的特性高出一等。男人在这里自我迷恋）。

接着，鲍德里亚又从经济学的意义上来解释这里的现象。当欲望建立在损失、耗损的基础上的时候，那么这种欲望就具有经济的意义。我们在经济生活中，要满足欲望就要有损失。当我们要生产菲勒斯的时候，我们就要有阉割，就要有损失。于是，这种性的欲望就可以从经济学的意义上来理解。在经济学中，欲望是建立在相互需要的基础上的，而在身体或者性经济学中，欲望是建立在相互洞开的基础上的，相互洞开（类似于前面所说的嘴），又是建立在相互承认本能被压制、相互承认被阉割的基础上的。这种相互洞开类似于经济学中的相互需要。不仅如此，这种欲望是通过一种结构来做中介的，即都是通过能指和所指的结构关系来做中介

---

① 第 140 页。

(médiatiser，中译本翻译为"间接化"①，颇让人费解)。这就如同经济学中，交换都是通过价值和使用价值的关系来做中介的。因此，这个意义上的欲望是可以相互转让的，可以像经济活动那样，进行相互交换。而且这种欲望是可以通过菲勒斯的生产来满足的。这种欲望通过菲勒斯的积累获得快感。这就如同在经济学中，人们通过货币资本的积累获得满足一样。于是，鲍德里亚认为，这是欲望政治经济学的完美形态。

前面我们刚刚分析了嘴巴，现在我们可以进一步分析眼睛。在化妆打扮的时候，有女性把假睫毛贴在眼皮上。②这个打扮了的眼睛具有否定的功能，一方面它能够否定阉割，只有阉割被否定了，人才能作为菲勒斯而勃起，才能获得自我（真正的本我），另一方面，这种目光能够防止爱情被牺牲，能够获得真爱。这种经过化妆的眼睛具有否定的功能，它否定了别人的眼睛对自己所产生的威胁目光。因为在别人的眼睛里，主体可能是缺失的，是受压抑的，而不是真正的自我（没有让本我显示出来）。当这个经过化妆的眼睛阻止别人的威胁目光的时候，它只是关注自己，但是当这个变形了的目光只看着自己的时候，主体也可能消失。由于这个目光是变形了的目光，它盯着自己看的时候，也不会看出什么才是真正的自己。它会自恋，它会自我欣赏。这不是因为自己果真成为自己，而是因为社会的要求等。鲍德里亚说，这个被化妆了的眼睛是美杜莎的眼睛。美杜莎是希腊神话中的妖怪。原来，她也是一位美少女，后来因为她与海神波塞冬私会，而惹怒了雅典娜，雅典娜便把她的头发变成毒蛇，而且给她施以诅咒，任何直望美杜莎双眼的人都会变成石像。她的眼睛是变形了的眼睛。这个变形了的眼睛只看自己，而不让其他人的眼睛来看她。鲍德里亚认为，这是一种自恋，是一种符号化的劳动，就是把自己作为菲勒斯生产出来，并陶醉于自身的菲勒斯。女性自我色情化（注意这里的自恋的隐喻意义。女性喜欢化妆，这是自恋，自己喜欢化妆自己。这种自恋，也是自我阉割）。

在这里，我们沿着这个思路进一步分析。在他看来，本来人的嘴巴和眼睛是探讨象征交换的最佳部位，嘴巴表示空缺，眼睛看到空缺。正是由

---

① 第 140 页。
② 第 140 页。英文版的意思是，一缕头发挡在眼睛上，中文版翻译似乎有误。La mèche 不是"布条"的意思。从后文作者对化妆的眼睛的说明中，可以看出，这个法文词应该是指假睫毛。

于这种空缺的存在，人才走向自我解构，放弃自恋。然而，在色情的操作中，嘴巴和眼睛也是最佳部位，在这里我们最容易看到人被阉割、阻止阉割而制造菲勒斯的情况。这是欲望政治经济学意义上理解的眼睛和嘴巴，是菲勒斯意义上的嘴巴和眼睛。在鲍德里亚看来，女性的身体是最能够作为菲勒斯而凸显出来的。他认为，在女性的表演中，在女性裸露的身体中，菲勒斯最容易凸显出来。因此，他认为，女性的身体是"身体政治经济学的拱顶石"①。女性的身体能够把菲勒斯生产出来，这是仿真的菲勒斯。或者说，当女性的裸体图画出现的时候，当女性的脱衣舞出现的时候，我们到处都能够看到性骚动，看到人头攒动的壮观景象。仿真的性（菲勒斯）一下子被大规模地生产出来，鲍德里亚甚至挖苦说，女性的身体具有菲勒斯广告的作用。我们知道广告就是要吸引人购买，让人产生虚假的需求，女性的身体也能够让人产生虚假的性需求（如同广告能够使人产生对于商品的虚假需求一样）。同时这种菲勒斯的生产也是一种阉割表演。从他对眼睛和嘴巴的分析中，我们可以看出，在他看来，只有被阉割并在想像中超越阉割，菲勒斯才能被生产出来。

当然，说到这儿，人们自然要问，难道生产菲勒斯是女人的特权，而男性就不能生产菲勒斯吗？鲍德里亚回答，不是这样的，上面所进行的分析对所有人都适用，但是，这种反常的结构是这样的，它是以终止阉割（拒绝阉割）的方式而把菲勒斯生产出来，因此它"更喜欢和女性身体游戏，因为这仿佛是和临近的阉割游戏"②。这意味着，在许多人看来，在我们的社会中女性被阉割了（不仅是生理上无男根，而且是在社会上受压抑），她们的身体面临被阉割的危险，她们面临在社会中被歧视的危险。于是，女性要把自己的菲勒斯生产出来，以便在想像中超越阉割。她们要拒绝阉割。在这里鲍德里亚挖苦说，当代资本主义社会系统的发展逻辑就是要进行再生产，也包括性的再生产，而在性的再生产中，女性的身体由于没有男根而更适合一般等价关系，更能够把抽象的菲勒斯生产出来（比如，在网络上，女性的身体到处都出现。女性裸体画可以产生性欲，产生仿真的性即菲勒斯）。从后面的论述中，我们可以看到，鲍德里亚在这里说的"女性身体的色情发作"③，主要是针对女性主义的，因为女性主义认

---

① 第141页。
② 第141页。
③ 第141页。

为，由于她们是女性，由于她们没有男根所以她们受到了压制，她们要求像男性那样得到解放。她们要求自己具有与男性同等的权利。比如，男人可以裸露上身，那么女性为什么不可以呢？她们认为，女性在这个社会被"阉割"了。相比而言，男性的身体就不能获得同样的色情效果，因为男性身体中有男根，这让人无法想像他曾经被"阉割"（请注意，在鲍德里亚看来，男性也同样被阉割了）。因此，鲍德里亚说，男性身体"既不能带来迷人的阉割回忆，也不能带来不断超越阉割的表演"[1]。女性的身体就让人想起阉割（女性在历史上的边缘地位），而这种阉割回忆总是激起女性的超越阉割的努力，她们进行着各种超越阉割的表演（后面说的那个真正的脱衣舞、高级的脱衣舞就是如此）。比如，有些女性就认为，如果她像男性一样裸露上身的话，那么她就超越了阉割（高级脱衣舞。女性主义就是高级脱衣舞的表演者）。或许，她认为，如果她和男人有一样的身体她就摆脱了阉割，或认为，她有男人的性格就可以摆脱阉割了。男人有真正的标记，有男根，有菲勒斯。在男人的菲勒斯勃起的时候，那么这表明，菲勒斯的再生产成功了，"总系统增值"，性的 GDP 增加了。在这样的情况下，如果我们用男性的身体来表示阉割，那么效果就不好。这就是说，我们不能用男性的身体来表示菲勒斯的偏离或者分解（阉割）。当然，我们也不排除这样的可能性，在未来男性也可能通过菲勒斯变形而解构这个菲勒斯体系，把菲勒斯的变形"现实化"。因此，在那种情况下，用男性的身体来作为菲勒斯一般等价物比较合适（即如果社会女性占主导地位，那么菲勒斯就发生变形了，男性的身体就可以作为一般等价物，成为菲勒斯）。到目前为止没有勃起的广告，没有勃起的裸体，而只有女性裸体的广告（阉割、菲勒斯短缺）。这就是说，在我们的社会，没有人会说，菲勒斯生产太多了，没有这样公开的说明，而只有菲勒斯不足的广告（性本能被压抑，人被阉割）。在这样的情况下，人们需要女性生产（激发）更多的菲勒斯，这就如同我们的社会需要生产更多的物体一样（需要短缺，资本主义社会总是要让人感到短缺）。阴茎勃起本身（菲勒斯生产太多）与系统并非不兼容，系统需要短缺，只有菲勒斯不足，系统才能维持，但是菲勒斯太多并不真正地威胁系统（生产过剩）。真正威胁系统的是菲勒斯的消除，是解构，是激进的差异游戏。激进的差异游戏将会解构

---

[1] 第 141 页。

菲勒斯等价物。

最后，鲍德里亚提出了一个重要的理论问题，为什么在我们的社会，女性会有色情"特权"，为什么女人总是要搔首弄姿，为什么只有女性的裸体特别引人注目呢？许多人都是从生理上寻找原因，从弗洛伊德的本能理论上寻找原因。而鲍德里亚认为，这是一种社会和历史的操作，是社会和历史的支配关系在这里运作。而鲍德里亚对于社会和历史的操作的分析非常特殊，他不是从性别"异化"的角度来说明这里的关系，或从性别上的疏远来说明这里的问题。他是从一个不为人所关注的角度来考察这种社会歧视。在他看来，在政治歧视中，在物恋（菲勒斯崇拜）的性别差异中，存在着一种不为人知的控制机制，这就是被统治阶级或被统治群体的偶像化。比如，人们尊重教师，就设立教师节，实际上就是让教师处于被控制地位，人们重视妇女，重视妇女的美貌、性感的程度，就打出女性裸体广告，实际上就是要让女性处于被控制的地位。性感和美貌就成为对女性进行统治的社会符号。女性自恋，打扮自己，夸大自己的性价值，这些东西都是女性自己喜欢的东西，而她们就被这些东西控制了。她们追求性感，而性感就是她们受歧视的符号。社会这样做就是为了更好地消解她们对权力秩序的关键性质疑。当女性打扮自己使自己成为女性的时候，她们就是把自己放在男女对立的框架中，她们接受了社会的控制。因此，鲍德里亚说，如果我们仔细考察，我们就会发现，在色情领域，全部有意义的材料（有价值的东西，受到社会重视的东西）都是由一整套奴役物品和野蛮人特征构成的，比如链条、项链、文身、裸体、青铜色等（注意尼采思想的影子，颠覆价值，被社会看作有价值的东西，原来是用来压迫人的）。所有这些给女性带来美感的东西都是奴役女性的物品。女性打扮自己就是把菲勒斯生产出来，或者说，就是要服从菲勒斯秩序，当女性致力于打扮自己的时候，她们就是要求自己按照再生产菲勒斯的模式进行。女性要让自己显得很性感就是要让自己处于一种受奴役的地位。女性打扮自己，显得很性感，就是努力让自己成为男人的玩偶，她们是按照菲勒斯秩序（男人的期待）来改造自己的。在这种政治秩序中，女性不是她们自己，她们在按照菲勒斯秩序改造自己。她们在这种社会秩序中没有表现自己的机会。如果没有菲勒斯秩序又如何呢？比如，男人按照女人的要求来跳脱衣舞，那么社会又会如何呢？社会仍然不能摆脱控制秩序。在鲍德里亚看来，女性统治和男性统治一样，都没有改变社会统治的实质。或者用鲍德里亚的话来说，"对阉割的拒绝和对菲勒斯的抽象仍然没有改变"①。在鲍德里亚看来，这种社会统治的实质就是符号化的抽象统治，是对一般等价物的抽象崇拜。因此，鲍德里亚认为，对这种社会统治最有力的反抗就是对"性政治经济学的抽象本身"② 提出质疑。这就是要放弃菲勒斯一般等价物。在福柯的著作中，身体被规训，从而成为生产力，在鲍德里亚的论述中，身体被标记，成为时尚的符号，成为菲勒斯的符号。在福柯思想中，身体被规训标志着人受控制。与此相似，在鲍德里亚的思想中，身体被标记意味着人被阉割。

女性主义就是拘泥于这个菲勒斯一般等价物。

第二节　次级裸体

在这一节的开头，鲍德里亚认为人的身体的任何部分、任何部位都可以在功能上以相同的方式运作，只要它按照相同的色情戒律即可。从前面对化妆过的嘴唇和眼睛的分析中，我们知道，女性对眼睛和嘴的化妆是按照色情戒律来化妆的，因此，经过这样化妆的眼睛和嘴就不是生理意义上的眼睛和嘴，不是吃饭意义上的嘴或者看东西意义上的眼睛，而是符号化的嘴和眼睛，是色情意义上的眼睛和嘴。于是，人的身体的任何部位、任何部分都可以发挥这样的色情功能，只要这些部位、部分是按照色情的原则来装扮的。没有洞口，没有断裂，没有缺陷的身体就是阻止了阉割的身体，就是没有被阉割的身体。而要达到这种没有被阉割的效果，人们就要穿衣打扮，这种穿衣打扮的活动就能够消除性感上的差异，身体上的自然差异。于是，在这里，鲍德里亚使用法文词"designer"（指称和装扮）来说明这里的意思。在这里，他的意思是说，一个人装扮自己的身体，就是把身体变成符号，这个符号指称"阉割"。所以，在这里，"designer"既有"design"（装扮）的意思，也有"designation"（指称）的意思。于是，鲍德里亚说，"一切性感差异都被指称（并且设计）这个身体的结构界线所消除"③。这里的结构界线（la barre structurale，中译本译为"结构障碍"，似为误译），就是前一节中所说的那个（barre），即身体上的装饰物。

---

① 第142页注。
② 第142页注。
③ 第143页。译文有改动。

当身体上有这些装饰物的时候,这个结构界线是可见的,而当身体上没有这些装饰物的时候,这个结构界线不可见,但是,这并不意味着这里没有结构界线。当一个人在公共场合把衣服全部脱下来的时候,这也是要进行性符号意义上的操作,比如脱衣舞就是对于身体按照色情戒律(阻止阉割)进行操作,这种色情操作就是把身体变成一个符号。这个符号就指称"阉割"。从这个意义上说,无论一个人有没有用装饰品装饰自己,只要他按照色情戒律来操纵自己的身体,那么他就是在自己的身体上加了第二层皮肤。在这里,我们看到,中译本特别注意把色情(erotique)与性感(erogene)区分开来。色情操作是对身体的符号化操作,而性感是一个人自然的、本真的性特征。当人们对自己的身体进行符号化操作的时候,性感差异就被消除了,而身体的色情特点则暴露无遗。

于是,在这种情况下,一个人虽然没有裸体,穿着衣服,但是却色情地操作身体,比如搔首弄姿,比如穿突出线条的服装,但是这却是真正的裸体,真正的色情裸体。在鲍德里亚看来,只要一个人试图通过符号化操作而玩弄身体,那么这个人的身体就不是自然意义上的身体,而是色情的身体,就是裸体。相反,如果一个人没有进行色情化操作,那么,即使她一丝不挂,冷若冰霜地站在那里,那么这种裸体也不是真正的裸体。这样的人虽然没有穿衣服,但是她似乎也是穿着衣服一样。比如,艺术系学生学习绘画时的人体模特,这是性感的身体美,而不是色情的身体。于是,我们可以说,当一个人穿紧身袜的时候,她比裸体的时候更裸。[①] 一个人是否裸体与他是否穿衣服无关,而与他如何操作自己的身体有关。如果一个人操作自己的身体,并由此而使自己更符合里比多政治经济学标准,那么他即使穿衣服,他也比象征裸体更裸体。象征裸体比如原始人的那种象征意义上的身体,虽然没有穿衣服,但它不是色情意义上的身体。原始人认为,他们的整个身体都是脸。在次级裸体中,一个人穿上了长筒袜似乎没有裸体,而实际上更裸体。正是在这个意义上,"真正的裸体在这里发现了自己作为次级裸体的定义"[②]。一丝不挂也不一定是真正的裸体,而那穿上了薄纱进行色情操作的身体才是真正的裸体,是按照菲勒斯标准形成的裸体。鲍德里亚在这里所说的裸体,穿着衣服的裸体是纯粹符号意义上

---

① 第143页。
② 第143页。

的、菲勒斯再生产意义上的裸体。这种再生产意义上的裸体（与前面讲的再生产是一个意思）是裸体符号，是可以被重复生产出来的裸体。再生产出来的裸体如同镜子中的裸体一样。镜子中的裸体是一模一样的裸体，而再生产意义上的裸体把符号意义上的同样的裸体再生产出来。这并不是说，色情操作的身体都是一模一样的，而是说，她们都是按照菲勒斯一般等价物生产出来的，按照色情价值而生产出来的。为此，鲍德里亚说："广告神话是绝对有道理的：唯一的裸体就是在符号中自我重叠的裸体。"①当人们对自己的身体进行符号操作的时候，人们是把自己的身体按照时尚的符号操作的，是按照菲勒斯等价物的标准操作的。这是菲勒斯再生产意义上的身体，这就像在时尚中，人们按照模式来构建时尚的东西一样。这个意义上的身体不是真正的身体，而是按照菲勒斯模式生产出来的身体，是无性的、光滑的、脱毛的身体。

比如在电影《金手指》（Goldfinger）中有一个把自己的整个身体都涂上金色的美女。在这种化妆中，她的所有洞口都堵住了，她的身体完全像菲勒斯。在鲍德里亚看来，对身体的这种操作完全像符号政治经济学的规则，身体按照一般等价物的规则来调整。这个身体是无意义的符号，而从象征交换的意义上来说，极端的符号化的身体就是死亡的身体。这是鲍德里亚所理解的象征交换（把符号化推向极端。《金手指》中的金色美女就是推向极端的符号化的身体，是死亡的身体，在再生产中的死亡）。而在生活中，人们到处都进行着这种色情的性操作（身体的性政治经济学操作）。在身体的大众文化中，在身体的功能美学中，人都在进行这种色情意义的性符号操作。在这种色情操作中，尽管人们穿紧身袜、穿长裙、戴手套、把皮肤晒黑等，好像不是裸体，但实际上就是裸体。这些东西就是要在阻止阉割中生产菲勒斯，这是生产菲勒斯意义上的裸体。既然穿着衣服也是裸体，那么这些衣服不过是人的第二层皮肤，就像加在身体上的透明薄膜。

真正意义上的皮肤，不能定义为"裸体"。我们前面说过，如果没有色情的操作，皮肤就不能被当作色情的裸体来理解。这就是说，当人们从象征的意义上理解身体的时候，人的皮肤都是有孔的、进行吸收和排泄的，是性感区。这个时候，人的身体也不是局限于皮肤所包裹的身体，而

---

① 第 143 页。

是通过吸收和排泄与外部世界不断交流的身体。因此，从这个意义上说，"身体并不终止于这种多孔的、有洞的、开口的皮肤"①。天人合一，外部世界都是人的无机的身体（马克思）。只有当人们进行抽象的形而上学思考的时候，人们才会把皮肤当作身体的界限，好像身体就包含在皮肤当中一样。性感的皮肤，与外部世界交流的皮肤不是身体的界限，而是身体与世界联系的通道。对于这种意义的皮肤来说，身体是没有界限的。而只有持形而上学观点的人才把身体局限于皮肤中，从抽象的一般等价物的意义上来看待皮肤。于是真正的皮肤（象征交换的皮肤、性感的皮肤），为了第二层皮肤即色情的皮肤而被牺牲。在这里，色情的皮肤成为具有一般等价物意义上的皮肤。这个第二层皮肤没有毛孔，没有渗出，没有排泄，没有斑点（是色情操作的皮肤，这种色情操作的皮肤与冷热无关，它不冷但也不热）。这个第二层皮肤是功能化的皮肤，是色情意义上的皮肤，这好像是在皮肤上加了一个玻璃纸保护层。这个皮肤是零度的皮肤，它既不是真正的皮肤，也不是假皮肤，是仿真的皮肤。这是永远具有"青春"活力的皮肤。在这里，年轻和年老已经无法区分了，二者在这个仿真的皮肤中被中和了。今天，我们也面临着这样的困难，你看到一个人的脸，不知道她多大年纪。仿真的皮肤已经中和了年龄。

接下来，鲍德里亚继续对这个皮肤保护层进行分析。这种裸体的玻璃化，给皮肤加一个玻璃化的保护层，就如同人们对于自己的物体加上保护层一样。比如，我们给手机贴膜，就是如此。涂蜡、包塑、擦洗等都是类似的劳动。这就是让它们保持完美的状态，防止它们分泌（这是挖苦的话，人的脸、皮肤应该分泌东西，但是化妆之后就无法分泌）。一个东西经过这样的保护似乎永远都是新的，是不朽的。人的皮肤经过这样的保养也进入了不朽状态。

在鲍德里亚看来，这种裸体是被装扮起来的裸体，是符号化的裸体，是具有指称功能的裸体。但是，这种具有指称功能的皮肤（符号）并不指称符号背后的东西，比如皮肤背后的身体。用鲍德里亚的话来说，这个被装扮的皮肤不暗示享乐的身体、性感的身体、分裂的身体（身体总是有病，有各种特点）。② 在这样的皮肤包裹下，身体究竟如何已经不重要了。

---

① 第 144 页。
② 第 145 页。

重要的是皮肤能够具有色情效果。皮肤内部的东西不过是填充物，是体现色情效果的填充物，与活生生的肉体无关。于是，鲍德里亚用芭比娃娃来类比这个身体。在这里，人的身体像芭比娃娃。这个芭比娃娃的身体设计出来就是供人为她穿衣、脱衣的（鲍德里亚还用没有未知数的函数方程式来说明，人的身体都是固定化的程式设计。这样，今天的人都成为芭比娃娃）。不过这个人也像个充气娃娃。一旦人们放出其中的气体，那么她就剩一堆皮肤。在鲍德里亚看来，现代人的身体实际上是符号化了的身体，是按照时尚符号要求建构起来的身体。这种意义上的身体与芭比娃娃没有区别。但是，人却会发生误解，把这种符号化了的身体看作自己真正的身体。

身体如果能够设计成为芭比娃娃那样的身体，那么这是裸体的乌托邦，是裸体的最高形式。前面我们已经说过，真正的裸体与穿衣服与否无关。这里译者漏译了一句话。我姑且将其翻译如下："这是裸体的乌托邦，是在自己的真相中出场的身体的乌托邦：这至多是可以再现的身体的意识形态。"① 这是再生产意义上的身体，是在自己的真相中即色情意义上出场的身体。因此印第安人说："裸体是一个无表情的面具，它掩盖了每人真正的天性。"② 裸体是政治经济学意义上的身体，是掩盖了人的真正天性的身体。既然裸体掩盖了人的真正的天性，掩盖了真正的身体，于是，一个印度人不满足于脱衣舞，因为在他看来，这种裸体不是真正的身体，不是性感的身体，因此，他要把舞女活剥了，以便查找真正性感的身体。鲍德里亚试图通过这两个例子说明，即使一个人一丝不挂，但是这种裸体也不一定是性感的身体，反过来即使人穿衣服也不一定就不是裸体。

于是，他由此得出结论，身体在任何情况下绝不是自然的身体，或者说，"都不是这种没有痕迹的处女海滩"③。在当代社会，人的身体是受到符号要求压抑的身体。由此，即使这个时候，人要把自然的身体裸露出来，人的身体也不是自然的身体。人总是按照符号学的要求来审查自己的身体。人的身体是受到压抑的身体，是被阉割了的身体。因此，鲍德里亚说："根据自然主义幻想让身体作为原貌得到解放，就是让它作为压抑得到解放。"④ 在这种情

---

① 第 145 页。法文本，第 163 页。
② 第 145 页。
③ 第 145 页。
④ 第 145 页。

况下，裸体始终是仿真的身体，人的皮肤始终是第二层皮肤。

如果人的身体是仿真的身体，人的皮肤是第二层皮肤的话，那么人关于自己的自我意识也不是真正的自我意识，人就不是真正的主体（人按照流行的趋势来理解自己，设计自己、打扮自己。人不是他自己）。人正是在仿真的身体中确立了自我形象。仿真的身体就像镜子中的身体，看上去是真的，而实际上不是真的。人就是在镜子中的形象中确立自我的，或者说，就是通过这个镜子中的形象而把自己确立为主体。① 人在符号操作中重构自己的身体，就是通过符号操作进行自我生产。这就如同在镜子中看到自己，在镜子中重复生产。在鲍德里亚看来，人本来就无所谓统一的主体意识，人具有不可还原的分裂性质。鲍德里亚说："这些题写在身体上的、紧挨着死亡冲动的符号，从来都只是在肉体材料上重复意识主体的这种形而上学操作。"② 人在自己的身体上留下符号，进行符号操作，这实际上就是把身体变成了无意义的符号，这种无意义的符号类似于再生产中的无意义符号。这种无意义的符号是接近于死亡的无意义符号，是接近于自我解构的符号。但是，人们总是以为，通过这种符号操作，通过在镜子中认识自我，人逐步就可以达到自我意识。这是一种形而上学（近代笛卡尔哲学中的自我反思。这种自我反思如同人在镜子中看到自己。笛卡尔认为，人在自我反思中形成主体。鲍德里亚在这里对近代哲学进行了批判）。

人对身体进行符号化操作，就是把身体按照一般等价物的原则生产出来。从一般等价物的角度来说，无论人对身体如何进行不同的操作，人的身体都是按照一般等价物而被重复生产出来的。人的身体如同镜子中的身体一样，是同样东西的复制，是复制的复制，是再生产。从这个意义上来说，人的身体被放在镜子的围墙中了。生产之镜就是对生产的复制，即再生产。而这种符号化操作就是把菲勒斯再生产出来。人在进行打扮的时候，在进行菲勒斯操作的时候，没有被强迫，没有被命令，而是自己需要的。在这里，主体都是在自我诱惑。主体自己诱惑自己，自己引导自己来

---

① 拉康的镜像阶段。拉康认为，镜像阶段是主体形成的第一阶段，在这个阶段，主体通过对自己在镜子中的影子做出不同的认识，而逐渐认识自己身体的统一性，而不是把它看作支离破碎的东西。鲍德里亚认为，这个镜子中形成的主体不是真正的主体。镜子是同样东西的再现，是再生产，人在镜子中的主体实际上就是按照色情的一般等价物规则而进行的身体再生产。

② 第145~146页。

进行菲勒斯的再生产。人再生产菲勒斯的欲望是自己诱导自己生产的欲望。在鲍德里亚看来，当这种菲勒斯再生产走向极端的时候，这种菲勒斯就会成为无意义的菲勒斯，或者说，这种色情符号的自我重叠最终走向了符号意义的彻底消失。再生产的欲望走向极端的时候，这种欲望会走向自我消灭（注意前面所说的死亡定义，对于人来说，死亡不是终结，而是细胞的分裂，是同样东西的重复，是复制）。然而，这里却出现了这样一种状况，人按照自己的要求来生产菲勒斯，好像人是完全自主的，他没有受到强迫，没有受到压制。在这里，人似乎完全是主体。于是，鲍德里亚说，在这种符号交换的后面，在这种菲勒斯再生产的后面，主体躲藏起来了，主体恢复了镇定，主体似乎没有受到影响。而实际上，在这里，主体已经死亡（赶时髦的人就是主体死亡的人）。人在这里完全受符号操作的控制。人之所以把自己的身体进行色情的符号化操作，就是由于人受到当代社会色情再生产趋势的影响。在这里，人完全丧失了自我，但是人却认为这是真正的自我（人不承认自己的缺失）。或者，人避开了他人的欲望（不承认自己受到操控）。他在这里对于自己的受控制状况视而不见。于是，鲍德里亚说，在这里符号的逻辑和反常逻辑非常吻合：人在这里本来受到了他人的控制，但是却表现为自主性的实现，好像自己是主体。当代社会所出现的符号逻辑出现了反常的效果。这里特别注意一个词"（自）视而不被见"[1]。我们在前面分析超级现实主义状态的时候实际上已涉及这个问题。人本来不是主体，却认为自己是主体。在这里人无所谓真实的自我，也没有虚假的自我，都是仿真的自我。这种仿真状态就是超级现实的状态。这种状态与"窥视者"的情况一样，他只是描述自己所看到的情况，却不知道自己被看见（回避了被他人看见，回避了他人的欲望）。

最后，鲍德里亚把原始人类对身体的理解和现代人对身体的理解区分开来，从而把原始人类对符号操作的理解和现代人对符号操作的理解区分开来。鲍德里亚认为，人们常常出现一种误解，就是把现代人对身体的标记、装饰与古代人等同起来。比如，人们把现代人的化妆与古代人的文身等同起来，似乎从古到今，虽然生产方式发生了巨大变化，但是人们对身体的打扮、修饰都有同样的意义，都可以从政治经济学意义上加以衡量，即用某种同一的尺度来衡量身体。比如，认为身体是劳动力，认为身体是

---

[1] 第146页。

性符号。人们对于身体的理解都有同一的尺度，人们不能摆脱政治经济学的束缚。在鲍德里亚看来，这是用现代尺度看待古代文明。在现代人那里，人们在菲勒斯这样的一般等价物的意义上理解人的身体，于是，人们努力把身体变成性符号。在这里，人们是按照菲勒斯等价物的要求来调整自己的身体。而在原始人那里，情况就完全不同了。他们对于身体没有同一的尺度，没有同一的标准。在那里，人们也标记身体，也用面具来装扮身体，但是人们的这些活动是为了与诸神进行象征交换，是表示身体的多元性、可变性和不确定性。在那里，人不是要对自己的身体进行再生产，而是要解构身体，是耗费身体的同一性。这就是要让身体进入象征交换。原始人打扮自己，使自己的身体具有象征意义，这时，身体就不是原来生物学意义上的身体了，而是"鹰"的身体了，或者是其他诸神的身体了。在这里，身体是可变的，是可以进行象征交换的。而现代人却不同，他们打扮身体，使之更性感，更体现菲勒斯一般等价物。他们有一个共同的标准和尺度，而原始人类完全没有这个一般标准和尺度。因此，在原始人那里，人没有同一的身份，因此也不能成为具有同一性的主体。相反，在原始人的象征交换中，主体的同一身份被解构了。用鲍德里亚的话说，在象征交换中，人对待自己的身体就像对待自己的财富和女人那样，他们耗尽自己的财富，交换自己的女人，他们也耗尽自己的身体（没有抽象的等同和积累）。这里没有抽象的标准，没有作为一般等价物的货币。正如我们在本书开头的分析中所指出的那样，货币从功能上具有能指和所指两个方面。而在原始人那里，既然没有货币，没有一般等价物，那么他们那里也就没有抽象的能指/所指之间的抽象对立。他们没有抽象的菲勒斯一般等价物，也没有抽象的主体性。在书中，鲍德里亚用印第安人的"我们全身都是脸"这种说法来说明现代人的裸体和印第安人的身体概念之间的差别。印第安人的身体不是我们现代人的菲勒斯等价物意义上的身体，或者说，即使他们赤裸身体，他们的身体也不是色情意义上的身体，而是多种意义上的身体，就像人的脸一样，是多样的脸，有多样的意义，是进行象征交换的身体，是差异的身体。而现代人则不同，身体就是性的符号，按照性感的统一尺度来调整。他们只有一张脸，只有一个标准，人们目光就局限在这张脸上（比如，韩国人喜欢整容，整容的结果是，人们无法把许多美女相互区分开来）。最后，鲍德里亚把现代人和古代人进行对比。古代人把身体作为象征交换的材料，他们没有统一的价值尺度和价值标准。

他们要相互注视，在这种相互注视中耗尽同一标准。而现代人按照同一的标准操作自己的身体。人们要调整自己的身体，刻画自己的身体，就是要提升身体的菲勒斯交换价值。在我们的社会，人们化妆、打扮、锻炼都是要提升其菲勒斯的交换价值。于是，在我们的社会中菲勒斯就被大批量地生产出来了。主体在菲勒斯交换中没有被解构，而是在"投机"（中译本翻译为"思辨"①，这是误译），主体似乎在自主地进行菲勒斯再生产。这里的"投机"与当代资本主义社会人们所进行的货币上的投机操作是一样的，是一种符号性的操作。因此，作为主体的现代人产生了一种拜物教意识，对菲勒斯一般等价物的拜物教，如马克思所说的那种货币拜物教。而在这种拜物教中，人也按照拜物的要求把自己的身体本身变成一般等价物，把自己的身体本身变成菲勒斯。人就是借助于自己对身体的操纵而把自己确立为主体，并对主体性产生了崇拜，于是，主体性本身成为人的偶像。人要拼命地追求主体性，崇拜主体性，高歌主体性，人进入了一个主体自由的辉煌时代。而这种主体是按照价值规律塑造起来的主体（即身体，在这里身体是主体塑造自身的配角），是把追求菲勒斯一般等价物当作主体性的表现。人通过塑造自己的身体（体现主体特征的身体）来确立自我，人通过身体的自我再生产而确立主体的地位。这就是说，主体"被价值规律偶像化"②。当主体被价值规律偶像化的时候，那么这个时候主体就完全走向了自己的反面。人拼命地按照价值规律自主地塑造自我（身体），恰恰表明，人失去了主体。或者说，当主体把自己的身体按照菲勒斯的一般等价物的标准来塑造的时候，这个身体恰恰表明主体性消失了。这就是主体的死亡。主体是在人自己追求主体性中死亡的，所以我们可以说，主体的这种死亡是"自杀"。主体在这里有一种"死亡冲动"。

人永远都是一个次级裸体者。人总是戴着面具生活，不过这种面具与古代人的面具不同，古代人没有一般等价物，而现代人的面具是按照一般等价物制造的。

第三节 "脱衣舞"

如果说在现代社会，人把自己的身体变成了菲勒斯的符号，那么脱衣

---

① 第147页。
② 第147页。

舞就是这样一种菲勒斯操作。反过来，如果一个人把衣服脱了，而没有进行菲勒斯的符号操作，那么即使他一丝不挂，也如同没有脱掉衣服一样。因此，脱衣舞究竟是不是真正的脱衣舞不是看衣服是否全部脱光，而是看是否进行色情操作。正因为如此，本节的题目"脱衣舞"是加上引号的。如果人人都是次级裸体的人，那么人人都是"脱衣舞"者。

在这一节的开头鲍德里亚引用了贝纳丹（Bernardin）即疯马夜总会经理的话来说明脱衣舞的特点。

脱衣舞女虽然把衣服脱了，但是，那并不是真正的脱去衣服，并不是真正的裸体（性感的裸体）。从表面上看，裸体把身体的本真状况展示出来了，实际上，这是一个骗局（特别注意这里的隐喻意思。本节的最后部分就是要说明这个问题）。当然，这并不是说，在脱衣舞中，舞女仍然穿着衣服，而是说，脱衣舞女通过自己的动作把自己的身体变成了一种符号，这种符号使之失去了性感裸体的意义。正是从这个意义上来说，脱衣舞女既不脱也不舞。从这个意义上说，脱衣舞女虽然在舞台上脱去了衣服，但是，她"带着"比她平时穿衣时还多的装饰，这些装饰使身体成为符号。这种舞蹈的动作很慢，在鲍德里亚看来，这种慢动作的舞蹈就是要把自己的身体变成"菲勒斯"。由于这种脱衣舞不是真正地展示身体的脱衣舞，因此这种脱衣舞与海滩上的脱衣舞完全不同。海滩上的脱衣舞可能是要展示自然的身体，而舞台上的脱衣舞是要把身体神圣化、偶像化。这种裸体是一种精神行为，是神圣的活动，而不是要展示真实（性感的真实）。"到处都在炫耀的性现实，减低了性爱的主观性。"[1] 到处都出现的"性现实"恰恰不是现实，而是主观的东西，但是这种现实性就是要让你忘记这种性爱实际上就是主观的东西，是符号性的表演，没有现实性。

鲍德里亚把这种裸体与教堂里的圣餐加以比较。本来，教堂里的面包和我们日常生活中所吃的面包没有什么差别，但是教堂里的圣餐却把我们日常生活中所吃的东西神圣化，比如，面包变成了上帝的身体，葡萄酒变成了上帝的血液。舞台上的脱衣舞舞女也不是日常生活意义上的裸体，而是一种符号化的操作，它把裸体神圣化，从而构造菲勒斯。在这里，鲍德里亚首先通过对舞蹈动作的描写来说明，脱衣舞女如何通过自己的动作而把自己的身体神圣化。在鲍德里亚看来，脱衣舞女通过自己的缓慢动作而

---

[1] 第148页。

对自己的身体进行色情的赞美,她们的所有动作都给人以自我欣赏的感觉,甚至让人感到她们是在自恋。鲍德里亚把这种自恋称为"崇高的手淫"①。在这种崇高的手淫中女孩子脱衣、抚摸甚至模仿快感。她们对自己所做的动作好像"他人"所做的动作。她们围绕着自己的身体"编造出性伴侣的幻影"。但是,在这里却没有他人,她自己代替他人。这种替代关系类似于弗洛伊德在精神分析中所说的那种在梦中所发生的凝聚作用。这种挑逗、自我满足确实像手淫。鲍德里亚进一步指出,这种缓慢的动作就是要给人们留出想像的时间,让观看者理解和认识到脱衣舞的神圣特点。在这里,我们要特别注意"他人"的动作和自我动作之间的关系。这是理解脱衣舞的关键。在这里,鲍德里亚的描述包含了两个层面的意思。一个层面是直接描述的意思。脱衣舞之所以具有色情的意思,其中的一个重要密码就是,脱衣舞女在做缓慢动作的时候,仿佛有一个"他人"在身边,她仿佛与"他人"在进行性互动。但是,实际上,这里并不存在"他人",她用自己的动作来代替他人。这样,脱衣舞就很色情。这是生产符号化菲勒斯的操作。另一个层面是隐喻的意思。而鲍德里亚本人通过对"动作叙事"②的含义解释来表达这种隐喻的意思。在这里,他吸收了巴塔耶的概念,所谓动作叙事就是指一个人用某种动作来展示自己的身体的时候,恰恰掩盖了身体。比如,我们在这里所说的脱衣舞,暴露身体的动作恰恰掩盖了身体。当然,鲍德里亚是从符号学的意义上来理解巴塔耶的这个思想。按照这个思想,鲍德里亚分析了幼稚的裸体主义。这种裸体主义认为,现实的东西可以被赤裸裸地表达出来。而鲍德里亚认为,这是不可能的,赤裸裸的表达出来的不是真实,而恰恰是意识形态,比如,自由主义、人权、理性主义等。这些都是赤裸裸地表达出来的现代社会的"真实"。这是"裸体的泛滥"。人们都幼稚地认为,赤裸裸地表达出来的都是真实的。与这种幼稚的裸体主义不同,鲍德里亚认为,赤裸裸地表达出来的真实都是不真实。而他对脱衣舞的分析,恰恰表达了这样的思想。如果我们联系到这里的脱衣舞中所说的他人,那么这就更清楚了,在赤裸裸地表达自己的时候,我们都是利用"他人",借助虚拟的他人而把自己神圣化。比如,美国人要说明他们的人权观念了不起的时候,他们要通过虚拟

---

① 第 149 页。
② 第 149 页注。

的"他人"——中国——来表演，来使自己神圣化（对他人的召唤与罢免）。这就是一种脱衣舞。在社会生活中，如果我们把可直接观察的东西看作真实的，那么这就是拙劣的脱衣舞，是幼稚的裸体主义，如果我们要观察现象背后的真实东西，那么这就是优雅的脱衣舞。不过，在这种优雅脱衣舞中，我们也不可能得到真实，而是一种符号化了的东西。比如，我们所说的那种"真理"。这是符号化的真实，是某种价值的神圣化。结构主义思想家关于深层结构和表层结构的分析，就是这种优雅的脱衣舞。

为此，鲍德里亚把优秀的脱衣舞（造成一个超级真实的境界）和拙劣的脱衣舞（幼稚的裸体主义）加以比较。优秀的脱衣舞必须是舞女把自己的身体神圣化的舞蹈，或者说是具有自恋形式的脱衣舞。在这里，脱衣舞女通过自己的身体语言而把自己的身体神圣化，好像身体具有勃起的效果。而拙劣的脱衣舞就不同了，它只是纯粹的脱衣，简单的身体展示，脱衣舞女在这里不能把自己的身体神圣化。神圣化的脱衣舞就不同了，舞女在这里能够为自己创造魔力般的身体，让身体变得神圣，使裸体变成神圣的身体。这种神圣化的裸体就是自我触摸、自我描述的裸体。这种自我触摸、自我描述就如同在镜子中一样，自己反映自己，这是身体在镜子中的自我重叠（再生产），身体成为纯粹的能指符号。弗洛伊德要从被压抑的现实背后找到本我。衣服就是压抑性本能的现实，脱掉衣服，就是要显示真实。但是，这并不是真实，而是神圣化了的菲勒斯被生产出来，是符号化的性本能。这种性不是真正肉欲意义上的性，而是性的再生产，仿真的性。换句话说，这里的裸体也不是真正的裸体，而是仿真的裸体，符号建构意义上的裸体。

鲍德里亚通过拙劣的脱衣舞和优雅的脱衣舞的比较得出结论：拙劣的脱衣舞没有把自己的身体神圣化，只是裸体，是静止的裸体，是"猥琐"的女人和身体（粗糙的理论）。而优秀的脱衣舞就不同了，它把身体神圣化，用它来指称菲勒斯，它能够将自身作为欲望的符号而受到人的喜爱。弗洛伊德所说的本能就是"欲望的符号"，人们喜欢这种欲望的符号。结构主义所说的表层结构的背后的东西，就是欲望的"符号"。这就是说，在表层结构背后没有什么深层结构，而只是一种符号的建构。用贝纳丹的话说，脱衣舞女是女神。在鲍德里亚看来，这不意味着，人们不能向她索取任何东西，人们也可以和她们做爱，但是人们却不能给予她们任何东西。这是因为，她们没有"缺失"，没有"空无"（因为她们要通过菲勒斯表演掩盖自己的空无。所有的洞口都被堵住,以便表明她们没有缺失或者空无,这里有隐喻的意思。人们找到了结构,实际上就是空无的东西,但是人们却不愿意承认这种空无)。正是由于她们没有缺乏,没有空无,她们才是完美的。如果社会按照同一个尺度来衡量人,那么女性感到自己缺失和空无,于是女性就要进行脱衣舞表演,就要生产菲勒斯。她们不敢正面自己的缺失和空无。因为,她们完美,所以她们才要自我欣赏,才会自恋。

　　脱衣舞女把自己的身体神圣化就是要把自己的身体符号化,使之指称菲勒斯。因此,鲍德里亚认为,脱衣舞女脱衣的过程不是让人接近裸体,让人看到"真相"(即差异的性感),而是要让身体指称菲勒斯。当一件件衣服脱落的时候,身体就越来越像菲勒斯。按照这样的理解,脱衣舞不是要让人认识深层的"性"现象,不是要让人看到衣服背后的真相(即差异的性感),而是要"向上"建构一个符号,一个指称菲勒斯的符号(鲍德里亚在这里用"向上"和"深层"① 来表明他对结构主义的批判,也是对弗洛伊德主义的批判)。这个符号不是要让人看到缺失(空无),而是要让人看到菲勒斯。这就是要从不存在的东西转向标记菲勒斯,从空无中找到"本能"(深层结构意义上的本能)。由此,鲍德里亚进一步解释,为什么脱衣舞的动作会很慢。在他看来,如果脱衣舞女要展示自己的性器官,表现自己的缺失或者空无状态,那么她完全可以很快地把自己的衣服脱光,而不必那么缓慢。在他看来,脱衣舞女之所以要动作缓慢实际上就是要通过身体语言来建构一个符号,并用这个符号来指称菲勒斯。在这里,鲍德里亚还对脱衣舞女的目光进行了分析。脱衣舞女在舞台上的目光是固定的,而不是去勾引人。对于脱衣舞女目光的这种特点,人们或许会说,这是一种冷漠的目光,是对人采取不理不睬的目光。于是,这种目光具有间离效果。鲍德里亚认为,这种解释不够准确。如果脱衣舞女的目光仅仅被解释为冷漠,那么这仍然是从淫秽的角度看脱衣舞,这种目光只是拒绝性交。而在鲍德里亚看来,这种目光既不冷酷,也不温柔,它超越了冷酷和温柔(超级现实的目光)。实际上这是脱衣舞女的自我陶醉的目光,是自恋的目光,是自我欣赏和自我满足的目光(她陶醉于自己所进行的菲勒斯的再生产。前面讨论镜子中的自我的时候,讨论美杜莎的眼睛的时候也说

---

① 第 151 页。

明了同样的意思)。鲍德里亚把这种情况称为自我色情的压制。在脱衣舞中，脱衣舞女把自己打扮成为另一个人，似乎与另一个人交媾。她们把自己打扮起来，就是为了这种自我色情。而这种自我色情，就表现了女性的自我压制。在他看来，女性打扮自己实际上就是一种自我色情（反常的色情），就是按照社会对于色情的要求而进行自我压抑。鲍德里亚指出，"这是完美与反常的顶峰"①。这是完美的，脱衣舞女把自己的美色最好地体现出来；这是反常的，表演出来的性感就是阉割。

如果说脱衣舞女把自己的身体符号化的话，那么模特也是如此，模特的身体也是符号化的身体。我们甚至可以说，模特的身体是最高的时尚。也就是说，脱衣舞女的身体与模特的身体是一样的，如果模特必须接受符号化的控制的话，那么脱衣舞女也受到符号化的控制。如果说所有的女人都要把自己的身体变成时装模特的身体，那么所有的女人都是脱衣舞女，都要用自己的身体指称菲勒斯。在法语中，模特（manneken, mannequin）一词具有小孩或者阴茎的意思。女性成为模特也就是成为阴茎。女性把自己的身体神圣化就是把自己的身体变成菲勒斯的符号。而这种菲勒斯的符号就是对女性的阉割。② 在这里，女性被阉割不是生理意义上被阉割，而是社会意义上被阉割。女性竭力想让自己的身体类似于模特的身体，成为流行时尚的身体，这就是女性让自己受到阉割。同样，女性总是以想像中的男性期待为标准。比如在她们看来，男性就喜欢性感的女性。于是，她们就努力按照设想的标准来改造自己的身体。这就是要用菲勒斯（男性对性感的理解）的替代物覆盖自己的身体。因此，鲍德里亚说，这里的阉割就是女性要在自己的身体上覆盖一些菲勒斯的替代物。为此，鲍德里亚说："人们勒令她们把自己的身体变成菲勒斯，否则她们就可能永无魅力。"③ 女性就是按照符号秩序的要求来阉割自己（打扮自己）。女性也按照符号秩序的要求改造自己，她们努力把自己纳入菲勒斯秩序中。这就是我们这个社会对女性的控制。当然这也包含对男性的控制（女性受一般等价物标准的控制，在一定程度上，所有人都受一般等价物标准的控制。男人也受控制，也被阉割。因为按照社会的标准，男人是价值地位高的人，所有的人都应该像男人，女人也要像男人，把自己的菲勒斯生产出来。男

---

① 第 151 页。
② 第 152 页。
③ 第 152 页。

人如果娘娘腔，那么他就不是男人。可是，究竟什么样的男人才算真正的男人呢？按照真正的男人标准，所有的男人都不是男人）。当女性在自恋的操作中，把自己偶像化的时候，女性就成为玩偶。但是，在这里，女性让自己成为自己的玩偶。她自己打扮自己，给自己生产菲勒斯（男根），她自娱自乐。因此，鲍德里亚说，女性不是拜物教者，因为她们崇拜自己，她们把自己作为女性凸显出来，也就是把自己变成了偶像。当女性把自己变成偶像的时候，她实际上变成了自己的玩偶。在这里，鲍德里亚把女性与芭比娃娃相比，从而说明女性的这种反常的欲望。我们知道，小孩子在玩芭比娃娃的时候，她们给她脱衣穿衣。而当女性成为玩偶的时候，她们不仅是别人的玩偶，而且是自己的玩偶。这就是一种反常欲望。儿童在玩玩偶游戏的时候，他们是从象征关系的角度来看待偶像，在他们那里偶像都象征或者代表了"人"。而当女性把自己变成偶像的时候，她不是在游戏，她不是从象征关系、游戏关系的角度来看待自己，打扮自己。她把这些活动都当成"真"的了。本来，她们应该像儿童那样，以游戏的态度来对待这种东西，可是，她们却当真。本来，这是一种反常欲望，她们却认为，这是正常的。这就如同中国近代社会中的小姐，他们以为裹小脚特别性感，特别美，都像林黛玉。这是一种反常的欲望，是真正的阉割。在这里，不是别人阉割女性，而是女性自己阉割自己，而且还觉得自己特别美丽。这真是"完美与反常的顶峰"。这是按照弗洛伊德主义的剧本"表演"的女性。

他引用了弗洛伊德的话说明，在脱衣舞中，脱衣舞者之所以特别注意挑选内衣，就是为了塑造一个偶像，把自己变成菲勒斯。

在脱衣舞中，女性的身体变成菲勒斯的符号，这是对女性的阉割。那么，为什么女性要进行这种脱衣舞表演呢？为什么要把菲勒斯符号生产出来呢？她们为什么要自我阉割呢？这是因为，女性不愿意看到缺乏或者空无。在这里他引用了弗洛伊德的话来说明这一点。当拜物教者（男性，女性主义者等）看到女性生殖器的时候，他们非常惊慌，对他们来说，这是难以想像的缺席（absent）。他们认为，他们看到了受压抑的痕迹，看到了阉割的痕迹（所有人都受到压抑）。既然人的本能受到了压抑，那么这就意味着，"本能"没有暴露出来。"这是难以想像的缺席。"[1] 人们确信，

---

[1] 第152页。

这里一定有本能存在，抽象的，人所共有的本能存在。于是，人们就受到"启发"，要寻找被压抑的原因，人们就要把本能暴露出来。于是人们终于像弗洛伊德那样找到了在性的领域中存在的"真理"。对此鲍德里亚挖苦说，"洞穴困惑变成了相反的菲勒斯魅力"①。看到了洞穴，看到了被阉割、被压制的现象之后，看到了本能的"缺席"之后，人们感到非常困惑，从这种困惑中，人们找到了本能，把身体偶像化，或者说，人们让身体暴露出来，这好像就把本能释放出来了。于是"菲勒斯"在这里产生了魅力。当菲勒斯的魅力被生产出来的时候，本能不出场的密码被人忽视了，人在身体的表演中被阉割和被压制现象被忽视了。更一般地说，只要人们生产某种普遍的一般物，并把这个普遍的一般物偶像化，那么这就存在着否定裂缝的危险。比如，当人们提出人的一般概念的时候，人和人之间的裂缝就被忽视了、否定了。人们以为找到了关于人的真理，而实际上这恰恰存在着对人的阉割。同样，当人们发现了一般的物体、对象的时候，人们恰恰忽视了物体的差别，忽视了这里的裂缝。而当女性把自己的身体偶像化的时候，她们要通过身体的偶像化来"阻挡这个缺席的位置"②。当女性把身体偶像化的时候，她们的本能似乎得到了释放，她们阻挡了人们的发现。

最后，鲍德里亚对弗洛伊德主义的观念进行了批判。而他也把这种批判联系到西方文明的形而上学的根基上。弗洛伊德主义要从层层的幕布的背后找到本能，从超我到自我到本我，在其看来这个本我是真正存在的。这就如同脱衣舞者，把一件件衣服脱掉之后，人们以为自己看到了本真的肉体，实际上所看到的是菲勒斯，不是本真的肉体，不是本真的本能，而是符号化的、作为一般等价物而被生产出来的菲勒斯。这就如同人们在经济领域中生产出来的一般等价物符号，脱离金本位的等价符号。其实，当人们把事物一层层剥离之后，人们看到的应该是空无，应该是裂缝，应该是差异，应该是象征交换的材料，而不是抽象的同一物，不是本能。但是，人们不承认空无，不承认缺失，而是迷信本能这个抽象的实体，这个"虚无实体"，要努力寻找这个实体。于是人们就像看脱衣舞那样，要找到本真的身体，而实际上他们所看到的就是抽象的、符号化的菲勒斯。而这

---

① 第153页。
② 第153页。

种脱衣舞实际上就是对人的阉割，就是对身体的压制。在这里，鲍德里亚提出了另一个非常重要的观点：西方的活动都通向一种令人眩晕的写实强迫症，都受到"斜视阉割"的影响。[①] 这就是在西方文化中，特别是在近代形而上学的文化中，人们都有一个期待，就是要找到本真，找到真实，就好像跳脱衣舞一样。从这个意义上说，近代西方文化具有一种跳脱衣舞的强迫症，形而上学的强迫症。人们都"斜视阉割"，都蔑视、怀疑、否定阉割。实际上，人在世界上都是被阉割的，没有所谓本真状况，没有不被阉割的状况。人们以为脱掉了衣服就能找到本真，就能不被阉割，实际上，这是妄想。于是，在这种情况下，人们以重建"事物基础"为借口，在自己的心灵深处，在"潜意识"中（这个潜意识不是弗洛伊德意义上的潜意识），不敢正视（而是斜眼盯着）空无，不承认空无，总是认为，一切现象的背后都有基础，所有的东西背后都有原因，当人们不承认阉割的时候，人们总是说，这是由于菲勒斯不在场，本能被压抑，似乎，如果本能被释放出来，压抑就不存在了。于是，人们像患上了强迫症一样，到处寻找菲勒斯不在场的原因。或者说，人们到处寻找各种压抑现象。人们到处都发现了本能的压抑。好像这样做，他们就发现了"真理"。而实际上，这个真理仍然是阉割，让本能解放出来，不是消除了压抑、消除了阉割，而是新的阉割又出现了。女人一定要被压抑在性感的模式中，不性感就不是女人，没有模特的身材就不是女人。这就是对女人的压抑。这同样也包含了对男人的压抑。男人不能说自己"不行"。到处都有勃起，到处都有性广告。从表面上来看，人没有被阉割，而实际上被阉割。人被阉割是以否定阉割的形式出现的。否定阉割恰恰就是被阉割。正如"脱衣舞"不是性解放一样（脱掉衣服之后，也找不到真正的本真的性），这恰恰是性的压抑。在这里性压抑是以性解放的形式出现的。这就是"完美和反常的顶峰"。

第四节　受到诱导的自恋

在批判了弗洛伊德主义关于本能的说法之后，鲍德里亚对弗洛伊德所说的自恋进行了重新解释。这就是从社会控制的角度来理解自恋。在鲍德

---

① 第 153 页。

里亚看来，除了弗洛伊德所说的那种自恋之外，还存在着一种受诱导的自恋。这种受诱导的自恋是社会对人进行控制的新形式。比如，女性的化妆就是受诱导的自恋，是按照时尚的要求来分割自己的身体。

鲍德里亚从一开始就引入了弗洛伊德对自恋的分析。按照弗洛伊德对女性的自恋心理的分析，女性有一种自我满足的状态，这种自我满足的状态能够弥补社会拒绝给予她们的选择恋人的自由（男人可以追求女性，但是女性只能打扮自己，搞自恋）。她们倾向于被爱，而不是爱他人。这种自爱的倾向非常强烈，甚至和男性爱女性一样强烈。女性的这种自恋与动物、儿童的那种自恋不同。儿童的自恋是真实自我超过了理想的自我而产生的自恋，是认为自己达到自我理想化状态的自恋。鲍德里亚是这样区别这两种自恋的，一种自恋是主体服从自己的自恋理想，而另一种自恋是社会要求其自恋，是按照强加的规则进行自我投资，社会留给人的唯一选择就是自恋。后一种自恋是儿童的自恋理想的移位，或者说，她们把"童年的完美自恋"作为自己的目标。这种自恋是受到诱导的自恋。这就要求人们按照一定的价值目标和价值标准来进行自我投资。如果我们的身体是符号，那么这种自恋就是增加这个符号系统的价值，而这个符号系统的增值是按照系统的价值趋势来进行的。这就是通过对身体的自我管理而力图在符号市场上获得最高价值。这种自恋是按照价值经济学的要求来操作的。人们在这种自恋中，希望得到对"美的功能性赞颂"。女人就希望别人说她美，就希望别人追求自己。为了获得这种赞颂，她们努力打扮自己。这是一种自恋的表现。

那么在这种自恋中，人们究竟如何具体地提高自己的符号价值呢？或者说，这种自恋究竟受到哪些东西的诱导呢？在鲍德里亚看来，这就是受到时尚和广告的诱导。日常生活中的时尚和广告告诉我们，我们应该如何对身体进行投资。用鲍德里亚的话说，它"不是根据享乐的命令投资，而是根据大众模式反映的符号的命令投资"[1]。比如，现在广告都告诉我们，我们身体中都缺某种元素，需要补充这种元素。于是我们购买这种东西，吃这种东西，尽管这种东西不好吃，不给人带来享受，但是，流行的时尚让我们感到必须吃。这是服从时尚得到的快乐。实际上这种投资与身体健康不一定有关。比如在有些地方，深山里的大叔没有吃这种东西身体却很

---

[1] 第155页。

好。不过在时尚的表演中，在脱衣舞中，自恋不是表现在身体的投资中，而是表现在身体的表演中。用我们日常生活中的话来说，这种自恋表现为"显摆"，是身体和色情表演。不过这种身体和色情表演与本能的满足没有关系，它是在符号市场上进行价值的积累。或者说，在这里身体是符号，身体和色情的表演就是要让身体的符号按照价值规律而得到升值。因此，鲍德里亚说："这种新自恋依附于身体作为价值而受到的操纵。"① 比如，如果有漂亮美女在你面前搔首弄姿，你不要误解，以为她们都是从性的意义上勾引你。她们是在进行身体和色情表演，是要提高自己身体的符号价值。她们是在"臭美"，而不是在做性操作。于是，鲍德里亚说："这是一种受到诱导的身体经济学，它的基础是里比多的象征解构，是功能的摧毁和导向性重构，是按照定向模式，即在意义的支配下对身体的'重新占有'，是欲望的满足向代码的转移。"② 这种把身体作为代码符号的自我增值就是身体从欲望的满足向代码的转移。而当身体从欲望满足转向代码的时候，身体的性功能就被摧毁了，而被人们按照社会流行的价值标准进行重构。或者说，这就是按照定向模式重新占有自己的身体。鲍德里亚把这种自恋称为"综合的自恋"，并把这种自恋与另外两种古典的自恋区别开来。

初级自恋是主体和客体融合的自恋。儿童的自恋就是这种自恋，他们不能区分主体和客体。

次级的自恋是把自己和自己的身体区分开来的自恋。而这个被区分开来的身体好像是镜子中的自我。人们按照他对于镜子中自我的认识以及其他人对于自己的看法而进行自我调整。

第三种自恋就是鲍德里亚所说的综合的自恋，就是受诱导的自恋。在这种自恋中，人按照集体对于人的身体的功能模式来"重组"身体。身体按照符号化的、流行的模式被生产，甚至像工业生产模式那样被生产。总之身体按照流行的趋势而作为符号被处理。在鲍德里亚看来，对于身体的这种符号化操作就是要使身体成为诱惑、满足和魅力的模式，或者说使身体更加"臭美"。实际上人的身体是多样的，具有两可性（译者在书中把两可性和二元性区分开来，两可性的意思是模糊不清，是象征交换的形

---

① 第155页。
② 第155页。

态，是具有自我颠覆特点的形式。而二元性是二元代码，是现代符号、代码的特点。它按照符号政治经济学来运行。这个区分非常好），不能简单地根据某个特征（比如身体特征）把人简单地归为男人或者女人。但是，在当代社会，人们按照符号市场的规则来处理身体，把身体的各个部位都作为符号来处理。于是，人的身体成为各个部分的"总和"。我们每个人都把由此组合起来的身体作为被"消费对象"。究竟谁来消费呢？"广告中的你们"。本来，人在自恋的时候，就是把自己打扮起来而进行自我消费，自我欣赏。但是我们前面说过，这里已经没有自我了，既没有笛卡尔意义上的自我，也没有潜意识意义上的自我。这个消费的主体就是在广告的影响下、在电影艺术的影响下的"你们"。人就是按照广告的模式、流行的模式塑造起来的自我。人对于自己的身体的这种处理让我们/你们（我们已经被广告转化为"你们"了，已经不是我们自己了）感到愉快。在这里，身体是部分物体的总和。这就是说，我们不能仅仅看到存在着的肉体，而要看到其他东西对身体的规训，对身体的符号化所发挥的作用。近代中国妇女裹小脚，压制中国妇女，而让她们裹小脚的，就是那些不在场的制度，社会习俗。这些东西就在人的身体中存在。身体只是部分物体的总和，身体只是把这些部分的物体结合在一起。于是人们认为，这就是人自身。这就是人作为主体的存在，它使人无法认识到，人的身体是由不在场的东西构成的。人的身体不仅包括看得见的东西，而且还有许多看不见的东西。这些东西也是身体的重要组成部分（后面关于"庄子的屠夫"的部分有进一步解释）。最后，鲍德里亚用电影《蔑视》中一个情节说明身体与整个社会关系的关系。其中的女角色碧姬·芭铎（Brigitte Bardot）对着镜子仔细看着自己的身体，并问在场的另一个人，他是不是喜欢自己的身体的各个部位，最后，她问："现在你是不是爱我整个人啊？"① 这实际上就是按照流行的符号要求对身体的重组，而这里的流行标准就是菲勒斯的一般等价物。人们按照菲勒斯一般等价物来重组自己的身体。这就如同人们按照货币这个一般等价物生产商品一样，资本作为货币可以被纳入总系统中，人的身体、符号化的身体、身体的各个部分也可以像资本那样纳入菲勒斯的一般等价物的总系统中。人的身体是整个菲勒斯一般等价物系统的一部分。这些不在场的东西也建构了人的身体。

---

① 第 156 页。

第五节　乱伦的操纵

当代社会出现了身体的"解放"这种新情况，这就是要按照里比多政治经济学的标准来操控身体，把身体作为菲勒斯生产出来。当人们把身体作为菲勒斯生产出来的时候，人们就由此获得快感。换句话说，在当代社会，人们是从菲勒斯的大规模的生产中，从快感的大规模生产中得到快乐的。在鲍德里亚看来，这些裸体现象是一种身体的符号化，是以自恋的模式出现的，或者用鲍德里亚的话来说，这是一种受诱导的自恋。这种受诱导的自恋行为也受到一定规则和禁令的约束。但是，这种禁令不是从外部来约束人的自恋行为，而是从内部约束人的自恋行为。这就是说，人按照流行的趋势自己自觉自愿地、积极地调整自己身体，而不是在外在规则强制下调整自己的身体。人们在自愿调整自己身体的时候，也是按照流行趋势、按照时尚的要求来行动的。因此，鲍德里亚说："外在的约束变为符号的区域，变为封闭的仿真。"[1] 外在的约束不是以强迫命令的形式存在的，而是以符号性的仿真形式存在的，或者说，是以模式和价值标准的形式存在的。在传统社会，社会从外部约束身体，而在当代社会，人们从内部来约束身体（自己要打扮自己），而这种内在约束是把身体变成符号，按照符号秩序来建构身体（这与福柯所说的那种规训是一样的。传统社会，人们用外在的约束来迫使人遵循规则，当代社会用各种学校、兵营等，使人学会遵循规则。遵循规则变成人的自愿行动）。这个意义上的身体也可以被称为仿真的身体。这就如同我们前面所说的裸体一样，自然的身体与符号化的裸体不同。符号化的裸体是仿真的身体。鲍德里亚把当代人对身体的控制和传统社会对身体的控制区分开来。传统社会是用外在规范来控制人的身体。这种外在规范类似于弗洛伊德关于俄狄浦斯情结中所说的那种父亲法规。按照弗洛伊德对俄狄浦斯情结的分析，儿子会有恋母情结，而由于父亲的存在，儿子的这种恋母情结会受到约束。然而在当代社会，人对于身体的控制方式发生了巨大的变化。鲍德里亚认为，这种变化表现在下述几点。

（1）当代社会对身体的控制不是暴力的控制，而是温和的压制。或者

---

[1] 第157页。

说，按照诱导性的控制。

（2）传统社会对人的身体的控制主要是从性行为的角度来控制，比如清教法规对人的身体的控制主要是对生殖性的行为的控制。而当代社会对身体的控制是符号控制，是通过流行的趋势，通过时尚和模式对人的控制。比如，我们的社会要求女性穿得像女性，可以穿得暴露，可以穿透视装，但是却不能穿男性的衣服。如果穿男性的衣服就不时尚，就被嘲笑和挖苦。这就是说，人们有了关于男女的固定范式（把男女对立起来就是否定了象征交换。它否定了性感的差异性。性感不一定要胸大。可是按照流行的模式，只有胸大才性感。它也否定了性感上的"两可性"ambivalence，中译本翻译为双重性）。我们知道，人的身体是多样的，有各种各样的特征，而不仅仅具有男女这两种性特征。人和人之间具有性感差异，人的身体具有模糊的特性，人的身体中还包含了缺失、包含了空无等许多不在场的东西，它们也是人的身体的一部分。在鲍德里亚看来，这些差异的东西不能被归入某个抽象的范畴，不能被抽象地等同起来。或者说，我们不能按照等价交换的原则把它们相互交换，而只能进行象征交换，即完全差异的东西之间的相互交换。这种交换不寻求等值关系。当代社会，人们对身体的控制恰恰就是按照等价交换关系（男女之间的对立）来进行的，或者说都是按照菲勒斯的等价物进行的。因此，鲍德里亚说，传统社会对身体的压制是在次级有性化的层面上，即在男和女的性关系的层面上，在生殖行为的层面上。而当代社会人们对身体的压制是在象征层面上。这就是说，传统社会，人们也把人区分为男女，并限制男女之间的性行为（比如，清教）。当而在当代社会，人们按照时尚的模式来控制身体，对身体进行符号化控制，人必须按照模式来控制自己的身体。于是人的身体的差异性、模棱两可性被否定了，或者说，象征交换的潜在性（初级有性化）被否定了。在这里鲍德里亚特别通过一个注释来说明在西方社会所出现的性解放的作用和地位。他认为，在当代社会出现了弗洛伊德的理论，按照这个理论，人的本能受到了压抑。于是本能的解放，性解放运动出现了。这个性解放所针对的对象是清教思想，是从两性关系的角度对人的解放。但是当代社会对人的压抑不是性本能的压抑，而是对人的多元性和差异性的压抑，是时尚模式对人的压抑。我们甚至可以说，正是性解放对人产生了压抑。按照性解放的模式，人都可以被区分为男女两性，他们都有性本能，都需要得到性满足。比如，人的性感方面是有许多差异的，有人是同性恋,有人对生殖意义上的性没有兴趣。但是社会中的流行模式却认为,人都应该有性要求,如果没有性要求,他(她)似乎就不是人。对人的性或者性行为的这种理解恰恰产生了对人的新的压制。在日常说法中,我们也可以看到,如果一个人被说成是"性无能",那么这就是对一个人的侮辱。实际上,性的能力有差异,这是非常正常的现象,就如同不同的人跑步的能力有差异一样。就跑步来说,一个人不能因为腿脚不行而受到歧视。为此,鲍德里亚说,恰恰由于"性革命"本身的缘故,这场革命与受诱导的自恋结合在一起,而对人进行悄悄的压制。在受诱导的自恋行为中,一个人必须按照时尚的要求表明自己在性方面很有能力,必须穿得很暴露,比如,把乳房暴露出来。如果乳房不够大,那么就要做手术,就要用填充物填充。这就是受到诱导的自恋,就是受到诱导的自恋对人的压制。

(3) 法规不是以父亲的名义实施的,而是以母亲的名义实施的。父亲的法规所实施的压抑是用外在的强制标准对人进行性本能的压抑,而当代社会中的压抑是时尚的性模式对人的压抑。这里的母亲的名义,就是指流行的趋势。这种流行的趋势否定了象征交换,是按照一种等价交换的原则(相同的模式)进行的。在这里,鲍德里亚把象征交换和乱伦禁忌联系起来,而这里所说的乱伦禁忌就是不能把不同的东西等同起来,结合起来。人的身体是有性感差异的,如果用某种模式来改造人的身体,就触犯了乱伦禁忌了。在前面的分析中我们指出,在身体色情化的过程中,人把自己变成了偶像,变成了玩偶。但是,在反常的物恋中,人把自己变成玩偶,而且是自己玩弄自己。人把自己变成芭比娃娃,而且自己给自己穿衣服。玩偶是儿童所喜欢的东西,而成年人,反常的物恋者,很奇特,他们把自己变成了自己所喜欢的东西。他们喜欢玩偶,并且使自己替代了玩偶。他们按照社会的流行趋势来装扮自己,就是把自己当作玩偶来操弄,按照社会的流行趋势给自己穿衣服,脱衣服。用鲍德里亚的话说,"他成为自己的依恋物的替代物"[1]。那么,人为什么会这样呢?鲍德里亚认为,人有一种欲望,即对"母亲"的欲望,即对社会流行东西的欲望,对一般等价物的欲望。在"母亲"那里,存在着活的菲勒斯,存在着一般等价物,存在着关于性感的一般模式。人就是要按照这样的模式

---

[1] 第158页。

获得性感。这就是恋母情结。所以这里的恋母情结就是喜欢"母亲的菲勒斯"。人在生活中的努力甚至全部生活的努力就是要维持有关自身的幻影，就是要按照流行的模式来塑造自己。在这里，他得到了自身欲望的满足。可是他的欲望就是社会流行的趋势，就是这个社会所期待的。所以从这个意义上来说，这是对母亲欲望的满足（而传统的生殖压制则是对父亲的语言的满足，就是按照社会所制定出来的规则，对以语言形式表达出来的规则的满足）。于是，鲍德里亚说，"这里创造了一种本义上的乱伦情景"①，即满足社会流行的观念，按照流行的观念塑造自己。我们常说，在这个社会中，人是主体，实际上就是指人按照流行的模式构成了自己，获得了社会同一性。在这里，人完全跟社会的尺度一致起来了。在这里，主体不再自我分裂了（如果有本能的压制，那么会出现这种分裂，而他却具有菲勒斯的同一性），也不再分裂了（他也在象征交换。请注意，这不是原始社会意义上的象征交换。比如，我们在购买时尚品的时候，花了一万元购买一个皮包。这只是因为这个皮包多了一个时尚的符号，如果没有这个符号，那么它就只值 1000 元。我们花了 9000 元购买形式或者符号。这是象征交换，不是等价交换。而在原始社会象征交换是把自己的东西毫无保留地送出去，不求回报地送出去。一个人把自己的胸搞大一点，只是进行形式上的象征交换，送了钱，获得了无用的形式）。他始终努力把自己和菲勒斯一致起来。或者说，他始终与流行的社会要求相一致。于是，鲍德里亚说："认同母亲的菲勒斯，这充分定义了他。"② 一个人只要认同了社会流行的价值观，那么他就构成了自己，这个人也不会有烦恼，也不会感到自我分裂。为此，鲍德里亚说："把自己和母亲的菲勒斯同一起来完全可以定义这个过程。这恰恰与乱伦是一样的过程：它也没有离开家庭。"③ 他没有脱离这个社会，他完全融入这个社会。鲍德里亚挖苦说，这恰恰就是"乱伦"。这当然也显示了他对流行的社会趋势的一种坚定的批判态度。

由此，鲍德里亚指出，就控制身体来说，比较而言，父亲的法规或者清教派道德已经不发挥作用了，比如，裸体、脱衣舞等现象的大量出现。

---

① 第 158 页。
② 第 158 页。
③ 第 158 页。译文有改动。"Șane sort par de la famille"，中译本译为"家丑不可外扬"，似误译。

或者说，父亲的法规、清教派道德在这里失败了。这是因为，在当代社会存在着一种里比多经济学，或者说存在着一种按照本能的标准来衡量人的身体和性行为的流行趋势。于是，弗洛伊德主义流行起来了，菲勒斯的一般价值尺度出现了。按照这个价值尺度和标准，象征交换被解构了，乱伦的禁忌被消除了。这种新的趋势和模式是借助大众传媒而得到传播，并流行开来的。这种新的时尚、这种新的趋势使人产生新的焦虑。鲍德里亚认为，由此所产生的焦虑也与本能的压抑所产生的精神分裂、歇斯底里性质的精神病是完全不同的。这种压抑和焦虑也与俄狄浦斯情结无关，与父亲的法规无关，而是与下述事实有关：即使人生活在性的满足和菲勒斯快乐的怀抱中，人仍然受到压抑，因为人必须满足母亲的欲望，即必须按照流行的趋势、按照时尚的风格来调整自己的身体和性行为。鲍德里亚认为，在这里，人是母亲欲望的活傀儡，成为流行的社会趋势的傀儡。人丧失了主体性和独立性。这是主体的丧失而产生的焦虑。鲍德里亚认为，人的这种焦虑比性本能的压抑所产生的精神疾病更严重、更可怕。这是比本能压抑更深层次的压抑。这里所产生的焦虑是乱伦的焦虑。人在这里受到时尚或流行趋势的操控。在这里，"主体的缺乏本身甚至开始缺乏它自己"①。这就是说，虽然人丧失了主体，但是人却认识不到主体的丧失，反而会嘻嘻哈哈，快快乐乐。这里，我们似乎可以用一句中国古诗来说明这里的失落和焦虑："今宵酒醒何处？杨柳岸，晓风残月。"当然，鲍德里亚所说的焦虑与柳永的焦虑毕竟还不同，这种焦虑表现为，害怕受到社会流行趋势的操控，害怕被迫接受社会流行的趋势。这是由接受和抗拒之间的对抗而产生的焦虑。

最后，鲍德里亚对这种操控的性质进行分析，并试图为解构这种操控提供出路。他认为，在今天的社会，我们所有的人在生活的各个层面都受到类似的操控，我们必须按照流行的趋势生活，按照时尚的模式生存。而所有的人都乐此不疲（并不仅仅是在性的意义上，在生活的所有层面上都是如此）。他们没有感到这是一种压制，是一种异化和社会控制。因此，鲍德里亚认为，这是一种精巧的压制。鲍德里亚认为，这种压制的来源很隐蔽，而这种压制的现象到处都存在，而与这种压制进行斗争的方法却仍

---

① 第158页。译文有改动。中译本翻译为"他突然怀念主体的缺失本身"。这似乎是误译。英文版也是像我这样翻译的。参见 Jean Baudrillard, *Symbolic Exchange and Death*, translated by Iain Hamilton Grant, SAGE Publications Ltd., London, 1993, p. 113.

然没有被找到。在他看来,这种操纵涉及"母亲"对主体的原始操纵,即涉及主体努力把自己变成母亲的菲勒斯,涉及主体按照母亲的欲望(社会这个母亲的欲望)来行动。这也就是主体按照流行的趋势和时尚来行动。对于这种新的控制形式,我们不能用处理清教法规或者父亲的法规的形式来加以处理,我们必须认识这种新的社会控制形式的特点。未来的革命应该考虑这种控制的新特点。在鲍德里亚看来,消除这种控制的方法就是象征交换。这种交换与等价交换、价值交换完全不同。但是这种象征交换究竟如何发生,鲍德里亚并没有给出解释,也没有提供任何可操作的方案。他只是提出了抽象的设想。按照这种抽象的设想,这种革命所要达到的目标就是,人既不受父亲法规的控制,也不受母亲的欲望的操纵,而是介于这两者之间。这种革命的结果既不是没有规则,也不是简单的超越。可是这种革命的结果究竟是什么呢?他并没有给出肯定的回答。或许鲍德里亚给出的解决方案是模糊的,甚至是无意义的,但是他对问题的诊断确实值得我们重视。

第六节　身体的模式

人都是按照一定的模式来规定自己的身体的。在不同的领域、不同的社会,人对于身体的理解是不同的。但是无论这种理解如何不同,某种流行的模式总是存在的。

(1) 在医学中,作为参照物的身体是尸体(没有灵魂的身体,医学也把人的肉体和灵魂区分开来,把人作为肉体的材料来处理,当作尸体来处理)。医生是按照尸体的解剖而给人治病的,或者说,医生是按照尸体的模式来给身体治病。医生治病的时候,往往把人当作快死的人来看待。于是,他们在治病的时候就要家属签字(准备病人死亡)。更重要的是,只有死人产生,医学才能发展起来。如果人不死,医学就不能发展。于是,在这里尸体是身体的参照对象,是身体的边界。医学的目的是要保持人的生命。而死人越多,或者死亡符号越多,医学就越兴旺,社会对医学的需求就越大。医学需要借助死亡操作使人产生对医学的需求。因此,鲍德里亚认为,在维持生命的符号下,对尸体的操作产生了医学。用他自己的话来说:"在保持生命的符号下,尸体完成了实践生产和再生产医学。"① 尸体本身不能实践,但是人对尸体的操作是一种实践,比如,用尸体来威胁人,告诉人,人随时都会死。

(2) 在宗教中,身体的理想参照是"动物"。宗教思想是从"动物"的角度来理解人的身体的。人越被说成是"动物",神就越崇高。如果人不是动物,神就不那么崇高了。或者说,宗教把人的身体和动物加以类比。这种身体充满了肉体的本能和欲望。既然身体没有精神性的东西,就像动物一样,那么这种意义上的身体如同肉体的坟墓一样,而死后的复活就像是一种肉体的隐喻,就像人的肉体获得了精神。有了精神,人才崇高。

(3) 对政治经济学来说,身体的理想类型是机器人。因为,在这种经济学系统中,人是劳动力,而机器人是劳动力的理想形式,它绝对地按照理性的标准来行动。

(4) 对符号政治经济学而言,身体的参照样板是模特(或者类似模特的各种时尚标准)。模特和机器人都是再生产阶段的产物(见前文),因此它们是属于同时代的。机器人代表商品价值规律下完全功能化的身体(不过功能是没有切实意义的),而模特也代表价值规律下完全功能化的身体(不过身体是符号价值规律下完全功能化)。这就是说,人应该把身体变成模特的身体,符合模特标准(这就是它的功能)。这就如同在政治经济学系统中,人应该把自己的身体变成机器人一样。在人把身体变成模特的身体的时候,人不产生劳动力(不是像机器人的身体),而产生一种模式,即把性本身作为模式生产出来。在这里,人的身体变成了性符号。这是当代社会对身体的理解。这个意义上的性模式是弗洛伊德意义上的性本能的模式符号化的结果。

在每个系统中,身体都有一个理想的目的,比如,医学的目的是健康,宗教的目的是人在天堂的复活(像神、像天使),政治经济学的目的是理性的生产力,而符号政治经济学的目的是解放了的性行为。在所有这些系统中,人的身体都被按照一种模式来理解,人的身体都被归结为某种东西。在鲍德里亚看来,这都是一种还原论的理解,是还原的幻想,都是按照同一性的逻辑来理解人,都是按照某种模式来理解人,把人还原为某

---

① 第 160 页。译文有改动。中译本误译了。

个模式。尸体、动物、机器和模特就是这些还原幻想所建构起来的消极的理想模型（健康、天堂等是积极的理想模型）。它们构成了一个前后相继的序列。

鲍德里亚认为，人的身体具有无限多样的性质，不能被归结为某个模式。于是他发现了一个奇怪现象：一方面身体在每个系统中都被局限在某个抽象的模式中，另一方面，这些模式都是对人的完全不同的差异性的理解，它们相互之间不可还原。这两个方面是不可调和的。在他看来，这些多样性、不可还原性的东西才构成了身体，这些东西不能被纳入模式中，作为多样性、模棱两可性的东西，它们是象征交换的材料。身体作为象征交换的材料是没有模式，没有代码、没有理想类型的。或者说，不可能有模式的身体、代码的身体、理想类型的身体。这些身体都是"反物体的"（anti-objet）[1] 身体，即物体本身就是多样的。从这个意义上说，模式的身体、代码的身体、理想类型的身体都是反物体的身体。

第七节 "菲勒斯汇兑本位制"

鲍德里亚认为，自从工业革命以来，随着政治经济学的普及以及价值规律的深入，物质财富、语言和性的含义也发生了巨大的变化。这种变化表现为，政治经济学已经转入符号政治经济学，语言的所指和物质财富的使用价值消失，但是价值规律并没有消失。在这里，鲍德里亚试图把商品、语言和性加以比较，说明性与商品、语言一样成为无所指、无目的的符号，它们都包含了一般等价物。

（1）在政治经济学中，产品变成商品。作为商品，产品具有两方面的意义，一方面产品具有使用价值，满足一定的需求，因而具有一定的目的性；另一方面，产品包含了一定的价值，与其他产品处于结构性的交换关系中。

（2）在语言学中，语言是交流手段和意指场所。因此，一方面，语言是能指的符号；另一方面，语言具有意义，具有一定的所指。如果说商品的目的是满足人的需要，那么语言的目的是表达某种意义。语言也可以分为两个方面，一方面，语言具有功能性维度，即指称某个东西；另一方面，语言具有结构性维度，在与其他词项的结构性关系中确立意义。

---

[1] 第161页。

这就是说，无论商品还是语言都有功能性维度和结构性维度。从功能性维度来说，它们或者具有使用价值，或者指称某个对象，而从结构性维度来说，它们与其他符号处于结构性的交换关系中。符号政治经济学考察的就是它们的结构性交换关系，它们的功能维度强化了结构维度。然而在"新资本主义"社会（后工业社会，后现代社会，由技术和符号统治的社会），它们的功能维度消失了，一种牺牲客观所指的系统出现了，商品失去了使用价值，成为纯粹的交换价值的代码，而语言不再指称任何东西，成为纯粹的能指符号。

当商品不再具有使用价值、语言不再指称任何东西的时候，那么这两者都成为纯粹的符号。为此，鲍德里亚说，在今天，也就是在这一过程的终点，这两个部门合并在一起了，或者说，它们都成为流通意义上的符号，只有交换价值，或者说，只有结构性维度，而没有功能性维度。虽然没有功能性维度，但是结构性维度的价值规律并没有消失，它们还遵循价值规律。于是，鲍德里亚说，在这种情况下，"产品和商品被当做符号和信息生产出来"[①]。这就是说，商品和产品不是作为使用价值生产出来的，而是成为一种符号。这种符号就类似于语言符号。起初，语言符号还是具有一定的内容、意义或者指称的，但是，现在它却不指称东西了。作为符号，它们按照一定的模式而被生产出来，比如，新闻中，过多的新闻产生的竞争，导致新闻的话语失去了新闻的意义；再如，时装最重要的不是它的使用价值，而是它的符号价值，是它符合流行趋势。因此，符号化的商品是按照一定的模式或者抽象的形式而被生产出来的。当这种符号化形式走向极端的时候，商品就成为完全的符号了，只有纯粹的结构意义了。因此，这些东西的所指已经模糊不清（东西是否有使用价值，字词是否有所指已经无法确定），而它们在符号的结构中达到了结构性的完美。这就是鲍德里亚所说的符号、信息（无所指的符号）、模式的不断增生，是时尚结构的产生。时尚就是无意义的符号进行的纯粹的结构性变革。或者说，这些东西可称为具有纯粹交换价值的符号。这种具有交换价值的东西的自我循环（时尚的循环）只是表现了交换价值的积累。于是鲍德里亚说，在时尚的循环中，商品的线性世界（价值的积累）得以完成，即商品只有交换价值的意义。

---

① 第162页。

鲍德里亚认为，对于身体和性，我们也可以按照能指/所指、使用价值/交换价值的形式来进行分析。

（1）性也有使用价值和交换价值，或者说性也有能指和所指。性的使用价值包括，性本能的满足、生儿育女，而它的交换价值就是在一定的社会模式中，人们对性感、性游戏的流行看法。比如说，一个女性穿得很性感，这就是说，她的性交换价值很高。鲍德里亚把这种交换价值理解为"受流行模式支配的色情符号的计算和游戏"①。本来，性的功能只是本能的满足或者生儿育女，但是在当今的社会流行趋势中，这种功能似乎在不断地扩大，比如生理平衡、心理平衡，"主体性表达"（没有性本能就是没有本我，就是没有主体性），潜意识的流露等。实际上这些功能不是原来意义上的功能，而更多地是要服从于性经济学意义上的考量，或者说，更多地是为了性的交换价值，比如更性感，符合流行趋势（功能维度强化了结构维度）。性也可以按照政治经济学的原理来解释。如果说满足性本能的需要，或者生儿育女的需要，这是性的客观功能的话，那么后来的这些扩大了的功能实际上完全是主体赋予性的功能。因此，鲍德里亚把这些功能理解为"主体的客观目的性"②，即由主体自己所确定的目的。而主体自身所确定的目的可能是虚假的目的。我们也可以说，这是仿真的性，无法区分主观和客观的性。

（2）当性的功能扩大的时候，在这些功能中，有些功能可能并不是客观的功能，而是虚假的功能，或者说无法区分真假的功能。那么这个时候的性就是无目的的性，或者说是没有确定意义的性。比如说，性能够表达人的主体性，这纯粹是性的一种超验的所指，这种所指实际上是把里比多生产出来的托词（似乎只有能够进行性生活的人才是主体）。性越来越被功能化，或者说性的功能越是被扩展，性就越来越获得交换价值，就越来越处于结构性交换关系中。而当性功能被泛化，当各种不同的现象都用性来解释的时候，性的结构模式就成为解释一切的基础。而按照性的结构模式，人都可被区分为男/女（能指符号）。或者说，人的性关系就是男女关系，而在男女关系中，男女都有不同的性器官。人都按照不同的性器官被区分为男女。性器官就代表了人的身体，有男性生殖器的人就是男人。这

---

① 第163页。译文有改动。
② 第163页。

样一来，人的身体就变成了性符号，是欲望的机器。于是，身体的能指游戏结束了，或者说，身体作为差异符号被否定了。身体变成了仿真的身体，性符号意义上的身体，没有所指的性符号意义上的身体。

（3）本来具有能指意义的身体，是多样的身体，多种功能的身体，但是，人们却把身体放在男女对立的结构符号中，并把这种结构符号关系和生殖器的功能（既有生殖意义又有色情意义）混淆起来。男女之间的对立成为性符号之间的对立。在这里人们利用男女之间在生理上的差别，把男女关系作为性符号对立起来。或者说，人们就是要通过这种对立来生产无意义的性。从这个意义上来说，这是故意制造符号意义上的对立，故意生产性符号（没有真正使用价值意义上的性，或者说超越真假的性），而不是真的要维持这两者之间的对立，是要进行性符号的生产，就是菲勒斯的生产。在这里，人们不是考虑性需求的满足，而是考虑如何把各种符号意义上的性生产出来。这种纯粹能指意义上的性，就是性的一般等价物。鲍德里亚把这个一般等价物称为"菲勒斯"（即男根）。那么为什么这个一般等价物叫菲勒斯呢？这是因为，在这个社会中，男性占主导地位。于是在这个社会上就出现了一种流行的趋势，就是看是否性感。人们从各个角度生产性，比如，海滩上脱衣，与自然融合，胸部弄大点，衣服穿少一点，等等，到处都有性。在这里，性完全"解放"了。这些解放了的性，就是性符号的解放。那些表演出来的性与真正的性生活有关吗？毫无关系。人们于是要把两性特征表现出来，人们越不是要获得真正的性满足，就越是要得到纯粹能指意义上的性，纯粹符号意义上的性。这就如同人们在商品交换领域，两个东西在使用价值上，或者在最基本的使用价值上，毫无差别，比如名牌的皮包与普通的皮包。但是，我们的社会特别要把名牌皮包和普通皮包对立起来，用高档和低档来加以区分。而实际上高档和低档的差别只是交换价值上的差别，人们在这里故意制造的对立就是为了强化交换价值的对立。这就如同人们故意制造男女的对立，而且把性上的对立凸显出来，人们就是要建立一般等价关系，通过这种一般等价关系显示男女之间在性交换中的价值差别。男人有菲勒斯，所以价值更高。从这个意义上来说，性解放不仅不能使妇女得到解放，而且会使妇女在性交换价值体系中处于被控制的地位。

（4）菲勒斯一般等价物的出现定义了身体政治经济学。当菲勒斯一般等价物出现的时候，人们就要不断地表明自己具有很强的性能力。从这个意义上说，身体就是要进行性能力的生产，或者说，人们要不断地进行身体的生产和性能力的生产。这就是身体的政治经济学。身体是具有功能的（主要是性功能），人要把身体上的性功能生产出来。当人们要进行性行为的象征交换的时候，或者当人们肆意地玩弄性，放荡自己的性行为的时候，人们就必须把自己的性身体生产出来。正因为如此，身体需要按照政治经济学的意义而被生产出来，而身体的政治经济学是在身体的象征经济学的废墟上建立起来的。这就是说，只有当身体的各种象征意义、各种模糊意义、各种不确定意义消除之后，只有当身体只是被当作性机器的时候，身体的政治经济学才会出现。当然身体也可以被当作劳动的工具而生产出来，但是这不是在性政治经济学体系中考察的，而是在物质生产的政治经济学体系中考察的。20世纪60年代在法国所发生的性革命或性狂热就是这种身体政治经济学的表现。人们放荡的性行为，不过是要生产抽象的一般等价物，生产性符号。从这个意义上说，这也是一种政治经济学的行为。

（5）这里出现了两个维度上的性升级。一个维度是功能性维度的性升级，这就是人们扩大了对性的功能的理解；另一个维度是结构性维度的性升级，这就是性的交换价值的升级，就是作为一般等价物的性的增值。从这两个角度来说，主体都是在政治经济学的维度内行动。这就是说，主体一方面在功能性的维度内，强调性的各种功能，如前面所说的心理平衡或者生理平衡；另一方面在结构性维度内思考性，从结构的角度思考性，这就是从交换价值的维度思考性。而这两种意义上的性变得无法区分了，仿真的性出现了。

最后，鲍德里亚进行了总结。他再次把性和物品（符号化的物品）、符号加以比较，说明性的特点。当物品被纳入符号政治经济学的时候，物品失去了使用价值，或者说，它的使用价值被剥离了，而只是按照交换价值的需要来运行（一般来说，人们交换某种东西是要得到满足，而这些物品无使用价值、不能满足人的需要。在这里人遵循的是苦行主义路线）。同样，当符号被纳入符号政治经济学的时候，符号成为纯粹能指的符号。或者说，所指的含义已经直接包含在能指中了（前面所说的，能指吞噬了所指），这是能指和所指的绝对吻合。与物体和符号的情况一样，当身体被纳入政治经济学框架的时候，身体似乎也是按照符号政治经济学的绝对命令而转变成纯粹的价值符号，成为形式化的裸体。这个裸体是符号化的裸体，是被标记、时装、化妆铭刻了的裸体（虽然穿衣服，但仍然是性符号）。这种意义上的裸体不是把身体显露出来，或者说，这种裸体不是对身体的"发现"或者"再发现"。这种裸体是身体的逻辑变形，或者说，这种裸体不是自然的身体，而是符号化的身体，形式化的身体，是按照政治经济学原则策划和变革了的身体。这种身体既不是自然意义上的身体，也不是性本能意义上的性，而是符号化的性，按照价值规律调整了的性。因此，鲍德里亚指出，这是"身体和性相互中和"[1]。这就是说，由于人们按照性政治经济学的意义来理解身体，身体已不是自然意义上的身体，变成了性的意义上的身体；然而这里的性也不是本能意义上的性，而是符号化了的性，是按照价值规律调整了的性。从这个意义上说，无论身体还是性都按照价值规律进行了调整，都不是原来意义上的性或者身体，性和身体相互中和了。

第八节　身体的煽动性

在这一部分，鲍德里亚更加明确地反对弗洛伊德主义。在对待马克思理论的态度上，鲍德里亚承认马克思的思想对于批判生产阶段的资本主义有积极意义，但同时认为，用马克思的思想来批判再生产意义上的资本主义就失去了意义。同样，他也承认弗洛伊德主义在反对清教对人的本能的压抑上是有意义的，然而在当代资本主义性解放和性革命的背景下，性不再受到压抑，而是性革命和性解放的口号本身对人产生了压抑（这就意味着，在性革命和性解放的背景下，弗洛伊德思想不仅没有解放的意义，反而具有压抑的作用）。在性革命的口号中，人的身体仅仅被理解为性欲的机器。因此，在这个部分，鲍德里亚就是从对性革命和性解放的分析开始说明它们所具有的压抑性质。

鲍德里亚指出，在性革命的影响下，冲动变为革命的养分，潜意识变为历史的主体。这就是说，人依靠本能的冲动为性革命提供动力，性革命就是要让潜意识得到解放。从这个意义上说，性革命就是潜意识进行的革命。人的潜意识、本能等在鲍德里亚看来属于初级过程，而符号化、结构化了的性就属于次级过程。而在弗洛伊德看来，人的性本能就是追求满

---

[1] 第164页。

足、追求快乐。这种追求满足和快乐的要求被鲍德里亚说成是社会现实中的"诗歌"原则。实际上，他的这种说法是挖苦弗洛伊德主义的快乐原则。在弗洛伊德主义那里，追求快乐是得到歌颂和赞美的，所以说是社会现实中的"诗歌"原则。按照这个诗歌原则，人们就是应该解放潜意识。而在本能受压抑的条件下，本能的解放是有意义的，本能、潜意识有真正的使用价值（或者说，它确实需要得到满足）。然而在当代社会，潜意识的功能被无限扩大了（比如，在当代社会，脱衣舞到处出现，妓女到处都是，换偶越来越随意，潜意识已经不是以潜在的形式存在了，而是以显在的形式存在），这种使用价值可以说是人们设想的使用价值（人们设想满足这种意义上的性的快乐的潜意识具有某种功能）。因此，鲍德里亚说，这是一种想像，是在解放身体口号中的想像。在这种想像中，人的身体似乎就是本能的物化形式，解放本能就是解放身体。那么为什么人们要提出解放本能或者解放身体的口号呢？鲍德里亚认为，这是因为人的本能或者身体在历史上曾经受到压抑，曾经是"彻底否定性的隐喻"[1]。人们试图彻底消灭这种压抑，否定这种"隐喻"。但是，在当代社会，人们的本能或者身体并没有受到这种压抑，恰恰相反，正是对人的身体和本能的这种弗洛伊德主义的理解才使人受到压抑。当人们的身体已经得到解放的时候，人们仍然呼唤解放身体，那么这个时候身体解放就是一个空洞的口号，甚至是一个"圈套"了。这就是让人们误解真正的革命对象。在鲍德里亚看来，在当代社会，人所受到的压抑不是在初级过程中所受到的压抑，而是在次级过程中所受到的压抑。为此，鲍德里亚说，"人们无法站在初级过程一边，这仍然是一种次级幻觉"[2]。本能已经符号化，已经处于次级过程中了，但是人们却产生了一种错觉，认为，本能仍然是原来意义上的本能。

虽然人们有时在理论上也承认人的身体具有两可性（模棱两可）的特性，比如，认为，人的身体既是对象，也不是对象，或者说，我们不能用某个同一的原则来概括身体。又比如，人们认为，人的身体既是潜意识的在场，也是主体的不在场（由于人的本能作为潜意识受到压制，人的本我本能被显示出来，人还不是真正的自我。社会对于本能的压抑产生了主体

---

[1] 第 165 页。
[2] 第 165 页。

的扭曲)。在鲍德里亚看来,人们并没有真正地认识空无、空缺在身体中的位置(人的身体是由不在身体中的东西建构起来的,正如那种流行的看法)。因此,他们并没有真正地理解身体。比如,像勒克莱尔①这样的人虽然也努力把解剖学意义上的身体和性意义上的身体区分开来,强调身体只是解剖学意义上的身体,而性欲意义上的身体是不出现的身体,是看不见、摸不着的身体。但是最后,他仍然要用身体的名义,用身体这个词来指称性欲的运动。这是为什么呢?对于看得见、摸得着的东西,我们可以用词语来表示,对于能够在场的出现的东西,我们可以用词语来表达。对于不在场、不出场的东西,我们如何用词语来表达呢(人们可能会说,"不在场"不是表达了不在场的东西吗?但这只是能指和所指的重合,是纯粹的能指,没有确定的所指,能指没有把所指表达出来。同样,"性欲的身体"也不能表达性欲的身体,即不出场的身体。正是从这个意义上说,鲍德里亚认为,没有词语能够把不在场表达出来)。我们没有恰当的词语来表述不在场的东西。在这样的情况下,人们自然就会用身体来表达这个未出现的东西,因为身体曾经受到过压抑(在历史上也没有任何地位)。因此,我们可以利用身体,把它作为一个词,用来表达曾经出场而现在没有出场的东西。不过,鲍德里亚要我们注意,虽然身体曾经有一定的特权,即具有颠覆制度的意义,即否定清教压抑。但过去有这个特权,并不意味着今天仍然有这个特权。这是因为,今天身体不再受到压抑了,在这样的情况下,"解放身体"的口号就没有意义了。身体在这里再也不能享有颠覆性的特权了。在这种情况下,身体的解放就是压抑性非升华的政治表现。压抑性非升华是马尔库塞所提出的理论。按照弗洛伊德的理论,当人受到压抑,那么人的本能的力量就无法得到宣泄。为了宣泄人的本能,人就要寻找适当的途径,比如人通过艺术的创作,通过劳动等来宣泄自己的本能。在艰苦的劳动中,在艺术的创作中,人的本能得到了升华。马尔库塞认为,如果人的本能被压抑而又不能通过艺术的创作而得到升华,那么他就只通过自暴自弃来宣泄自己的本能。比如嬉皮士的那种欢愉和宣泄就是压抑性非升华。在当代社会,身体的解放在很大程度上就类

---

① 勒克莱尔(Serge Leclaire),1924 年出生,1994 年去世。他是拉康最得意的门生,长期追随拉康,但是,最终仍然在思想上与拉康决裂。他是法国最有名的、最突出的精神分析思想家之一。

似于这种"压抑性非升华"①（而不是真正的解放，是压抑情况下的自暴自弃式的宣泄）。在今天，精神分析也参与到身体的解放中。或者说，在当代社会，精神分析也把人的身体理解为性的身体，并从性压抑的意义上来理解身体。这样，精神分析在性解放中起到了推波助澜的作用，人们到处都进行本能的宣泄（压抑性非升华）。不仅身体解放会出现这种压抑性非升华，而且重要的是，人们所解放的身体，并不是原来那个模棱两可的身体，具有象征潜在性的身体（鲍德里亚对这种性解放提出批评）。鲍德里亚在这里提出两个问题让我们思考：人们要"解放"的这个身体是否永远都是那个具有象征意义的潜在性身体，那个曾经被压抑了的身体？（这句话在中译本中翻译得很别扭）"所有人都在谈论的"这个身体会不会恰巧并非正在说话的那个身体的反面？就是说，我们所讨论的，所要解放的身体是不是真的受压抑了，是不是解放了的身体的反面。在鲍德里亚看来，人们要解放身体恰恰就是否定了身体的象征潜在性。因此，这种"解放"不是真正的解放，而是一种控制。所有人都在讨论的那个身体，即被人们说成是受压抑的身体，不是真正受压抑的身体，不是身体（说话人的那个身体）的反面。或者说，说话人感到自己的身体受到了压抑，而实际上，他的身体没有受到压抑。简单地说，人们必须思考，在当代社会，人的身体是否真的受到了压抑。鲍德里亚得出的结论是，在当前的系统中，与初级过程（本能的身体）相对立的身体是次级过程的身体，是色情化的身体，是具有色情的价值的身体，是符号化的身体。这就是说，在当代社会，对人进行控制和压抑的不是父亲的法规，而是符号化的色情行动。比如受诱导的淫荡并不是真正的本能满足，为满足而满足的淫荡是对人的本能的压抑的真正形式。在当代社会，小孩受到电影中镜头的诱惑，去吸大麻、寻刺激，这或许不是本能的满足，而是迎合时尚的满足，是凑热闹的满足，是受诱导的满足，是为满足而满足，而不是真正的本能的满足。鲍德里亚所分析的这种社会现象应该引起我们的足够重视。从这个意义上说，我们恐怕不能停留在弗洛伊德的理论上来看待小孩的行为了。今天压制本能的不是父亲的法则，而是色情化的诱惑。

但是，我们的社会可能恰恰仍然从弗洛伊德主义的角度来看待小孩的这种行动，要让孩子的性本能得到解放，让他们的身体得到解放。于是，

---

① 第166页。

鲍德里亚认为，这个次级的身体、这个性解放，这个"压抑性非升华"的身体（嬉皮士式的性发泄的行动）是不能从本能的意义去理解，不能从性本能或生本能的意义上去理解的。按照弗洛伊德的思想，人具有两种本能：生本能和死本能。生本能，是建设性的本能，争取生存的本能。而性本能、主要是情爱的本能，则属于生本能（性本能不等于生本能，一个人可能为了性快乐，而不顾生死）。而死本能是摧毁性本能，返回到无机状态的本能。从性本能的角度理解身体，解放的身体就被理解为受生本能控制的身体。然而，这里所要解放的身体，或者说，次级身体所进行的身体解放，从表面上来看，是受到生本能的控制，而实际上，是自暴自弃，是嬉皮士般的游戏。这类似于死本能，这是一种类似于自我摧毁的本能。因此，鲍德里亚说，在这里"性与惟一的生本能原则相混淆了，即两者由于接近死亡冲动而相互中和了"①。在这里，性本能或生本能不是原来意义上的性本能，而是符号化的性本能，是纯粹形式化的性本能和生本能，它们接近于死亡冲动。它们已经失去了原来的性本能和生本能的意义了，或者说，它们被中和了。据此，鲍德里亚批判了马尔库塞关于爱欲的解放的思想。按照弗洛伊德主义的理论，人是追求快乐和满足的，这是一种理性原则。鲍德里亚挖苦说，这是"新政治经济学"的理性。这就是马尔库塞的理性。按照这样的理性原则，所有的人都应该努力获得快乐，获得本能的满足或者爱欲的满足。在马尔库塞那里，生本能变成了获得爱欲满足的本能，生本能变成了里比多的物化。或者说，生本能被简单等同于里比多的满足，好像是以物化形式存在的里比多（好像是能够固定地不断积累起来的里比多）。于是鲍德里亚挖苦说，这里出现了新的"理性"。从表面上看，追求性本能的满足是人的理性原则，是人的生活的目的，实现本能满足的最大化的人才是最理性的人。于是，在鲍德里亚看来，所谓"爱欲"不过是替代了"性欲"，是"性升级"。鲍德里亚说，这种"性升级"与生产力的不断增长，GDP的增加是一样的。它们是按照相同的规则来运行的。这就是说，在发达资本主义阶段，生产不再为满足需要而生产，"性升级"不再与人性本能的满足有关。如果说再生产是为了长期维持人的生命而进行的（社会保障制度，这个社会保障制度是为了维持再生产），那么性升级也是为了满足爱欲、满足虚假的本能的需要而进行的。它们都是

---

① 第 166 页。

为了消除死亡冲动而进行的努力。然而在鲍德里亚看来，它们的最终结果都是向死而生，都是迈向死亡。这种生产的冲动和本能满足的冲动都接近于死亡的冲动。这是因为，再生产意味着生产的终结（死亡），性升级意味着性欲的终结（死亡）。

于是鲍德里亚说，在生本能的氛围中建构的身体或者说从性欲、爱欲意义上建构的身体、被性符号化了的身体，代表着政治经济学的一个更发达的阶段，即符号政治经济学的阶段。这里的性和再生产中的商品一样，是符号。在这里，象征交换彻底消失了，即人们都按照同一的尺度（价值尺度）来衡量性，而不再存在身体上的模棱两可，性上的模棱两可。在这里，人的身体异化了。这就如同马克思在政治经济学批判中所说的劳动异化一样。这就是说，人的身体在符号政治经济学体系中异化了，这种异化与人的劳动在古典政治经济学体系中的异化是一样的。如同马克思在政治经济学批判中描述了劳动异化和商品逻辑必然导致意识物化一样（马克思认为，在资本主义社会，人们出现了一种拜物教，卢卡奇把这种拜物教与韦伯的合理性概念结合起来，这就是物化意识。鲍德里亚在这里混淆了马克思的思想和卢卡奇的思想。不过，在这里鲍德里亚想表达的意思是，在政治经济学体系中，人们只是看到商品的价格关系，看到货币交换关系，而看不到这个交换关系背后所存在的人与人之间的关系）。当人们从符号政治经济学批判的角度理解身体的时候，人们也会把潜意识物化。这就是说，人们在符号政治经济学批判体系中，也是从菲勒斯价值的相互关系的角度来看身体。

最后，鲍德里亚进行了总结：本来人的欲望有许多、甚至有死亡的欲望，既然人的欲望有许多，那么人的身体就不能被理解为本能欲望的机器。从这个意义上说，本来欲望应该解构，应该表明人的身体不只有性的意义。然而在当代社会，裸露的身体变成了欲望，变成了性欲的表现或者性欲的等价物。本来人的身体应该被性所解构，或者说，人的性特征是多样的，人的身体不能用固定的性特征加以理解，但是在这里，人的身体成为性的能指符号和等价物，人的身体就代表了性，本来性是有两可性的，性应该为这种两可性所解构，但是人们却把性限定在"男性"和"女性"结构中，并在"男性"和"女性"的二元差异框架中理解人的性别的差异性（两可性）。男性和女性都具有性本能，都需要得到本能的满足。男性的身体和女性的身体都是性欲的机器。虽然人有两种性别，但是，这里的性别差异成为性表演的剧本。在两性差异的性表演中，在性欲满足的不断升级中，里比多的满足（无性满足的意义，是性表演的满足）接近于死亡的冲动。在性、身体、本能、潜意识等都符号化的时候，它们都成为失去所指的词。这些词都是可以相互替换的。它们共同构建了一个菲勒斯等价物。所有这些不同的东西都可以按照这个等价物加以衡量。因此，鲍德里亚认为，这些所谓本能、性概念就像今天的心理学上的那些空洞概念一样。心理学认为，人是主体，主体就是有意识、有意志的存在。这就是说，主体就是由人的意志、意识建构起来的，而意志、意识等都是可以相互交换的词项，而没有实际的指称意义。现代哲学就是用这些空洞的词项（没有所指的词项）建构了主体。现代社会，人们也用性、冲动等空洞的词项建构了性话语。

第九节　寓言

这一节一开始，鲍德里亚就引用《现代小说》中的说法展开他对性的解释，并据此进一步批判弗洛伊德主义和女性主义。在《现代小说》中，有人问："为什么只有两种性别呢？"对此，有人回答："你是想要一种还是十二种呢？"对于这一说法，鲍德里亚进行了分析。针对一种或者十二种的说法，人们甚至可以扩大这里的差距，比如，有零种性别或者无限多的性别。鲍德里亚认为，把性别理解为几种或者无限种都是不对的。性别不能用数字来表示。而关于手指，人们可以用数字来表示，比如一个人一只手有五根手指，为什么不是六根呢？这种说法是有道理的。因为手指的多少纯粹是一个生理问题，是可以用数量来计算的，而性别就不完全是一个生理问题。性别虽然是生理上的问题，但同时也是心理问题和社会问题。一个人的生理上是男性，但是未必被看作男性。男和女的概念不能仅仅局限在生理意义上理解。即使在生理的意义上，人也不能简单地被归为男性或者女性。用鲍德里亚的话来说，"性别化恰恰是一种分隔，它穿越了每一个主体，从而使'一'和'多'是不可想像的"[①]。这就是说，性别的划分可以被用到每个人身上。而每个人的身体都是不同的，不能简单地归纳为男性和女性来掩盖这种不同。从生理上来说，人在性别上是有差

[①] 第168页，译文略改。

异的，但如果我们考虑心理、社会意义，那么性别的差异就显得复杂了。因此，性别不能用某种数量关系来表示。用鲍德里亚的话来说，性别不能达到整数的阶段，它不可数，而只是表示差别。性就是人和人之间的无限差别。我们也不能说一个人身上有几种性别。性不能用数量来衡量。鲍德里亚强调的是，性是"差异"，人的性别化就是人的差异化。人没有确定的性特征。在这里，鲍德里亚所说的性超出了我们日常生活中狭义上的性即两性，而是指人身体上的各种生理差异，这些差异是无限的。这里甚至还可能包括心理上和社会意义上的性。

但是，在上述对话中，人们强行把人归入男女两个性别之中。在这样的情况下，人们自然有权利问"为什么不是一种性或者十二种性呢？"这种询问当然也是符合逻辑的。这是因为，人们从一开始就把性纳入男和女的二元框架中，或者说只是从性器官的差别上理解性。当人们把性归入男性和女性的框架中的时候，人们当然可以从数量关系的角度来讨论性。或者说，当人们用"男"和"女"这两个词项概括性别的时候，性别就可以用数量来计算了。既然性别可以用数字计算，那么人们就可以询问，为什么不是一种或者无限种性别呢？人们就可以对性别加以计算，可以相加，因此，"作为积累起来的性"就有可能。

在这样的情况下，鲍德里亚指出，性的两可性（有差异）就被还原为性的二值性（性的两极和两种角色）。从二值的框架理解性不是现代社会的发明，而从二值的框架中把人理解为本能的机器却是现代社会的产物，是弗洛伊德主义的产物。无论是男还是女都有本能的需要，都要获得本能的满足。这是"性革命"的要求。而在性革命的口号中，当男女都被当作性欲的机器的时候，人的性就成为生理意义上的单一的性（单一的性，unisexe），人的差别只有性欲程度上的差别（歧义性）。鲍德里亚把这种情况称为"单性的歧义性"①（符号意义上，性感程度的差别）。这就是说，在弗洛伊德主义的框架中，性的两可性、男性与女性之间的各种差别都被还原为"单性的歧义性"。

为此，鲍德里亚提出口号，"反对唯性主义隐喻"②，也就是反对用性本能的满足来解释一切社会现象。

---

① 第 169 页。
② 第 169 页。

在当代社会，用性本能的满足来解释一切社会现象已经非常普遍。鲍德里亚认为，当代社会，人们在弗洛伊德主义的影响下，采用弗洛伊德的思想来解释人的社会的、政治的、伦理的活动，认为，人的这些活动是被压抑的本能力量的升华。鲍德里亚把这种升华称为"冲动过程的次级合理化"①（满足本能的欲望是合理的，本能的力量升华也是合理的，不过这是次级的合理性，符号政治经济学意义上的合理性）。在鲍德里亚看来，这都是用性压抑和性幻想来解释所有社会现象。这是文化上的老生常谈。比如，人们看到有人从事某种政治活动，竞选活动，就认为，这是受压抑本能的升华（在性生活中无法得到满足的本能要在政治活动中表达出来）。又比如，有人说，"权力是男人的伟哥"。实际上，这与性本能毫无关系。这就是说，在当代社会出现了一种对性、本能的泛化的理解。或者说，人们滥用弗洛伊德思想来解释社会现象。

鲍德里亚认为，在这种老生常谈中，性不过是一个词，而无意识就是它的所指，它不一定指称某个对象，或者说，根本不存在它所指称的对象。这里老生常谈的性已经没有所指，不指称无意识。从这个意义上说，它就是一个空洞的词。以前，弗洛伊德用这个词来解释道德和社会关系，道德是用来压制人的本能的，从而确立人们之间的关系。从这一意义上说，神秘化的道德和社会关系就被还原到性本能的压抑层面上，并由此而得到合理的解释。这种做法无疑是有意义的，鲍德里亚并不反对。然而问题在于，在当代社会，当人们把性压抑的解释加以泛化的时候，人们实际上就否定了性的复杂性，否定了性所具有的象征交换的可能性（性就简单地理解为两性意义上的性，本能意义上的性）。因此，在鲍德里亚看来，这里所出现的问题表明社会关系的全面象征摧毁。当人们用性压抑来解释各种社会现象时，人们或许会得到一种安全感，似乎所有的社会现象都有了确定的合理的解释。他举例说，在《星期日》周刊上，人们会看到这样的文章，众多妇女出现了性冷淡，这种性冷淡之所以出现是因为，这些妇女对自己的父亲过度依恋。于是，她们用禁止自己的快乐来处罚自己。或许，这些妇女就是没有性要求，但是人们却从人是性欲的机器出发来解释人的行为，认为这些妇女的性要求被压抑了。在鲍德里亚看来，这种解释毫无意义。在这里，精神分析似乎发现了真理，人们的各种社会行为都可

---

① 第169页。

以得到合理的解释。这就是说，弗洛伊德主义变成了"一个问题的合理化方式"。在鲍德里亚看来，这也是精神分析陷入困境的原因。弗洛伊德主义泛化了。本来，在这里没有任何压抑，而是仿真的性的出现，但是人们仍然坚持用这种弗洛伊德理论来解释。

于是，鲍德里亚指出，性解释或者精神分析的解释没有什么特权。鲍德里亚说，"这种阐释也可能通过幻想成为终极真理"[1]。在鲍德里亚看来，精神分析的解释在许多地方都是一种幻想，但是却被人们当作终极真理。比如，人们在没有性意义的地方，都认为性受到了压抑，于是人们通过幻想而把性生产出来。当时在法国所掀起的性解放运动，就是在这种性压抑的幻想下所发生的革命。鲍德里亚认为，在当时的法国出现了两种现象，一种现象是革命和精神分析的串通，即借助于精神分析理论而进行革命，一种是"资产阶级"对精神分析的回收，即把精神分析纳入资本主义体系，比如用货币买卖的关系来让人的本能获得满足，好像只要人们的本能得到满足就不再革命了。左派和右派的核心思想都是一样的，都是用本能的压抑来解释社会现象。这就是说，这两者都是对社会现象的想像性解释，都是扭曲的解释。在这里，人们都是把性本能或者潜意识作为决定性的力量，来对社会现象进行因果解释。这种解释也是一种理性主义的解释。

最后，鲍德里亚得出结论：当人们用某种决定性要素来解释社会现象的时候，或者说用决定性体制的名义把社会现象合理化的时候；当人们用性本能的升华来解释社会、政治、道德现象的时候，即人们用这样的方法把社会现象合理化的时候；当象征被性的语言审查，并被提升到性话语的时候，也就是当象征话语转变成性话语的时候，欺骗就出现了。这是欺骗性的解释。在这里，鲍德里亚也反对人们对社会所进行的因果解释，这种解释也一样具有欺骗性。

第十节　庄子的屠夫

在这一部分，鲍德里亚引用了庄子的"庖丁解牛"的故事，来说明身体的特性。或者说，他是要说明，身体不仅包含在场的东西、出现的东

---

[1] 第169页。

西，而且还包含不在场的东西、缺乏的东西。不在场的，缺乏的东西也是身体的组成部分。鲍德里亚用庖丁解牛的故事就是要说明这个道理。在这里，读者应该注意其中的解构主义思路。

从鲍德里亚的叙述中，我们可以看到，鲍德里亚对庖丁解牛的故事非常欣赏。在他看来，庖丁解牛是对身体的绝好的分析。那么这种分析好在什么地方呢？他认为，这种分析好就好在，庖丁不是局限于视觉形象或者所看到的东西来看待牛，不是从解剖学意义上来看待牛。因为庖丁说，他刚开始解牛的时候，他所看到的就是解剖学意义上的牛，笨拙的屠夫所对付的就是这种解剖学意义上的牛，即由骨、肉、器官等构成的实体性的牛。于是，他就要用刀使劲地砍这些实体性的东西。而成熟的庖丁所认识的牛却不是如此。在庖丁看来，牛不仅有实体性的东西，而且还有非实体性的东西，还有空隙、空无。用鲍德里亚的话说，"身体是通过这种空无构成的"（身体是覆盖了各种符号的，我们的社会给身体加上了许多符号。参见本章的第一部分。无论有没有穿衣服，都有符号在上面，这些符号不是用眼睛可以看到的。人的身体是由这些符号建构起来的）。[①] 因此，庖丁在解牛的时候，他的刀不是对实体性的部分使劲地砍，而是顺着空隙和空无来解剖牛的身体。而且他的刀也不同。他的刀是无厚度的刀。这就是说，他的刀刃也是空无（鲍德里亚本人就像庄子的屠夫，他没有用实体性的刀，实体性的刀是规范性的概念，比如"男""女"等对立的二元概念。鲍德里亚没有这种二元对立的概念，而是象征交换的概念，是要消解一切概念。请参见本书的第六章）。正是由于无厚度的刀刃或者空无的刀连接着空无的身体、空隙的身体，屠夫才会游刃有余。由此，鲍德里亚进一步用他后结构（解构）主义的思想，或者象征交换的思想来解释庖丁的活动。按照他的看法，庖丁解牛的时候，庖丁不是用刀来解剖这头牛所占据的实际空间，不是去砍这头牛的骨骼或者切割牛的筋肉，而是顺着空隙、顺着牛的结构组织来解剖牛。这样，对牛进行分析的刀刃就把牛的空隙和空无显示出来了。用鲍德里亚的话来说，在这里，"刀在陈述身体的缺失"[②]。我们在前面论述过，在鲍德里亚看来，人的身体不能从出场的、出现的东西的角度来理解，而要从未出场、未出现的东西的角度来理解，从

---

① 第170页。
② 第171页。

空无和空缺的角度来理解。人的身体不仅是由实体性的东西构成的，而且是由空无、空缺，由不在场的东西所构成的。鲍德里亚的这个说法不仅是从生理意义上来说的，而且是从社会意义上来说的。这就是说，当我们看到一个人身体的时候，我们不仅要从实体性出场东西的角度来看身体，我们还要根据所有其他不在场的东西，其他各种身体、各种东西的角度来理解身体。身体是被社会符号覆盖了的（脱衣舞女没有穿衣服，但是，她却不是裸体的）。当我们这样来理解身体的时候，我们就不会孤立地从人的生理特性特别是生殖器官的特性来判断人的身体。身体就是一个符号，是由许多不在场的符号的意义所决定的。当我们把身体作为符号来理解的时候，我们似乎就可以从象征经济学的角度，而不是从力量关系的经济学的角度来认识人的身体了。我们知道，在强调力量关系的经济学中，人们都是从生产力（力量）的角度来认识经济活动，都是从实体性存在的角度来认识事物，从一般等价物的角度来衡量事物的价值。而象征经济学则完全不同。在象征交换中，所有的东西都不可能是等值的，而是完全不同的，所有东西都有象征意义。所有的确定意义都是可以消解的。因此，当我们从象征交换的角度来理解庖丁解牛时，我们可以说，在这里，刀（象征交换意义上的刀，不是有刀刃的刀）和牛的身体进行相互交换。象征交换意义上的刀在解构身体。

在这里，鲍德里亚又进一步联系勒克莱尔对身体的分析来叙述他的思想。①

从空无的角度对身体进行解构，是鲍德里亚吸收后结构主义的理论成果。在这里，鲍德里亚首先用德国科学家利希滕贝格②的刀来进行类比。利希滕贝格曾经在他的日记中提到这样一种刀——没有刀刃和刀柄的刀。这把刀很像庄子的屠夫的刀，或者说，庄子的屠夫所用的那把刀是利希滕贝格的千年兄长。这把刀也可以被用来解构菲勒斯以及人们对菲勒斯的想像。接着，鲍德里亚就用索绪尔的易位书写的理论来解释庄子的屠夫。他认为，庖丁解牛的方法类似于索绪尔的易位书写。易位书写（anagram）在英文原文中的意思是字母游戏，是人们用不同的字母拼写各种不同的单词的游戏。这里的易位书写是索绪尔意义上的易位书写。这种易位书写是

---

① 由于我对勒克莱尔的精神分析理论不够清楚，所以无法解释这段文字。
② 利希滕贝格（Georg Christoph Lichtenberg），生于1742年7月1日，卒于1799年2月24日。

对结构主义语言理论的解构（本书第六章对比进行了专门分析）。我们知道，按照结构主义的语言理论，字词的意思是由各种差异的符号所规定的。比如，不同字母构成一个单词，而这个单词在与其他单词结合在一起的时候，它也获得一定的确定的意义。每个能指符号都有一个所指的意义，它们都是由差异符号的结构所规定的。然而后结构主义认为，每个能指符号没有一个固定的所指的意义，或者说，它们的意义由许多未出现的字词所解构。比如，当我们说，"张三是医生"，从表面上看，这里的每个词的意思都是确定的。实际上却不是如此，许多其他没有出现的字词都会影响这些词的意思。比如，"张三"可能有许多，这许多不同的张三就动摇了张三的确定的所指对象。同样，医生的意思也是不明确的。在我们的社会中有许多不同的医生，比如有心理医生，有牙医，还有兽医等。所有这些未出现的字词都会动摇这个句子中的字词的意思。因此，任何一个字词的确定意义都会被不在场的字词所解构。同样，出场的身体、可见的身体也会被不可见的东西、未出场的东西所解构。我们前面说过，当人们用符号标记身体的时候，身体就不是生理意义上的身体，而是符号意义上的身体，当身体作为符号出现的时候，身体的符号意义就不是确定的，它的意义由许多不在场的东西所解构。从这个意义上说，身体不能和菲勒斯等同起来。我们不能把身体简单地理解为菲勒斯。为此，鲍德里亚说，庄子的屠夫在解剖（解构）身体的时候是以易位书写的方式前进的，或者说，是用不在场的东西来解构身体这个符号的。用鲍德里亚的话来说，庄子屠夫的刀不是直接作用于身体，而是消解身体。这种消解身体的方法类似于易位书写的解构方法。按照结构主义的方法组成句子，就是从一个词过渡到另一个词，把这些词联系起来，这就构成一个句子。这种方法是笨拙的屠夫的方法，是意指语言学家的方法。而解构的方法不是这样，它考虑的是每个词语背后的词语，这些词语背后的句子和文本（这些不在场的文本不是规定字词的意思，而是颠覆字词的意思。比如，在索绪尔那里，后面的诗句解构了前面的字词，拆开主题词。见第六章）。用鲍德里亚的话来说，在最初的词语和语料的背后还有其他名称、表达式。这些东西会困扰文本，困扰原来的字词。从这个意义上说，庄子的屠夫在解牛的时候，那意义之刃是另一种样子："它摆脱了显在的身体，追踪身体之下的身体。"[①] 这种解牛方法所挑战的是生理学意

---

① 第 171~172 页。

义上的解剖，反对从显在的形式上去理解身体。而在鲍德里亚看来，原始人类的符号就是这种意义上的符号，它们具有象征意义，是按照易位书写的方式确立起来的。我们现代人在理解人的性感身体的时候也应该如此。这种性感身体是以易位书写的方式连接起来的，而不是按照生理解剖学方式连接起来的。用鲍德里亚的话来说，身体的这种连接方式表现为"从未存在却已消失"的形式。这种表达形式不是"或者是这个或者是那个"的选言形式，不是或者是男或者是女的选言形式。而人的欲望也不能被理解为本能的欲望，而是解构能指的欲望，是消解确定所指的欲望。为此，鲍德里亚说，"欲望本身就是消解能指的欲望，是在身体的奥耳甫斯（Orpheus，即俄耳浦斯，古希腊神话中的诗人和歌手——引者注）式诗歌的弥散中，在易位书写的诗歌的弥散中，按照庄子屠夫的那把刀的音乐节奏来消解能指"[1]。在这里，鲍德里亚越来越感到，日常的语言难以表达这种能指的消解。虽然如此，其意思却是非常明确的：身体作为能指的符号没有确定的意义，作为字词，它像音乐、诗歌，其意义是开放的，具有无穷解释的可能性。因此，身体的任何一种性特征都会被解构，都会被其他性特征所动摇。我们根本不能用某个统一的尺度来衡量身体。用统一的尺度衡量身体，这是政治经济学的方法，是身体政治经济学。

消解能指就是能指的象征性死亡。这与政治经济学上的积累根本对立。

---

[1] 第172页。译文略改。

第五章　政治经济学与死亡

鲍德里亚认为，政治经济学是以生产的原则为核心，而生产包括剩余价值的生产、商品的生产，甚至生命的生产，从根本上来说，剩余价值的生产、商品的生产都是为生命的生产服务的。从这个意义上来说，保证生命的生产是政治经济学的根本目的。正是由于政治经济学以保证生命的生产为根本目的，因此，政治经济学的统治、价值规律的统治才能维持下来。在鲍德里亚看来，象征交换是与等价交换原则相对抗的，只有采取象征交换的原则才能摧毁价值规律的统治。生命的无限积累也是政治经济学的原则，是等价交换原则的组成部分。因此，要摧毁等价交换原则，要摧毁政治经济学就只有实现象征死亡。这就是鲍德里亚在这一章所提出的核心思想。

一般等价物意义上的死亡，是可以按照经济学原则操作和交换的死亡，是纯粹时间积累意义上的生命死亡。按照政治经济学的原则，人们应该积累，这种积累是财富和权力的根源，因此消除积累就是死亡。这种消除积累的死亡能够废除一切权力关系。鲍德里亚在这里所说的消除死亡，不是消除生理上的死亡，而是消除纯粹时间积累意义上的死亡。这种死亡也可以被理解为象征交换。这是象征交换意义上的死亡。

第一节　死人的驱逐[①]

在这个部分的开头，鲍德里亚对资产阶级的人道主义观念进行了批判。起初，野蛮人只是把自己部落的人称为"人"（实际上，他们当初没有像我们今天这样的一般"人"的概念），后来，也就是启蒙运动以后，人的概念被扩大到所有的人，"人"的概念成为一般普遍的概念。人们甚

---

① 本节标题中译本为"死人的引渡"。

至把"人"的概念普遍化看作文明（文化），看作人类的进步。这就是说，我们比野蛮人进步了，文明了。于是，人们说，今天所有的人都是人。这当然是一种进步，但是鲍德里亚却看到其中所包含的野蛮要素。在鲍德里亚看来，"所有的人都是人"，这是一个重言式的命题，"人是人"。当人们把人的概念普遍化的时候，普遍化的基础就是这个重言式的命题（这是鲍德里亚的看法，资产阶级人道主义认为，其基础是理性。所有的人都是人，因为所有的人都有理性）。鲍德里亚的这种说法，实际上就是要说，人的概念的普遍性是空洞的（内涵非常贫乏）。因为，当我们说，"人是人"的时候，我们没有对人的概念进行任何规定，我们不知道"人"的概念的内涵。鲍德里亚认为，正是"人"这个空洞的概念获得了道德的力量和排他的力量，这是因为"'人'当下就确立了自己的结构副本：非人"①。人是文明的，而非人是野蛮的，人是道德的标准（如果有人骂人说，这个人不是人，那么这个人就受到道德上的谴责）。因此，"人"作为道德标准就排除了"非人"。鲍德里亚认为，当人们把"人"确立为道德标准的时候，实际上就包含了对人的歧视，或者说，就会把"他人"当作非人来看待。不同的人对道德的标准有不同的看法，这是常常出现的情况，他们是"他人"，但是，这些他人不能被当作"非人"来对待。这是人类的传统。原始人类虽然把自己同族的人称为"人"，但他们不会把异族的人当作"非人"，而只是把他们当作"他人"。但是，在启蒙运动确立"人"的概念后，一个人要么是人要么就是"非人"，而不可能是"他人"（他者）。因此，鲍德里亚说："对我们而言，在作为普遍概念的人这个符号下，他人什么都不是。"② 而在古代人那里情况就不同。当一个人努力成为"人"的时候，他并不排斥其他人也是人，但是成为"人"的人就是一个"人物"，是"绅士"，是有身份和地位的，有特殊品质的人。有了这种身份，人就可以和神灵、祖先、异族、动物、自然打交道。人如同巫师一样，获得了理解自然、神灵的特殊资格，他们就应该获得其他人的称赞、赞美等。这就是强调每个人的特殊性。而启蒙运动以来的现代人却把人提升为一个类，用某个类特性来规定人。这就是说，把人放在一种等价关系中。或者说，在具有某种类属性上，人都是一样的。于是，人们就依据这

---

① 第175页。
② 第175页。

种类属性而排除其他人。比如，当我们说，人是"理性的动物"的时候，疯子、孩子、甚至容易激动的人都不是人。为此，鲍德里亚认为，随着文化的发展，人的定义不可避免地变窄了。文明的这种进步包含了对他人的歧视，对他人的排斥。鲍德里亚甚至认为，人类的每一次"客观"进步都是更严格的歧视。当我们把人的普遍概念推广到极端的时候，所有的人都会受到歧视。比如，当我们强调，人是"理性"存在物的时候，如果我们把"理性"的概念推广到极端的时候，可能没有人是"理性"的。在这个世界上，谁没有情欲、谁没有意志和激情呢？如果这样，那么谁是理性的存在物呢？或许只有计算机才是完全理性的东西。

鲍德里亚认为，普遍的人的概念为种族主义奠定了思想基础。在启蒙运动之前，同一个种族把种族内部的人看作人，而把其他种族的人当作"他人"。但是，他们并不把异族的人当作"非人"。他们没有抽象的"人"的概念。他们或者相互不了解，或者相互灭绝。他们看到了不同的人之间的相互差异，但是却不把人和非人区分开来。而在启蒙运动之后，人们不承认人和人之间差异，强调人的普遍概念。而种族主义就是在人的普遍概念的基础上出现的。或者说，当人们承认人和人之间的差异的时候，种族主义不会出现，人们不会按照"人"的抽象标准来衡量不同的人。而种族主义恰恰就是按照人的抽象标准来衡量一切人，于是，一些民族按照他们自己对人的标准的理解，而把其他民族理解为非人。鲍德里亚甚至进一步认为，这种种族主义不仅表现在对其他民族的排斥上，而且还表现在对同一个民族中的不同人的排斥上。既然按照人的标准，其他种族的人不是人，那么按照同样的人的标准，儿童、老人、疯子就不是人。在思想史上，首先是福柯发现在文明社会中，人们对本民族的人即对疯子的排斥。这种排斥后来甚至扩大到对老人、儿童的排斥，对一切"不正常"人的排斥。比如，人们在理解儿童的时候，把童真看作儿童的标准。他们把儿童封闭在童真的理想中。这种童真的理想就是对儿童的排斥。同样的道理，我们把教师封闭在"点亮他人、燃烧自己"的理想模式中，这也是对教师的排斥。从这个意义上说，当我们赞美儿童的童真的时候，我们就包含了对儿童的排斥。我们把他们排斥在"正常人"的范围之外。我们把教师封闭在理想的模式中，我们也是把他们排斥在"正常人"的范围之外。在这里，人的普遍性和人的正常性被混淆起来了，即人的普遍概念只包括正常人。这就是"种族主义"。当然所有人都可以被划入某个"类别",所有人都可以被排斥。

鲍德里亚指出,福柯对人类的文化或者歧视的系谱学进行了认真的研究。按照福柯的研究,这种歧视和排斥,从19世纪以来是为了生产和劳动的目的的。或者说,那个时代对人的规训是为了使人获得生产的能力。但是鲍德里亚认为,福柯对于这种歧视的研究不够彻底。在他看来,比对疯子、儿童、老人的排斥更根本的排斥是对死人和死亡的排斥。这种排斥也是按照"合理性"的要求,也是按照生产的原则进行的。这就是说,人们不仅按照理性的原则排斥疯子、儿童、老人,而且也按照这个原则排斥死人或者死亡。如果说按照人的标准,疯子、儿童、老人是不正常的人,那么死人则更不正常,更应该受到排斥。如果说疯子、儿童、老人是不理性的,那么死人就更不理性(认为死亡是合理的,又是人们在理性上所不能接受的)。当代社会的理性原则就是要排除一切非理性的死亡,而确保人们正常死亡。人们甚至排斥一切形式的死亡。

鲍德里亚从历史上进行了分析,从野蛮社会到现代文明社会的历史就是死亡和死人受到不断排斥的历史。在这里,鲍德里亚对人类排斥死亡和死人的历史进行了系谱学分析。比如,最初死人被放在家庭的密室中,后来,死人被放逐到离活人越来越远的地方。最后死人甚至没有地方可去。比如,现代人要把他们火化。现代大都市没有给死人留下任何物质的和精神的空间。疯子、罪犯、怪异之人在当代社会中都有他们的位置,而死人没有任何存在的空间。因为,在现代人看来,"死亡是不正常的"[①]。因此人们要阻止死亡,防止死亡,排斥死人。本来死亡是人类生活中的一件正常的事情,凡是人都要死,无论以什么方式死,都是非常平常的一件事情。然而,在现代社会人类排斥死亡,从根本上否定死亡。死亡成为一种犯罪,是不可救药的反常。人们在生活中不为死亡保留任何位置。在鲍德里亚看来,这恰恰是不正常。在鲍德里亚看来,我们应该对死亡抱着一颗平常的心,把它当作生活中的正常现象。如果完全排斥死亡,那么我们的生活就会非常不幸。我们就会这个不能吃,那个不能吃,就会导致不健康,就会始终生活在死亡恐惧和死亡威胁中。从这个意义上来说,彻底排斥死亡的人总是在"想着尸体"中生活,始终把自己当作将死去的尸体,排斥这个尸体。

[①] 第177页。

在鲍德里亚看来，在人类社会，象征交换是无法避免的。排斥死亡恰恰意味着到处都是死亡。鲍德里亚在这里从象征交换的角度分析了当代社会的各种现象。在当代社会，由于生产的终结，传统意义上的工厂不存在了。然而虽然工厂不存在了，但是劳动却无所不在，或者说，虽然传统意义上的劳动不存在了，但是新的意义上的劳动却无所不在。在这里，甚至人的休闲娱乐都是劳动，即把生产再生产出来的劳动，象征意义上的劳动（象征交换）。在当代社会，政府鼓励我们去进行休闲娱乐，我们去休闲娱乐了，娱乐行业就能给人提供就业机会了。我们的休闲不是真正意义上的休闲，是受到诱导的休闲，其实是一种劳动（生产就业机会的劳动）。虽然这种劳动不是雇佣劳动，但劳动的性质却没有改变。同样，在当代社会，监狱减少了，或者监狱不存在了，但是，这并不意味着像监狱一样的社会控制不存在了，恰恰相反，这意味着，这种监狱式的社会控制无所不在。当代社会文明了，它不再把人放在监狱中了，但是监狱式的管理却扩大到整个社会。同样，精神病院不存在了，但是所有的人都被当作心理疾病的患者来对待（本能的压抑就是如此）。学校不存在了，但把所有人都当成学生的社会机制出现了。资本（传统意义上的资本、获取剩余价值的资本）不存在了，但按照价值规律对社会进行的全面控制却普及了。鲍德里亚认为，当代社会的系统就是按照价值规律而进行的控制。比如，时尚对人的控制、性解放对人的控制都是按照价值规律对人的控制。时尚中包含一定的模式，这种模式即流行的模式就对人们进行控制，所有的人都追求这种时尚的模式，接受模式的控制，而时尚的模式就类似于一般价值规律。同样，性解放就是要告诉人们，所有的人的本能都没有得到满足，于是所有的人都要满足本能。这种本能已经不是本能，而是菲勒斯，是被作为一般等价物生产出来的菲勒斯。所有的人都应该有菲勒斯（仿真的本能），如果没有菲勒斯就应该生产出菲勒斯。最后，如果说现代城市中墓地不存在了，那么这是因为，这个城市都成为墓地了。虽然人都活着，但是却像死人那样活着。社会提醒我们，这会导致死亡，那会导致死亡，有的人喝水还会呛死。为了保护自己不被呛死，我们是不是应该躺着，接受挂盐水。这不是像死人一样了吗？如果把避免死亡推向极端，那么我们就必须像"尸体"那样存在，我们必须把自己放在"棺材"中，把自己保护起来。从这个意义上说，我们都成为活死人。在现代城市中，只有墓地绿化得很好，空气也很新鲜，因此，只有墓地成为适合人居的地方，而城市却越来越不适合人居。现代城市到处都有死亡威胁，到处都充满了死亡的危险，汽车、污染，如此等等，甚至高楼上掉下的一小块东西也会把人砸死。从这个意义上说，现代城市是死亡之城，是死人之城。当死人被排斥的时候，死人和活人就会发生象征交换，活人就变成了死人（象征意义上的死人）。象征交换意味着一种可逆性。从这里可以看出，象征交换是系谱学分析方法的另一种说法。

1. 死后的生存或等价的死亡

鲍德里亚按照象征交换的原则（系谱学方法）来分析当代社会对死亡的排斥。在他看来，当我们排斥死人驱逐死亡，使死人和活人分离的时候，我们也处于一种等价的死亡之中。这是为什么呢？这符合象征交换的原理。在本章的一开头实际上我们也说明了类似的原理，人道主义以一般人的概念试图把动物等排除在人的概念之外，而它所导致的结果是，所有的人可能都不是人，所有的人都达不到理性的标准。用鲍德里亚自己的话来说，"不论好坏，象征义务的基本法则都会发挥作用"①。从监禁疯子的例子来说，本来人们用疯病把疯子和正常人区分开来，疯病就成为疯子和正常人之间的界限，但这是疯子和正常人之间的共同界限。既然这是疯子和正常人之间共同的界限，那么这就意味着正常人也靠近这个界限。正常人接近疯病。换个说法，这个界限就不是固定的。这里的核心问题就是正常人如何定义疯子，如果正常人扩大了疯子的界定，那么许多正常人都会成为疯子，如果某些正常人会成为疯子，那么这就无法排除所有的正常人都会成为疯子。所有的人都有非理性的特征，所有的人都可以被定义为疯子。显然，一个人是不是疯子就看我们的社会如何界定。如果疯子的定义可以变化，那么这就无法排除所有的人都成为疯子。如果正常人可以被随意关入疯人院，那么这表明，我们的整个社会都患上了疯病。在这样的情况下，疯病就侵入了整个社会，所有人都成为疯子。或者说疯病就变成了一种正常现象。当然，鲍德里亚的意思不是从疯病定义的不确定性来说明这个问题，而是想从象征交换的角度来说明这个问题。从象征交换的角度来理解，如果疯子被彻底排除了，那么整个社会都会患上疯病。鲍德里亚认为，这不是因为人类更加文明、更加进步了，而是因为，控制疯子的方法已经被普及全社会，所有的人都被当作了疯子。这就是鲍德里亚所说的，疯子对社会所起的正常化作用。所

---

① 第 178 页。

有人都正常了，也就是所有的人都成为疯子。用鲍德里亚的话说，"正常性达到完美之点，与疯人院的特征相汇合"①。整个社会成为疯人院，所有的人都是正常人，同时，也全是疯子。这就是象征交换。

死亡现象也是如此，当我们完全排除死人的时候，那么所有的人也就都成为死人，当然这不是生理意义上的死人，而是象征意义上的死人（如同前面所说的所有人都是疯子一样）。鲍德里亚按照分析疯子的方法来分析死人和活人。当人们用死亡而把活人和死人区分开来的时候，活人和死人之间的界限是一致的。死人与活人之间有一个共同的界限。当活人仅仅被当作生命时间的简单积累的时候，这个意义上的人也就是死人。如果我们今天把生命简单地理解为细胞的分裂，理解为时间的积累，那么这就是人的死亡。他活着，那么这就象征着他死了。象征死亡就是时间的无限积累意义上的生命。在鲍德里亚看来，当活人完全排除了死人的时候（把生命理解为时间的积累的时候），活人也成为死人。这是象征交换逻辑的必然结果。在这里，鲍德里亚特别强调了活人试图通过排除死人而把生命变成唯一的剩余价值的思想。实际上，鲍德里亚认为，当代社会排除死人的观念背后隐藏着一种经济学的计算。这种经济学的计算表现为，人的活动就是要保持生命的无限积累。这就如同政治经济学所分析的那样，资本家的经济活动就是要达到资本生命的无限积累。生命的无限积累和剩余价值的无限积累遵循的是同样的经济学原则。在这里，人的生命是按照等价规律的原则而进行计算的，即生命等于生存时间的长短，生命长好像人获得了剩余价值，获得了额外的生命时间。

在这里，笔者再简单地说明一下这一段的标题的翻译问题。这里的标题是"La survie ou la mort équivalente"。"survie"在这里是苟且生存的意思（在这一段，它被翻译为"死后生存"是有道理的。鲍德里亚常常赋予同一词不同含义）。在鲍德里亚看来，一个人如果苟且地活着，那么这就"等于死亡"。或者说，苟且活着就象征着死亡。只有这样，我们才能理解"坚不可摧的象征交换逻辑在苟且生存的无差异命定性中重新建立了生命和死亡的等价关系"②。在这里，我把"死后生存"改为"苟且生存"意思就清楚了。而这里的"équivalente"被翻译为"等价关系"是非常好的

---

① 第 178 页。
② 第 179 页。译文有改动。

（象征交换意义上的等价关系）。所谓"等价"就是把不同的东西等同起来。这里所说的"la survie"当然与我们日常生活中的苟且生存不同，而是时间积累意义上的生存，失去社会意义的生存。但是，这并不是死后生存的意思。在法语中"vie"是生命的意思，而"sur"是"过度""超越"的意思。从字面上来说，过度的生命（sur-vie）就是纯粹延长时间意义上的生命，因此，我觉得这里的"la survie"可以被理解为"sur-vie"。从象征交换的意义上来说，在当代资本主义社会，人的生存已经变成了植物学意义上生命时间的积累，类似于苟且生存。从这个意义上来说，"la survie"翻译为"苟且生存"似乎比较恰当。在当代资本主义社会，人的生命被简化为时间的积累，而没有任何社会意义。如果我们苟且偷生，失去社会意义地生存，那么这就相当于死亡。

2. 墓外贫民窟

或许有人在这里会提出反对意见，认为人类并没有排斥死亡，在我们的社会中凡是死亡的人都被赋予崇高地位，比如，有些死人就被说成是"永垂不朽"的。鲍德里亚在这里提出了反对意见。在他看来，正是由于人类排除了死人，人们才赋予死人以不朽的地位（这是系谱学分析方法）。正如，我们这个社会，正是由于排除了儿童，我们才有儿童节，正是由于排除了妇女才有妇女节，正是由于排除了老人，才有老人节。正是由于所有的人都变成了妇女和儿童，所以所有的人都有节日了。在鲍德里亚看来，不朽性的发展过程是与死人受排斥成正比的，社会越是排斥死人，死人的不朽性就越是得到承认和发展。鲍德里亚说："因为，在死亡彼岸，这种标志着'灵魂'和'高级'精神的卓越地位，只是一种虚构，它掩盖了对死人的真实排斥和与死人象征交换的中断。"① 这就是说，如果死人没有受到排斥，如果死人仍然能够和活人进行象征交换（死人和活人之间具有象征可逆性，或者说，死人就是象征意义上的活人，是被当作我们生活中的一部分），那么人们就不需要赋予死人以"灵魂"和"精神"上的卓越地位。如果死人就是象征意义上的活人，就是我们生活中的一部分，是我们的交换伙伴，那么死人就不需要这种崇高的、不朽的地位。因此，鲍德里亚说，当活人把死人说成是"不朽者"，赋予他们"理想化的'死后生存'"地位的时候，这些东西实际上就是他们遭到社会流放的标志。当

---

① 第179页。译文略改。"引渡"改译为"排斥"。

代社会排斥的主要方法就是让人变得崇高。儿童是祖国的花朵，从一定意义上说是对儿童的排斥。让某个人崇高起来，就是对某个人的排斥。

根据这种理解，鲍德里亚认为，不朽性不是宗教进步的结果，而是社会排斥和社会压制的结果。在大多数人看来，宗教的进步表现为：最初的万物有灵论（所有的东西都有灵性，都是活着的东西），后来发展为多神教（出现了各种各样的神），再后来发展为一神教。在一神教的基础上，灵魂不朽的观念出现了。在鲍德里亚看来，这不是进步，而恰恰是倒退。正是在人们排斥死人、拘禁死人的时候，人们才赋予死人以不朽性。在这里，我们看到鲍德里亚突然发生了一个逻辑的转换。这就是，如果不朽性是死人遭到驱逐的标志，那么社会首先应该驱逐的是那些没有地位的人，而不是有地位的人，比如祭司、头领、富人等。可是，在接下来的论述中，鲍德里亚突然强调，在历史中首先是祭司、头领、富人才获得死后生存的权利，他们才有不朽性。难道说，在当时的社会中，人们首先要驱逐的是这些人吗？显然不是。只有从系谱学（象征交换）的意义上才能理解这里的排斥。当不朽性被首先赋予祭司、头领和富人的时候，不朽性是权力和社会优越性的标志[①]，从象征交换的角度来讲，我们也可以说，这些人首先受到了"排斥"。让人崇高就是一种排斥，让死人不朽也是一种排斥。

在这里，鲍德里亚叙述了古埃及、古罗马帝国以及基督教中不朽性的普及化过程。按照他的叙述，在古埃及、古罗马帝国和基督教中，不朽性首先被赋予社会中的特权阶层，而后才逐步普及，使所有的人都有了死后不朽的权利。这是不朽性"民主化的过程"，是来世的民主。或许，在当时的古埃及，人们为了获得平等的死后"不朽"的权利，还展开了斗争（或许，可能有这样的历史事实，也可能是虚构。不过历史事实总是包含虚构，历史和虚构很难区分。从这个角度来说，历史的研究或许是一种超出了真假的研究）。

可是，我们究竟应该如何看待不朽性，看待所有人都平等享有的不朽性呢？在鲍德里亚看来，这种平等的不朽性，恰恰包含了社会的歧视。在这里，鲍德里亚追溯了不朽性民主化的历史过程，说明不朽性与歧视的关系。在追溯不朽性的历史过程中，鲍德里亚说明，不朽性一开始就与权

[①] 第180页。

利、不平等联系在一起。这就如同所有人都有平等权利一样，最初只有少数人有权利，后来所有人都有平等权利，而所有人都有平等权利恰恰包含了不平等。所有人都是不朽的，这里包含了歧视。只有那些有灵魂的人，有精神的人才是不朽的。只有真正的"人类"才是不朽的，而其他人，比如精神病人在死的时候，谁会说他永垂不朽呢？

当然，当我们说，某某人永垂不朽的时候，这好像就是一种精神安慰，就是一种无意义的设想。人们或许会说，死了死了，一死百了，能不能不朽，这有什么了不起的呢？完全无关紧要。鲍德里亚认为，这是朴素的唯物主义者的看法，他们不相信死后的灵魂存在。他们认为，这完全是想像。但是，鲍德里亚认为，社会的歧视正是从这种社会想像中出现的。当我们的社会赋予人以不朽性的时候，实际上就已经包含了歧视，甚至在人人都有平等的不朽性的时候也是如此。在这里，鲍德里亚提出了一个非常值得我们关注的思想。他说，真正的社会歧视是在想像中建立的。我们知道，原来的歧视，比如，封建社会中的歧视是在其制度中建立的。现在到处都平等了，但是社会中没有歧视了吗？这种歧视到处都存在，这种歧视是在想像中存在的。鲍德里亚说，"没有什么地方能比想像更清楚地标记权力和社会优越性"[①]。当我们的同学一起聚会的时候，我们都因为同学身份而平等。但是在同学的平等中难道就没有歧视吗？当然有，这需要想像。所有的人在头脑中都可以想像到。即使在所有的方面都是随意的，但是在随意的背后没有歧视吗？这需要想像。所有人死后都是不朽的，但是所有的不朽背后没有歧视吗？这需要想像。有时，不需要想像就能够看到的差别，往往是人们容易接受的。比如，在家庭聚会中哥哥组织聚会。这里没有歧视，只有差别。可是就是在到处都强调没有歧视的地方，特别强调平等的地方，恰恰存在歧视。在平等制度建立起来的今天，歧视的制度不存在，想像中的歧视却到处都是。所以，鲍德里亚说，想像能够最好地标记权力和社会优越性。最后鲍德里亚认为，教会把不朽性确立起来，强调人人死后不朽，但是这种不朽性标志着社会权力和社会优越性。这里歧视虽然没有用等级制度的形式表现出来，但是歧视仍然是可以想像的。资本主义社会强调人人平等，这就如同教会强调人人死后不朽一样，这里的平等和不朽都显示了社会权力和优越性。这里的社会权力和优越性还不是

---

① 第181页。

经济上的不平等,而是在人人平等领域所存在的社会权力和社会优越性。

在这里,鲍德里亚进一步指出,不朽性的民主化并没有改变社会现实中的不平等状况。与此类似,财富或者文化的民主化(平等化)也改变不了社会的不平等状况。鲍德里亚认为,过去,人们为平等的不朽权利而斗争,现在人们为平等的财产权利和文化权利而斗争,但是这些都改变不了社会压制的状况。他说,同样的战斗,一些人为来世生存而战斗,一些人为现世的生存而战斗。这两种战斗都是陷阱。那么为什么这两者都是陷阱呢?鲍德里亚认为,当一部分人获得不朽性的时候,社会分为不同的等级,而当所有的人都有不朽性的时候,难道所有的人会因此而平等吗?只不过,这种不平等不是在形式中体现出来,而是需要你想像。只要你想像一下,你就知道所有人的平等的不朽性也包含了歧视。因此不朽性的普及不过是在普及想像,这就是要大家都来想像一下不平等。那么究竟如何才能真正实现社会平等呢?这就要废除死亡隔离,废除不朽性。在这里,我们可以看到,鲍德里亚思想中所包含的尼采思路。不朽、崇高、伟大,都是给人戴上了枷锁,都是社会权力和社会压迫的形式。当然,他和尼采也有不一样的地方。在鲍德里亚看来,只要强调崇高,就必然意味着人和人的区隔(即使所有的人都崇高,也改变不了其中所包含的歧视。只是这种歧视需要人们的想像。或者用鲍德里亚的话来说,崇高的普及什么也改变不了,它只是普及了想像)。这就如同我们强调,所有的人都是平等的人的人道主义思想一样。人道主义强调抽象的人的平等,恰恰包含了不平等,包含了社会歧视。不朽、崇高、伟大都是"种族主义"的标记。

不朽性就是线性的抽象化的时间,是一般等价物意义上的时间。这就如同货币是抽象劳动时间的标准意义一样。不朽性也是抽象的线性的时间的积累,是一般等价物意义上的时间。鲍德里亚认为,这里的不朽性也遵循着政治经济学的原则。这就如同保持生命也遵循政治经济学的原则一样。不朽性是来世意义上的积累时间,而生命是现世意义上的积累时间。生命和不朽性都遵循政治经济学上的积累原则。如果说政治经济学就是通过抽象时间的无限积累(剩余价值的无限积累)来控制人的话,那么宗教就通过不朽性(通过来世的抽象时间的无限积累)来控制人,而现代资本主义制度就是通过生命的无限延长(通过现世的抽象时间的无限积累)来控制人。

3. 死亡的权力

在这里，鲍德里亚进一步把死后生存、不朽性作为权力诞生的机制来分析。在他看来，当不朽性、死后生存问题出现的时候，就有人开始管理不朽性和死后生存。管理不朽性和死后生存的是教堂和祭司阶层。一个人能不能获得死后生存，能否获得不朽性，需要得到教堂或者祭司阶层的帮助。① 于是祭司阶层就利用他们对死后生存的管理来控制其他人，甚至要人们牺牲现世生活来获得来世的不朽性（比如，捐出钱来给教堂可以获得来世的不朽）。如果是这样，那么祭司阶层就会希望更多的人死亡，通过死亡建立自己的权力。然而，实际上，他们并没有希望更多的人死亡。从前面的分析中，我们知道，只是因为死亡受到排斥，受到否定，祭司才有可能借助于不朽来控制人。祭司阶层就是通过对人的死亡的管理来获得权力的。这种死亡的管理就是建立在生命和死亡的对立的基础上，如果不把死亡和生命对立起来，死亡的管理就不可能。换句话说，不朽性是建立在对死亡的排斥的基础上的。从这个意义上说，祭司阶层对于死后生存的管理也提出了一条死亡禁令：不许死亡（不朽）。显然，祭司阶层对于死亡的管理的基础就是死亡和生命的分离。这就是说，要能够把权力机制建立起来，最关键的就是要切断死亡和生存之间的纽带、分离活人和死人。死人和活人分离开来，祭祀阶层就可以向人们出售进入天堂的门票，就可以进行死亡管理。应该说，鲍德里亚把对生命或者死亡的操控看作权力产生的根本原因，这是有道理的。当我们的社会把死亡和生命分离开来，并排斥死亡的时候，死亡就被禁止了。鲍德里亚指出，在这里，"死亡不再自由，死人受到监视，整个生命都等待着将来的监禁，只有在这个时候，权力才是可能的"②。这就是说，死亡是受到控制的，这种控制是以这个人在死后（将来）是否可以进入天堂为手段的。在这里，人的整个生命就等待着死亡，而这种死亡又是受到人的监控的。于是，鲍德里亚在这里得出了一个非常重要的结论："根本的压抑不是潜意识冲动的压抑，不是某种能量的压抑，不是里比多的压抑，不是人类学的压抑，而是死亡的压抑，它

---

① 这里的意思是，在能否获得来世的不朽性的问题上，这是祭司阶层管理的。获得现世生活的"不朽性""survie"，苟且生活，这是现代资本主义体系完成的。他们是现代社会中的祭司阶层。值得注意的是，鲍德里亚都用同样一个词，"survie"。这让中文译者犯难。鲍德里亚故意用同样一个词，来说明这里的关系。

② 第 182 页。

是社会性的，因为正是这种压抑带来了对生命的社会化压制。"[1] 按照弗洛伊德的理论，人在当代社会受到压制和控制，这种控制使人的本能受到压制。这是外在的社会规范对人的压制。而鲍德里亚认为，当代社会对人的压制根本不是这种压制，而是对死亡的控制，是对死亡的压抑（建立在生死分离基础上的死亡压抑）。这就是不让人死亡，不让人自由地死亡。在宗教中，人必须死后生存（不朽），而在当代社会，人必须保持生命，而不能死亡。资本主义系统把保持生命作为价值目标，从而实现对人的控制。它让人不死，就是要让人处于"苟且生存"（死后生存）的状态。这里的"苟且生存"不是说经济条件太差，人无法活下去了，而是说，人的生命变成了时间的积累（如同天堂里的不朽。我们今天活着，排除死亡，在象征交换的意义上就死亡了）。

鲍德里亚说，教会是建立在对死亡的垄断和对死人关系的排他性控制基础上的。比如在传统上，人死了都要让牧师来主持葬礼，这就是要让死人获得升入天堂的机会。在这里，死人和活人发生了分离，祭司掌管着死人，他们能够跟死人打交道，而其他人都必须借助于他们才能与死人打交道。用鲍德里亚的话来说，死人和活人之间的交换关系被祭司阻断了，死人无法与活人"交换"。祭司就是通过把死人与活人之间联系打破了，才获得权力的。如果说最根本的权力关系是从生死分离中产生的，那么随后，类似的分离就进一步出现，比如灵与肉、善与恶、美和丑、男和女的分离就是各种权力关系产生和发展的基础。当灵与肉分离开来的时候，一些人就可以通过对肉体的控制而获得权力（只有他们才能和肉体打交道。这类似于只有牧师才能和死人打交道一样），当美与丑分离开来的时候，一些人掌握了和丑打交道的权力，如美容院。当善与恶分离开来，一些人就掌握了和恶打交道的特权，于是他们就可以对社会进行控制（警察）。在鲍德里亚看来，在所有这些分离中，生和死的分离是最根本的分离。在日常生活中，我们说某个人有权的时候，我们会说，这个人"掌握了权杖"。而这里的权杖就是把生和死分离开来的"栏杆"，就是把生死分离开来的命令（社会规则、社会规范）。这道"栏杆"就像高速公路上的收费站和检查站的栏杆，祭司就是这里的工作人员。一个人要通过这个检查站，去和死人打交道，比如祭奠死者、膜拜死者，和死者进行交流，都需

---

[1] 第182页。

要通过这道检查站,都要付费,都要接受检查。祭司掌管了生者与死者的交流。这就是权力。在当代社会,生者和死者也被割裂开来了,他们之间也不能交流了。于是,有权的人掌握了与死人(我们现代人在某种意义上就是活死人,时间积累意义上的存在者)打交道的特权。

鲍德里亚认为,在当代社会也存在着类似的分离和类似的检查站。在当代社会,人们把主体(意识)和他的身体分离开来,把人和劳动分离开来,把个人和社会分离开来。当人们把这两方面分离开来的时候,人们就需要借助一个中介或者代表来处理这两方面之间的关系。于是权力就出现了。这就如同死人和活人的分离导致权力一样。当灵魂与肉体分离开来的时候,牧师的权力就出现了。当意识和身体分离开来的时候,精神分析的权力(意识形态的权力)就出现了。当人和劳动分离开来的时候,资本的权力就出现了。当个人和社会分离开来的时候,政党(组织)的权力就出现了(它们作为代表来处理个人和社会的关系)。个人要进入社会就要依赖某个中介,比如某些社会组织,这些社会组织获得了权力。所有这些分离的操作的原始模型都是生和死的分离。今天的社会想尽一切办法使人远离死亡,使人长期保持生命,这就是要把死亡和生命分离开来。只要人们把死亡看作恐怖的,是恶的,那么社会就可以控制死亡,来获得对人的控制。于是,鲍德里亚认为:"权力最终建立在对死亡的操纵和管理上。"①

在鲍德里亚看来,生和死是密切联系,生命之中包含了死亡,人死了,表示人的生命的目的已经实现。而权力就是在死亡和生命的分离中建立起来的。它先把生死分离开来,然后,让死亡的人不朽。这种不朽就是进行"虚构的、人为的时间性的生产"②。这是牧师对人所进行的控制。同样,现代资本主义也让生死分离看来,它让人不死,但是却让人的生命变成时间的积累。这种时间积累意义上的生命,也是一种虚构的、人为时间的生产。这是资本主义制度对人的控制。人同样建立了分割的空间:现实世界和彼岸世界、富人区和穷人区。这种空间的分割也是一种社会控制。后来,人类社会所发生的其他各种分离、抽象、异化(这三者都有分离的意思),也就是马克思所批判的那种异化、抽象和分离,都是建立在生和死的分离的基础上的。在他看来,马克思对于社会控制机制的分析不够彻

---

① 第183页。
② 第183页。

底，他只是注意到异化、抽象，而没有找到这种最根本的分离，而只有他自己才找到这种最根本的分离，只有他才能为人们从根本上推翻当代社会的压迫体制找到出路。对于鲍德里亚来说，这种二元对立、这种分离是权力产生的根基，也是现代性问题的核心。解决现代性问题的核心就是摧毁这些二元对立。按照他的分析，这些二元对立的东西都是可以象征交换的，它们表面上是对立的，而实际上是一致的。

既然抽象、异化是一种分离（抽象劳动和具体劳动分离，货币就是这种抽象劳动的数量的标志，异化的基础是人和劳动的分离），而这种分离是经济学分析的对象，那么把人的生命和死亡分离开来，也具有政治经济学的意义，也是一种经济学操作。这就是把人的生命时间当作单纯的时间上的延续。这是失去死亡的时间，而失去死亡的时间就是残余的生命，就是这种单纯的时间上的延续。如果一个人想到，明天会死亡，那么他一定会在今天做一些有意义的事情。如果一个人没有死亡，那么时间对他来说就没有意义。在这里，鲍德里亚引用了沙米索的作品《彼得·施莱米尔的奇妙故事》来形象地说明类似的情况。按照他的分析，施莱米尔失去了影子，这实际上就暗示，他失去了死亡。而在他不能死亡的时候，他就变得有钱有势，并成为资本家。在这里，鲍德里亚实际上就是进行一种类比，当一个人失去死亡的时候，这个时候的生命就如同资本家的资本一样，它们都是抽象的时间。这个故事中有一个重要情节就是，施莱米尔和魔鬼签订了一个协议，把自己的影子出卖给魔鬼，并且获得了许多钱。而在鲍德里亚看来，他出卖自己的影子（死亡）的契约，类似于政治经济学意义上的契约。这就是始终维持生命的契约。而这个失去影子的资本家并不快乐。

最后，鲍德里亚提出，要把生命归还给死亡，这就是象征操作。在当代社会，人们把死亡和生命分离开来了。然而，当人们把生命和死亡分离开来的时候，生命变成了时间的积累，它象征着死亡。当现代社会把这两者分离开来的时候，鲍德里亚从象征交换的意义上来理解生命和死亡，强调这两者之间象征交换关系。鲍德里亚的分析就是一种象征操作。

第二节 原始秩序中的死亡交换

从前一节的分析中，我们看到，鲍德里亚认为，如果我们确立人的概念，用这个普遍概念来平等地看待所有的人，那么我们所得到的结果可能是所有的人都是非人。在这里，人和非人之间发生了一种象征交换。同样，如果我们把活人和死人完全对立起来，那么活人就象征着死人，而死人反过来也象征着活人。于是，活人和死人之间存在着一种象征交换。而这种象征交换和原始人类中所存在的象征交换有什么关系呢？

在这里，鲍德里亚开宗明义，他指出，在原始人[①]那里不存在现代人所理解的那种生和死的对立。或者说，他们没有现代生物学意义上理解的死亡或者生命概念。在原始人类那里，不存在现代意义上的自然事实或者客观事实。他们把一切自然事实都放在社会氛围中理解。在原始人类那里有一种万物有灵论，所有的东西都是有生命的。如果我们从现代人的角度来理解，那么，这就意味着，对于原始人类来说，所有的自然现象都被他们纳入社会生活中来考察，都是在社会氛围中来理解的。实际上，如果我们果真"理性"地思考这些自然现象，我们就会发现，人类总是从自己的生活的角度来理解自然，我们所说的那些自然或客观的自然，实际上都是人类从自己的角度理解的自然。但是，我们却不愿意说，自然都是"人的自然"，是我们从自己的角度理解的自然，我们总是认为，这是完全"客观"的自然。而原始人类在这方面似乎比我们进步，他们从一开始就否定了纯粹的自然的概念，一切自然现象都是他们生活中的一种社会现象。

对于生命和死亡，原始人类也是这样理解的。在原始秩序中并不存在那种自然的、客观意义上的生命和死亡，而是社会意义上的生命和死亡。从自然的、客观的意义上来说，生命和死亡是完全对立的，但是，在原始秩序中一切自然现象都被放到社会秩序中思考。因此，在他们的生活中不存在自然意义上的生命和死亡，而只有社会意义上的生命和死亡。而当他们从社会意义上来理解生命和死亡的时候，他们认为生命和死亡是可以互相交换的。这对于我们现代人类来说，似乎也不难理解。比如，狼孩虽然从生物学意义上获得了生命，但是在社会意义上已经死了。在社会中，他

[①] 鲍德里亚所说的原始人类既不是真实的，也不是想像的，而是象征的。我们不可能真实地把握原始人类，其中必定包含我们的想像，但是我们关于原始人类的认识，也不是完全想像的，而是象征的。我们的科学研究都是如此。但是，我们都是站在自己的特定立场，把共同接受的东西当作真实的，而把未被接受的东西当作想像的。比如把生当作真实的，而把死当作想像的。从象征的角度，从社会的角度看，我们不能把真实和想像对立起来，它们都是象征的。

不存在。同样，一个人虽然死了，但是在社会意义上，却可能仍然是生的。比如，某个思想家虽然死了，但是，他的思想仍然在社会生活中发挥作用，我们在管理社会的过程中总会想到他，因此，他在社会意义上仍然是生的。而在社会意义上，一个人究竟是生还是死，这似乎是无法区分的。一个人进入社会关系中就是生的，而脱离了社会关系就是死的。既然人既在社会中生活，又相对独立，那么人同时既是生的，又是死的。对于人来说，生死是可以相互转换的。对于原始人来说，这一转换是极其重要的。生死之间的象征交换是发生在社会秩序中的，如果象征交换终止了，那么社会秩序就会被破坏。从这个意义上来说，"不能进行象征交换的东西对群体构成致命的危险"①。一切东西只有被放在象征交换之中，原始的社会秩序才能被维系，或者说，人和人之间生死相依的关系才能被维系（而我们的社会秩序是建立在等价关系的基础上的，是建立在市场交换关系基础上的，如果进行象征交换，那么我们社会的统治秩序就会受到致命的挑战）。对于原始人来说，自然的事实，没有进入象征交换的自然事实，是一种宇宙力量，是一种巫术的力量，是敌对的力量，是没有被人控制的力量，这些力量对社会来说，是一种致命的挑战。

在原始人类那里，死亡和生命都被当作社会现象。而我们使死亡和生命去社会化，使它们成为自然现象，成为生物学的规律，成为个人命定的归宿。当我们把死亡理解为一种自然的事实的时候，我们的社会"瘫痪"了，我们所有的人都在孤独中面对死亡。生死是个人生活中最根本的东西，与社会没有关系。从这样的生物学意义上理解，只有个人才是最根本的，社会并不重要。在这里，人和人之间不再有什么生死与共的关系了。而原始人类却不是这样，他们把死亡理解为一种社会现象，他们把死亡和其他自然现象放在社会关系中。鲍德里亚认为，原始人对死亡的这种理解，比我们更加"唯物主义"。为什么说他们比我们更加唯物主义呢？鲍德里亚从马克思对商品的分析出发来理解唯物主义。我们知道，在马克思看来，商品交换关系从表面上看是一种物质的关系，是一种物品和另一种物品之间的交换关系，而实际上，这种物品之间的关系背后隐藏着社会关系、人们之间的社会劳动的关系。而原始人类也是这样，物质的现象都放

---

① 第184页。

在社会关系中理解，他们从自然现象的背后看到了社会关系。① 因此原始人类和马克思一样是唯物主义者。而我们这些人实际上是唯心主义者，因为，我们把死亡仅仅理解为生物现象，即把想像的东西当成真实的东西了。② 这是因为，人的死亡不是一个纯粹的自然事实，把它当作自然事实，这是人类的想像。不仅如此，鲍德里亚还进一步认为，像马克思那样，把自然现象或者物质现象看作一种社会现象，这是真实的看法，正确的看法，而把自然现象就看作自然现象，这是想像。比如，我们总是在一个社会视野中看待自然现象，我们对的看法总是从人类社会的角度来看的。从这个意义上说，把自然看作纯粹的自然，与人无关的自然，是想像。因此，他说，这种把自然现象看作自然现象的看法，从表面上来看，是真实的话语，这种真实的话语其实是想像的话语。原始人从象征交换的角度来理解这里的关系，因此原始人类超越了这里的真实和想像。

在这里，鲍德里亚通过分析原始人类对待生死的观念来说明象征交换关系是可逆的关系和社会关系。他认为，原始人类的秘传仪式（即入伙仪式，加入组织的仪式）就是象征交换的关系。它不是消除死亡，或者超越死亡，而是要把死亡放在象征关系中。鲍德里亚引用了若兰（R. Jaulin）《撒拉之死》（*La Mort Sara*）中的有关资料来说明秘传仪式如何把生死联系起来。比如，在秘传仪式中，祖先的群体"吞下那些申请接受秘传的年轻人"③，那些年轻人为了再生而象征性地死去了。这里所说的象征就是让接受秘传者进入一种象征性关系，比如得到了象征性的父亲或者母亲。由此，他们也加入社会关系中，就是建立社会关系，建立馈赠和反馈赠的联系。这就是说，在秘传仪式中，死人可以得到再生。死去的人是把生命馈赠给祖先，而祖先又把他们交给他们的父母，他们获得再生。

于是鲍德里亚从秘传仪式的分析中得出结论：秘传仪式就是在原来是自然事实的地方建立交换、象征关系。这里的死亡不是生物学意义上的死亡，而是馈赠和回馈意义上的死亡，是象征意义上的死亡。这种象征意义上的死亡或者这种象征意义上的死亡交换仪式就是要在人和人之间建立社

---

① 我认为，这是鲍德里亚的误解。原始人类不是看到了自然现象背后的社会关系，而是用一种万物有灵论的观念看待自然现象。

② 这也是对唯物主义和唯心主义的标准的误解。恩格斯在《路德维希·费尔巴哈和德国古典哲学的终结》中批判了人们对唯物主义概念的误用。

③ 第185页。

会关系，或者说，把自然事实转变成社会现象。生命现象的交换也同样如此。比如，一个儿童虽然从生物学意义上出生了，他只有"真实的"父母，只有生物学意义上的父母。但是，他要成为真正的社会存在，他就必须经历秘传仪式（入伙仪式），他必须象征地死去，并象征地再生。这样，他就有了象征性的父母（中国人有干爹和干妈的说法，就是如此。它要让人在社会意义上存在，而不是在生物意义上生活。象征意义上的父母才是纯粹社会意义上的父母。而我们现代人却只承认生物意义上的父母。从这个角度，我们也可以看到，我们的社会在何种程度上"去社会化"），他成为社会关系中的存在。在经过这种象征的生死之后，他本人不再是一个生物意义上的存在，而是社会的存在。这种社会存在既不是海德格尔意义上的本真存在、真正的存在，也不是一种乌托邦的想像，而是一种象征性的关系。在秘传仪式中，生和死都不是自然意义上的生和死，而是社会意义上的生和死，而这种社会意义上的生和死是可以相互交换的（而在生物意义上这是不可能的）。即使从现代人的角度，我们也可以理解在社会意义上生死之间的互换。臧克家在《有的人》的著名诗篇中说："有的人活着，他已经死了；有的人死了，他还活着。"在这个诗篇中，生物学意义上的死还存在着。如果我们从纯粹社会意义上来说的话，我们可以修改这几句话："有些人活着，却已经死了；有些人死了，却还活着。"这就是社会意义上生和死的互换。在我们的社会中，某些老人孤独地在自己的房子（类似于棺材）中活着（也就是死了）。生和死在这里已经发生了象征交换，生就象征着死。

鲍德里亚强调，在秘传仪式中人通过象征性的死亡而达到在社会群体中的再生，但是这种再生不是要否定死亡，不是强调生命而驱逐死亡。若兰就认为，秘传仪式就是要驱逐死亡，否定死亡的。在这里，他把生命和死亡对立起来，然后强调这两者之间的"辩证"关系。而鲍德里亚所否定的恰恰是这种对立（实际上，鲍德里亚的思路就是要解构一切抽象概念比如美丑之间的对立等）。在鲍德里亚看来，生和死不是对抗性的，秘传仪式所否定的恰恰是生和死之间的分裂，以及生和死的命定性。在他看来，生和死不能被相互分裂开来。像辩证法那样，把生和死分裂开来，然后再说明它们之间的辩证关系，这恰恰已经把生和死放在生物学意义上了。而这种生物学意义上的死亡是不可逆的。鲍德里亚认为，正是由于人们把生和死局限在生物学意义上，人们才把这两者对立起来，并赋予生以积极的价值，而赋予死以消极的价值。然而在鲍德里亚看来，作为不可逆的个人的事件，生和死都带来创伤。如生是不可逆的，是孤立的生物学事件，而不是社会事件，那么孤立生存的个人实际上同样给人带来痛苦（出生作为不可逆的个体事件也带来创伤，从生物学意义上说，出生也是一个巨大的痛苦，是不适应）。正如孤立的个人死亡给人带来痛苦意义（类似于尼采重估一切价值，特别是重估生死的价值），生不一定就是积极的，而死就是消极。从社会意义上理解，这才是正确的。生不一定就是积极的。希特勒的生就一定是积极的吗？正因为如此，精神分析和宗教仪式都把生和死作为社会事件来对待。比如在精神分析中，出生被看作死亡，是社会意义上的死亡。[①] 而基督教对新生儿进行洗礼，这种洗礼就是把生纳入社会过程中。对于基督教的洗礼，各种不同的教派有不同的解释。在《圣经》中有这样的说明，在准备诺亚方舟的时候，许多人都不相信，结果只有8个人经过水中的洗礼而得救，其他人都死去了。洗礼就意味着，生要以集体的象征死亡来成就。鲍德里亚认为，出生如果没有经过集体的象征死亡就是罪恶。这就是说，在象征中，生命不是单向出现的，而是在生命的摧毁中出现的。在象征仪式中生就是死亡的馈赠，是可逆的。或者说，在象征仪式中，生就是死，而死就是生。生和死不能被分割开来，对立起来。鲍德里亚正是根据象征仪式中的这种生死关系来理解象征、真实和想像。

1. 象征、真实、想像

在前面的分析中，我们指出，人们常常把独立于人的东西看作一个真实的、自然的东西。比如，生和死就是这样一种自然事实。然而，任何一个自然事实，当我们讨论它的时候，它就不是自然事实了，而是人类社会中的事实。而生和死作为发生在人身上的现象就更是如此了，我们不能简单地把它们当作自然事实来理解。反过来说，与自然事实相对的东西，常常被人们看作想像。比如，当我们说，一个人死了，却还活着。他在我们的思想中活着。人们认为，说一个死人还活着，这是一种想像。凡是自然事实的东西，客观的东西，我们都认为，它们是真实的东西，凡是与自然事实相反的东西、不能直观地把握的东西，我们就认为它们是虚构、想像。凡是真实的东西，我们都可以用概念来加以概括。比如，生就是包含着生命的细胞的不断的复制和再生。而想像的东西就是我们在思想中构想

---

① 鲍德里亚没有提供文献依据，笔者也未能查实。

的，与真实情况完全对立的东西，它们也可以用概念来概括和说明。把真和假绝对对立起来，实际上也是近代哲学的基础。鲍德里亚对于真实、想像和象征的关系的说明也是要对近代以来的哲学传统提出质疑。

在这一部分，鲍德里亚一开始就点明了它的中心思想："象征不是概念，不是体制或范畴，也不是'结构'，而是一种交换行为和一种社会关系，它终结真实，它消解真实，同时也就消解了真实与想像的对立。"① 我们先解释象征是什么，象征是交换行为。在前面的分析中，我们指出了，在社会关系中，生和死是可以相互交换的。这就是说，在鲍德里亚看来，在社会关系中，一切二元对立的东西都是可以相互交换的。真和假、美和丑、善和恶在社会关系中是可以相互转换的。但是，这不是说，它们是完全相等的，而是说，它们之间有象征上的交换关系。生就是象征意义上的死。那么真为什么是象征意义上的假呢？鲍德里亚强调，象征交换终结真实。我们在前面实际上已经涉及这个问题了。当我们说一个东西是真实的，是自然的、客观的，我们都是在一定的社会关系、社会传统中说的。当我们说，生是一种自然、是客观事实的时候，我们是从我们现代文明的角度来说的，我们是从"科学"的立场来说的。从这个意义上来说，每一种真都是在一定的社会意义上才是真，是被一定社会接受了的真。当我们把真放在社会关系中去理解的时候，那么自然的、客观的、独立的"真实"就消解了。既然那种完全客观的真实不存在，那么与这种真实相对立的想像也不存在。或者说，真实与想像的对立也就不存在。比如，我们不能说商品只有使用价值，凝聚在商品中的交换价值就是想像。如果不存在社会，没有交换关系，那么交换价值完全是想像，但是在社会关系中想像就是真实，或者说，真实和想像之间的对立在社会关系中被超越了。在当代社会，生产是真实的，还是想像的呢？是象征的。既然象征是一种交换关系，那么它就不是一个简单的概念，也不是一种社会制度，更不是一种社会结构。

在这里，鲍德里亚把秘传行为和现实原则加以对比。实际上，这就是把原始社会和我们现代社会对于真实、想像和象征关系的理解加以比较。秘传行为是象征行为，它否定了生和死的对立，而现实原则就是我们现代社会把自然的、客观的事实当作真实的做法。按照现实原则，真实和想像是对立的。这与弗洛伊德所说的现实原则无关。这种现实原则，即坚持一

---

① 第 186~187 页。

种客观的、纯粹自然东西的现实原则，就是制造二元对立。比如，我们科学研究中所针对的真实对象，就是脱离一切社会关系，脱离各种具体联系的客观对象。所以鲍德里亚说科学研究客体是"死的客体"①。科学研究就是建立在割裂的基础上，它把各种东西割裂开来，比如，它把生命物和无生命物割裂开来。当人们强调其中的一个方面的时候，人们就设想一个对立面，并否定这个对立面。当人们强调生的时候，人们就想像了死的恐怖，当人们强调男的时候，就想像了女性的柔弱。当人们强调善的时候，就想像了恶的可怕。人们承认生产的真实的时候，就否定了再生产，就对再生产进行了想像。本来，人的身体和灵魂是不可分离地结合在一起的，但是当人们强调身体的物质性的时候，人们就把身体和灵魂对立起来了。于是人们或者用身体否定灵魂或者用灵魂否定身体。无论从身体还是灵魂的角度看，其中的一方是真实的，具有肯定的价值，而另一方则是想像的，具有消极的、被动的意义。而鲍德里亚强调象征交换就是要否定各种对立。在他看来，在社会关系中，这些东西都不是对立的。对于他来说，构造对立就是进行社会压制，就是用一方来否定另一方。

如果说在分析原始社会的秘传仪式的时候，鲍德里亚主要是通过象征交换来解构生和死的对立，那么，现在他要把由此得到的理论成果进一步扩大到所有的社会对立之中。我们的社会存在着各种分离的代码：男和女、精神和肉体、生命和死亡、人和自然、真实和想像。象征交换将终结所有这些分离的代码。所有这些分离的代码都是人们从一个角度所进行的抽象。而这种对立和抽象是全部西方哲学和西方思想传统的基础。在这个思想传统中，人们建立了各种各样的对立，强调其中的一方而否定另一方。其中的一方是现实原则（一方成为现实，得到了肯定），它否定了另一方（另一方被否定）。而鲍德里亚所提出的象征交换恰恰就是要解构这种对立。他说："在象征操作中，两个对立词项丧失了自己的现实原则。但这个现实原则从来都只是另一项的想像。"② 当人们得出抽象的人的概念的时候，人们就把人和自然对立起来。人是现实原则，他从人的概念出发来想像自然。自然就是他的想像（人从自己的社会的角度来想像自然）。男人把男女割裂开来，把自己当作现实，并从自己出发来想像女性。在男

---

① 第187页注。
② 第187~188页。

女的对立中，男性是女性的想像，而女性也是男性的想像。同样的道理，当人们把白人和黑人对立起来的时候，白人是黑人的想像，而黑人也是白人的想像。在这种对立中，黑人从自己的现实出发来想像白人（文明、发达）。在这里黑人是现实，白人是想像。反过来说，白人从自己的现实出发来想像黑人（不文明、野蛮）。在这里白人是现实，而黑人是想像。同样的道理，在原始人和现代人的对立中，现代人从自己的现实出发来想像原始人，而原始人也从自己出发来想像现代人。因此，鲍德里亚认为，我们应该终结这种对立，用一种象征交换的关系来超越真实和想像之间的对立。真实和想像之间可以进行象征交换。从象征的角度来说，人和自然是可逆的（如果把人和自然对立起来，那么人就会被当作神圣的东西来理解，这恰恰是对人的压抑。同样这也是对自然的压抑，从人自身出发所理解的自然被当作真正的自然，而忽视了人所没有理解的自然）。同样，从象征的角度来说，现代人就是野蛮人，而野蛮人就是现代人。他们是象征可逆的。而把现实和想像对立起来就造成了社会的控制。鲍德里亚的这些说法对于我们反思现代性具有重要的意义。

在鲍德里亚看来，在我们的社会中，生和死就处于这样的关系中，生被当作了现实，人们从生的角度理解死，想像死亡。虽然在我们的生活中还有其他各种分离，但是生和死的分离是最根本的分离。或者用鲍德里亚本人的话来说，生和死的分离是所有其他各种分离的基础。生死的分离是一切社会权力赖以确立的最根本的基础。在这里，鲍德里亚还特别强调，生和死的对立以及其他的各种对立，不是抽象的结果，而是一切知识赖以建立的基础。人们就依靠这种对立建立知识和传授知识。比如，教育者和被教育者的分离，这种分离就建立了权力关系。当人们把两项东西对立起来并把其中一项当作"现实"的时候，另一项就作为想像，而纠缠"现实"并导致现实自身的死亡。比如，当我们把生死对立起来的时候，当我们把生当作现实，而抬高它的价值的时候，关于死亡的想像就会不断地纠缠着我们。我们整天提心吊胆，害怕死亡。于是，我们到处都发现危险。在今天的一些大城市，为逝者找墓地甚至成了严重问题，这是死亡纠缠生命的必然结果。

当我们把真实和想像分离开来、对立起来的时候，真实和想像变成相互独立的自我封闭的世界。这就好像天堂和地狱是两个完全对立的世界、完全封闭的世界。真实只能在一定封闭的范围内才能被看作真实，想像也只能在一定的范围内才是想像。超出了封闭的范围，真实和想像就无法对立起来了。我们的科学所发现的真实，只能在我们现代科学的范围内才是真实的，但是这绝不意味着，这是绝对真实。这就如同关于超级真实的小说《窥视者》中所描述的那样。小说中的主人翁都生活在自我封闭的世界里，他们都相信自己没有被窥视，而实际上，这是他们的想像。他们认为自己没有被窥视，这是真的，而这种真实是想像。鲍德里亚认为，象征就终结了这种对立，这就是说，它是把对立的东西放在社会关系的框架中来理解。当我们把真实放在社会关系的框架中来理解的时候，真实就象征着想像。这两者并不是完全对立的。鲍德里亚认为，虽然像拉康那样的精神分析学家也指出了真实界、想像界和象征界的区分，但是，他仍然没有真正超越封闭的框架。按照拉康的分析，儿童在成长过程中会分别经历三个不同的阶段。第一个阶段就是，人处于真实界，在这个时候，儿童与世界没有分离开来。于是儿童只是从自己本真的需要出发而获得满足。而这个满足也是真实的满足。在第二个阶段，主体和客体分离开来，儿童不能直接获得满足，他感到了自己的缺失。这个时候"他者"出现了。他要重新获得真实状况，重新获得满足。但是，儿童已经无法获得他者，而只能有关于他者的想像。他从自我出发来想像他者。他只有关于他者的镜像。在第三阶段，儿童获得了语言，并由此而步入社会。这个时候，他用象征的东西来代替真实的东西，从而融入社会秩序。鲍德里亚认为，拉康虽然描述了这几个孤立的过程、封闭的过程，但是，拉康并没有能够真正跳出这种封闭状态。这是因为，拉康的全部理论仍然是建立在意识、潜意识的基础上。他确信，存在着一种潜意识，这种潜意识与意识是对立的。正是在这个意义上，鲍德里亚认为，拉康建立了潜意识的精神现实原则（潜意识是现实存在的东西）。而这个潜意识的精神现实原则与精神分析的现实原则是密不可分的。精神分析认为，人的潜意识受到现实原则的压制。因此，鲍德里亚认为，他自己所提出的象征就终结了精神分析，超出了精神分析。在这里，我们特别要注意一下鲍德里亚关于拉康的一个注释。他认为，在拉康那里，潜意识虽然是现实的，但是，这个现实不是实体性的、客观的参照。这个潜意识在拉康那里总是不在场的，缺席的。鲍德里亚挖苦说，这个潜意识具有玩捉迷藏游戏的魅力。虽然潜意识总是缺席，不在场，但是它并没有完全消失。潜意识的不在场与乌托邦的不在场是不同的。乌托邦的不在场意味着乌托邦是虚构，完全的想像，它没有现实性。

而潜意识的不在场却不同，它虽然不在场，但是现实存在的。①

2. 不可避免的交换

在这个部分，鲍德里亚说明，生死、男女等所有二元对立的东西都是可以交换的。但是这种交换有两种形式，或者是象征交换，或者是经济交换。在象征交换中，我们快乐，而在经济交换中（也有象征交换的特点，不相等的东西之间的交换），我们苦恼、忧郁。

我们知道，真实的死亡（生理上的死亡）是人们在脱离社会的时候想像出来的。而象征交换终结了想像的死亡和真实的生命之间的对立。同样，我们也可以用象征交换来分析妇女的交换。在这里鲍德里亚通过妇女交换来说明，乱伦禁忌与潜意识无关（批判弗洛伊德）。原始社会中的妇女交换和秘传仪式是一样的，都是一种象征交换。原始人通过象征仪式进行生死的交换。在秘传仪式中，生和死的对立被终止了。然而，按照潜意识的精神现实原则，所有的人都有本能的需要，都需要得到满足，那么妇女就不能交换而只能留着自己享用。但是，在原始社会中一切都必须进行象征交换，这就如同生死的象征交换一样。在妇女的象征交换中，"群体用女人交换联姻系统来回应真实的、自然的、'非社会'的生物学血缘事件"②。如果人们只是从男女对立的观念来理解性关系，只是从自然的角度来理解性关系，那么不同的部族之间不需要进行妇女的交换。因为同一个部族中的男女区分就可以被用来满足人的性本能的需要。那么为什么原始社会的人们要进行妇女的交换呢？这种妇女的交换与本能的满足、与潜意识无关，而与象征交换有关，与人们之间建立社会联系有关。男女之间的性关系不是一种自然关系，而是一种社会关系，这种社会关系就要求人们必须对女性进行交换。在妇女的交换中，妇女必须被置于馈赠过程中，在馈赠和接受的过程中，妇女不再是生物意义上的女性，而是社会意义上的女性。通过妇女的交换，一种新的广泛的社会关系形成了。乱伦禁忌是通过象征交换来维系的，一旦象征交换被摧毁了，我们的社会就受到乱伦的操控（见第四章第五节"乱伦的操纵"）。

正是由于妇女之间的交换，社会关系形成了，或者说，通过妇女交换，活人之间的结盟关系形成了。同样，正是由于生死交换，死人与活人

---

① 第 188~189 页注。

② 第 189 页。

结成同盟。在鲍德里亚看来，任何东西都要交换，都要参与交换。"这是一个绝对法则：义务和互惠不可逾越，谁都无法逃脱，不论何人或何物都是如此，否则必死无疑。"① 脱离象征交换就必死无疑。任何东西都必须在流通中存在，脱离了流通就彻底脱离了社会，这就是死亡，这就是完全在社会中消失。

我们知道，人都是社会性的存在，都要进行社会交往（社会交换）。社会交往到处都存在，而且社会交换是绝对的法则。这是人作为社会存在物的绝对法则。于是，人们会说，原始人和现代人之间没有什么差别。在原始人类中有象征交换，而在我们的社会中，人们也有象征交换。比如说，我们在社会生活中要花数万元购买包，而这个包在功能上与其他平常的包并没有什么不同，至多只是形式不一样。这也是一种象征交换。这种交换也违背了等价交换的法则。那么现代人为什么要进行这样的象征交换呢？这也是要让自己融入社会之中，让自己在社会中得到他人承认。虽然原始人和现代人都有象征交换，但是，这两种象征交换所产生的结果不同。原始人的象征交换是不求回报的，它只是通过一种仪式而把人纳入社会交往的范围。这种传统在一些古老的原始村落中似乎还存在，他们在招待客人的时候似乎不顾倾家荡产，而不求回报。他们就是试图通过这种象征交换关系来建立一种社会联系。而现代社会不同了，人们要通过这种交换得到回报（有等价原则在其中发挥作用）。这里存在着政治经济学意义上的交换与补偿机制。归纳起来说，原始人的象征交换就是一种仪式，通过这种仪式，人被纳入社会关系，而现代人也有象征交换，但是在现代人的象征交换中存在着一种政治经济学上的机制，付出和补偿的机制（这是贯穿整个政治经济学系统的象征交换法则）。正是有这种政治经济学的机制存在，所以原始人的象征交换与现代人的象征交换是不同的。在现代社会中，我们也与死人进行交换。这种交换表现为，我们排除了死人，排除了与死人的象征交换关系，但是却有另一种象征交换关系，这就是死人会和我们建立一种象征交换关系。我们把死亡排除出去了，死亡会回报我们。这就是我们的持续不断的死亡和死亡焦虑。我们排除了死亡，否定了死亡，结果我们生活在死亡恐惧中；我们排斥了死亡，结果我们不仅会在生物学意义上死亡，而且会在社会意义上死亡。比如，某些人如此讲究卫

---

① 第189页。

生，以至于我们不能和他一起吃饭，我们甚至不能去拜访他们。那些有"洁癖"的人就是生活在恐惧中，这种恐惧让他无法与其他人共同交往。这就导致死亡恐惧和我们的持续死亡。象征交换是必然的，排斥死亡，必然会受死亡困扰。鲍德里亚认为，这就是我们终止了与死人进行象征交换所必然付出的代价，这就是我们必须偿还的债务。这就是说，象征交换是无法避免的，但是，我们在进行象征交换的时候，它却包含了政治经济学的意义，包含了债务的要素。鲍德里亚甚至根据这个原则进一步解释我们与无生命的自然及动物的关系。我们排除了自然，我们排除了动物，结果我们也必须为此而付出代价。这是必然的。在这里，鲍德里亚突然批判自由主义。这是为什么呢？自由主义强调个人，强调自我的独立性，轻视社会关系。资本主义社会中的自由主义强调个人的自主性、独立性也必然要付出代价。因为它不承认象征交换，不与其他人进行象征交换。如果一个东西被排斥在象征交换的范围之外，这个东西就要求回报，就要求重新通过象征交换融入社会。任何东西都有进行象征交换的要求，这里包含着必然的义务和互惠的要求。这种要求就是潜意识。显然，鲍德里亚所说的潜意识，不是弗洛伊德意义上的潜意识，而是象征交换的要求。一切没有进入象征交换的东西，都要求进入象征交换，正因为如此，鲍德里亚说："潜意识是社会性的，这也就是说，它由一切未能进行社会交换或象征交换的东西所构成。"① 鲍德里亚所说的这种潜意识与欲望、本能冲动等无关，但是这也与弗洛伊德所说的那种潜意识有类似的地方。在原始社会中，象征交换是到处都存在的，而到了现代社会，这种象征交换（潜意识）被压抑了，人们无法进行原始人意义上的象征交换了。但是，原始人意义上的象征交换会以一种被压抑的形式扭曲地表达出来。于是，他指出，在对待死亡问题上，人们有两种不同的交换方式，一种是原始人类的那种象征交换。这就是鲍德里亚所说的最好的情况。人们通过象征交换的仪式而建立了社会联系。而在我们现代社会中也进行交换，不过这是一种最坏的情况：它将在个体的服丧劳动中得到赎买。我们整天提心吊胆，害怕死亡。因为，我们认为，死亡是我们个体的生物学事件。这如同我们为自己的亲人死亡而服丧一样，我们非常痛苦，我们整天为自己的"死亡"而"服丧"。这就是我们在个体服丧劳动中所赎买的死亡。在原始人类那

---

① 第190页。

里，人们的象征交换的要求被直接表达出来了，而在经济过程中，在生命时间无限积累的期待中，象征交换的要求以扭曲的形式表达出来。因此，鲍德里亚说："全部的潜意识就存在于从一种象征过程（交换、仪式）到一种经济过程（赎买、劳动、债务、个体）的死亡扭曲中。"[①] 于是，虽然象征交换是不可避免的，但是，在一种情况下，象征交换的要求被直接表达出来了，人们感到非常快乐。原始人就是如此，他们在与死人的象征交换中，在仪式和节日的庇护下与死人生活在一起。而我们以忧郁的形式与死人讨价还价。

3. 潜意识与原始秩序

鲍德里亚根据象征交换的必然性来理解潜意识，并根据象征交换的必然性来解释原始秩序，从而否定了弗洛伊德关于原始秩序的思想。

我们知道，弗洛伊德通过分析原始社会中所存在的俄狄浦斯情结而认为，原始社会中出现了压抑本能的社会规则。而鲍德里亚在这里引用了奥尔蒂格的《非洲的俄狄浦斯》中的有关论述，并对弗洛伊德所提出的在原始社会存在的所谓"弑父娶母"的俄狄浦斯情结提出了质疑。按照奥尔蒂格的分析，"娶"这个动词在不同的社会中有不同的含义和不同的社会内容。"杀"这个词在原始社会中的含义也完全不同，在那样的社会中，在那种生和死不存在明显区分的地方，"杀"和我们讲的"杀"也有不同的意思。

在奥尔蒂格看来，在原始社会，人们是按照祖先的法则生活的，父亲从来都是死的，而且也永远都活在人们的生活中（原始人类没有生死区别的问题）。在这样的社会中，人们不可能杀死父亲。把父亲的死（法规的消失）看作自己的责任，把道德意识个体化，把父亲的权威（道德的权威）看作凡人的权威，这会破坏部落社会（按照弗洛伊德对俄狄浦斯情结的描述，似乎父亲是被儿子"杀死"的。请记住按照象征交换的原理，原始社会没有当代人的那种"死亡"概念，所以也没有"杀死"的可能性）。部落社会不存在这种独立的个人。这就是说，原始社会存在着象征交换，因此，在那里不存在生死对立以及个人和社会的对立。

按照这样的观念，奥尔蒂格进一步指出，原始社会中人不是孤立的个人，而是在社会集体中生存的，而俄狄浦斯情结是个体心理状况，俄狄浦

[①] 第 190 页。

斯的悲剧是个人经受的悲剧。在原始社会中,"生殖宗教"、"祖先宗教"都是集体传统的基础。因此,在这样的基础上,人们怎么会产生个人的心理体验,或者个人的悲剧呢?

这就是说,弗洛伊德借助"弑父娶母"而提出的俄狄浦斯情结在原始社会是不存在的。原始社会中的象征交换是把一个人纳入社会集体的活动。所有的东西都是在原始的群体中才能存在,才能被理解。因此,鲍德里亚说,"象征功能"是连接集体原则的,是连接集体的交换,而不是连接父亲的法则和个体心理原则的。比如,在秘传仪式中,生物学意义上的父母被秘传仪式中的父母所取代。在这里父母是象征角色,是所有的社会成员,是氏族中的所有父母,甚至是氏族中的祖先和土地。从这个意义上说,接受秘传的人没有生物意义上的父母(因此,也不存在生物学意义上的、性本能意义上的关系)。在这里,所有的长一辈兄弟都是接受秘传的人的父亲。如果在这个社会中也有对抗,那么这种对抗不是儿子和父亲之间的对抗,而是兄弟之间的对抗。俄狄浦斯要娶的也不是母亲,而是其他氏族的兄弟的姐妹。这里所存在的是兄弟们交换自己的姐妹。如果是这样的话,那么俄狄浦斯所要对抗的原则就不是乱伦的禁忌,俄狄浦斯需要按照兄弟们交换姐妹的原则来行动。俄狄浦斯如果要对抗,那么他也只能对抗兄弟们交换姐妹的原则,而不是父亲的乱伦禁忌。而父亲的乱伦禁忌是建立在父亲、母亲和儿子的封闭的家庭结构中的。然而在原始社会却不存在这样的家庭结构。那里只存在同类之间的交换,而这种交换是维持传统社会的基础。原始社会就是建立在这种象征交换的原则的基础上的。

据此,鲍德里亚对弗洛伊德所提出的乱伦禁忌提出了质疑。我们知道,乱伦禁忌是建立在人的本能或者性心理的原则的基础上的。而在原始社会存在着象征交换,这种象征交换是与潜意识或者心理上的禁忌相对抗的,或者说,象征交换否定了所谓禁忌原则。这是因为,在原始社会一切都以社会的方式被生产和消解,而不存在孤立个体意义上的东西。家庭三角关系是生物学上的关系,而不是社会意义上的关系。正是在这样的生物学意义的三角关系中,人们提出了所谓本能,提出了潜意识。而"菲勒斯"就是这个潜意识的象征表现。这个菲勒斯就是家庭中的父亲、母亲和儿子之外的第四项。这个菲勒斯完全是精神分析所设想出来的,性的一般等价物(这是秩序的"象征")。对于精神分析来说,这个菲勒斯是绝对必要的,因为,它是父亲的代名词。菲勒斯代表了父亲(父亲掌握着菲勒斯的标准），是父亲的绝对命令，只有父亲可以对母亲具有性的要求。这个父亲的名字可防止儿子违背乱伦的禁忌。有了这个菲勒斯才有我们的解放。正是由于这个菲勒斯，我们的本能受到了压抑，为了反抗这种压抑，我们便成为主体（我们的意识受到潜意识的压制）。主体概念是在潜意识的压制中出现的，只有反抗这种本能的压抑，我们才能成为主体，才能获得拯救。没有菲勒斯，我们就不能受到压抑。正是由于这个菲勒斯体制，主体才有可能受到压抑，才可能患上精神病。显然，精神分析就是通过俄狄浦斯的象征性故事否定了原始社会的象征交换体系，而把经济上的交换原则，把潜意识和意识对立的原则引入原始社会，这样才会发现原始社会中的压抑。

鲍德里亚对这种精神分析的解释提出了批评。按照精神分析的理论，原始社会似乎也是"精神病"的社会。这不是因为在原始社会，人没有得到性本能满足，不是因为在那里压抑是明显的，而是因为，原始社会没有精神分析所说的那些原则。显然，这里所说的"精神病"不是心理分析意义上的精神病，而是违反精神分析意义上的精神病。我们是按照精神分析的模式来理解原始社会，凡是违背了精神分析的社会就是精神病的社会。从这个意义上来说，原始社会是精神病的社会。但这是颠覆了菲勒斯秩序的精神病，是进行象征交换的精神病。这种精神病比精神分析所想像的精神病要轻得多。这是因为原始社会中的象征交换和精神分析中的象征原则不同。原始社会进入了象征交换，这种象征交换不是精神分析中的那种菲勒斯意义上的交换，确立菲勒斯一般等价物意义上的交换（精神分析中虽然有象征，但是它的象征要借助于菲勒斯，父亲的法规才进入象征）。这种象征交换不是一种体制，不是按照菲勒斯的等价物所进行的社会控制。象征交换是可逆性的交换，是解构秩序的交换。因此，鲍德里亚说，象征交换可以摆脱双重体制："压抑的心理体制和超验的社会体制。"[1] 这里的压抑的心理体制是精神分析所说的本能的压抑，而超验的社会体制是我们所理解的固化的社会结构，比如，男女对立、美丑对立、善恶对立等都是超验的社会体制。

在鲍德里亚看来，象征交换摧毁了菲勒斯体制。鲍德里亚说，当父亲们相互交换时，象征意义上的父亲们建立了一种社会关系。而父亲们的相

---

[1] 第193页。

互交换是通过一种秘传仪式进行的。在这样的情况下，不存在生物学意义上父亲的那种权威。父亲们死去不是被杀死，而是与秘传者建立一种死人与活人的交换关系。这里不存在控制和被控制的关系，不存在必须被遵守的法规。当母亲（这里的母亲不是生物学意义上的母亲，而是指大地，语言）被父亲们相互馈赠时，这种交换是一种象征交换。原始人类通过大地之间的相互馈赠而建立起密切的共同体，同样，他们也通过语言上的交往而变成一个生死与共的共同体。这里也不存在通过馈赠而产生的权力关系，也没有通过语言而建立的规则。原始秩序就是一种象征交换的秩序。这种秩序的重要特点没有一般等价物意义上的规则和法则，没有通过交换而确立的权威。通过象征交换所有人都生活在生死与共的共同体中。只有脱离了这种共同体关系，只有在按照一般等价物的交换关系中，只有在狭隘的家庭关系中，人们之间才会出现权力关系，才会出现不可避免的法则和地位。由象征关系构建起来的原始社会或许就是鲍德里亚所虚拟出来的理想社会。

有人会认为，鲍德里亚关于原始社会的这种设想，似乎是在谈论一个没有压抑和潜意识的社会，这好像是要找到某种奇迹般的纯真时代、纯真社会。对此，鲍德里亚进行了批判。他认为，他所提出的这种社会理想，不是要让欲望在其中自由流动，或者说，他所提出的理想社会不是人们可以轻松地满足自己的欲望。当然首先是满足自己的次级的欲望，比如，把人们从政治和经济的压抑中解脱出来（赖希）。又比如，马尔库塞认为，应该让人的本能欲望升华为爱欲。这是为了"被解放"而对欲望进行驯化，是人们为了所谓解放而想像出所谓"被压抑的本能"，或者"受限制的生产力"。鲍德里亚认为，这是弗洛伊德主义和马克思主义的幻想。当然除了弗洛伊德主义的马克思主义之外，还有一些人认为，今天的压抑就是弗洛伊德意义上的本能的压抑，或者非是理性的东西所受到的压抑。这种压抑的研究已经从理性的领域走向了非理性的领域。这似乎是说，如果人们把非理性从压抑下解放出来，理想的社会就实现了。鲍德里亚指出，他强调的不是要把人从各种压抑下解放出来，而是另一个问题，一个非资产阶级的问题。今天人们所讨论的压抑或者非压抑，都是从资产阶级自由主义的角度，从个人的自我独立的角度来考虑压抑和非压抑（笛卡尔的我思，康德的自律）。这种消除压抑的任何设想都是在资产阶级思想的框架中进行，没有超出资产阶级的自由和必然的问题之外。鲍德里亚谈论没有压抑、没有潜意识的社会不是这种资产阶级个人主义意义上的社会，而是一种人与人生死与共的社会。

从理性的角度来看，人类文明的发展过程就是不断限制欲望的过程，或者说，是驯化欲望的过程，是控制本能的过程。从这个角度来看，欲望从来都被看作文明进程中一种负面的东西，是要加以控制的东西。因此，对"欲望"的质疑、对潜意识的质疑，也是文明发展过程中常有的现象。弗洛伊德也认为，文明的过程就是对本能进行压抑的过程。从这个意义上来说，人类在文明史上都有一定的禁忌来控制欲望，人们控制欲望就像人们控制某种东西一样。于是，人们自然就会设想，人们所控制的东西是客观存在的。在俄狄浦斯情结中，人的欲望应该受到控制，应该受到禁忌的控制。而在反俄狄浦斯情结中，人们认为人的欲望应该得到释放。换句话说，强调理性秩序的人就要求控制人的欲望，而强调本能满足的人认为，应该把人的欲望从传统的束缚中解放出来。弗洛伊德主义属于后者。中国的宋明理学属于前者。在这里，无论人们出于哪一种态度，人们都认为，人存在着一种客观的本能或者欲望，都认为，这种本能和欲望等待着被释放出来。在这里弗洛伊德主义类似于马克思主义。马克思主义认为，在历史进程中，劳动力（理性的力量）受到了压制，所以人们要通过革命而把劳动力解放出来。而在弗洛伊德那里，人们认为，人的本能（欲望）受到了压抑，这是一种被压制的"欲望力"，人们也应该通过革命把欲望力解放出来。鲍德里亚认为，马克思主义和弗洛伊德主义的思路是一致的。马克思主义从"生产之镜"来考察人类历史，认为人类的历史都是生产力得到解放的历史，而弗洛伊德从"欲望力"的角度看待人类历史，认为人类历史是欲望受到压抑的历史，是欲望被解放的历史。这是从"欲望之镜"来看待人类历史。但是无论是哪一种"力"，从"力"的角度理解古代历史，这都是一种压抑。因为古代人的本性不能用这种力来理解，他们没有这样的"力"。如果人们认为，这种力具有现实效果，那么这是纯粹的想像。在当今社会，人们到处都发现了里比多的解放。这是纯粹的想像。

在这里，鲍德里亚用一个实例来证明，从欲望之境来看待原始人类是错误的。本来，原始人类具有一种食人的习俗。这种习俗与人的本能、欲望无关。但是，弗洛伊德主义却不这样认为，他们认为，人具有一种口腔的冲动，一种本能的冲动，这种冲动应该受到禁忌的控制。然而原始人类却不受这样的控制。在原始人类那里，所有的人似乎都有一种吞食同类的

"欲望"。然而当一支橄榄球队由于飞机失事而不得不吃自己的同类的时候，弗洛伊德主义者似乎可以说，在这里，人的本能的力量被释放出来了。而教皇也认为，他们这样做是无罪的。那么为什么，人释放本能的力量就无罪了呢？这是不是意味着宗教也把人的本能的力量神圣化呢？这是不是也要把人的本能力量合理化呢？在此，鲍德里亚对这种用本能的力量来解释的说法提出了质疑。他挖苦说，这种解释前后矛盾，它一方面认为，吃人这种欲望是一种恶（这是宗教的神圣性），另一方面它又认为，吃人是人的本能的力量的释放，是神圣的。本能的力量在这里被神圣化了，甚至可以与宗教的神圣性进行竞争了。他认为，在食人族那里，吃人的行为与人的本能无关，或者说，对于食人族来说，吃自己的同类不是本能欲望的释放。他们吃人不是求生的需要，而是一种象征交换，与死者构成社会联系（而橄榄球队吃人也不是本能的满足，而是入乡随俗，是融入社会）。他们不是随便吃什么人的，而是要吃自己的尊敬的同类，吃掉这些人，而不是让这些人的尸体腐烂。这是对死人的尊重。食人族认为，通过吃人这种象征行为，他们就能够生活在集体中。在原始人那里，所吃的东西是神圣的，而在我们这里，所吃的东西不是神圣的，而是被蔑视的东西，是低等的东西。原始人类所理解的"吃"和我们所理解的"吃"也不一样。在他们那里，吃没有主动和被动之分。鲍德里亚甚至用原始社会的资料来说明，在原始人那里，吃人也是一种决斗。被吃的人也许会获胜（象征交换关系）。据此他批判了人类学家对吃人习俗的两种错误理解。一种理解是从食物的功能的角度来理解食人行为，比如，食人是为了解决温饱问题。而另一种理解是从巫术的角度来理解：吃人是为了吸收被吃的人的"生命力"。鲍德里亚认为，后一种解释不过是从食物的功能主义转向了巫术的功能主义。而精神分析认为，食人是满足一种心理的冲动。这是一种心理的功能主义。在鲍德里亚看来，所有这些解释都是误解。原始人那里的食人习俗是一种象征交换的行为。这就如同夸富宴中的花费或耗费一样，是一种象征交换。这种象征交换的行动如同我们宗教活动中的圣餐。在圣餐中人吃下的不是普通的食物，而是神圣化的东西。同样，在食人族中，人吃下去的东西不能从食物的意义上来理解。虽然这两者类似，但是其本质有差别。原始人的行为是象征交换行为，是与死人建立社会性联系，把死人纳入活人的生活的一种象征仪式。而圣餐是具有经济性质的象征交换行为，其中包含一般等价关系。消耗的邪恶部分被极大地福音化了。鲍德里亚是在强调，在我们现代人的死亡观念中，甚至包含圣餐中的死亡，都具有经济性质，而只有原始人类才超越政治经济学（这可以从本书附录的论文中加深理解）。

如果说食人族中吃人的含义与我们日常生活中吃饭是不同的，那么原始社会中杀人的含义与我们当代社会的杀人也完全不同。在这里，鲍德里亚以俄狄浦斯的弑父（弑君）行动为例来分析其中的含义和特点。精神分析的杀父行为是从本能满足意义上理解的杀父行为，而鲍德里亚认为，原始社会中的弑君行为是一种习惯性的行为。这种弑君行为是一种象征交换的行为：这就是要赎回国王持有的特权，是为了让堆积在国王身上的东西，比如地位、财富、女人等维持在流通过程中，维持在群体的互惠变化中。这些东西如果固化在国王身上就会成为一种强制的管理体制，就会形成固定的等级制度。因此，他们要让这些东西流通起来。国王也必须使这些东西处于象征交换的过程中。在这里，国王也必须让自己死掉，这就是"牺牲"的本质和功能，即：消除那些脱离群体之间象征交换的东西，消除死者压在群众身上的东西（国王之死是国王的义务。国王应该让自己死掉。只有这样等级制度才能消除。资产阶级应该让自己死掉。这是他自己的义务。他应该让脱离社会群体的东西重新加入社会的象征交换中）。在这里，杀死国王就是要杀死法规，杀死那个开始统治社会的菲勒斯体制（通过一般等价关系而确立起来的统治体系，包括资本主义的交换关系体系。表面上是等价关系，而实际上是一种象征交换关系）。国王在这里不是被杀死，而是为了象征交换而牺牲自己。然而正是由于人们放弃了象征交换，正是由于这种牺牲机制的丧失，人们才认为，这是潜意识在发挥作用（儿子的潜意识发挥了作用。实际上，我们的解放，不需要潜意识的解放，不需要生产力的解放，而是需要象征交换）。鲍德里亚认为，这种做法实际上是用经济学的思想来代替象征交换。从这种经济学思想出发，人们认为，弑君是要废除法规，是为了满足欲望。在这里，所有人都有本能的欲望，都要满足本能的欲望。人们为了满足本能的欲望而杀死父亲。这是从欲望和欲望满足的角度来理解杀父行为，是按照经济学原则来理解杀父行为。在这里，谋杀是由于人们受到压抑而进行的反抗。在鲍德里亚看来，在原始人那里，弑父根本不是出自潜意识的行为，也不会产生负罪感。同样这种弑父行为也不是像我们今天的性解放中的那种"表演"。在这里，国王的死亡是一种象征交换行为，是馈赠死亡，是一种节日。这与我们对于死亡的理解，完全不同。杀死"国王"，杀死"父亲"（"杀死""资本家"，夺取"资本家"的财产，这里的资本家不是通常理解的资本家。实际上我们都是资本家，都被经济学原则所控制），不是按照经济学原则（无论是生产力还是欲望力意义上的经济学），而是要象征交换。经济学原则就是统治秩序的原则，象征交换彻底颠覆这个原则。我们今天要杀死父亲，杀死国王（"杀死"资本家，"杀死"资本主义制度体系），不是因为父亲和国王等没有让我们的需要、欲望得到满足（在福利国家中，我们的需要已经得到了满足）。我们得到满足了，但是经济学秩序仍然以象征的形式控制着我们。我们要建立一种全新的社会关系。这就需要象征交换。在这种象征交换中"杀死"父亲也没有罪恶感，这不是弗洛伊德意义上弑父，而是父亲馈赠死亡（重新回到社会中，重新和我们构成一个共同体，在这里鲍德里亚似乎在对资本家做思想工作，让他们自己"杀死"自己），这是一种节日。

既然在原始社会杀人、吃人与我们的社会完全不同，那么我们就不能按照弗洛伊德的潜意识的思想来解释杀人和吃人行为。按照我们的文化传统，杀人和吃人都是从侵犯的意义上理解的：杀人——被杀；一个人杀人，与此相对立的就是另一个人被杀；一个人吃人，与此对立的就是，另一个人被吃。这两者之间是对立的。而在原始人那里，不存在这种吃人和被吃的对立，也不存在杀人和被杀的对立。弗洛伊德接受了把两者对立起来的传统认识，也是从这两者之间的对立来理解吃人。这种二元对立正是象征交换所要解构的。弗洛伊德主义恰恰就是建立在这种二元对立的基础上的。弗洛伊德主义用二元性压制了二重性（多义性、差异性）。今天我们要重建二重性（带有综合的模糊性，不是经济学意义上的精确计算），就是要进行象征交换（鲍德里亚似乎在说服资本家，今天的社会，所有的需要都已经得到满足了，资本家不要再按照经济学原则斤斤计较了，而要象征交换，他们要像原始秩序那样，不求回报地进行馈赠）。

由此，鲍德里亚把潜意识意义上所理解的三个动词和象征交换意义上理解的三个动词加以比较。在潜意识中，人的行动是"杀死""占有""吞食"某个对象。这种行动是潜意识受压抑而冲动的结果（革命的精神由此而来）。在这里，每个动词都有一个与它对立的动词，"被杀""被占""被吞"。这里的对立表明，它们之间有一个界限。这个界限仿佛是一个禁忌，是一种法规，它在人的内心引起的是内疚和恐惧。而在原始人那里，与上述三者对应的是"馈赠""归还""交换"（"杀死""占有""吞食"从象征交换的意义上来说，同时就意味着"馈赠""归还""交换"），它们表示集体交换，表示象征仪式。在馈赠、交换和归还的行动中，所有的东西都是可逆的（资本家何必要等别人杀死呢，不如自己馈赠吧！你如果馈赠了，那么你就融入社会了。否则你就非常孤立，甚至要弄几十个保镖把自己和他人隔离开来。这就像一个死人，这是象征意义上的死人，社会意义上的死人。既然这样也是死，不如让自己馈赠死亡，让自己馈赠资产，重新回到社会。鲍德里亚真是循循善诱）。

通过这种对比，鲍德里亚认为，精神分析和原始人类的思想所存在的差别在于心理领域的自主化方面。在原始人那里没有独立的心理领域，他们不需要用心理机制来解释人的行为。或者说，对于他们来说，他们的象征交换的行为与心理机制无关。而精神分析却提出了一个独立、自主的心理领域。这个心理领域受到压制，人就开始反抗。在鲍德里亚看来，精神分析所压制的不是人的本能，而恰恰是象征交换。正是象征交换被压制才使他们认为，人有一个独立的心理机制。或者如鲍德里亚所说的那样："只是对这种东西（象征交换——引者注）的压抑才导致了精神和潜意识的机制。"[1] 精神分析对原始人类的分析是一种类比，它从俄狄浦斯情结的类比中得出人的本能的结论，是一种误导。

最后，鲍德里亚认为，精神分析和马克思主义对原始社会都进行了曲解。这种曲解的性质是相同的，但是方向相反。

马克思主义的人类学家认为，原始人类的行动都应该从经济意义上进行解释，这种经济行动决定了原始社会的发展。不过，马克思主义的人类学家认为，这种经济意义是隐蔽的。比如，格德里耶（Maurice Godelier）就是如此。[2] 而在当代资本主义社会，经济行动在社会发展中发挥决定性作用，这种作用是明显的。他们虽然认为古代社会与当代社会存在着差别，但是又认为，其根本性的东西都是一样的，都是经济在社会发展中发挥决定性作用。

弗洛伊德主义认为，潜意识在人类社会的一切阶段都发挥着根本性的作用，占主导地位。不过潜意识在原始社会的作用被表现出来了，比如通

---

[1] 第197页。
[2] 参见〔法〕鲍德里亚《生产之镜》，仰海峰译，中央编译出版社，2005，第三章。

过弑父的行为表现出来了。而在当代社会，潜意识也发挥作用，但是这种作用没有明显地表现出来，是潜在地发挥作用。

鲍德里亚对马克思主义和弗洛伊德主义这两种理解都提出了批评。他认为，这两者都忽视了这里所存在的微小差别，而在鲍德里亚看来这里的微小差别却非常重要。人们之所以忽视这里的微小差别是因为，人们都抱着同样的形而上学的思维方法，这就是认为在表面的现象背后都有某种实在的东西发挥作用。这些实在的东西就是经济结构或者潜意识结构。不过这些背后的实在的东西，在某些情况下是表现出来的，而在某些情况下则没有表现出来。鲍德里亚对于这种思维方法进行了批判。他认为，如果经济结构潜藏在其他东西的结构之中，那么这就意味着这种东西在社会生活中没有发挥作用。这个东西就是无，它什么也解释不了，什么也不是。反过来，如果潜意识表现出来了，那么潜意识就不是潜意识。这就是说，如果说潜意识在原始社会中被表达出来了，那么在原始社会就没有这种潜意识，我们就不能用潜意识来解释原始社会的现象。这表明，原始社会的现象不是心理现象，而是仪式，是象征交换。在这里，鲍德里亚显然反对结构主义对表层结构和深层结构的划分，在他看来，这种划分是无意义的。他认为，当一个东西从潜在的形式变成显在的形式的时候，这个东西的性质就发生变化了，反过来，当一个东西从显在的东西变成了潜在的东西的时候，这个东西的性质也发生了变化。因此，他认为，马克思主义和精神分析都是错误的。在他看来，按照马克思主义或者弗洛伊德主义建构的革命理论都是误导。

最后，他得出结论：只有借助于象征交换，我们才能说明这些社会现象，而用经济的原则是无法解释；同样也不能用潜意识去解释，只有借助于象征交换，我们才能说明这些社会现象，而潜意识根本就不是什么潜意识。

4. 化身与人格分裂

在这里，鲍德里亚通过原始人类与自己化身的关系来说明古代人类没有主体性，也没有人自身的分裂，由此而批判现代哲学关于主体的观念。他认为，原始人类具有化身的概念，这个化身的概念与原始人类关于死亡的观念密切相关。在原始人那里生死之间存在着象征交换，同样在人和他的化身之间也存在象征交换。对化身概念的压制，就是主体的起源。原始人类关于化身的观念可以用来分析和批判精神分析关于人格分裂的思想。

在这里，我们必须注意的是，鲍德里亚这里所说的原始人类或者原始秩序既有虚构的成分，也有切实的基础。或者说，这里的原始人类、原始秩序的说法超出真实与想像而具有象征的意义。我们可以说，鲍德里亚的研究贯彻了一种象征交换的方法。

鲍德里亚在这里首先回顾了"主体"观念形成的历史。在原始社会，人类就有了化身的观念。这种化身类似于人们常说的幽灵、影子等，人们几乎认为，它们是以物质的形式存在的。鲍德里亚认为，这些幽灵、影子的观念是人类所提出的关于灵魂和意识的最初形式。或者说，幽灵、影子逐步进化为灵魂或者意识。这些东西最终升华为"人类精神"、上帝或者普遍道德。"主体"观念就是化身、幽灵、影子的升华。鲍德里亚认为，统一的上帝观念的形成是与政治上的集权统治有关的（主体观的产生是与权力的产生一致的）。这就是说，在人类历史上，原始人类最初的化身、幽灵、影子（或者说，一个人同时以多种形式存在着，其中没有一种形式可以被看作主体）等逐步被升华为"人类精神"。而中世纪的上帝、统一的神就是这种人类精神的体现。这个神与原始的诸神原则无关。原始社会是多神教，这些神都是人的伙伴，都和人发生象征交换。这就意味着，如果坚持原始的诸神原则的话，那么统一的上帝就无法形成，集权的统治就无法形成。同样，正是由于灵魂观念的出现，人与鬼怪、化身之间的象征交换结束了，人开始与灵魂、意识打交道，反思自己的灵魂与意识。作为主体的人就是自我反思的人，就是有意识的人，是能够自我控制的人。主体的观念由此形成了。这是在西方理性的字里行间穿行的灵魂（西方主体形而上学的幽灵）。如果人的灵魂不能控制自己的身体，那么人就不是自己了，人就不是主体。如果人和他自己疏离开来，那么异化现象就出现了。

按照笛卡尔以来的近代哲学传统，人是能够自我意识的存在物，人能够认识、知道、反映他自己的意识。按照这样一种思想传统，人和他自己的意识、灵魂或者内化的道德原则之间存在一种认识、反思和反映的关系。显然，当人和自己的化身、影子、幽灵相互对话、相互之间进行象征交换的时候，人和他的心灵之间不存在认识和反映的关系。然而，按照人是有意识的存在物，主体就是能够有意识控制自己的人。在这里，主体与意识等同起来了。鲍德里亚认为，正是这种等价关系构造了主体，也构造了主体的分裂。没有意识的统一性，就没有意识的分裂。而原始人类与自己的化身之间却不存在这种等价关系,因此,也不存在主体概念,不存在意识的分裂。原始人与化身的关系,正如原始人与死人之间的关系一样,他们与自己的化身之间进行象征交换,进行对话,原始人与自己的化身之间具有"具体的个人关系"①。实际上鲍德里亚在这里就是要强调,人同时具有多种存在形式(如同人同时有影子、幽灵一样),人和自己的这些多种存在形式之间具有多种具体的关系。因此,人既可能从自己的某种存在形式中获得快乐,也可能因某些存在形式而感到悲伤(人在社会中存在,同时既有快乐,也有痛苦)。人就是在这些多种存在形式中成为自己的。因此,人和自己的多种存在形式之间的关系不是什么异化关系。只要承认人具有多种存在形式,那么人就没有所谓异化。只有当我们把某种抽象的东西纳入人之中,人才会被异化。比如说,当我们说人是有意识的存在物的时候,于是一切不受自己意识支配的行动都是异化,人被迫从事的某种活动就是异化的行动。在人类历史上,我们有各种各样的抽象体制,我们有各种各样的主导观念。所有的人都必须接受这些主导观念,这些人才是理性的人,才是合格的人,才成为主体。比如当这个社会具有上帝的观念的时候,我们必须把上帝观念纳入我们的意识,这个时候我们才是人,才是主体。同样,我们必须把这个社会的道德观念纳入我们的意识,我们才成为主体,才成为人。所谓主体,就是一个人要使自己从属于社会的抽象体制,使自己成为抽象体制的奴隶。为此,鲍德里亚尖锐地指出,"在历史上,异化是伴随着解放了的奴隶对主人的内在化而开始的"②。本来,我们是抽象体制的奴隶,但是我们却以为自己是主人,是主体,这就是异化。在这里,人异化了,人成为奴隶并把这种奴隶的身份看作人的主体性的标志。这里所说的异化与我们通常所说的异化不同,但是比我们通常所理解的异化深刻得多。只要主人和奴隶之间存在着双向关系③,只要奴隶可以对主人提出质疑,这种异化就不可能发生。这是因为,在他看来,主人和奴隶的双向关系如同人和自己的影子之间的关系一样,他们之间会发生象征交换。

于是,鲍德里亚从人与化身之间的关系角度来解构现代哲学关于主体

---

① 第199页。
② 第199页。
③ "relation duelle",中译本翻译为二元关系,似应翻译为"双向关系",以区别于前面所说的二元关系、二元逻辑。"la logique binaire"在前面被翻译为"二元逻辑"。

的观念。原始人和自己的化身之间的关系不是异化关系，而是双向关系，是对话伙伴的关系。在这里，人把自己作为他者，甚至把自己看作无数的他者，并同这些无数的他者对话，把这些无数的他者看作自己的存在形式。鲍德里亚用化身、影子来比喻这些"他者"。而这些他者就是"自我"。严格来说，这里也没有"他者"或者"自我"。这些化身和影子都是不同的，它们之间会相互言说，它们超越了主动和被动地言说，它们会相互诘问。我们每个人就是由这些化身、影子构成的，这些东西仿佛是我们身体的不同的组成部分。按照这样的理解，人就不是什么统一的主体。这就如同人的身体的每个部分都成为独立的身体一样，而这些独立的身体作为我自己的存在形式相互对话。这里不存在所谓分离或者人格的分裂，因此，也不存在所谓异化。这里不存在一个身体和他影子之间的反映关系，不存在主体和他的意识之间的反映和被反映关系。当主体被作为统一的主体确立起来的时候，人身体的所有部分（化身、影子等）都要服从统一的原则（等价关系），这个原则就是所谓主体性原则。应该说，鲍德里亚对人自身的非统一性、多元存在形式的强调具有重要的意义。他表明，人具有无限多的面孔，具有无限多的特性，我们不能把人都放在统一的模式中理解。人既是善良的又是险恶的，既是美的又是丑的，而且这些善良和险恶、美和丑的特性是结合在一起的。然而我们关于人性的讨论，关于主体性的讨论却把人放在一个僵化的框框中理解，这恰恰限制了我们对人的理解。

在原始社会，人有化身，有活的他者，有无数的其他存在形式。这些存在形式都同样有生命。而在当代社会，人成为主体，人具有唯一的存在形式，如果人背离了这种存在形式，那么人就异化了，人就要受到查禁，就要受到规训。这种规训和查禁就是要让人回归到自己的存在形式，使自己成为主体。或者说，这就是让主体重新按照社会的主导原则行动。

人作为主体本来应该具有多样的存在状态，有许多化身，但是在当代社会，人变成了有意识的存在物，人按照同一性的原则、同一律来规训自己。在这个时候，人如果认为自己有化身，有多元的存在，那么这个人就是疯子，就应该受到查禁，就应该受到规训。因此，鲍德里亚认为，近代社会对主体的监禁就如同对疯子的监禁一样。在这样一种监禁中，人失去了自己的多样存在形态，失去了自己的化身。如果一个人说看到了自己的化身，那么人们就会说他是疯子，或者离死亡不远了。当代社会不容许人有化身，而当代社会不容许有化身的时候，化身就脱离了，并且开始向人进行报复。当化身离开人向人（主体）进行报复的时候，主体离自己的死亡也就不远了。或者说，当我们大谈主体，高扬主体的时候，主体已经离他的死亡不远了。因此，鲍德里亚说，"化身成为主体死亡的先兆"[1]。为了说明这一点，鲍德里亚用沙米索（Adelbert von Chamisso）所写的《彼得·施莱米尔的神奇故事》来说明失去影子的人将会面临困境。当然，对于失去影子的故事，人们常常有这样的解释，把它理解为意识、灵魂、故土等。好像失去影子的人是失去意识、灵魂或者故土的人，人们应该重新获得意识、灵魂或者故土。鲍德里亚认为，这种理解，是不可救药的理想主义。而他则不是从隐喻的角度来理解人的影子，而是直接从本意上理解这个故事。失去影子的人就是失去身体的人。如果一个人没有影子，那么这个在太阳下没有影子的人还有肉体的存在吗？从这个意义来说，失去影子就不是人了。为此，鲍德里亚说，失去了影子就是忘掉自己的身体。于是，在这里他用《布拉格的大学生》中的故事来说明人类由于失去了象征交换的能力、失去影子而要面临的危险。从《布拉格的大学生》中，我们知道这个大学生的镜像后来成为一个独立的东西。这个东西脱离主体自身，并成为杀人的影子。当这个大学生把自己的影子杀死的时候，他自己也死去了（再次请注意这里的隐喻意思）。因此，在鲍德里亚看来，影子是人的化身，是死人，是对话的伙伴，如果抛弃了影子，否定了影子，那么这个影子就会成为独立的东西而报复人。这就如同在当代社会，人否定了死人、排斥了死人，而死人绝不会容忍活人不把他们当回事，他们要进行报复。比如，我们害怕厉鬼，这就是死人报复活人的方法。如果死人是我们生活中的一部分，是我们交往的伙伴，那么厉鬼就不会出现。当然死人对活人的报复还有很多方式。当人失去影子的时候，这个影子同样也会报复人。在这里，鲍德里亚留下了伏笔，潜意识就是影子变来的。

在这个部分，鲍德里亚试图说明，潜意识的观念从何而来。他说我们的整个文明，就受到了这种分离化身的纠缠，甚至像弗洛伊德理论那样的最为微妙的文化形式也是如此。弗洛伊德用"不自在感"来标识这种文化。鲍德里亚认为，这种文化时代已经来临。自从近代以来，人们就开始用意识、灵魂来定义主体，而身体或者与我们身体密切相关的东西都被排

---

[1] 第 200 页。

斥了。比如，人把自己的声音、身体、形象排除在主体之外。可是，正如影子和化身是人的必要组成部分一样，身体、声音也是人的必要组成部分，它们是不能被排斥和否定的。正如心灵杀死了鬼怪一样，意识哲学把人的化身、影子、身体、声音等当作非理性、潜意识的东西。对意识哲学来说，古代人相信影子和化身，这是他们的非理性思维的表现形式，是他们的一种潜意识在发挥作用。这种做法就如同基督教把古代社会中的诸神都当作了魔鬼，都当成该死的魔鬼。本来这些东西都是人所固有的，都是人的身体的独立部分。它们是人自身的存在形式，并与人对话。这就解释了潜意识观念的由来：把原来作为身体一部分（人自身的一部分）的那些东西与身体分离开来，基督教把它看作需要驱除的恶魔，而弗洛伊德看到了它的作用。

鲍德里亚认为，这就是我们的心理学（主要是精神分析）所做的工作，这种心理学把原始人类的化身、影子等东西都否定了，并按照他们自己的理解把这些东西说成是非理性。比如，他们认为，原始人具有自恋倾向，有对死人的恐惧、万物有灵等非理性的心理。这是某种潜意识起作用。因此，鲍德里亚说，现代的心理学把这种所谓非理性、潜意识等东西悄悄地塞给野蛮人，然后又当作"古代积淀"加以回收。对他们来说，好像在野蛮人那里，这种潜意识的东西，这种非理性的东西就发挥作用，而在现代社会这种东西被压抑了。弗洛伊德就是这么做的。弗洛伊德曾经说过一种现象即"心理过程的自恋式高估"，而这种现象恰好就发生在弗洛伊德自己身上。他也固执于自己的观念，或者说，他也过于自恋了，高估了他的潜意识、无意识等东西。他把这些东西投射到原始人类那里，投射到野蛮人那里。原始人类的象征交换行为都被按照潜意识、非理性的模式加以理解。鲍德里亚把这种现象称为"心灵或意识对身体的所有象征潜力的压制性裁决"[①]。精神分析的这种做法与政治经济学对一切社会现象做出的裁决在性质上是一致的。鲍德里亚认为，精神分析的这种做法比政治经济学的那种做法更可怕，更危险（为什么呢？鲍德里亚在这里没有给出解释）。鲍德里亚认为，在当代社会，弗洛伊德主义产生了如此巨大的影响，在碰到许多社会现象的时候，人们都用潜意识来加以解释，甚至把这种潜意识的解释扩大到所有的现象上。本来，这是对心理现象的解释，后来的

---

① 第201页。

弗洛伊德主义者却把心理解释的模式扩展到整个社会历史现象，仿佛潜意识决定了整个人类历史。因此，鲍德里亚说，潜意识已经成为不可逾越的体制，它对一切社会现象和个人的行为具有初夜权。一切社会现象和个人行为都可以用潜意识来解释，甚至，社会革命和解放都要用潜意识来解释。

弗洛伊德的潜意识的思想和近代意识哲学在本质上是一致的，只不过掉了一个方向。近代意识哲学用意识的自我来否定身体以及与身体相关的东西（潜意识），而弗洛伊德以来的潜意识哲学，则用潜意识来否定意识。意识和潜意识之间的对立没有消除。因此，它们都是"不连续的、断裂的思想"[1]（都与原始人的象征交换断裂了）。从近代意识哲学角度来看，有意识的人是主体，那些被理性主体排除的东西就是潜意识。在弗洛伊德特别是拉康哲学中，主体被看作永远消失了的主体，或者说，总是受到意识压制和排斥的本我。因此，人不可能成为真正的主体。而客体，作为被欲望追求的客体也是丧失了的客体。人作为欲望的主体总是追求本能的满足，而欲望所追求的对象始终不能被提供给人。现实原则阻止了人获得这种满足，所以，被欲望追求的客体也是丧失了的客体。因此，鲍德里亚认为，潜意识的思想用消失了的主体和丧失了的客体的不可逆性来取代意识思想所包含的主客体相关性的思想。从表面上看，潜意识思想背离了意识思想，背离了西方哲学的传统（意识哲学的传统），偏离了中心，但是，它仍然保留了西方传统的精神，这就是把意识和无意识、人和自然、地狱和天堂对立起来。这种思想方法是与象征交换完全对立的。因此，分裂的主体（无论是意识主体还是永远逃离了的主体）只能梦想一种连续性（即与象征交换的思想一致起来）。而拉康对于潜意识的解释实际上就是梦想这种连续性（参见本节的注）。应该说，鲍德里亚在这里既肯定了拉康对于近代理性哲学的批判，肯定了他对象征交换的追求，但又认为他不够彻底。

最后，鲍德里亚说明了精神分析和象征交换之间的对立。他说，精神分析永远不能达到乌托邦。他在这里所说的乌托邦，不是我们通常意义上所理解的乌托邦，而是象征交换意义上的乌托邦，即达到双向秩序（ordre

---

[1] 第201页。我们似乎可以设想，人和自己的影子是连续的，而不是分裂开的相互映照的两个东西。而在意识哲学和潜意识哲学那里它们却都是不连续的，人们都把意识和潜意识对立起来。

duel，中译本翻译为"二元秩序")、象征秩序、可逆秩序的乌托邦。在鲍德里亚看来，虽然潜意识发现了社会中的压抑、断裂，发现了理性主义传统对人的本能的压抑和否定，但是，其基本思想仍然继承了西方哲学的传统，仍然是在意识和潜意识、人和自然的对立的基础上对抗西方理性主义传统，而不是在象征交换的意义上来对抗西方哲学的传统。在他看来，潜意识的思想恰恰压制了象征交换，否定了象征交换。因此，潜意识的思想无法达到他所说的那种乌托邦。这种乌托邦不是把生和死对立起来，也不确立地狱和天堂的对立，不确立人和自然之间的差别，没有主体和客体的对立，或者说，在它那里，化身和影子都是人的一部分。在象征交换中，没有"彼岸"（死后生存和死亡），也没有"此岸"（潜意识与失去的客体），而只有即时的象征交换。在这里，鲍德里亚特别强调，这种象征交换不是要回到原始状态，不是一种怀旧的乌托邦，而是一种反对二元对立，反对潜意识和隔离，并强调相互性和可逆性的乌托邦。

第三节　政治经济学与死亡

在这一节的开头，鲍德里亚引用了华内岗（Raoul Vanegem）和尼采的话，并试图借助他们的话来表达自己的思想。华内岗说："人死不是因为，人必须死，人死是因为不久前的一天，人们曾经强迫意识服从这个习惯。"按照我的理解，人必须死，这是一个生物学意义上的死，这种意义上的死是一切生物的死，而不仅是人之死。人是唯一能够意识到自己的死的动物。当人意识到自己的死的时候，或者强迫自己适应这种死，或者奋起努力，实现自己的人生意义。如果人强迫自己适应这种死，而心灰意冷，那么这就是人之死，是心死。哀莫大于心死。当然，鲍德里亚可能不是在这个意义上理解死的。或许在他看来，人之死，是因为人习惯地认为，死是个人独立面对的孤独的死。人成为孤独的存在物，这就是人之死。尼采说："对诸神来说，死亡从来都是一种偏见。"从鲍德里亚的角度来说，这或许意味着，只有孤独的人才会"死"，即社会意义上的死。而神，超越孤独存在的人，是不会死，如果认为，这种人也会死，那么这是一种偏见。

在原始人类那里，没有生物学意义上的死亡概念，也没有对死亡的歧视。而只有当人类把生和死作为两种不同的生物学状态，并对死亡产生歧视的时候,死亡才成为描述人类境况的普遍概念,人类才进入孤独的个体死亡中。当死亡作为人类的普遍状况被确立起来的时候,当死亡受到歧视的时候,教会就开始在死亡上做文章,它要让人能够死后生存,要让人能够进入天堂。用鲍德里亚的话说,它们建立了来世和不朽的体制,从而确立了自己的权力。这就是说,它们是在管理死亡的过程中确立自己的权力的。而在宗教受到批判,来世和不朽的观念被否定之后,通过理性的原则建立起来的国家开始管理人的死亡了。不过它对死亡的管理不是确立来世和不朽的观念,而是确立现世生命的尽可能的延长。这就是说,国家就是要让生命尽可能地延长,从而确立和维持自己的权力。用鲍德里亚的话来说:"国家正是通过对作为客观来世的生命的管理而建立了自己的权力。"[1]在鲍德里亚看来,"客观来世"区别于宗教的虚构来世,即现世。但是,现世为什么会被说成来世呢?因为在当代社会,现世已经显示出客观来世的特征,活人如同死人一样活着。墓地成为最适合人居的地方,而城市像墓地、像死人之城。与宗教的力量比较起来,国家的力量强大得多,它不是通过来世的管理而是通过现世的管理来获得并维持自己的权力。国家所依靠的是世俗化的死亡(生物意义上的死亡)和对这种死亡的社会性的超越。国家要努力保证人的生命,从而保持自己的权力。国家的力量就是来自它对死亡的这种抽象理解(即把生命理解为纯粹的时间积累)。于是,鲍德里亚指出:"正如医学是尸体的医学一样,国家也是对社会成员的遗体的管理。"[2] 在这里,社会成员虽然还活着,但是如同死人一般。从某种意义上说,我们已经成为社会意义上的死人。我们已经和邻居、同事失去了社会性联系,我们构成了"孤独的人群"。这是一群社会意义上的"死人"。

因此,教会为了维持自己的权力就必然要维持生命和死亡之间的界限,维持生命和死后生存之间的界限,维持尘世和天堂之间的界限。如果这种界限被消除了,那么教会的权力体系就会崩溃。教会就是要依靠延迟的永恒(死后的不朽)而存在,这就如同国家依靠延迟的社会而生存一样。国家是依靠社会消解而存在,假如人真正地构成社会即一种命运共同体,那么人还需要国家吗?从这个意义上说,国家依赖于社会的死亡而存

---

[1] 第 203 页。
[2] 第 203 页。

在（命运共同体的死亡。我们知道，在现代社会，人都成为孤独的个体，从这个意义上"社会"死了）。同样的道理，革命党依赖于革命的死亡。这里的革命是真正的革命，推翻资本主义秩序即等价秩序的革命。现代资本主义社会的政党都不是真正推翻资本主义秩序的。无论是哪一种革命党都不是要建立象征秩序的革命党。在本节的后面，鲍德里亚讨论了共产主义。他对共产主义革命也提出质疑，因为在他看来，这种共产主义革命也不是为建立象征秩序而存在。在鲍德里亚看来，教会要维持生命和死亡之间的界限也并不轻松。最初的基督教徒、各种异端邪说都反对这种分离。比如，摩尼教就反对此岸世界和彼岸世界的分裂，它们的这种做法是大逆不道的。这是因为，一旦推翻了此岸和彼岸的二元对立，那么这个基督教的权力体系就崩溃了。而基督教内部的各种修会和某些教派恰恰就是反对这种对立的。比如，圣方济各和约阿西姆等人就是要在尘世建立完美的修会，而免去末日审判。只有建立了尘世和来世的对立，末日审判才有意义。而卡塔尔派也反对把灵魂和肉体区分开来。而只有当灵魂和肉体区分开来，天堂的概念才能建立起来。所有这些不同人或者教派都反对此岸和彼岸的二元对立。当这种二元对立被否定，它们之间的关系就是象征交换的关系。因此鲍德里亚认为，这些修会或者派别具有一种象征的狂热，而基督教会就是要消除这种象征狂热。肃清这种象征要求是教会存在的唯一条件，也是国家存在的唯一条件。

鲍德里亚认为，教会的这种消灭象征要求的做法就是要把天堂和尘世区分开来，从而使每个人都按照政治经济学的方法来获得自我拯救，使他们每个人都孤独地面对上帝、天堂，相信上帝和天堂，并通过行善和积德而进入天堂。这种行善和积德就是一种政治经济学的操作，人们行善和积德就如同购买了进入天堂的门票。在鲍德里亚看来，这种行善和积德与资本的积累过程类似，这种积累过程也是一种政治经济学的操作。资本通过时间的积累而获得生命的延续。人的生活就是要不断延长寿命即时间的积累，对于人来说，死亡就是简单的时间积累，是社会性的终结。或者说，在生命的地平线上出现了死亡。这里的死亡意味着孤独的个人的出现。不仅如此，积累过程一旦开始就总是这样的。人为什么要在经济上积累呢？这是因为，人孤独，害怕死亡（生物学意义上的死亡）。按照鲍德里亚的说法，一旦积累开始，死亡就出现了。因为积累就是细胞的简单分裂，是社会性的死亡（我们特别注意到，这里有一个注，说科学也是积累，"科学与死亡有关，只是因为科学在不断地堆积死人"①。科学脱离社会，把人作为孤独的存在物研究人，撇开人和自然的关系研究对象，好像人都死了）。在这里，每个人都独自面对死亡（而在原始人类那里，死亡是一种社会事件）。这种情况与市场经济中每个人都必须孤独地面对市场、参与竞争是一样的。正如市场经济迷恋于个人竞争一样，基督教也迷恋于孤独、痛苦和死亡。它之所以迷恋于孤独、痛苦和死亡，是因为它的普遍性，人处于普遍的孤独之中。它排除了古代的修会，排除了古代修会的那种象征狂热。它把生死对立起来，使每个人都孤独地面对死亡。

鲍德里亚认为，从16世纪开始，现代的死亡概念，即把生命和死亡对立起来的死亡概念，开始出现了。这个意义上的死亡概念是随着当时天主教的反改革运动（为回应新教改革而开始的改革运动）而出现的，并随着新教的出现而逐步普及。我们知道新教所倡导的是一种个体主义的观念，比如，每个人可以不借助牧师的帮助而自己来理解《圣经》，可以自己独立地与上帝打交道。或者说，新教强化了个体意识。在对待死亡上，它也使人孤独地面对死亡，并减少了集体仪式。当生物学意义上的生命和死亡对立起来的时候，避免死亡就成为一种普遍的原则。而新教倡导人们进行物质的生产和财富的积累，它把投资、利润和劳动神圣化。它的这种思想被称为"资本主义精神"。按照这样的思想，人要升入天堂不是靠尘世中的修行，而是靠世俗的生产积累。对于新教徒来说，努力劳作、积累资本、获取财富是个人进入天堂的手段。因此，鲍德里亚说，新教徒行动的目的就是要"防止死亡"，即努力获得"来世的生命"。当他们努力防止生物学意义上死亡的时候，他们却在社会意义上死亡了。

鲍德里亚认为，在16世纪之前，情况却完全相反。死亡不是被当作单纯的生物学事实，而是一种社会事件，是集体的戏剧，是所有人参与的活动。那个时候，死亡不是在生物学意义上理解的，而是在社会意义上理解，它是人的另一种存在形式。在那个时代，死亡甚至具有节日的意义（那个时候，人是生死与共的共同体）。在那个时代，死亡面前人人平等，人们不是根据财富、权力的差别来对待死亡。② 在那个时候，如果有人要

---

① 第205页。
② 从表面上看，鲍德里亚的这种说法似乎没有历史根据。实际上鲍德里亚这个说法不是从历史意义上说的。他在这里强调，人和人之间应该构成一个生死与共的共同体。在这个共同体中，人是完全平等的，这里没有财富和权力上的差别。

建立某种权力关系，那么死亡还具有进攻性意义。如果一个人用自己的死亡来对抗秩序，那么死亡在那个时代是社会性事件。从这个意义上说，死亡是摧毁权力秩序的神话，是集体性的话语。在那个时候，人们讲死亡，这是一种革命，是要摧毁权力秩序。而现如今，死亡就是逃避现实，害怕面对现实，一死了之。这就如同贪官的自杀。从这个意义上说，死亡被当作"右翼"思想，是个人的、悲剧的思想，甚至被当作反革命的东西加以否定。

我们今天的死亡概念是从16世纪产生的。在此之前，死亡是和长柄镰刀、时钟联系在一起的，是与《启示录》中四骑士联系在一起的，是与中世纪的阴沉、怪诞的游戏联系在一起的。这里所说的长柄镰刀暗示西方文化传统中的死神，而《启示录》中的四骑士说的是《圣经》中关于末日的神话。鲍德里亚试图通过这些东西来说明，在16世纪，在宗教改革的时代，死亡还是民俗，还是节日，具有象征交换的意义。当然，这种象征交换比原始人类的那种象征效果要差一些，但是仍然有象征交换的特点。在这个时候，比如，在地狱游戏中，人们还有集体的幻想，人们似乎还是像象征交换那样生活在共同体中。然而，从16世纪以后，地狱在人们的想像中消失了，死亡变得非常可怕。人们害怕死亡，恐惧死亡。在这个时候心理的地狱产生了，心理中的恐惧产生了。消除这种心理恐惧的祭司和牧师即心理学家出现了。死亡成为纯粹个体的事情，人变得孤独了。

16世纪以来，基督教的传统共同体瓦解了，资产阶级的理性观念出现了，政治经济学出现了，死亡不是共同体中的节日，象征交换意义上的死亡终结了。从这个意义上说，死亡不再被共享，每个人孤独地面对死亡。鲍德里亚似乎特别眷恋这种共同体。按照鲍德里亚对于原始共同体的理解，在那个时候，财富不是按照等价原则在社会上交换的，而是相互馈赠和给予的，是被集体耗费掉的。比如在夸富宴中，财富就是被耗费的。用鲍德里亚话说，财富是在不可分离的合作者之间流通。而在当代资本主义社会，财富是按照政治经济学的原则流通的，是按照等价原则相互交换的。而在这种相互交换中，人脱离了共同体，他们孤立地面对等价交换的原则。这与人孤立地面对死亡一样。这就是所有人都面临的等价（同样）死亡。每个人都同样孤独地面对死亡，死亡成为绝对个人的事情。无论钱有多少，官有多大，死亡面前人人平等，人人都是孤独的。这是等价的死亡。在这一段的结束处，鲍德里亚说，这不是巧合，因为，一般等价关系就是死亡，即简单的细胞分裂，同等的东西的重复，就是死亡。当所有的人都同样成为孤独者的时候，所有人都同等地死亡了。

人害怕死亡，恐惧死亡，而死亡却不断地困扰人，于是人就力图通过政治经济学的方法来消除死亡。通过积累来消除死亡，是政治经济学的基本动力。我们知道政治经济学的原则就是不断积累的原则，财富的积累、资本的积累，生命的积累。而人要避免死亡就要努力进行时间的积累。比如，有些人40岁就死亡了，那么他积累的时间就比80岁的人少。生命中的时间积累和政治经济学中的价值积累是一致的。这是因为，按照政治经济学的原理，交换价值就是抽象劳动时间的凝聚。从这个意义上说，价值的积累也就是时间的积累。因此，政治经济学中的价值的积累如同生命中的时间积累，其本质都是一样的。我们知道，在价值的积累中，存在着一种复息资本，也就是老百姓日常所说的利滚利的资本。这样的资本会无限扩大，无限积累。人们也按照这样的模式来思考生命，对他们来说，即使一个人会死亡，但是时间却不会死亡，时间会无限积累。因此，人们相信生命的时间积累具有无限的可能性，时间的积累也可以像复息资本那样无限积累。鲍德里亚说："甚至那些不再相信个人永恒的人，也仍然相信时间的无限性，就像相信一种复息货币资本。"① 这种时间上的无限积累就如同政治经济学中的价值无限积累一样。价值上的无限积累就是数据的增加，就是GDP的增长。从前面的再生产的分析中，我们已经看到，这种所谓GDP实际上就是纯粹经济上的数据，而没有更多的社会意义。同样的道理，人的生命如果只是纯粹数字的增长，那么这样的生活有社会意义吗？按照前面的死亡定义，对于人来说，死亡不是细胞的死亡，而是细胞的分裂，如果人的生命变成了简单的细胞分裂，那么这就类似于纯粹的时间积累。纯粹的时间积累就是死亡。这种意义上的时间、完全可以积累的时间是完全客观意义上的时间，而不是象征交换意义上的时间，不是社会意义上的时间。于是，鲍德里亚说："归根结底，时间的完全客观性，如同完全积累，就是象征交换的完全不可能性——就是死亡。"② 象征交换意义上的时间是社会意义上的时间，是可逆的时间（历史就是可逆的时间意义的社会现实）。从社会意义上来说，一个人虽然可能在物理意义的时间中生

---

① 第206页。
② 第206页。

活,在进行时间的积累,但是却失去了任何社会的意义。没有任何社会意义的生命存在,纯粹客观意义的生命存在,如同某种生物一样的生命存在,这样的生命存在,这样的时间积累,还能够被称为人的生命吗?因此,鲍德里亚说,时间的完全客观性就是死亡(象征着死亡)。于是,鲍德里亚说,当人们试图像政治经济学那样通过时间的完全积累来消灭死亡的时候,或者说,当人们的生命成为政治经济学意义上的纯粹的时间积累的时候,这种纯粹时间积累意义上的生命,就意味着死亡。于是,政治经济学就面对一种困境:政治经济学本来是想通过时间的积累来消除死亡,让时间意义上的生命得以延续,但是这种纯粹时间意义上的生命却象征着死亡。本来,人们认为通过财富的积累,通过经济的增长,人的生命会得到延长,但是,这种仅仅在经济学意义上延长生命就等于生命的死亡。在鲍德里亚看来,我们不能指望这种辩证法革命。如果这种辩证法革命出现的话,那么我们就越来越深刻地陷入无意义的时间积累中(为了保持时间的积累而进行的生产,使人越来越孤独)。我们越是试图仅仅用经济的手段延长生命,我们就越接近死亡,象征死亡。这是螺旋式上升的过程。

　　许多老人就是处于这种社会意义上的死亡状态。从客观的时间意义上说,他们是有生命的,但是从社会意义上来说,他们已经死亡了。他们被社会遗忘。我曾经有一度非常不理解,我年迈的老师仍然不停地写作,并努力让这些作品在没有几个人看的社区的老人报上发表。实际上,这也不能叫发表,而是在一张纸上印出来,几个老人相互观赏。现在,我能够理解了,他们要求一种社会意义上的存在。这种写作没有任何世俗的目的。从经济的角度来看,纯粹是无意义的耗费。但是这种无意义的耗费具有象征交换的意义,他们让自己的文章在社会上流传了,交换了。通过这种象征交换,他们在社会意义上再生了。在这里,我们也可以理解,为什么鲍德里亚对巴塔耶的耗费的思想如此重视,为什么他总是吸收巴塔耶的思想来批判政治经济学。按照政治经济学原则积累的人是孤独的人,而按照象征交换原则耗费的人(老人无意义地耗费自己的脑力和精力)才是社会的人。我们每个人都可以体会到,从政治经济学的原则来说,我们每个人都是孤独的原子意义上的个人,我们孤立地奋斗,殚精竭虑。但是,当我们学会耗费的时候,当我们同朋友在一起聚餐豪饮的时候,当我们放弃一切经济上的考虑,放弃一切世俗的目的的时候,我们才真正地在社会中生存,我们才真正地获得快乐。

鲍德里亚在这里进一步引用人类学家萨林斯的思想，并对其中的政治经济学的思路提出批评。按照萨林斯的思想，市场的交换过程是一种合理化的交换过程，或者说，人们是按照合理化的原则进行交换的。而市场交换过程要能够发挥作用就必须存在短缺，没有短缺，交换就不会发生。因此，萨林斯认为，市场经济体系是一种生产短缺的社会形式。许多人或许会对这种说法提出质疑，觉得这样的说法过于荒谬。我们的社会正是通过市场经济的发展而生产了大量满足人们需要的物质产品，借助于生产，人们达到了一个丰腴的社会状况。然而所有这一切都是建立在交换的基础上的，而交换都是以短缺为前提的。如果没有短缺，市场就必须把短缺生产出来。如果说市场经济是生产短缺的体系，那么市场经济一样会把时间上的短缺生产出来，而绝对的时间上的短缺就是死亡。当一个人面临相对的时间短缺的时候，他不会死亡。比如，一个人工作很紧张，本来按照规划，他应该在3天内完成任务，但是3天的时间对他来说，太少了，他无法完成任务。这是相对的时间短缺。他可以延长一天。但是如果他没有时间可以延长了，他只有3天时间，那么他就处于绝对的时间短缺状态了。这就意味着，他3天后会死亡。资本主义社会就是绝对的时间短缺的社会，因为它要求的是无限的时间积累（价值的增值，无限的财富积累）。资本主义导致了社会的死亡，社会性的死亡。

在资本主义社会，市场交换的原则需要时间的无限积累。这就会产生绝对的时间短缺，而绝对的时间短缺就是死亡。这是资本主义社会不可避免的矛盾（这个矛盾不是马克思所说的生产的社会化与资本的私人占有之间的矛盾）。那么当消灭了资本主义，实现共产主义的时候，这种矛盾是不是可以改变呢？鲍德里亚认为，共产主义也不会避免这种矛盾，因为共产主义社会也是按照政治经济学的原则来运行的。他说，共产主义的目的也是要消除死亡，它也要求物质财富的无限积累，也要求生产力的不断发展。其中的核心原则也是客观时间的无限积累。他认为，共产主义只是认为，人们可以通过科学技术来征服死亡，而没有真正地从象征交换意义上理解死亡。或者按照他的看法，共产主义虽然要消灭资本主义的剥削制度，消灭剩余价值，但是消灭剥削只是让人们在经济上构成一个共同体，而不是真正的社会意义上的共同体。只有从真正的社会意义上理解人，才能真正理解生死。从这个角度来看，鲍德里亚认为，共产主义对死亡完全无知。虽然共产主义没有像资本主义那样通过剩余价值的积累来保持人的生命，但是，它并没有真正从社会意义上理解生命，它也一样要让生命具有绝对价值，资本主义在理解生命问题上的根本矛盾并没有消除。他认为，如果共产主义想在消灭剩余价值（消灭资本主义）的同时消灭死亡，那么这是不会成功的。因为，人们这样做的时候，实际上是把生命作为绝对价值（绝对肯定的东西）保留下来。这仍然是时间的无限积累。这里的生命是无实质内容的生命（纯形式的生命），是纯粹唯心主义意义上的生命。在他看来，只有让生命走出价值规律，只有按照象征交换的原则来对待生命，我们才能避免资本主义的矛盾：时间的无限积累和时间的短缺。在他看来，共产主义从来没有感到自己受到这些矛盾的困扰，它驱逐死亡，并认为，它可以享有一种摆脱一切两可性（差异性）的生命。而在鲍德里亚看来，这种两可性是生命的必要组成部分。

在鲍德里亚看来，当代西方文化在进行这样一种努力，就是努力把生命和死亡分离开来，把生命作为完全肯定的东西，而否定和排斥死亡。我们的社会否定了死亡的两可性，否定了死亡在象征意义上就是生命的思想。于是，我们的社会从各个方面都要努力把生命作为积极的东西生产出来，把作为一般等价物的时间（即纯粹物理上的时间。因为社会意义上的时间不是相等的，时间对每个人的意义是不同的）生产出来。我们幻想消灭死亡，废除死亡：宗教幻想着生命的死后生存，幻想着天堂，科学幻想着绝对真理（没有死亡的科学理论），而政治经济学幻想着无限的生产和不断的积累（没有死亡的生产）。鲍德里亚这里讲的象征死亡就是终结无限积累的生产，终结绝对真理的科学，终结关注死后生存的宗教。

鲍德里亚甚至认为，任何其他文化即任何非西方文化都不会为了生命的积极意义，而把生命和死亡割裂开来，对立起来，把生命当作积累，而把死亡当作期限。从表面上看，这是极端的说法，不过，我们应该注意，鲍德里亚所谓原始文化、原始社会都是构想的。这也与他的思想方法有关。在他看来，所谓"真实"的原始社会，都是研究者的想像。所以他讲的原始社会都是想像（终结了真实与想像）。同样，他讲的其他文化也都是想像。

他强调，任何其他文化都没有否定生命和死亡的两可性，没有否认生命和死亡的象征交换的可能性。但是，在西方文化中，死亡的象征可逆性被否定了，生命被当作了时间的无限积累，被当作绝对的价值来积累。但是，价值的绝对积累就是死亡。或者说，当我们把生命当作绝对价值来积累的时候，我们同时就把同样的死亡即与生命相等的死亡生产出来。如果人只有生命而没有死亡，那么这种生命就等同于死亡（这就是象征交换，就是系谱学方法得出的结论）。在当代世界，当我们排斥死亡的时候，死亡却在不断的困扰我们。希特勒的死亡冒险就是我们排斥死亡的结果。人们越是把生命当作纯粹的肯定价值，那么生命就越是遭到死亡的勒索，当我们把生命作为积极价值肯定的时候，生命总是受到死亡的威胁，受到死亡的困扰。或者用鲍德里亚的话来说，"死亡每时都在成为反常欲望的对象"[1]。希特勒有这种反常的欲望，暴徒有这种反常的欲望，恐怖分子有这种反常的欲望，自杀者有这种反常的欲望。如果我不怕死，你用死亡来威胁我还有什么用呢？这就是说，人们越是肯定生命，死亡就越是会成为反常欲望的对象。这种欲望就是要把死亡和生命分离开来，从而对他人进行死亡威胁。在这里，人的欲望就是把生命和死亡区分开来的欲望。

只有当人们把死亡和生命分离开来，人们才有可能言说死亡冲动。如果死亡和生命没有区分开来，如果生命没有被当作绝对肯定的价值，那么讨论死亡冲动就没有意义。或者，人们就不会有死亡冲动。我们可以设想相反的情况，如果生命和死亡没有被分离开来，我们就无法讨论一种冲动是死亡冲动还是生命冲动。所谓生命冲动或者死亡冲动都是在生命和死亡分离开来，在生命和死亡不能进行象征交换的情况下，才会被发明出来。因此，鲍德里亚说，只有在这个时候，我们才能讨论冲动，讨论潜意识。前面我们已经说过，潜意识是由没有进行象征交换的东西构成的。凡是不能进行象征交换的东西，必定死亡（这是因为，不能进行象征交换的东西都是相同东西的重复，是按照等价交换的法则进行的。相同东西的重复就类似于细胞的分裂，相同东西的复制。对于人来说，这就是死亡）。既然潜意识是没有进行象征交换的东西，那么它就是死亡的积累，就是同样死亡的积累。被积累的死亡是不能象征交换的死亡。虽然积累起来的死亡不能交换，但是，它却可以变卖（可以按照等价交换原则交换）。这里所说的变卖当然不是说死亡（纯粹生物学上的死亡）可以出售，而是说，它可以成为被人们用来讨价还价的东西。比如，一

---

[1] 第 207 页。

个人试图通过资本的积累赎买死亡，钱可以用来买命，如此等等。由此，鲍德里亚认为，这种积累的死亡可以在幻想中变卖（一些富人就试图在幻想中出售自己的死亡）。而象征就是要结束这种积累意义上的死亡。象征死亡是没有关于生死分离想像的死亡，是节日仪式中的交换死亡。而现实的死亡（生物意义上的死亡）对于每个活着的人来说实际上是想像的死亡。对于这种想像和真实无法区分的死亡，每个个体只能在服丧劳动中赎买。我们要防止自己死亡、控制自己的死亡。我们在恐惧中来赎买死亡。于是，在这里，我们就赎买了我们自己的想像上的死亡。社会都在不断地告诉我们，我们会死，死亡是恐惧的，是痛苦的。我们就是在这种想像的死亡中度过生命。基督教的死亡哲学就是在我们对死亡的恐惧中，在我们的服丧劳动中发展起来的。

究竟如何看待生命和死亡，这是哲学家的一个重要课题。鲍德里亚强调，我们应该在生物学意义上来看待死亡，同时也要超越政治经济学的视野来看待生命和死亡，把死亡看作一种社会现象。应该说，这些理解是有积极意义的。如果生命排除了死亡，那么生命也就没有意义，正是因为有了死，生命和生命的时间才有价值。这也是鲍德里亚关于象征死亡、象征可逆性的思想核心。这是鲍德里亚思想中值得我们重视的东西。但是如果强调死亡变成了鼓励人们进行生命冒险，鼓励人们无意义地自杀，那么这就值得商榷了。

当然，在这里，鲍德里亚是在批判资本主义社会的控制系统。与前面关于生产的论述一样，只有当经济上的短缺被生产出来的时候，生产的系统才能运行。同样的道理，只有时间的短缺也就是死亡被生产出来的时候，资本的系统才能运行。鲍德里亚所批判的是这种为了资本主义系统的运行而生产出来的死亡。比如，现在医药商告诉我们，我们都处于亚健康状态，于是我们要购买药品。空气净化器生产商告诉我们，空气污染严重，我们需要净化器（而实际上生产空气净化器本身也产生污染）。汽车生产商说每年死于车祸的人有多少，而高标准的汽车可以避免死亡。于是旧汽车需要被淘汰（再生产的需要被生产出来了）。政府说，车祸太多了，我们需要对驾驶员进行各种规定和限制，于是政府的权力被再生产出来。在这里，人们与其说是关心生命，不如说是关心资本系统的运行。而鲍德里亚关于象征死亡的思想包含冲击现代资本主义制度的设想。这也是值得我们重视的。

第四节 死亡冲动

  这一节比较长，也比较晦涩，但是思路是非常清楚的。在第一段和第二段，鲍德里亚进行了概括，说明弗洛伊德关于死亡冲动的思想仍然束缚在形而上学的传统中，弗洛伊德的死亡冲动概念恰恰显示了资本主义统治秩序的特点。接着，鲍德里亚也承认，弗洛伊德的死亡冲动的观念与整个西方传统发生决裂。从这个角度来看，鲍德里亚认为，弗洛伊德死亡冲动的理论是有价值的。然而对于弗洛伊德思想中的这种有价值的东西，人们却从辩证法的角度（马尔库塞）加以解释，让死亡冲动具有了实证性质。弗洛伊德思想中也确实包含这样性质的东西，但鲍德里亚则要从解构的角度来理解，并使死亡冲动成为反精神分析的东西。

  开头第一段，鲍德里亚揭示了弗洛伊德的死亡冲动理论的实证性质。在历史上，人们也讨论过死亡，比如基督教的死亡哲学，也通过悲剧艺术说明死亡，这都是对一种现象的思考。而当弗洛伊德提出死亡冲动的概念的时候，死亡似乎变成了一种实际存在的心理过程，变成了一种精神运作的原则。鲍德里亚挖苦说，这是从焦虑形而上学过渡到冲动形而上学。这就是说，在死亡哲学或者悲剧艺术中，人们展示了人的一种客观的焦虑状况，而弗洛伊德揭示了人的心理过程中存在的一种冲动，这种冲动看不见摸不着，但是却客观存在着。这就好像是说，死亡已经与人无关了，与主体无关了，好像是一种独立存在的东西，是一种客观存在着的冲动，而这种冲动就是走向死亡的心理冲动。在鲍德里亚看来，弗洛伊德对于死亡冲动的这种理解显然是一种实证主义的理解，是一种实证化的理解。

  弗洛伊德认为，人具有一种死亡的冲动。这是人的一种目的，这就是要回到自己的原初状态，即回到无机物的状态。而这种目的性或者死亡冲动存在于人的潜意识中。虽然人也有生本能，但是，这种生本能最终也要服从于死亡冲动。这是弗洛伊德的解释。鲍德里亚按照自己的方式重新解释这个死亡冲动。他把这种死亡冲动用来说明整个资本主义社会体系，认为整个资本主义体系就有一种死亡的冲动。而资本主义社会的这种死亡冲动就体现了资本主义社会的新的统治方法。我们知道，当代资本主义社会的生产已经走向再生产，生产的目的性终结了，生产终结了。从这个意义上来说，资本主义有一种死亡冲动，它在走向死亡。但是，这种死亡冲动又体现了资本主义的生产方式，这就是要让所有的人都参与到再生产过程中。为此，鲍德里亚说："死亡在潜意识中的这种深化与统治系统的深化是完全一致的。"[1] 从这个意义上说，死亡就成为资本主义系统的"精神操作原则"和"现实原则"。在当代资本主义转向再生产阶段的时候，也就是在资本主义再生产的核心之中，一个重复过程（无意义的生产，死亡了的生产，再生产）通过死亡冲动的概念确立起来了。鲍德里亚所说的这种死亡就是重复。鲍德里亚认为，我们应该撇开死亡冲动的心理学意义，而注意其中的概念系谱学。在他看来，如果从系谱学的角度（从权力关系形成的角度）来看死亡冲动，那么我们就可以说资本主义社会是从生产走向再生产，这与死亡冲动的概念是吻合的。这种吻合是非同寻常的，是非常重要的。鲍德里亚要我们重视这种吻合。这是因为，死亡冲动（把死亡再生产出来，摧毁性的要素）在资本主义社会系统中出现了。或者说，资本主义的经济系统的目的是维持资本主义的社会系统，保持生存，但是死亡却被这个系统不知不觉生产出来。在这里，鲍德里亚提出了两个问题，第一，弗洛伊德对于死亡冲动的发现是不是找到一个新的人类学的普遍原则？这个原则使人类学中的其他原则失去了原有的重要性？它意味着，如果我们用经济学的方法来解释整个人类历史，那么人类就是要不断地发展经济，最后走向死亡冲动。或者说，人类就是在自己的经济活动的发展中使自己最终失去自由（系谱学方法：经济的进步导致自由的丧失）。第二个问题是，这个概念是不是在某个特定时期与某个特定系统有关？或者说，这个概念是不是资本主义经济系统产生的？如果这个概念是资本主义系统产生的，那么就表明，这个系统就是一个走向死亡的系统，就有一种死亡文化，即喜欢死亡、自愿地走向死亡。资本主义社会的文化是一种死亡文化。这种死亡文化是可以扩展到整个西方历史的。当然，这个解释具有唯心主义的特点，好像人类历史是由人的内心中的死亡冲动所决定的。而鲍德里亚认为，弗洛伊德思想中，没有这种唯心主义的东西。在鲍德里亚看来，虽然弗洛伊德思想中没有这种唯心主义的东西，但是其中包含了对于西方文明史的完全不同的解释。这就是人类文明不是从非理性走向理性，从野蛮走向文明，而是有一种死亡冲动，而这种

---

[1] 第 209 页。

死亡冲动使文明走向死亡（这两个问题都是从系谱学的角度来讨论死亡冲动）。从这个意义上说，从弗洛伊德开始，西方理性似乎停止了合理化，也不再把自己的原则理想化（全面推进理性文明），或者说不再把理性发展看作人类文明发展的理想状况。由于弗洛伊德思想的出现，人们再也不能认为，人类可以通过自我反思或者批判来使自己走向更高的文明。相反在当代资本主义社会，它最终成为"不可超越的、冲动的或经济的结构"[1]，即走向自我死亡的经济结构。这是因为，人们有一种永恒的欲望来使经济得到发展。这种欲望就是一种死亡冲动。当然，对死亡冲动的这种解释是鲍德里亚所进行的二次加工（这是鲍德里亚对弗洛伊德的二次加工过程，弗洛伊德本人没有这样的思想）。

从这个系谱学的角度来看，弗洛伊德的死亡概念是与西方理性主义的文明传统对立的。人类文明的发展过程是不断理性化的过程，是经济发展的过程，而不是走向死亡的过程，不是自愿走向死亡的过程。从这个意义上来说，死亡冲动概念最初提出的时候是与西方思想有冲突的。从基督教到马克思主义，再到存在主义，死亡都是在不同程度上作为要征服的东西来对待的。比如，死亡被果断地否定了，或者死亡被升华了（为崇高的事业做出牺牲，这就是死亡的升华），或者说，死亡要服从辩证法（死而复生，用冒死的精神来获得更好的生存）。比如，在马克思主义的理论和实践中，死亡在阶级存在中被征服了。在无产阶级和资产阶级的斗争中，被压迫阶级为了自身的解放而死亡，这是牺牲，是伟大的。或者，死亡是一种否定性的东西要被克服。比如，人类是要通过死亡而获得更好的生存。鲍德里亚甚至认为，整个西方文明都是以征服自然为核心的，这就是生产和积累的文化。它所体现的似乎是生本能。或者说，生本能的力量在西方文明中发挥主导作用。而死亡作为否定性的东西，要得到治疗和处理。这种治疗和处理的方法就是用那种会导致人死亡的方法来对付死亡，防止死亡（顺势疗法。即用毒药来排毒，用死亡冒险来避免死亡。当一个人面临死亡的时候，他就坦然地面对死，用走向死亡的方法，结果却避免了死亡。这就是面对死亡的顺势疗法）。在这里，死亡总是作为否定的东西而被处理。而在现代哲学的"向死而生"即"为死亡而存在"[2]的观念中，

---

[1] 第210页。
[2] 第210页。

死亡是主体觉醒的一种重要途径,是意识主体的悲剧性的振兴。在这里死亡是用来巩固人的荒诞自由的。① 总之,死亡被当作手段而更好地维持生命的状况并没有发生任何改变。而只有弗洛伊德才看到了人类文明中的死亡冲动。这里似乎包含了系谱学的思路。

由此可见,在西方思想中,死亡是需要被克服的东西,即使人们在一定程度上承认死亡的积极意义,但是死亡总是要被升华或者仅仅是作为一种手段而发挥作用。而在弗洛伊德那里,情况就完全不同了。在那里,不存在西方传统中征服自然意义上的升华,不存在海德格尔意义上的悲剧性升华,也不再有马克思主义意义上的死亡辩证法。在弗洛伊德的思想中死亡是与生本能对立的东西,它显出了摧毁性原则的面貌。这就是鲍德里亚所重视的。在鲍德里亚看来,弗洛伊德把生本能和死亡冲动对立起来实际上也恢复了古代的摩尼教。摩尼教就认为,世界由两种原则即善、恶两种原则所控制,而这两个原则是相互混淆、相互交织的。因此,鲍德里亚认为,摩尼教还包含了对恶和死亡的基本直觉。这就是说,摩尼教还是承认恶和死亡是人类生活中不可避免的一部分,包含了对恶和死亡的肯定。而这是教会所不能容忍的。教会就是要彻底否定恶和死亡,并确定善的原则的绝对优势地位。在鲍德里亚看来,排斥死亡,拒绝死亡,这是基督教思想的重要因素。尽管如此,路济弗尔(lucifer)即撒旦之类的东西总是不断地困扰着教会。这就是说,尽管教会要努力排除死亡和噩梦,但是它却面临着阻力。辩证法思想也认为,善和恶会相互否定、相互依赖,但是最终善会战胜恶。于是在西方文化中,死亡最终作为恶的东西被排除了。用鲍德里亚的话说,教会和辩证法取得了胜利。死亡在西方文化中处于边缘地位。在摩尼教中,在路济弗尔等教派中死亡虽然得到承认,但是处于劣势地位,并最终被教会所征服。

在鲍德里亚看来,弗洛伊德的伟大之处就是看到了死亡的作用,把生命中的死亡冲动凸显出来。这就是把处于西方文明的边缘中的那些东西发掘出来。在《超越快乐原则》中,弗洛伊德还承认,人有两种本能,生本能和死亡冲动。而在《文明及其缺憾》中,死亡冲动战胜了生本能,生本能不过是死亡冲动的大循环中的一个环节。对于鲍德里亚来说,这是弗洛

---

① 第210~211页有一个较长的注释。这个注释在一定程度上解释了这段话的思想。这就是从帕斯卡尔以来人们对死亡的各种态度。其总的特点是否定死亡,把死亡作为要排斥的东西。

伊德的伟大成就。这就是说，在他那里死亡冲动颠覆了生本能。当弗洛伊德这样做的时候，他实际上就彻底颠覆了西方文明中对善和恶、生和死的理解。但是，在鲍德里亚看来，弗洛伊德本人似乎并没有自觉地做到这一点，似乎不够彻底。他认为，弗洛伊德没有彻底颠覆西方二元辩证法，他最后还是确立了建设性的生本能辩证法，生本能的力量还是得到了肯定（还是有生死对立）。在鲍德里亚看来，死亡冲动至少在两个方面与生本能对立。

（1）生命冲动要建立各种结合体，恢复秩序，而死亡冲动却要摧毁一切结合体，摧毁一切秩序，让一切回到无机状态，回到无序状态。对于鲍德里亚来说，这种无序状态就是非压抑状态，就是"乌托邦"。为此，鲍德里亚还用物理学上的"熵"的原理来说明死亡，认为死亡冲动是熵，是无序状态，而生本能是负熵，是走向秩序。

（2）死亡冲动是一种分裂、解体、"背叛"的力量，它反对一切目的，是向无机状态的退化。我们知道，人的行动是有目的的行动，但是自然界的有机物的运动是无自觉目的的，存在着一种无目的的合目的的倾向。一切无机物却不存在着这种合目的的倾向。从没有合目的性变化这个方面来说，无机物只有"重复"，只有回到无机状态，回到死亡。为此，鲍德里亚说："死亡总是作为一种重复循环来摧毁各种建设性的、线性的或辩证法的生本能目的性。"[1]

鲍德里亚根据他对死亡冲动的这种解释认为，死亡冲动的命题无论是以二元对立的形式在摩尼教中存在，还是以不断摧毁的反目的的形式出现，都不能被纳入西方理性主义的传统文化中。从这个意义上来说，弗洛伊德的思想是与西方理性主义文化传统对立的，弗洛伊德思想似乎是西方思想中的死亡冲动的表现，似乎是要摧毁西方理性主义文化传统。从这里可以看出，鲍德里亚十分赞赏弗洛伊德的死亡冲动的思想。但是鲍德里亚却遗憾地发现，弗洛伊德赋予死亡冲动以建设性的"真理"地位。在他那里，死亡冲动好像是客观存在的东西，好像死亡冲动是客观的"现实"。事实也是如此，弗洛伊德把死亡冲动看作客观存在着的生物学事实。而鲍德里亚认为，这种看法是错误的。从前面的分析中我们可以看到，鲍德里亚不是从生物学意义上来理解死亡冲动，不是把死亡冲动看作一种客观的

---

[1] 第212页。

生物学事实，他把死看作一种象征交换（西方文明排斥了死亡，那么这必然要导致西方文明的死亡，这是象征交换的义务。这就是死亡冲动，鲍德里亚改造过的死亡冲动）。对鲍德里亚来说，如果一定要从本能的角度来理解死亡的话，那么死亡也必须包含一种象征交换。这就是说，既然死亡冲动要摧毁一切，那么死亡冲动本身也必须被摧毁，这是象征义务。用鲍德里亚的话来说，"必须让死亡冲动一直处在解构的假设中"[①]。既然死亡冲动的概念对传统西方理性思想进行了解构，那么它也必须解构自身。解构原则本身也必须被解构。在鲍德里亚看来，弗洛伊德没有把这种解构原则贯彻到底。

鲍德里亚根据他所说的解构原则本身必须被解构的思想，强调死亡冲动也必须被解构，而不能被实证化，不能被看作生物学事实，也不能从辩证法的角度理解。从辩证法的角度理解死亡，就是认为生和死之间存在着相互依赖、相互斗争，就是承认生和死是相互分离的。这就意味着，死亡冲动被当作了一种客观存在的事实。在这里，鲍德里亚对马尔库塞的思想进行了批判。从他所引的文字中，我们可以看到，马尔库塞从基本压抑和额外压抑这两个维度来理解死亡。从基本压抑的角度来看，死亡被他看作不可避免的压抑。或者说，死亡是不可避免的原始事实。然而，马尔库塞还认为，所有的人都要求快乐，这是人的本能，而这种追求快乐的要求是永恒的，因此，本我（本能）不受时间的限制，或者说，时间不影响本我。然而，人的自我却是会死亡的，人的自我受到时间的限制。虽然本我是永恒的，但是如果自我死亡了，在时间中终结了，那么本我的满足也就会受到抑制。这种抑制是基本抑制。而额外抑制是神学和哲学强加给人的。在马尔库塞看来，本来，死亡是一种生物学事实，但是哲学与神学却把这种生物学事实非自然化，把它看作由人的罪恶所引起的。由于人类在神学意义上"犯罪"了，所以人类必须死。这就使人类从死亡中感到罪恶，这种罪恶感给人造成了额外的压抑。从这里可以看出，马尔库塞把死亡看作一种生物学事实，原始的事实，忽视了其中的社会关系。不仅如此，鲍德里亚还发现，马尔库塞试图用爱欲来征服和克服死亡冲动，比如，他认为，爱欲可以改变死亡的价值。他的这种辩证法思想恰恰就是要贬低、排斥和否定死亡。在鲍德里亚看来，马尔库塞的这种爱欲辩证法与

---

① 第 212 页。

马克思主义关于生产力的辩证法是一致的。人的爱欲受到各种额外压抑的控制，在爱欲与各种压抑的辩证关系中把爱欲解放出来是马尔库塞的思想。生产力也受到生产关系的压抑，在生产力和生产关系的矛盾中把生产力解放出来，这是马克思的思想。或者用爱欲来战胜死亡，或者用生产力战胜死亡，这两种辩证法是一致的。

在鲍德里亚看来，死亡冲动恰恰是与辩证法对抗的，它要解构辩证法的结构，它要摧毁一切，甚至摧毁死亡冲动本身。它不赋予死亡冲动任何真理地位。这就是说，我们不能用任何理性的方式来恢复和确立死亡冲动，比如，把死亡和生命对立起来，把死亡冲动理解为生物学事实等。这些都是把死亡合理化。

在鲍德里亚看来，弗洛伊德在这个问题上就是不够彻底，他把死亡合理化，实证化。鲍德里亚举例说，弗洛伊德认为，主导精神生命的是一种涅槃原则即归于寂静、归于死亡的原则，这是死亡冲动存在的最根本的理由。实际上这就是把死亡冲动理解为一种生物学事实。或者说，弗洛伊德是从生物学的角度为死亡冲动的存在提供证明，把死亡冲动合理化。弗洛伊德还强调，任何生命都趋向于死亡，这是一个经验的事实。这就是从实证的经验角度来说明死亡的客观存在。

鲍德里亚认为，弗洛伊德的这些说法表明，他没有摆脱实证主义倾向，没有把死亡冲动从实证主义中摆脱出来。这就是说，在弗洛伊德那里，死亡是从实证科学的意义上来理解的。生命是有目的性的，这种目的性就是死亡。这种死亡冲动铭刻在所有的生物有机体中，它也像密码一样被编织在人的精神活动之中。要摆脱弗洛伊德的这种实证主义的倾向，唯一的途径就是要从一个完全相反的路径来理解死亡。而与实证主义相反的东西是神话，是虚构的东西。既然弗洛伊德是从实证主义的倾向来理解死亡的，那么鲍德里亚就从神话的角度来理解死亡，从而解构弗洛伊德的死亡冲动的概念。

如果把死亡冲动当作神话来理解，那么，死亡冲动的概念就不指称某个事实，也不表达某种真理。它是一种神话。我们知道，神话故事的特点是，虽然它有完整的故事情节，表达了一定的意思，但是它总是包含别的意思。这就是说，神话故事以隐喻的方式来表达某种思想。如果我们从神话的角度来理解死亡冲动，那么弗洛伊德就是用死亡冲动、性本能来隐喻某种东西——"我们的文化中某种作为基本组织的东西"①。这种东西是以隐喻的形式存在的,而不是被完全表达的。正如尼采所说的那样,"概念只不过是隐喻的残余"②。如果尼采的说法是正确的,那么"潜意识"的概念,"死亡冲动"的概念就都是隐喻。

那么"死亡冲动"作为隐喻究竟意味着什么呢?"我们的文化中某种作为基本组织的东西"究竟是什么呢?这就是,一方面,资本主义社会系统把死亡和生命分离开来,征服死亡。它以征服死亡为借口而对社会进行控制。另一方面,死亡作为冲动包含在系统自身中,或者说系统自身受到死亡的纠缠,系统走向死亡。具体来说,我们的文化把死亡看作必然的。我们的文化强调生命的价值,而否定死亡,但是却不能摆脱死亡的困扰。这就意味着,它通过征服死亡而走向死亡。因此,这种文化的升华是走向死亡的弯路。它正是在征服死亡的借口中,维持着社会控制的暴力。鲍德里亚认为,这种死亡冲动维持着压抑的暴力,只要人们承认死亡冲动存在,那么维持压抑的暴力就是必要的。鲍德里亚认为,这就是我们的文化,它尽力消除死亡,但是把死亡建立在死亡之上。这就是说,以征服死亡为借口来控制每个人,每个人都处于一种社会性的死亡之中。如果人和人之间没有隐私,那么人和人之间的社会关系还存在吗?从这个意义上来说,现代文化受到死亡的纠缠。本来克服死亡是现代文化的目的,但是死亡却纠缠着现代文化。如果死亡是当代社会系统所无法避免的,那么冲动如何被理解呢?冲动所隐含的意思是,死亡像价值规律一样,是不可逆的。在当代社会,只有当社会不断地把死亡符号生产出来时,比如,只有当人们不断地说,人受到死亡的威胁时,社会控制才可以得到加强。当代资本主义社会系统所要控制的已经不是死亡,而是死亡的符号,是死亡的文化。只有死亡的文化被不断生产出来,社会控制才能不断得到加强。死亡冲动就是死亡以代码的形式不断地被再生产出来。这种对死亡符号的再生产成为我们文化命运的形象。于是,鲍德里亚说:"在这个阶段,系统受到自身目的的困扰,一边是作为客观目的性的死亡带来的全部投资,另一边是作为解构过程的死亡冲动带来的全面颠覆,系统被挟持在两者之间。"③ 这就是说,在当代资本主义阶段,一方面死亡符号被不断地生产出

---

① 第215页。
② 第215页。
③ 第215页。

来，人们要对作为客观目的性的死亡（客观存在的死亡）加以控制，要进行投资；另一方面，当死亡被不断生产出来的时候，死亡就威胁着系统，这个系统有一种死亡冲动。这就是我们所面临的悖谬，我们越是要克服死亡，死亡就越是被大量地生产出来（人们越是提高汽车的安全系数，人们就越是开快车，越是进行死亡冒险）。这就是死亡冲动的隐喻。这就是说，资本主义社会系统是一个死亡冲动的系统，它既要把死亡冲动生产出来（安全系统激励人们开快车），同时又要克服死亡（进一步提高安全的系数）。因此，鲍德里亚说，死亡冲动既是系统，又是系统的自我摧毁（系统的化身，系统的另一种存在形式），是系统的彻底反目的性。[1] 资本主义系统克服自身的死亡，但正是由于它要克服死亡，所以它又走向死亡（从再生产中可以看出）。这就是资本主义系统的死亡冲动。

当然，这是从神话的意义上理解死亡冲动。如果不是从神话的角度，而是从客观存在的角度来理解死亡冲动，即从生理学和心理学的角度来理解它，那么我们也可以得到非常有意义的思想。在鲍德里亚看来，弗洛伊德正是从心理学和生理学的意义上来理解死亡冲动的。如果把"冲动"作为一种生理学现象来理解，那么死亡冲动的说法并没有背离西方传统，而可以被看作西方思想的一个阶段。从生物学意义上说，"死亡"是生物和非生物之间的界限。这也是科学研究中的方法，生物学研究有生命的存在物，非生物的东西则是其他科学研究的对象。然而，我们知道，自然界的东西并不具有这样严格的界限，我们无法把它们严格地区分开来。比如猪笼草，就无法被严格界定为植物还是动物，比如病毒就无法被理解为生物或者非生物，它由蛋白质和DNA构成。但是科学的研究却对生物和非生物进行了严格的界定。不仅如此，在自然界，各种东西都有自己的特点，科学研究要揭示其中每个东西的特点。从这个意义上来说，生物的概念和非生物的概念都是科学制造出来的东西。科学就是制造这些代码，用鲍德里亚本人的话来说，科学把自己作为代码生产出来，把概念生产出来。而这些概念所指称的东西都是"死亡物"，都是"死东西"（都是把这些东西

---

[1] 鲍德里亚在这里用了"double"这个概念。死亡既是系统又是系统的"double"，即系统的化身，系统的孪生姐妹。关于"double"，鲍德里亚让我们参见弗洛伊德的一篇文章，题目叫"Das Unheimliche"，可以翻译为"怪诞的东西"。中译本在这里漏译了一句话："关于化身，参见他的《令人不安的奇迹》，即'Das Unheimliche'。"资本主义社会系统就是这样一个怪诞的东西。

从自然界的相互联系中分离出来，归纳成为同类进行研究。它不是研究自然界的活生生的具体的东西)，而科学就把这些死东西作为自己的研究对象。科学不仅生产了死亡物，而且生产了公理——对概念进行区分和规定的公理。科学就是从公理出发而把这种概念的划分合法化。因此，鲍德里亚说，只有死亡物、只有概念才是科学研究的对象（只有死人才是优秀的印第安人，只有当印第安人被排除在美国社会之外才是真正的印第安人）。于是，鲍德里亚从自己的角度来解释死亡冲动的概念。他认为，如果从生物学的角度来理解死亡冲动，那么死亡冲动的概念就是指一种"无机状态""死亡物"，而科学就是研究这些死亡物（被强制从自然的联系中割裂出来的死亡物）的。为此鲍德里亚说，死亡冲动"来自科学的专制性法令，说到底，它来自科学本身的压抑与死亡的幻想"①。科学的研究就是重复进行这种"死亡物"的研究。鲍德里亚认为，这就是科学研究的生物学专制，就是把所有的东西都变成"死亡物"。我们可以说，这是科学研究中的死亡冲动。这是对西方社会中占主导地位的科学研究方法的批判。鲍德里亚把它视为一种文化上的歧视。他认为，如果我们消除了这种文化上的歧视，否定了这种科学研究方法，那么死亡概念就立即失效了，我们就不能简单地用概念来对事物进行简单的抽象了。当然在生物学中，死亡概念不过是生物学中把生命和非生命区分开来的概念。虽然这个概念与现代科学所进行的概念建构（把科学研究对象抽象为死亡物）有所不同，但是这个概念并不能够真正地把生物学研究推进多少。在生物学中，虽然强调生物和非生物的区分，但是总是死亡的东西占据优势地位（从莫诺《偶然与必然》的分析中，我们可以看出生物与非生物一样，都受到偶然因素和必然因素的影响）。

虽然死亡概念把生命和非生命区分开来，但是人们最终面对的都是非生命的东西，都是死亡物。而冲动的概念作为一个心理学的概念实际上是心理学构造出来的，而并不指称任何实际存在的东西。在历史上，人类没有"心理现象"的观念，也没有心理学，而只有各种各样的生命存在形式。但是近代以来，人们认为，某些生命具有心理现象。当人们把不同的生命现象区分开来的时候，心理学出现了。如果没有这种区分，心理学就不会出现。当人们把不同的生命区分开来，并强调某些生命具有心理现象

---

① 第216页。

的时候，冲动的概念就被提出来了。当人们把具有心理现象的生命和没有心理现象的存在物区分开来的时候，人们面临着这样的困难，即如何把这两种东西联系起来。冲动的概念就把这两种东西联系起来，它发挥了桥梁作用（肉体的东西产生了一种心理的力量）。这实际上就是传统思想中对于灵与肉的划分。当灵与肉可以被区分开来的时候，我们才需要有冲动，从而把这两者联系起来。如果说原来的心理学研究只是把灵和肉区分开来，那么关于冲动的心理学实际上是对于传统思想中灵与肉的划分在现代水平上的重写。

前面我们已经说过，意识或者潜意识就是由没有进行象征交换的东西构成的。只有当人们把生物和非生物割裂开来，只有当身体和心灵被分割开来而否定了它们之间的象征交换的时候，意识或者无意识的概念才会出现。只有当人们禁止进行象征交换的时候，心理的概念才会出现。因此，对于鲍德里亚来说，这些意识、潜意识的概念，这些心理概念恰恰就是一种压抑，是一种对象征交换的压抑，是压抑秩序。人们只是把各种东西简单割裂开来，并把类似的东西等同起来。这就是对相同东西的再生产，而相同东西的再生产就是一种死亡。从这个意义上说，这种压抑秩序受到死亡冲动的统治。为此，鲍德里亚说，潜意识"它是死亡秩序的个体积淀物"[①]。所谓死亡秩序就是把身体和心灵割裂开来，而被割裂身体和心灵关系的人不是活生生的人。死亡秩序就是不断地进行心灵再生产和身体再生产。这种简单的重复生产就是死亡。在这个死亡秩序中，人们认为个体中有联系灵魂和肉体的潜意识。精神分析就把这种意义上的潜意识理论化。精神分析与其他学科一样，否定死亡，歧视死亡。

像任何其他科学一样，心理学也要对各种心理现象进行界定，把各种不同的心理现象区分开来。只有当各种心理现象被清楚界定了之后，心理学才发展起来。而精神分析界定了意识、潜意识、超我、罪恶感、压抑、初级过程、次级过程等等，把它们当作客观存在的心理现象。鲍德里亚认为，这些界定恰恰就是与象征交换相对抗，正是由于压制了象征交换，这些东西才被规定，才被对立起来。实际上所有这些东西都不是孤立存在的，而是相互转换的。当人们把这些东西孤立起来，并对它们加以规定的时候，这些东西就成为相互作用的符号，就成为结构中的代码。而心理学

[①] 第216页。

所研究的就是这些代码，它借助这些代码而发展。正因为心理学就是研究这些代码的，心理学也许是最有前途的科学。但是，鲍德里亚对这个似乎最有前途的科学提出了质疑。他认为，这个科学就是对原始的、游荡的、横向的、象征的过程加以分离、编码。这些东西仿佛都是潜藏在人们心灵中的东西，是潜意识。或者用鲍德里亚的话说，这些象征交换的东西"都将以潜意识的名义本身被驯服"[1]。鲍德里亚认为，这种精神分析理论非常滑稽可笑，它本来压抑了那些可以象征交换的东西，而把潜意识生产出来，可是它却认为潜意识受到了压抑，而提出了"解放"潜意识的历史任务。根本就没有那种与其他意识割裂开来的、作为实体的"潜意识"，也没有任何东西需要解放。如果说有什么东西需要解放的话，那么需要解放的就不是潜意识，而是被压抑的象征过程。本来死亡具有象征的意义，是摧毁，是消耗，而在精神分析中，这种意义上的死亡受到了压抑和否定，反而变成了一种心理冲动，变成了人的一种潜意识。

于是，鲍德里亚提出了改造死亡冲动的理论任务。这就是要用反弗洛伊德、反精神分析的方式来解释死亡冲动。如果这样来解释死亡冲动的话，那么这个死亡冲动就不是某种实际存在的心理过程，不是精神分析中所发现的东西，不是可以用经验事实加以验证的东西。这样，死亡冲动就不是用科学实证性表述的东西，而是它的转向，即死亡冲动的自我解构，死亡冲动的自我毁灭。这样死亡冲动就是彻底的死亡冲动了。正因为如此，鲍德里亚认为，拒绝死亡冲动概念的人比那些追随弗洛伊德而又没有深刻理解弗洛伊德的人看得更清楚。鲍德里亚从象征交换的意义上来理解死亡冲动。对于他来说，死亡冲动就是解构精神分析、解构政治经济学基本概念和基本观点的冲动。这个冲动既不是能量，也不是经济要素、心理过程，而是这些东西的解构。为此鲍德里亚说："死亡冲动尤其是超越了它自己所声称的冲动逻辑，这种逻辑是它从 19 世纪的科学神话中继承的。"[2] 19 世纪心理学认为，有一种心理过程，这种心理过程是实实在在存在的，它会发挥巨大的作用。而鲍德里亚认为，死亡冲动的概念就是要冲破这种冲动逻辑，否定这种冲动逻辑，解构这种冲动逻辑。对于他来说，根本不存在这种所谓冲动。在他看来，拉康曾经谈到"反讽"，这可

---

[1] 第 217 页。
[2] 第 217 页。

能涉及死亡冲动这个概念所包含的无法解决的悖论（死亡冲动的实证性和死亡冲动的自我毁灭。这或许就是死亡冲动的"反讽"。由于作者在这里，没有引用相关文献，我没有研究过拉康，也无法进行进一步的解释）。精神分析也承认，死亡冲动这个概念是非常独特的，但是这种认识仍然不够。鲍德里亚认为，我们不能按照精神分析的模式来理解死亡。他认为，死亡应该作为激进的运作原则而起作用，就是作为解构的原则而起作用。从这个意义上说，它不是潜意识，也不能被压抑。在鲍德里亚看来，如果把死亡理解为潜意识，理解为某种能量，那么它就会变成某种实证的东西，变成"生本能的建设性机器"，它的摧毁性意义就消失了。鲍德里亚强调，死亡概念就是要摧毁这些机器，拆除这些机器，它就是要作为彻底的摧毁性原则发挥作用。它不仅要摧毁其他的一切建设性机器（各种对立的概念），而且要摧毁死亡概念本身，这个和生命脱离开来的死亡概念本身。按照他对于死亡的这种理解，那么死亡就是彻底的反目的，消解一切目的和意义。这就是要耗费、馈赠。这种意义上的死亡冲动超越了精神分析。我们知道，在西文中"meta"有超越的意思，而鲍德里亚所理解的死亡冲动就超出了经济学、心理学、精神分析[①]等。在鲍德里亚看来，这个概念不仅超出了心理学，而且要解构心理学，解构精神分析。

应该说，他的这个死亡（冲动）概念，这个从象征交换意义上所理解的死亡概念，具有颠覆性的意义。它不仅颠覆了心理学，而且颠覆了整个西方文化中对客观对象进行归纳分类、总结规律的基本传统。

第五节　巴塔耶作品中的死亡

在这一部分，鲍德里亚试图通过巴塔耶作品中对死亡的论述来重新理解死亡。在这种重新理解中，死亡不是从政治经济学的意义上来理解的，而是从反政治经济学的耗费的意义上来理解的。

第一，巴塔耶的死亡观与精神分析的死亡观的对立。

精神分析的死亡观类似于政治经济学。比如，在弗洛伊德的理论中，对重复的冲动的限制，就是对死亡的限制，无机连续体的远景平衡似乎也

[①] 第218页。在中译本中，译者把"meta"都翻译为"元"，比如，"元经济学""元心理学"等。

是要限制死亡。所以，即使在其最激进的形式中，弗洛伊德仍然把死亡当作要排除的东西。政治经济学就是要排除死亡，因此，政治经济学缺少死亡，而只有生命的无限积累。于是，鲍德里亚认为，精神分析对于死亡的理解与政治经济学的理解是一致的。政治经济学的目标是要抵制死亡，排斥死亡。由于政治经济学排斥了死亡，所以死亡是政治经济学中的盲点。于是，人们就按照政治经济学的原则来对待生命，把生命看作积累，而死亡是终结。因此"只有死亡的缺席才能让价值的交换和等价关系的游戏得以进行"①。在这里"死亡"是经济学意义上的死亡，即产品的使用价值的死亡。假如产品没有使用价值，那么借助于产品使用价值而进行的交换就无法进行。然而，鲍德里亚指出，死亡却不断地困扰着政治经济学。于是，"只要稍微注入一点死亡，就会立即造成一种过度和一种双重性，以致整个价值游戏都会崩溃"。② 这就是说，如果在市场体系中注入死亡，比如，如果有科学家说，"PM2.5"会导致人的死亡，那么社会就会拼命生产消除"PM2.5"的东西，就会导致生产过剩，导致大规模的无意义的生产。因此，要颠覆当代资本主义体系，就要在这个体系中增加死亡，一旦把死亡注入这个体系，那么按照象征交换的原则，这个体系就必然会自行死亡。在这里，鲍德里亚发现了资本主义社会的一个荒谬可笑之处。这就是，一方面，资本主义经济系统把消除死亡作为自己的客观目的，它要提供各种产品保证人的生存，甚至要把保证人的生存的政策制定出来。从这个意义上说，它"省略了死亡"，"用自己的话语埋葬了死亡"。但是，另一方面，死亡冲动却成为它不可避免的目的，或者说，它有无限制的扩大再生产的冲动，导致无意义、无目的的生产。于是，这种冲动必然导致它的自身的死亡（这是生产的死亡）。从这个意义上来说，死亡冲动成为市场经济不可超越的目的。这里出现了两个相反的话语，一是要消灭死亡，一是要把死亡作为客观目的，而这两个相反的东西确实是互补的。鲍德里亚认为，如果政治经济学就是这种死亡价值的无限积累和再生产，那么这就把政治经济学的真相揭露出来了。在当代资本主义社会，再生产的无限扩大，会导致生产的死亡。如果按照政治经济学的原则来扩大再生产，其结果就是经济的死亡，也是政治经济学的死亡。政治经济学就是在进行这

---

① 第219页。
② 第219页。

种死亡积累。这也是政治经济学的可笑之处。但是，在这里，死亡并没有出现，死亡冲动只是这个系统本身的理想，是它的客观目的。死亡冲动在资本主义的体系内部，它会彻底否定当代资本主义体系，但是，这仍然没有出现。因此，死亡冲动只是"反映了政治经济学的葬礼想像"[1]。关于死亡冲动的说法，只是我们想像政治经济学将要崩溃，资本主义体系将要崩溃。要让这种想像变成现实，我们就必须在其中加入死亡，增加死亡。这就要吸收巴塔耶的思想。

在鲍德里亚看来，巴塔耶对于死亡的理解超出了政治经济学，或者说，是反政治经济学的。他说，巴塔耶没有把死亡当作压力调节和平衡功能，即没有把死亡作为冲动的经济学。当死亡被当作冲动经济学中的东西的时候，死亡具有压力调节和平衡功能，即死亡是为了促进生产的发展的（这就好比说，本来资本主义系统中生产出来的时尚东西，没有多大作用，但是人们却认为，它有很多功能）。按照冲动经济学，没有死亡，生产就会停止，经济就会停顿。有了死亡（功能的死亡），经济停顿的压力就被消除了，生产和消费就平衡了（这就是政治经济学必须按照经济学的要求把死亡或死亡威胁再生产出来，于是生产就可以持续了）。这是政治经济学意义上的死亡，鲍德里亚认为，巴塔耶所理解的死亡超出了政治经济学意义。在巴塔耶那里，死亡就是交换，极端化了的交换，就是耗费生命，就是过度和过剩。这与当代政治经济学生产出来的脱离生命的死亡（政治经济学要消灭的死亡就是脱离生命的死亡，是生物意义上的死亡）完全不同。这种脱离生命的死亡是作为客观目的被生产出来的。而在巴塔耶看来，死亡不能脱离生命，如果没有死亡，生命就没有价值、没有意义。只是有了死亡，生命才有价值，才有意义（象征交换意义上的死亡）。如果人的生命没有时间限制，人们还需要珍惜时间吗？如果对每个人来说，时间都是无限的，那么时间还有价值吗？如果没有死亡，生命就永远无法被耗费掉，生命将永恒存在，可以被无限积累。而这种无限积累的生命就是死亡，就是无意义的生命。因此，鲍德里亚说："死亡绝不是生命的缺陷，而是生命本身的期待，那种消除死亡的谵妄幻想（经济学幻想）等于是在生命的中心安置了死亡——但此时的生命成为无穷无尽、黯然无光的虚

---

[1] 第219页。

无。"① 如果生命中没有死亡，那么生命就黯然无光，就是虚无。这种生命就是另一种意义上的死亡。生命必须期待死亡，包含死亡，没有死亡的生命，是有缺陷的生命。如果像政治经济学那样试图消除死亡，那么这就等于在生命的中心安置了死亡，把死亡冲动作为客观的目的安置在生命中。这种生命就是按照必然规律运行的生命，就是时间积累的生命，就是无意义的生命。然而，在巴塔耶看来，在当代社会中死亡缺席了，真正的生命也缺席了。人的生命必须向往死亡，向往耗费。这不是鼓励每个人都去死亡，都去无意义地耗费自己的生命，而是要把死亡作为生命的一部分来对待。为此，巴塔耶认为，只有当人们把死亡包含在生命中，生命才丰富起来。

在性欲和死亡的关系问题上，弗洛伊德把这两者对立起来，性欲是旺盛生命的表达，而死亡是生命的消失。而巴塔耶却不是如此，他不是把这两者对立起来，而是认为，这两者处于循环之中。在某些动物繁衍中，性欲的满足与死亡是联系在一起的。比如，麋鹿所进行的繁殖就是如此。性欲的满足在产生生命的同时也会导致自身的死亡。弗洛伊德就是按照这样一种复杂的生物学理论来解释生命和死亡的关系的，死亡是性欲的"代价"，而性欲就是死亡的简单回归。对于死亡和性欲关系的这种理解，包含经济学的意义。而巴塔耶不是从这种生物学意义上来理解死亡和性欲的关系。对于巴塔耶来说，死亡和性欲相互交换能量。当死亡和性欲分离的时候，性欲和死亡都是按照经济原则来运行的。比如，死亡是人为某种事业而付出的代价，或者为生命积累而付出的代价，而性欲是本能的满足。如果死亡和性欲交换能量，如果性欲的满足就是要达到一种"小死"状态，就是要耗费，那么这是一种欢乐，是超越了功利需要的欢乐。如果人们生活在功利的计算中，那么人永远都没有欢乐。而死亡和性欲的结合就是这样一种欢乐，达到了节日和迷失的状态。巴塔耶认为，这种死亡和性欲是无限的挥霍。这种挥霍完全超出了经济的意义。显然，死亡和性欲在巴塔耶那里都超出了弗洛伊德的经济意义，而具有超经济的意义，或者反经济的意义。

巴塔耶从反经济的角度、从奢侈和耗费的角度（过度的原则）来理解死亡。如果人在生活中一切都从经济的角度来考虑，如果生命和死亡都是

---

① 第220页。

从经济的角度来考虑，那么人的生活包括生命和死亡都会受到经济原则的控制，人就没有自由，就不能摆脱束缚。从经济的角度看待生命，把生命作为时间的无限积累，似乎生命越长就越有价值，这完全是在市场规则下考虑生命。而巴塔耶试图寻找颠覆资本主义体系的方法，试图寻找颠覆市场制度的方法。他看到了市场制度对人所产生的束缚，看到了市场制度的巨大危害。于是他强调耗费和奢侈，强调无意义的浪费。在他看来，只有这种无意义的浪费和耗费才是有意义和有价值的。相反，经济的东西则没有任何意义，只有那些被人们无尽地耗费了的东西才有意义，才带来欢乐和愉悦。而经济的东西只是耗费之后留下的残余。这种残余被积累起来，就是经济的东西，是没有意义的东西。死亡就是耗费，而生命就是耗费之后的残余，这种耗费之后留存下来的残余没有意义，是精华被提取之后留下的残渣。牺牲就是让生命摆脱等价原则，摆脱投资关系。这种牺牲就是毁灭。在当代社会，生命受到价值和实用系统的支配，而死亡就是奢侈地消耗生命（为什么是奢侈的，因为只有富人财富多的人才能进行无意义的奢侈消费，是否遵循价值规律也是资产阶级与贵族之间的差别），就是不按照价值规律来支配生命。只有这种奢侈地消耗生命，生命才会不受价值规律的支配。摆脱价值规律支配的生命才是真正有意义的生命。

我们知道，从个体方面来说，每个人的生命都不是连续的，都有终止的时候，只是由于个体的生命是有限的，人才要从经济的意义上考虑生命，考虑生命的价值和目的。在这里，个人把自己从社会中孤立出来。而当一个人把自己的生命放在社会的集体中时，那么这种生命才是连续的。性和死亡就是把个人融入集体。从鲍德里亚的角度来看，原始社会中，人没有孤立的个人死亡，死亡是一种集体仪式，是生命的交换，是生命以另一种形式存在。死人是活人的伙伴。因此，在这里，死亡是连续的。而巴塔耶从奢侈的角度所理解的死亡和性就是这样一种死亡，是集体仪式中的死亡，是连续性符号中的死亡。这种意义上的死亡与个体意义上的死亡完全不同，个体的死亡是不连续的，他怀念失去的连续性。同时，如果生命就是要实现某种目的，那么这种生命也是不连续的。因为，当目的实现的时候，生命就失去意义。巴塔耶强调，人要无意义地耗费生命，这种无意义的耗费才能把自己和其他人结合在一起。整天算计自己利益的人是无法把自己融入社会的。同样，人的情欲不是要对性伙伴进行侵犯，而是社会结合。人把自己的情欲调动起来就是要摧毁游戏伙伴的封闭状态。因此，无论是死亡还是性欲（非经济的）都是人作为连续存在的表现，是人在社会中存在的表现。正是由于情欲和死亡具有这样的共同点，我们才可以说，充分表达的情欲就等于杀人[①]，杀死孤立的个人。因为，这两者都是要把人带入一种交流状态，带入融合状态。对于巴塔耶来说，生就是死，它们之间似乎具有鲍德里亚所期待的那种象征交换。从这个意义上来说，巴塔耶那里的生本能就是要分解各种构成形式，就是死。而这是与弗洛伊德意义上的生本能（Eros，爱欲）相反的。弗洛伊德的生本能是要建立统一体，把人和人的欲望联系起来。而对于巴塔耶来说，无论是在死亡还是在性欲中，人都是把自己融入集体中，融入连续性之中。从表面上看，弗洛伊德与巴塔耶似乎是一样的，但是，在弗洛伊德那里死亡是从短缺的意义上来理解的，是从被抵抗和否定的意义上来理解的，是从经济意义上来理解的。

为此，鲍德里亚认为，弗洛伊德的缺陷就在于，他只是从经济的意义上来理解死亡，而错过了死亡的眩晕和过度，错过了非经济意义的死亡。因此，他虽然讨论了死亡冲动，但是这种死亡冲动在他那里没有彻底颠覆资本主义的作用。相反在他那里死亡冲动反而是为维持资本主义秩序服务的。从这种意义上来说，"死亡等同于一种延缓的生命"[②]。而鲍德里亚要把死亡理解为象征挑战，理解为资本主义系统的崩溃。比如，虽然在当代资本主义社会中，再生产具有象征死亡的特点，但是，这种象征死亡的再生产并没有完全摆脱政治经济学。或者说，这种死亡仍然是弗洛伊德意义上的，具有政治经济学的特点，它延缓了资本主义的生命，而不是真正的死亡。再比如，我们学术研究非常发达，实际上已经具有了象征死亡的特点，但是还没有死亡，还遵循着政治经济学的交换规则，只有彻底摆脱经济学的交换规则，学术才能真正地重生。应该说，鲍德里亚的这个分析是非常值得我们重视的。

在这个部分的最后，鲍德里亚引用了荷尔德林的诗（中译本没有译出）：

因为忘记了自己，随时准备

[①] 第221页。
[②] 第222页。

实现诸神的愿望，一切必死的，
一旦睁着双眼行走在
自己的小径上，谁个不喜欢
取最短的道回归宇宙，故山涧
奔涌而下，寻求眠息，神秘的渴望
驱使它，违逆它的意志，
越过一块块的巨石，将失控的湍流
拽入深渊；那无拘无束的境界
动人心魄，死亡的激情也同样
攫住民众和胆大的城市
……
（那座城，古希腊时代，躺在桑索斯河边）
……
布鲁图斯的善心激怒了他们。
因为当大火刚刚燃起，他主动
向他们提供援助，虽然他
身为统帅，站在被困的城门前。
可是奴仆们把他派去的士兵
扔下了城墙。大火越燃越猛，
他们却十分欢喜，
布鲁图斯向他们伸出双臂，
在场的人都激动不已。叫喊
和欢呼响成一片。男人和女人
随后跳入火海，那男孩
也从房顶扑向父辈的刀丛。
抗拒英雄是不可取的，但为此
早已做好了准备。祖先也曾经，
那时候群情激愤
而波斯的敌人即将破城，
把家园摧毁，他们紧紧抓住
河边的芦苇，宁愿为自由而死。
最终热火卷走了房屋

> 神庙和人们，飞向神圣的天穹。
> 这些是孩子们所说的，而传闻
> ……①

鲍德里亚引用这首诗的这一部分，无非是要表明，人应该具有一种牺牲精神。

第二，巴塔耶的死亡观也存在缺陷。

在这一部分的开头，鲍德里亚说，生命和死亡相互交换，生命以最高代价在死亡中交换自身，这样的命题已经不属于科学真理的范畴。② 但是，它却是正确的。从科学上看，这完全是胡说八道，一种东西死了，怎么能够再生呢？然而鲍德里亚在这里所说的死，不是生物学意义上的死，而是重复意义上的死亡，比如，再生产就是生产的死亡。我们在学术研究领域中进行的学术再生产就是学术的死亡。这种为学术而学术，为发文章而发文章的学术就意味着学术的死亡。那么怎么才能让学术获得生命呢？我们还是按照政治经济学的原则来生产学术吗？不行，这样做只能延续这种仿真学术的生命，只有让它死亡，让它彻底死亡，学术才能获得再生。从这个意义上来说，生命和死亡是可以互换的。巴塔耶在讨论死亡和情欲的时候，不是像弗洛伊德那样从科学的意义上来讨论，也不是从自然的意义上讨论。因此当巴塔耶讨论两个人的激情集合的时候，他呼吁的就是死亡。如果两个人的结合是死亡一样的激情结合，那么这就是谋杀和自杀意义上的激情结合，是绝对的耗费。鲍德里亚分析，这种意义上的结合没有任何自然的意义，没有自然必然性，不能用科学的规则来加以说明。这种激情的结合是奢侈和过度，而这种奢侈或者过度也不能从人的身体的功能的意义上来理解（不是本能的满足）。同样在这里，死亡也不是自然死亡，而是象征死亡，是具有挑战意义和过度意义的象征死亡。比如，当我们抵制把学术变成学术表演的时候，那么我们就要奢侈和过度，就要把这种学术表演进行到底，我们要把这种学术再生产进行到底。只有这样的象征死亡才具有挑战的意义。因此，象征死亡不能等同于现实和科学，象征死亡不是现实意义上的死亡，也不是科学意义上的死亡。

---

① 〔法〕荷尔德林：《人民的声音》，载《追忆》，林克译，四川出版集团、四川文艺出版社，2010，第 86~90 页。

② 第 222 页。

但是鲍德里亚认为，巴塔耶在理解死亡的时候还是犯了错误，这就是，他用"自然"的慷慨来比喻牺牲，比喻耗费性死亡。在巴塔耶看来，人的耗费性死亡就应该像自然那样慷慨。在鲍德里亚看来，巴塔耶的反经济学原则的思路是正确的，但是他却用自然的慷慨来说明这种反经济学原则。鲍德里亚认为，反经济学的原则与自然的慷慨是完全不同的两码事。因为牺牲或者牺牲性的耗费不是自然而然的事情，与自然无关（促进仿真学术的死亡，这绝不是自然而然的事情，而是要把这种仿真学术推进到底）。在鲍德里亚看来，正是由于他把牺牲或者耗费性的牺牲和自然慷慨等同起来，他也就把生殖性的性行为和情欲的耗费等同起来。比如，巴塔耶认为，生殖性行为中的过度和性欲中的过度都需要借助对方得到理解。鲍德里亚认为，这是错误的，这是把两种不同性质的东西等同起来。生殖性的性行为即使会产生死亡，也仍然是功能性的死亡，是为了延续人类而发生的死亡，是具有经济意义的死亡。而牺牲性的死亡，是反生产和反生殖的（如在学术中进行牺牲性死亡），比如索克尔编造论文的做法实际上就是一种恶作剧式的文化研究实验。① 虽然这种牺牲性死亡也是以连续性为目标，但是牺牲性的死亡所达到的连续性是非生命意义上的连续性，是人和整个宇宙融合的连续性，是彻底的连续性，是"让主体在性和死亡中沉没的连续性"②。这就是要让主体彻底否定自己，因为这个主体就是在时尚的文化、时尚的学术中形成的主体，就是在性和死亡中形成的主体。这种意义上的主体死亡就是秩序的奇异耗损，是情欲中的死亡，这种死亡的激情是非功能性的死亡，是非经济意义的死亡。它没有生物学功能，它不需要生物学意义上的那种性，生殖意义上的性已死亡。这是愉悦的耗费和牺牲（鲍德里亚称为节日），而巴塔耶所说的那种死亡，仍然要在情欲和生殖功能上理解。因此，鲍德里亚认为，这两者之间没有任何共同之处，在死亡的象征过度和身体的生物学耗损之间没有任何共同之处。

在鲍德里亚看来，巴塔耶把这两种死亡混淆起来。如果他没有受到生物主义的诱惑的话，那么他至少受到了自然主义的诱惑，这就是说，他从自然的角度来理解情欲中的死亡和耗费了。鲍德里亚认为，这种自然主义

---

① 参见张聚《索克尔事件概述》，《自然辩证法研究》2000年第6期。
② 第223页。

的诱惑导致他把某种非连续性的倾向（即自然意义上的死亡，而鲍德里亚的那种象征死亡是真正的连续性，是可以循环的死亡）自然化。自然本性可能是能量的滥用和毁灭的狂欢，比如，麋鹿的生殖欲望。而鲍德里亚所说的死亡，与这种能量的滥用和毁灭的狂欢（自然本性意义上的死亡）不同。他的那种象征死亡也是要"生命"的，它是要起死回生的。因此，这种象征死亡要用各种方法抵抗这种自然本性意义上的死亡。在这里，鲍德里亚强调，他所说的那种象征死亡不能受到自然主义的诱惑。而巴塔耶在这里出现了困难：他一方面认为，人有挥霍自然的倾向，另一方面，又认为，人要在经济活动中维持生命。这就是一方面建立了保护生命的禁忌，另一方面又违反这种禁忌，承认挥霍生命的合理性。鲍德里亚挖苦地指出，这是"主体辩证法"①。最初，在巴塔耶思想中，牺牲和死亡具有愉悦的性质，能带来无功利意义的耗费和游戏的快乐，但是当他接受自然主义观点，并把生命和死亡对立起来的时候，他对死亡积极意义的理解就被消解了，甚至这种欢愉丧失在基督教和反常的欢愉中。对于鲍德里亚来说，只有彻底的解构才能带来真正的快乐，而巴塔耶似乎像基督教那样，欣赏死亡（崇拜被杀死的基督），从欣赏死亡中获得反常的快感（关于欣赏死亡，可看本书的附录。这就如同我们欣赏再生产一样，再生产是生产的死亡，但是我们从再生产中感到快乐）。本来，按照鲍德里亚的看法，死亡就是向经济组织提出挑战，就是颠覆这种再生产的经济体系。但是，在巴塔耶那里却变成了形而上学的抉择，或者挥霍自然，或者在经济活动中保护生命。这里的核心仍然是自然主义的生命观（形而上学意义上的生命观），而鲍德里亚所说的"生命"或者"死亡"不是这种自然主义意义上的生命和死亡。

在鲍德里亚看来，虽然巴塔耶有这些局限性，但是他仍然给我们提供了破除精神分析和个人心理范围的东西，给我们提供了打乱政治经济学的途径。这是因为，他提出了奢侈和耗费的思想。在鲍德里亚看来，我们只有像巴塔耶所说的那样实现奢侈和耗费，我们才能真正打破政治经济学的"客观之镜"，才能真正达到象征死亡。他强调，我们就应该借助巴塔耶的思想来解构经济学之镜。当我们打破经济学之镜，打破形而上学的时候，我们就可以发现，人的身体、生命和财富不是整体性、唯一性的东

---

① 第 224 页。

西,而是被解构了的东西,是"奇异分散"的东西(这才是这些东西的真相,我们只能从被解构了的碎片中寻找这些东西的真相。我们有学术生命,有社会生命、艺术生命,有无数的不同的生命)。我们就是应该从差异性、分散性、解构性的意义上理解这些东西。而巴塔耶作品中对于死亡的理解有助于我们去重新思考身体、生命和财富。实际上,鲍德里亚就是要人们从耗费、过度、解构的意义上理解这些东西。只有这样,我们才能真正摧毁仿真系统。这就如同布拉格的大学生那样,当他开枪打碎镜子,同时也杀死自己的时候,他从镜子的碎片中重新看到了自己。只有打破镜子,我们才能从镜子的碎片中再生(只有摧毁了自我重复的学术、再生产的学术、镜子中的学术,打破这个镜子,学术才能得到新生)。

第六节 我的死亡无处不在,我的死亡在梦想

本来死亡是生命的终结,人死亡了,生命就终结了。从这个意义上说,死亡没有所谓"无所不在"的问题,也没有所谓"梦想"的问题。然而,当死亡不是在生理意义上被理解的时候,死亡就有不同的存在形式:有艺术的死亡,有学术的死亡,有生产的死亡,有生活的死亡,有社会的死亡。既然我们生活中所涉及的所有东西都可能死亡,那么我的死亡(我的生活中所有那些方面的死亡)就会无处不在。既然所有这些东西都会死亡,那么这些东西为什么需要死亡呢?我的生活中所有这些东西都有死亡冲动。它们为什么有死亡冲动呢?我的无所不在的死亡就是梦想要让这些东西彻底死亡。在鲍德里亚看来,这个梦想就是终结政治经济学意义上的死亡。再生产也象征死亡,但是这种死亡没有完全摆脱政治经济学,我的死亡的梦想就是彻底终结政治经济学。

1. 准时死亡与生理死亡

在这里,鲍德里亚从一开始就质疑我们文化中对于死亡的理解,即生理死亡是不可逆的、是客观的、准时的。这是现代科学所揭示的事实,而其他文化(这是鲍德里亚想像的,即从非生理死亡的角度来看待死亡的文化)不存在这种对于死亡的科学认识,不存在生命和死亡之间的分离。他们认为,死亡在死亡之前开始,生命在生命之后延续。这种说法听起来怪怪的,但是如果我们不是从生理意义上来理解死亡和生命,那么这种说法就是完全可以理解的。生产的死亡在它彻底死亡之前,在再生产中就开始

了。在再生产中，也有生产，或者说，生产就已经有"生命"了，而在消灭再生产之后，生产的生命才得到真正的延续。正因为如此，我们才不能把其中的一方看作另一方的终点，而应该看到生命和死亡的不确定性。我们现代的生物学是从功能的角度理解生死。人像机器，它或者工作或者不工作。即使是生物学也把生命和死亡结合起来，认为，人一出生就开始死亡，这仍然是从功能上理解的。按照这种生物学的观念，人一出生某些功能就丧失了，比如与母亲的自然联系就丧失了。而鲍德里亚所说的死亡，不是生物学意义上的死亡，也不是功能意义上的死亡，而是象征交换意义上的死亡。从象征交换的角度来看，死亡可以组织生命，再生产的死亡可以使生产复活。从这个意义上来说，死亡和生命相互交换，说死亡是生命的顶峰都是可以理解的。从这个角度来理解死亡，那么说死亡是生命的终点，就是荒谬的，同样，认为死亡是一种损失，是走下坡路也是错误的。

但是，人类受到进化论思想的影响，受到科学思想的影响，认为，人总是从生命走向死亡，死亡是生命的终点。这是一种生物学观点，也是一种形而上学的观点。它们都是从实体性存在的角度来理解人，理解人的身体或者人的心灵。它从主体概念的角度来说明生死。我们知道，人被理解为主体，然而人在什么时候成为主体，什么时候不是主体，这都是无法确定的。比如，我们追求时髦，跟着别人购买时尚的东西，我们是主体吗？我们没有自己的主见。可是我们在购买时尚东西的时候，我们又会自己做出判断，我们自主决定购买哪种款式。我们没有一个确定的时刻说主体死了。一般来说，人们都说人是主体，可是，人在社会文化氛围中被教育之后就成为主体了吗？我们也可以说这恰恰表明人作为主体死了。而且，我们生活的文化氛围本身就充满矛盾。为此鲍德里亚说："我们自身"[①]（我们的身体、我们的客体，我们的语言）都已经死亡了。我们不是一个群体，我们是分裂的个人，我们是相互模仿的个人。我们的身体死了，我们的身体不是自然的身体，我们按照机械化劳动的要求构建身体。我们的语言死了，我们的语言不传达意义了，只是对我们进行符号的轰炸。我们的客体死了，我们生活的对象不是对我们真正有意义的对象。在我们出生之前这些东西就忘记了自己，就失去了自己。我们还没有成为主体，主体就已经死了。在这里，鲍德里亚引用了布莱希特的诗句来说明，所有这些东

[①] 第227页。

西在我们出生之前就已经死了。上帝忘记了顺流而下的少女。顺流而下,社会大潮中的人,上帝忘记了她,她不是独立的主体了。我生活中所面临的所有东西都已经"死了",失去了它们原来的意义。

在这里,我们显然可以看到,人没有所谓统一的主体身份。"主体的同一性每时每刻都在解体,被上帝遗忘。"① 作为人,我完全可以被各种社会关系所解构,被生活中的各种东西所解构。这是因为,我生活中的所有东西都被解构了。我完全不可能成为同一身份的我,不可能成为主体的我(在这里,鲍德里亚批判近代主体哲学)。我作为主体已经死亡(我的死亡无处不在)。但是,主体的死亡,不是生理上的死亡,而是象征性的死亡。从象征层面来理解我的死亡,那么从最初级形态到最高级形态来说,我都已经死亡。从最初级的生理形态来说,我就是一个细胞分裂的生物。作为细胞分裂的存在物,我成为没有生理意义上的死亡,但是,我死亡了,我象征地死亡了,我没有社会意义的存在。而从象征的一级来说,主体的死亡,我的死亡,不是真正的死亡,主体的死亡恰恰是我的再生,恰恰是我作为主体的再生。只有当我在社会中死亡了,我才能作为主体来批判这个社会。从这个意义上说,生命和死亡是可逆的。

因此,鲍德里亚认为,只是在纯粹个人主体意义上,一个人生理上的死亡才是不可逆的。正如,我自己的钱用完了,东西损坏了就损坏了。这都是个人生活中不可逆。这种情况,我们每个人都可以设想,都可以预先体验。在孤立的狭隘的个人范围内,我们都认为,自己具有自我同一性,即总是认为自己是前后一致、思想一致的(本我);这个本我是存在的,只是由于某种原因,这个本我才被压抑,才不能被表达出来;这个本我既有起源,也有终结。而实际上,主体从来就不在场,或者说,从来就不存在一个同一的主体。用鲍德里亚的话来说,我的死亡无处不在。我一会儿心死了,一会儿对某种东西的看法死了,我的学术论文的意义死了,等等。既然我的死亡无处不在,那么我就不可能是一个同一的主体。然而人们却否定了我无处不在的死亡,于是,人们就把人的主体限定在身体中。实际上,我作为人不能被限定在我的身体中,我的语言、我的身体、我的客体都是我的身体的一部分,它们都会死亡。

当我们把主体局限在自己的身体范围中的时候,我们就把人的身体和

---

① 第 227 页。

心灵对立起来。我们就认为，人的身体会死亡，当人的身体死亡的时候，人作为主体也就死亡了。生物学从根本上意味着灵魂和肉体的二元性。而当人把灵魂和肉体区分开来的时候，身体就是死的；当我们把灵魂和身体区分开来的时候，我们的心灵就认为，我的身体是我现实的身体。然而这种现实性恰恰是一种想像，灵魂的想像。灵魂怎么能够和肉体分离呢？同灵魂分离开来的肉体就不是"现实"的身体。如果把灵魂和肉体区分开来，那么只有身体死亡的时候，身体才成为"现实"的身体。我们关于"现实"的看法，都是我们的想像。

把灵魂和身体进行区分，是一种抽象。这是形而上学，是现代科学生理学。正是在这种区分的基础上，灵魂的唯心主义形而上学和身体的唯物主义出现了。这两者都是建立在灵魂和肉体的抽象分离与对立的基础上，同时又相互补充。强调灵魂的思想构成了唯心主义形而上学。按照这种唯心主义思想，人有灵魂，因此人能够有道德，能够制定道德规则。而按照唯物主义的思想，人有肉体，人要满足自己的身体需要。于是，灵魂所构建的道德原则就开始处理身体，对真实和世界进行技术操作。当灵魂对身体进行操作的时候，唯心主义最终似乎回到了唯物主义，心灵和身体不可分割地结合在一起了。基督教和笛卡尔的形而上学就是把心灵和肉体割裂开来，而生理学也是建立在这种分离的基础上的。人们先把灵魂和肉体抽象地分割开来，然后又把它们结合起来。唯物主义和唯心主义都是抽象的形而上学。在中世纪，虽然人们以灵魂的名义说话，但是灵魂也没有完全离开肉体。比如帕斯（Octavio Paz，1914～1998，墨西哥诗人、散文家）在《连接与分离》中就持有这样的看法。和灵魂区分开来的身体就不是真正的身体，而是"非身体"。

2. 事故与灾难

在这一部分，鲍德里亚借助事故和灾难来说明西方理性主义观念所存在的问题。鲍德里亚认为，启蒙思想对于死亡存在着悖谬的看法。启蒙思想一方面认为，死亡是必然的、世俗的、不可逆的；另一方面又认为，人有能力主宰自然，认识自然的规律。既然启蒙思想认为，人的生命是有价值的，科学可以无限进步，并可以征服自然，那么它就应该让人不死。一切偶然性的死亡对科学来说，都是罪恶，都是灾难，都应该避免。从他所引用的话中可以看出，人类虽然有理性的能力来认识自然，但是，这种能力总是有限的。人不可能完全掌握客观规律。于是，人必须死亡，这就应该被看作理性的失败，看作"丑闻"。因此，任何灾难、任何偶然的事故都要有人负责，都会成为政治问题和社会问题。

鲍德里亚根据所引文字的说法展开了自己的评论。社会在使自己正常化的同时，也带来了疯子和不正常的人。绝对正常实际上也是不正常。比如，一个人如果完全受理性支配，那么这个人就是没有意志和激情的人，就不是正常人。同样，尽管理性认为自己能够完全征服自然，而自然界的偶然却必然带来灾难和事故。这是不可避免的。但是人们却把这种事故和灾难看作不可接受的，看作人为的结果，是不可饶恕的错误。用鲍德里亚的话来说，在许多人看来，事故不是偶然因素造成的，是错误，理性认识中的错误，是荒谬的。人们不容许这个理性的机器出问题。按照这样的思路，在西方社会，哪怕是最小的事故，哪怕是最小的灾难，甚至恶劣的天气，都要有人为此承担责任。鲍德里亚认为，这是暴行，是理性主义的暴行。理性主义走向极端就产生了这种暴行。因此，鲍德里亚认为，如果把任何事情都看作恐怖主义，都看作破坏，是故意所为，那么这就是暴行。在理性主义系统中，一切都是有原因的，都是可以把握和控制的。如果有某种东西不能被把握和控制，那么人们就会认为，这是人的意志所导致的。因此，在这样的社会中，当出现了某种事故、某种偶然的灾难的时候，有人就会认为这有某种人为的因素。比如，四川汶川地震的时候，有人就认为，这是三峡大坝导致的。凡是偶然的现象，凡是没有被控制的事情，都有人的意志的作用，都是人为的。因此，在这样的情况下，一场自然灾害会导致社会秩序的混乱。因为，凡是没有被预测到的自然现象都被看作人为现象。比如地震没有被预测到，那么这是人为因素造成的。这就是为什么在自然灾难出现的时候，政府要派大量警察去维持秩序。比如，在尼加拉瓜，当地震出现的时候，政府要派警察去维持秩序，否则就会产生社会骚乱。在这样的情况下，一场自然灾难就可能导致一个政府的垮台。这是绝对的理性主义的后果。在这里，本来理性主宰社会，偶然的东西被排斥了，处于边缘地位，然而，处于边缘地位的东西反过来却占据了统治地位，一场偶然的灾难就使整个社会陷入混乱。

在理性控制的社会中，如果自然偶然性没有被认识到，那么这就是人的过错，就是意志的行为。按照这样的逻辑推理，任何事故、任何没有被预测到的灾难都是人为的，都是故意造成的，都是敌意。而这样的结论恰恰就是原始人的观点，只有原始人才会认为，一切灾难、一切事故都是敌意。比如，原始人（我们理解的原始人）认为，这是敌人采取的某种妖术而使我们面临灾难。在这样的情况下，我们就回到了"原始的"幻象。不过，鲍德里亚认为，这是我们自己强加给"原始人"的。因为在原始人那里，他们没有这样的理性主义观念，什么事情都可能偶然发生，所有的东西都有偶然性，没有绝对必然的东西。或者说，所有东西都是有两可性（或模棱两可性）的，他们就是要与这些两可性的东西打交道。因此，对他们来说，偶然的事故是完全可以理解的。但是，我们却把自己的想法加到原始人头上，认为原始人具有这样的幻象，似乎事故都是敌人操弄的。我们这样打扮了原始人。实际上，我们的这种做法就是要消灭事故，就是要驱逐这种"原始性"（模棱两可性）。因为，在我们看来，所有的事故都是有原因的，都是可以被避免的。于是，鲍德里亚认为，正是我们自己才是原始人，我们自己才会认为，事故出现了而没有被有效避免，这一定是人为的，一定是故意的。因此，鲍德里亚说，在原始人那里，事故是可以理解的，是由于事物本身具有两可性。在我们这里，我们产生了一种观念，凡事都有因果联系，都是可以被把握的。如果没有被把握，那么这就是有人犯错误了。这是有罪推定。从逻辑上来说，这是谬误推定。在事故中，我们一定犯错误了，即使不是故意的，也是我们认识上的错误。因此，鲍德里亚认为，这是理性的狂想。当我们相信理性的力量可以解释一切的时候，那么我们的周围就必定出现不可理解的东西。一切偶然的、随机的死亡都是不可理解的死亡，是不可化解的死亡。比如，事故对于我们来说就是不可理解的。事故似乎表明，它们不服从"客观规律"，或者是自然对人进行的抵抗，或者是对人进行的报复。在鲍德里亚看来，人们之所以对事故如此着迷，是因为，事故、灾难、暴行无法被理性地解释。他们感到理性受到了追捕和迫害，感到自然现象对人的理性进行报复和抵抗。我们自己认为，理性具有特权、具有优势，能够解释一切，而自然对于这种特权提出了抗议，对这种特权进行了报复。在鲍德里亚看来，人们对于事故、灾难或者暴行的迷恋从另一个角度来说，也表明人们对于理性特权的报复。这种迷恋就是报复理性特权的愿望。因为，人们终于发现，理性无法解释这些事故、灾难和暴行，理性的力量是有限的。

3. "自然"死亡

我们知道人都是会死的。这是自然现象。但是，人们也按照理性主义逻辑对人的死亡进行了规定，这就是生命的自然终结，完全按照生物学原理而终结的生命。这是正常死亡。所有的非正常死亡，都应该用理性加以控制。而科学技术在这里发挥作用，但是科学技术的作用并不是要满足人们活得更久的原始欲望，而是要满足生物医学技术发展的欲望。在这里，人的生命的象征意义没有了，生命被理解为纯粹的时间的积累。当死亡失去象征意义而成为纯粹的时间上的现象的时候，人的生命就变成了资本的生命，即延长人的生命就能够积累时间（好像时间有了价值）。这是暗示，资本要通过延长人的生命来延长自己的生命。比如，生物科技在这里发展起来了。资本要把人们延长生命的欲望调动起来，从而延长自己的生命。

既然人是从生物学上理解死亡的，是从科学技术的角度来理解自然死亡的，那么"自然死亡"的概念就并不意味着人接受一种"合乎情理"的死亡，而是要征服死亡。这就如同人们要用科学来征服自然一样，人们也要征服自然死亡。然而，既然人的自然死亡还存在，那么，这就意味着死亡像自然一样，仍然没有被征服，没有被克服。从这个角度来说，死亡就如同自然一样，是非人性的、不合情理的。只有按照规则的死亡才是正常死亡，这是自然死亡的理想。从这里可以看出，人的死亡也不是随意的，而必须是符合规则的，这才是正常死亡。在鲍德里亚看来，这已经是对人的一种压抑和控制了。

如果死亡必须符合规则，那么每个人的生命都有既定的线路，具有正常的预期寿命。这好像是每个人与社会签订的契约：按照正常的预期寿命来生活。在这样的情况下，人们也提出了在生命周期内人应该具有高质量的生活的要求。既然社会要求每个人都要按照预期的寿命来生活，那么社会也应该保证人的生活质量。于是在按照预期寿命生活的契约前提下，我们又有了新的契约：整个社会及科技都必须对每个人的生命负责，必须对每个人的生活质量负责（福利国家的问题）。在鲍德里亚看来，这是对人的控制，是魔鬼般的控制。一方面，这种控制是不让人死，是通过维持生命而进行的控制。医院要通过维持人的生命来生存，资本要通过保健品的生产来维持生存。各种广告告诉人们在生活中还需要什么东西，这些东西对于保证人的生命如何重要。这些都是出于资本对社会控制的需要。另一方面，人都必须有同样的寿命，这好像是要实现社会平等。鲍德里亚认为，这种平等就如同再生产阶段的公平工资的要求一样。从前面的分析中，我们知道，公平的工资不仅不会带来公平，而且还强化了社会控制。

同样的道理，公平的生命周期不仅不会带来公平，而且还会带来社会控制。因此，鲍德里亚说，这种公平权利是一种"压制性裁判权"[①]。这种控制就表现为，所有人都必须自然死亡，不能暴死，不能早死，这是每个人的义务。这就产生了对人的压制。鲍德里亚认为，这种死亡是政治经济学意义上的死亡。那么我们为什么说这种自然死亡是政治经济学意义上的死亡，或者说，这是政治经济学要求的必不可少的死亡呢？

鲍德里亚提出了两个理由。第一个理由是，只要人们按照这种典型的要求来死亡，那么生产力系统就能够实现最大化。这不仅是因为，如果人早死了，那么他就不能作为生产力发挥作用，而且更重要的是，只要保持人的生命，巨大的需求就被生产出来，一旦需求产生了，社会的生产机器就会被调动起来。让人不死，这才是生产力最大化所需要的。第二个理由是，让每个人都有生命的权利，同时就意味着，每个人都必须按照社会的要求死亡，意味着每一个人都不能自由地选择死亡。用鲍德里亚的话来说，社会裁判权扩展到了死亡。如果一个人是自主的，那么一个人应该有权利选择生存或者死亡。但是，在当代社会人失去了这种权利，死亡被社会化了，即一个人只能按照社会的要求去死，只能自然死亡。这是按照社会系统要求的死亡。

对此，许多人会说，这是社会的进步。如果一个社会努力保证人的生命，保证每个人的生命权利，那么人们就会毫不迟疑地认为，这是社会进步。而鲍德里亚不同意这样的看法。在他看来，这不是社会进步，而是社会性（社会用同样的尺度来看待人、要求人）的进步，或者说，这是社会对人的控制的进步。这个社会剥夺了人自主选择生命和死亡的权利。用鲍德里亚的话来说，社会性把人的死亡也兼并了。从此之后，所有的人都只有尽力延长生命的自由，而没有结束自己生命的自由。按照这样的原则，一个人虽然可以耗费自己的生命，但不能不顾时限地耗费自己的生命，人在生活中必定要耗费自己的生命，人的劳动、人的娱乐都会耗费生命。一个人甚至在吃饭的时候也会耗费自己的生命，比如，吃东西的时候，我们常常会贪吃，而贪吃就要耗费生命，影响健康。再比如，为了某种娱乐而耗费自己的生命，比如具有冒险性质的游乐活动。这是不允许的，这违背了死亡的平等权利。如果按照这样的原则来行动，那么人还有自由吗？这

---

① 第231页。

种所谓保证生命的方法实际上成为一种束缚人的自由的方法。为此鲍德里亚说,"自然死亡的原则仅仅等同于生命的中和"①,即化解了生命的丰富意义。如果人都要自然死亡,那么生命、活生生的生命意义就丧失了。活生生的人在面对好吃的东西时不能吃,对于让自己快乐的游戏不能玩,对于让自己融入社会的各种交往不能有(怕疾病传染),这样的人还是活生生的人吗?这样的人与死人有差别吗?同样,死亡面前人人平等的说法也是如此,死亡面前人人平等意味着,所有的人的生命都是有时间限制的。人的生命等同于生活时间的长短。我们这个社会对于老人就是这样要求的,老人被强迫必须活下去,他们的生命在很大程度上已经成为生命积累的样板。这种时间积累意义上的生命就是社会意义上生命的终结。这不是说,人们延长自己生命的要求错了,社会改善医疗条件,保证生活质量,这无疑是进步。鲍德里亚当然不否定这一点,而是否定社会对人的生命的强制要求。按照这种强制要求,早死的人、暴死的人都是不正常的,是可耻的,是被鄙视的。这里包含了歧视,包含了社会的压制。这种压制与历史上的压制(剥削劳动力)是完全不同的。历史上的压制是公开的压制,而现代的压制,是用福利的方式所进行的压制。在这里,人的生命被简单理解为数量,这背离了生命的本质,背离了人作为社会存在物的本质。

4. 老年与第三年龄

在当代社会,人口老龄化问题特别严重。随着医学的发展,人的寿命越来越长,老龄人口越来越多而形成所谓"第三年龄"。② 这些老年人口的存在对社会造成了重大的负担,经济上的和社会管理上的负担。社会不仅需要把大量的物质资源消耗在照顾老年人上,而且还要耗费许多道德资源(对待老人要有良心,报纸上经常报道,某个人良心如何不好。这越来越表明,我们的这个社会在关心老人的问题上,道德资源即将被耗尽)。我们的社会要不断宣传,从社会角度关心老人是道德上所必需的(中国甚至立法,子女要探视老人)。这就意味着,老人在经济上处于"寄生"状态,从社会上来说处于"隔离"状态。社会的道德资源和经济资源被消耗,在这里似乎没有太大的意义(只是从时间上延长寿命)。据此,鲍德里亚把老年人比喻为殖民地的土著居民,是社会的边缘人,处于"第三世界"。

---

① 第232页。
② 第232页。

在我们的社会，老年人受到歧视，被边缘化，处于缓慢的死亡状态。鲍德里亚把这种状态称为"缓刑"，亦即不断延期的死刑。在这样的情况下，老人失去了原有的地位和尊严。随着活人"战胜"死亡，从象征的角度来说，活人不再得到承认。老人得不到尊重，我们自己也得不到尊重（从象征交换上看才是如此。如果从等价交换的意义上看，那么只是老人得不到尊重，而年轻人不是老人，他们似乎得到了尊重）。在传统社会，老年人具有一定的声望和地位，是"老人家"。在那种情况下，"岁月"是真正的财富，是可以作为权力和权威来使用的，是可以进行交换的。而在当代社会，"岁月"不过是积累起来的时间，是不能进行交换的。老年人的寿命延长了，但是所导致的结果却是受歧视。老年人成为社会需要讨论的"问题"了。老年问题具有社会意义。这种社会意义就是把老年人封闭在一个圈子中。从表面上看。老年人得到照顾，最终是自然死亡的，但是老年人在这里实际上处于一种社会死亡状态（生理上仍然活着，但是在社会意义上却死亡了）。

最后，鲍德里亚引用了韦伯的话把文明人和传统人对死亡的不同态度加以对比，说明文明人在否定死亡意义的同时，也使生命失去了意义。

5. 自然死亡与牺牲

在我们的日常生活中，人老了，就会自然死亡。这是预料中、等待中、家庭中的死亡。这种死亡不会产生巨大的社会轰动效应，不会引起社会的关注。或者用鲍德里亚的话说，这种死亡是没有社会意义的死亡。然而，在古代，这种死亡也是具有完整社会意义的，甚至是一场节日（这一点在我们的社会中仍然有某种遗迹，如喜丧）。虽然人的自然死亡不会产生社会意义，但是非自然的死亡、事故中的死亡、偶然死亡却会产生巨大的社会意义。这些死亡现象在报纸上，杂志上、在各种传闻中到处出现。难怪有人说，我们的文化是事故文化（特别关注事故）。而在古代社会（进行象征交换的社会），这种死亡是无意义的死亡，是令人畏惧和受到诅咒的死亡，就像我们今天对自杀的态度一样。他们排斥这种死亡。鲍德里亚做这一对比，实际上就是要提出一个问题，为什么我们的社会对于事故中的死亡那么关心？

这是不是因为，传媒要利用这些事件来扩大影响呢？鲍德里亚认为，不是。他认为，这是因为，非自然的死亡是能够立刻引起人们注意的死亡。这种非自然的死亡有人为性质，是集体中的事件。这就如同恐怖分子绑架人质一样，他人为地制造死亡。而一个人绑架他人的时候，他也下赌注了，以自己的生命为赌注。从这个意义上说，非自然死亡是赌注事件。不过，这里还有一点，当人把自己的生命作为赌注的时候，这必然引起人们的关注。而自然的死亡没有把生命作为赌注，所以，它不会引起人的关注。非自然的死亡，是赌命性质的死亡，是引起全社会关注的死亡。为此，鲍德里亚强调，媒体关注这些事件不过是满足全社会对于这个问题的关注的需要，这些媒体不是因为个体压抑的冲动、潜意识施虐等等才报道这些事件。这是因为，在这些事件中，人们有一种集体的激情。事故中的死亡是无法预测的死亡，是所有人都可能面临的死亡，是一种可以象征交换的死亡（他人的死潜在地意味着自己的死），于是对于这种死亡人们产生了一种集体的激情。在这种死亡中所有人的生命都成为赌注。

通过这个对比，鲍德里亚对现代社会中的死亡与原始社会中的死亡做了对比分析。从这里，我们可以看到，在当代社会，只有非正常死亡是社会意义上的死亡，而"自然"死亡（老死、无法医治的疾病的死亡）没有社会意义。它不是集体的丧事或者集体的欢乐，而只是与平庸的家庭细胞相联系。而在古代社会，没有"自然"的死亡，死亡都是具有象征意义的。比如，死人通过某种象征仪式而重新成为社会中的一部分。而在当代社会，一个人死亡，就是生命的终结，没有任何象征意义。在我们的社会中，死亡是受到排斥的，因此，死人只不过是向活人表明，它是不在场的，这只是要表明，活人对死人具有优势地位。我们的社会对自然死亡的漠视，比如把自然死亡的人"断气"看作类似于轮胎泄气，恰恰体现了我们对生命的漠视。

在当代社会，既然正常死亡失去了象征意义，不再成为集体的事件，那么人们的全部激情都聚集于非正常死亡。这种死亡像牺牲。事故中的死亡类似于牺牲，一个人牺牲了，为社会的利益死去了，事故中的死亡也是如此。一个人在事故中死去了，引起全社会的关注，让人们避免这种死亡。无论哪一种非自然的死亡都对全社会发挥了警示作用，这类似于为社会做出了牺牲。那么为什么非自然死亡引起人们的如此关注呢？因为这种死亡脱离了"自然"，而具有"人为"的性质。这种有人为性质的东西引起了牺牲的激情、集体的激情。那么为什么自然的死亡不能引起人们的注意，而人为的死亡就引起如此的关注呢？自然是平庸的，不应该把死亡

"还给自然"（请注意，鲍德里亚在这里也包含了一种反抗的意思）。在鲍德里亚看来，我们应该把一切形式的死亡都当作一种集体事件。然而令人遗憾的是，"我们已经没有吸收死亡及其断裂能量的有效仪式了"①。我们的社会不是把自然死亡看作一种集体事件，对它充满了集体的激情，而对牺牲的死亡、暴力的死亡特别关注。鲍德里亚在下面说了一大段挖苦的话：在我们的社会，人们从交通事故的死亡中，感到了"强烈的集体满足"②。人们庆幸，这次死亡的不是他们自己。人们对交通事故之所以如此着迷，就是因为这种事故是人为的。比如自杀，出于死者本人意愿的死亡。这种死亡具有社会意义。这样的死亡能够带来"美学重叠和快感"。这种事故中的死亡，为什么能够带来美学重叠，就好像社会中发生了一场戏剧，人为表演的戏剧（人为事故，甚至是遇难者本人愿意的人为事故）。它就是要让人看的，人们从死亡中获得快感，审美的东西。这讽刺到了极点。我们的社会疯了，居然"欣赏别人的死亡"。相反，在原始社会，死亡在任何情况下都不具有"审美"的意义，它本来就是一种社会事件，是经过社会"暴力"整理过的事件。于是它要人们把许多社会事件都作为象征事件来体验。而在我们的社会，这只是偶然的事件，交通事故等才被当作一种社会事件来处理。按照我们的理性原则，这种偶然的事件是不正常的，是荒谬的，是应该排除的。

接着鲍德里亚用扣押人质这种富有象征意义的事件来说明人们对待死亡的态度。扣押人质，受到人们的一致谴责，它带来恐慌。可是，为什么它也带来一种深深的快乐呢？它产生一种社会事件，产生一种表演，而具有审美的效果。它一旦出现就受到观赏，尤其当它挑战政治体系时，就更是如此。这是一个政治仪式。人质的象征效用比交通事故高多了，而交通事故的象征效益又比自然死亡高多了。从象征交换的角度来看，扣押人质相当于一种死亡时间（显示社会性死亡的时刻），是一种引人注目的仪式，是一种"集体期待的死亡临近性"③。这似乎让人费解，难道一个社会会集体期待临近的死亡？鲍德里亚显然不是这个意思，这个社会期待一种真正的社会性，面临扣押人质的时候，我们才真正地感到我们是一个命运共同体。在这里，死亡才真正具有社会意义，才真正成为牺牲意义上的死亡。

---

① 第 235 页。
② 第 235 页。
③ 第 235~236 页。

为此，鲍德里亚说，这是完全不该出现的死亡，是人为的死亡，而从牺牲的角度来说，是"完美的死亡"。难道死亡还能"完美"。这是从牺牲的角度来说的，是从社会意义上来说的。这种死亡从社会意义上来说，达到了顶点。其实，我们每个人都是社会性的动物，都期待社会性地存在，社会性地死亡，而不是像今天的社会那样只有自然地死亡。我们每个人都期待自己的死亡像扣押人质的死亡一样，使死亡成为社会意义上的死亡。那么我们是不是人质呢？现代资本主义社会系统为了自己的生存是不是把其中的成员都当作"人质"（象征意义）呢？如果它把社会成员都作为"人质"，那么仪式主持人即"罪犯"（资本主义社会系统以及类似的东西）就应该按照象征交换的原则，用自己的死亡来做出赔偿。我们都喜欢这种象征交换，而不喜欢经济系统中的等价交换（前面已经解释了，等价交换只会延续我们做奴隶的时间）。

鲍德里亚认为，扣押人质意义上的象征交换与劳动事故（工伤事故）有很大的不同。前面我们说过，工伤事故也是非正常死亡，也应该具有象征交换的意义，也具有挑战性质。但是对于它的挑战性质，鲍德里亚并没有重视。在鲍德里亚看来，其中的象征交换意义非常有限。这是因为，这种工伤事故具有经济的性质，因而象征意义有限。比如，如果这是由工人的操作失误产生的，那么这就如同机器故障一样，不能被作为牺牲理解。这种意义上的劳动事故具有经济性质（企业会进行经济赔偿）。这样的工伤事故应该尽量避免，应该成为反抗和拒绝的对象。当然，如果工伤事故是可以归罪于某个人，比如资本家，那么这就具有牺牲的性质了，这就会引起集体的关注了，并具有象征意义了。当然个人也可以拿自己的生命冒险，来挑战这个秩序，这需要象征意义上的死亡，而不是工伤事故。但是工人太容易受到工会和老板的左右了，他们往往不懂得进行这样的象征挑战。

实际上，扣押人质和工伤事故都是用来垫底的，鲍德里亚讨论这两种不同的死亡、把这两种非正常死亡对比就是为了强调，我们应该向扣押人质那样，进行具有社会意义的死亡。所以在这一段的一开头，鲍德里亚说，在当代资本主义的体系中，我们都是人质，我们被资本主义体系所扣押。这就是说，我们就是要把资本主义系统看作一个扣押人质的体系。我们就是要把自己看是被扣押的人质（资本告诉我们，我们面临着各种生命威胁，比如，空气质量不好，医疗服务不好、蔬菜水果不好，等等，这样，我们就要提高生活"质量"，购买空气净化机，购买好的医疗服务，购买"绿色"水果。资本由此而可以进行再生产了）。而要摧毁这个体系，我们就要梦想，我们就要接受和给予死亡，我们就要从象征交换的角度来理解死亡。只有这样，死亡才不被看作完全否定的东西，才不会被人们冷漠地对待。在象征交换中，我们和物品的关系是生死关系，是象征交换的关系。而在现代经济学体系中，人和物品的关系是工具关系，我们利用物品而不是摧毁物品（给予死亡）。如果我们不摧毁这些物品，那么这些物品的积累就会"压死"我们，摧毁我们的生活（我们就接受死亡）（注意这里所说的物品会压死我们，它是象征意义。过度的生产导致物品会压死我们）。我们就像在工伤事故中死亡，我们被机器（象征着资本主义系统）"压死"。在这里，鲍德里亚还是把工伤事故与扣押人质做对比。如果我们不是像扣押人质那样，给予或者接受死亡，进行象征交换上的死亡，那么我们就只能像工伤事故中那样死亡。在工伤事故中，人就是生产体系中的工具，工伤事故中的死亡就是机器被磨损，没有象征意义。我们就如同工具或者物品一样。如果人像物品那样被磨损，那么这种死亡还有什么社会意义呢？只有人才能象征性地死亡，人的死亡才是轰轰烈烈的，才具有社会意义。这样的死亡才是被分享的死亡，才是馈赠与接受的死亡。但是，在我们的社会中，资本主义制度就是要消除象征性死亡，就是要让死亡成为自然的死亡，自然身体的死亡。于是，鲍德里亚说："在我们的文化秩序中则相反，一切都是为了让死亡永不降临到任何其他人身上，都是为了让死亡作为非人格化的身体期限而仅仅降临到'自然人'身上。"[①] 在我们这个社会中，人的死亡的象征意义被拒绝了，他们只能作为生物学意义上的人而自然死亡。这些人的死亡不能有象征意义。如果死亡有象征意义，那么这就要动摇整个资本主义系统。鲍德里亚认为，当代资本主义系统不能让人象征地死亡，而只能让人按照经济学的原则死亡，只能自然死亡。在这里，死亡、身体的社会意义都被否定了。这些被否定了社会意义的死亡、身体的死亡被理解为"真实的"死亡、"真实的"身体死亡，生物学的死亡。而在鲍德里亚看来，只有象征交换才能终结这种"真实性"。我们的生物学就是在这样的意义上来理解死亡的。在这里，象征交换已经终止，神话（以象征交换为特征的神话）已经终结。

[①] 第 236 页。

最后，鲍德里亚总结说，人们就是要把人的身体、物体都作为工具来理解，从经济的角度来理解，人的身体、物体就失去了象征意义。一旦它们的象征意义被消除了，接受和给予的死亡就不存在了。在这样的情况下，人的死亡只能是生物学意义上的死亡。而象征的死亡是原始社会中的那种社会性的死亡，是有意义的死亡。但是，在今天，生物学上的死亡被当作了真正的死亡，而实际上这不过是社会性死亡的仿真。

对待资本主义系统，我们要敢于"牺牲"，否则就只能像在"工伤事故"中那样死亡。

6. 死刑

第一，在当代社会，人们对吊死动物会产生反感，因为这有象征意义。

通常来说，人们认为，在审判一个人的时候，让一个人受罪，这对于一个人来说，是很严重的处罚。与此相比，审判一个动物，让动物受罪，就没有那么严重了。但是，如今的社会却出现了一种新情况，人们认为，惩罚动物更加可恶，这就如同人们惩罚疯子和儿童一样。这是因为，人们认为，儿童和疯子没有责任能力。而人有责任能力，这就意味着，人能够思考，知道什么是正确的，什么是不正确的。从这个事实中就可以看出，在当代司法制度中，潜在地包含这样一种观念，被审判的人至少也像审判的人一样有同样的能力。当被审判者也有像审判者一样的能力的时候，被审判者就可以质疑审判者。这就是说，被审判者可以挑战审判者。鲍德里亚把这种潜在的观念解释为，人们承认，审判者和被审判者之间的象征性对等关系，是"最小限度的象征对等关系"[①]。当然，在司法制度中，是不存在这种对等关系的，被审判者就是被告，只能等待判决。不过，如果从司法制度中对无责任能力者免责这个角度来看，人们好像承认了这种对等关系，当然也是最小限度的承认。如果我们也用司法的方法来处罚动物，那么这就意味着，我们给予动物一种象征对等关系。而现代人类把人和动物严格区分开来，不允许人和动物之间存在这种象征对等关系。在当代社会，既然人和动物之间没有象征对等关系，那么我们就不能再把象征礼仪（司法活动）加在动物身上。于是，当有人吊死一个动物，对它施加象征礼仪的时候，人们就特别反感。这里的根本原因就是把人和动物绝对地对

---

① 第 237 页。

立起来。从这个角度来说，不处罚动物，不处罚没有责任能力的人恰恰是对他们的否定，是把他们排除在象征性对等关系之外。

司法与清除掉某种东西，比如清除掉一堆垃圾不同。司法具有社会、道德和礼仪方面的因素。在司法过程中，虽然人们对处罚动物和处罚儿童、疯子都反感，但是人们厌恶的理由却不同。人们厌恶处罚儿童，这是出于道德的理由。在人们看来，儿童是"他者"（注意鲍德里亚的"他者"，这里的他者不仅仅是指儿童、疯子，而且是指不同的传统、习俗、法律中的人），是和我们不同的人。他们没有道德意识，或者说，他们没有过失意识，也没有耻辱感。所以对于这些他者的处罚没有意义（对于否定我们的法律的人，处罚这些人没有意义）。而对于动物的处罚，人们也会反感，但是理由不同。这是因为，动物不是人，不能把适用于人的礼仪用在动物身上。对动物进行处罚就是打扮动物，把动物打扮成为人。这里存在着一种象征交换关系。人们反对处罚动物是因为，人们否定了人和动物之间的象征交换关系（象征对等关系）。

在鲍德里亚看来，尽管人类试图完全清除人和动物之间的象征交换关系，但是，这种象征交换关系的力量仍如此强大，以至于人在处罚动物的时候，这种象征交换关系就出现了。在处罚动物的时候，"此时人变成了动物"[①]。这是为什么呢？因为，当人处罚动物的时候，这就是把人的礼仪用到动物身上，于是通过象征和礼仪的作用，被吊死的动物在这里就象征着人。这是一个通过妖术而变成动物的人。反过来，既然这是一种礼仪，那么礼仪就存在着相互性。当我们处罚一个人的时候，那么刽子手也是人。这是一种司法礼仪。而当吊死一个动物的时候，那么刽子手按照象征礼仪关系，也就成为动物。在刽子手和受害者之间存在着一种象征上的相互性。这就类似于我们生活中常常说的，一个人无缘无故地杀死一个动物，我们会咒骂他，说他是动物，是禽兽。鲍德里亚说，"厌恶感就产生于这种有害的双重性"[②]。在当代社会，人们害怕这种相互性、否定这种相互性、消除这种相互性。因为，一旦这种相互性出现就意味着文化的终结、社会的终结和游戏规则的终结。所以，人们不允许对动物施加处罚，不允许吊死动物。这就是要保持人的高贵地位，把"兽性"排除在人性之

[①] 第238页。
[②] 第238页。

外。如果你杀死了"人形动物",那么按照象征对等关系,你自己就是"人形动物"。本来,人试图通过法律在人性和兽性之间划出界限,结果,法律也会报复人,让人成为动物。这是因为,人害怕象征交换关系,于是否定了人对动物施加法律的做法。当人否定了给动物施加法律的时候,人把自己和动物区分开来,从而确定了人对动物的优势地位,人性高于"兽性"。但是,人被赋予了这种优势地位,赋予这种特权地位,也有风险。这就是社会公正和社会死亡的风险。这种特权"也意味着人的所有风险和义务,尤其是社会公正和社会死亡的风险——相反,根据同一种逻辑,动物则绝对没有这些风险"①。当人被赋予特权地位时,就会认定动物有兽性,罪犯有兽性,"犹太人"有"兽性",我的邻居有"兽性"。当我把自己放在审判者的位置的时候,当我否定了其他人的同等地位的时候,我还能公正对待其他人吗?当一些人高于另一些人的时候,人还能形成一个生死与共的共同体吗?人就会面临"社会死亡"。反过来,如果人处罚动物,那么人就抹去了人和动物的差别,就消除了人性和兽性之间的差别,人让自己失去了人性。当我们从法律上把人和动物区分开来的时候,我们就否定了人身上的兽性。但是最终的结果是,我们却发现我们自己有兽性,我们发现了自己丑陋的漫画。

于是,鲍德里亚在这里得出结论,在解释人为什么厌恶对动物施加酷刑的时候,人们不需要借助精神分析,不需要罪恶感或者虐待感等。这只是因为人在动物和人之间划出了界限,而这个界限会由于象征礼仪(法律上的象征礼仪)产生一种相互性,人会被理解成为动物,而动物会被理解成为人。人和动物之间的界线会被打破。因此,鲍德里亚说:"所有歧视从来都只是想像的歧视,象征相互性不论好坏总在穿越这种歧视。"② 人们常常认为,人具有共同的人性,而动物具有共同的兽性,人们根据这种差别把人和动物区分开来。在鲍德里亚看来,这是一种想像,而人就是借助于这种想像而产生了歧视。在这里,人产生了对动物的歧视。同样的道理,我们在生活中都遵循一种理性的规则,都要对不同的东西进行区分,并设想同类的东西有共同的性质,对不同的东西产生歧视。所以鲍德里亚说,所有的歧视从来都是想像的歧视。而当我们从象征角度来看待这里的

---

① 第 238 页。
② 第 239 页。

关系的时候，我们就不可能在这里划出明确的界限。人也象征着动物，动物也象征着人。两者本来就存在着交换。鲍德里亚用象征交换的原则来对抗现代社会中理性划界的原则。

当我们在用抽象的概念对人和动物进行区分的时候，我们建立了一种社会秩序，在这种社会秩序中，人和动物是绝对区分开来的。我们认为，这是人类的进步和文明，是理性的进步。在古代社会，人还会处罚动物。但是在现代文明看来，这是野蛮的。在今天，我们"人道"地对待动物了，我们不再处罚动物了，但是实际上我们对动物产生了歧视。鲍德里亚认为，这种歧视表现为，动物失去了受处罚的资格。在这里，我们认为，动物是没有责任心的，是没有人性的，动物不应该享受那种用在人身上的礼仪。于是，鲍德里亚说："我们对惩罚动物的反感与我们对动物的蔑视成正比。"[①] 人类反对从法律的角度处罚动物，这不是道德的进步，不是文明，而是人类种族主义的深化。在这里，"动物失去了享有人类礼仪的资格"[②]。

于是，鲍德里亚认为，今天，虽然我们不准处罚动物了，但是这不是文明，而是我们蔑视和歧视动物的表现。在古代社会，人们在献祭动物的时候，在对动物进行处罚的时候，人们没有把人和动物严格区分开来，他们与动物更加亲近，而我们却把自己和动物疏离开来。他们认为，动物有罪，这是给予动物荣誉，而我们认为动物（包括疯子和儿童）无罪，这是我们歧视动物，说明我们和动物之间有着根本性的距离。这表明，在人类关于人的严格定义中，动物受到了排斥。而在原始社会，动物被献祭，动物是图腾，它们具有特殊地位。而在我们的社会中，我们不献祭动物，不处罚动物。从表面上看，我们更加文明了。但是，这只是意味着它们构成了一个低等的世界，是我们肉食的来源。在鲍德里亚看来，自由主义者（自由主义认为，人都是自由的。这种自由权利是所有人都应该平等享有的。他们有抽象的人的概念）不仅这样来对待动物，而且还用同样的方式对待那些被驱逐的人。按照自由主义思想，儿童、疯子不应该享受自由权利，因为他们不能为自己的自由行动负责。他们不知道自己在做什么。因此，他们不配受到处罚。他们被驱逐了，他们被打入另类。只是在我们把

---

① 第 239 页。
② 第 239 页。

他们打入另类的时候，我们才照顾他们、关心他们，他们只能接受社会的施舍。动物保护、儿童保护、妇女保护，各种各样的保护都意味着他们被打入另类，表示他们受到歧视。他们在开放的"精神病院"中生存，他们受到现代教育的熏陶。这是隐秘的贬低。自由主义就是进行这种隐秘的贬低。人道主义通过这种怜悯而加强了自己对动物的优势。在这里，我们特别应该注意，鲍德里亚不是反对保护动物、反对保护儿童和妇女，而是反对其中所隐含的自由主义思想、人道主义思想。这就是用某种抽象的概念把人和动物区分开来的抽象思想。他所主张的是象征交换。

第二，在处罚罪犯的问题上批判自由主义和人道主义。

按照自由主义或者人道主义思想，我们可以对人进行定义，同样，我们也可以对正常人和不正常人进行定义。按照这个定义，疯子就是不正常的人，罪犯在一定程度上也是不正常的人。然而鲍德里亚认为，在原始社会，人类不存在这种严格的定义，没有人和动物的划分，也没有正常人和不正常人的区分。在原始社会，所有的人都承担某种象征角色，不同的人之间存在着象征关系。比如，国王是罪犯，他打破了乱伦禁忌，所以他要被处死。但是，这里所说的罪犯，不是我们今天意义上所说的罪犯，那种不正常人，低等人，而是担任象征角色的人。国王把持着女人、财富、权力和地位，这会导致社会压迫，这就是他的罪。杀死国王就是要把他所把持的东西在社会上流通起来，从而摧毁权力系统。从这个意义上来说，原始人没有当代社会的罪的概念，也没有当代社会"杀死"的概念。因此，国王弑父行为或者他自己的被杀行为都是赎罪行为，都是为了让凝固在国王那里的东西流通起来。因此，从这个意义上来说，杀死国王不是对国王处罚，不是制裁，也不是要割除社会上的毒瘤。这是一种象征交换，是节日，这里有一套残酷哲学，我们社会中许多人还不理解的残酷哲学。同样，在原始社会，各种各样的人都承担着象征角色，比如，疯子、小丑、英雄、强盗都承担象征角色。所谓象征角色就是说，一个人是其他东西的替代者、表现者。一个人是小丑，并不意味着他具有小丑的本质，属于小丑这一类，而是说，他把社会中所隐藏着的东西表现出来，他是社会中的某种东西，即丑陋东西的象征，而不意味着他本人是丑陋的。同样，对马克思来说，在资本主义社会中出现了罪犯，但是这个罪犯不是本人犯罪了，而是说，他把资本主义社会制度本身的犯罪性质体现出来了。罪犯使这个制度的罪犯性质体现出来了。马克思、恩格斯说："犯罪——孤立的个人反对统治关系的斗争，和法一样，也不是随心所欲地产生的。相反地，犯罪和现行的统治都产生于相同的条件。"① 罪犯在这里是象征角色。社会就是由这些差异角色构成的。因此，鲍德里亚说："社会通过他们的差异而链接起来。"②（我们知道，按照结构主义语言学的观点，每个字词都是由差异符号构成的。当差异符号被连接起来，字词就形成了。社会也是如此。）在原始社会，最先扮演这个象征角色的是死人。据此，鲍德里亚认为，原始社会很容易适应罪犯，它把罪犯作为象征角色来接受。比如，它会通过一定的礼仪或者集体死亡来接纳这些人。比如，村子里的白痴在农村也是被接纳的，即使他们受到嘲笑，他们也没有受到排斥，他们也没有被关在疯人院中。在这里鲍德里亚把虚拟的古代社会与现代社会进行对比，他试图表明，古代社会存在象征交换关系，因此，当罪犯出现的时候，人们不是按照法律处罚罪犯，而是反思，他们自己是不是也是罪犯（象征交换关系）。当我们的社会处罚罪犯的时候，我们是不是也要进一步思考，我们的制度，是不是也有问题，我们自己是不是也是同样的罪犯。

而在当代社会，阿尔托所说的那种残酷文化（见本书第二章第四节）结束了，社会中的象征交换结束了。在这种残酷文化中差异本来是得到颂扬的，就像牺牲行为受到颂扬一样。但是在现代文化中，人们否定了差异，人们按照同样的标准来理解人，按照理性的原则对待人。于是那些异常者受到了排斥、驱逐，甚至被消灭，或者他们要接受治疗，我们的现代文明是用"宽容"的名义来对待这些异常者的，甚至用"自由"的名义来对待这些异常者。比如，我们的社会对疯子更加"宽容"了，我们人道地对待他们，我们给他们治疗，我们把他们关在疯人院中。对各种不同的宗教观，我们"宽容"了，但是，我们把他们当作"异类"来对待。在现代文明中，凡是与我们不同的人都是不正常的人，都被排斥了。他们没有被杀死，但是他们被打入另类。当代社会认为，人人平等、人人自由，但是这里的人和人是按照当代社会人的定义而被理解的人，是正常人。社会化就是把所有的人都正常化。凡是正常的人都是平等而自由的，而不正常的人是反抗社会集体的人（anticorps，中译本翻译为"抗体"③），是应该被

---

① 《马克思恩格斯全集》第 3 卷，人民出版社，1960，第 379 页。
② 第 240 页。译文有改动。
③ 第 241 页。

排除在外的。于是,我们的社会修建了许多监狱、疯人院、学校、收容所甚至工厂(工厂的人必须接受规则的培训,而不仅仅是技术的培训。而自由主义只是从人的生存权利的角度来理解工厂的存在)。所有这些机构都要努力让这些人正常化,让他们能够回归社会(社会化)。这种所谓社会化就是对他们的排斥。因此,鲍德里亚说:"社会化只不过是各种差异的象征交换向等价关系的社会逻辑的大规模过渡。"[①] 这就是要让所有的人都接受相同的观念和行为模式。社会主义的理想就是要加快这个社会化进程,加快这种同一化的进程。如果社会中所有的人都是相等的,那么社会中的所有人就可以得到完全相等的社会财富。而自由主义承认人是有差异的,不能完全相等,但是这些人也必须社会化。不过这个社会化的过程不必像社会主义所想像的那样完全平等。因此,鲍德里亚认为,自由主义虽然主张废除死刑,但是它并不否定社会化过程,它只是延缓了这种大规模的社会化过程。因此,自由主义和社会主义在本质上是一致的,都主张抽象的人的概念,都主张人的平等。同样,在对待死刑问题上,人们也有类似的情况。一种是右翼思想。这种右翼思想认为,对于那些不正常的人,严重危害社会的人应该从重从严处罚,判处死刑。而左翼的自由主义则认为,这些人是社会秩序本身的问题造成的,我们应该对这些人加以教育,应该改变我们的社会秩序。由此,这些破坏秩序的人就可以回归社会。在鲍德里亚看来,这两种思想在本质上都是一样的,都是按照等价的逻辑来看待社会中的不正常的人,看待这些罪犯。他们都是要把这些不正常的人排除。不过右派更加激进,他们要把这些不正常的人彻底根除。而左派则认为,这些人虽然是异类,但是可以被治疗,并重新纳入社会。因此,鲍德里亚说,这两者都远离了象征交换。在象征交换中,这些人不是异类,不是应该排除的人,而是象征交换的伙伴。按照象征交换的原则,或许我们也会承担异类的角色。但是,自由主义却强调,应该让这些异类成为正常人,让他们回归社会。鲍德里亚在这里引用了这样一句话:"问题不是让疯子回归社会的真相,而是让社会回归疯病的真相。"[②] 这句话充分表现了鲍德里亚和自由主义在如何对待疯子、不正常人问题上的根本差别。在自由主义看来,我们的社会总体上是正常的,而疯子是不正常的,应该让

---

① 第241页。
② 第241页。

疯子回归社会。和自由主义相反，在鲍德里亚看来，是我们的社会有病，我们的社会不正常了，而自由主义所说的那种不正常的社会，那种进行象征交换的社会，才是鲍德里亚所渴望的社会。因此，在鲍德里亚看来，我们所面临的问题不是要治疗疯子，而是要让社会回归到"疯病"状态，即回归到象征交换的状态。象征交换在原始社会是公开进行的，而在当代社会却是隐秘进行的，比如对于处罚动物感到厌恶。确实，当我们看到这么多罪犯的时候，我们是不是应该反思，我们的社会出什么问题了？究竟是罪犯不正常，还是我们的社会不正常了，我们自己不正常了？

在这里，鲍德里亚吸收了福柯的思想。他认为，在资本主义发展的第一个阶段上，社会用清除、关押的方法来对付疯子和罪犯。而在第二个阶段上，这个社会更加"文明"了，不是直接清除或者关押这些人，而是用心理学或者医学的方法对他们进行治疗，试图通过这种方法让他们重新回归社会。或者说，社会把这些不正常的人回收进来，但是这些人是作为罪犯或者疯子回收进来的。这种回收是一种新形式的压制，他们被加上了不正常的社会符号。不仅如此，当他们被回收进来的时候，人们开始对整个社会进行心理的和医学的治疗。人们开始对整个社会进行预防性限制，或者说，这个社会把所有的人都当作潜在的疯子和罪犯，所有的人都需要正常化。这个社会中的正常化机制，比如学校、工厂等代替了原来的疯人院和监狱。这个社会中的"正常机制吸收了以往属于特殊机构的那种压制功能"①。这就是说，在这个社会中压制同样存在，只不过更加隐秘而已。

据此，鲍德里亚批判自由主义。自由主义认为，对于罪犯，我们不能像右翼那样采取处罚或者死刑的方法，而是要把刑罚朝向社会预防、社会援助和治疗的方向发展。但是，这种社会预防或者社会治疗就不是压制吗？在鲍德里亚看来，这仍然是一种压制，是以"纯粹形式"实现的刑罚制度。这就是说，当社会不是对罪犯进行处罚，而是对犯罪加以预防的时候，所有的人都被当作了潜在的罪犯，所有的人都被当作预防犯罪的对象。所有的人都受到处罚。这是对所有人的处罚。这种处罚是以社会化、再教育的形式出现的，或者是以自我批评、自我忏悔的形式出现的，是一种普遍的压制。从这个意义上来说，我们所有人都受到传讯："我们都是

---

① 第 241~242 页。

疯子和罪犯。"① 从鲍德里亚加在这里的注释中，我们可以看到，这里包含了两层意思。一层意思是，社会把所有的人都看作罪犯和疯子，于是社会对所有的人都进行传讯。另一层意思是，我们所有的人都把自己看作疯子和罪犯，我们对社会秩序提出了挑战，因为这个社会就是一个开放的监狱。在这种情况下，我们要成为疯子和罪犯，我们要获得自己的个性、差异性和自由。

由此可见，既然社会完全可以在废除死刑或者刑罚的基础上继续维持社会控制，而且进行更加广泛和微妙的社会控制，那么这个社会不仅应该废除死刑和刑罚，而且必须废除。而提倡废除死刑的人的那些观点不过是顺应了社会系统发展的这种趋势而已。但是，鲍德里亚认为，提倡废除死刑和刑罚的人虽然试图废除死刑或者刑罚，但是却不愿意废除责任（因此，所有的人都要受教育）。这是一种自相矛盾的做法。我们知道，按照自由主义的观点，一个人之所以应该受到处罚是因为这个人有责任意识，有责任能力。如果他们主张废除刑罚，那么他们也应该主张废除责任，因为，只有一个人在没有责任的时候，这个人才可以被废除刑罚。可是提倡废除刑罚的人，却不主张废除责任，他们在废除刑罚的时候，要所有的人都承担责任（因为，对于自由主义者来说，如果没有责任的话，那么这就意味着这个人没有意识能力，是疯子或者傻子。那么这个人就没有人的尊严，就要被打入另类）。但是，当自由主义要所有的人都承担责任的时候，责任却已经死亡。这是因为，在启蒙运动的初期，人们强调个人承担责任，而在科层制度建立起来的今天，责任已经死亡。

他认为，在当代资本主义社会，科层制度使所有的人都成为不必负责的执行者。因此，个人在社会中是没有责任的。当资本主义社会强调每个人之间的自由竞争，强调个人的业绩的时候，资本主义确实需要个人承担责任，需要一种责任理想。但是科层制却又否定了责任，每个人按照规则来行动即可。责任体系崩溃了。既然在资本主义体系中，责任的体系崩溃了，那么个人就不需要为自己的行为承担责任。于是人们没有必要为废除死刑而斗争。因为在这里死刑毫无作用。这就是说，这个社会已经完全秩序化了，所有的人都已经成为机器系统中的一部分。在一个没有个人责任的社会中，死刑存在与否已经无关紧要。本来，人们认为死刑可以防止人

---

① 第242页。

们犯罪，但是个人的行动是在责任崩溃了的体系中进行的，是否犯罪不是由个人决定的。死刑在这里不能发挥任何警示的作用。同样，在资本主义社会管理体系中，正义也崩溃了。人们在任何时候可以从官僚管理体制中找到借口，从而为自己开脱。人们不再接受任何人在司法上的审判，甚至也不接受社会的审判。或许人们会说，这是集体的责任（在我们中国，有人经常强调集体负责，而集体负责常常就是没有人负责，就是没有人承担责任）。于是责任的问题成为伪问题，在当代资本主义社会，责任体系已经崩溃，责任消失了。这是清除人道主义价值的第一个好处：清除了责任（人道主义要人承担责任，没有责任就没有人的尊严了。所有人都在这个体系中被完全控制）。

清除人道主义的第二个好处是压制性机构的解体。各种社会压制性的机构都建立在"善""恶"可以被区分开来的基础上，至少"在意识中"可以进行这种区分。人们根据这里的标准来给人定罪。既然这个社会已经对人进行了全面的控制，那么这个社会就不需要死刑或者监狱了。用鲍德里亚的话来说，这个社会很聪明，它放弃了死刑，但是，它的监狱开放了。所有人都在科层制的监狱中生活，在各种规训机制中生活。压制性机构没有了，但是其他压制形式在社会中普遍化了。以前有死刑和监狱，这是因为，人们把人区分为两部分，一部分是恶人，一部分是善人（右翼把社会理解为异质社会）。因此用善的标准处罚恶人，把他们放在监狱里，或者判处死刑，这是按照社会的司法标准（善恶标准）来进行的。而左翼认为，社会所有人都是恶人（这就是把社会理解为同质社会），但是我们可以对所有人按照善恶标准进行社会化，对他们加以治疗，把他们加以回收。两者所遵循的是同样的人道主义观念。

在这里，鲍德里亚认为，左翼思想和右翼思想在本质上都运用了同样的思想，即人道主义思想。而人道主义抽象地理解人，也抽象地理解死亡，这种死亡是在等价关系意义上理解的死亡。比如，右翼说，切除腐烂的肢体。这就是说，如果一个人像身体中的腐烂东西，那么这个人就必须被切除，必须被否定。在他们看来，如果一个人杀人了，那么他就是要死。杀人偿命，这是契约法则。在这里，一个人的命和另一个人的命是相等的，一个人的死和另一个人的死在数量上是相等的。而左翼说，由于这个社会本身出现了问题，一个人才会犯罪。因此，个人犯罪是没有责任的，这个责任应该由社会来承担。鲍德里亚认为，这里也有一个等价法则：个人的责任等于零，那么对这个人的处罚也等于零。因此，左翼也使用了等价法则。当然，对于如何为罪犯开脱责任，左翼也有许多不同说法，具有马克思主义特点的左翼会说，这是资本主义制度本身所犯的罪过，或者说，这个制度本身不正义，所以人们的犯罪行为是对这种制度的抵抗。而一些左翼还会提出其他一些更现代的思想，比如，这个人受到了潜意识的作用，他一时冲动犯罪了，或者这个人意识不成熟等等。犯罪心理学大概也会给出更多的解释。鲍德里亚说，所有这些说法都是一些新的"责任方程式"[①]。这个方程式的核心大概是，个人的责任等于社会的责任。这些都是对犯罪的新的因果解释。或者说，这是我们的社会所产生的新的契约关系（不同于杀人偿命的契约）。这个契约就是，如果一个人的犯罪是由社会造成的，那么社会应该承担责任。于是人们就会根据这种新的契约认为，这个人应该得到同情和怜悯，应该得到社会的关心和照顾。我们应该对这些人加以教育，使其回归社会。左翼的这种做法不过是一种新的资本主义控制形式。过去这种控制形式是右翼的控制形式，就是监狱、死刑，现在没有监狱和死刑了，但是所有的人都需要接受教育。用鲍德里亚的话来说，这是更微妙的资本主义形式，压制在这里扩散了。这就如同在再生产阶段，剩余价值（不是经济收入意义上的剩余价值，而是对人进行符号化控制的额外效果意义上的剩余价值）扩散了一样。这种新的控制形式就是从心理学、生物学意义上来查找病因，把罪犯当作异类来加以关心和照顾。这种关心和照顾，实际上就是要人完全适应这个社会，成为社会系统的一个螺丝钉。用鲍德里亚的话来说，他是功能幸存者，即从功能上来说，他是人，但从社会意义上来说，他不是人。这种人可以被等同于"死人"。当然，对于这样的人，左翼人士会说，我们应该关心他们、照顾他们。而我们对他们的关心和照顾都说明他们是异类，是不正常的人。对于这样的人，我们当然可以宽容，就像我们对野兽宽容一样。这些人被等同于野兽。在鲍德里亚看来，用这样的方法来对待这些人，不是真正的关心，而是驱逐。社会通过驱逐这些异类而保持自己的秩序。最后，鲍德里亚问，资本主义社会系统会免除人的责任吗？只有在一种情况下，社会才会免除人的责任：就是确定一些不能负责任的人（这是一些众所周知的不能负责任的人），比如，儿童、罪犯、疯子等。当社会确定了一些不能承

---

① 第 244 页。

担责任的人的时候，这时就出现了一个反差效果，好像正常人是这个社会中的负责任的人。而实际上，这些人并不承担责任，这些人把责任推给了"不正常的人"。这个社会就是由于"不正常的人"才会出现问题的。这就意味着，我们要对社会进行手术治疗，治疗这个社会中的疾病，而这个疾病是由"不正常的人"引起的。他们承担着社会疾病的治疗费用。在鲍德里亚看来，我们所应该采取的方法既不是像自由主义所说的那样，对"不正常的人"进行治疗，也不是像社会主义所说的那样，把所有的人特别是罪犯"正常化"，而是让这个社会变成"不正常的社会"，把象征交换引入这个社会。

说到这里，人们自然会产生一个疑问：在对待罪犯的问题上，我们用监狱、死刑来处罚他们不行（自由主义方案）；用心理的、生理的、社会的方法治疗他们、关心他们也不行（社会主义方案），那么我们究竟应该采取什么方法呢？鲍德里亚给我们提出了一个方法，象征交换的方法，以死还死，以礼还礼。那么这究竟是怎样一种还法呢？比如像原始人类，破除生死的对立、破除人和动物的对立、破除一切抽象的原则。这似乎也不能解决犯罪的问题，鲍德里亚实际上也没办法来解决这里的问题，他只是提出批评。在他看来当代社会中的人们只是在抽象概念下对待犯罪，比如，他们把社会抽象化，把个体抽象化，把社会和个体对立起来，用普遍的道德和法律原则来对人进行制裁。他的这个批评是有一定道理的，社会生活中每个人都不同，都有具体特性，我们不能简单地用某个抽象的法律、用一个尺度来衡量。那么这是不是说要具体人具体对待呢？如果这样的话，法律面前人人平等又如何落实呢？鲍德里亚似乎也没有提出有效的办法来解决这里的问题。

第三，人道主义把死亡抽象化。

历史唯物主义从经济的角度理解死刑的演变过程。从历史上看，人们都是由于经济的原因才免除死刑的。比如，古代人免除了战俘的死刑，而使他们成为奴隶；罗马盐矿中的罪犯，纳粹集中营的强迫劳动，所有这些都是由于经济的原因才使人免于死刑的。最初人们减少死刑是出于经济的原因，而后来，人们为了掩盖这里的经济原因，而借助于"人道的原因"而把免除死刑进一步合理化。由此，鲍德里亚得出结论，人类免除死刑、废除死刑不是由于理性的进步，而是利润的逻辑。从这个意义上说，废除死刑与人类的理性进步没有关系。这是福柯思想的重复。

不过鲍德里亚并没有停留在重复福柯的思想上。他按照这个思路进一步批判人道主义。人类废除死刑不是出于道德的理由，而是出于经济的原因，与"人道"与否无关。鲍德里亚认为，这种解释过于"轻率"，而不够"沉重"。他提出了更为"沉重"的理由。在他看来，在当代资本主义社会中占统治地位的，或者指导人们行动的不是利润的法则（福柯思想），而是生命和死亡控制的法则。这是更深刻的社会控制法则。而在控制死亡的过程中，所有人的死亡都是一样的，都是相等的。当代资本主义社会所控制的死亡不是某个人的死亡，而是抽象的死亡，是一般的死亡，或者说，是作为一般等价物意义上的死亡。人道主义反对唯物主义的"轻率"解释，它从道德上反对死刑。无论是左翼（革命的）人道主义者还是右翼（自由的）人道主义者都反对死刑。但是，正如我们前面所指出的，当资本主义社会系统在对死亡进行控制的时候，它的目标就是要使死亡脱离特殊性、差异性，使死亡成为一般等价物意义上的死亡。对于它来说，不受等价规律约束的死亡才是绝对的恶。鲍德里亚认为，当人道主义把所有的死亡都看作绝对的恶的时候，它反对一切形式的死亡。它陷入自相矛盾之中。[①] 格莱芒（C. Glayman）在《世界报》上的有关论述就是从这种抽象的意义上谈死刑的，他反对一切形式的死亡，他把所有的死亡都等同起来，认为，死亡是不可接受的。如果所有的死亡都一样，都是不可接受的，那么人的"正常"死亡也不可接受吗？这显然陷入了严重的矛盾。在这里，我们提请读者注意，在法文原文中，引文结束之后，作者还说了一段话，这段话是被放在括号中的。中译本舍弃了这段话。[②] 括号中的这段话比较费解。我的理解是，这种所谓人道主义"倒退着"进入死亡，不敢直面死亡。这些人不能接受死亡，所以只能"倒退着"进入死亡。这是虔诚心灵的原则，是"善良"心灵的原则。而这样的人就是不敢面对革命。

---

① 原文中这里有一个注，中译本没有译出。我把这个注姑且翻译如下：关于其他类型，"国家为了避免未知的谋杀而被迫把这种真正的谋杀扩大化，它不知道这些未知的谋杀是否真的有机会被侦破"（加缪：《关于死刑》）。从逻辑上说，这种做法就是要使这个理论体系与自身发生矛盾，并使自由的人道主义直接做出卑鄙的妥协："废除死刑必须既需要逻辑的理由，也需要现实主义（！）"（同上书）"归根到底，死刑是恶，因为从性质上来说，它排除了处罚与责任相对应的可能性。"（科斯特勒：《死刑：血腥的法典》）恰恰是这个原因，1820 年，英国资本家就要求废除死刑！自由的人道主义的论据是：恐怖与它自己的目的相冲突，一定规模的受到控制的处罚即"最少处罚"，"既更加人道，也更加有效！"在人道主义思想中，人道和有效被等同起来已经有很长的历史了。

② 第 245~246 页。

如果人为了改变秩序主动地死亡，这也是他们所不能接受的。如果人不愿意主动地死亡，那么这就意味着只能接受规训和控制，让自己变成机器。这本身就背弃了生命。如同机器一样的人已经失去了"生命的活力"。所以鲍德里亚批评这种人道主义思想，认为，它是思想的杂技，是逻辑的混乱。

人道主义在废除死亡的问题上，抽象地理解了死亡，而人道主义对于死亡的这种理解体现了一种个人主义的价值观，从孤立的个人的角度来理解死亡。这种人道主义的价值观是个人主义价值的完成形式。从加缪（Albert Camus）的有关论述中可以看到这种个人主义的价值观。鲍德里亚认为，这种人道主义或个人主义价值观实际上受等价法则的支配。这就是说，所有人都孤独地面对死亡，所有的人都是同等死亡的。在生死与共的共同体中，人不需要自卫本能或者责任本能。鲍德里亚认为，现代人对于死亡和生命的这种理解恰恰背离了原始社会那种死亡观，死亡是一种象征交换，是节日。按照这种死亡观，死亡是个人和他者的联合，是新的社会联系的建立。在这个层面上，自我与他者之间的区别消失了，杀人与自杀的区别消失了。所谓自杀和谋杀是可以互相替代的，这是针对现代社会中所出现的死亡控制的，而要摆脱这种控制就要"自杀"，这种自杀就具有谋杀的意义。这样的死亡，就是让主体死亡，就是摆脱社会控制。一个人之所以成为主体就是因为他按照社会的模式塑造了自己。

正是在抗拒社会控制的意义上，鲍德里亚高度颂扬"自杀"。在他看来，这种死亡是激情，是献祭，是公开的死刑表演，这是回归古代社会的死亡。而在当代社会，公开地处决一个人，这是道德上的恶、是可耻的。因此，死亡必须秘密进行。当然，这并不是说鲍德里亚赞同公开处决罪犯，而是说，现代人对于死亡的理解出现了问题。他们把死亡理解为恶，观看别人的死亡似乎有点幸灾乐祸的味道。因此，公开处决是可耻的。人们之所以反对公开处决是因为人们在一定的距离上观赏别人的死亡。这种公开处决罪犯与历史上的那种献祭意义上的死亡、牺牲意义上的死亡是不同的。在那个时代，死亡是一种集体行为，是一种节日。而当代社会的公开处决罪犯与这种集体行为是完全不同的。而在现代国家，从保存生命的思想来看，这种集体行动是暴力，是蔑视生命，人们会像谴责公开处决罪犯那样否定这种集体行动。如果人们把这两种完全不同的东西等同起来，都简单地加以谴责，那么我们就简单地接受了"国家思想"即安抚生命的思想（挖苦左翼人道主义，那些左翼人道主义者就是国家秩序的拥护者）。在鲍德里亚看来，原始意义上的集体死亡，是一种革命，是一种节日，这种意义上的死亡不应该被否定。当然，这句话似乎也表明，鲍德里亚并不是说传统的那种集体死亡是完全可以接受的，而是说，我们应该看到其中的革命性质。最后，他批评了人道主义左翼的思想。如果说右翼使用了"压制性讹诈手段"，即用死亡判决来威胁人，那么左翼则采取了"安抚性社会化的未来模式"①，这种安抚性社会化就是否定人们对秩序的抗议。

人道主义强调生命的绝对价值，而鲍德里亚否定了这一点。这或许是鲍德里亚与左翼人道主义的根本分歧。在他看来，我们不能像格莱芒那样无条件地、抽象地反对一切形式的死亡。按照人道主义观点，似乎原始人类不够文明，不尊重生命，把死亡作为节日。鲍德里亚反对这种看法。在他看来，原始人类的死亡观与现代人类完全不同。过去的死亡是象征死亡，比如，公开的死亡、庆贺的死亡，原始人类快乐地面对死亡。他们把各种不同形式的死亡区别开来。而在当代社会，谋杀与复仇、殉情与自杀都是一样的。鲍德里亚反对这种观点。比如，在当代社会，有人认为，处决犯人是复仇，是野蛮。鲍德里亚认为，现代人的这种看法在一定程度上包含了象征交换的意思。这种思想包含了义务和互惠形式。按照象征交换的观点，如果一个人把生命馈赠出来，那么我们也要用生命来回馈。他认为，如果我们保存这样一种象征交换的思想，那么资本主义的体系就容易垮台了。但是在当代社会，占主导地位的仍然是经济学意义上的死亡，是抽象的人人平等的死亡，是抽象的死亡概念，是等价交换意义上的死亡。这种死亡是可以计算的死亡，是可以统计的死亡。资本主义社会系统就是通过这种死亡控制而获得权力的。比如，司法系统（官僚机构）可以计算一个人是否可以死亡，种族主义（道德评估）通过等价关系而把一些人打入另类而让他们死亡。这种死亡是通过道德或者官僚机构的价值计算而得出的。在这里，死亡是被我们的文化生产出来的，是受到社会控制的死亡。既然死亡是受到社会控制的，社会可以让一个人死，也可以不让一个人死。在这里，生死与道德、与文明没有关系，而是与社会控制有关。在当代社会，人们在生命价值和宽容价值的符号下，免除人们死刑，而其实

---

① 第247页。

质就是死亡控制。这里的免除死亡与尊重生命价值无关,与宽容的价值无关,而是与社会控制有关。过去这种控制是依靠死亡判决来进行的,今天,这种控制依靠免除死亡来进行。禁止死亡是社会控制的新形式(系谱学分析的方法。在这里,我们应该注意,系谱学分析的方法是要揭示社会的控制和权力关系,而象征交换虽然与系谱学分析有一致之处,但是象征交换是要解构社会控制)。如果说过去的社会控制需要死刑,那么今天的社会控制已经不需要死刑了。对鲍德里亚来说,在这个社会中,人已经被判"死刑"。人已经死了,"人死了"这是当代社会最大的悲剧。

第四,禁止死亡是新的社会控制形式。

在当代社会,人们采取各种措施来延长生命、阻止死亡,比如抢救畸形儿童、器官移植、植入人工肾等等。然而,人们为什么要这样做呢?是为了医学和科学的目的吗?科学和医学无法让人不死,人类也没有不死这样的目标。那么,人们这样做是为了经济利益吗?为了延长生命,社会花费了大量的资源,而这些被救活的人未必具有经济意义。既然阻止死亡的努力是科学所无法完成的目标,也不能带来利润,那么我们的社会为什么还乐此不疲呢?鲍德里亚得出的结论是,它要对人进行控制。

或许人们会说,强化医疗保障制度有助于人的身体健康,从而有助于劳动力本身的生产。但是鲍德里亚认为,这种说法在当代资本主义社会是不适用的。这是因为,当社会系统越来越强调生命的价值的时候,对于保障人的生命的社会资源的需求也越来越大,这甚至超出了社会的承受能力。于是,在这里社会面临一种困境:一方面,社会要不惜一切代价保障人的生命,另一方面社会的资源却有限(或许死刑会面临同样的困境:既然生命的价值是无限的,那么免除死刑就是必需的,但是免除死刑却又会使某些人忽视其他人的生命,使杀人的情况增加。这里社会也面临着同样的困境)。在面对这些困境的时候,人们必须进行一种经济的选择。比如,安乐死就是一种经济的选择,现在安乐死在一些地方盛行起来。但是,如果把安乐死看作一种人道主义的原则,那么社会就会面临困难,而且社会会长期面临这样的困难:究竟是保持生命是人道的,还是快乐地死亡是人道的呢?在鲍德里亚看来,保持生命或者快乐地死亡与人道无关,而与社会对生命和死亡的控制有关。这就是说,在当代社会,生还是死,这不是一个人自己所能够决定的,而是社会决定的,是受到社会控制的。社会既有理由让一个人快乐地死,也有理由让一个人不死,一个人不能自己决定死亡，而必须按照社会的命令来决定。而社会就要根据道德的、政治的、经济的考虑来规划人的死亡。因此，在这样的社会中，人只能按照社会的规划来死亡，比如，规划安乐死还是自然死亡。在某些极端的情况下，死亡甚至成为被制造出来的商品供人消费。比如，在美国就有专门的"自杀汽车旅馆"①。帮助人没有痛苦的死亡，这是一种服务，是收费的服务项目，或许这种服务还可以报销（鲍德里亚挖苦这种有计划的死亡）。这就是说，死亡成为一种消费品，供人消费。这听起来非常滑稽可笑，但越来越成为现实。这是因为，当社会把人的生命和死亡割裂开来（既然生死是分离的，那么，这就意味着死亡可以独立地存在。因此，死亡可以被生产出来供人消费），剥夺人自由地支配自己生命权利的时候，人就不能随意死亡了，死亡成为一个人必须努力获取的东西。在这样的情况下，死亡就成为一个人必须花钱购买的一种服务了。当然，鲍德里亚在这里是挖苦当代社会所出现的死亡控制的状况，这就是人不能自由地死亡，而必须接受社会的安排。社会会根据计算来决定一个人是否可以自杀。这表明，资本主义国家的医疗福利制度并不是真正地关心人的生命，而是要控制死亡。因为，如果死亡不受控制，那么它就有颠覆性意义。

于是，鲍德里亚指出，既然社会为了人的生存（比如，残疾人、老人虽然有生命但是"废物"，社会仍然要维持他们的生命。这就是"复活有生命的废料"②）而付出了经济的代价，那么社会就获得了一种权利，即取消人在生理上偶然死亡的权利，或者说，社会就有权要求人避免偶然死亡。简单地说，既然社会为了保持人的生命付出经济代价，那么人就要把自己的生命权利交给社会，让社会来决定自己是否可以死。当代社会成为死亡管理中心，它专门来分配和安排人的死亡，或者说，它负责发放死亡许可证。我们的社会就成为死亡中心。这与殡仪馆完全不同。殡仪馆做广告说，"你们死吧，我们做剩下的一切"。而在今天的社会中，"死亡已经成为剩下的一部分"。如果我们的社会也像殡仪馆那样做广告的话，那么它会说："你们不能死，剩下的事情由我们来负责。"这就是说，现代社会要求人们不要死（于是，我们就像死尸那样活着，死亡就成为剩下的部

---

① 第248页。
② 第249页。

分），至于生活中的其他一切问题，社会会负责。这就如同性爱中心负责性爱一样，社会是"死亡"中心，主要负责死亡的分配和管理。"对巫婆的追捕仍在继续，"① 这是暗示，人们不允许巫婆存在，人们不允许象征交换意义上的死亡存在。

那么社会为什么不允许象征交换的死亡存在呢？如果象征交换的死亡存在的话，那么社会就会垮台。因此，社会就必须有一个超越的、"客观的"机构来代表正义，来处理死亡和复仇。这就是国家（或者整个社会，实际上在现实社会生活中，没有专门的机构，司法机构只是其中的一部分）。如果这样，那么死亡和赎罪就脱离了传统社会的那种象征交换过程，而受到国家的调节，或者说国家是唯一有权对死亡和赎罪进行处理的机构。这就如同在处理经济交换的时候，在处理政治权力交换，在处理性交换的时候，社会都设置了专门的机构一样，在处理死亡和赎罪的时候，社会也需要有专门的机构来处理死亡和赎罪的交换。如果没有这样的机构，那么这个社会控制结构就会崩溃。这就是说，死亡和赎罪必须得到有效的管理，否则，社会秩序就会崩溃。

因此，鲍德里亚非常明确地指出，一切脱离国家控制的死亡或者暴力都具有颠覆性。比如，杀人、强盗、暴力上的不法等都是脱离国家控制的死亡，这种死亡具有象征交换的意义。或者说，它是挑战性的，向社会秩序提出了挑战。用鲍德里亚的话说，这种死亡具有"野蛮的、直接的、象征的互惠"② 特点。这种死亡就如同一个人用自己的生命向制度秩序提出挑战一样，有点类似于"牺牲"，类似于古代社会中的节日耗费，类似于符号上的耗费。这种死亡不是一命抵一命的死亡，而是对整个系统的挑战性死亡，而系统就是要把这种死亡纳入制度框架，按照一命抵一命的原则来处理，用等价交换的原则来处理。一个人杀了另一个人，那么这个人就应该偿命。在鲍德里亚看来，人们的这种杀人、偷盗、暴力恰恰是对制度体系的挑战，我们要从制度体系的挑战的角度去理解这些死亡。这就是象征交换意义上的死亡。鲍德里亚认为，这种死亡如诗歌和艺术品，它是没有经济上的使用价值的，是不能从经济意义上加以衡量的。为此，鲍德里亚甚至更扩大范围地说："在我们的系统中，只有这一点才是迷人的。只

---

① 第249页。
② 第249页。

有不能换成价值的东西才是迷人的：性、死亡、疯病、暴力，正是出于这一原因，这些东西在各处都受到压制。"① 在资本主义社会，一切东西都受到价值规律的控制，都受到经济原则的调节。只有那些突破了经济原则，比如无意义的性、无意义的死亡、疯病、不受社会控制的暴力才能颠覆经济秩序。这些东西才是我们社会中最迷人的东西。正是这个原因，这些迷人的东西必然受到压制，人们都要努力把这些东西纳入等价交换的原则中理解。比如，许多人在战争中死亡了，但是这被理解为"为祖国而死"②。这些人的死亡可以兑换成黄金。这种死亡对某些人有用，而社会中也有人愿意用死人来兑换黄金。同样的道理，谋杀、死亡、犯罪都被纳入国家的司法体系，虽然它们不是到处都是合法的，但是可以在法庭上得到辩护（légalisé）（"至少也是得到认证的"这个翻译容易引起误解）。比如，如果人们能够从经济原因上来辩护自己的杀人行为，那么保护国家财产的杀人行为以及保护个人财产的杀人行为就可以被合法化。一旦杀人、死亡、谋杀等被纳入国家司法体系，那么杀人就被按照经济上的意义来理解，它就没有颠覆性意义了。在鲍德里亚看来，只有摆脱了"可兑换性"，杀人才具有颠覆性的意义。国家一定要控制那些颠覆性的杀人事件，把它纳入司法体系，从而使其失去颠覆性意义。其中的颠覆性意义，就只能道听途说。应该说，鲍德里亚的这些说法非常具有颠覆性。在他看来，只有那种不计较经济利益，即无谓的死亡才能够颠覆社会，颠覆现存秩序。比如，自杀就是如此。不过，我们应该注意，鲍德里亚不是鼓励人去死亡，而是象征意义的。比如，在社会中我们都不去争名夺利，而是去"死亡"（社会意义上的死亡），不按照社会等价原则去"死亡"。按照等价原则去死亡的人，就是自然死亡，这种死亡没有多少意义，也不能复活。

自杀就是一种颠覆社会秩序的形式（让自己在社会意义上死亡）。一个人自杀实际上就是在一定程度上对家庭、社会的不满。因为这种死亡是象征性死亡，象征性死亡是可逆性死亡、是挑战性死亡。一个人要用自身的死亡来获得社会的象征性回报。这就是说，自杀的人把自己的生命馈赠给社会，而社会就要用自己的生命进行回馈，这是社会的象征义务。社会在面对一个人自杀的时候就面临这样的象征义务。比如，监狱里的死亡判

---

① 第249页。

② 第249页。

决越来越少，但是自杀越来越多。这就是说，本来一个人的死刑是要由制度来决定的，但是这个人却不接受制度的判决而自杀。这样他就否定了制度在控制生命中的意义。在这里，个体通过自杀来审判社会和制度，而不是社会借助制度来审判个人。鲍德里亚把这种自杀理解为"颠倒法庭程序"①。本来，按照当代社会制度，一个人的生命和死亡只能由社会决定，社会可以审判人，可以判处一个人死刑。但是自杀却把这个单向的过程颠倒过来，个人也可以通过自杀审判社会制度。这样，社会对于生命的单向控制就变成可逆的。象征交换的典型含义就是它的可逆性。在这种可逆的死亡中，个人对社会取得了优势地位。实际上，鲍德里亚的这种说法，只是在当代社会才有意义。一些人进行的死亡表演，如果没有观众，那么它就不可能对社会进行审判。而在现代传媒极大发展的条件下，一些人正是利用了这一点而试图通过自杀式爆炸等来颠覆社会。比如，恐怖分子。鲍德里亚本人天真地认为，自杀或者自杀式爆炸会在社会系统中打开一个无法弥补的缺口，会导致系统的"全面的失败"②。这些东西逃离了系统的合理性。在现代传媒大发展的今天，我们是不是应该"自杀"，从而瘫痪这个体系呢？

那么，为什么自杀具有颠覆性意义呢？鲍德里亚还是试图从反经济学意义（巴塔耶意义）上的死亡来理解自杀。宗教、道德要求人们不要自杀，它们都是从经济意义上来理解生命和自杀的。在它们看来，生命是一个人的资本，而自杀就是放弃自己的资本。当代社会是资本控制的社会，是受经济学原理控制的社会。自杀就是要颠覆这种经济秩序。鲍德里亚认为，生命是人的最后的资本，而一个人自杀就是放弃最后这一点资本，这就是从根本上挑战当代社会的价值规律（显然，鲍德里亚强调死亡、自杀，都不是在生理意义上。脱离一体化系统的都是自杀，逃脱同一性逻辑）。在这里，鲍德里亚还引出了一个更加大胆的观点：任何颠覆现存秩序的东西必须是自杀性的。如果没有自杀性，那么任何所谓"革命"都不能颠覆现存秩序。于是，他批判当代社会中的所谓"政治"实践和"革命"实践。这些实践只是用死亡威胁来获取生存，而当代社会的秩序就是

---

① 第250页。
② 第250页。现实的情况表明，即使恐怖分子试图通过自杀、通过现代传媒来颠覆社会，但是理性的人民却绝不会上当。事实上，"9·11"恐怖袭击事件并没有颠覆美国，并没有导致系统的全面失败。

要把死亡控制起来，或者说，就是要把受控制的死亡再生产出来。而那些所谓革命很少反对这种受控制的死亡的再生产，也不反对从交换价值的角度来对待死亡。这种所谓革命都是从交换价值来理解死亡的，它们不反对死亡的使用价值（从经济意义上理解死亡。比如社会把死亡生产出来，使死亡获得使用价值，比如人们利用死亡来威胁人，让人接受社会控制。从这个意义上，我们就可以理解死亡本来没有使用价值，但是却成为社会用来控制人的绝对武器）。它们用一些人的死亡来换取好处，它们利用某些人的死亡，并通过这种死亡而与社会进行交换。比如，一些人就是用某些人的死亡来对秩序提出要求（不是挑战）从而换取制度的让步。这种所谓革命恰恰否定了死亡所具有的颠覆性价值。

最后，鲍德里亚列举了各种自杀式的革命：巴勒斯坦人、黑人、精神病人的自杀等，都是颠覆性的革命。这些自杀式的行动就是要凸显社会系统的压制性，凸显社会系统对于死亡的压制。这就是说，社会系统本身压制死亡，害怕死亡，压制死亡冒险。我们只有用死亡冒险才能挑战制度。这样的死亡游戏（个人的自杀以及动乱、挑衅等政治实践）能够使社会面临象征义务，社会系统也由此自身死亡。这就是系统的死亡功能。

鲍德里亚的这种象征死亡说，就是鼓励人们进行死亡冒险来摧毁社会系统。实际上，当代西方社会不缺乏这种死亡冒险，但是这个系统却没有死亡。显然，社会系统的问题，不是靠个人的死亡冒险，或者一个群体的死亡冒险（动乱、挑衅等政治实践）来解决的，而是靠人们的理性思考来解决。然而，鲍德里亚对当代社会中的大众传媒失去信心。在他看来，任何理性的讨论都不可能了，只有死亡冒险、死亡游戏才是解决资本主义社会矛盾的唯一方法。当然，象征死亡也不是鼓励人自杀，而是象征地死亡。比如，一个人拒绝大众传媒，这也是一种象征死亡。如果大家都拒绝大众传媒，那么它对人的控制作用就消失了。这是我对他的思想的一种犬儒主义解释（必须指出的是，鲍德里亚的思想与犬儒主义还是不同的。犬儒主义只是抵制权威的价值系统，拒绝这个价值系统，但是没有确立自己的价值系统）。

第五，绝不要收藏死亡，这是死亡扭曲。

在当代资本主义社会，人们有一种私人权利的观念。按照这种私人权利的观念，个人可以拥有自己的私有财产、拥有自己的符号性财产，比如名誉权。人的占有欲望如此之重,以至于人们也要把死亡作为自己私有的东西。在这里,死亡是每个人自己的事情(这是没有象征交换的。这种死亡不是社会中的事情,不是集体的事情)。与自己死亡相关的各种财产也受到人们的重视,比如,人们对于阴宅进行投资,人们对自己的死亡进行投资,努力让自己自然地、舒服地死亡。在这里,死亡也像私有财产一样,个人对它有不可转让的权利。鲍德里亚挖苦说,这是"资产阶级个人权利的完美形式"①。在这里,不仅主体的身体是不可转让的,而且主体的死亡也是不可转让的。而不朽性也是私人权利,是死后的生存和永恒占有。鲍德里亚说,这种荒谬的要求隐含着怎样的绝望的!人可以占有很多东西,但是占有死亡是可悲和绝望的!人把自己的死亡当作物品一样的东西收藏起来,就如同我们每个人积累物品和符号意义一样。在这里,死亡成为生活中的最后一件收藏品。而鲍德里亚认为,死亡不应该被当成一种无活力的事情,或者说,这种无活力的状态不应该被看作死亡的唯一状态。死亡还应该成为一种游戏,一种象征游戏。

鲍德里亚否定了这种荒谬的死亡观。在他看来,在当代资本主义社会,还是存在其他形式的死亡的。这些死亡形式就是象征死亡。在鲍德里亚看来,这种经济学意义上的死亡是主体加在自己身上的死亡的扭曲,只有象征死亡(非正常死亡、出乎意料的死亡)才能把这种扭曲了的死亡从主体控制中剥离出来。人要成为主体,这就是一种控制,不要成为主体,而是去死亡(脱离社会同一性秩序的控制),这才是象征意义上的死亡,而这样的死亡才具有颠覆性的意义。在这里,我们特别注意这里的注。主体也会死亡,也会自杀,比如恐怖分子的自杀。鲍德里亚并不会赞同他们的自杀,并不认为他们的自杀具有真正的革命意义。因为在他看来,这种自杀仍然是按照同一性秩序进行的,比如,是按照某种极端宗教思想进行的。这种自杀仍然是为了保证自己的不朽性。这仍然不是鲍德里亚所说的那种主体的自杀。

鲍德里亚认为,到处都有对这种积累性的死亡的抵抗,都有对生产(政治经济学中的生产)和自卫原则(防止死亡)的抵抗。在这种积累性的死亡中,死亡是受到主体控制的,主体可以对自己的死亡加以编程。而在当代社会,到处都出现了以象征死亡如暴死、自杀等来反对这种积累性

---

① 第251页。

的死亡。在一个勒令人们活下去，让人们把生命当作资本来积累的社会，只有死亡的冲动才能使人摆脱控制，这是人们的唯一抉择。在所有一切都被计算和编程的社会中，在人的死亡都受到管理和控制的社会中，人已经失去了自由，受到了完全的控制，这个社会实际上是一个死亡了的社会。在这样一个死亡了的社会中，只有通过象征死亡，通过摧毁才能使这样的社会恢复正常状况。在这里，鲍德里亚重复了他的激进的革命思想，用象征死亡来对抗现存社会的秩序。

7. 安全的讹诈

当代资本主义通过避免死亡、保护生命来进行控制，保护一个人的人生安全在当代资本主义社会也是一种控制手段。鲍德里亚把这种情况称为"安全的讹诈"。比如，资本主义社会体系以各种生命威胁为理由而对人进行控制。在鲍德里亚看来，此类控制有各种各样的形式：人寿保险、医疗保障、保安部队甚至汽车安全带等，都是一种控制手段。这些东西都是以生命安全为形式而对人进行控制。比如汽车安全带就把人束缚在安全椅子上，让人接受控制。当然如果汽车安全带纯粹是由于安全的需要而生产出来，那么这也是可以接受的，人并不期待在交通事故中无意义地死亡（尽管在鲍德里亚看来，这种死亡更具有社会意义，但他也并不主张人们这样去死）。但如果安全带是在广告推动下生产出来的，是为了扩大安全带生产而生产出来的，那么安全带的生产就是为了生产而生产。这也是一种社会控制。鲍德里亚说："一则安全带的广告词这样说：'系起来'。"[①] 这就是说，安全带所关心的不是一个人的安全，而是关心安全带自身的再生产。同样的道理，在当代社会，一些企业排放污染物，严重影响人的生活，从这个角度来说，改善生态环境是必需的。但是，如果为了产业升级，为了保增长、保就业而治理环境，那么这实际上就是为生产而生产了。在这里环境保护就不是真正的环境保护，而是生产的进一步延伸，甚至是污染的进一步延伸（产业升级也要消耗资源，造成浪费）。同样的道理，安全如果确实是为了保障生命，那么这就是必需的，但是如果安全不是为了保障生命，而是为了维持经济运行，为了社会经济系统的运行而进行的，那么这就不是真正意义上的安全，而是为了促进再生产意义上的安

[①] 法文本，第269页，中译本漏译了这句话。

全。因此，鲍德里亚说，"安全是一个工业企业"①。比如保险公司天天宣传，中国每年由于交通事故死掉多少人，鼓励人们进行交通安全保险。在这里，安全不过是一种借口，它被人们用来扩大经济效益。这就是"安全的讹诈"。为此，鲍德里亚说："死亡、事故、疾病、污染在各处都具有可兑换性，可以兑换成资本主义的高额利润。"② 虽然污染、疾病威胁等也会对人造成压制，但是，安全是一种最坏的压制，因为，它剥夺了人的死亡的权利。而在鲍德里亚看来，死亡控制是当代社会控制最根本的形式。在鲍德里亚看来，象征死亡，即交换-馈赠意义上的死亡，是具有颠覆意义的死亡，而安全的讹诈就是要对死亡穷追猛打。当代社会系统就是要保证人的生命，而人就是要逃离生命，即最终的"大逃离"（échappée belle，中译本翻译为"避难所"），就是要向自己馈赠死亡。资本主义系统就是要剥夺人们向自己馈赠死亡的可能性，对交换-馈赠的死亡穷追猛打。那么资本主义系统为什么要对这种馈赠的死亡穷追猛打呢？鲍德里亚认为，这不是因为这些人用自己的死亡向社会表示抗议，不是因为这种死亡是非社会性的个人抗议，而是因为这种象征死亡是与资本主义社会的那种等价死亡相对抗的，是因为它违背了经济交换的规则。本来资本主义系统可以用死亡的威胁来维持系统，如果有人用象征死亡来背离这个经济交换规则，那么这就会对社会系统的再生产造成威胁。为此，社会必须阻止死亡，即必须阻止象征交换意义上的死亡。

那么社会系统为什么要阻止死亡呢？难道这是为了让人活下去吗？鲍德里亚十分坚定地回答"不是"。如果阻止人死亡不是要让人活下去，那么这是要干什么呢？这是要让人接受控制，让人按照系统所允许的方式去死，按照经济学交换原则去死。系统要利用人的死亡来再生产系统，维持系统的运行。在这里，人的生命与死亡分离开来了，象征死亡被阻止了。在这个时候，人们获得了生命，但是他们的生命只具有"他们的苟且生存的形式"③。比如，司机按照交通安全法规必须系好安全带，但是当司机被安全带束缚起来的时候，这个司机就如同僵尸一般。它的副作用是，无法处理其他紧急情况。由此鲍德里亚说，在这种情况下，司机"不再冒死亡

---

① 第252页。
② 第252页。
③ 第252页。中译本把"la forme de leur survie"翻译为"死后生存"就比较费解了。

的风险，因为他已经死了"①。在这里，人虽然不再冒死亡的风险，但是人却完全被束缚起来了。在当代社会，人都会面临各种各样的风险，比如，食品安全的风险、恐怖事件的风险。社会为了保障每个人的安全用各种措施束缚人。这种做法就如同把人放在棺材中一样："为了不让你死，用一口棺材围住你。"②人们或许会问，难道社会保护人的生命安全错了吗？鲍德里亚当然不反对，他反对的是社会利用死亡威胁来控制人。在社会意义上的死亡也是如此，为了保证人的社会意义，社会用各种规矩包围着人、束缚着人。

　　当社会中各种风险出现的时候，人就处于死亡的威胁中（"把人放在棺材中"，死亡恐惧中），或者说，人处于"死亡环境"中。而现代科学技术的发展就使人处于这样的环境中，它既制造了"棺材"，制造了各种物质条件，从而保护人，又使这些东西像棺材一样，时时提醒人们处于死亡的威胁中。这就是现代科学技术的发展所造成的"人为的死亡环境"③。随着科学技术的发展，人所面临的死亡风险越来越大。比如，本来，在落后的农业社会，我们没有多少农药，没有各种饲料添加剂（如三聚氰胺之类的东西），现代科学技术发展了，我们面临的食品安全风险增加了。为了防止这种风险，社会制定各种法规，这样，我们安全了，但是这是"棺材"中的安全。在我们的社会中，各种武器的生产都是我们生活环境的一部分。甚至各种刀具、各种机器，甚至各种小东西，这些东西已经成为我们生活的一部分。但是，这些东西都构成了"死亡环境"。这些东西已经凝聚在我们的生活中了。我们甚至已经不把它们看作死亡的威胁，而是看作对付死亡、保护生命的手段。鲍德里亚把这种固化了的死亡环境理解为"不再可能化解的死亡"，"处在打击范围之外"的死亡（如人们反对武器生产，但是却不反对刀具的生产，不反对农药的生产，不反对其他各种化学物质的生产）。鲍德里亚更直接地把这些东西称为"死亡的固定资本"，即生产死亡的固定资本。正如人的活劳动会凝聚在固定资本中一样，人在生产死亡环境或者生产死亡威胁的时候，也付出了劳动。这种为了生产死亡而进行的活劳动也凝聚在物质环境中，这种物质环境就是"死亡的固定资本"。大到武器系统，小到生活用品，都是这种"死亡的固定资本"。这是生产"死亡"的劳动的凝聚。显然这里出现了一个悖谬的情况，人们生

---

① 第253页。
② 第253页。
③ 第253页。

产出来的东西在一定程度上都构成了死亡的威胁,而这些东西又是以保护人的生命安全的形式生产出来的。比如,武器是为了保护我们的安全而生产出来的,但是当别人也生产武器的时候,我们就需要生产更多的武器。于是,生产的武器越来越多,我们仿佛把自己置于一个"个性盔甲"之中。鲍德里亚说:"全部物质生产都只是一副巨大的'个性盔甲',人类希望以此威胁死亡。"[①] 全部物质生产都是生产一个盔甲来保护人们,使人免受死亡的威胁。人类之所以如此热衷于生产这些盔甲,是因为人要防止死亡,害怕死亡。如果人都能坦然面对死亡的话,人也不会生产这么多的盔甲。只是由于死亡本身悬置在人类之上(人把生死割裂开来了),人类才会致力于生产这些盔甲,并把自己包裹在这些盔甲之中。那么我们究竟如何理解这些盔甲呢?这些盔甲就如同我们生产的汽车,一方面汽车造成巨大的死亡,不断地制造死亡,但另一方面我们的生活却越来越离不开汽车,它越来越成为我们生活中不可缺少的部分。从这个意义上说,汽车成为我们身体的即技术上的延伸。这就好像我们的腿上长出轮子来,并且可以加速运转。但是,这个加速运转的轮子却带来极大的死亡风险,是积累起来的死亡资本,微型化的死亡。在这里,我们每个人都是生物学上的人,而我们的环境都是技术化的环境,都是用来保护我们的生命的。在这里,人越来越生物学化,而我们的环境越来越技术化。我们越是从生物学意义上理解生命,我们就越是要强化技术环境,以便保证生命的安全。而我们的技术环境本身也是脆弱的,也会威胁我们的生存。于是,我们越来越需要生产更多的东西,更坚固的环境。但只有当生产出来的东西易老化、易损坏,我们才能不断地生产。实际上,这种生产不是为了保障生命的,而是为了经济增长的需要。在这里,只有有了危险、污染,生产才能进行下去。于是,对于资本主义社会的经济系统来说,死亡威胁需要不断地被生产出来,经济才能持续发展。从这个意义上说,资本主义社会系统需要不断地更新死亡储备来维持经济增长。有时,这需要抬高安全级别(抬价的安全),提高生态安全的级别来增加死亡威胁,从而维持经济的增长。鲍德里亚把这种情况称为"死亡的扩大再生产"(我们也可以说,这是"死亡的产业升级")。只有在死亡的扩大再生产中,经济系统才能持续、稳定发展。我们的身体成为生物学机器,而我们的生存环境也是我们

[①] 第 253 页。

的生物学身体的一部分，是无机的身体，肉体不过是有机的身体。既然整个物质生存环境是我们身体的一部分，而这个部分是易老的、易损坏，并且包含了各种危险、污染、磨损等，这就表明，我们的这个生物学机器是一个"坏东西"（鲍德里亚的意思是，我们不能这样理解人），注定要经历疾病、事故和死亡。

在这里，鲍德里亚发现了一个奇特的现象，生产安全与生产死亡是同一回事。比如，武器生产是保证安全的，同时也是生产死亡的。只有当死亡被生产出来的时候，资本才得以生存，而为了生产安全（保障生命），资本就可以获得利润。无论生产安全还是生产死亡，这都是资本主义的策略。鲍德里亚认为，环保是污染的工业延伸，本来环境污染了，那么人们就需要环保。鲍德里亚不反对这一点，问题在于，在当代社会，环保是以治理污染为名而进行的经济活动，是为了保证再生产而出现的。在这种情况下，人们需要污染，需要把污染"生产"出来，凸显出来。人面临死亡，需要安全，但在现代资本主义社会，安全不是为了保证生命，而是为了保证经济生产。在这样的情况下，死亡被生产出来，死亡威胁被凸显出来，从而保护生命的工业才能得到发展。平等地保护人的生命，提供医疗保障被看作"民主荣耀的伟大体制"。而医疗保障不是要真正地保障生命，而是要把所谓威胁不断生产出来。在这里，死亡不仅从生命中分离出来，而且是可以计算的。从这个意义上说，医疗保障就是死亡，就是生产"死亡威胁"，就是计算死亡。这个保障体系明明是在生产"死亡威胁"，就是生产死亡，但是却被说成是保障生命。于是，鲍德里亚在这里挖苦说，这是"一个死亡社会的整形"①。当人们对死亡可能进行计算的时候，当人们把死亡生产出来的时候，这恰恰表明死亡是按照等价原则来理解的，而不是象征交换的东西。在历史上（"以前"，虚构的历史），社会存在着互惠和义务的系统，生和死之间存在着象征交换，人和人是一个生死与共的共同体。在这个共同体中，"社会性"这个概念没有意义，因为那个时代不存在孤立的个人。如果个人不是孤立的，甚至个人的概念都不存在，那么"社会性"概念就没有意义。同样，如果生和死是无法分离的，那么安全的概念也不会出现。在原始人类那里，死亡是象征交换的概念，是社会意义上的事情，而社会保障就是社会共同对付死亡风险。从表面上看，当代

---

① 第 253~254 页。

社会的人寿保险与原始社会类似。然而，在当代社会的人寿保险中，死亡是可以计算的，是失去象征意义的死亡。因此，这两者的实质完全不同。人寿保险这种做法类似于人们把文化摧毁之后，又以民俗的形式加以保护一样。人们摧毁了象征交换意义上的死亡，然后又以健康保险的形式把它保护起来。资本主义社会系统摧毁了社会共同体，然后又通过健康保险使整个社会系统好像是一个家庭。群体在这里死亡了，系统以民俗的形式保留了群体的形式。这是鲍德里亚对当代资本主义社会健康保险的挖苦。在他看来，原始的共同体死亡了，死亡的象征意义消失了，但是为了把这种死亡了的共同体再现出来，人们发明了人寿保险。在这种保险中，每个人都会计算一下自己的死亡可能、成本。对一个人来说，其他人就是维持这个死亡运算系统的资本。最后这句话实际上还是批判资本主义社会中人与人之间关系上的孤独和分裂。

"以持续的屈辱（mortification，这个词与后面的苦行有语义上的联系）为代价的死亡威慑：这就是安全的悖谬。"[1] 直白地说，这句话的意思是，在面对死亡威胁的时候，人们只能生产更多东西来保护自己，这就如同一个人在面对暴徒的时候只能求饶一样。这是一种持续的屈辱。面对死亡威胁，人类就要不断地求饶，就要不断地进行物质生产（不是为了享乐），而进行物质生产就如同把自己放在棺材中（见前文）。这就是安全的悖谬。实际上，这种做法就如同基督教中的苦行一样。按照基督教的观念，一个人通过苦行才可以进入天堂，这是人进入天堂必须付出的代价。人没有进入天堂，但是却折磨了自己。同样，一个社会只有采取更好的安全措施，人才可以避免死亡，而实际上这些措施不过是把人放在棺材中，是棺材中的安全。在这里，人没有真正地获得生命但折磨了自己。我们的强迫性的安全观念（如同进入天堂的观念一样），使我们的社会进行集体苦行。我们似乎生活在一种被层层保护起来的棺材中，我们提前体验自己的死亡。这是一种苦行的生活，这种苦行的生活就是一种得过且过的生活，是苟且的生活（人生活在死亡恐惧中，而不断地自我折磨）。如果说，我们在这里要进行计算的话，那么这是苟且生活的计算，而不是"生命和死亡的基本账目"[2]（象征交换意义上的生死）。所有的人都是在死亡的威胁下、在

---

[1] 第254页。译文略改。

[2] 第254页。

层层的安全保护中生活（请注意这里的司法、体制和物质的保护，这些保护对鲍德里亚来说，也是控制）。在这种生活中，人们随时都在体验自己的死亡，在这种死亡体验中生活，这不是一种苦行的生活吗？

接着鲍德里亚说，我们的社会在生产死亡，通过死亡来维持系统的运行，但是却以生产安全为借口。这并不改变其生产死亡的本质。这里没有任何根本的改变。这就如同扭曲的线段、其两端相连的麦比乌斯圈。或者如前文所说的那样，生产安全就是生产死亡。两者在本质上是一致的。他以生产汽车为例，汽车公司更加注意安全了，提高产品的安全水准了。这表明汽车公司生产转向了，向新的产品系列转型了。我们并不否定其产品安全系数更高，但是其目标却不是为了安全，而是为了更多的生产。产品升级换代，是以安全为借口而进行的扩大再生产。因此，鲍德里亚说，"安全只是系统达到某个扩展阶段时的内在再生产条件"[1]。一个汽车生产企业不是从生命安全的角度调整生产的，而是当原来的产品销售受到阻碍的时候，才开始产品升级。产品升级是一种竞争策略、再生产策略。

在这里，鲍德里亚发现了一个奇怪的现象，当汽车安全升级的时候，人们的冒险意识也在增加。虽然一个社会可能会对安全非常重视，把安全英雄化。但是生产出来的东西越安全，人们就越是敢于死亡冒险。我们的社会到处都要实行强制的安全措施，但是，人们却对安全漠不关心。为什么人们对安全漠不关心，而需要采取强制措施呢？鲍德里亚认为，这是对社会控制的一种抵抗，人们都潜藏着抗拒社会控制的心理，而越来越多的强制，把这种抗拒进一步激发出来了。这种对安全措施（社会控制）的抵制是与历史上人们对于其他一些社会进步的抵制一致的。比如，历史上，人们对疫苗会产生抵制，对医学、劳动保护、对学校都曾经产生抵制。但是，所有这些抵制都失败了。比如社会在文明的过程中曾经对学校产生抵制，但是文明的发展最后使人们自觉地接受了学校。或者说，人们对学校产生了一种自然的需要。同样，在安全措施的强制中，人们对安全也产生了"自然"的需求。鲍德里亚把这种自然的需求理解为"毒害"[2]，人在长期的文明熏陶中受到了"毒害"。本来，人注意安全，这是一种进步，

---

[1] 第 254 页。
[2] 第 255 页。

但是鲍德里亚却把这种情况理解为"毒害"。而且他还认为，所有人都期待这种注意安全的"病毒"。那么为什么鲍德里亚把人们对于安全的要求理解为"毒害"呢？在他看来，这是因为，人们渴望安全是为了避免死亡，是自愿接受了社会控制。在他看来，在历史上，人们只是需要安全的权利，或者说，人们只是要能够自己支配自己的安全和死亡。至于安全本身，人并不在乎。但是由于文明过程的长期"毒害"，人们不仅要安全的权利，而且要安全本身了。这就是毒害，人自觉自愿地接受社会控制了。他认为，在历史上，人是宁愿死，而不愿意让别人来支配自己的死亡。但是，在"生本能"的原则下，人们却忘记了这个基本事实。在他看来，虽然如此，在生活中，我们还是可以看到这种冒死的精神。比如，工人常常拒绝遵守车间安全规则，这表明，工人宁愿受到剥削，也不愿意交出自己主宰自己的生命的权利。在这里，他似乎看到了工人颠覆当代资本主义体系的希望。他认为，这些工人不是"理性的"无产阶级，而是具有真正的颠覆精神的人。似乎社会变革的希望就寄托在这些人身上。在这些无产阶级看来，主宰自己的死亡，也就是不让人夺走这个"被诅咒的部分"（这种具有挑战意义的死亡），才能保证自己的自由。在当代社会，人们的要求是，一个人可以受到剥削，但是却不能不主宰自己的死亡。死亡的自我主宰具有挑战性的力量。只有当工人进行经济学计算的时候，只有当工人宁愿接受好的生活，而不愿意主宰自己的死亡的时候，工人才成为奴隶。资本家就是要工人好好地进行政治经济学计算，比如让自己生命长久一点，生活水平提高一点，而不要冒生命的风险。这样的生活才是合算的生活。当工人接受了这样的想法的时候，工人就成为奴隶了。他放弃了主宰自己死亡的权利。一个人如果对于这种安全秩序进行小小的反抗，那么这个社会就会被动摇。鲍德里亚就是要鼓励人们进行这种小小的生命冒险。在他看来，只有这种冒险才能真正动摇资本主义社会体系。

最后，鲍德里亚重复了自己的一个基本思想，象征死亡才能颠覆资本主义制度。而这种象征死亡的力量在资本主义社会体系中没有完全消失。比如，司机会进行死亡冒险，有些人会自杀。这都是对社会秩序的挑战。这种挑战就是把死亡馈赠给自己，而不是像资本主义社会体系那样，把死亡纳入经济的核算中。象征交换对资本主义体系的冲击将是致命的。在这里，鲍德里亚特别提到，个人向社会馈赠小小东西，难道馈赠死亡还是小小东西吗？显然，这里能被用来馈赠的死亡不是生理意义上的，而是社会意义上的死亡。比如人们都喜欢时尚，因为时尚所要求的是"戏剧的社会性"，而我只要拒绝这种社会性，那么这就是社会性的"死亡"。我只要向社会馈赠这一点死亡，这个社会就会垮台。当然，社会一定不让你死，对你进行死亡威胁，对你进行"安全讹诈"。这是你必须注意的。如果一个人完全接受社会的各种流行趋势，接受各种规则的控制，那么这个人就很安全了。不过这时，人就被放在"棺材"中了（鲍德里亚诅咒这口棺材，我们社会中的各种流行趋势、各种规则、各种习惯了的思维方式都可视为棺材的组成部分），人失去了自由。

8. 殡仪馆与墓室

在这部分的开头，鲍德里亚引用了雨果的一段话。其核心的意思是，当人们努力清除污垢的时候，那些被清除的东西上的污垢会转移到人身上。比如，我们清扫地板的时候，地板上的尘土会落到人身上。这是被表述出来的意思，其中当然有某种隐喻：人类努力清除自己所不喜欢的东西，而这些东西最终还是会落到人的身上。鲍德里亚在这里，用这个隐喻来说明，人类努力清除象征死亡，但是象征死亡仍然会在人身上出现。这至少是他所期待的。

当代社会努力清除死亡。人类清除死亡的努力与人类清除污垢的努力是一样的。尽管人致力于清除死亡，但是，死亡还是不可避免的。对于死去的人，人们就会掩盖这种死亡。比如，殡仪馆里打扮死人，就是要死人像活人一样。打扮死人在现代人那里，是排除死亡、清除死亡的表现，即使一个人死了，也要让死人面带微笑。这是为什么呢？在鲍德里亚看来，人们的这种做法包含两个意图：第一个意图，打扮死人，让死人看起来像活人，这是排斥死亡的表现；第二个意图，打扮死人的时候，人们就是要让死人保持活人的自然状态。死人和活人都是在自然状态的意义上被理解的。这是字面的意思。如果从隐喻的意思来说，那么其意思是，我们社会上的人成为自然意义上的人，实际上是死人，不过这些死人被打扮成为活人。我们这个社会排除了死人，结果我们都成为死人，成为没有社会意义的死人（自然人），即使我们被打扮起来，我们也无法构成社会。

当然，打扮死人不是当代社会所特有的。古代社会也有打扮死人的做法。一切社会都要打扮死人。那么为什么一切社会都要打扮死人呢？这是因为，身体具有符号意义，具有社会性的意义。如果尸体腐烂了，那么这就意味着，社会也腐烂了，社会会解体，尸体所包含的社会意义就消失了。所以，在不同的文化中都有保留尸体、保留全尸的要求。鲍德里亚的这些话的意思无非是要表明，人虽然也像动物一样，是一种肉体的存在，但是，人不能被理解为肉体的存在，而是一种社会的存在。从这个意义上说，即使一个人死了，但是仍然具有社会性的意义，是社会的一部分。人们保持尸体的做法实际上就是要保持人的社会身份，即使人死了，人仍然是一个社会成员。正因为如此，人们要保留尸体，保留尸体是要保留其所表现的社会意义。如果身体腐烂了，身体的符号意义就被掏空了，那么人们就会陷入一种恐怖之中，似乎整个群体都会象征地腐烂，这就是"把群体推入自身象征腐烂的恐怖"[1]。这是脱离群体的恐怖。人们打扮死人就是要让死人以符号的形式存在，或者说，使死人成为活人的伙伴。然而，死人毕竟经过了一种生物性的灾难，或者说，从生物学意义上来说，他死了，他不能从生物学意义上成为活人的伙伴了。为了克服这种生物学灾难所带来的问题，原始人出现了吃人的习俗（鲍德里亚又称之为"仪式性食肉习俗"）。这种食人习俗就是要把死人纳入活人之中，使死人成为活人的伙伴。人们对尸体的这种处理方式就是要让身体符号化，避免人们对尸体进行纯粹自然意义上的理解，而是赋予尸体以符号意义。

如果说食人习俗是要把人的尸体变成符号的话，那么对死人进行打扮也是要把死人变成符号。从这个意义上说，当代社会中的打扮死人是食人习俗的变体。打扮死人也是要使死人具有符号的意义，使死人看起来像活人，好像可以和活人一样，甚至可以和活人"交流"。不过食人习俗和打扮死人还是不同的。食人习俗是一种社会意义的事情，而打扮死人却试图要使死人在生物意义上复活。现代人之所以要打扮死人，不是要把死人变成符号，不是让死人和活人交流。他们认为，死人是不正常的，活人才是正常的，因此，死人也要打扮得像活人。或者说，在现代人看来，生命才是自然的。因此，鲍德里亚认为，打扮死人的荒谬恰恰就在于其"自然性内涵"。为此，殡仪馆要努力打扮死人，让死人保持活人的样子（原始人则相反，要让死人回到死人的样子，成为符号），力图让死人像活人一样。为此，鲍德里亚认为，我们的社会以巨大的残酷性来对待死人，这就是死人得不到象征承认。他们不能上升到死人的地位。他们不能腐烂。在这里，死人作为"傀儡"活在活人圈子中。他们只能模仿活人的生命，或者

---

[1] 第 256 页。

说，成为活人生命的仿象。死人失去了差异的权利（被强迫要求跟活人一样），失去了获得社会地位的机会。比如，老人就是老人，他们是差异的人，但是我们不能强行让他们和我们一样。他们要像傀儡，被打扮成为活人。

于是，鲍德里亚总结说，古代社会是不怕死亡和不怕符号的社会，而当代社会是"意识形态"社会，只有自然的东西才能够得到承认，自然的东西（生命）才是真实的，而符号的东西、设计出来的东西都是虚假的，没有意义的，应该受到排斥。因此，鲍德里亚说，死亡是意识形态化的第一个受害者，它受到推崇自然东西的意识形态的排斥。

最后，他以意大利巴勒莫市嘉布遣会修道院的长廊为例，说明古代社会对于死亡的态度。他认为，在那个时代，人们直接与死亡打交道，用亲密的态度来拜访死人。在那个社会，人们容忍死人，挖掘死人，没有对死人的恐惧。而在当代社会，人们害怕死亡、恐惧死亡，殡仪馆里打扮死人的活动就是驱逐死人的活动。这样的社会是不稳定的，只要人们显示出一点点欢迎死亡的倾向，那么这个社会就必然会动荡。在他看来，我们社会那种打扮死人的做法是一种"苍白的幽默"和"反常的迷恋"①。本来，我们应该像古代社会那样，把死人看作生活中的一部分，但是我们却先排斥了死人，然后又把自己所排斥的东西打扮起来，好像死人是自己生活中的一部分。这是"反常的迷恋"。

鲍德里亚的这段文字，充满了挖苦的意思。在当代社会，我们都是死人，但是都打扮起来，像个活人，很可笑。这是一种"反常的迷恋"。

9. 疏远的死亡

这一部分继续叙述当代社会对于死亡的疏远和排斥。鲍德里亚认为，在当代社会，人们对死人的崇拜越来越少，只有大众阶层和中产阶级还保持着对死亡的崇敬，不过这也只是表现在少数情况中。比如，他们对阴宅的重视，这是他们在生活质量提高了的情况下提出的要求，而在大多数情况下，人们对于死亡仍然噤若寒蝉。人只能死在医院里。死亡不再眩晕，不再引人注目。虽然这个社会还有大规模的丧葬，但是这是疏远的符号，是死亡的消费（在当代资本主义社会，死亡被生产出来作为消费品了。扩大死亡再生产就是为了维系资本主义的系统控制），而不是死亡的投资

---

① 第 258 页。

（承认死亡、拥抱死亡）。因此，当死亡的投资减少的时候，死亡的消费（丧葬的花费等疏远死亡的符号）在增加。

在传统社会，死亡是在家里发生的，死人是家庭中的一部分。活人在家庭中体验家人的死亡。而在当代社会，人都死在医院中，是一个人孤独的死亡。人们只能在电影中、电视中体验别人的死亡。在传统社会，人是在别人的注视下死亡、甚至还有牧师进行临终涂油礼（这里还有话语共同体的遗迹），而当代社会的死亡只是在医院发生。

在这里，鲍德里亚挖苦了瑞士女心理学家库伯勒·罗斯（E. K. Ross）与即将死亡的人所进行的对话。从1964年开始，她观察、研究了200多个临终病人案例，从中得到一些描述性的材料。这些材料收集在她1969年发表的《论死亡和濒死》一书中。在这本书中，库伯勒·罗斯将临终病人的心理过程概括为5个阶段：否认、愤怒、协商、抑郁和接纳。就是说，当一个人得知自己患了不治之症或疾病发展到晚期面临死亡的时候，其心理发展大致经历上述5个阶段。鲍德里亚认为，这不是真正地尊重死亡，而不过是一种新的招魂术。巫师通过招魂术而控制死者的心灵，而心理学家通过对话来把握人的死亡心理。这是心理学和社会科学对于死亡的处理。

以前有牧师和临终涂油礼，那个时候，死亡是在共同体中发生的，是集体行为。而在当代社会，人们认为，牧师不过是吸血鬼，人们不需要牧师了。人的死亡没有社会意义了，而只是交给医院处理，治疗和技术的关怀（库伯勒·罗斯就是如此）代替了社会的关怀。医生不告诉病人，他即将死亡，家属也不能干扰医生的抢救，在这里所有的人都要闭嘴。因此，鲍德里亚说，康复不过是禁止说话的借口。

这一段话实际上是说，在当代社会，死人得不到社会的关怀，而只是得到技术性的处理，临死时也不能和家里人温情对话。

10. 疾病的交换

看到这个题目，人们必定会纳闷，疾病也能交换？在这里，鲍德里亚根据他对死亡的理解来理解疾病，如同死亡受到社会歧视一样，疾病也受到社会歧视。如果说对死亡的歧视会导致死亡的报复，死亡会进行社会的解构，同样，对疾病的歧视也会导致疾病的报复，它表明，社会处于疾病状态。

在当代社会，人都不死在家里，而死在医院。这里有许多物质的理由，比如在医院能治疗，死在家里会打扰邻居等。这些理由都表明，病人或者死人都是从生物学意义上被理解的，不是从社会意义上被理解的。人被放在医院这个功能性的空间中，接受治疗。从生理上看，疾病和死亡是不同的。如果从象征的角度来看，疾病和死亡是没有差异的，医院在看病的时候，都是把病人作为一个功能性的身体来对待的。无论是疾病还是死亡，人都没有精神的尸体。于是，疾病和死亡的差别就可以从象征的角度加以中和，或者说，从象征的角度来说，疾病和死亡已经无法被区分开来了。

为此，鲍德里亚说，医院本来是以消除死亡（挽救生命）为目标的，但是医院（甚至医学）都是把人当作潜在的死人来对待的，当作尸体来对待（无精神、无社会意义的肉体就是尸体）。既然医院的目标是防止死亡，那么这就意味着，对于医院来说，所有的病人都被当作潜在的死人，医院的目标就是防止他们死亡。这还意味着，死亡受到了排斥和蔑视，病人作为潜在的死人也受到蔑视。这种蔑视首先表现在医院把病人都看作生物意义上的人，类似于动物的人。正如社会歧视死人一样，社会也歧视病人。我们的社会歧视病人、排斥病人。但是病人也会报复其他人（鲍德里亚在这里吸收了福柯关于医学系谱学的思想）。这里的报复不是我们通常意义上所理解的物质上的报复，比如故意把疾病传染给其他人这样的报复，而是象征意义上的报复，即使整个社会的人都成为病人。或者说，排斥病人的社会就是生病了的社会。在我们的社会，几乎所有的人都是病人，象征交换意义上的病人。比如，我们都要吃各种补药。排斥病人、害怕疾病的社会迫使所有的人都吃补药，从而避免使自己陷入病人的行列。而当所有的人都吃补药的时候，所有的人不就都成了病人吗？当然，面对病人的报复，医院也采取一系列的措施来防止。比如，医院通过它专业化、等级化的功能（几级医院，专业医院）来明确地把病人和非病人区分开来。它要防止病人的报复，使自己也"得病"。在鲍德里亚看来，医院都"得病"了。它只是从生理上来理解病人。因此，鲍德里亚说，病人的全部危险之处就在于，"人们判处他的这种提前死亡"①，把他当作"潜在的死人"，即他的社会性死亡。人们排斥他、隔离他、让他"沉默"。尽管医院也致力于构造各种"人文环境"，但是，医院在本质上就已经判处了人的提前死亡，把人当作潜在的死人来对待了。在这样的情况下，病人会进行报复，反抗社会对病人的排斥。这种反抗就表现为，疾病以原来的样子，以

---

① 第 260 页。

自己的差异性在社会中辐射。这就是说，如果从纯粹的生理意义上来理解疾病（这是疾病的原来的样子），那么每个人的疾病也是完全不同的。既然疾病完全不同，那么一个人不在医院也并不意味着没有疾病，只是疾病不同而已。每个人都有病，只是疾病不同而已。这就是病人对社会的报复。这就是说，当我们从社会意义上排斥疾病的时候，人就害怕自己患病，这不是因为疾病可怕，而是因为社会的排斥可怕。

因此，鲍德里亚说，病人的最大危险就是医院把病人只是从生理上理解。他们要求社会对病人的承认，这就如同疯子要求社会对疯子的承认。他要求交换自己的疾病（象征交换），要求社会把病人作为一个得到承认的社会成员。正如所有的人都是不同的，这些不同的人都是社会成员，都应该得到承认。病人也是社会成员，是与其他人不同的人，病人要求在这种差异性中得到承认。这就是说，在我们的社会中存在着对病人的深层歧视，而鲍德里亚所反对的正是这种对病人的歧视。对于我们许多正常人来说，病人的这种要求是荒谬的，是不可接受的。当代社会对病人最仁慈了，它给病人医学上的治疗。但是，病人所真正要求的却不是这种治疗，而是社会对病人的接纳。而我们的医院却把病人和其他人隔离开来，只是对他们进行技术性的治疗。医院只是从健康和痊愈的纯粹功能性角度看待病人。在生活中，我们所有的人都不同，病人就是人和人之间的一种差异，人不能因为这种差异而被社会歧视。疾病并不可怕，可怕的是，我们的社会对病人的歧视。

当然，在医院里，人们也要建立更加人性化的关系，也强调亲情的作用，强调医患关系的改善。但是，病人在本质上是被隔离的，受歧视的。病人在这里被强迫康复，被放置在各种仪器的监管之下，被各种围墙所包围。所有这一切都给病人或者潜在的死人加上了标签，使他们受到排斥。当然，医院也要努力把病人当作社会的人来对待，比如，询问他们的病情，让他们说话，让他们放宽心，不要过度地关注自己的疾病，不要对自己的这种"不正常"状况有过度的消极体验。但是鲍德里亚认为，这样的做法仍然是不够的，这并没有从根本上改变歧视病人的社会秩序。而要改变这种社会秩序，就必须承认病人的差异性，必须承认病人，这才是病人所要求的。这就是说，既然疾病是不同的，那么这就意味着所有的人都是病人。医院中的病人所要求的是，他们和所有的人一样都是病人，只不过病人之间有差异而已。这样，他们才真正得到社会承认。用鲍德里亚的话来说，病人所要求的是"馈赠自己的疾病，要求疾病被接受"①。这就是要让疾病得到承认，把病人看作差异性，看作许多不同的人中的一个差异要素，把病人作为一种象征交换的材料，"让病人回归正常生活"。这种做法在极端的情况下就是对占统治地位的秩序的否定（让社会生活回归病人的生活）。我们的社会总是千方百计让病人回到"正常生活"即被人们看重的社会秩序，在鲍德里亚看来，这是不正常的。如果一个人是病人，他吃东西会挑剔，我们就对病人产生歧视，认为他"不正常"。实际上，我们"正常人"吃东西也挑剔。比如，人有各种各样的生活方式，没有标准的"正常生活"，所有人都可以按照自己喜欢的方式生活。吃饭挑剔就是人的正常生活。既然吃饭挑剔是正常生活，那么这就意味着，病人的生活才是正常生活。这就彻底颠倒了我们对正常和不正常的看法，颠倒了我们对社会秩序的看法。以前，我们要让病人回归正常生活，在鲍德里亚看来，这就错了，我们应该让正常生活回归病人生活，病人的生活才是正常生活。

最后，鲍德里亚说，"对社会秩序而言，仅仅要求把疾病当作交换结构，这就已经是绝对的危险了"②。我们的社会秩序排斥疾病，把疾病当作不正常现象。如果我们从象征交换的角度来理解疾病，那么我们就会说，那种排斥疾病的社会就是有"疾病"的社会。排斥疾病的人，按照象征交换的原则，也就是有病的人。因此，我们的社会就是一种疾病的社会，我们只有回归病人，我们的社会才是正常社会。

11. 性化的死亡与致死的性

性和死亡本来是风马牛不相及的，鲍德里亚把这两者联系起来，似乎很荒谬。不过鲍德里亚在这里有自己的特殊意思。在弗洛伊德主义占统治地位的法国，许多人认为社会的解放首先是性解放。对于这种性解放，鲍德里亚进行了尖锐的批评。在他看来，真正具有革命意义的不是性解放，而是死亡的解放。以前，社会的压抑是性压抑，而今天的压抑不是性压抑，而是死亡的压抑：人们排斥死亡，否定死亡。在鲍德里亚看来，在今天的社会中，我们只有接受死亡，欢迎死亡，这才有真正的革命意义。比如大家都赶时髦，而赶时髦都是为了获得社会性，引起人们的关注，相反，我们要社会性死亡。大家都要出名，我们不仅不要出名，而且不要自己的名

---

① 第 261 页。
② 第 261 页。

字，消解自己的名字。这种社会性的死亡就具有颠覆性的意义。

于是，在这个部分的一开头，鲍德里亚就指出当代法国社会所出现的情况：只有性才具有革命的意义，因此，人们在谈论性的时候，没有人挖苦、嘲笑，如果有人谈论死亡，那么这就会受到挖苦和嘲笑。因为死亡是猥亵，是可笑的，应该受到排斥。原来在历史上性是受到压抑的，现在性得到了解放；原来死亡是没有受到歧视的，现在死亡代替了性而受到压抑和歧视。在今天的法国社会，人们期待把性解放出来，而不是把死亡解放出来。在这里，鲍德里亚遗憾地发现，在历史上，人们都把死亡和性对立起来，人们或者压抑性，或者压抑死亡；人们或者用性解放来否定死亡的解放，或者用死亡的解放来否定性解放。这两者之间的对立把性和死亡的解放作用都抵消了，或者说，这两者像跷跷板一样相互抵消。

于是人们会问，这两者是否可以获得一种平衡呢？鲍德里亚认为，在我们这个时代对死亡的排斥占优先地位，而对性却充满了赞美。而在"性革命"的旗号下，性符号、一般等价物意义上的性、菲勒斯被不断生产出来。这种性是政治经济学意义上的性。这种性也否定死亡，是死亡的禁忌。用性革命来代替马克思主义的社会革命，并没有改变"死亡"禁忌的性质。当性革命彻底否定死亡的时候，性革命也会自我毁灭（象征交换）。性革命并没有真正地解放性，反而压抑了性，只是对性符号进行再生产。在鲍德里亚看来，死亡的革命作用应该发挥出来。最后，鲍德里亚说："死亡是生命的真正性化。"[①] 即如果性具有革命的意义，那么死亡才是生命所进行的真正革命，这就是把死亡"性化"，使死亡像性一样，具有革命的意义。

真正的解放不是性解放，而是把死亡从社会的束缚中解放出来，承认死亡，欢迎死亡即社会性的死亡，才是真正的解放。

12. 我的死亡无处不在，我的死亡在梦想

这是鲍德里亚对死亡的颠覆性作用的期待。虽然当代社会排斥了死亡，但是死亡却到处都出现了。比如，生产的东西"没有"使用价值，人作为"主体"死亡了，人的社会性死亡了，符号的意义死亡了，社会死亡了（大众出现了）。在这个意义上说，我的死亡无处不在。作为有意义的物品生产者，我死了；作为社会的人，我死了；作为主体，我死了。这种死亡不是生理上的死亡，不是在吓人的民俗中的死亡，不是在想像的鬼故

---

① 第262页。

事中死亡，这是以生产的终结为基础的死亡。因此，这种死亡是掏空了一切物质内容的死亡。比如，再生产就是一种死亡，这只是一种形式的再生产。这种死亡在我们最平庸的现实中到处出现。这种死亡是以合理性原则本身的形式表现出来的。我们按照合理性的原则组织生产，并且进行大规模的生产，而这种生产就是进行死亡的生产。从表面上看，我们生活被安排得非常合理、非常严格，但是，由于这种非常合理和严格的生活，我们却死亡了。我们的生命就受这种合理性原则支配。在这里，鲍德里亚用雅克·塔蒂（JacquesTati）导演的电影《游戏时间》（*Play Time*）来说明当代社会中人的生活状况。在这部电影中，电影的主角于勒先生（Monsieur Hulot），一个土气的老男人，在一个高度发达的城市中仿佛是在为某种事情而劳作，在迷宫般的世博会大楼中劳作，但是，他什么事情也没有办成。在这里，一切都在运转，都在为某种东西服务，但是，所有这些事情却没有任何意义。它向人们表明，巴黎这个城市是一个无目的地运转的城市，人看上去都非常忙碌，而实际上毫无意义。卡夫卡的作品也有类似含义。在鲍德里亚看来，在当代资本主义社会，死亡就是按照政治经济学原则所生产出来的（按照政治经济学原则，人们进行物质生产，大规模的生产），又被政治经济学所消除（而这些被大规模生产出来的东西却失去了本来的意义），而这些都是按照合理性原则来进行的。所以死亡是按照程序被设计出来的。在这样的设计中，死亡是为满足政治经济学规则的需要而被设计的。它有精确性、目的性。总之，在当代资本主义社会，死亡与政治经济学中的价值规律是混淆在一起的，尤其是与结构价值规律混淆在一起（原来，人们是进行简单的重复生产，但是简单的重复生产多了，人们便进行创新，而这种所谓创新就是符号的重新编码。这就如同时装的生产一样，批量生产的服装太多了，卖不出去，于是人们开始进行新的设计。不同时装都像差异符号一样，它们借助差异而编造有意义的句子，看上去编造出来的句子有意义，而实际上却毫无意义）。这就是超现代（ultra-moderne）死亡的真实面目。人们的活动看上去很有意义，生产的东西很有意义，不过这就是没有所指的符号，它们只是在差异编码中获得意义。从表面上看，这些编码出来的符号很有意义，而实际上毫无意义。为此，鲍德里亚指出，这种死亡不是在医院中发生，不是在坟场和战场上出现的。这里所说的死亡，不是生理学、心理学上的死亡，不是形而上学意义上的死亡（比如海德格尔意义上的死亡），而是符号编码意义上的死亡。

这种死亡就如同计算机中的符号编码那样存在。因此，鲍德里亚说，这种死亡是计算机房里的死亡。我们知道，在鲍德里亚那个时代，计算机还是受到特别保护的，是被放在没有噪音的无尘空间中的。计算机房就像棺材，就像坟场，死亡被永恒地保存在其中。这就像当代社会中人们保留尸体的方法一样：尸体被放在冷冻的、无菌的棺材中。如果说当代世界所有人都受这种编码了的死亡的控制，那么所有的人都被放在了这种冷冻的、无菌的棺材（计算机）中了。既然死亡是被存储在电脑中的，是符号，那么这种死亡符号就可以被随时从电脑中调出，可以随时被利用。死亡作为符号被储存起来了，也可以随时被回忆起来。今天的社会就是这样一个把死亡储存起来的社会，就是随时可以回忆死亡的社会。我们的社会就是这样一个储存死亡的计算机，我们自己就存在于这个由死亡符号编织起来的计算机系统中，我们把自己埋藏在这个系统中，我们就在不断地生产这些差异符号，并把这种差异符号积累起来。而象征死亡就是要消耗这一切符号，就是"丧失一切"，"忘掉一切"。而我们的社会却要把这一切都永恒化。

如果我们生活的世界就是由死亡符号编织起来的大坟场，那么我们就怀着苟活的希望在这个坟场中生活（政治经济学要防止死亡，让我们苟活于这个死亡空间中）。我们的世界就是一个死亡符号构建起来的世界，而死亡了的东西往往被放在博物馆中，博物馆中的东西即死亡了的东西，这些东西对现代人来说已经没有使用价值了，但是人们仍然保留它们，认为它们有审美价值、艺术价值，希望它们对未来人们有价值。在这里，鲍德里亚用博物馆的比喻来说明，我们的社会活动、经济活动都是在死亡符号的调节下进行的，就如再生产一样，没有实际的意义，而只有符号的意义，只有结构意义。这些东西的结构意义有待后来的人来解读（就像我们现在到博物馆参观一样，博物馆中的东西也没有任何实用的价值）。我们的经济活动对我们自己来说，没有任何意义，而只是为了维持再生产而进行的。因此，鲍德里亚说："我们处在一个对自身而言不再有意义因而只能梦想将来对他者有意义的文化中。"[1] 从这个意义上说，我们的社会就像博物馆，我们身边所创造的一切都像博物馆中的某个符号，是微型的符号。它构造了一个死亡环境。在这个死亡环境中，所有的东西都是符号，

---

[1] 第263页。

这就如同再生产阶段的 GDP 一样，都是一些无意义的数据，只有计算的意义。

现代社会中，人们以政治经济学原则进行生产，并且以环境、智力乃至身体为代价进行生产。人们期待发现真理，期待积累更多的财富，其共同目标是一样的，都是期待不朽。在鲍德里亚看来，这种不朽的企图非常可笑，而且充满了压迫和控制。鲍德里亚挖苦说，这就如同所有的人都期待末日审判一样，人们都期待不朽。在鲍德里亚看来，实际上，现代人不用期待末日审判了，因为末日已经展现在我们的面前。因为，我们已经处于一种死亡的环境中，我们已经处于博物馆中，人就像博物馆里面的尸体。人自己观赏自己的尸体。当代资本主义社会已经进行了末日审判。它已经通过死亡威胁建立了一个再生产系统，在这里到处都是死亡符号，可以说，这个再生产系统就是死亡符号的结晶。它所显示的就是由我们自己死亡的结晶构成的景象，一个非常壮观的景象。鲍德里亚认为，从巴黎的德芳斯立体交通系统、纽约世贸大厦到钢铁企业、政治机构，再到个人生活的监控，所有这些都是再生产系统所生产出来的符号，都是为了保证人的生存而设立的，都是为了防止死亡而产生的。防止死亡和死亡威胁是相通的，防止死亡的东西就是死亡威胁，就是死亡符号，死亡的标志。它们是死亡的符号，但是却以防止死亡的形式出现。而这些死亡符号或者防止死亡的东西成为人们观赏的对象。于是鲍德里亚引用了本雅明在《机械复制时代的艺术品》中的话说，人类今天把自身的毁灭作为最大的审美快感来享受。今天，从世贸大厦（这个不幸被鲍德里亚言中了的死亡符号）到日常生活的监控（防止恐怖主义的监控，防止死亡的系统）都是死亡系统，都是死亡符号，这些东西都被当作审美的东西来享受了。这是一种政治上反常的审美行动：人竟然把死亡威胁、死亡形象、死亡恐惧作为审美对象（把按照符号政治经济学原则生产出来的东西即死亡作为审美对象）。这难道不是一种法西斯主义的形式吗？法西斯主义不正是从这种死亡威胁、死亡形式和死亡恐惧中得到快感吗？法西斯主义是从他人的死亡中获得快感，而我们是从自己的死亡中获得快感。这就更加奇妙和荒谬了，这是极其反常的快感。因此，鲍德里亚说，这是把死亡文化推到极乐的地步。对于鲍德里亚来说，每一种克服死亡的东西都带来新的死亡威胁，都是新的死亡符号。但是这种死亡符号却被当作克服死亡的伟大成就，当作审美的对象而被享受。在这里，所有的克服死亡的工作都有无意义的工作，都有无目的的目的性。鲍德里亚认为，这与政治经济学是一致的。在当代资本主义社会，政治经济学已经进入审美阶段，进入无目的的目的性阶段（死亡的过度生产，死亡的生产进入了再生产阶段，无意义的死亡生产。死亡的生产进入一个审美阶段。这就是法西斯主义出现的社会基础）。鲍德里亚把这种政治经济学称为"生产率的审美眩晕"[①]，或者说，这是让人体会到了生产率极大提高的状况，而实际上这是一种虚假的提高，梦幻的提高，是让人眩晕的生产率。这是无目的的生产，是审美意义上的生产。鲍德里亚也把这种眩晕称为"死亡的受挫眩晕"。这种所谓生产率的提高，所谓经济意义都是假的，都是符号性的，它让人产生眩晕，似乎死亡果真得到了克服（死亡果真受挫了）。如果审美是对无目的的目的性的体验，那么今天社会中的生产应该具有审美意义，因为它是无目的的目的性生产。然而，当这种无目的、无意义的生产达到极致的时候，符号的生产就达到了极大的饱和度，甚至整个社会都是这种无意义的符号再生产，或者说，整个系统都是在符号意义上再生产自身（如我们在前面说过的那样，生产就是游戏，游戏就是生产。生活就是游戏，游戏就是生活。所有这些东西都是符号）。鲍德里亚在这里提醒我们，我们是这个系统的受害者，我们受到这个符号系统的控制。我们被迫进行这种符号生产，甚至把自己作为符号再生产出来。在这个再生产系统中，我们得到了快乐，享受着无意义符号生产的快乐。我们还不准备离开这种快乐，"尽管任何景象中都有迫在眉睫的灾难"[②]，因为任何景象都有随时崩溃的危险。如果说本雅明从法西斯主义中发现，那些法西斯主义者存在着一种从死亡中感到快乐的反常审美趋势的话，那么今天我们在符号再生产中、在生产的终结中、在死亡环境的生产中也有这种反常的快乐。我们在这种符号的生产中、在死亡环境的生产中眩晕了。这种眩晕不是意识形态上的眩晕，不是政治上的眩晕（辨不清方向），而是乐于接受理性控制的眩晕，是对目的性的狂热的眩晕（我们仍然糊里糊涂地相信，我们的生产是有目的的）。在鲍德里亚看来，政治经济学使生产终结了，因此它也把死亡包含在自身中了，它生产死亡威胁，然后又把消除死亡威胁（不断积累）作为自己的目的（这是一种无目的的目的性）。然而政治经济学却期待不朽性，期待

---

① 第264页。译文略改。
② 第264页。中译本把"尽管"译为"因为"，这就比较费解。

人们仍然按照政治经济学的逻辑来处理当代社会所出现的问题。马克思主义就是从这种政治经济学的角度期待革命的发生。比如，鲍德里亚所理解的"马克思主义"为革命确立了一个不朽的目标，生产力的无限发展，人的需要得到充分的满足。这种革命需要物质的积累，需要生产的积累，也需要社会防止死亡。这是"马克思主义"所构建的社会天堂的不朽性（这是单调的不朽性、生产无限积累的不朽性）。对此，鲍德里亚提出了坚决的反对意见。在他看来，如果要进行革命，那么这种革命就必须是象征死亡意义上的革命，只有这种象征死亡意义上的革命才能真正颠覆当代社会制度。为此，鲍德里亚认为，"革命如果不立即要求死亡，就将永远不能重新发现死亡"[1]。革命如果不要求立即死亡（拒绝一切），那么它就不能发现当代社会到处存在的死亡（无意义的重复生产）。而马克思主义的那种革命就是把政治经济学的终结看作渐进的过程，或者说，只有当生产力发展到一定水平的时候，无产阶级才会革命，才会颠覆资本家的统治。这样政治经济学体系就被颠覆了，商品交换就会终结。然而在鲍德里亚看来，政治经济学的终结现在就已经出现了，生产已经不是原来意义上的生产了，而是符号生产了。然而，如果资本主义经济的发展必然会不断地积累矛盾，从而导致资本主义的灭亡，这是一个渐进的过程，那么资本主义在经济发展过程中，它所面临的问题是直接的生死问题，而不是逐步死亡的问题。或者说，资本主义生产中的生就已经包含了死，它已经把生死包含在一起了。可是，政治经济学意义上的革命却仍然要让它生存下去，并逐步死亡，在鲍德里亚看来，这是不行的。无论如何，在当代社会，政治经济学驱逐死亡，驱逐我们的正常的快乐（而给我们提供反常的快乐，并让我们在再生产中受到压制），因此政治经济学必定为此付出代价。或者说，政治经济学意义上的革命也必定为驱逐死亡和驱逐快乐付出代价：这个代价就是政治经济学无法解决死亡和快乐的问题，死亡和快乐的问题仍然会出现。这就是说，生产的死亡，人受到压制的问题还会出现，这个问题仍然没有得到解决。在政治经济学的框架中死亡不断地作为符号被生产出来，快乐永远都是反常的快乐。在这里，所有的人都在再生产中被管理和压制（没有明天，永远都是事务管理的问题，在这个社会一切都是按照理性的要求进行管理）。真正的死亡是死亡冒险中的死亡，是两可性（am-

---

[1] 第 264 页。

bivalence）的死亡，是解构一切符号意义的死亡（下一章所讨论的就是这种死亡）。只有这种死亡才是具有革命意义的死亡。政治经济学要驱逐（排斥）死亡，而我们就要用这种死亡来终结政治经济学。用解构一切意义的死亡来终结政治经济学就是鲍德里亚所得出的激进的政治结论。

在当代社会，一切都是无所指的符号，这些符号的意义都是通过差异结构而编织起来的。今天的社会就是进行符号编码的社会，这些符号编码的意义是无意义的意义。这是按照结构价值规律形成的符号，它没有完全摆脱政治经济学。只有彻底摆脱政治经济学，也就是彻底终结符号的意义，革命才是彻底的。下一章"上帝之名的毁灭"就是阐述这个意思。

第六章　上帝之名的毁灭

这一章的标题是借助西藏喇嘛用全部生命来诵读神的名字来说明，这种阅读如同诗歌创作一样，是对神的名字的解构。在这一章，鲍德里亚试图说明，诗歌的语言不能按照语言学的规则来理解，而要被看作语言的解构。语言学所理解的语言是政治经济学意义上的语言，而诗歌的语言是象征交换的语言，是自我耗费和自我解构的语言。

第一节　易位书写

在鲍德里亚看来，语言领域（le champ du langage）也存在象征交换的模式。这就是诗歌语言。这种诗歌语言是反政治经济学的。在鲍德里亚看来，政治经济学所主张的是等价交换的原则，它所强调的是不同商品之间有共同的交换尺度，即抽象的人类劳动的凝聚。这就是说，不同的东西之中有某种共同的东西，而语言也是如此，各种不同的符号都具有意义，意义就是符号的价值。各种不同符号的组合也是有规则的（鲍德里亚认为，语言所遵循的政治经济学规则是符号政治经济学规则，因为符号的意义是由它的符号的结构所决定的）。而诗歌语言就是摧毁价值和规则的语言，在鲍德里亚看来，诗歌语言不仅不表达意义，而且消解意义，不仅不遵循语言学的规则，而且消解语言学规则。鲍德里亚认为，索绪尔在《易位书写笔记》中对于"易位书写"的论述就是揭示了这样一种诗歌语言。这种语言是非表达性语言、非政治经济学的语言，这种语言不遵循语言学的公理和规则。按照索绪尔《普通语言学教程》中对语言学的理解，语言是有结构的，在这种结构中，能指符号获得意义，或者代表所指。而易位书写却说明了，诗歌语言解构了语言的结构：符号只是纯粹的能指，不表达意义。

鲍德里亚认为，索绪尔对于诗歌语言的这种理解具有革命性的意义，但是他本人却没有自觉地意识到这一点。索绪尔认为，在吠陀文、日耳曼文和农神体的远古文本中存在着这样的诗歌语言，他试图从中找出证据来证明诗歌语言的结构。但是，由于没有找到足够的证据，索绪尔后来放弃了这项研究，而转向语言学的研究。这种语言学研究的成果就体现在他的《普通语言学教程》中。在鲍德里亚看来，今天，我们应该返回到索绪尔所进行的诗歌语言的研究中，揭示索绪尔的易位书写理论在多大程度上具有革命的意义。

索绪尔所揭示的诗歌法则有两个。

第一个法则是配对法则，也就是诗歌中的谐音规则。

（1）当一个元音在诗句的某个位置出现的时候，后面总会有一个相同的元音来重复这个元音。如果一个诗句的音节数为偶数，那么元音总会准确配对。余数为零，而每一种元音都是偶数。

（2）辅音也与元音一样，有配对规则，辅音的数量也是偶数。

（3）如果一个诗句中的辅音或者元音数不是偶数，而有余数的话，那么这个剩余下来的音（无论是元音还是辅音）都会在下一个诗句中被重复。

这就是说，按照配对法则，每个元音在诗句中都有与其配对的元音，每个辅音都有与其配对的辅音。如果有剩余，那么下一个诗句会重复这个辅音或元音（这里，鲍德里亚隐含地表明，诗歌中音节有非政治经济学特点。政治经济学强调，积累和剩余，而诗歌中的音节没有积累和剩余。重复如同再生产，它有解构意义）。

第二个法则是主题词法则。这就是说，诗人在写诗的时候，会利用主题词所提供的声音材料。比如，一个英雄或者一个神都会有他的名字。这个名字有许多音节，诗人在写诗的时候，会把体现这些音的字母顺序打乱，然而重新排列。这种重新排列的目的就是要让元音能够重新出现，比如，从一两句圣农体的拉丁诗中，人们就可以听到英雄或者神的名字中的主要音素。

索绪尔本人也是这样认为的。这就是，当人们把英雄的名字上的字母打乱的时候，英雄的名字就隐含在其中。这就是对英雄的名字的隐性书写。隐性书写的目的就是要突出一个词或者一个名字，尽量重复这个词的音节，从而使这个词具有第二种存在方式。比如：

TAURAS*I*A C*I*SAUNA SAMN*I*O CEP*I*T（SCIPIO，西庇阿）（请读者注

意,"I"这个元音在这里出现了四次。这符合配对规则。法文本用斜体提醒人们注意这一点。"西庇阿"是古罗马的名门望族。它的各个音都隐含在这个诗句中)

AASEN ARGALE*ON* ANEM*ON* AMEGARTOS AUTME(AGAMEMNON,阿伽门农)(在这里,阿伽门农是神的名字。斜体的字母也表示重复的声音)

按照鲍德里亚的论述,在历史上曾经有人认为,古代诗歌都指向谐音规则。索绪尔不认为存在着谐音规则,而认为谐音只是一种非常重要的普遍现象。所有音节都有谐音或者半谐音,所有的音节都在某种程度上是配对的。各组音群之间相互呼应,后面的诗句是对前面的诗句的易位书写。或者说,后面的诗句调整或者重复前面诗句的音节,虽然有时这些不同的诗句在整个诗词中可能相隔很远。不仅如此,诗句还会重复某个词或者某个人的名字的音节,它们以打乱了字母顺序的方法影射某个名字。总之,在索绪尔看来,在古代的诗词中,音素之间的配对、隐含的主题词,与易位书写往往同时出现。

鲍德里亚认为,为了让读者注意音素之间的这些关系,索绪尔常常用几个不同的术语来说明这种现象:易位书写(anagramme)、反书写(anti-gramme)、隐形书写(hypogramme)、准书写(paragramme)、准文本(paragramme)。鲍德里亚认为,用易位主题(anatheme)这个词更好。这个词最初是"奉献物""还愿物"的意思。鲍德里亚在这里的注释中还说,这个词最初是祭祀的牺牲者的意思,后来这个词的意思是被诅咒之物和被诅咒之人。它包含了牺牲、摧毁的意思。它与鲍德里亚所主张的象征交换非常接近,所以鲍德里亚更喜欢用这个词来代替易位书写。鲍德里亚的这些说法无非就是要凸显易位书写的解构意义。

在这里,鲍德里亚发现了一个奇怪的现象:索绪尔在探讨诗歌的时候,只是讨论诗歌的音素的排列组织,而没有考虑诗歌的"本质",即诗歌会引起人们的快感的本质。我们知道诗歌是人们用来吟唱的,能够给人带来愉悦和享受,它能够给人们带来审美的"价值"。索绪尔从来没有考察诗歌为什么会具有这种引起人们快感的神奇力量,他只是观察到诗歌具有配对规则或者主题词规则,仅此而已。为此,鲍德里亚认为,索绪尔"把自己的视野局限于能指的形式逻辑"[1]。这里的"形式逻辑"当然不是

---

[1] 第272页。

我们在逻辑学意义上所说的形式逻辑,而是能指符号(纯形式的符号)的排列规则。索绪尔只是考察了能指符号的排列规则,至于诗歌为什么会给人带来审美上的愉悦,索绪尔似乎把这个问题留给心理学家、语言学家和诗人们去思考了。而这些心理学家、语言学家和诗人往往从诗歌所隐藏的深层含义,从诗歌的所指的丰富性上来考察诗歌所具有的这种审美特性。鲍德里亚在这里是挖苦这些心理学家和语言学家。他认为,诗歌所具有的审美特性与诗歌的所指无关,而只是与诗歌的能指有关。在他看来,只有索绪尔才告诉我们,诗歌的审美快感来自诗歌的音节的变化,是诗歌"打破了'人类词语的基本法则'"①。这就是说,由于诗歌解构了词语,对词语的音节进行新的组合,使原来的词语不再是词语了,而只是有规则的音节的结合。这种有规则音节的结合才给人带来审美的愉悦。或许原始诗歌最初并不把传达意义放在一定的位置上,而是更注重谐音。这种谐音给人带来审美的愉悦。从这个意义上说,诗歌与其说是语言,还不如说是音乐。给人带来愉悦的是和谐的音节,而不是其中所表达的意思,或者说,诗歌不表达意思。实际上,鲍德里亚在这里也解构了诗歌,使诗歌转换为音乐。而诗歌语言是可以没有意义的,就是纯粹的符号。

显然,当索绪尔这样来理解诗歌的时候,诗歌已经不是语言了,超出了语言的范围。这是对语言的颠覆。面对诗歌的这种特性,语言学家认为,诗歌语言的易位书写超越了索绪尔在《普通语言学教程》中对语言所提出的两个基本规则,即能指和所指存在着编码关系的规则(即共时结构)以及能指按照线性的顺序展开的规则(历时的结构,这就是能指符号只能按照先后顺序逐步展开。而诗歌语言中能指符号是可以回溯的、重复的)。但是,语言学家又认为,"索绪尔的探索为诗歌的语言学的研究展现了闻所未闻的前景"②。这就是说,诗歌语言虽然超出了索绪尔所提出的两个基本的语言学规则,但是,诗歌仍然属于语言,不过这是一种特殊的语言。

对于语言学家把诗歌理解为特殊语言的看法,鲍德里亚提出了批评意见。他认为,这是"以优雅的方式回收诗歌"③(把诗歌纳入语言学中,回收到语言学中)。既然诗歌仍然是语言,那么人们就可以用语言学规则来

---

① 第272页。
② 第272页。
③ 第272页。

加以分析。在这里，语言学依然保持着垄断地位。在语言学家看来，虽然诗歌语言不指称对象，没有意义，不遵循意指法则，但人们仍然可以认为，它属于语言，仍然强迫它遵循意指法则。比如，人们可以说，虽然它不直接意指，但是它以某种隐喻、暗喻的方式意指。总之，人们总要从语言学的角度来解释诗歌语言。对于这样的看法，鲍德里亚连续提出了几个反问句对语言学家的这种理解进行责难：按照语言学规则，能指必然指称一个所指，但是没有所指的能指仍然是语言吗？或者说，不受等价关系支配的能指或者所指是什么呢？不再受线性法则支配的能指又是什么呢？没有这些规则的语言学又是什么呢？鲍德里亚的回答是，什么都不是。诗歌的语言不能被纳入语言学的框框中。当人们试图把诗歌的语言纳入语言学框框中的时候，这无疑是一种强制。鲍德里亚把这种强制比喻为暴力。当然人们在强制性地、生硬地把诗歌纳入语言学的时候，必然无法解释诗歌语言，于是人们就要修改语言学的规则，让语言学能够适合于解释诗歌。鲍德里亚认为，这是语言学的"自我扭曲"[1]。

那么语言学究竟是如何进行自我扭曲的呢？在分析诗歌时，索绪尔提出了两条规则：配对规则和主题词规则，这两条规则是与语言学针锋相对的。为此语言学就要重新解释这两条规则，从而使这两条规则能够适合于语言学。对于配对规则，语言学家认为，日常语言也让某个音素或者某个音组重复出现。不过在诗歌中，这些东西出现的频率比日常语言更高而已（即鲍德里亚所说的"能指冗余"）。对于第二条规则即主题词规则（易位书写规则），语言学家认为，这是"潜在的"名字（比如阿伽门农），是文本的次级所指。按照这种说法，一个句子或者一个词语有两级所指。比如，"玫瑰花"的一级所指就是日常生活中的玫瑰花，而玫瑰花象征着"爱情"。这就是"玫瑰花"的二级所指。这就是说，一个句子在直接表达某个一级所指的时候，也可以表达二级所指。比如，语言学家雅各布森就认为，"同一个能指可以将其所指分为两个"[2]。这样的做法无非就是要说明诗歌也是语言，其中的能指符号也有意义（价值），也遵循价值规律。为此鲍德里亚说，这是用一种更复杂的游戏来挽救语言学的绝望尝试。在鲍德里亚看来，这实际上就是对语言学的扩展，是用想像来丰富语言学，

---

[1] 第272页。
[2] 第273页。

从而把诗歌纳入语言学中。这是按照经济学规律来理解诗歌,用诗歌来丰富经济学,丰富"价值规律"(即意义规则)。针对语言学家的这种做法,鲍德里亚强调要恢复索绪尔在诗歌理论上的革命性思想,诗歌不遵循价值规律,相反诗歌解构了价值,摧毁了意义。

在这里,鲍德里亚进一步把诗歌与语言学对立起来。在鲍德里亚看来,诗歌按照一定的程序使什么也没有剩下(没有剩余)。这表现在诗歌消解了意义,诗歌中的字词没有意义,诗歌中的音节也相互重叠、相互抵消。从这个角度来看,诗歌与语言学是对立的。在语言学中,话语作为能指的符号指称某种意义,语言的表达就是意义(价值)的生产,语言中的意指方式就是意义的生产方式。语言学就是研究这种意义的生产方式的。这与经济学类似,经济学也研究价值,研究价值的积累、生产和分配。而语言学也研究这种价值(意义)的积累、生产和分配。语言学与经济学类似,而诗歌与这种经济学却是背道而驰的。如果说经济学要积累,那么诗歌就是要耗费、浪费。这就如同我们在唱歌的时候,我们无意义地耗费自己的精力。这是一种无目的的目的性,是审美的愉悦。

鲍德里亚认为,索绪尔对于诗歌的这种理解具有颠覆性的意义,这就是用诗歌语言来对抗语言学的规则。但是索绪尔本人对这种颠覆性意义却没有自觉意识。许多语言学家意识到索绪尔的诗歌理论中的这种颠覆性意义,意识到这种危险。于是他们千方百计把诗歌纳入语言学中,他们竭力用他们自己的代码(作为词项的能指的计算,作为价值的所指的计算,像经济学家一样)来压制这种危险。

1. 作为价值毁灭的诗歌

在这里,鲍德里亚进一步从意义(价值)毁灭的角度来说明索绪尔的两个规则。

在鲍德里亚看来,第一个规则即配对规则不是谐音规则,不是某个音素的冗余,而只是相同音素的重叠。比如在下面这个诗句中:

Pour qui sont ces serpents qui sifflent sur nos tête ?
这些在我们头上的蛇是为谁而嘶叫的?

这里有连续 4 个"s"音重复出现"ssss"(好像蛇快速爬动的声音)。语言学试图把这些重复的音素目的化,认为这种音节表达了某种东西,具有所指效果。比如，从语言学的角度，人们认为，"S"音越多，声音越响，"表达"的效果就越好。

再比如，史文朋（A. C. Swinburne）有这样的诗句：

……the faint fresh flame of the young year flushes
from leaf to flower and flower to fruit……
……幼芽那无力的新鲜火苗
从叶到花，又从花到果……

一位叫福纳吉（Ivan Fonagy）的文艺评论家认为，这些重复的"f"让人感觉到有微风吹过，尽管诗中没有提到微风。在这里好像有某种表达目的，有某种表达效果。对于这种看法，鲍德里亚完全不赞同。他认为，从索绪尔关于诗歌的论述来理解，重复是经过计算的重复（配对的重复）、严格的复制，这种重复与那种表达意义的重复是完全不同的。索绪尔意义上的重复，那种是"成对词项周期性的相互抵消，是通过重复的循环而达到的毁灭"①，而不是表达意义的那种词项的重复，那种强制性的重叠（以表达意义）。相反，对于索绪尔来说，诗歌中的这种重复需要音素的重叠而相互抵消，从而消解一切意义。用索绪尔本人的话来说，"元音总会准确地配对，余数总会为零"。这些准确地配对的元音相互抵消了，没有余数，没有不配对的元音（在这里，鲍德里亚特别强调相互抵消，没有剩余。有了剩余就属于经济学的积累了，就属于语言学了，就表达意义了）。在鲍德里亚看来，这种相互抵消暗示，诗歌所引起的愉悦来自意义的消解（这就如同人们进行各种娱乐活动一样。娱乐活动是没有目的、无意义的，是完全的自我消耗，是花费、浪费。如果有目的，那么这就是经济活动了）。用鲍德里亚本人的话来说，诗歌所引起的愉悦是由于同一成分被复本抵消，被反元音、反书写的成分抵消。

索绪尔的第二条法则是主题词法则，也就是鲍德里亚所说的文本下流动的"易位主题"。鲍德里亚认为，这个法则也应该从解构的角度加以理解。按照索绪尔的说法，主题词，也就是原初的能指中的某些音节，在后面的诗句中被重复（比如，"阿伽门农"，这个名字的音节在后面的诗句中

---

① 第 274 页。

重复)。从鲍德里亚所引用的索绪尔原文中,我们可以看到,索绪尔似乎承认,这些诗句实际上就暗含了主题词。但是鲍德里亚却不这样理解了。他认为,索绪尔在诗句是否暗含主题词这个问题上比较模糊。而在他看来,诗句的展开过程不是要重复主题词的所有音素,并不是重复能指的所有音素(我认为,索绪尔就是这个意思,但是,鲍德里亚力图从解构的角度来重新理解索绪尔,让索绪尔的思想为他服务)。于是,他在这里从解构的角度说明主题词的法则,认为既然主题词的各个音节在这里被拆散开来,并在诗句的不同位置、不同组合中被重复,那么这就意味着,主题词被拆散了,被解构了。换句话说,诗歌不是要表达主题词,而是要拆散主题词。因此,鲍德里亚说:"主题词通过文本散射,仿佛被诗句和诗篇所'分析'(这里的'分析',不是我们通常意义上的'分析',而是'分解''拆解'的意思——引者注)。"[1] 主题词在这里被分解为不同的音节,被分散在诗歌之中。这就意味着,主题词中的不同成分以另一种形式存在着,不是某个主题词,或者某个神的名字的隐含存在形式,而是一种消解,是神的名字的毁灭。鲍德里亚不仅认为,这是神的名字的毁灭,而且是神的身体的肢解,是能指本身的死亡。这些被肢解的东西、被拆散的东西在诗歌中出现,按照诗歌的节奏编排成诗歌。但是,这些拆散的东西、被肢解的东西永远都不会恢复原状。因此,对于鲍德里亚来说,诗歌就是消解神的名字,肢解神的身体,就是神的毁灭。

于是,在这里诗歌就可以在象征交换的意义上理解了。我们知道在原始人的象征交换中,在他们的赠礼节中,有意义的东西、财富都被无意义地消耗掉,而不是作为财富被积累。这是完全的反经济学的行为。如果从象征行为的角度来理解诗歌,那么诗歌就是这样的消耗、解构、拆除。从这个意义上来说,神的名字不会在诗歌中绕了一圈之后又重新组合起来。据此,他对斯塔罗宾斯基以及拉康的思想进行了批判。在斯塔罗宾斯基看来,诗歌把这些音节拆散之后还会"把它们重新聚拢起来"。拉康认为,在诗歌中,尽管人的身体被肢解了,四处流浪了,但是,最后它们还会"回到人的身上"。[2] 在鲍德里亚看来,斯塔罗宾斯基和拉康的思想虽然也

---

[1] 第274页。
[2] 第275页。

有解构主义的东西包含其中，但是不够彻底。而鲍德里亚要进行彻底的解构。在他看来，能指的符号被解构之后不会重新组合，身体被解构之后不会复活。他认为，象征行为中从来没有这种"回归""再综合"或"复活"。在这里，一切都被消解了，什么也不剩，没有剩余。这种消散产生了快感，并因此导致诗歌在原始人类之中流通。

从前面的分析中，我们知道，索绪尔的两个原则是局限于吠陀文、日耳曼文、拉丁文诗歌的。索绪尔曾经为自己的假设寻求证据。但是鲍德里亚认为，这些原则不仅适用于这三种文字的诗歌，而且适用于现代诗歌。因为，现代诗歌没有这样的"生成性主题词"（诗歌中隐含着的主题词）。换句话说，在鲍德里亚看来，现代诗歌也是解构性的诗歌。如果一种诗歌没有这种彻底的解构性，那么这种诗歌就不是好的诗歌。因为好的诗歌总是要给人带来愉悦，而诗歌要能够给人带来愉悦就必须彻底解构。它不仅要解构所指而且要解构能指。按照这样的标准，鲍德里亚把好诗和坏诗加以比较：好诗就是没有剩余的诗，而坏诗就是有剩余的诗。好诗就是把所有的声音材料耗尽的诗，就是像原始社会象征交换那样在交换/馈赠中蒸发和耗尽了一切剩余的诗，而坏的诗就是有剩余、有残渣的诗。

显然，当能指符号被解构时，符号不能指称任何东西，没有任何意义或价值。这种有节奏的声音实际上更像是曲调或者音乐作品，而不是话语。如果能指没有被完全解构，那么它就可以有意义，就能够指称某种东西，它就可以被纳入语言。因此，鲍德里亚说："这个剩余就是价值，是意指活动的话语，是受到语言学支配的我们的语言。"[1] 正如我们前面所说的那样，语言学是按照经济学的原理来操作的，而诗歌是按照象征交换的原则来操作的。语言学要研究价值的积累和分配，而诗歌则是彻底消解意义。语言学是意指活动和交流活动的经济学，它要生产词语、交流意义。这些都是没有被象征交换消除的东西。

最后，鲍德里亚再次把象征交换和经济学对立起来。象征交换是没有剩余的，是彻底的耗费。如果象征活动产生了剩余，那么这些剩余的东西就是经济学所要积累和交换的东西。经济学就是在剩余的基础上产生的，而语言学就是抓住了剩余而产生的。

---

[1] 第276页。

第一，过度的符号生产和符号污染。

经济是从剩余中产生的。这就是说，当一个人与另一个人交换东西时有了剩余（一个人把自己不需要的东西与其他人交换，由此而获得了额外的好处，这就是剩余），那么这种交换是经济的。如果一个人投入的劳动和原料与得到的东西是完全相等的，没有剩余，那么这种劳动就是纯粹的耗费，而没有任何经济意义。因此，经济活动在本质上就是要生产剩余，就是要积累，而这种对于剩余和积累的追求是无限的。从这种经济学的观念中，鲍德里亚引出了语言学的第三个维度。

从索绪尔的语言学中，我们知道，语言有两个基本的维度：第一个维度是，能指和所指是不同的。能指用来指称所指。第二个维度是，能指的符号是线性地展开的，字词只能一个一个地依次出现。鲍德里亚认为，诗歌语言打破了索绪尔所说的这两条基本规则。在诗歌中，能指不是用来指称所指的，而是能指与所指没有差别。话语就是纯粹的能指的重复。索绪尔忽视了第三个问题，就是能指材料的无限生产的维度。既然能指和所指都一样了，而且说话变成了纯粹能指的重复，那么这就会导致纯粹能指的无限生产。我们的社会正在进入这种纯粹能指无限生产的过程（再生产）。这个维度是从语言与剩余、经济与剩余之间的一致关系中产生的，既然经济要追求无限的剩余，那么语言也追求无限的剩余。经济要进行剩余的无限生产和积累，而语言也要进行能指的无限生产和积累。在这里，鲍德里亚就是要批判当代社会所出现的符号的泛滥、语言符号的过度生产。这就如同当代资本主义社会出现了物质财富的过度生产和泛滥一样。如果说人们在社会经济领域生产了许多无意义、无价值的东西的话，那么在话语领域，人们也生产了许多无意义的话语。在现代社会，废话太多。诗歌不一样，它要把所有的能指符号都耗尽，而不是无限使用能指符号。在当代，由于人们无限地使用能指符号，剩余的符号太多，无意义的符号太多（虽然表面上有意）。只要看看那些无意义的博士、硕士论文，我们就知道，无意义的符号有多少。

鲍德里亚指出，对于我们今天的人来说，能指符号是取之不尽、用之不竭的。这就很容易导致人们对于符号的滥用。而在鲍德里亚看来，其他文化中的情况就不一样了。比如，在宗教中，在礼仪和诗歌中，符号是有限的，符号的使用也受到限制。比如，在诗歌中，能指的符号是有限的，人们只能重复使用能指符号中的音素。而在现代社会，我们可以随意使用各种能指符号以及能指符号中的音素，甚至还可以自己创造"能指符号"，并且不需要为这些能指符号承担义务和责任。比如，现代社会中许多人虚张声势，夸大其词，其目的就是为了吸引眼球，由此而获得经济利益。这些被滥用的符号是剩余，是价值的积累，是为经济利益而出现的。至于这些符号是否真有意义，真有价值，人们谁也不承担责任。当人们滥用语言符号，并导致语言符号无限膨胀的时候，许多符号都是无意义、无价值的符号。而这些符号并不能真正地为我们的符号宝库、我们的知识宝库增加任何东西。用鲍德里亚的话说，人们在这里只是滥用符号，而不为符号负责，"从不归还符号"（这些符号不能被纳入知识的宝库中）。在鲍德里亚看来，这种把符号看作用之不竭的东西的语言观是现代社会的产物，是按照政治经济学原则来运行的。在我们这个社会，人们认为，物质生产资料是可以无限生产的，我们可以无限积累物质生产资料。在语言领域，人们也认为，我们可以无限生产符号，可以无限积累符号。在这里，物质生产的原则和语言符号的生产原则是一致的，它们都受经济原则的支配。物质生产需要一定的物质条件，而语言符号的生产甚至不需要物质条件，这种生产具有无限的可能性，甚至可以达到各取所需的地步。鲍德里亚认为，"各取所需"的观念实际上也就是在这种无限生产和无限积累的幻觉下出现的。在鲍德里亚看来，这是与原始社会完全不同的。在原始社会，物质的生产、人的生产、符号的生产都是有限的。在原始社会，如果生产的东西多出了人们的需要之外，那么这些东西都被无意义地耗费、浪费掉。那个时候是没有剩余产品的，所有剩余的东西都回归自然，被耗费、浪费。而在今天的社会，我们在产品、人口和语言上无限生产，无限积累，这就造成了人类生产、物质生产和语言生产的过度膨胀。

鲍德里亚认为，这种无限生产的模式应该受到限制。仅仅从语言方面来说，索绪尔所提出的配对法则就是对这种语言生产模式的限制。在我们的社会，人们可以不受数量限制地使用各种音素。而在索绪尔那里，这是不行的，各种音素的使用要受配对规则的限制。当一个音素或者一个音组被表达出来的时候，人们必须用同样的音素或音组来回应该音素就是音组。任何一个音素如果不能被后来的音素所抵消，那么这个音素就不能被表达。这样的规则严格限制了人们对于音素或音组的使用。就是说，在这里，能指符号的使用是受到限制的，凡是不能被叠加、不能被抵消、不能被驱除的符号都不该被表达。

在这里，鲍德里亚把诗歌与象征交换等同起来，诗歌是按照象征交换原则来表达的。按照象征交换的原则，所有的东西都需要被归还，被耗尽，任何剩余都是不允许的。因此，在这里语言的素材是有限的，这些素材必须在诗歌表达中被用尽。而经济学原则不同，话语的素材是无限的，也不能被耗尽。

在这里，鲍德里亚提出了一个让人吃惊的想法。鲍德里亚提醒我们，不要以为字词、语音一旦被使用就消失了，他要求我们不要误解，以为字词被使用之后就像活字印刷中的那些铅字，用完之后就被放回原位。他认为，正确的方法应该像象征交换那样，把这些词项归还、重复、消除，就是要让词项和价值没有任何残留。这些说法具有一定的道理。比如，在生活中，我们看到某些人在互联网上操弄语言符号，吸引眼球。对于网络上的这些话语符号，我们不能按照经济学上的等价交换原则来理解。或者说，对于这些符号我们不能太认真，不能一五一十地把这些东西当作有价值的东西，而是要重复、戏弄、耗费它们，而不要把它们真当作有价值的东西（其实是一堆残渣、废料）。换句话说，现代社会中符号所生产出来的东西都是符号的滥用，没有多少意义。我们不能按照价值规律来对待，而是要按照象征交换的原则，把这些东西归还给符号的生产者，而不能简单地接受。如果我们简单地接受了，我们就上当了。同样的道理，今天的社会生产了许多东西，飞机、大炮、原子弹（工业生产的残渣、废料），这些东西都是一些没有用的东西，都是为了维持再生产系统而生产出来的，我们不能简单地接受它们，而是要归还它们，耗费它们。在这里，鲍德里亚说："生产性文明的主要问题可能就是它的废料问题，而废料问题不是别的，正是生产性文明的死亡问题：被自己的残渣压垮。"[1] 在当代社会，这种情况似乎已经在不同程度上表现出来了。比如，在当代社会，西方国家生产了许多无用的东西，人们进行军备竞赛，进行各种规模的军事演习，其中浪费的资源和能源是巨大的。这导致当代世界能源和资源价格飞涨，导致大量的环境问题。今天，我们的生产系统正面临资源短缺的巨大问题。如果不停止生产那些无用的东西，那么我们的生产系统完全有可能被压垮。同样，如果我们不停止生产那些话语废料，那么我们的文化也会被这些话语废料所压垮。在当代社会，我们看到许多人进行所谓学术研

---

[1] 第 278 页。

究，而这些所谓学术研究都是探讨一些无意义的课题。这些东西被大量生产出来。许多人模仿这种所谓学术。在这种所谓学术再生产中，我们会有文化吗？这些所谓文化都是为了经济的目标（名声、个人利益、企业利益）而被生产出来的，或者说，都是按照价值规律而生产出来的文化废料。如果我们不按照鲍德里亚所说的方法浪费、返回这些废料，那么我们的文明就会被这些废料所压垮。鲍德里亚在这里，告诫我们"任何被生产出来的、未受到象征摧毁的音素、词语，都会作为被压制的东西积累下来，以死亡语言的全部抽象力量压在我们身上"[①]。

在这里，鲍德里亚指出，统治我们语言的是富裕的乌托邦。这就是说，我们社会中语言符号被大量生产出来，变成了取之不尽用之不竭的东西。这些东西是极其丰富的，也是可以任由我们随意浪费的。在鲍德里亚看来，我们就应该浪费、摧毁这些被积累下来的东西。在这里，鲍德里亚把经济上的过度生产与符号上的过度生产加以对比。在他看来，经济上的过度生产是现代社会才有的，因此，这种"丰富"和"浪费"是一个"历史特征"；而符号上的过度生产却不是现代社会才有的，似乎从人类一开始使用符号的时候就出现了，是一种自然特征。在人们看来，使用语言符号表达自己的想法，这是自然而然的事情，而人们可以用来表达自己思想的符号也是无穷无尽的。只要人们能够进行能指的积累（学会更多的符号），那么人们就可以获得无限的自我表达的资本。但是，鲍德里亚认为，人们不需要进行这种能指的积累，不需要这种资本的积累。一个人只要用简单的符号明确表达自己的思想就行了（能指的真理就在这里）。但是许多人却不这样，他们喜欢绕弯子，喜欢故作深奥，喜欢拿腔拿调（在鲍德里亚看来，简练是一种值得称赞的品德。但是这里仍然有经济学的因素，这是手段的经济学。而鲍德里亚要彻底消解话语）。在这里，人们制造出一大堆符号，一大堆废料。这是因为，在符号消费中，人们从来没有碰到过符号的"匮乏"，符号从来都是非常丰富的，人们可以自由消费，自由积累。这些自由消费、自由积累的东西在互联网上多得很。这导致了符号系统的惊人膨胀，也给我们的社会留下了大量的能指废料。这些废料虽然有些利用了，但是大量的废料还是被积累下来。这就造成了大量的符号废料的污染。工业社会会产生自然环境的污染，而符号生产会产生文化符号

---

① 第279页。

的污染。我认为，鲍德里亚的这些话，对于我们来说，是一个重要的提醒。我们今天在清除工业污染的时候，不是也应该清除过度的文化生产所产生的文化污染吗？今天，我们看到，人们要进行文化产业的竞争，这种所谓文化产业的竞争生产出来的东西常常不是文化，而是文化污染的符号。

为了解决这些问题，我们应该像诗歌语言那样，进行符号的重复和消解。诗歌的语言规则是：凡是不能被消解的语言就绝不能被说出来。

第二，用诗歌语言颠覆现代语言学。

在现代社会，人们对物质生产所产生的污染越来越重视，但是对符号的过度生产所产生的污染却熟视无睹，并认为这是自然而然的事情。人们认为，语言符号是无限多的，是可以自由使用的，也是可以积累的，这是"语言的自然状态"。当人们把这种状况理解为语言的自然状态的时候，人们无法想像以其他形式存在的语言，比如像索绪尔所论述的那种诗歌的语言，那种能指符号受限制的语言。在这里，鲍德里亚引用了尼采的一段话来说明，这种所谓"语言的自然状态"实际上是人为制造出来的。比如，本来天际是一个广阔无垠的太空，是无限扩展的，但是罗马人和伊特鲁立亚人却用许多线条划分天空。每个民族自己都有一块被数学线条划分开来的天空。这完全是人为设想出来的，而根本不是天体的自然状态。但是这些民族却把它看作自然状态，似乎天体自然状态就是这样一种被许多线条划分的状态。同样，无限的符号、可以自由使用的符号等，这都不是语言的自然状况，而是人为构想出来的。语言学就是把这种人为构想出来的语言看作一个自主（自律）的领域，即一个独立的领域。于是，语言学家认为，他们找到了"客观的"语言。其实，正是语言学发明了语言，并按照自己的设想而把语言合理化。按照这样的设想，语言是符号，这些符号是有价值的，它可以按照等价规律（根据含义）而自由流通、自由交流（既然这些符号有价值，那么人们就可以像经济学中的投机行为那样使这些符号膨胀）。人们可以随心所欲地使用这些符号。

在这里，鲍德里亚要我们设想另一种情况，设想另一种完全不同的语言。这就是诗歌的语言。在这里，符号是限额分配的，而不是任意使用的，也不能自由地流通。于是，这里就出现了两种情况。

一种情况是，语言符号可以被任意使用并任意流通。这就如同经济领域中，产品可以任意购买、使用和流通。鲍德里亚把这种情况类比成原始人类的金瓦利圈（gimwali）。金瓦利圈是指人们进行日常生活用品交换的领域，类似于我们今天的市场交换。这就是说，如果我们按照市场交易制度来进行文化符号再生产的话，那么这就还会出现大量的符号剩余。在这里，语言被"解放"出来了。

另一种情况是，语言没有被解放出来，语言符号只能被象征地使用（像诗歌规则中那样）。它既不是无限的，也不是能够随意使用的。在这里，词语没有使用价值（不指称对象），也没有交换价值（没有意义）。这类似于原始人类的库拉圈（kula）。库拉圈交换的是手镯、项链等东西，被人们以炫富式的方式来交换（奉送）。这是一种为名声和威望而进行的交换。这类似于象征交换。这种语言类似于鲍德里亚所说的诗歌语言。在这里，语言只是用来进行交流的，而不能用于知识的积累。如果用于积累就产生权力，就产生政治经济学意义上的价值体系。

因此，鲍德里亚认为，这种诗歌语言没有价值，不能按照等价交换原则理解；它没有索绪尔后期的那种科学结构，也不能按照语言科学的方法加以研究。

在鲍德里亚看来，诗歌语言的这种特点与原始社会所出现的象征交换类似。在象征交换中，一些有限的物品在馈赠和回礼中不断交换。在这种交换中，原始人类会把没有消费掉的东西都馈赠掉，都消耗掉。在这个社会，人们不致力于积累，也没有剩余的观念。比如，那个时候，人们运用最少的符号，却表达了最为丰富的思想。那里没有多余的"无意义"的符号（没有积累起来的知识财富或者物质财富），但如萨林斯所说，这是一个真正的、唯一的富裕社会。这就是说，这个社会生产出来的东西是要真正地满足人的需要，而不会生产不能用来满足人的需要的东西。比如，像手镯、项链等那些没有实际使用价值的东西，它们都被馈赠掉、耗费掉，而不是被积累起来。

如果说在象征交换中物质材料是有限的，并被全部消耗掉，那么在原始社会，音素、词语也是有限的，那里没有语言的"剩余"。因此，在那个时代词语的使用也受到限制（前面我们实际上已经说过这个观点。在古代社会符号是有限的，符号的使用也受到限制）。比如，在巫术的仪式上，某个东西可能被看作神圣的、有魔力的，巫师就是通过这些具有魔力的符号进行驱魔弄鬼的活动。实际上，这表示，这些符号是具有象征意义的，比如一个火盆、一根木棍都有特殊的意义。在这里，不是任何一个火盆或者木棍都有神圣的意义。如果所有这些东西都成为象征意义的符号，那么它们也就没有任何象征意义了。在萨满仪式中，人们对一些符号进行编码，把这些符号和其他符号结合起来，并通过仪式而使这些符号具有特别的象征意义。而这些具有象征功效的符号也被全部耗尽。在这里，鲍德里亚还有一个注。在这个注中，鲍德里亚对列维·斯特劳斯关于"象征效用"的观念提出批评。在列维·斯特劳斯那里，象征可以有所指，可以对身体发生作用。而在鲍德里亚看来，在原始人那里，象征没有这样的作用，象征是两可性的符号，没有确定的意义，不再代表价值。这种象征符号是可逆的。而鲍德里亚自己也是按照这样的方法来写作的。比如，我们在前面讨论生死的时候，生和死是可逆的。鲍德里亚所使用的许多概念都是这样的两可概念。

在鲍德里亚看来，诗歌语言具有原始符号的特点。在诗歌中，能指的符号是有限的，这些符号被全部消耗掉（实际上，我国诗歌似乎也有类似的特点。比如，诗词需要押韵，而具有同样韵律的字是有限的，人们需要穷尽所有这些字词才能创作诗词）。从索绪尔的配对法则中，我们知道，一个能指必须被另一个能指符号所重复，这种重复具有周期性。鲍德里亚把这种周期性的重复理解为能指的耗费（这种重复可以达到意义的解构）。从前面对巫术的分析中，我们可以看到，只有有限能指的耗费才使它具有象征意义。在鲍德里亚看来，这是象征规则。与原始社会的这种象征规则相反，我们的话语是无限的，是有意义的，是可以用来进行价值交换和积累的。在鲍德里亚看来，我们的话语生产与经济领域中的物质生产一样，如果说经济领域中的物质生产是可以无限进行的（线性的），是可以无限积累的，因而最终是为生产而生产，那么今天我们的符号生产也是为生产而生产，这也是无限的生产，是为积累而进行的生产。而这些被积累起来的东西是博物馆中的东西，是没有使用价值的东西。

我们的社会是在交换价值的尺度下进行符号生产的，而古代社会是在自我毁灭的意义上进行符号生产的。比如，在诗歌中，能指符号自我重叠，返回自身（配对规则），这就达到了符号的自我消灭。这类似于象征交换中的馈赠和反馈赠、给予和归还。在这种馈赠和反馈赠的过程中，物质财富被消耗掉，交换价值和使用价值被废除掉。这种象征交换的结果是无。正如我们前面所指出的那样，诗歌的快感来自它的无意义的节奏。积累是经济学的原则，摧毁、消耗是象征交换的原则，社会象征关系的强度依赖于摧毁、消耗，依赖于虚无。

鲍德里亚把诗歌语言和象征交换等同起来，认为语言学所遵循的是经济学原则，其目的是要在象征原则和经济原则对立的基础上把诗歌语言和语言学所理解的语言对立起来。在他看来，正如象征交换会颠覆经济交换一样，诗歌语言会颠覆"科学"（语言科学所理解的科学）的语言。诗歌语言颠覆了价值，颠覆了意义，这是一种革命。诗歌语言所进行的革命是在语言的微观层面上所完成的革命，而社会革命是在宏观层面上完成的革命。这种宏观的革命也是要颠覆公理，颠覆价值系统，颠覆理性的目的。如果说诗歌语言就是要自我摧毁价值的话，那么现代社会必须自我摧毁价值和公理（类似于尼采的重估一切价值。而他比尼采似乎更激进，他要消解一切价值）。鲍德里亚的激进革命思想在这里彻底表现出来了，对于他来说，现代社会的革命就是要颠覆一切价值，颠覆一切公理（比如，最彻底的是对生死关系的价值颠倒）。这种革命就是要用象征操作的方式来完成。这种象征操作就是要彻底消耗对象。我们的科学研究是靠分析对象来进行的，而在鲍德里亚看来，分析对象所获得的知识并不是客观知识，而是主体重构从对象获得的知识。

于是鲍德里亚从消解科学知识的角度重新解释"分析"。他认为，这种象征操作也是要分析对象，但是他在这里所说的分析，不是我们通常意义上的"建设性的"分析，而是摧毁对象的分析。这种分析不仅要摧毁对象，而且要让分析本身被摧毁。通常来说，当我们分析对象的时候，我们要对对象进行分解。这里，我们是主体，而对象是被分析的客体。而在象征操作中，我们分析对象的方式就不同了。在这里，主体不是试图征服客体，而是主体被客体所征服。这就是说，主体和客体之间进行象征交换。在这里，主体不仅摧毁客体，而且也让客体摧毁他自己。或者说，在这里，主体不再作为主体而存在。从认识论上来说，当人分析对象，征服对象的时候，人是按照自己的固有框架来理解和认识对象。在这种认识中，对象被征服了，实际上也就是对象被摧毁了。如果人用这样的方法来理解客体，那么客体实际上并没有被把握，而是人把自己的框架加在客体上，让客体服从主体的框架。如果人反过来接受客体，让自己顺从客体，让自己被客体所征服，那时，客体才有可能被理解。或者说，当人按照客体自身的特点来认识客体，客体才会真正地被认识。从这个意义上来说，在象征交换中，主体自身也要被"摧毁"。只是在这个时候，主体和客体才相互交换。而在科学认识中，在人们用主体来征服客体的过程中，主体和客体是相互对峙的，而不是相互交换。在这种对峙中，主体只是按照自己的想像来理解客体，用鲍德里亚的话来说，在这个时候，科学只是和它所幻想的对象联系在一起。人们自己以为自己认识了客体，而实际上他根本没有认识客体，他实际上只是按照自己的想像来设想客体。人不过是对那个被自己征服、解构了的客体（残缺的对象）进行修补。比如，科学家在认识微观世界的时候，必须干扰对象从而认识对象，然后，科学家再设想，如果把这个干扰排除，那么微观世界是如何的。这就是说，他对自己原来的认识进行修复、修正。科学家对于自己由此而得到的结论自得其乐。这是把无意义的生产当作有意义的活动而产生的快乐。鲍德里亚把这种快乐称为"反常的快乐"①（与前面所说的那种把死亡符号作为审美对象来享受是一样的）。而真正的快乐是无意义的消耗而产生的快乐（游戏中的快乐）。这种快乐是象征交换中的快乐，是主体和客体相互交换的快乐，或者是主体和客体都被消耗的快乐。

在日常生活中，人们用意指、话语表达思想，而诗歌是以语言为中心进行的象征交换。在这种象征交换中，人们不是要表达意义，而是要打破表达意义的体制。在象征交换中，人们不是要建构符号，不是要用符号来表达意义，而是要摧毁符号，是要让符号在诗歌中相互重复、相互回应。在鲍德里亚看来，人们在诗歌中获得快感，这不是因为诗歌表达了人的情感，表达了深层的思想，释放了深层的"潜意识"，而是因为，人们在这里进行了象征交换，是因为符号被归还，被交换，符号返回到流通过程中。符号的这种交换过程就是快感。我们知道在诗歌中，类似的音节被重复，产生某种节奏，这就是符号的流通，就是符号在流通过程中存在。人们在吟唱的时候，就是让这些能指（音节）进行流通，即重复这些音节。这就是一种快感。这不是要把力量表达出来，不是要把里比多表达出来。这类似于游戏的快乐，这种吟唱就是游戏。游戏、快乐、快感与权力无关，与力量无关，而只是要实现一种交换、交流。鲍德里亚对于快感的这种理解，无疑是有意义的。在现代社会，人们痴迷于物质的享受，痴迷于权力的追逐，人们从权力中获得快感，从物质享受中获得快感（这是反常的快乐）。在这里，人们受到了权力、物质追求的束缚，而没有真正的快

---

① 第 282 页。

乐（人们在这里不过积累了废渣。无用东西的积累）。真正的快乐是摆脱一切目的性的追求而产生的快乐。在游戏中，人们不追求任何目的，而只是个人精力的耗费，从这种耗费中人们获得快乐。这种快乐是人和人之间无利益、非力量关系的交流。在充满权力追逐、物质追求的社会中，人怎么有快乐呢？只有消解了权力，消解了物质，人们才有真正的快乐。只有在象征交换中，在象征操作中，权力被消解、物质被消耗，人摆脱了一切束缚而自由交流，才能有快乐。这才是真正的社会关系。

在鲍德里亚看来，诗歌向我们展示了一种象征交换的可能性。这种象征交换是对秩序的挑战，是革命。在秩序中，任何东西、任何人、任何词语都不能直接交流，而必须按照价值来交流。这就是说，在我们的社会秩序中，人们也交流，但是在交流时，人们要考虑字词的含义，它的交换价值和使用价值；在社会交往中，物质的东西也交换，人们也要衡量、考虑使用价值和交换价值。而在象征交换中，所有这一切价值性的东西都被摧毁，所有这一切目的性的东西都被摧毁了。这就是一场彻底的革命。因此，鲍德里亚认为，哪里有一种打破目的性体制的交换，哪里有打破编码的中介和价值的连续循环的交换，哪里就有革命。这是摧毁一切价值、摧毁一切目的的交换。鲍德里亚认为，诗歌中音素和音节的微小交换，起义城市中千百万相互说话者的交换（这里没有权力关系，没有命令，而是自由交流）就是这种革命。只有这种无目的的交换才是真正的革命。这种交换是象征交换。在象征交换中，没有任何东西剩余下来，而任何剩余都是构成权力的基础。用鲍德里亚的话来说，"权力从这种言语没有耗尽的东西中再生，因为权力是言语的剩余物"[①]。积累起来的物质构成权力，积累起来的语言（知识）构成权力。在日常生活中，人们都有言语，如果这些言语都是无目的的，都只是为了交流而交流的东西，那么交流了之后，这些东西就被消耗掉了，没有剩余，没有后来的作用和影响。但如果交换的话语没有耗尽，而是产生后来的作用（比如古人的话语对现代产生作用），这就是权力（显然如果所有人所讲的话都是一堆废话，那么由话语意义所产生的权力就被解构了，学术的话语权力、行政命令所产生的话语权威都被解构了）。如果话语是有意义的，那么它就能够进行社会操控。如果话语没有这种操控的作用，那么话语就是无目的的话语。

---

① 第283页。

象征交换把话语中的剩余消解了,把意义消解了。这就是革命。最后,鲍德里亚说,在社会反抗中会发生易位书写式的消散(在这里,所有人的名字都在易位书写中解构了,没有人有名字,没有人有权力);在诗歌中,能指消散了;在色情中,身体消散了;在分析中,知识和对象消散了;这就是革命。

2. 易位主题的终结

由于诗歌的语言有这样的革命性作用,由于易位主题(antheme)具有革命性的力量,人们就力图终易移位主题,终结诗歌的语言。而终结诗歌语言的方法就是把诗歌语言纳入意指的语言,纳入表达意义的语言。语言科学所进行的工作就是这样,它抵制散播操作、抵制消解文字的操作。这种语言科学就是要让人相信,诗歌是一种有意义的表达。雅各布森、福纳吉、埃柯等就是如此。这些东西都是抵制象征交换的东西,而鲍德里亚就是要用象征交换来解构它们。

当索绪尔提出易位书写的假说的时候,它涉及语言学和精神分析。索绪尔力图证明这个假说,而鲍德里亚并不试图论证这个假说,而是要把这个假说推向极端。他认为,在这个问题上,他学习尼采(实际上,从前面的分析中,我们可以看到,鲍德里亚那种消解一切价值的态度,非常类似尼采的重估一切价值的思想)。

在这里,鲍德里亚首先通过分析斯塔罗宾斯基对索绪尔的评论,把索绪尔的假说推向极端。这里的讨论涉及两个问题。第一个问题是,主题词是否存在;第二个问题是,索绪尔是不是认为,诗歌是一种特殊的语言,具有特殊性。斯塔罗宾斯基认为,索绪尔承认主题词的存在,承认诗歌是一种特殊的语言(这两个问题在本章一开头就已经论述了)。

鲍德里亚认为,这里的核心问题是主题词是否存在。索绪尔认为,诗歌借用了"一个名字的语音成分"[①],索绪尔努力寻找各种事实来进行论证。鲍德里亚认为,索绪尔"落入了科学有效性的陷阱"[②]。他高兴地发现,索绪尔的这种论证努力失败了。在鲍德里亚看来,这一失败具有重要的意义。如果索绪尔果真成功地进行了论证(即论证古代诗人有意识地根据主题词而进行易位书写),那么,这就意味着,易位书写的理论只适用

---

① 第284页。
② 第284页。

于古代诗人。但是他失败了。这样，他就可以不受自己的假说的影响而把这个假说扩大到所有的诗歌中。如果他成功了，那么他就要努力在古代诗歌中寻找关键词，寻找英雄的名字。而斯塔罗宾斯基就是这样解释索绪尔的，他认为，阅读诗歌就是要"认出那些引导性音节，把它们重新聚拢起来，就像伊西斯把奥西里斯的尸体的碎块重新合起来那样"①。这就是说，阅读诗歌就是把诗歌中分散开来的那些音节、主题词中的那些音节重新聚合起来，拼凑成主题词。如同伊西斯②所做的那样。

按照鲍德里亚的分析，斯塔罗宾斯基从一开始就排除了灵媒说和生产说。按照灵媒说，索绪尔似乎认为，主题词好像一个原始的细胞，而后来这个细胞发生了分裂，这些分裂和扩散开来的细胞存在于诗歌中（分裂开来的细胞反映了原始细胞，存在着能指和所指的关系）。按照生产说，诗歌是把主题词当作提纲，当作模本。在诗歌创作中，诗人就把这些模本的东西贯彻在诗歌中。在这两种理解中诗歌似乎都指称主题词，或者说，诗歌和主题词之间的关系是一种参照关系。诗歌作为一个能指符号，指称着主题词。主题词和诗歌之间的关系似乎是两个层面之间的关系。斯塔罗宾斯基否定了这一点。他试图更接近索绪尔的理解：主题词隐藏在诗歌中，阅读诗歌就是在诗歌中把主题词寻找出来，重新结合起来。对于斯塔罗宾斯基的这种说法，鲍德里亚提出了批评意见。他认为，斯塔罗宾斯基没有从解构的角度来理解索绪尔。鲍德里亚质问，主题词像其他词语一样，为什么需要隐藏起来呢？而在鲍德里亚看来，诗歌是对主题词的解构，或者说，诗歌拆除、拆散了主题词。因此，鲍德里亚说："'显文本'（即诗歌——引者注）并不是主题词的'展开、增多、延续、回响'（回响本身不具有诗性），而是撒播、解体、解构。"③ 即使斯塔罗宾斯基对索绪尔进行了细腻的解释，比如他认为，"主题词从来没被展示出来，所以不可能认出它，必须在阅读中猜测它"④，但是他在做出这些细腻的解释时并没有看到易位书写所具有的解构特点。

鲍德里亚认为，斯塔罗宾斯基所做的解释是一种细腻的解释。这是因为，他所做的解释类似于精神分析。我们知道精神分析的观念认为，人在

---

① 第285页。
② 古希腊女神，掌管医疗和魔法，能够把人破碎的身体组合起来并使之复活。
③ 第285页。
④ 第286页。

说话时，人的性本能的东西在发挥作用。因此，理解人的话语，需要找到话语背后的本能。同样，按照斯塔罗宾斯基的观点，人在理解诗歌的时候也要找到隐藏在背后的主题词。如果说在精神分析中，人的话语是借助于性本能的力量而生成的，那么诗歌的话语也是一种生成性的话语，这个话语背后隐藏着主题词。这里有两个层面，一个层面是诗歌话语的层面，是二级状态的层面；一个层面是深层的主题词的层面；一个是切成碎块的奥西里斯，一个是原来的奥西里斯。这两者之间存在同一性。

鲍德里亚对斯塔罗宾斯基提出了批评。在鲍德里亚看来，斯塔罗宾斯基的解释陷入语言学的陷阱当中，或者说，他就是要用语言学的解释来阻碍人们对诗歌进行解构意义上的解释。按照斯塔罗宾斯基的解释，二级层面上的诗歌和一级层面上的主题词是同一的。这种同一性类似于能指和所指的同一性。语言学的核心东西在这里保留下来，而诗歌不过一个附加的成分，是一个迂回过程。诗歌不过增加了识别意义的难度而已。鲍德里亚提出的问题是，为什么要增加人们识别意义的难度呢？为什么诗歌要增加识别主题词的难度呢？难道增加了识别的难度，话语就具有诗歌的特性了吗？"诗性"与增加识别的难度有关吗？鲍德里亚认为，这是毫无必要的复杂和细腻，诗歌的本性与增加复杂性无关。增加复杂性并不增加人们的快感，反而使人失去快感。诗歌为什么能让人产生快感呢？鲍德里亚认为，这种快感就在于"同一性的摧毁"[①]。人们会说，快感与同一性的摧毁有什么关系呢？如果存在同一性，那么人们就需要寻找诗歌与主题词的同一性。这种曲折的探索过程不会给人带来快感，而只有消除了这种同一性，使诗歌成为一种解构游戏，这种游戏才能够给人带来快感。语言学不理解这一点，它把诗歌归结到语言中，按照语言学的思路来理解诗歌。语言学不承认诗歌是一种易位书写，是一种象征语言。这种象征语言、这种易位书写解构了能指符号的所指，但是语言学却停留在从日常语言的角度理解诗歌，把诗歌理解为谜语性质的东西，而阅读诗歌就是要找到这个谜底。

我们的社会（société，中译本译为"集体"）进行着这样的游戏（把诗歌理解为谜语），而且只是做这样的游戏。拙劣诗歌、寓言故事以及"具象音乐"也进行这样的游戏。比如，许多拙劣的诗人就是要让人猜测

[①] 第 286 页。

诗歌中的隐含意思，寓言故事让人猜测故事的所指，而某些音乐要人想像其中包含的深刻含义，比如"进行曲"中的革命精神。它们就是要跟人们捉迷藏，就是要用隐晦的字词表达深刻的含义，用一种能指符号隐喻另一种能指符号。按照斯塔罗宾斯基的想法，人们所做的一切就是要发现关键词。在鲍德里亚看来，或许人们在发现关键词的时候也有一种乐趣，这就如同我们在思考问题、解答问题时得到问题的答案的时候也有一种快感一样，这是一种如释重负的快感。不过，鲍德里亚认为，这种快感和诗歌的快感是不同的，诗歌的快感更加极端，而又不是反常的。这种快感不是发现的快感，不是揭示谜底的快感，而是摧毁一切指涉、摧毁一切谜底的快感。这就如同我们在节日中，那种疯狂舞蹈耗尽体力的快感，如同我们在游戏中耗尽自己的体力和智力的快感。这种快感是我们在日常生活中经常体会到的，一点都不反常。

在这里，鲍德里亚把发掘意义而产生的快感与摧毁所指所产生的快感加以比较。在他看来，摧毁所指的快感最大，而"正常"的交流活动，正常的解码过程所带来的快感最小。发掘意义而产生的快感也可以说是"快感的零度"①。鲍德里亚的这个说法是模仿罗兰·巴尔特的《写作的零度》而提出的。在《写作的零度》中，巴尔特提出，写作过程不能怀有个人的思想、激情，而就是纯粹的描述，就是纯粹的能指符号的展开。零度写作就是没有主体的写作，而零度快感就是没有快感。只要超越了零度快感，那么人们就可以进行能指游戏，人们就开始获得快感。否则，人们就必然要与所指捉迷藏。在鲍德里亚看来，传统的易位构词法、带谜底的文本，比如漫画期刊《捕蝇纸》等都是如此。这些东西有一个共同的特点就是强调显文本背后藏着一个潜文本，都是能指和所指之间拉开距离，发生偏差（类似于德里达所说的"延异"）。阅读文本的工作就是要简化这两者之间的差距，使之发生直接联系。在这里，能指和所指之间的差异程度是不同的，或者说，陈述内容的迂回程度、延异程度是不同的。迂回和延异的程度越大，这些文本给人带来的快感就越小，人们越是要费尽力气寻找意义，这里所产生的快感就越小，相反，如果没有任何意义需要寻找，那么人们所得到的快感就越大。由于诗歌解构了所指，诗歌的快感是无限的。因为，这里没有任何谜底需要寻找。为此，鲍德里亚强调，即使诗歌指涉

---

① 第287页。

某种东西，这种东西也是"无"，是虚无，是"零所指"①。正是由于诗歌消解了所指，它才会引起眩晕，才具有颠覆的意义。

"Aboli bibelot d'inanite sonore"（消除了声音空洞的小摆设），是马拉美（这是中译本译者添加上去的，法文原文中没有提到这个人。这有助于我们理解这句话）的诗句。鲍德里亚在这里借助这一诗句表明，易位书写是消解能指的方法，它指向虚无。对于鲍德里亚来说，解构操作的结果就是虚无。这与他所说的象征死亡是一致的。

诗歌中神的名字被解构。

前一段讨论了诗歌中的所指问题，这里鲍德里亚进一步讨论能指。在这里，他就索绪尔理论中的主题词问题做了解构主义式的发挥。在鲍德里亚看来，诗歌创作就是隐性书写（原来的意思是，在诗歌写作的过程中，神的名字就隐含在诗歌中），就是解构神的名字。由此，他认为，诗歌的创作不是暗含某种能指，恰恰相反，它要解构能指。在诗歌中，诗句或许隐含了某个英雄的名字或者神的名字（隐性书写），但是，神的名字却不是诗歌所指的东西，它根本不是所指。因为按照古代社会的传统，呼唤神的名字是很危险的，会引起强大的力量。在诗歌中，人们用易位书写的方式解构了神的名字，而不是呼唤神的名字。在这里，能指的符号不是暗指、影射某个神的名字（语言学的看法），而是撒播、处决所指。神的名字没有所指。因此，鲍德里亚说，"神名从本义上被消灭了"②。

前面我们曾经讨论过一个问题，主题词在诗歌中是否存在。斯塔罗宾斯基与索绪尔实际上都认为，主题词是存在的。而鲍德里亚认为，即使主题词存在，它也是等待解构的东西。对于他来说，在诗歌中，主题词的存在，是为了被解构。解构需要有解构的对象，主题词是作为被解构的对象而存在的。或者说，主题词的存在指向虚无。

根据这样一种理解，鲍德里亚强调，诗歌所产生的快感与神的名字无关，而与神的名字的死亡或者神的死亡有关。这里，鲍德里亚实际上暗示了这样一个思想，只有意义被解构了，甚至能指的符号被解构了，人才真正从语言结构的束缚中解放出来。只有这种解放才给人带来快感。因此，

---

① 第288页。
② 第288~289页。

鲍德里亚认为，快感来自虚无，来自对神的名字的解构，而不是对神的赞美。鲍德里亚的这种看法与人们传统上对诗歌的看法是不同的。传统上，按照人类学对古代诗歌的理解，诗歌是对神或者英雄的赞美。而鲍德里亚却相反，他认为，诗歌的快感与人们对神的赞美无关，而是与神的名字的解构有关。神在诗歌中被蒸发，被解构，被归还给死亡。诗歌是神的死亡之地。于是，鲍德里亚从他的这种奇特的理解中得出一个与人类学的通常看法完全不同的观点：古代人或"野蛮人"崇拜神与现代人崇拜神是完全不同的。野蛮人呼唤神的名字，是为了处决神，是为了消解神，而只有现代人才对神顶礼膜拜。按照这样一种理解，在诗歌中，上帝是以另一种完全不同的方式被崇拜的，上帝的名字不是以"扩展"的方式（易位书写的方式）被重复，而是被解构。在这里，与诸神的两可性关系，实际上就是与诸神的模糊性关系。他们不是把神作为膜拜的对象。如果说，在尼采的哲学中，上帝死了，那么在鲍德里亚的思想中，上帝被解构了。

在鲍德里亚看来，不仅上帝的名字在诗歌中被解构了，上帝不是诗歌内容的主体（诗歌不指称上帝），而且诗人也被解构了，诗人也被杀死了。本来，我们通常认为，诗歌是诗人创作的结果，诗人是诗歌创作的主体，然而古代留下的诗歌没有主体。更重要的是，在鲍德里亚看来，在象征交换的文化氛围中，不存在主体，不存在同一性的主体。本来，在日常生活中，人们都认为，人是主体，能够自主地决定自己的行动。而实际上，人不是主体，人是各种不同的文化建构起来的。我们每个人身上都包含各种各样不同的文化，我们并不是同一的主体。我们是被解构了的存在。虽然从实际情况来看，诗歌总是由人创作出来的，但是，正如创作的人是文化建构的结果一样，诗歌也是文化的自我表达。在这里，不是人有话要说，而是话需要被人说出。诗歌就是话必须被说出的时候，而流露出来的。用鲍德里亚的话来说，语言活动在自我言说，并且迷失在诗歌中。语言迫使人说话，而诗歌就是人所说出的话，而这些话语恰恰就解构了语言。语言学的规则在这里被解构了。神的名字是父亲的名字，代表了一种压制，代表了一种规则，而这些名字在诗歌的语言中被解构了。诗歌解除了规则对人的压制。这里所隐含的意思是，那些重复出现的名字，那些所谓文化"名人"应该被解构，否则就有"父亲"出现，就有"神"出现，就有压制和压抑出现。

鲍德里亚说："诗歌是上帝之名的致命变形。"① 诗歌对上帝的名字进行易位书写，上帝的名字在诗歌中移位了、变形了。这种变形就是上帝的死亡，就是上帝的解构和毁灭。而当上帝被毁灭的时候，我们所面对的就是语言，语言取代了上帝，成为上帝（有规则的语言，精神分析中的菲勒斯等价物，都是政治经济学的形式）。对于这样的语言，我们就要用诗歌来解构。诗歌就是我们面对语言时的死亡冲动，就是摧毁语言的冲动。

3. 九十亿个上帝之名

在这个部分，鲍德里亚引用了克拉克（Arthur Clarke）一部科幻小说《九十亿个上帝之名》（又译《神的九十亿个名字》。鲍德里亚在法语中用了"dieu"这个词，其意思确实是"上帝"。但是考虑到这是指西藏喇嘛诵读的名字，翻译为"神"，似乎更好一些。当然，这是科幻小说，西藏没有这样的喇嘛，他们也不会诵读上帝的名字。从这个意义上说，翻译为"上帝"也没有什么不可），其内容我们不在这里重复。我们需要思考的是，鲍德里亚在这里引用这部科幻小说要说明什么？

在鲍德里亚看来，现代人类受到了经济原则的支配，生产出许多符号，这些符号被当作上帝，被当作崇拜的对象，其实它们没有什么用。同样，我们的文化创作也生产了许多符号。我们进行大规模的学术 GDP 的生产。面对这种生产，我们不能再按照经济的原则来对待。用经济原则不能推翻符号经济对我们的控制，我们只能把这些符号当作无意义的符号来对待，甚至彻底消解这些符号。而西藏的喇嘛诵读九十亿个上帝之名的做法就是一个非常有价值的解构方法。九十亿个神的名字是纯粹的符号，诵读这些神的名字就是解构它们。西藏喇嘛就是要重复这些名字，并要耗尽所有这些名字，喇嘛读这些名字就是要让神死亡。在现代文明中，我们试图用计算机来诵读这些名字，这样一来诵读的速度会很快。现代文明的人用认真的、经济学的态度来对待诵读，把它作为一个有意义的工作来理解。他们以为加快阅读速度并不会导致文明的衰退，而实际上，文明恰恰因此而死亡。当他们走下大山的时候，他们看到星星一个个地熄灭了，文明灭亡了。② 在鲍德里亚看来。这些现代人还不如西藏的喇嘛文明。现代人受到经济原则的控制，进行无意义的活动，但是误认为，这是有意义的。而

---

① 第 290 页。
② 第 290 页。

西藏的喇嘛从一开始就有一种死亡冲动，他们知道，重复诵读神的名字会导致世界的毁灭。我们在生活中不断地重复生产"神"，物质财富是我们崇拜的神，精神财富是我们崇拜的神，个人的名声是我们崇拜的神。我们要把这些神重复生产出来，但是西藏喇嘛知道，这就是文明的衰落。当我们生产如此之多的文化垃圾的时候，我们应该知道，这是巨大的负担，文明会被这个负担压死。当我们沉浸在垃圾文字中的时候，我们还能够有真正的文化吗？我们不知道从这些文字中如何找出真正的有价值的东西。摧毁它们，这就是鲍德里亚给我们指出的方向。

在鲍德里亚看来，西藏喇嘛所做的工作如同诗歌一样。诗歌是在易位书写中解构上帝的名字，喇嘛要完成上帝之名的各种变格，完成这种变格不是要达到什么目的，不是要积累什么东西，而是要完成对世界的彻底消解，要完成对世界的彻底变革。鲍德里亚的这个思想类似于尼采的极端虚无主义，而这种极端的虚无主义又是针对当代资本主义社会的，具有某种革命的意义。

九十亿个上帝的名字根本就不是名字，如同诗歌的语言不是语言一样（如同诗歌中对于神的名字中某些音节的重复。关于诗歌语言中的重复，见下文）。九十亿个上帝之名就是一首无意义的诗歌。九十亿个上帝名字的变格，就是重复，就是消耗，就是解构上帝之名。而现代人却按照语言模式来理解这些上帝的名字了，似乎这些不同的上帝的名字是一种特殊的语言，是有所指的。

诗歌语言不是一种特殊语言。

在前面我们讨论的是诗歌中主题词是否存在的问题。索绪尔所留下的第二个问题是，诗歌的语言是不是一种特殊的语言。斯塔罗宾斯基认为，这种语言是特殊的语言，其目标就是要把诗歌纳入语言学的框架。在这里，鲍德里亚引用了斯塔罗宾斯基的两段话来说明他对诗歌语言的理解。斯塔罗宾斯基认为，诗歌语言是语言的一种，与任何其他语言一样，诗歌语言也是组合性的，任何语言都给人们提供许许多多的音素。在诗歌中，只要人们专心加以组合就可以了。同时，在诗歌中，人们会进行多次重复，而这种重复是"本能的回声爱好"。鲍德里亚对斯塔罗宾斯基的这些说法提出了批评。按照斯塔罗宾斯基的说法，诗人都有重复的爱好，如果是这样，那么诗人似乎就成了语言粒子加速器，他所做的工作就是要提高语言的重复率。既然重复是人的本能，那么诗人似乎具有重复声音的"强迫症"。按照斯塔罗宾斯基的观点，诗歌就是声音的重复，无论这是出于本能，还是一种强迫症。诗人患上了这种强迫症。对他来说，诗歌就是一种组合游戏，而语言就是一种组合游戏，因此，诗歌属于语言，是一种特殊的语言。为此，对于斯塔罗宾斯基来说，易位书写是言语过程的一种特征，这种易位书写也是有规律的。这样，诗歌就可以完全被纳入语言中了。按照这样一种理解，索绪尔在诗歌中什么也没有发现，或者说，什么特殊的东西也没有发现。这样，索绪尔关于诗歌的两个假说就被他消灭了。对于斯塔罗宾斯基的这种理解，鲍德里亚提出了批评。他认为，索绪尔至少还是感到了诗歌的眩晕，还是发现了诗歌的特殊性，而斯塔罗宾斯基几乎把这种特殊性都否定了，比如，他认为，诗歌中的重复，是一种精神病，是"强迫症"，是概率意义上的重复。这是一种倒退，是对索绪尔思想的倒退。于是，鲍德里亚挖苦斯塔罗宾斯基，甚至毫不客气地认为，按照这样的理解，语言就类似于俄罗斯的玩偶、俄罗斯的套娃。这是纹心结构模式（故事中包含故事，比如，纪德的《伪币制造者》），语言就成为一种自我重复的东西。这是"泰凯尔"[①] 所喜爱的模式。

在这里，鲍德里亚进一步挖苦斯塔罗宾斯基。按照斯塔罗宾斯基的理解，对索绪尔来说，诗人就是患上强迫症的人，诗人操作与语言学的操作没有什么不同。如果是这样，那么索绪尔似乎也患上了强迫症，他以为自己从诗歌中发现了某种东西（诗歌音素的重复），而实际上，这是一种幻觉，因为一切语言都有这种特点。那么为什么会这样呢？对此，斯塔罗宾斯基进行了这样的解释：任何一个复杂的系统都有足够数量的要素，人们熟悉了这些要素，于是就选择其中的一个子集，说这个子集具有什么样的特点。而实际上，这个子集的特点就是这个系统预先就存在的特点。按照这样的思想，索绪尔就把语言所具有的一般特点加到了诗歌上。索绪尔发现了易位书写，实际上就像患上了强迫症，把自己的幽灵（自己的幻觉）加到了诗人身上。

[①] "Tel Quel" 是一个杂志的名字，字面意思是"保持原样"。这个杂志是先锋文学的杂志，有非常强烈的左翼倾向。该杂志1960年创刊，1982年结束，并由另一杂志 *L'Infini* 所取代。"泰凯尔"这个杂志具有解构主义或者后结构主义的趋向。其主要代表人物有：Philippe Sollers, Jean-Edern Hallier, Jean-René Huguenin, Jean Ricardou, Jean Thibaudeau, Michel Deguy, Marcelin Pleynet, Denis Roche, Jean-Louis Baudry, Jean-Pierre Faye, Jacqueline Risset, François Wahl。本书所引述的克里斯特瓦（Julia Kristeva）就是其中的代表人物。

斯塔罗宾斯基等语言学家或文学评论家，总是试图验证索绪尔的假说（他们有实证主义的取向，不愿意做梦）。他们发现，诗歌的规则就是语言的规则，于是，索绪尔的思想被他们简化为零。在鲍德里亚看来，这些人非常重视索绪尔思想的内容，比如，主题词有没有出现等，而不注意其形式，即不注意索绪尔对于易位书写的说明。而易位书写就是诗歌的形式，诗歌通过易位书写而解构主题词。在鲍德里亚看来，人们不应该注意主题词的内容，而应该注意易位书写的形式。诗歌的赌注（与语言学对决的赌注）不是生产，不是意义的生产，不是能指的生产，不是要把词语的组合生产出来，而是易位书写，是意义的解构、能指的解构。如果诗歌的关键因素是生产意义，生产能指，那么诗歌语言就可以被纳入一般的话语模式中了。当诗歌被纳入一般的话语模式的时候，我们就看不到诗歌的必然性了，即看不到诗歌在解构话语中的必然性了，看不到诗歌解构能指的必然性了，看不到诗歌给人带来快感的根源了。在鲍德里亚看来，诗歌的关键是易位书写，通过易位书写，任何能指符号，任何词或者主题都被解构了。或者用鲍德里亚的话来说，易位书写到达了一个无还点（le point de non-retour），即到达这样一点，语音的组合无法再构成主题或者词语了。在这样一点上，我们不需要证明主题词是否存在，或者说，在这样一点上主题词存在与否已经没有意义了。这是因为，诗歌与字词的意义表达无关，与某种隐藏的密码无关，而是与字词意义的毁灭、密码的毁灭有关。诗歌就是要摧毁字词的意义，就是要摧毁密码。在鲍德里亚看来，易位书写的方法适合于一切诗歌，无论是古代诗歌还是现代诗歌。一切诗歌都是易位书写，都要解构密码。这些密码在不同的时代有不同的特点。在古代诗歌中，这个密码就是主题词。而在现代诗歌中，这些密码可能是无法按照原样分离开来的能指结合体（une constellation signifiante），是勒克莱尔所说的一个字母、一个表达式，或者如"泰凯尔派"所说的"能指的微分"。在鲍德里亚看来，勒克莱尔所说的一个字母、一个表达式，或者"泰凯尔派"所说的"能指的微分"（我推测，应该是指，类似于德里达的延异意义上的能指。符号、字母都有所指，但是所指以极其曲折的形式出现）都应该像主题词一样被解构。在鲍德里亚看来，现代诗歌就应该被看作这些密码的解构，是这些能指符号的解构，是潜意识的解构。在鲍德里亚看来，不论我们用哪一种方式来看待诗歌中的密码，都不能认为，诗歌是要生产这些密码，而是要认为，诗歌是要解构这些密码。诗歌不是要进行生产，而是要进行解构，不是要以一定的方式出现，而是要以一定的方式消失。最后，鲍德里亚强调，我们宁愿索绪尔关于诗歌的假说是无法证实的。如果索绪尔关于诗歌的假说是无法证实的，那么诗歌就不能被看作隐藏着主题词，诗歌就不能按照语言学的方式理解，诗歌就具有了摧毁普通语言的意义。如果索绪尔的诗歌理论的内容（主题词）被证实，那么诗歌的形式即易位书写的极端性、它的解构功能就被否定了。

第二节 语言学的想像

在这个部分，鲍德里亚不再局限于索绪尔的理论，而是从语言学家对诗歌的理解出发，批判他们总是从语言科学的角度理解诗歌，总是强调诗歌所包含的意义。正如经济学家所认为的，商品都是有使用价值的，它是交换价值的基础，语言学家都认为，诗歌是有意义的，诗歌的语言是意义的表达。鲍德里亚认为，语言学家和经济学家所做的工作是一样的，语言学家要维持语言的秩序，而经济学家要维护生产的秩序。在鲍德里亚看来，诗歌解构了语言，就如同象征交换解构了市场交换一样。语言领域中的诗歌与经济领域中的象征交换一样都有摧毁秩序的作用。而当语言学家把诗歌看作意义表达的时候，就如经济学家把象征交换理解为市场交换一样，他们就是要防范和抵抗诗歌和象征交换对社会秩序造成的威胁。

按照索绪尔的语言学理论，语言符号具有任意性。比如，把某种声音与某个概念联系起来，这是没有任何依据和理由的，而完全是任意的。这就是语言学所认为的，语言的任意性原则。而诗人却不是如此，对于他们来说，用某种声音表达某个概念似乎具有必然性，比如用重复"f"表达"风"，因为，连续的"f"类似于风的声音。这里，他们认为，能指的符号（声音，字形）等与所指的东西之间有某种必然联系，人们可以用这种必然联系来表达所指。语言学家就抓住这一点。他们承认虽然诗歌语言在一定程度上破坏了语言的任意性原则，但是语言的根本原则没有被破坏，即任何一个符号都有能指和所指两个方面。在这里，能指和所指的区分没有被打乱，任何字词都有意义（价值）的等价原则没有被打破，任何字词都是用符号再现所指对象这个基本原则没有被打破。在语言学家看来，本来能指不是与所指必然联系的，它是有自主性的、独立的（中译本翻译为

"自律"），但是在诗歌中，这种自律性必须让步。① 比如，福纳吉认为，概念和能指的符号之间有时是联系的，有时没有联系。按照语言学的这种理解，诗歌为了更好地表达思想，为了能够让能指符号表达所指，诗人不仅要借助约定俗成的符号来表达意义，而且要借助这些符号的物质性形式（形象地称为"符号的肉体"）来表达思想。比如，"f"的读音（它的物理特性）表达了风。在这里，诗人不是用"wind"，而是用重复的"f"的声音来表达风。在这里，"f"的声音即它的物质性形式表达了"风"这个概念。正因为如此，福纳吉才会说，"在史文朋的这些诗句中，我们感到有微风吹过"②。于是，鲍德里亚说，按照福纳吉的说法，诗句的意义不仅是由诗句中首要表达单位即字词本身来表达的，而且是由次要表达单位即声音来表达的。

……the faint fresh flame of the young year flushes
from leaf to flower and flower to fruit……

在这里，具有再现功能的不仅是单词，而且是声音。按照语言学的理解，只有字词才具有再现的功能，才表达某种东西。而福纳吉认为，在诗歌中，声音本身也具有表达功能。在这里，语言学的基本思路没有改变，能指和所指的指涉关系没有变。日常语言中，人们是用字词表达思想的，而在诗歌中，人们是用声音本身来表达思想。原来人们是用字词来表达、再现概念的，现在人们用字词的声音（元音、音节、语言的原子和这些原子的组合）来表达概念，再现概念。于是，对他们来说，在语言的物质即声音与世界的物质（如大风、大海、情感、潜意识等）之间总是存在永恒的联系。

按照这样的思路，人们就可以进一步说，低沉的声音适合于表达暗淡的东西（哀乐表达沉痛的心情），而轻松的声音可以表达愉悦的心情。这两者之间的关系不是语言学中关于字词和概念（所指）之间的任意关系，而是必然关系。从鲍德里亚的论述中，我们可以看到，语言学家提出的类似观点还有很多。鲍德里亚认为，这是名副其实的形而上学。形而上学认

---

① 第294页。中译本"自律让位给了能指"令人费解。应该翻译为，"能指的自主性就要让步"。英文本是这样翻译的。这个翻译是有道理的。

② 第295页。

为，在某个表面的现象之后都有本质，在某个名词背后都有某种概念，在某个声音背后总是有情绪，在某种现象背后都有某种实体。鲍德里亚彻底否定这样的形而上学。

为此，鲍德里亚认为，声音和暗淡的东西之间没有必然联系，重复的声音"f"与微风之间没有必然联系，这就如同"桌子"这个词（能指）与"桌子"这个词的含义（所指）之间没有必然联系一样。如果说这两者之间有什么联系，那么这种联系也是约定俗成的，是一种文化上的联系，是一种人为的联系，而不是客观的、必然的联系。但是还是有学者从人类学的角度来说明这种必然联系。比如，本维尼斯特（E. Benveniste）就认为，字词和概念之间的联系是一种文化上的约束，具有文化上的必然性。鲍德里亚认为，这种说法是正确的。凡是人们强调某种符号具有某种必然价值的地方，这都是一种文化在发挥作用，是文化上的必然性（其背后的核心都是偶然的、任意的，只是由于文化上的强制，这些偶然的、任意的东西才被看作必然的。鲍德里亚恰恰就是要解构这种文化强制）。人们恰恰把这种文化上的必然性看作客观的必然性。为此，鲍德里亚认为，任意性不存在于符号的内在组织中，即一个符号体系中，比如在中文中，"桌子"指称桌子，这是必然的。这是符号内在组织中的必然性，但是，最初中国人为什么用"桌子"来指称桌子，这却是偶然的。这里有两个不同的机制，一个是文化上的必然机制，一个是命名上的偶然机制。而这两个机制是联系在一起的。于是人们就把这里的偶然机制理解为一种必然机制。本来，重复的"f"与微风之间没有任何客观的必然联系，而是一种文化上的联系，而文艺批评家却把这种文化上的联系理解为客观的必然联系。这是语言学的形而上学，这是语言学的想像。它总是把文化上的联系看作必然联系。

相反，电影演员哈勃·马克斯（Harpo Marx）在电影中，挥动鲟鱼这个东西，而不说"鲟鱼"这个词。他用所指的对象来代替符号（能指），从而解构了能指和所指之间的差别，解构能指符号本身。当他用鲟鱼本身作为符号来指称鲟鱼的时候，鲟鱼本身也就成为符号，这个符号指称自己本身。在这里，能指和所指之间的差别被解构了。而鲍德里亚对于诗歌的分析就是要解构能指和所指之间的区分，把诗歌中的字词当作纯粹的能指符号。在这里，鲍德里亚在对诗歌的理解中提出一个非常重要的思想，用符号的所指对象来处死符号本身。这就是让世界自我呈现，而不是借助符号来呈现。

语言学家总是从能指符号和信息之间的关系理解符号。因此，对于语言学家来说，无论是字词本身（概念性的东西），还是字词的声音（前概念性的东西），都是指向信息的。在雅各布森看来，诗歌的功能也是"对信息本身的瞄准"。他不仅把能指符号看作指称信息的，而且把能指符号的材料（声音或者形象）也看作指称信息的。这样，他就把能指符号的材料本身自主化（独立化），而这种从能指中独立出来的符号本身具有指称的功能。这就是说，诗歌不仅能够通过能指来表达意义，而且还可以通过能指的材料的操作（诗歌中的音节的操作）来表达意义（一种非概念性的意义，这是一种补充的意指效果。这就如同说，我们用一个字词来表达某种东西，而由于字词本身具有特殊的韵律，它产生了一种特殊意指效果，指称某种非概念的意义。这个字词除了表达一个概念的意义之外，还表达了其他东西）。从这个意义上来说，诗歌具有"补充的意指效果"。这就是说，诗歌不仅能够像日常话语那样表达意思，而且还通过韵律等来表达意思。诗歌比日常语言表达了更多的东西。于是鲍德里亚说，诗歌产生了"意指剩余价值"[1]。

在这样的情况下，人们在研究诗歌的时候，不仅研究诗歌的字词所表达的意思，而且研究诗歌中这些字词在声音上的关系，比如，诗歌中字词在声音上的重复、内部回响、共鸣等等。在这里，人们所考察的不是诗歌与指称的对象的关系，不是能指与所指意义之间的联系，而是能指符号的声音之间的关系（即"能指朝向自身的存在"），研究能指符号的内部关系，好像声音之间的联系能够表达某种东西。比如，格拉蒙（M. Grammont）在《语音论》中的说法就是如此。

如果声音表达意义，那么在声音和词语之间，也构成了能指和所指的关系，词语成为声音的所指。这样，作为能指的词语（声音）就会与其所指（词语）展开竞争。能指的词语（声音）与所指（词语）之间有时是一致的，有时不是一致的。但是，无论如何，这两者都是要表达意义或为意义服务。诗歌的语言在这里都是表达意义的语言。或者说，在这里，诗歌被纳入话语中。诗歌不过是话语中的某种功能的自主化，即声音功能的自主化。按照声音功能自主化来理解诗歌，那么诗歌只能是语言中的

---

[1] 第296页。

一种。

　　在这里，鲍德里亚对雅各布森的形式主义的诗歌理论提出了批评。其批评的核心是，雅各布森总是从语言的角度来理解诗歌，而不是从解构的角度来理解诗歌。雅各布森接受了索绪尔关于历时性语言学和共时性语言学的划分，对于话语的聚合关系和组合关系进行了区分。雅各布森的类似区分是，字词可以有选择关系，也可以有组合关系。比如，"张三跑步"这个句子是由两个词组合起来的，这构成了组合关系（历时性关系）。除了这种组合关系之外，字词之间还有选择关系，比如，我们可以选择"张三"，我们还可以选择"李四""王五"，甚至可以选择"猪""狗"，可以选择"蚂蚁""昆虫""汽车""自行车"。同样，我们可以选择"跑步"，也可以选择其他类似的字词。这些可以相互替代的字词在句子的形式结构中是等价的。我们知道，诗歌为了韵律的需要会在这些可替换的字词之间进行选择。本来，"张三"和"李四"是不相等的，但是从句子的形式结构来说，它们是相等的。这种相等关系是选择轴上的相等关系上。日常语言都利用了选择轴上的相等关系来说话。但是诗歌则不同。雅各布森认为，诗歌把选择轴上的相等关系转移到了组合轴上的相等关系。本来，在日常生活中，我们可以说"张三在飞跑"，我们可以用选择轴上的替换关系说"汽车在飞跑"。这在日常语言中是可以的。但是在日常语言中，我们不能说"张三是汽车"。但是在诗歌中，我们却可以这样说。这就意味着，在诗歌中，我们把选择轴上的等值关系投射到了组合轴上。诗歌不仅要有字词之间的等值关系，而且由于韵律的原因，还需要有声音上的等值关系。因此，等值关系就成为诗歌中句子的构成方法。因此，雅各布森认为，诗歌中的每个音节都与同一句段中的其他音节处于等价关系中，非重音等于非重音，重音等于重音等等。如果不考虑字词的韵律的话，那么字词的所指是明确的，现在由于诗歌的写作需要注意字词的韵律，于是，雅各布森认为诗歌语言与日常语言的差别就在于，诗歌语言的所指更加模糊。而鲍德里亚则批评雅各布森，认为他满足于用诗歌的所指的模糊性来取代能指符号的不确定性。因为在鲍德里亚看来，诗歌的能指符号本来就是一种韵律游戏。

　　于是，文艺评论家在谈到诗歌的时候，都强调诗歌语言中字词意义的含混性。燕卜生（W. Empson）以及雅各布森都是这么认为的。实际上，我们大多数人也是这么认为的，诗歌语言和日常语言的差别就是诗歌语言的意义更加模糊。比如，雅各布森认为，在诗歌中，诗歌功能（音韵上的配对功能）对指涉功能取得了优势地位，但是，这并不意味着诗歌没有指涉功能。但是，诗歌的指涉功能模糊了，或者说，诗歌的字词有双重含义（字词的意思，韵律的意思）。而与诗歌字词的双重含义相对应，诗歌有双重的说话者、双重的受话者，有双重的指涉。在诗歌中，诗歌的前后话语之间可能存在对话关系。诗歌不仅有诗歌内部的对话，而且存在着诗人的话语与读者之间的关系。对于雅各布森的这种观点，鲍德里亚进行了批评。他认为，雅各布森总是在语言学的框架中理解诗歌，按照这样的思路，诗歌语言也是一种特殊的语言，诗歌与其他日常语言的差别仅仅在于诗歌的话语的意义更加模糊。在这里，字词的意义原则本身没有发生变化，发生变化的只是意义更加不确定，所指对象更加模糊。因此，按照鲍德里亚对雅各布森的分析，雅各布森不过是在文本的作者和读者之间的对话关系中增加了文本内部的对话关系，但是读者和作者的核心关系没有消失。在诗歌文本中，发话者、接受者、信息和指涉对象更加不确定。如此而已。语言学的分析方法在这里仍然保留着。

因此，鲍德里亚认为，"含混性"的诡计并没有改变话语的形式。诗歌的意义虽然具有含混性，但是，仍然可以被纳入话语的形式结构中。为此，雅各布森认为，诗歌不仅要在话语中增加修辞性的装饰，而且要对话语的所有构成要素进行"重新评估"。鲍德里亚对他的这种"重新评估"说提出质疑。在鲍德里亚看来，无论他对于这些构成要素如何重新评估，他都是在承认这些要素的独立性的前提下展开的。这就是说，他承认话语有意义，这些意义在人们之间相互交流，这就如同有价值的商品在人们之间相互交换一样。这是话语的政治经济学。在鲍德里亚看来，雅各布森没有超越这种话语政治经济学：没有消除主体和客体，能指和所指的基本关系，只是使它们之间的关系更加复杂而已。在鲍德里亚看来，诗歌的那些极端特征，比如语音上的重复和对应特征恰恰反映了诗歌对于意义的解构。但是这些特征被人们贬低，被看作造成"含混性"的根源。诗歌的语言被贬低为含混的语言。从人们对诗歌含混性的评论中，我们可以看出，人们所强调的恰恰是话语的意义。有意义的话语、意义明确的话语才是实在的话语，才是有价值的符号。

最后，鲍德里亚提出了他自己对于诗歌语言的看法。在他看来，诗歌虽然也用语言，但是，诗歌使用语言（返回语言）是为了解构语言。诗歌原来是歌，而不是语言，当诗歌返回语言的时候，诗歌就是要解构语言，让语言偏离表达意义这个中心。按照鲍德里亚的看法，诗歌不是要让符号保持符号的特点，不是要让符号只是作为符号而存在，而是要打破符号，消解符号，即消除符号只是作为符号的这种反射性（自反性）的封闭。

第一，诗歌理论的意识形态基础：含混性、多义性、多价性。

在各种各样的诗歌理论中，从语言学角度来理解诗歌的最典型的理论认为，诗歌的意义是含混的、多义的、多价的。鲍德里亚认为，这些诗歌理论都有一个形而上学的基础：资产阶级的整体形而上学。这就是说，诗歌总是会让人联想到一个包罗万象的真理，甚至使人联想到"我们生活的这个宇宙"[①]。比如，埃柯就是这样认为的，诗歌会引起所指的连锁反应和意义的无限增加。埃柯认为，在诗歌中，能指和所指总是联系在一起的，是同一的（即先有一个指涉的阶段），符号与赋予自己结构的材料（能指和所指）等融为一体（这是和谐的指涉阶段），这就是说，符号可以区分为能指和所指，而所指也可以作为新的符号发挥作用。如此一来，能指和所指关系的这种转换可以产生"理论上无限的"连锁反应。这样，人们在阅读诗歌的时候就会产生无限的联想（宇宙的联想）。

当诗歌引起人们的无限联想的时候，诗歌的意义就具有含混性、多义性、多价性。这就是诗歌理论的意识形态基础。谈到诗歌的时候，人们都会说，诗歌是多义的。人们都是这样理解诗歌的。这种多义性就意味着，诗歌中字词的所指是无限辐射的，是多种意义同时存在的。

福纳吉认为，话语的线性特征（按照先后顺序逐步展开）掩盖了话语所包含的丰富信息，丰富的语义。诗人能够把字词所包含的丰富思想释放出来。鲍德里亚认为，福纳吉的这种说法是一种"神话"。这种神话依赖于一种"野蛮的"、前概念的先在性、一种意义的贞洁，即依赖于字词的多义性。按照福纳吉的说法，与概念相符合的习惯用语（具有严格的能指和所指关系的字词）是一种简化，是对先前所有体验的简化。如果不进行这样的简化，而回到前概念状态，那么字词的所指就不是简化了的概念，而是人的丰富体验（在鲍德里亚看来，这是对前概念的一种野蛮理解）。而诗人就放弃了这些习惯用语。诗人所面对的是没有被概念所污染的贞洁现实。福纳吉还认为，诗人在写作的时候，总是要创造新的词语，从而为

---

① 第298页。

自在之物（概念）裹上活的肉体。福纳吉的意思是，概念过于简单，无法表达丰富的思想。它只是骨架，没有肉体。但是如果只是在骨架上裹上肉体，那么，赤裸裸的肉体就不够"贞洁"，似乎有人尽可夫的味道。于是，鲍德里亚挖苦福纳吉：为了让诗歌更加"贞洁"（意义的丰富性），究竟是让概念穿上衣服还是脱去衣服呢？在鲍德里亚看来，福纳吉的思想总是离不开诗歌的多义性的意识形态，离不开整体性的形而上学。

在鲍德里亚看来，对这种浪漫主义思想，人们今天却用信息论的术语进行了重写：字词意义的丰富性可以被说成是"信息的增加"。比如，埃柯认为，彼得拉克的诗歌包含巨大的信息资本；能指层面上的混乱和无序状况可以增加信息。按照他的看法，即使诗歌以最大可能性（按照语言的规则）来使用字词也不会产生结果，但是如果诗歌用不可预料的方式来表达意思，那么就会增加字词的信息量，使信息量最大化[①]，如此等等。人们总是在语言学的框架中理解诗歌，诗歌比其他话语能够提供更多的信息。

这种浪漫主义的语言观还把诗歌与人们使用字词的特殊方法的频率联系起来。于是，有人说，我们可以用概率的观点来解释诗歌的结构。也有人认为，在一行诗句、一首诗中，如果某一音素高于平均值，那么它就与其他因素形成对比，从而能够更好地表达意义。

雅各布森认为，诗歌形式有一种颗粒状结构，可以用数量加以描述。克里斯特瓦认为，词语不是不可分解的整体，词语是由声音和文字的能指（字母）组合起来的，这种组合从一个词语过渡到另一个词语。词语组成部分之间由此建立了人们意想不到的联系。能指成分之间的这种联系构成了语言能指的基础结构。鲍德里亚对克里斯特瓦的这种说法进行了批评。按照鲍德里亚的分析，这些能指成分（声音或者文字能指）类似于构成物质材料的分子，这些分子也会进行布朗运动（无规则的运动），这些不同的分子之间似乎还有亲和性。这种"分子"运动被理解为话语的基础结构。这种说法类似于说，分子是物质的基础结构。对于人们从话语构成的基础结构来理解话语的思想，鲍德里亚称为"唯物主义"、唯科学主义的话语观，原子、分子被等同于语言的第二分节（能指成分）。按照这种唯科学主义的话语观，原子类似于话语中的单个音，而分子类似于音节。而

[①] 第299页。

音节结合在一起就构成了有意义的差异性组织（比如，articulate 就是好几个音节组成的词。这个词是有意义的差异性组织）。诗歌是由各种重复、回响的音节构成的。因此，鲍德里亚说，分子阶段等同于诗歌阶段。而克里斯特瓦也是这样来理解语言的，在她看来，意指符号可以分解为能指的原子（最小的语音单位，最小的字符单位），同样物质也可以分解为单一元素。

于是，鲍德里亚认为，这里存在着两种形而上学，第一种（第一分节）形而上学是所指的形而上学，而所指都是与意义单位即字词联系在一起的。而第二种（第二分节）形而上学是与话语最小成分联系在一起的，是与话语中的原子和分子联系在一起的。这两个形而上学展开了竞争。语言学家们更重视第二分节在诗歌中的作用。

鲍德里亚对语言学家的这种理解提出了批评。他认为，诗歌既不是建立在音素的层面上的，也不是建立在字词的层面上，诗歌也不是用第二分节来反对第一分节。诗歌取消这种分节。诗歌甚至根本不区分能指和所指。把诗歌的语言区分为能指和所指实际上都是按照话语的方式来理解诗歌，而诗歌不是话语，它是歌曲，是有节奏的音乐性的表达。在鲍德里亚看来，从诗歌语言的原子或者分子的层面上来分析诗歌也不是"唯物的"，而同样是唯心的。为什么呢？这是因为，对分子和原子的现代科学认识方法是一种唯心主义的认识方法。在这里，他从现代科学的角度来说明这一点。我们知道，在现代科学中，人们要在原子和分子的层面上来理解物质，这些分子和原子往往要通过人的干预才会出现。在这里，客体不是可以直接观察的客体，而是人构造出来的客体（唯心的）。从这个意义上说，主体和客体之间的对立被消解了。为此，鲍德里亚说，虽然原子物理出现了，但是现代科学只是从实证主义的角度来看待原子，而没有接近另一个模式，即"分别消灭科学客体和科学主体的立场"[1] 的模式。由此现代科学面临一系列危机。为了克服这种危机，科学仍然相信主客体的区分，并建立一种主体客体的"辩证法"。在鲍德里亚看来，这种辩证法也无法克服现代科学的危机。克服危机的唯一方法是某种超越科学的东西，即超越主体和客体区分的东西，而对于诗歌的理解也需要超越这种主体和客体的区分。

---

[1] 第 301 页。

第二，克里斯特瓦不够彻底。

泰凯尔派是法国解构主义的主要流派，这个流派对符号进行了解构。鲍德里亚对它的许多思想是持赞成态度的。在他看来，这个派别把符号完全解放了，符号不再受所指的约束，而成为纯粹的能指了。于是，符号既没有多义性，也没有含混性，而只有纯粹的能指的自我链接，只有纯粹的能指（物质）生产。意指（la signifiance）是在准书写（易位书写的另一种说法）的无限过程中产生的，这种准书写是语言的真正生产性层面。或者说，易位书写还是产生了所指。当然易位书写所产生的意指，与符号本身所产生的意义是不同的。因此，它超出了价值的生产性。鲍德里亚也要把符号解放出来，使符号成为纯粹的能指，在这个方面鲍德里亚和泰凯尔派是一致的。然而，鲍德里亚却不同意他们这样的思想，即易位书写可以是生产性的，能够进行意指生产。因此，对于鲍德里亚来说，虽然泰凯尔派具有解构主义的思想，但是却不够彻底。在这里，鲍德里亚对他同时代的这些思想家进行了批评，他所批评的是泰凯尔派的主要成员克里斯特瓦①。

鲍德里亚认为，克里斯特瓦在对诗歌的分析中最接近承认诗歌形式的是她的能指的解构的思想。但是，她不够彻底，她仍然迷信于"唯物主义的意义生产"②，而没有看到诗歌所具有的激进的解构作用。于是在她那里，诗歌又重新回到了符号学的范围。

克里斯特瓦认为，诗歌具有两可性，它同时具有肯定和否定的意义，同时包含了可能性和不可能性。按照克里斯特瓦的看法，诗歌中包含了特殊的否定性。这种否定性是一种彻底的否定性，它否定了判断的逻辑，它否定了一个东西就是它自身所是的样子。或者说，它否定了符号就是它自身所是的东西。按照这种否定性，一个东西既是它自己又不是它自己。这种否定性是一种彻底的否定性，它否定了事物与其自身的相等关系。因此，克里斯特瓦认为，在诗歌的所指空间里，"非存在与存在以极为令人困惑的方式纠缠在一起"③。针对她的这种说法，鲍德里亚提出了批评，认为克里斯特瓦还是承认了"所指空间"的存在。而且，她还从辩证法的角度理解这个空间中存在与非存在的关系，用隐喻和转喻来填补这个空间。

---

① 她于1967年和《泰凯尔》杂志创始人 Philippe Sollers 结婚。
② 第302页。
③ 第302页。

这就意味着，克里斯特瓦仍然没有彻底解构能指，仍然相信能指符号可以有所指。比如，隐喻和转喻就是承认意义的存在。因此，鲍德里亚说，她仍然没有超出"实证的隐喻经济学"①。比如，克里斯特瓦曾经对波德莱尔的"肉感的家具"这个说法进行分析。按照克里斯特瓦的分析，这是一种隐喻。而在鲍德里亚看来，"肉感的家具"这种说法之所以具有诗歌的价值，是因为，家具不再是家具，肉感不再是肉感，家具和肉感的相互结合是这两者都被解构了。这两个词语之间的相互解构产生了快感，它们成为诗歌。诗歌的性质不是来源于隐喻。

为此，鲍德里亚把隐喻和诗歌区分开来。隐喻只是从一个价值场转移到另一个价值场，而诗歌则意味着一个价值场对另一个价值场的可逆性，是两个价值场的相互解构。在隐喻中，各种不同的意义混合在一起，是一种相互包含、相互混合的化合物，而诗歌却是这两者的相互取消。这种极端两可性是非化合价（相互解构的两可性，与克里斯特瓦的两可性区别开来。克里斯特瓦是有无混合在一起，而鲍德里亚彻底消解有无）。②

然而，克里斯特瓦从隐喻的角度来理解诗歌，而不是从相互解构的角度来理解诗歌。因此，诗歌的极端两可性被她纳入隐喻中，纳入多元代码理论中。按照这样的理解，诗歌与日常话语之间的区别在于，诗歌是多元代码（多层次的符号），而日常话语是一元代码，是能指和所指关系束缚在一起的代码。这两种代码都可以被纳入符号学中，符号分析学必须把所有这些符号实践都毫无例外地考虑进来。这样，诗歌仍然是符号学中的一种特殊情况，因此，对于克里斯特瓦来说，诗歌话语也受到"言语法则的限定"③。

鲍德里亚认为，克里斯特瓦对于诗歌的这种分析与斯塔罗宾斯基对于索绪尔的分析是一致的。斯塔罗宾斯基总是努力把索绪尔所提出的诗歌语言的两个规则纳入语言学中。这就是说，语言规则可以同时包容诗歌语言和话语，鲍德里亚认为，诗歌语言和话语是两种完全不同的东西，它们是根本对立的。诗歌不是能指的基础结构，话语不是在这个基础结构中产生出来的一种特殊情况，好像诗歌展示了符号表达的无限多的可能性，而话语只是其中的一种可能性。鲍德里亚认为，对于诗歌和话语的这种理解是

---

① 第302页。
② 第303页。
③ 第303页。

错误的。话语结束了诗歌、结束了代码的无限性、结束了易位书写，是一种封闭性话语，而诗歌正是在结束话语的封闭性的基础上才发展了无限性。当然，鲍德里亚认为，我们也不能用代码的无限性来说明诗歌。因为无限性仍然是在数学意义上来说明诗歌，无限的代码也不过是代码的一种极端情况。这种做法实际上还是把两者统一在符号学之中。诗歌和话语是完全不兼容的。话语是价值话语，是意义话语，而诗歌要彻底解构话语。只有在摧毁价值话语的基础上，语言才能与两可性（词语意义相互解构的两可性）发生联系。

然而符号学的事业化解了（中和了）诗歌的颠覆性意义，消解了诗歌的颠覆性力量。符号学所进行的这项工作是以多元的意识形态的方式进行的。这就是说，诗歌是多元代码，我们可以把诗歌作为多元代码纳入符号学。本来，索绪尔用结构语言学来分析字词的意义，但是当它被用来研究诗歌的时候，就面临困难，于是人们用符号学的方法即扩展了的语言学来研究诗歌等，说明诗歌意义的来源。在这里，符号学不过重新恢复了语言学的霸权地位。为了彻底解构这种霸权，鲍德里亚提出了自己的语言观。

第三，鲍德里亚的语言观：否定能指和所指区分的语言观，颠覆性的、革命性的语言观。

鲍德里亚认为，诗歌对于语言的解构作用不仅表现在诗歌不能按照语言学的规则来理解，而且表现在对语言学规则本身提出了挑战：语言学规则是否适用于语言领域？或者更准确地说，语言学规则是否适用于当代社会的语言领域（请注意，鲍德里亚在这里所说的语言领域不是局限于语言领域，而是整个被符号化的社会领域）？在这里，鲍德里亚要用诗歌来彻底颠覆语言学。鲍德里亚的这个思想与他所提出的符号政治经济学批判的思想是一致的：政治经济学的原理是否还适合于分析当代资本主义社会的经济状况？鲍德里亚认为，语言实践中，或者说，当代社会的语言实践（社会生活中所出现的广泛的符号现象）出现了与语言学规则（语言学的抽象理性）相抵触的东西。索绪尔的语言学是建立在能指和所指区分的基础上，而在现代社会的语言实践中，能指和所指似乎已经无法被区分开来了。一旦能指和所指的区分被颠覆了，那么索绪尔的语言学就被颠覆了。同样的道理，一旦经济基础和上层建筑的区分被颠覆了，那么历史唯物主义的基本原理也就被颠覆了。当人们讨论能指和所指的辩证关系的时候，当人们讨论经济基础和上层建筑之间的辩证关系的时候，这种讨论都是建立在能指和所指的区分的基础上的，一旦这种区分被否定了，这种辩证法也就被否定了。因此，鲍德里亚也反对人们对能指和所指、经济基础和上层建筑之间关系的辩证理解。

在日常生活中，我们在说话的时候，我们从来不区分能指和所指。在日常的、非科学性的实践中（未进行能指和所指区分，比如我们生产出来的商品），我们不进行理论和实践的区分。如果没有能指和所指的区分，那么科学的语言学就被颠覆了，如果没有理论和实践的区分，科学的革命的理论就被颠覆了。在鲍德里亚看来，没有把能指和所指区分开来的话语实践，没有把理论和实践区分开来的社会实践都是革命的实践，都具有革命的意义。同样，在日常生活中，灵魂和肉体是无法区分开来的，但是宗教和哲学却把这两者区分开来。因此日常生活也颠覆了宗教和哲学对于灵魂和肉体的区分。在马克思主义哲学中，理论和实践也被区分开来，而实际上这两者是无法被区分的。比如，任何一个科学实验都是按照一定的理论而设计出来的，没有理论，实验就无意义；没有实验，理论就不可靠（当然，这种说法仍然把理论和实验区分开来了，而这却是无奈之举）。同样经济基础和上层建筑只是在一定的意义上被区分开来，而实际上是很难严格区分的。所有这些都表明，在理论的研究中，我们都是按照一定的理性原则而把许多东西区分开来，而所有的理论都是建立在这种科学区分的基础上，没有区分就没有科学。鲍德里亚恰恰就是要颠覆这种区分，颠覆这种科学。在他看来，真正的社会实践是没有这种区分的，把这些东西区分开来的理论（科学）是无法有效地说明这种实践的。应该说，鲍德里亚的解构理论从一定意义上揭示了这些区分所存在的缺陷。

能指和所指之间的关系是任意的，把这两者严格地结合起来的是文化，是我们的日常生活实践。在日常的言语中，人们是不会理睬符号学所进行的区分的，也不进行这样的区分。本韦尼斯特承认这一点。但是在他那里，这种状况只是一种传统的阶段，是不科学的阶段，是应该被科学超越的阶段。因此，他所关心的不是这种不区分的状况，而恰恰是这两者之间的区分，恰恰是语言主体用能指的符号指称所指。当他持这种看法的时候，他恰恰也把他自己作为言语主体确立起来了。而在鲍德里亚看来，如果本韦尼斯特坚持从日常生活实践出发，坚持不把能指和所指区分开来，那么他也不会把自己作为言语主体确立起来。显然，在日常生活中，人虽然在说话，但是能指和所指的联系是被文化所规定的，符号的用法在文化中是被确定的。人不是作为真正的具有自我意识的主体在说话，而是在一定的条件下按照文化的要求说话。于是，我们常常发现，一个人在人面前说人话，而在鬼面前说鬼话，在不同的情况下说不同的话，甚至说自相矛盾的话。这表明人不是主体，他说话不是作为主体说话的，而是按照被规定的方式说话的。既然人是按照被规定的方式说话的，那么这是不是意味着，人是客体呢？也不是，人也不是简单地按照规定的方式说话的，人是选择适当的方式来说话。在这里，我们根本不应该区分主体和客体。人不是主体，不是一个在反思中自我统一的主体，而是自我分裂（更严格地说，应该是多个自我，同时是自我又不是自我）的存在物。正因为如此，我们才会在不同场合说不同的话，甚至说自相矛盾的话。在一种情况下，本韦尼斯特所感兴趣的是语言学主体，是语言的主体。当人作为语言学主体的时候，人就在话语活动之外，并把话语活动作为自己的分析对象。当人把话语作为对象来分析的时候，话语就可以被区分为能指和所指。而作为语言学家的人不是话语主体，而是分析话语的主体，是在话语之外的人。从这个意义上说，他不是说话的主体。因此，鲍德里亚说，"另一个主体更有道理"①，就是在说话的"主体"更有道理。这个"主体"没有把能指和所指区分开来，没有把符号和世界区分开来。这个"主体"跟我们大家在一起说话、生活。这个主体才真正知道语言，他不是在语言活动之外分析语言，而是在说话的时候知道语言。这是真正地知道语言。因此，从这个意义上说，这个和我们大家在一起的本韦尼斯特比那个作为语用学家的本韦尼斯特知道得更多。在鲍德里亚看来，人在说话的时候既不是主体也不是客体，人不能作为说话的主体或者客体被区分开来。在鲍德里亚看来，把能指和所指区分开来，把主体和客体区分开来，都是一种想像，都是人们的理论想像的结果。从一定意义上说，精神分析曾经分析过想像，比如拉康就分析过想像。拉康认为，人的心理发展过程存在一个想像阶段。想像是对缺失的东西的渴望。由于人不是主体，人便渴望成为主体，主体就是人的这种想像的产物。诗歌也说明了想像。比如，在诗歌中，人们也异想天开地进行想像。但是人们的想像却不需要借助精神分析，也不需要借助诗歌。只有当人们把能指和所指、世界和符号区分开

---

① 第 305 页。

来，人们才需要借助真实的世界进行想像。人们才需要诗歌进行想像。只有借助于把潜意识和意识区分开来，人们才需要对潜意识进行想像。相反如果没有这些区分，想像和真实的区分被超越了，我们就处于象征状态中，我们既有想像也有真实。人们在日常生活中从来不区分能指和所指，只有语言学家才相信这种区分，人们才需要借助于能指想像所指。人们在生活中从来不区分经济基础和上层建筑，只有马克思主义者才进行这种区分。只有当马克思主义把经济基础和上层建筑区分开来的时候，经济才具有决定的意义。鲍德里亚否定了所有这一切区分。

最后，鲍德里亚强调，从来没有语言主体，没有经济主体，没有意识主体。从来没有语言主体，也就是说，从来没有一个人在说话的时候把能指和所指区分开来，并按照这种区分说话。这就是说，"当我们不反思这种语言学代码而说话时，我们也没有语言主体"①。同样的道理，当我们不把个人的精确计算、思考与个人偏好、喜好等所谓非理性的东西区分开来的时候，"经济人"的概念就不会出现。在我们的生活中，从来就没有"经济人"。因此，"从来没有经济主体，没有经济人：这种虚构从未记录在任何地方，只记录在代码中"②。只有在教科书的所谓科学分析中，经济人的概念才会出现。所有这些主体都是按照理性主义的科学模式设想出来的，如果我们超越这种理性主义的科学模式，那么这些东西都不是主体。这些所谓主体都是按照笛卡尔以来的主体哲学模式建构起来的，日常实践已经解构了这些模式。在这里，特别值得注意的是鲍德里亚对他所理解的言语的说明。③ 在他看来，日常生活中的言语与语言学中的言语不同。语言学中的言语是能指和所指关系上的言语，而在日常生活的说话中谁会区分能指和所指呢？日常生活中的言语"既言说自己要说的意思，同时也言说所有其他的意思"。它突破语言学规则，甚至破坏语言。这种破坏语言的话语才是打破权力结构的话语。能指和所指的区分、理性人和非理性人的区分、经济基础和上层建筑的区分都是一种仿真模式。它们看上去都是关于真实状况的描述，而实际上恰恰不是真实的状况，而是想像。日常生活中的实践、这种最简单的实践超越（穿越）了这种仿真模式。这种仿真模式都是理性模式，都是把生活中无法被区分的东西区分开来的模式。在

---

① 第306页。
② 第306页。
③ 第306页注①。

所有这些合理化模式背后都有一个东西在发挥作用，这就是"知识主体"①。正是这个知识主体才对能指和所指、经济基础和上层建筑等进行区分，而人的日常话语活动表明，人不是知识主体，人在说话的时候绝不会区分能指和所指。因此，鲍德里亚说："从现在开始，知识主体的形式已经被未分的言语粉碎了。"② 在鲍德里亚看来，笛卡尔、索绪尔、马克思、弗洛伊德等都把自己放在"知识主体"的位置上，他们进行了各种区分，而在实际生活中，比如在日常生活的实践中，我们根本不进行这样的区分。从这个意义上来说，我们任何人都比笛卡尔、索绪尔、马克思、弗洛伊德知道得更多。

第三节　笑话或弗洛伊德的经济学幻想

1. 笑话的分析③

从前面的分析中，我们可以看到，诗歌与语言是不同的。但是诗歌与弗洛伊德的精神分析似乎非常相似。我们知道，在诗歌中，人们常常用隐喻、转喻的文学创作方法，而这种创作方法类似于人的某种心理过程。在弗洛伊德看来，人在做梦的时候，人的心理过程会发生凝聚（隐喻）和置换（转喻）现象。比如，在做梦时，人们会把许多人的特征凝聚到一个人身上，这是一种凝聚现象。人们有时还会用一个东西替代另一个东西，比如用木棍替代男性生殖器。这是一种置换现象。人们在说话的时候会发生口误，也会说笑话，而口误和笑话都是潜意识的东西受到意识的东西的制约的结果。当潜意识的东西不能被表述出来的时候，口误或者笑话就以一种曲折的形式把潜意识的东西表达出来了。笑话和口误中也会出现凝聚和置换现象。这些现象表明，人所说的笑话都是以曲折的形式表达人的本能，话语的形式（能指）与话语的所指之间发生了扭曲。这种扭曲关系似乎与诗歌中意义表达上的扭曲现象是一致的。在笑话中，人会获得快感（里比多得到了满足，这是一种里比多经济学），而在诗歌中人们也能够获得快感。这两者似乎是一样的。

但是鲍德里亚对这种说法提出了质疑。在鲍德里亚看来，诗歌语言是

---

① 第306页。
② 第306页。
③ 这一节开头很大篇幅都是对笑话做出分析，为清晰起见，笔者加了这一小标题。

象征交换的语言,是象征可逆的语言,它摧毁、解构了能指的符号,而精神分析是按照经济学原理进行的。这两者是根本不同的。诗歌不能和精神分析混淆起来,我们不能用精神分析的理论来理解诗歌,而是要用象征交换的理论来解构精神分析。

虽然诗歌既不是口误,也不是笑话,但是潜意识理论似乎还是给我们提供了理论的手段来分析诗歌。因为,在弗洛伊德看来,艺术创作是人的本能力量的升华。从理论上说,这似乎与口误这种现象没有太大的差别。这就是说,无论艺术创作还是口误等病态现象都是本能压抑的结果。鲍德里亚对于这种观点提出了批评。

鲍德里亚指出,弗洛伊德对笑话的分析给我们提供了线索。因为,在弗洛伊德那里,心理压抑所产生的病症与文学创作等同起来了,他没有对这两者进行理论上的区分。我们知道,弗洛伊德有一个理论就是升华的理论。他认为,一个人的本能受到压抑时,人的被压抑的本能就会升华,比如进行艺术的创作。按照这样的理论,如果一个人由于本能压抑而产生心理疾病,那么我们可以通过疾病来理解被压抑的本能。同样,如果一个人进行文学创作,那么我们可以从这个人创作的文学中,读出被压抑的本能。这个文学作品一定包含空缺、能指的扭曲等,这就如同心理压抑所产生的疾病一样。当然,在鲍德里亚看来,当弗洛伊德用"升华"这个概念的时候不够严谨,因为,如果文学创作就是本能在发挥作用,那么这就是本能的扭曲表达形式。但是弗洛伊德认为,这是"升华",好像除了本能之外,还有某种精神在这里发挥作用了。在鲍德里亚看来,如果严格按照唯物主义的标准来思考问题的话,那么所指就像某种隐藏着的物质的东西,能指就表达了这种物质的东西,文字就以曲折的形式表达了本能。从这个意义上来说,弗洛伊德继承了唯心主义的缺陷(本能之外还有精神发挥作用)。鲍德里亚喜欢这个缺陷(能指不需要指称所指)。鲍德里亚认为,弗洛伊德对于笑话的分析对于我们进行诗歌的分析具有启发意义。因为,诗歌不是笑话,因此,潜意识的理论无法揭示诗歌的特点。

鲍德里亚首先从诗歌给人带来的快感和笑话给人带来的快感之间的差别来说明诗歌与笑话的差别。索绪尔在分析诗歌的时候,没有分析诗歌为什么会给人带来快感,而弗洛伊德在分析笑话的时候却非常重视它给人带来的快感。但是弗洛伊德对于笑话给人带来快感的理解是从经济学的角度来说明的。用鲍德里亚的话来说,弗洛伊德的快感理论是一种功能性的快感理论，即笑话能满足人的欲望。不仅如此，在弗洛伊德的理论中，笑话给人带来快感不仅仅是因为它满足了人的欲望，而且还因为它以最经济的方式满足了人的欲望（里比多经济学）。这种经济的方式表现为，笑话用最捷径的方式、最快捷的方式把人的本能释放出来了。如果没有笑话的话，那么人就要采取非常迂回曲折的方式才能把本能释放出来。因此，对于弗洛伊德来说，"这种心理距离的省略正是快感的源泉"①。我们仍然可以按照经济学原理来分析，既然本能的力量可以用快捷的方式释放出来，那么这就意味着，人们不用再投入很多力量来压抑本能了。这种被节省下来的力量就是能量剩余，快感就来自这种能量剩余。

在鲍德里亚看来，这种省力的原则似乎与诗歌有类似之处。从前面的论述中，我们知道，在索绪尔看来，诗歌创作遵循一种配对原则。按照配对原则，诗歌创作所使用的能指符号是有限的（对语料的限制）并被重复使用。在说笑话的时候，人们也要简练地表达，有时甚至也要重复，有时一个词要表达多重复杂的意思。这类似于经济上的省力原则。从表面上看，笑话中的这些省力原则，与诗歌创作中的配对原则和易位书写类似。而鲍德里亚认为，我们不应该强调这种类似之处。弗洛伊德也曾经讨论过诗人的创作过程："多声部的协调使诗人能够在清醒意识、下意识和潜意识这三个方面都发出信息。"② 按照弗洛伊德的这种说法，好像在诗歌的创作中，诗人用一个包含多声部音节的词能够同时表达三方面的意思。这非常节省：少量词可以表达许多意思。在鲍德里亚的眼里，弗洛伊德对诗歌的分析所遵循的就是经济学原则，这就是要用最省力的途径达到目标。这里出现了能量剩余。这种剩余使人得到快感，这种快感好像是因为节省力量而获得"奖金"，好像是因为节省力量而得到"利润"。

从前面的分析中，我们知道，在鲍德里亚看来，诗歌的快感来自它的耗费、来自解构。而在弗洛伊德看来，快感来自节省、来自剩余。弗洛伊德似乎采用了政治经济学的观点：最少的资本投入，产生最大效益，最少的词语，产生最多的意义。显然，他们对于快感来源的理解完全不同，鲍德里亚认为，诗歌的快感来源于象征交换，而弗洛伊德认为，笑话的快感来源于经济学原则。这两者是完全对立的。鲍德里亚批判弗洛伊德对于笑

---

① 第308页。
② 第308页。

话的理解，在他看来，这种笑话根本不能给人带来快感。在鲍德里亚看来，被弗洛伊德放在首要地位的不是"能指"（在鲍德里亚看来，这些能指符号的解构才产生快感），而是情感和想像，是它们的被压抑和被释放。弗洛伊德的精神分析即他的里比多经济学就是要计算这些本能力量的压抑和释放。因此，在弗洛伊德的理论中，快感与能指的游戏无关。对于他来说，能指不过是"中介"，它要为被压抑的本能的释放提供途径，或者说，它要"为一些幻想的或压抑的内容开辟道路"①。能指就是把"本我"言说出来。而在鲍德里亚看来，要真正理解快感就必须超越这种里比多经济学。快感与里比多经济学无关。

弗洛伊德在谈到"口误"的时候指出，读者的欲望会使文本发生变形，会在文本中引入他自己感兴趣的东西。所以，当读者发现文本中的词语与替代的词语之间有某种相似性的时候，他就可以按照他所希望的方式来对文本进行改造。对于弗洛伊德的这种说法，鲍德里亚作为读者也按照他所希望的方式进行了改造。按照鲍德里亚的解释，当读者发现文本中存在空缺、缝隙、弱点的时候（读者感兴趣的东西），他就会用自己的想法改造文本，把自己欲望表达出来。我们也可以换一种说法，读者借助于文本而表达了自己的欲望，读者借助于文本所提供的机会把本能发泄出来。文本自身的需求（自身的特点）与读者的欲望是不同的。读者借助于文本发泄自己的欲望。弗洛伊德对于读者理解文本的方法与精神分析对于身体的需求的理解是一样的，当身体中出现需求（空缺）的时候，欲望（里比多）会填补这些空缺。在这里，生理上的需求类似于文本上的空缺，读者的欲望类似于心理上的欲望，话语层面上依托关系类似于身体层面上的需求和欲望之间的依托关系。人的身体有需求，但是欲望扩大了这种需求，取代了需求。在经济生活中，我们有需求，但是现在欲望取代了需求。我们有穿衣的需求，但是时尚的欲望取代了这种需求（欲望填补了需求空缺）。在鲍德里亚看来，这显示了弗洛伊德的里比多经济学和纯粹的经济学是一样的。人们调动了人的需求，刺激了人的需求，并由此而产生欲望。现代经济通过虚假需求而使物质生产得以持续进行下去，使人产生欲望，里比多经济学通过需求而使里比多（欲望）的生产持续进行下去。但是，我们看到，当生产为了虚假需求而进行的时候，原来的政治经济学理

---

① 第309页。

论就受到冲击。同样,当仿真的本能被用来维持里比多的持续生产的时候,里比多的经济学也会受到冲击。因此,鲍德里亚说:"在这里,里比多经济学和纯粹经济学一样,也因为与需求概念'拼合'在一起而受到损害:主体和客体之间有'需求'——需求和欲望之间有'依托'(正如语言经济学一样,在能指和所指之间,或者在符号与世界之间,存在或者不存在'动机')。"[1] 在当代社会,欲望已经脱离了需求,并不断膨胀,能指脱离了所指而不断膨胀,主体脱离了客体而不断膨胀。现代经济学利用需求与欲望的关系,用欲望来取代需求,并把这两者的关系调整好。同样,里比多经济学利用潜意识与意识的关系,用潜意识来代替意识,从而使自己发展起来。

在精神分析中,尽管能指和所指的区分没有改变,但是能指和所指的关系却发生了变化:虽然能指被独立起来了,但是能指却在自我解构。从这个意义上说,这种变化是在接近诗歌的方向上发生的。为什么我们可以这样说呢?我们可以从弗洛伊德对于口误的理解中加以说明。在弗洛伊德看来,口误是被压抑的潜意识以改头换面的方式出现的,口误的内容往往是内心的真实想法和内容。从口误中,我们知道,当一个人发生口误的时候,比如,老师上课的时候问,"张三来了吗?"学生听到这个话都感到莫名其妙。因为,他们班上没有"张三"这个人。在这里老师发生了口误。在这个口误当中,"张三"这个能指符号是没有所指的,或者说,在这里张三是不在场的。我们可以说,在这里,能指的符号"意指所指的缺席和压抑"[2]。如果从精神分析的角度来说,一个符号被说出,那么这表示,所指的东西被压抑了。这位老师对于"张三"(可能是他已经死去的亲人)的思念存在着,但是却被压抑了。在这里,能指符号取代了这个被压抑的东西,能指表示一个被压抑的东西或者不存在的东西,能指的出现就表示这个东西不存在。在这里,"能指处在另一个已经不存在或从来不存在的东西的位置上"[3]。从这个意义上说,能指本身被解构了,能指表示自身的

---

[1] 第309页。中译本在翻译中漏译了括号中的这句话。在这里,鲍德里亚批评人们把能指和所指、需求和欲望割裂开来。这种割裂是各种经济学的基础。能指和所指割裂开来,能指不足的问题才会出现;欲望与需求割裂开来,需求即所需要的东西不能满足欲望的问题才会出现。在这里,弗洛伊德的理论也泛化了,在日常话语中似乎也存在着本能。

[2] 第310页。

[3] 第310页。

缺席。当老师说："张三来了吗？""张三"这个能指符号用错了，因此，对于精神分析来说，"张三"这个能指符号本身是一个错位的能指符号，是一个应该被解构的能指符号。所谓口误，就是本来应该用"李四"这个名字，老师却说了"张三"。"张三"是一个不过填补了"李四"缺席的符号，而"李四"这个符号本身却没有出现（不在场）。"张三"这个词就是表示了"李四"不在场，或者说，"张三"表示了"李四"这个能指符号的缺席。同样的道理，人在说笑话的时候，本来应该说"东"，但是却故意说"西"，于是"东"在笑话中是缺席的能指，"西"就表示"东"这个能指的缺席。鲍德里亚从这里发现，精神分析对于口误的分析包含了与诗歌一致的东西：能指的解构。这就如同我们前面所说的那样，人们所崇拜的东西（物恋对象）作为符号是一个解构了的能指，它从来不是它自己。菲勒斯作为一个物恋对象，不过是一种符号，这个符号隐喻了一个从来没有被承认的东西，即它的自我解构（即菲勒斯在母亲身上的缺失）。为此，鲍德里亚说："能指也从来不是它自己：在摇摆的同一性中，物恋对象只不过是隐喻了一个从没被承认的东西：菲勒斯在母亲身上的缺失，性别的差异。"[①] 菲勒斯类似于一个空洞的能指符号。即使人们否定了菲勒斯，它不被承认，但是人们还是认为它有所指，即使这是被否定了的所指。这个被否定的所指也有"摇摆的同一性"，女性主义在否定菲勒斯，否定男权的时候，恰恰也包含对菲勒斯的指称。男女对立恰恰是在对男权的否定中被确立的。在这里，鲍德里亚强调两可性。

在这里，鲍德里亚引用了莫诺尼（O. Mannoni）的话，认为这段话很精彩。对鲍德里亚来说，这段话之所以精彩是因为，他认为，其中包含了解构能指的思想。莫诺尼认为，能指可以独立，可以不受所指的重压，能指并不总是随身携带所指。在解释省略的时候，他认为，省略仿佛只是留下能指符号（省略号），而表示了所指的空缺，这些符号是没有所指的。而且这些能指是所有符号都能够使用的。在鲍德里亚看来，尽管"空白"的说法具有解构的意义，但是莫诺尼仍然不够彻底。他还要用话语填补"空白"，还要把某种东西释放出来，能指和所指的基本界限仍然被保存下来。

在鲍德里亚看来，这个界限对精神分析、对语言学来说都是根本性

[①] 第310页。

的，处于"战略位置"。只有存在着能指和所指的区分，只有存在着潜意识和意识的区分，精神分析才能存在，语言学才能存在。从语言学的角度来说，一个能指符号具有一个所指，而能指符号不能自相矛盾。比如说，当我们的符号把"大"和"小"区分开来的时候，这两个能指符号所指的意义是相反的，如果我们把这两个能指符号的意思看作一样的，那么区分这两个不同东西的能指符号就没有意义的。这就是说，在任何语言符号中，我们都要遵循不矛盾律。符号是遵循不矛盾律建立起来的。当我们认识到两个概念，例如"大"和"小"是完全相反的，但是我们却用同一个符号来表示，那么这就是矛盾的。从语言学的角度来说，符号的建构必须遵循不矛盾律。然而，从前面的论述中，我们知道，诗歌的语言恰恰是自我解构的语言，矛盾（两可性，自我解构）恰恰属于诗歌语言的范围。而按照能指和所指区分开来的语言观，按照不矛盾律的语言观，"不可能想像一个什么都想说的能指"[1]。为此，本韦尼斯特说，不能想像一个东西既是它自己又不是它自己，这是一种"纯粹的怪物"[2]。本韦尼斯特恰恰就是要反对这种想像，否定这种想像。他就是停留在语言科学的框架中理解能指，而整个语言科学就是要压抑这种想像，就是要否定这种想像。在这里诗歌语言的两可性被压抑了，或者说，它的自我解构的形式被压抑了。象征交换必须承认这种两可性。

鲍德里亚说，他自己不是要挽救语言学。他承认，本韦尼斯特是很有远见的，他发现，语言学无法说明能指符号表达空缺情况。于是，他试图把语言和符号区分开来。他要保持语言的领域不受侵犯。而鲍德里亚的目的恰恰就是要打破这种区分，就是要解构语言。用他自己的话来说，他之所以要论述索绪尔所说的省略和界限，就是为了解构语言，而不是为了保持这个界限。在他看来，他对于索绪尔思想的论述"不是为了让符号保留在初级过程中"[3]。我们知道，在精神分析中初级过程是本能冲动的过程，是受到压抑的过程。因此，他对索绪尔思想的分析不是要让符号保留在压抑过程中，让符号表示一个不在场的东西，让符号表示无（缺席，缺失）。因为，在莫诺尼的分析中，虽然符号表示缺席，表示不在场，但是它仍然有所表示，仍然要表示，只不过这个要表示的东西是一个未知数，是我们

---

[1] 第311页。
[2] 第311页。
[3] 第312页。

所不知道的东西，为此，他强调，"我们必须打破整个符号结构，打破符号方程本身，而不仅仅是增加一些未知数"①。对于鲍德里亚来说，精神分析恰恰没有打破符号方程式，没有打破符号结构。它在承认能指和所指的区分的情况下认为，在笑话和口误中，所指的东西被压抑了，成为"未知数"。因此，在他看来，精神分析仍然在某个地方（笑话、口误）承认某种意义和再现模式。比如，前面讨论的莫诺尼所说的"空白"不是解构，而是空缺，这个空缺就是能指符号的所指。这个"空白"是等待被填补的，发挥着所指的作用。在这里，"空白"作为所指仍然涉及潜意识。

于是，根据上述分析，鲍德里亚认为，虽然精神分析突出了能指和所指之间的差别，甚至把能指符号看作所指的否定性表现，或者说，把能指看作所指受压抑的表现，比如笑话和口误，但是，能指符号仍然是有意义的（价值的），不过发生了意义上的扭曲，或者说，所指对象受压抑（出现空白）。在这里，能指符号的价值意义仍然没有被摆脱。从这一意义上说，"我们并没有脱离价值，也没有超越价值"②。能指符号虽然是一个不确定的能指，但是它还是磕磕碰碰、跌跌撞撞地把所指含蓄地表示出来了。所指仍然纠缠着能指。在这里，一边是能指，一边是被压抑的所指，能指和所指的关系是通过压抑机制建立起来的。可以说，这段话概括了鲍德里亚对于精神分析中能指和所指关系的理解，这种理解实际上也是法国的精神分析思想家，如拉康等人的理解，而鲍德里亚对精神分析的这种理解的批判实际上也就是对拉康等人思想的批判。

由此，鲍德里亚说，在精神分析中，虽然能指和所指没有等价关系了，但是也不再有两可性了（矛盾关系同时被解构），不再有价值的解构了。在鲍德里亚看来，这就表现出"口误""笑话"与诗歌的差别。他说："在诗歌中，价值的丧失是彻底的，不再有一种哪怕是缺席的或压抑的价值。"③ 而口误和笑话却没有彻底消解价值，而仍承认价值的存在。在这里，被压抑的本能发挥作用，而这个被压抑的本能就是精神分析所迷恋的对象。因此在鲍德里亚看来，这个被崇拜的对象不是诗性的④，因为诗性的东西是解构性的、摧毁性的、耗费性的，而被崇拜的对象恰恰是没有被

① 第312页。
② 第312页。
③ 第312页。
④ 第312页。

解构的东西，是剩余的东西，是被压抑的。正如当代资本主义社会系统被束缚在生产的拜物教中一样，精神分析被束缚在被压抑本能的拜物教中，"它永远凝固在意义强迫症中"①。无论怎么扭曲，能指都指称某种东西，即使这个东西是无，而诗歌恰恰就是要解构意义。在精神分析中，"能指仅仅是在初级过程（被压抑的潜意识——引者注）的作用下发生了变化"，比如"口误""笑话"，而诗歌恰恰要摧毁所指，消解能指和所指的区分。它既不受能指规则的约束，也不受所指约束，不受那扭曲的所指的约束。诗歌作为文学作品，是一种象征行为的结果，它取消拜物教（这种拜物教认为，符号总是有意义，商品总是有使用价值），取消压抑，取消意义和价值。只有死亡和意义的消解在这里游戏。这段话中，有一个"价值的免诉"（absolution），有点让人费解，实际上就是指价值的消解、消除。

在这里，鲍德里亚借助尼采的一句话试图颠覆精神分析："在所写之言中把握被禁之言的症状。"② 按照精神分析的思想，所写出来的东西都留有空缺、空白（能指的缺乏），这些空缺、空白是被压抑的东西在所写出的话语中留下的。尼采要人们把握所写之言中的被禁之言，实际上就是要用被禁之言来解构所写之言。因此，对于鲍德里亚来说，最精彩的精神分析就是这种有解构意义的精神分析。从这种解构意义的精神分析的角度来说，一切"想说"什么的东西，其功能都是"不说"什么。书写下来的文字都想说点什么，但是它所产生的功能，它的结果就是什么也没有说。或者说，书写出来的文字是被解构了的文字，用鲍德里亚的话来说，书写出来的东西被没有说出的东西（缺席的能指）所纠缠。这些没有说出来的东西（缺席的能指，比如，前文中的"李四"）会对书写出来的东西（比如前文中的"张三"）进行轻微的、不可逆的颠覆。鲍德里亚醉心于用精神分析来解构精神分析，比如，死亡冲动就是他所找到的颠覆精神分析的要素。而且，鲍德里亚本人似乎也采用这种写作方式，他似乎也要人们从他的所写之言中理解其背后的颠覆性意义。

鲍德里亚认为，诗歌不压抑任何东西，不对任何东西保持沉默，因此，也不会出现被压抑的东西、保持沉默的东西、被禁言的东西回过头来纠缠诗歌。在鲍德里亚看来，在现代社会中被压抑、被禁止的东西就是死

---

① 第312页。
② 第313页。译文略改。

亡（前面已经讨论了），如果说诗歌中有被压抑的东西，那么这个东西就是死亡，诗歌就是意义的死亡。在诗歌中死亡被公开地说出来了，这种死亡是象征的死亡，是自我解构意义上的死亡。而在其他话语中，死亡是被禁止的，是不正常状况，比如说，对于语言学来说，如果话语没有意义，如果话语解构了意义，那么这种话语就是有毛病的话语。或者说，对于语言学来说，这种没有意义的话语（死亡）是一种症状。意义的死亡意味着语言学的终结，意味着能指和所指区分的终结。它也意味着精神分析的终结，因为精神分析也依靠说出的和没有说出的（被压抑的东西）之间的区分而存在。我们前面说过，现代社会中被压抑的东西是死亡，如果被压抑的东西是死亡，那么精神分析所说的潜意识、不在场的能指就都被解构了，从而精神分析本身也被解构。当没有被压抑的东西的时候，当没有被隐藏的东西的时候（即精神分析自我解构的时候），我们才能够真正地、自由地表达意义。在这里，鲍德里亚隐含着这样的思想，在当代社会还是有许多东西压抑着我们，控制着符号，这些东西让我们把许多东西隐藏起来，无法真正地表达出来。在今天的社会，我们都按照市场经济的原则来运用语言，许多东西被压抑了，被隐藏了，只有摧毁了这些被压抑的东西、被隐藏的东西，摧毁语言的规则、摧毁市场经济对于语言的压抑，我们才能真正地表达意义。比如，当某些人为了获得关注（并由此而获得经济利益）而说话的时候，他们表面上是在说某个新闻事件，或者进行评论，而实际上隐藏在背后的却是利润、利益、价值。只有摧毁了隐藏的东西，摧毁了这里所留下的"空白"，一切意义才有可能。精神分析重视缺席的能指，因为它表示被压抑的所指。而鲍德里亚否定那些被压抑的所指，摧毁这些被压抑的东西，因为有了这个被压抑的东西，能指和所指的区分就出现了。

语言学靠能指和所指的区分而生存，一旦这种区分被摧毁，那么语言学就被摧毁。精神分析靠说出的东西和被压抑的东西之间的区分而生存，一旦这种区分被摧毁，精神分析就被摧毁。这里，鲍德里亚不仅揭示了索绪尔的语言学和精神分析赖以存在的基础，而且揭示了整个形而上学赖以存在的基础。古代以来，哲学家们总是相信在能指的符号背后总有所指，在现象的背后总有本质，哲学就是依靠这种形而上学而存在的。一旦这种区分被摧毁了，形而上学就活不成了。摧毁所有这些区分，包括各种价值的区分，恰恰表现了鲍德里亚哲学的后现代主义的趋向。

于是，鲍德里亚再次强调，诗歌中没有能指和所指的区分，没有被压抑的本能和它的扭曲的表达，没有初级过程和次级过程的区分。既然没有能指和所指的区分，那么也就没有隐藏在能指背后的所指。这就意味着"没有诗歌产生的所指，不论是什么样的所指，没有诗歌文本背后的'梦的思想'（勒克莱尔），没有能指的表达式"①。这些隐藏在能指背后的东西是没有被消耗掉的剩余，这种剩余类似于经济过程中的剩余价值。因此，鲍德里亚说："没有里比多经济学，也没有诗歌经济学。"② 经济学就是要通过最少的投入获得最大的收益，就是要有剩余价值，有收益，有意义。里比多经济学也是要有剩余，即被压抑的本能、潜意识。这些东西没有在表达中出现，没有被表达式消耗掉。当表达式和被压抑的本能被取消之后，所有潜意识的东西都在表达式中表达出来了。同样，诗歌中也没有能指和所指的区分，没有被表达出来的符号背后的意义，符号背后的意义已经被符号所耗尽。话语已经被说出，所有的东西都已经被说出。我们没有必要寻找话语背后的东西，而诗歌经济学、里比多经济学就是要在剩余的基础上把所指、把潜意识生产出来。

在这里，鲍德里亚再次把象征交换和商品交换（经济学）区分开来。经济学依靠剩余价值，语言学依靠所指价值，精神分析依靠的是压抑/潜意识的价值。这些不同的学科都是建立在这些价值的基础上，而象征交换就是要摧毁一切此类价值，消除一切价值的剩余，而一切没有被消耗的东西都是剩余价值。鲍德里亚说："经济总是建立在剩余上（只有剩余允许生产和再生产）。"③ 在鲍德里亚看来，所有这些科学都是在没有被摧毁的价值即剩余价值的基础上存在的。

在这里，鲍德里亚似乎又突然附加了一部分，以此来讨论笑话。在法文原著中，他把这一部分和前面的论述隔开。在这里，他又提出了笑话的快感从何而来的问题。这里连续两段文字从正反两个角度提问。第一段提出这个问题，我们是不是可以假设快感不是由于"经济"的结果而产生的？这个问题或者可以被说成，是不是由于里比多剩余

---

① 第314页。原译文中有印刷错误或者遗漏。此处依原文修改。
② 第314页。
③ 第314页。在括号中，作者还有一个注。这个注被译者漏译了："参见查尔斯·马拉莫《关于婆罗门教的剩余观念》，载《维也纳南亚知识学刊》（*Wiener Zeitschrift für die Kunde Südasiens*）1972年第14期。"

价值的出现而产生快感（这是以潜意识和意识的分离为基础的）？第二个问题是，是不是快感来源于能指和所指的消解，来源于潜意识和意识区分的消解？

鲍德里亚的回答是，诗歌的快感来源于这种区分的消解，他把这种消除称为"动乱和短路"。在这种"动乱和短路"中，原来相互分离的东西现在都相互渗透了，并失去意义。这就是快感，这就是诗歌给人的快感。这类似于节日中的耗费所产生的快感（我认为，这不是快感的全部，比如在男女的爱情对歌中，情人之间的对歌会让他们产生快感。这种快感恐怕不是完全来自无意义的声音，来自意义的消解，而恰恰与其中包含的意义有关）。当意义消解了的时候，诗歌的创作者就消失了。当诗歌被创作出来的时候，我们不再追问诗歌的创作者的心理过程，不再追问他的被压抑的本能，不再追问创作者的意图或者他赋予诗歌的意义。我们只是从阅读和欣赏诗歌中获得快感。主体消失了，这是因为，主体是在意识的自我反思机制中被确立起来的（我思故我在），是在无意识的机制（l'instance de l'inconcient）中被确立起来的。当这种意识和意识对象，意识与无意识的二元关系被否定之后，主体的观念就失去了存在的基础。而当存在着这种二元区分的时候，就存在着压抑的机制和被压抑的机制。按照这种压抑和被压抑机制，一个人只有冲破了压抑才能有快感。而鲍德里亚不仅否定了压抑机制，而且否定了冲破压抑的机制。这里既没有压抑，也没有冲破压抑，只有能指符号的游戏。原来人们认为笑话和喜剧之所以让人快乐，是因为它们冲破了压抑，人产生幻想或者满足了人的欲望，而鲍德里亚认为，这都是建立在能指和所指、压抑和释放本能的对立（反思性间距）的基础上的。实际上快乐与这两者无关，而与它们之间差别的解构有关。

于是鲍德里亚根据他的这个思想来解释快感。在这里，他引用了康德（弗洛伊德也引用过）的话来说明他自己的思想。在他看来，"快感是价值的流失，是代码的瓦解，是压制性逻各斯的瓦解"[1]。喜剧之所以使人有快感，是因为它破除了制度代码的道德命令（我们只要注意各种戏剧艺术就发现，它们往往打破"道德规则"，白马王子爱上灰姑娘），笑话之所以使人快乐是因为，它破除了词语本身的同一性原则，甚至破除了主体的同一

---

[1] 第315页。

性原则。① 快乐不是要冲破规则，不是要突破压抑。打破规则，破坏道德总是有内疚。词语本身的同一性原则是指词语的能指和所指联系的原则，主体同一性是指意识在自我反思中确立的主体性。对于鲍德里亚来说，如果承认词语同一性或主体同一性，那么就必须承认压抑，于是，在这里，快乐只能从冲破压抑中产生。鲍德里亚否定这种意义上的快乐。在笑话中字词符号的意义被瓦解了，笑话也不是按照主体确立的意义而被理解。最后，鲍德里亚以利希滕贝格关于刀身和刀柄无区分的说法来说明，一切被区分开来的价值都应该消解，能指和所指、意识和潜意识。只有这些东西被消解了，人们才获得真正的快感。这就是说，只有一切压抑人的规范都被消解了，人们才真正获得快感。

在鲍德里亚看来，不仅利希滕贝格关于刀的说明包含了解构一切区分的意思，而且弗洛伊德关于逻辑悖谬的例子也表明了各种区分被解构的情况。这些例子都表明，能指自身被消解，它的一切意义的消失。这种意义的消失才能产生快感。

在这里，鲍德里亚引用了一个德语的笑话来说明能指被消解的情况。有一句德语的笑话是这样的："Eifersucht ist eine Leidenschaft, die mit Eifer sucht, was Leiden schaft."（这句话翻译过来是"嫉妒是固执地寻找让人痛苦的东西的激情"。）显然，这句话用中文说出来，绝不是一个笑话，但是如果用德文说出来就是笑话，因为前后两句话的读音有很大一部分是重复的："Eifersucht"与"Eifer sucht"重复，"Leidenschaft"与"Leiden schaft"重复，并把前面的符号拆解了。用鲍德里亚的话来说，这是相同的语料（音节）的使用。在鲍德里亚看来，这个笑话之所以让人快乐不是因为它节省了能量（经济学的观点），而是因为它消解了能指，后面的能指符号重复前面的能指符号，消解（拆解）了能指符号。在鲍德里亚看来，这句笑话也可以用索绪尔的配对原则来解释。在索绪尔看来，诗歌是按照音律的配对原则构成的。当然这句话不是音节的配对，而是有意义的词语的配对。尽管如此，配对原则本身是一样的。而正是这种配对关系才给人带来快乐。从这句话中，我们看到，重要的不是这句话中的词语有多少不同的意思，而在于它们是不是配对，是不是能够消解能指。在这个带来快乐的

---

① 第315页。"笑话消灭的是词语和主体同一律本身的道德命令。"中译本这一翻译容易引起误解。这句话如果翻译为"笑话消灭的是词语的同一律以及主体的同一律本身的道德命令"，就清晰一些。

笑话中，所指是有限的，而能指的重复才是最重要的。在鲍德里亚看来，能指的重复就是能指返回自身。我们知道，在日常的叙述中，话语都按照时间先后有序地展开。但是，在上述笑话中，能指返回自身，这仿佛是取消了时间上的连续性（回复，重复）。对于鲍德里亚来说，这就是符号的自我消解，是符号的象征交换。符号从此具有了无限的可能性，摆脱了能指和所指关系的束缚。在这里，符号虽然是有意义的，但是符号的意义不是凝固的，而是流动的，具有无限的可能性和替换的潜在性。而这种替换就是消解一切意义，只有彻底消解意义的游戏才带来真正的快乐。

评述弗洛伊德对笑话"技巧"的分析。

从上面所引述的德语笑话中，弗洛伊德总结了笑话的"技巧"。在弗洛伊德看来，笑话的"技巧"就是用两种方法使用一个词，第一次使用完整的词，第二次是像猜字谜一样把这个词拆开使用。比如，第一次使用了"Eifersucht"，第二次使用了"Eifer sucht"。不过，鲍德里亚认为，弗洛伊德在分析笑话的时候，只是把这种方法看作"技巧"，而没有看作快感的来源。在鲍德里亚看来，这种音韵上的重复、消解正是快感的来源，而弗洛伊德只是将其看作技巧，似乎是节省力量的技巧。这种技巧类似于凝聚，而凝聚就是"表现了一种节省的趋势"，因此对于弗洛伊德来说，这是一种"经济问题"。① 而鲍德里亚恰恰认为，这不仅仅是一个技巧，而且是快感的来源。虽然弗洛伊德在《笑话以及它与潜意识的关系》中也承认，这种技巧与快感的来源有关，但是，鲍德里亚认为，他的认识还是不够。在鲍德里亚看来，本来笑话的操作方法就是快感的原始来源，但是，弗洛伊德却认为，笑话只是获得快感的技术中介。② 或者说，对于弗洛伊德来说，笑话只是一种技巧，它用某种技巧把被压抑的东西更快捷地释放出来。

在日常生活中，我们也会"认出"某种东西，或者"记起"某种东西，并由此而产生快乐。鲍德里亚认为，弗洛伊德对于这种快乐的解释也是一种经济学的解释。在弗洛伊德看来，认出某种东西之所以带来快乐是因为，人们节省了心理消耗。诗歌中的快乐也是如此，就是认出了相同的东西，回忆起相同的东西。这与笑话中使用相同材料的情况类似。如果说

---

① 第317页。
② 第317页。

笑话是一种技巧,是获得快感的技术中介,那么"认出"某种东西,或者"记起"某种东西也是一种技巧,是符合经济学原理的,这些东西都能够带来快乐。按照弗洛伊德的理解,诗歌、笑话是一种表达手段[1],是把被束缚的东西表达出来,其中都包含某种特殊的技巧,包含某种节省的方法。正是这种节省的方法才使人快乐。

鲍德里亚所批判的正是弗洛伊德的这种思想。在鲍德里亚看来,把诗歌、笑话解释为幻想的释放或者心理能量的释放是错误的。而弗洛伊德恰恰把它们理解为心理能量的释放,而快感就是来自这种释放。鲍德里亚认为,心理的能量(也就是符号所指东西)的释放、所指的释放不会引人发笑,不会给人带来快感,而会让人产生焦虑。因为,当所指的东西喷涌而出的时候,能指的符号的意义就非常模糊。这就产生了多义性和含混性。鲍德里亚说:"含混性和多义性是令人焦虑的,因为其中充满了意义的纠缠。"[2] 所指释放出来了,意义不断增加了,人们所产生的不是快感而是焦虑。如前所述,在鲍德里亚看来,快感之所以产生就在于"任何命令,任何意义参照(显意或隐意)都被清除,而这仅在一切意义的严格可逆性中才有可能"[3]。这就是说,在诗歌中,任何意义都是可逆的(比如,生产就是非生产,时尚就是复古),都是可以被消解的,任何一个字词都可以有相反的意义,而这些相反的意义是可以相互抵消的。

在这里,鲍德里亚通过一个小故事来说明参照、意义被清除而产生的快感。这个小故事是,一个人在小街上丢失了钥匙,他在路灯下寻找。因为这是他找到钥匙的唯一机会。从字面来看,这个小故事没有任何诗意,也不会让人产生快感。但是,如果我们不是从能指与所指的关系上理解钥匙,而是让"钥匙"失去所指(什么也不是,什么也没有寻找),那么这会产生快感。反过来,如果人们可以赋予"遗失了的钥匙"各种不同的意思,把它理解为某些被压抑的东西,或者理解为各种隐藏的意义,那么,无论什么意义,就已经不重要了,重要的是,意义在这里流动起来了。如果钥匙有所指,那么这个小故事就不能够产生快感。显然,对于鲍德里亚来说,一切确定意义应该消解,甚至能指符号本身也应该消解。于是,鲍德里亚说:"一种逻辑理性的空无在准确地自我重叠,以便自我摧毁,笑

---

[1] 第318页。
[2] 第319页。
[3] 第319页。

和快感就从这种空无中爆发出来。"①

笑话、诗歌的快感来源于意义的消解，来源于象征的交换。笑话的这种内在特征也可以用来说明它的"外在"特征：笑话必须共享，必须进行象征交换。笑话必须引人发笑，而不是单独消费，而这与古代社会中的礼物交换、象征交换的性质是一样的。鲍德里亚在这里实际上就是要通过这种"外在"特征来说明，笑话必须从象征交换的意义上得到理解。

鲍德里亚把象征交换与经济交换加以对比，说明笑话必须按照象征交换的原则来理解，而不能按照经济原则来理解。按照经济交换的原则，快感来源于"心理节省"。鲍德里亚问：如果快感来源于心理节省，那么我们就不能说心理能量被全部释放出来会得到快感。这里发生了能量的浪费。实际上，我们也没有看到过，一个人把心理的能量全部释放出来的时候而大笑，一个人通过奔跑而释放自己的心理能量，这会产生快感吗？应该说，鲍德里亚的这个说法是有一定道理的。这就是快感与人的心理能量的释放或者心理能量的节省没有必然联系。在他看来，快感不能从经济的角度来理解，而要从象征交换的角度来理解。在象征交换中一切价值的东西都被消除了，在象征交换中，人们共享快乐。在这里，人们建立了新的社会关系。这种社会关系不是价值计算上的社会关系，而是共享的社会关系，是一切价值在象征交换和流动中的社会关系。在这里，鲍德里亚认为，当代社会中人们建立在价值交换基础上的社会关系是一种压抑性的社会关系，只有消除这种社会关系，人们才能消除社会压迫。而要消除这种社会压迫，我们就必须放弃经济学上的交换原则，而进行象征交换。财富、笑话、快乐、死亡都是我们象征交换的对象。只有在这种象征交换中，我们的新的社会关系才能建立起来。只有一个人被剥夺了自我同一性（身份），才能与别人象征交换，才能融入社会。那些固执于自我身份的人，会与别人结合吗？

2. 反唯物主义语言理论

从精神分析对笑话、梦、神经官能症的分析中，从精神分析对诗歌的分析中，我们可以看到，一种唯物主义理论、一种唯物主义的语言理论。这种理论认为，字词就是能指的符号，是以物质的形式出现的，比如以字面上的字词或者声音出现。而能指是物质的东西，这些物质的东西背后有

---

① 第 320 页。

精神的东西，这就是概念，是精神。这实际上也是索绪尔的语言理论。这种语言理论如果用到精神分析中，那么这就意味着，在人们所说的"潜意识"这个物质的字词背后有真正的潜意识存在。假如没有"潜意识"这个词，那么人们就不可能讨论初级过程。所以，在这里潜意识利用字词，从而把自己表达出来。我们可以换一种方式来表达这种唯物主义，语言符号是一种物质载体，是物质的东西，而人就把思想（潜意识，或者压抑它，让它以扭曲的形式表达出来）放在这个物质的载体里面。在这里，字词是由原材料，比如，声音这样的物质实体构成的。

这似乎是一种彻底的唯物主义。字词符号就被理解为产生物质的材料，词语被当作"物"来处理。这种做法也"符合语言的深层操作原理"①。这就是，字词是物质性的符号，这个符号背后有精神的东西在发挥作用，或者指称精神的东西。然而，鲍德里亚对这种唯物主义提出了批评。他认为，这种语言上的唯物主义与其他领域中的唯物主义，比如历史观上的唯物主义、审美理论上的唯物主义等都一样，都是一种抽象的颠倒。或者说，这些唯物主义都是用一种交替的游戏来颠覆唯心主义。唯物主义认为，字词是物，唯心主义就认为，如果字词是物，那么字词就没有意义（这种没有意义的物质太"抽象"了）。只有当物的东西有了意义，字词才能成为符号。在这两者之中，一方强调字词的物质性，一方强调意义在字词中的重要地位。但是无论哪一方，都把意义和字词的物质性对立起来。于是，鲍德里亚指出，"唯心主义以否定的方式制造了'物'和'物质'的概念，以此作为自己的地狱，自己的负面幻想"②。在鲍德里亚看来，唯物主义和唯心主义一样，都是抽象地理解物。如果说唯物主义从肯定的方面来理解物，那么唯心主义则从否定的方面来理解物。在唯物主义看来，如果没有物，思想就无处着落，而在唯心主义看来，是物制约了思想的表达，如果思想能够摆脱物的制约，摆脱符号的制约，那么思想就能够得到更好的表达。人们认为，我们的字词所能够表达的思想都是有限的，它往往不能全部表达我们的思想，或者，我们的情感等。唯心主义认为，精神的东西受到了限制，因此革命就是要把精神的东西解放出来。但是，在鲍德里亚看来，无论是唯物主义还是唯心主义都没有脱离对物质和

---

① 第 321 页。
② 第 321 页。

思想的抽象理解。在唯物主义那里，符号是物质的材料，不包含意义。对于唯物主义来说，这种"物质"太"抽象"（与我们通常理解的抽象不同。这里说的唯物主义或者唯心主义，也与通常含义有所不同），居然不包含精神性的东西。而唯心主义认为存在着脱离物质的精神，而这个精神脱离了物质，不能被物质完全地表达出来。因此，他说，唯心主义"完全没有失去自己原有的抽象性"[①]。而在唯心主义中被贬低的物质，在唯物主义中又重新出现。在鲍德里亚看来，无论唯物主义还是唯心主义都抽象地理解了符号得以呈现出来的物质材料，对于他们来说，语言中的声音等物质材料都是超验的，而不是具体的符号，不是能够表达意义的符号。那些没有意义的声音就不是符号，不是语言。唯心主义正是抓住这一点攻击唯物主义。对唯心主义来说，"物"就是"不透明的、'客观的'原材料，一个实体存在"等等。鲍德里亚认为，这是唯心主义最绝妙的一招。对于唯心主义来说，物就是一堆客观的材料，是僵尸，而精神让这个僵尸复活了，或者说，这个实体性的东西在思想的作用下取得了现实的效果。因此，对于唯心主义来说，现实的效果是对"唯心主义最有力的支持"。当唯物主义强调物的客观性的时候，唯物主义陷入了唯心主义为其所设置的同样的陷阱。[②] 当唯心主义把物当作死的东西，当作不代表思想的客观实体的时候，唯物主义也是这样认为的。鲍德里亚认为，这是错误，是糟糕的曲解。实际上，这表明，鲍德里亚既对唯物主义不满，也对唯心主义不满。这种把物和精神割裂开来的思想违背了象征交换的原则。语言中的能指和所指之间的关系是象征交换关系。

我们前面已经说过，在鲍德里亚看来，精神分析对于诗歌的分析是一种唯物主义的语言观。按照这种语言观，字词是"物一样的东西"，它代表了另一种物，即潜意识。这实际上也表现了西方哲学中的形而上学传统，一个物质符号总要代表一定的意义，一个东西代表另一个东西。在鲍德里亚看来，这是西方形而上学的传统。西方哲学不容许字词的意义被解构，"不能忍受意义的空无"[③]。按照这样的传统，每个符号都代表某种意

[①] 第321页。对于鲍德里亚来说，在符号中，精神和物质对立起来，二者都是抽象的。
[②] 第322页。这里，中译本译为"反唯心主义依附的陷阱"似乎不妥。法文原文为"le méme piege de contre-dependance idealiste"。这里的"contre-dependance"是反依赖，即不承认思想要依赖物质的符号，这是强调思想的独立性的唯心主义。
[③] 第322页。

义，都有价值（现代社会中的许多符号就是没有价值的符号，是诗歌，是意义的解构。比如，那些所谓"新闻"）。因此，唯物主义总是要给自己的符号寻找价值，总是要力图从被解构了意义的诗歌背后发现意义，发现价值（一种经济学）。由于诗歌的意义被解构了，因此其中没有价值，也没有什么东西需要泄露。但是，精神分析（唯心主义，物质东西不能表达意义，潜意识在物质的符号中被压抑了）总是认为能指材料的背后必定有秘密。而且更绝妙的是，正是由于诗歌的符号永远不会泄露自己的秘密（按照鲍德里亚观点，诗歌背后没有秘密，而精神分析认为其中一定有秘密），于是它对于精神分析来说，就更有价值。对于精神分析来说，诗歌具有无限的价值，具有无法被完全发现的价值。由此，鲍德里亚挖苦说，精神分析不是一种"庸俗的"解释学，而是更加微妙的解释学。对于精神分析来说，在能指材料背后都有一个东西，但是这个东西存在于拐弯抹角处，很难找到。这是因为，物质的材料在这里已经变形了，已经被潜意识以特别的方式使用而变形了，于是，精神分析不仅要找出所指，而且要找出能指。

第一，诗歌语言的实体化解构。

在鲍德里亚看来，精神分析对于诗歌语言是从物与价值、符号与所指关系的基本视角上来理解的。因此，在精神分析中，在符号与症状之间、在词与物之间存在着类似于能指与所指之间的关系，类似于物与价值之间的关系。在这里，能指的符号也指称潜意识、里比多、幻想等，但是，这是以隐喻的形式来指称它们，它们之间的关系似乎被扭曲了。在这里，物质性的东西似乎变形了，符号甚至缺席了，但是类似的关系始终存在。比如，潜意识在话语中会留下空白、缝隙，符号中的缝隙、空白就表示了潜意识。这就是说，能指上的空无指称着潜意识。我们知道，符号与它的所指之间本来是一种任意性关系（只是在一定的文化中，它们之间的关系才被固定下来），但是，在精神分析中，这两者之间似乎是一种物质性的关系，物质性的符号指称物质性的潜意识。或者说，精神分析从实证性的角度，用物质来类比能指和所指。[①] 并且，这两种物质之间的关系似乎不是任意的关系，而是一种必然的关系，符号就如同本能的发泄，扭曲的符号与被压抑的本能之间似乎存在着一种必然的联系。按照精神分析的理解，

---

① 第 323 页。

在诗歌中，人的动机仿佛是用叛乱（本能力量的叛乱即潜意识突破意识的压抑）的内容对形式（话语形式）做出反抗。正是由于这种反抗，话语形式发生了变化（能指的扭曲，"张三"代替了"李四"）。也正是由于里比多的反抗，语言的形式被搅乱了，语言的透明原则和现实原则（按照规则来表达的现实原则）被破坏了。由此，语言变得难以理解。阿尔托和贝里奥（L. Berio）①对诗歌的解释最接近象征交换的解释，最接近解构主义的解释。因此，两种解释是到目前为止的最好的解释。贝里奥用"生命噪音"、阿尔托用"残酷戏剧"来解释诗歌。他们把诗歌解释为呻吟、喊叫、喘息，解释为冲动的爆发。而在鲍德里亚看来，这种解释仍然没有超越精神分析的基本框架，仍然是用被压抑的冲动来解释诗歌，或者说，诗歌就是被看作受压抑内容的解放。

在鲍德里亚看来，虽然精神分析也把能指和所指的关系看作一种必然关系，但是这种理解比史文朋对诗歌的理解要好一些。史文朋认为，诗歌中的声音，比如重复的"f"与微风之间存在着一种必然联系，因为"f"的发音与微风的声音之间有一种必然联系。但是，精神分析并没有摆脱两个物体之间必然联系的思想。比如，阿尔托的残酷戏剧理论认为，人类的文明对人的天性中的能力、活力进行了无情的压抑，而他的残酷戏剧就是要把这些被压抑的东西释放出来。因此，在鲍德里亚看来，这里也包含了目的论的隐喻，这就是说，残酷戏剧是有目的的。这就是要把人最初所具有的那种原始的力量释放出来。这是野蛮的目的论（这里有多层意思：一是阿尔托的目的论本身是野蛮的；二是这里所释放出来的东西是野蛮的，这可能是鲍德里亚所不同意的解释；三是，这种目的论与原始人类的巫术等有联系）。鲍德里亚把阿尔托的残酷戏剧比喻为释放原始力量的巫术，与原始人的巫术类似（这里存在着"淫秽的亲缘关系"②）。而实际上，从阿尔托的作品中，我们知道，他所说的残酷戏剧吸取了原始的宗教、巫术中的许多东西。鲍德里亚认为，这里也暗藏着一种形而上学，但是，这种形而上学不是直接强调能指背后有所指，直接强调形式背后有内容，它是

---

① 卢西亚诺·贝里奥（1925~2003），意大利作曲家。他是20世纪下半叶很重要的一位先锋派作曲家，他在音乐创作中结合了序列主义、电子音乐、机遇音乐以及"拼贴"手法。他的作品中摘用前人名作。同时他总是在一定程度上继承意大利的歌剧传统，并改编很多前辈大师的作品，比如普契尼的《图兰朵》。

② 第323页。

把能指和所指，把形式和内容割裂开来，把内容压制下去，或者把内容否定掉。从表面上看，它所展示的是纯形式的东西，但是它不是不要内容，而是把自己所否定的东西作为内容（与精神分析类似，把被压抑的东西作为扭曲能指的内容）。这就是说，这种形而上学不是直接用形式来表达内容，而是用形式限定内容，或者说，把自己所否定的东西作为内容，而不是把自己所肯定的东西作为内容。比如，对于阿尔托来说，戏剧与瘟疫的作用相仿，都是将脓疮从机体中排泄出去，从而使精神得到净化。在阿尔托的戏剧中，这些隐蔽的罪恶、仇恨等都被暴露在观众面前，突破了人们心理上的戒备。因此，鲍德里亚说，这种形而上学是绕圈子的形而上学。本来潜意识是暗藏在人的身体中的，是恶的东西，是被压抑的东西。因此，鲍德里亚说，这种形而上学的诱惑在于，它把潜意识实体化，看作像身体一样的东西（人的身体显示了潜意识）。在这里，潜意识解放的活生生的戏剧被摆在观众面前，或者说，"也把潜意识解放的目的实体化了"①。阿尔托的残酷戏剧正是把这些被否定的东西搬上舞台。因此，在鲍德里亚看来，在阿尔托的作品中，潜意识是戏剧中的内容，是被解放出来的力量，而这些被表达出来的内容是被戏剧形式所否定的东西。虽然形式和内容的关系在这里发生了变化，但是形而上学的实质却没有发生变化。

不仅阿尔托等人的作品没有超越形而上学，而且像利奥塔（Jean-Francois Lyotard）这样的哲学家也没有超越形而上学。在鲍德里亚看来，他永远都把诗歌看作指称某种东西的，话语与其所表达的对象具有同质性。比如，利奥塔认为，通过诗歌中词语的物（客观的物理形象或者声音）的使用，通过词语之躯（客观的物理形象或者声音）的中介等等，词到物的距离被绕开了，词语似乎就是物。这就如同词语中的"f"就是微风。在这里，词语都有"象征"（不同于鲍德里亚所理解的象征，是代表的意思）价值。按照这样的语言观，词语中的这种物质的东西与外在的物质性的东西似乎存在着必然的联系（"f"与微风），而不是一种任意关系（按照索绪尔的语言学，词语与概念、能指和所指的关系是任意关系）。利奥塔还认为，在诗歌中词语之间的连接具有一种节奏，而词语所表达的物体对我们的感官发生作用，使我们产生一种节奏感。这两种节奏会发生共鸣。对于利奥塔的这种说法，鲍德里亚提出了批评。他认为，利奥塔的思想包含

---

① 第 323 页。

一种实证的隐喻经济学。词语具有物质性，或者说像物质性的东西那样存在，而词语所指称的东西也是"物"。他把意义理解为"物"。总之，在这里，词语有意义或者价值，指称物，或者与物发挥同样的作用。在鲍德里亚看来，这是错误的。逻辑话语即形式逻辑所使用的那些符号是把这些符号当作纯形式的东西来看的，而不考虑这些符号的物理性质。然而，在诗歌中，这些字词的物理性质却受到人们重视，比如，"f"像"微风"一样，词语被当作物而复活了。对于诗歌语言的这种解释，鲍德里亚持完全否定的态度。在他看来，诗歌的话语不是变成了物，而是要解构物。如果诗歌用的语言也可以被当作物的话，那么诗歌就是要解构这种以物的形式出现的语言，诗歌就是要解构语言。按照他这样的理解，诗歌实际上不是语言了，而更像音乐。

第二，诗歌语言物质性的解构。

在历史上存在着一种庸俗的唯物主义语言观，我们有时也把这种语言观称为神秘主义语言观。按照这种神秘主义语言观，语言不是代表物质，而就是物质。比如本来在生活中，一个人的名字不过是符号，而不是这个人本身，但是，传统的神秘主义却认为，如果对一个人的名字施加巫术，那么这个人本身就会受到侵害。在这里，名字和人本身是等同的，侵犯了一个人的名字就侵犯了这个人。鲍德里亚认为，克里斯特瓦从卢克莱修和赫拉克利特的唯物主义思想中吸收了庸俗的唯物主义的语言观。在古代人那里，"火"这个词也是与火同质的。这就如同某个人的名字和某个人是同质的一样。当然克里斯特瓦不是这样简单地重复古代哲学家的观点，她认为，语言和潜意识是同构的。人们看到了语言，就能够从语言的结构中把握潜意识。在鲍德里亚看来，克里斯特瓦的这种语言观与古代唯物主义思想家的语言观有类似之处。古代人说，水、火、土、气，而精神分析就说语言、潜意识、身体。

在这里鲍德里亚通过解构朴素的唯物主义的语言观来解构克里斯特瓦的语言观。我们知道，古代人认为，字词和物质是同质的，看到了字词就是看到了物质。虽然这种观点比心理自然主义的"动机"（物质的活动本身直接表达了心理的"动机"）更加彻底，但是这种观点无疑是错误的。用鲍德里亚的话来说，这种说法"离真理相差甚远"[①]。尽管这是错误的，

[①] 第325页。

但是，却有利用的价值。这就是说，如果这种错误的观点完全翻转过来，那么它就有价值了。在古人那里词语就是真实，"火"就是真实的火这个元素，它们之间有同质性。同时，它们又是两个不同的东西，一个是价值的符号，一个是元素。在这里，鲍德里亚高兴地发现，在古代唯物主义思想中包含解构意义，这就是，既不把这些东西当作实证的元素，也不当作有意义的符号。这就是说，既不把字词当作物质，也不当作精神。于是，他说："当语言摆脱了符号和价值的逻辑时，就与火、水、土、气汇合了。"① 这就是古代哲学的解构意义，字词和元素完全结合在一起，或者说，两者相互解构，既不是物质也不是精神。在鲍德里亚看来，这就是古代元素说的思想。它们包含了神话和诗性。在鲍德里亚看来，这种神话意义上的理解远远高于精神分析的理解。因为，精神分析把字词（能指）对于物质（所指、潜意识）的消解说成是"未说""另说"，它们掩盖了"未说"的东西，或者以曲折的方式把"未说"的东西暴露出来。这是对克里斯特瓦的朴素唯物主义思想的解构。克里斯特瓦认为，语言结构与意识结构是同构的，语言中存在着空缺，而这种空缺就是潜意识，是意识中被压抑的东西，是未被说出的东西。物质的结构就是意识的结构。在鲍德里亚看来，物质的结构（语言结构）解构了意识的结构。

鲍德里亚对古代元素说做出了象征意义上的理解，他通过象征操作来解构字词，解构字词所指称的物质。因此，他认为，象征操作没有唯物主义的参照，它是一种"反物质"的操作，是解构物质的操作。他认为，科学家所说的粒子和反粒子与索绪尔所说的元音和反元音的配对类似。这都是一种解构。这就如同"火""水""土""气"字词和火、水、土、气元素相互解构，这就如同粒子和反粒子相互碰撞而共同毁灭，并产生另一种东西。

最后，鲍德里亚引用了克里斯特瓦的一段话。这段话实际上也表达了诗歌解构意义、解构符号的思想，从他所引的这段话中，我们可以说，鲍德里亚赞赏克里斯特瓦的这种解构思想。但是他认为，克里斯特瓦不够彻底。

3. 超越潜意识

在这里，鲍德里亚首先提出了一个问题，如果潜意识打破了话语的秩

---

① 第325页。

序，使话语产生空缺等，那么我们是不是也需要假设，潜意识在诗歌中发挥作用呢？对于这个问题，鲍德里亚的回答应该是：不需要。诗歌中似乎留下了许多此类的空缺，诗歌中似乎也有潜意识发挥作用。然而，如果我们拘泥于潜意识与意识区分，把各种话语都纳入潜意识和意识区分的基本框架中，如果我们坚持初级过程和次级过程是基本的、不可还原的，那么意义就是由被压抑的潜意识所决定的，只可能是压抑内容在话语中隐约显现。按照这样的思路来理解诗歌、口误等，那么诗歌和口误是没有差别的。按照精神分析的观点，初级过程是存在的，并且到处都具有决定性的作用。反过来说，如果我们把精神分析的观点彻底颠覆，如果我们消除潜意识和意识的区分，如果我们用象征交换来解构这种区分，那么整个精神分析的理论就会崩溃。不仅精神分析理论会崩溃，那些受到精神分析影响的政治学、诗歌理论也会崩溃。用莫诺尼的话来说，如果精神分析产生于初级过程与次级过程的区分，那么消除了这种区分，精神分析就会崩溃。而象征就消除了这种区分（前面我们已经论述过象征消除各种区分的思想），象征交换是死亡，它会颠覆精神分析。

从鲍德里亚对于象征交换的理解我们知道，象征交换是可逆的，是易位书写式的撒播，是消解一切剩余。而初级过程恰恰是剩余，是潜藏的，是被压抑的。诗歌是象征过程，口误是被压抑的初级过程。因此，虽然诗歌、口误都与日常话语对立，都与表达意义的逻辑话语对立，但是，我们却不能忽视诗歌和口误的差别。然而精神分析恰恰要否定这种差别，忽视这种差别。鲍德里亚提出的任务就是要禁止精神分析在它不应该说话的地方说话，在诗歌领域，在象征交换的领域，精神分析都应该被禁止说话。他认为，马克思主义和精神分析在本质上也是一样的，都属于同时代的东西。马克思区分了经济基础和上层建筑，而弗洛伊德区分了潜意识和意识、初级过程和次级过程。这两者都是一种简化，都是把象征过程还原为简单的两者对立关系。把这些东西割裂开来是马克思和弗洛伊德思想失败的地方。鲍德里亚要用象征交换过程来解构这种区分。

马克思认为，经济过程是社会中最根本的，最有决定作用的机制，社会的危机都要用经济的危机（痉挛）来解释。马克思所做的工作就是把经济从各种社会现象中分离出来，独立出来。在马克思那里，经济被提升为现实原则（即认为，社会生活中，一切活动都是切实的经济活动，而不可能是非经济的。而实际上，经济现象并不是真正的经济现象，比如，当代资本主义社会中的再生产），被当作社会生活的约束条件。鲍德里亚认为，在马克思那里，经济被不可思议地自主化了，经济上的矛盾被视为社会各种矛盾的基础。在鲍德里亚看来，在当代资本主义社会，经济已经失去了原来的经济意义，并且与其他社会领域结合在一起了。也就是说，经济上的矛盾和其他社会问题是结合在一起的，我们无法把经济独立出来。尽管马克思承认经济矛盾和其他矛盾之间的联系，但是马克思还是为经济的自主化（独立性）提供合理性的证明。

精神分析也是如此。它区分了意识和潜意识，这是从孤立的个人的角度区分理性和非理性的东西。按照这种孤立的个人的观点，人似乎是一个理性的主体，被理性主体排斥的就是潜意识。实际上在人的社会生活中这两个方面根本无法区分。在面对一个漂亮的女孩的时候，你有本能的冲动，也有理性的约束。这是无法区分的。这两者可以在象征交换中相互解构。由此，鲍德里亚认为，潜意识是没有进行象征交换的东西，或者是象征交换的剩余物。在他看来，弗洛伊德所抓住的恰恰就是那些没有参与象征交换的剩余物。正是由于人们把意识和潜意识区分开来，潜意识才会与意识发生冲突。在鲍德里亚看来，正是这种区分应该被解构，而弗洛伊德恰恰把这种应该被解构的东西当作原初的事实。

马克思和弗洛伊德的学说都是批判性的，马克思批判了当代资本主义经济秩序，而弗洛伊德批判了当代资本主义文明对人的本能的压抑。但是马克思和弗洛伊德都不彻底，都没有批判他们自己。他们都没有意识到，他们所进行的那些区分是错误的。他们所确立的区分恰恰就是他们思想中的症状，但是，他们却把这种症状，这种应该被批判的东西以微妙的方式作为基本的规定而确立下来。

在20世纪30~60年代的欧洲及美国，许多人都试图把马克思的思想和精神分析结合起来。这是当时的一个主导趋势，赖希、马尔库塞、弗洛姆等人都是如此。在鲍德里亚看来，这种结合是失败的。那么这种结合为什么会失败呢？这一失败的深层原因是什么呢？它们各自从经济基础和上层建筑的区分以及本我和超我的对立的基础上建立起来，两者虽然被结合起来了，但是这个相互分裂的思想框架没有变。于是这两者关系变成了一种相互支持的关系。如果它们相互"交换"自己的概念，按照象征交换的方法来交换（解构）自己的概念，那么它们就具有"彻底"的批判性质了。但是，它们都不彻底，它们都局限在原来的框架中批判资本主义。马克思的思想在工业化的资本主义时代是正确的,具有批判的力量,然而马克思并不"知道",在发达的工业化社会,工业已经没有原来的生产意义了。这就是说,马克思的思想在工业化时代是有意义的,但是,我们不能把他的思想普遍化。同样的道理,弗洛伊德的思想在他分析新教伦理以来本能压抑的范围内是有效的,但是超出这个范围就无意义了。而当时的法国学术界,拉康等人到处都套用弗洛伊德的精神分析理论。在这个时候,潜意识已经失去了原来的意义,而成为无意义的符号了。当我们把这个思想普遍化的时候,弗洛伊德思想就毫无意义了。应该说,鲍德里亚在这里的总结性论述是有价值的。在整本书中,他分析、批判了马克思、弗洛伊德、索绪尔的思想,但是,我们必须注意,鲍德里亚并没有完全否定他们的思想,而是承认他们思想的重要价值。比如,就索绪尔的理论来说,在近代社会,他对能指和所指的区分是有意义的,但是在当代社会传媒极度扩张的时候,当能指符号脱离所指(或者吞噬所指,这是一样的意思)而进行再生产的时候,能指符号就没有意义了。我们必须像对待诗歌那样来解构它们。我们的许多广告、许多宣传品、许多所谓新闻,实际上都是无意义的符号。从这个意义上说,解构的思想就具有重要意义。虽然,鲍德里亚在书中有些夸大其词,但是,其理论意义却不容忽视。

最后,他得出了自己的结论,或许,我们也可以说,他得出了全书的基本结论:无论是把马克思思想和弗洛伊德思想"综合"起来,还是用一种思想吸收另一种思想,都无法恢复它们分析和批判社会的作用,而只有彻底解构它们、超越它们,我们才能建立一个"彻底的理论"。[1] 只有这个彻底的理论才能解决资本主义社会的问题。这个彻底的理论就是象征交换和死亡理论。

---

[1] 第327页。

附录　如何走出后现代社会的困境
——评鲍德里亚的尝试

20世纪30年代以来，西方社会步入后现代社会，然而这个社会出现了众多新问题，即在生产终结基础上出现了诸多社会、政治、经济、文化问题，如何深入理解这些问题，如何解决这些问题，就成为当代人类所面对的重大而现实的任务。鲍德里亚在《象征交换与死亡》中深入分析了这些问题，并力图找出解决这些问题的方法。对于出现产能过剩的中国来说，后现代社会中的问题也以萌芽的形式出现了。因此，鲍德里亚的分析对于我们来说，也具有一定的现实意义。

一　后现代社会的困境：无处不在的"死亡"

鲍德里亚在《象征交换与死亡》中开宗明义指出了"生产的终结"这样一种特殊的现象，并在此基础上揭示了其他各种意义上的终结，比如，政治的终结、社会性的终结、历史的终结等。他把这些不同的"终结"概括在"死亡"之中。虽然，"生产的终结"是直接针对马克思主义的政治经济学批判的，但是，其中所包含的马克思主义的基本思路却是不可忽视的：从经济现象出发，来分析其他一切现象。

20世纪30年代以来，西方社会出现了生产过剩的危机。为了克服生产过剩的危机，人们就要刺激经济，比如增加固定资产的投资，刺激消费者的购买欲望，或者进行产业升级。然而，那种被刺激起来的需求果真是生活中的真正需求吗？一个人看到别人的名牌皮包就想购买这种皮包，这种被刺激起来的需求，是人的自发需求的"死亡"（这是对别人需求的简单复制）。这种需求可以被理解为"仿真"需求。从功能上来说，名牌皮包和其他皮包也没有多大差别，但是，如果为了刺激需求，为了维持生产系统，人们故意虚张声势，搞宣传，弄出一个名牌皮包来，那么这种生产就是再生产，就是为了生产而进行的生产。原来，生产的目的是满足人的自发的、偶然的需要，而现在生产不是满足人的这种需要，而是为了维持资本主义经济系统的运行。生产不是为了满足人的自发需求，而是在满足人的仿真需求的幌子下，来维持资本主义经济系统的运行。从这个意义上来说，满足人的自发需求的生产终结了，生产"死亡"了。这里出现的生产是"再生产"，是为了生产而进行的生产。

如果生产"死亡"了，那么与生产相关的工人和资本家是不是也"死亡"了呢？本来，生产出来的东西已经足够满足我们的需要了，但是为了能够保证工人的就业，社会就需要不断地"创造"就业岗位。如果这种就业岗位确实是社会需要的，那么这是有价值的；如果只是为了保证就业而创造的就业岗位，那么在这样的就业岗位上工作的人还是工人吗？如果按照鲍德里亚的术语来说明的话，那么这种意义上的工人就不是本来意义上的工人。工人在这里"死亡"了（模仿工业化大生产时代的工人，是仿真的工人）。本来资本家是要剥削工人，获得剩余价值，可是，如果资本家不是把获得剩余价值作为自己的目标，而是把社会责任作为自己的目标，比如，他要交失业保险金，他要交医疗保险金，他要承担其他各种社会义务，那么，这样的资本家不是原来意义上的资本家了。从这个意义上来说，资本家也"死亡"了。

既然生产终结了，工人"死亡"了，资本家"死亡"了，那么工人阶级和资产阶级的对立也"死亡"了。从这个意义上来说，原来意义上的政治也就"死亡"了。政治终结了，传统意义上的意识形态也终结了。[①]

如果社会是人和人结成的生死与共的共同体，那么现在这个共同体也"死亡"了。我以家庭为例来说明。家庭是社会的细胞，家庭成员之间构成了生死与共的共同体关系。首先他们在经济上相互依赖。在物质短缺的那个年代，人们之间的这种生死与共的情感更容易得到体现。在我幼小的年纪，我们家如能每天保证三餐饭就已经很庆幸了。那个时代，我们都需要借助瓜菜替代的方法来保证三餐。如果有鸡蛋吃，那就是改善生活了。而每当有鸡蛋，爸爸妈妈都保证我们兄弟吃上。每每想到这些，我们都对父母充满了感恩，眼眶中往往充满泪水。可是，今天的孩子还会有我们对于自己父母的那种感情吗？这种生死与共的情感失去了存在的基础。现在的年轻人更喜欢 AA 制。

---

① 参见拙文《政治的终结和后现代政治哲学的崛起》，《学术月刊》2013 年第 9 期。

我们的社会已经失去了社会性的联系。人不再把自己看作共同体中的成员，而看作相互竞争的对象。但是，人总是害怕失去社会性联系，总是希望在社会中得到承认。为了获得社会中的存在感，人们必须穿时装，获得名牌产品。这些东西可以立刻招来关注的目光，获得即刻的社会关注。当人们要通过穿时装、戴名表、驾豪车来获得社会承认的时候，这恰恰表明，社会已经"死亡"。这些穿时装、戴名表、驾豪车的人在象征意义上是死人，是"死亡"社会中的死人（即失去社会意义的人）。这就如同鲍德里亚挖苦现代社会中殡仪馆里打扮死人是一样的。① 我们现代社会的人都像殡仪馆里的死人，但是，我们这些死人都要打扮起来，甚至要让死人微笑，好像还与活人打招呼。从这个意义上来说，穿时装、戴名表、驾豪车都是打扮死人的方法。只有人们从社会意义上死了，他们才努力让自己死而复生。然而，无论人们怎么打扮，死人还是死人。

社会死了，与之联系在一起的就是，"人"死了。人是社会的存在物，如果社会死了，那么人也就死了。鲍德里亚是这样来理解"人"的"死亡"的，他首先对近代抽象"人"的概念提出批评。② 当我们用抽象的"人"的概念来概括所有人的时候，那么所有的人都有可能被排斥在人的概念范围之外。人是理性的动物。但是谁没有激情呢？如果所有的人都有激情，那么这是不是意味着所有的人都不是理性的人呢？即使人不是抽象的人，但是人作为具体的人还是人。当我们说人死了的时候，人的"死亡"不仅是一般抽象意义上人的"死亡"，而且是社会意义上人的"死亡"，人成为生物学意义上的人。在人和人之间社会关系终结的意义上，人死了。

在后现代社会，人是孤独的，是社会意义上的死人。但是，人都要把自己打扮起来，让自己看上去像活人。赶时髦也是打扮死人的方法。在我们的社会中几乎所有的人都追求时尚，而人们追求时尚就是为了让自己融入社会，成为社会中被接受的一员。鲍德里亚说："时尚和语言一样，一开始针对的就是社会性（从对立面看，处在挑衅性孤独中的花花公子就是证据）。"③ 如果一个人不会说话，那么这个人就无法融入社会，同样一个人不穿时装就难以融入社会。一个人穿时装，赶时髦，就是随大溜，这些

---

① 第 246 页。
② 第 175 页。
③ 第 125~126 页。

随大溜的人会有主体性吗？或许人们会说，随大溜的人也有主体性。在赶时髦的过程中，人们都不愿意跟别人一样，都害怕"撞衫"。既然这些人追求差别，就是要与别人不一样，这就是主体性。实际上，为什么赶时髦的人害怕"撞衫"呢？这还是为了社会性，还是为了让别人知道自己、关注自己。虽然人们还要差别，但是，这是故意制造差别，这种差别的背后其实是一致性。当然，这种一致性是与市场交换中的一般等价物不同的一致性（这里包含了符号政治经济学的意义）。鲍德里亚说："时尚领域之所以没有可定位的一般等价物，这是因为时尚从一开始就处在比政治经济学更形式化的抽象中，它所处的阶段甚至不再需要明显的一般等价物（黄金或货币），因为从此只有一般等价物的形式继续存在，这就是时尚本身。"[1]换句话说，时尚之中也有一般等价物，时尚之所以不要像货币那样的一般等价物是因为时尚本身就是纯形式的，就是完全抽象的东西，它比一般等价物还要抽象。时尚注重的是纯粹的形式，它是纯形式的变化。如果人们购买一个东西，不是因为这个东西有使用价值，而是因为这个东西的形式特殊，那么这实际上就是政治经济学意义上的"死亡"，是商品交换的"死亡"。本来人购买东西是为了回去使用的，但是人们在市场上却注重形式，在极端的情况下就是为了形式而购买。在这个意义上说，购买时尚的人所追求的实际上也是同一性，他失去了主体性。

当然理解前述的诸种"死亡"还要与主体的"死亡"联系起来才能得到深化。我们在理解人的时候，认为人是有意识、有理性的主体。但是，从前面的分析中，我们可以看出，人似乎没有理性。从经济学上来说，一个人购买对自己有用的东西，这才是理性的。如果人在市场上只是购买形式（比如一个人家里已经有好多皮包了，但就是因为某个皮包上多了一个符号，或者它的式样与家里的其他皮包不同，他就购买了这个皮包。他所购买的是形式，而不是使用价值），我们能说，这个人有理性吗？当然，我们也不能说这个人没有理性。他觉得购买的东西很有用（这是使用价值的延伸）。既然我们不能说这个人理性，也不能说这个人不理性，那么我们就不能说这个人是理性的主体；我们既不能说他是主体，也不能说他不是主体，我们既不能说他没有理性的统一性，也不能说他是精神分裂的人。我随大溜地购买时尚的皮包至少在某种意义上说明了我的"死亡"。

---

[1] 第122页。

而在这个意义上，我有各种各样的"死亡"，比如作为儿子的"死亡"（没有尽到儿子的责任），作为父亲的"死亡"（没有尽到父亲的责任），还有作为劳动者的"死亡"，作为资本家的"死亡"，作为作者的"死亡"，作为读者的"死亡"……我的"死亡"无处不在，甚至在我还没有出生的时候，我的"死亡"就已经存在了。在我还没有出生的时候，这个社会就已经开始赶时髦了，社会性就已经终结了。只要一个人不是把"我"孤立在生物学的有机体的范围内，那么这个人的"死亡"就有无数的形式。在这里，让我引用鲍德里亚的一段富有意义而又非常精彩的文字来说明："甚至并没有一个在确定时刻死去的主体。更真实的说法应该是：'我们自身'（我们的身体、我们的客体、我们的语言）的一些完整部位自生命开始就陷入了死亡，它们在生前就经历了服丧。因此某些部位在生前就一点点地忘记了自己——就像在布莱希特的那首歌中，上帝忘记了那个顺流而下的溺水少女：

> 上帝一点点地忘记了她，
> 先是脸，然后是手，最后是头发……

主体的同一性每时每刻都在解体，被上帝遗忘。"① 主体不是孤立的有自我意识的个人，而是社会中的"我们"，是社会性地建构起来的。生产的"死亡"，政治的"死亡"，经济的"死亡"，语言的"死亡"（不传达意义的话语膨胀），都是社会中所出现的趋势。这些所谓"死亡"，不是说果真完全终结了。如果生产完全终结了，那么人吃什么？如果语言"死亡"了，那么人还怎么讲话，人还怎么交流？所以这些"死亡"都是逐步地"死亡"。而所有这些东西的"死亡"，不是一个人自己所能够承担的责任，它们甚至在一个人没有出生之前就已经开始了。同样的道理，当我们说主体"死亡"的时候，当主体赶时髦的时候，我们能说主体彻底"死亡"了吗？我们当然不能这样说。但是他像布莱希特诗歌中的那个溺水的少女，在一点点地"死亡"。上帝（这个社会的不断进行的运动）会逐步地吞噬他的主体性，使他最终成为与其他人等同起来的人，成为可以用统计学数据来概括的"1"（在一个失去社会性的社会中，我们都是这样的"1"。当

---

① 第 227 页。

有人把我当作"1"统计的时候,那么这就意味着,我作为主体死了,作为人死了)。

在后现代社会统计学特别流行,甚至被人们看作研究社会的唯一科学方法。这就是因为,这个社会能够使人失去主体性,使人都成为"1"。比如,在西方民主制度中,作为政治主体的人死了,于是统计学意义上的"1"出现了。而且这种统计学上的预测有时特别准确。这种统计预测越准确,就越是说明,这个社会中的政治主体死了,政治"大众"出现了,如同粉丝一样的大量"1"出现了(演员特别喜欢粉丝,就如同政治家特别喜欢粉丝。因为每个"1"都是一个可以计算的门票或选票)。如果统计预测不准确,那么这就意味着,主体还没有完全死,他在一点一点地死。后现代社会中被重复生产出来的"1",就是人的"死亡",就是主体的"死亡"。而统计学的出现则表明,以统计学为基础的社会科学也"死亡"了。当人们运用统计学方法进行社会科学研究的时候,人作为社会科学家就"死亡"了。从表面上看,这种研究非常"科学",实际上恰恰是科学的"死亡"。

这些不同的终结都可以被"我的死亡无处不在"[①]这句话概括。

二 象征意义上的"死亡"

或许有人在这里会反驳说,这种说法夸大其词,充满无聊的想像。如果有人这样反驳,那么我就用鲍德里亚的说法来回答他:这里所说的生产的"死亡"、工人的"死亡"、资本家的"死亡",既不是真实的,也不是想像的,它们超出了真实、想像,而是象征性的。这种象征意义上的"死亡"到处都有。于是,我们必须分析这里的象征"死亡"。

我们知道,从生理学上来说,一个人死了,就是彻底的终结。可是,前面我们说生产终结、主体终极、社会终结、文化终结、科学终结的时候,我们说它们会慢慢死亡,不是立刻死亡,所以这种死亡很特殊。本来生产终结了,但是,人们仍然可以通过刺激经济让生产复活。所以,上面所提到的种种死亡,都不能在生物学意义上去理解,而必须在象征意义上去理解。只有在象征意义上,生与死才能够相互转换。

在现代社会,人们一般都是在生物学意义上理解死亡,但是,这也不

[①] 第 226 页。

完全排除在象征意义上理解"死亡"。比如，在现代社会，如果一个人还能够从事科学研究，我们就说这个人还仍然有学术生命；如果一个人不能进行学术研究了，那么我们就说，这个人学术生命"死亡"了。这就是象征意义上的"死亡"。当然，如果一个人又重新获得了学术生命，那么这个人就复活了。从这个意义上来说，生和死是可以相互交换的。

如果对于现代人类来说，这种非生物学意义上的生死还有某种遗存的话，那么在原始人类那里（这是不真不假的原始人类。因为鲍德里亚的研究是象征交换意义上的研究），生死都是在非生物学意义上理解的。由于原始人类没有生物学意义上的生死概念，因此对于原始人类来说，生死是可以相互交换的。鲍德里亚根据若兰在《撒拉之死》中关于秘传仪式的描述来说明原始人类的生死观。在秘传仪式中，祖先的群体"吞下"申请接受秘传的年轻人。这些年轻人为了再生而"象征"地死去。这里所说的"象征"的意思是，一个人以自己的"死亡"为赌注而与其他人建立社会关系，当一个人可以把命送给另一个人，那么这个人就和另一个人建立生死与共的社会关系。一个人的"死"同时也就是这个人在社会中的"生"。如果一个人为了社会而进行"死亡"冒险，那么这个人必然在这个社会中获得永生。这是一种象征意义，只能在社会的意义上理解。因此，鲍德里亚说："秘传仪式是在原来只有自然事实的地方建立一种交换：人们从随机的、不可逆的自然死亡，过渡到一种馈赠与接受的死亡，因此这是可以在社会交换中逆转的、可以在交换中'溶解'的死亡。"[①] 人死不能复生，这是一种自然事实，是一个自然规律。但是，如果不是从孤立的生物学意义来理解"死亡"，而是从象征意义来理解，那么人的"死亡"就不是一个自然事实，而是一个社会事实。既然人的"死亡"不是一种生物学意义上的"死亡"，而是社会意义上的"死亡"，那么社会意义上的"死亡"就是可逆的，是可以被溶解的。比如，生产的终结就是生产的死亡，但是这种死亡，在象征交换中被溶解了。于是，生产的终结也可以象征着生产的"繁荣"。因此鲍德里亚在这里强调，在原始人类那里最关键的要素是秘传仪式，而这种秘传仪式实际上就是一种社会关系。生产的终结象征着生产的繁荣，这种现象只是在后现代社会才被理解。这是一种"社会关系"。

① 第185页。

如果我们从社会关系的角度来理解"死亡",那么这种"死亡"确实是可逆的。比如,我们常常说,某个英雄人物为了民族的利益牺牲了。他在生理上死亡了,但是在社会意义上他获得了永生。当我们说他死而复生,这当然不是自然事实意义上说的,也不是个人的想像的结果,这是一种"社会关系"。如果这种社会意义上的死而复生不是自然的事实,不是真实的,同时又不是想像的,那么它就是"社会关系"。从鲍德里亚的角度来说,象征"是一种交换行为和一种社会关系,它终结真实,它消解真实,同时也就消解了真实与想像的对立"①。在象征的意义上生死是可以相互转换的。然而,我们必须记住,这种象征意义上的转换只能在社会的意义上发生。当然,在这里,我们也可以倒过来说,在社会生活中所发生的生死都是象征意义上的,而不是生物意义上的。因此,当我们说生产的"死亡"、社会的"死亡"、人的"死亡"、主体的"死亡"时,这都是在一定的社会意义上说的。我们不能脱离一定的社会条件。只是在后现代社会,这些死亡现象才出现,而且这里的死亡都能够死而复生。这里所说的死亡,既不是想像的,也不是真实的,而是象征的。生产的死亡等确实存在,不是想像的,但是也不是完全真实的。如果生产真终结了,我们还有饭吃吗?

既然人是社会存在物,而人的"死亡"都是象征意义上的"死亡",那么我们就不能从生物学意义上理解一个人的生死,而要从社会意义上去理解。从生物学意义上说,一个人可能是生的,但是从象征意义上说,一个人可能以各种不同的方式死了。如果一个人的生命只有生物学意义上的细胞分裂,只有时间的无限积累,那么这种生命就象征着"死亡"。有时,我们在报纸上看到,某个老人死了很久都没有人知道,于是,我们似乎可以说,他的生没有获得社会意义,只是一种时间上的积累,就象征着死;而只有他的死引起了社会的关注,并在报纸上被宣传了,他的死反而象征着他的生:他又在社会中复活了。然而,人类长期以来过于孤寂,总是生活在自己的狭隘范围里,只是从生物学意义上理解自己的生死。为此,鲍德里亚说:"对我们这些有性生物而言,死亡也许并不是虚无,而仅仅是有性化之前的生殖方式。其实,无限链条上的模式生成与原生动物的繁殖

---

① 第 186~187 页。

相似，与有性繁殖相反，对我们而言，有性繁殖与生命混淆在一起了。"①人类是有性繁殖的生物。我们把有性繁殖和生命等同起来了。如果我们一定要从生物学意义上理解死亡，那么人只要能够进行有性繁殖（真正有创造性），那么人就有生命。如果这种理解是正确的，那么假如人按照无性繁殖的方式来再生产自己的生命，那么，这就是"死亡"。比如，人如果被按照基因技术复制，那么这个人就是死人。不过鲍德里亚还不是从这个意义上来反对现代生物学中的基因技术，他是从社会意义上去理解这个生物学事实。生物界无性繁殖的方式就是细胞的分裂，就是同样或者类似（如果发生突变）东西的简单重复生产。如果人进行同样或者类似东西的重复生产就是"死亡"，如果一个人每天都是完全无意义地重复前一天的生活，那么这个人就是死人了。比如，在生产线上的工人，每天都在生产线上重复前一天的工作，他像机器一样，从象征的意义上来说，他就"死亡"了。同样当一个学者每天都生产类似的东西，那么他也"死亡"了。当然如果他离开了生产线，而进行其他各种社会活动，那么他又复活了。这是社会意义上当然也是象征意义上的复活。而再生产就是生产的重复，当机械化生产走向极端的时候就出现再生产，就出现生产过剩，就出现生产的死亡。

人们会质问，你说"死亡"是细胞的分裂，是重复性东西的再生产，可是，人们在赶时髦的时候，都有差别，这不是与你所说的那种细胞分裂不同吗？是的，我们应该承认，有时候，细胞在自我分裂（再生产）的时候也会出现突变，但实际上突变也是细胞分裂中的现象，也是重复再生产的一个部分。在这里，我用学术再生产来加以说明。我们知道现代社会中的学术也是大规模、大批量地生产出来的，这些大规模、大批量生产出来的学术超出了社会的需要。这就如同生产出现过剩一样。当生产出现过剩的时候，社会就要生产"时尚"的东西，同样，当学术出现过剩的时候，学术研究就要有时尚的东西，这就是学术时尚。在学术时尚中，人们也要创新。这就如同时装中所出现的新式样一样。学术时尚也不断地在学术研究中进行形式上的创新。实际上无论怎么进行形式上的创新，其实质都是一样的，都是一种复制。现在，我们经常要核查学生是否抄袭，其方法是用计算机来核查。实际上，这个方法根本没有用。过去那种完全的抄袭是

---

① 第97页。

机械化大生产时代的产物，现代学术研究中的抄袭则是以"创新"的形式出现的。有时候这种抄袭很特别，它以批判对手的形式出现。这就如同时尚中故意制造对立，与政治选举中故意制造对立是一样的。如果甲写了一篇文章，乙就故意制造对立，批判甲。实际上，两者表达的几乎是一样的意思。这就如同政党斗争中，一个偏左，一个偏右，但实质上两者之间几乎没有差别。但是，为了选举的需要，人们就制造了差别。这就如同有人批评媒体上某个画面，说它太色情了，于是，在画面的某个部位加上了马赛克。试问，加上了马赛克就不色情了吗？色情批判和色情不是一个意思吗？由此，我们可以说，"细胞"的突变并没有改变细胞分裂的基本特点。无论怎么突变，再生产的性质没有变，"死亡"的基本性质没有变。

三 "死亡"表演的自我欣赏

如果后现代社会的问题就是到处都出现的"死亡"，而且人们一看就知道这些东西都"死亡"了，那么这就好办了，人们只要把这些死亡的东西扔掉，就可以了。可是，后现代社会的困境不仅仅是因为这些东西都死亡了，而且还因为这些东西都会死而复生。比如生产都死亡了，但是人们不会认为生产死亡了，而是认为它很繁荣。这就是说，生产死亡了，但是它还能死而复生。更可怕的是，它不仅能够死而复生，而且人们还会对这些死亡的东西欣赏不已。

本来生产终结了，而再生产就是生产的"死亡"，也是生产的复活，是生产的缓慢"死亡"，但在不断消费刺激之下，在不断扩大需求的刺激下，人们会进一步购买类似于时装一样的东西，这从表面上会造成经济的繁荣，而这种繁荣犹如殡仪馆里被打扮起来的死人。为此，鲍德里亚说，西方发达社会"按照国际销售学的最纯正法则，高水准地、面带微笑地'设计'死人"[1]。当经济起死回生的时候，我们都高兴了。换句话说，我们喜欢这样的缓慢"死亡"，我们欣赏这样的缓慢"死亡"。

现在需要进一步解释，人会欣赏自己的"死亡"。在当代社会，主体死了，这就意味着，人不是统一的主体，不能用近代哲学的意识主体来理解。人有许多不同的自己（当然用数量说也不对，这好像是说人自我分裂了。其实人没有自我同一性，也没有分裂），用鲍德里亚的话来说，人有

---

[1] 第 256 页。

自己的化身、影子、幽灵、影像,这都是人自己的一部分。① 而这些化身、影子、幽灵、影像等都是人的对话伙伴。人是一个复杂的存在物,甚至不是自己身体一部分的东西也属于人自己。否则,我们就不能说,我们的许多东西在我们还没有出生时就已经死去(只要我们不是把自己孤立在生物学的意义上理解,人的这种无数自我就可以理解)。当我们不是从孤立的生物学意义上理解自己的时候,当我们承认自己有无数的我的时候,那么我们就可以如同在镜子中看到自己一样,我们可以看到自己的其他存在形式。我们中国人常说,文如其人。我的文章就是我自己的一部分,我看到我的文章,那么我就看到了我自己。

当然,人们会说,我写文章的时候,我是在表演。这种表演的我不是真正的我,这是我的自我分裂。只要我们承认人没有自我同一性,那么我们就必须承认人没有自我分裂或者自我异化。只要你写文章,你就必须把文章看作你自己的一部分。因为,这个时候,人已经无法区分自己是在表演,还是在研究。同样的道理,当生产终结的时候,我们就无法区分表演和真实的生产。在这里,我要引入鲍德里亚关于超级现实主义的论述来加以说明。在生活中,我们会去剧院看戏,而剧场都有舞台和观众之间的区分,演员在表演,我们在观看。在这里,我们可以严格地把表演和生活区分开来。因为这里有舞台和观众的严格区分。但是,当我们去看戏的时候,如果这个剧院没有舞台,没有演员和观众的区分,那么我们就不知道自己是观众还是演员了。这就是鲍德里亚所说的"整体剧院"②。这是没有舞台和观众区分的剧院。如果这种情况发生在剧场里,那么我们还是知道,这是剧院,只是我们无法把演员和观众区分开来而已。如果剧院没有了,而整个社会都是剧院,而这就是一个"整体剧院",我们在其中既是演员,又是观众,我们已无法区分自己究竟是演员还是观众。我们自己在表演/生活,自己观看。在后现代社会中所有的人都处于这样一种超级现实主义的状态中。

本来,当生产不能满足我们需要的时候,我们的生产是为了满足需要。而当生产出现过剩的时候,我们为了维持生产而进行生产。在这里生产的目的变了,生产不是为了满足需要,而是为了生产而生产。如果生产

---

① 第198页。
② 第95页。

确实是有目的的生产，那么这当然不是表演，但如果生产就是为了生产本身，那么这种生产就不是真正的生产，而具有了表演性质。人的生产就像舞台上演戏一样。为此鲍德里亚说，这个时候的生产就有了审美的特点，政治经济学进入美学阶段。[①] 这种生产具有无目的的目的性（康德）。本来，这个生产是具有表演性质的生产，但是这不是在舞台上的表演，而是生活中的现实。如果生产是表演，消费是表演（我们购买时装是为了吸引眼球），如果一切都是表演，那么我们社会是不是就成为一个"整体剧院"了？但是，这里没有剧院，到处都是生活/表演，而且这种生活甚至比真实的生活还要真实。在生活中，我们看到别人穿时装，我们自己也穿时装，而且所有人都穿时装。用鲍德里亚本人的话来说，时尚具有不可颠覆性。[②] 颠覆时尚的东西也会成为时尚。而时尚本身就是表演性质的，我们都穿时装，我们都在表演。当然我们也可以说，我们都没有表演，我们都在生活。生活和表演已经无法区分。这就意味着，我们的生活进入了一个超级现实主义状态。我们既是观众又是演员，我们自己观赏自己的表演。

让我们再回到前面的分析。前面说过，人有无数自我，这就意味着，人可以自己看到自己，而我们的生活是处于一种超级现实主义状态，或者说，我是处于表演状态。那么这就意味着我自己可以看到自己的表演。在前面的论述中我已经指出，人的"死亡"无处不在。人看到自己的表演，实际上也就是看到自己的"死亡"。不过人把自己的"死亡"打扮起来了，好像没有"死亡"，好像是活人。生产终结了，我们进行再生产，我们进行的是生产的"死亡"表演。社会终结了，我们所进行的是社会的"死亡"表演。我们穿时装，打扮自己，就是一种"死亡"表演。我们自己看到了自己的"死亡"。为此，鲍德里亚说了一段非常难以理解的话："每个人都已经从技术角度掌握了自身生命的即时再生产，图波列夫飞机上的那些飞行员在掉进布尔热湖时，大概在他们的摄像机上看到了自己的现场死亡。"[③] 1973年，苏联飞机设计专家图波列夫所设计的飞机在巴黎航展上失事，飞行员掉入布尔热湖。鲍德里亚从超级现实主义的维度来理解这个事件。人们设计这种图-144型飞机究竟是为了什么呢？这果真是生活所需

---

① 第42页。
② 第133页。
③ 第99页。

要的吗？这种飞机的生产不过是为了达到苏联和美国在军事上的平衡，是表演。这是生产"死亡"的表现。当我们的社会在进行生产的时候，而这种生产不是为了满足生活的需要，而是为了生产而生产，那么，这就如同摄像机所进行的复制。在这种复制中，每个从事再生产的人都可以看到自身的"现场死亡"。

当然，我们可以设想，一个人如果真的能够像看到别人"死亡"那样看到自己的"死亡"，那么这个人不会感到快乐。但是在超级现实主义状态中，人却会享受自己的"死亡"。这是因为，本来他进行"死亡"表演，但是，他却不认为自己在做"死亡"表演。他认为自己在生活，他把自己打扮得像活人。而且超级现实主义状态中的"死亡"是慢慢地"死亡"，而不是暴死。所以人无法理解自己所进行的"死亡"表演。人在自己的时装表演中获得一种特殊的快感。为此鲍德里亚引证了本雅明的一句话："人类的异化达到如此的程度，以至人类今天可以将自身的毁灭当做最大的美学快乐来体验。"[①] 鲍德里亚把这种快乐称为"美学的反常快乐"。显然，这是极其反常的快乐：一个人在看到自己的"死亡"时感到快乐。而这种审美快感包含了"法西斯主义的形式"[②]。这或许可以用来解释，法西斯主义者为什么看到"死亡"时会获得一种快感。

不过作为一个学者，我有时也能够理解这种反常的快感。如前面所指出的，在当代学术研究中，形式上的创新越来越多，而这种形式上的创新，就是学术的"死亡"。然而，学者们对于自己所进行的形式上的创新却常常怡然自得，他们还经常把自己所写的文章挂在口头，向别人炫耀。实际上，这就是"死亡"表演，而且是自己欣赏自己的"死亡"。其他人也一样，对于这种死亡表演，兴奋不已，他们也欣赏，学习研究。

在后现代社会，我们人类正在进行"无意义"的生产，这些"无意义"的生产被看作非常有意义。这就如同人购买时装一样，她购买了"无意义"（象征意义上的无意义/有意义）的东西，但是对这个无意义的东西，她却非常陶醉和欣赏。下面这幅画很好地表现了这种"死亡"表演的自我欣赏。

---

① 第264页。

② 第264页。

李群力《自画像 No.15》布面油画 152.5×122m 2009

四 政治经济学上的"死亡"

本来，在后现代社会到处都出现了各种"死亡"，但是，人们不仅不认为这是死亡，而且由于象征交换的现象存在着，人们把这种死亡转化为生活，进而欣赏这种生活。不仅如此，人们还想尽一切办法阻止这种死亡。后现代社会的象征"死亡"具有原始人类那种象征"死亡"的一些特点，并且，对于这种象征死亡，我们现代人也能够在一定程度上理解。尽管如此，后现代社会的这种象征"死亡"与原始人类的死亡还是有很大差别的，其中最核心的差别就是现代人类所出现的这种象征"死亡"包含政治经济学的原则，这是具有政治经济学意义的象征"死亡"。为什么这么说呢？在生产的终结中，人们进行再生产，而这种再生产是按照政治经济学原则展开的。这就是说，人们在进行再生产的时候，仍然认为，这种生产是符合政治经济学原则的，仍然是按照市场交换以及使用价值生产的方式进行的。这种按照政治经济学原则所进行的生产，延缓了生产的终结，是生产的缓慢"死亡"。比如，当购买时尚衣服的时候，他所购买的是形式，但是购买衣服的人不会说，自己就是购买了形式，没有质料，形式何以存在呢？显然，他购买的是具有新形式的衣服，具有使用价值。他完全按照政治经济学的原则来购买。从象征的意义上来说，他所购买的衣服的使用价值已经"死亡"，但是，这不是使用价值的完全"死亡"，使用价值仍然在这里苟延残喘，它只是缓慢地"死亡"。

如前所述，各种象征"死亡"都包含政治经济学，都是缓慢"死亡"。一个人驾豪车，戴名表，穿时装，固然会受到别人的关注，固然会得到别人的承认。这里有政治经济学原则在起作用，在我们的社会，一个人得到社会的承认是按照政治经济学原则来实现的。社会关系并没有完全死，它是缓慢地"死亡"。人们力图用政治经济学的原则来维持这种社会关系。学术"死亡"也是如此。在今天的学术界，人们之所以热衷于学术表演，就是因为，只有通过学术表演，人们才能够得到承认。而人们之所以热衷于得到别人的承认，又因为人们不仅要确立自己在学术"武林"中的权威地位（这也有政治经济学的含义），而且还有经济上的回报。只要政治经济学原则在学术领域发挥作用，学术的繁荣（也可以说是缓慢"死亡"）就可以得到保障。我们甚至可以说，在政治经济学原则的推动下，学术越"繁荣"，学术的"死亡"就越快。

按照我们前面的分析，人的象征"死亡"无处不在，但是后现代社会努力阻止这种"死亡"，让它们按照政治经济学原则缓慢"死亡"。为了不让社会关系"死亡"，人们就需要表演，比如，需要父亲节、母亲节、情人节时的表演。特别有意思的是情人节，家庭中的夫妻关系，那种生死与共的关系解体了，人们需要用情人节来维护。大概只有在情人节那一天，人们才想起来，夫妻之间是情人。更为滑稽的是，有时情人节是专门用来解构家庭中的夫妻关系的，夫妻关系解体了，人们需要用情人节来延缓这种社会关系的"死亡"。反过来说，这些所谓节日恰恰是社会关系"死亡"的标记。我们的社会到处都会出现延缓、阻止"死亡"的机制。经济中刺激需求就是一种阻止死亡的机制。鲍德里亚在《象征交换与死亡》中，特别是在"政治经济学与死亡"那一章里从多个不同的维度分析了我们社会中各种阻止"死亡"的机制。我们的社会一定要让人自然"死亡"，而不允许非自然"死亡"。在鲍德里亚看来，如果一个人只能自然"死亡"，如果人的生命只是被理解为时间的积累，那么这种生命就类似于"死亡"。这种自然"死亡"甚至变成一种个人对社会承担的义务，成为社会对个人的要求。在鲍德里亚看来，这样的"死亡"，"是政治经济学系统特有的死亡"[①]。这些话的言外之意是，现代资本主义社会的生产已经终结，只是在

---

① 第 231 页。

苟延残喘，但是，人们不愿意终结这个再生产体系，一定要想办法保证这个系统的运行。为了能够保证这个体系的运行，人们要刺激再刺激，积累再积累。阻止这个系统的"死亡"，是每个人的义务。比如说，本来一个人家里生活各方面的条件都非常好了，但是为了保证社会经济系统的运行，人们会说，玉石收藏具有价值增值的作用。大家都开始收藏玉石了，于是家庭变成了"博物馆"。而博物馆常常是收藏死人的，比如木乃伊。我们为什么要把家庭变成博物馆呢，把自己变成"木乃伊"？鲍德里亚说："我们的整个技术文化创造了一种人为的死亡环境。"[1] 我们就把自己置于这种"死亡环境"中。这些收藏的东西有多少实际的使用价值呢？没有，但是大家都收藏。大山都被炸开了，植被都被破坏了，用这样的方法来保证经济的运行，与人类的自杀有什么差别呢？然而，我们的经济系统不允许自杀。鲍德里亚说："对自杀的禁止与价值规律的出现是一致的。不论宗教、道德还是经济，言说的总是同一个规律：任何人都无权削减资本和价值。"[2] 生命是一个人的最后资本，自杀就是消耗自己的最后资本。这里的意思，无非是说，我们一定要按照经济学原则保证社会经济的运行，而保证经济运行的一个主要借口就是要保证我们每个人的安全。正如我们每个人越是要保证自己的安全就越是要用各种东西保护自己一样，就像我们在开汽车的时候那样，"司机在安全带等各种安全标志中变成木乃伊"[3]。为了保证生命的安全我们必须把自己束缚起来。同样为了保障经济的运行，我们必须把自己"束缚"起来，必须按照社会流行的时尚进行购买。把自己变成"木乃伊"已经成为我们的责任和义务了。我们必须不断地生产，不断地购买，以确保经济安全。于是，我们不断地积累，不断提高技术水平，提高安全的保障水平。然而这些安全的保障恰恰产生了许多危险。鲍德里亚说："全部物质生产都只是一副巨大的'个性盔甲'，人类希望以此威胁死亡。当然，其实是死亡本身悬置在人类之上，把人类封闭在他们以为可以保护自己的这副盔甲中。"[4] 这个盔甲是容易老化的，是容易磨损的。人类把自己置于巨大的危险之中。今天的环境危机、战争危机已经充分表明，人类越是仅仅从经济的角度让自己安全，人类就越是处于危

---

[1] 第253页。
[2] 第250页。
[3] 第252页。
[4] 第253页。

险之中。鲍德里亚说:"一种生产牢固的产品和好东西的经济是难以想像的:经济只能通过分泌危险、污染、磨损、失望、困扰而发展。经济只能依靠自己在物质生产中维持的这种死亡悬念而生存,只能通过更新已有的死亡储备而生存。"① 人们为了保证经济的运行,要不断地制造死亡威胁,或者更新死亡储备来保持经济的运行。比如,人们说,现在水污染严重了,所以家家要购买水净化设备,几乎要把自来水厂搬到家里。如果每家每户都有一个自来水厂,那么经济无疑会得到巨大的发展。然而生产这些设备不会造成污染吗?现在环境污染很严重了,家家都要购买空气净化设备,于是生产又得到维持。但是,生产这些东西难道不产生污染吗?人类越是要消除"死亡"威胁,"死亡"威胁就越是要不断地困扰人类。于是,在这里,我们又能够进一步理解人为什么会欣赏自己的"死亡"。只有这种政治经济学上的"死亡"威胁不断被制造出来,社会系统才能进一步运行,经济系统才能运行。我们必须不断地夸大"死亡",渲染"死亡",把更多的"死亡"威胁制造出来。汽车制造商就喜欢宣传交通事故,只有交通事故被宣传了,汽车的升级换代才更快。医药商特别喜欢宣传各种疾病的产生和死亡的原因,这样他们就可以更好地推销产品,他们期望人人都吃药,天天都吃药。只有"死亡"威胁被再生产出来,医药系统的再生产才能维持下去。医疗系统成为生产"死亡"而又消费"死亡"的行业。为了能够再生产,必须制造"死亡"威胁,创造"死亡"环境。人被放在"死亡"威胁环境中生存。这是再生产所需要的。正因为如此,鲍德里亚挖苦说,在当代社会"死亡"已经"功能化"了,甚至成为供人消费的消费品。② 人类今天居然滑稽到要欣赏"死亡",消费"死亡"!

既然这些安全保障并不能真正地保证人的安全,而只是"死亡"威胁的不断翻新,那么为什么人类会如此热衷于保障生命,这是不是因为人类越来越人道了?越来越重视生命的价值了?不是。在后现代社会,我们经常看到这样的现象,人们常常不惜一切代价抢救畸形胎儿,不惜一切代价延长"死亡"时间,进行器官移植,如此等等。鲍德里亚问,这是科学的目的吗?不是,因为科学不能让人不死。如果科学果真以为自己有如此的能耐,那是"科学的妄想"。那是因为经济的原因吗?也不是。③ 不惜一切

---

① 第 253 页。
② 第 248 页。
③ 第 247 页。

代价让垂死的人多活几个小时,这也没有多少经济效益。那这是为什么呢?这就是为了"死亡"控制,为了社会控制。如果我们仍然从象征意义上来理解这里的论述,那么我们可以看出,当社会系统用"死亡"来威胁人,从而维持经济系统和社会系统运行的时候,主要还不是为了利润,不是为了剩余价值(这个问题,我在分析再生产时已经多次论述了。在当代资本主义社会,资本主义系统不是为了剥削工人获得剩余价值而维持这个系统,在西方高福利国家中应该说,这是有一定的道理的)。这些发达的经济系统防止经济系统的危机和"死亡",恰恰是为了对人进行控制。它要把人纳入这个按照政治经济学体系运行的秩序中。

在这里,鲍德里亚从系谱学的角度用历史上人们对待战俘的方法来说明这里的问题。在古代社会,人们最初直接把战争中的俘虏处死了,后来,人们不处死俘虏,而让他们成为奴隶。鲍德里亚认为,从系谱学的角度来说,虽然俘虏被处死了,但是他们还有战士的尊严,而当他们被保留生命的时候,他们就沦为奴隶。奴隶也不是不死,奴隶在劳动中缓慢地死亡。[①] 从象征意义上来看,无论是延迟"死亡"还是"暴死",总归是死。与其做奴隶屈辱地死,还不如暴死。因为,如果立刻"死亡"的话,人还能有一个英雄的美名。当然,这都是鲍德里亚隐喻的意思。他当然不是要人从生理上立即自杀,而是不要参加劳动,像奴隶那样受控制。发达资本主义社会的再生产系统,不是为了人的福利,而是为了控制人而运行的。当这个社会通过机器系统所生产的东西超出满足人的需要的时候,这个社会仍然要努力让机器系统运行。它让机器系统运行,但是这并不完全是为了提高人的生活水平。比如,生产的那些时尚品,人们所购买的那些符号,人们储存在家里的那些玉石。但是社会还是努力生产这些东西,这就是要让人成为劳动者,成为机器系统中的螺丝。在这个系统中资本家也不完全是为了剥削工人,这种生产系统已经变成了对人的控制系统。从这个意义上说,人成为这个控制系统中的"木乃伊"。从政治上来说,在当代资本主义社会,政治已经终结,但是人们努力让政治系统运行,让人处于政治系统中。虽然个人的选票与政治是否民主没有多大关系,但是只要人们参与这个系统,人们就承认它的合法性,就接受这个系统的控制。正如经济系统会生产那么多无用(有用)的东西一样,学术系统也会生产许多

[①] 第 54 页。

貌似有用实际上却毫无用处的东西。虽然人们在学术研究中，只是进行无意义的符号生产，但是，只要人们参与符号系统的生产，那么人们就接受这个符号生产体系的控制。至于人们生产出来的东西有没有用，有没有价值，这毫无关系。

这里，鲍德里亚提出了一个很深刻的理论问题，是不是在生产极大发展、物质条件极大丰富的时候，人就果真自由了？

五 缓慢"死亡"还是"暴死"

按照鲍德里亚的看法，政治经济学既要阻止"死亡"，又要对"死亡"价值进行积累和无限再生产。它之所以要阻止"死亡"，排斥"死亡"，是因为它要用政治经济学的原则来控制人。为此，它要用"死亡"来威胁、吓唬人，要对"死亡"价值进行积累和再生产。然而在政治经济学原则下被控制的人在后现代社会象征着死人。如果人的生命成为再生产意义上的时间积累，那么这实际上就类似于"死亡"。为此，鲍德里亚认为，要想突破政治经济学原则的控制，人就要采用巴塔耶的那种反政治经济学的原则。政治经济学主张积累和再生产，那么反政治经济学的原则就要耗费、就要毁灭。这就是即刻的"死亡"。鲍德里亚说："只要稍微注入一点死亡，就会立即造成一种过度和一种双重性，以致整个价值游戏都会崩溃。"[1] 在发达资本主义社会，生产终结了，政治终结了，社会终结了，等等，但是其中仍然包含了政治经济学意义上的积累和生产。这个系统要努力维持政治经济学的原则。如果我们把这种终结稍微往前推一点，或者说，如果我们"稍微注入一点死亡"，那么按照符号政治经济学体系运行的系统就会"死亡"，也就是"整个价值游戏"就会崩溃。在鲍德里亚看来，在巴塔耶的作品中，"死亡"就是被理解为"过度与过剩"[2]。那些购买时尚品的人就是一种奢侈消费，但是，他们奢侈得还不够，还没有到达极点。因为他们的奢侈中还包含了政治经济学的原则，而鲍德里亚主张把这种奢侈消费推向极端。对于鲍德里亚来说，"只有奢侈而无用的消耗才有意义——经济则没有意义"[3]。

那么这种奢侈而无用的消耗为什么会有意义呢？鲍德里亚从两个方面

---

[1] 第219页。
[2] 第219页。
[3] 第221页。

来说明。第一个方面是说,在发达资本主义社会体系中虽然到处都有"死亡",到处都有"死亡冲动",但是,这种"死亡"冲动仍然有弗洛伊德所说的那种"死亡"冲动的特点。这种"死亡"冲动不够彻底,还包含了政治经济学的原则。鲍德里亚说:"死亡在潜意识中的这种深化与统治系统的深化是完全一致的:通过对劳动和生产的大规模压制性动员,死亡同时成为我们社会组织的'精神运作原则'和'现实原则'。"① 这就是说,本来生产终结了,但是这个系统还是把人调动起来,进行再生产。这是对劳动和生产的大规模的压制性动员。这种"死亡"冲动之所以不彻底,就是因为它是要让生产慢慢"死亡",让社会慢慢"死亡",让政治慢慢"死亡"。这里还是保存着阻止"死亡"的社会机制,它还是像弗洛伊德那样把生命冲动和死亡冲动当作两个完全对立的东西。它要让生命冲动阻止死亡冲动。而鲍德里亚认为,生命和死亡本来就是象征交换的,只有"死亡"才能象征地复生。生之中就包含了死,生命不能排斥"死亡",生命如果排斥了"死亡",那么生命就没有意义了。为此,他说:"死亡决不是生命的缺陷,而是生命本身的期待。"② 生命期待"死亡",只有"死亡",生命才真正有意义。对于鲍德里亚来说,只有把象征交换意义上的"死亡"推向极端,生命才能真正有意义。否则,这种生命就只能是"死后的生存"③。鲍德里亚所要表达的意思是,既然后现代社会中的生产包含了无意义的生产,那么我们为什么不拒绝这种生产呢?我们应该彻底拒绝它,而不是让它苟延残喘。第二个方面是说,只有彻底的象征交换才能给人带来快乐。在生活中,儿童进行游戏,这种游戏既不是要在经济上有输赢,也不是要表达意义,只是进行无意义的耗费,只是体力或者时间上的耗费。这种游戏是真正给人带来快感的游戏,而成人的游戏(如赌博)是具有经济意义的游戏,没有真正的快感。现代资本主义社会的各种活动就具有成人游戏的特点,没有真正的快乐。许多活动都是像购买时尚品那样的符号性活动。而这种活动表面上有意义,表面上给人带来快感,但是,这种快感含有政治经济学意义,很像成年人的赌博游戏。如果没有价值上的输赢,那么我们就可以获得真正的快乐。我们要像儿童那样玩游戏。

在《象征交换与死亡》的最后一部分,鲍德里亚讨论诗歌为什么能够

---

① 第 209 页。
② 第 220 页。
③ 第 178 页。

给人带来快乐。他把诗歌与弗洛伊德所说的笑话相比较。弗洛伊德认为，人的本能受到压抑，要把这些被压抑的东西释放出来，人们要走很多弯路，比如艺术上的升华。而笑话就不一样，"笑话通过捷径和短路更快地走向自己要说的东西"①。这就是说，笑话以更加经济、更加省力的方法把本能表达出来，所以笑话能够给人带来快感。鲍德里亚反对这种说法。他认为，快感与经济没有关系，相反快感是反经济的。他认为，快感只能来自"取消能量和目的性的过程"②。好的诗歌之所以给人带来快感，就是因为好的诗歌消解了一切意义。它就是无目的的符号游戏，像儿童的游戏一样。这就是说，虽然资本主义社会也玩生产的游戏、政治的游戏，但是其中仍然包含了政治经济学，所以，这些游戏没有真正的快感。从生活上来说，本来许多时尚的东西都是表演，如果你与其他人一起表演，你要按照政治经济学原则跟他们一起游戏，那么这种游戏不能给你带来真实的快感。相反，如果你把它彻底当作游戏，你看到这些无聊的游戏，感到好玩，那么你就会有真正的快乐。

那么彻底解构资本主义体系的方法有哪些呢？在前面的分析中，我们已经指出，在资本主义社会，"死亡"无处不在，政治、经济、社会、文化等都"死亡"了。这就意味着，这些类似的政治、经济、社会、文化活动都是无意义的，但是它们看起来似乎是有意义的。这就好比说，这些活动都是一些象征性的符号，这些符号看上去很有意义，实际上毫无意义。因此，在对待这些符号的时候，我们应该把它们当作彻底无意义的符号。这就是说，这些话语好像是诗歌，许多人都以为，这些诗歌表达了意义，人们都试图用语言学规则来理解诗歌，认为诗歌表达了意义。其实，好的诗歌是彻底的反语言学规则的。鲍德里亚说："好诗就是没有剩余的诗，就是把调动起来的声音材料全部耗尽的诗。"③ 这些好的诗歌是"作为价值毁灭的诗歌"④。如果说，现代发达资本主义的符号活动是在吟唱诗歌的话，那么它所吟唱的就是"坏诗"，而鲍德里亚要吟唱"好诗"。要让这些"坏诗"变成"好诗"，就要彻底耗尽这些诗歌中所剩余的意义。

---

① 第 308 页。
② 第 309 页。
③ 第 276 页。
④ 第 273 页。

从鲍德里亚的论述中，我们也可以看到他所提出的具体解构方法。针对当代资本主义社会所出现的再生产状况，鲍德里亚认为，如果人们还是采用经济学的方法来罢工，要求提高工资，改善工作条件等，那么这样的罢工是无效的。因为，在他看来，当代资本主义社会已不把剥削工人作为目标了，而是把控制工人作为目标。因此，即使提高工资，工人也无法改变自己受控制的地位。工资提高了，工人也不会快乐，而只是继续做"奴隶"，等待缓慢的"死亡"。与其那样缓慢"死亡"还不如即刻"死亡"，彻底不干活了。因此，如果要罢工，那么工人也不能按照经济学原则来罢工，而是要为了罢工而罢工①，进行一些罢工的游戏。今天去上班，明天罢工，罢工没有目的，就是闹着玩。这就有点嬉皮士的味道了。如果我们把这样的嬉皮士说成经济"嬉皮士"的话，那么政治上、文化上的斗争似乎也可以按照类似的方法来进行。既然西方的民主政治是虚假的（政治的终结），是玩政治游戏，那么我们也玩政治游戏，把它玩到底。既然我们的学术活动已经变成了学术游戏，那么我们就把这种游戏玩到底。鲍德里亚鼓励人们都成为政治"嬉皮士"、学术"嬉皮士"。

那么这样一些类似于嬉皮士的做法有效吗？鲍德里亚认为，这是有效的方法。因为发达资本主义本身已经超越了政治经济学，它是按照符号政治经济学的原则运行的，而符号政治经济学的原则超越了政治经济学。现在，摆在我们面前的任务是超越符号政治经济学。如果我们把符号政治经济学的原则推向极端的话，那么符号政治经济学的原则就被超越。这就如同手工业时代的资本主义把生产推进到机械化大生产，而工业化资本主义把机械化大生产推向极端，就导致了再生产，把政治经济学原则推向极端就导致符号政治经济学。他引用威尔顿的话来说明自己颠覆资本主义的思路："任何对一个系统持有异议或进行颠覆的因素都应该属于一种更高的逻辑。"② 他说，这个更高的逻辑就是"死亡"。在他看来，"必须用死亡来反对死亡——这是彻底的重言式"③。

那么政治经济学和符号政治经济学的关系如何呢？只有理解了符号政治经济学，我们才能超越符号政治经济学。我们前面说过，在后现代社会

---

① 第33页。

② 前言，第4页。

③ 前言，第6页。

中也存在着象征交换。比如，一个人花1万元购买了一个名牌皮包，这个皮包与1000元的皮包在质量和功能上几乎完全一样，只是式样不同而已。他花9000元购买这个皮包的式样。这完全违背了政治经济学的等价交换的原则。这就是象征交换。但是人们还是会购买，为什么呢？其中还是有经济学的意义。这是一种符号政治经济学的意义。我们知道一个符号包含了两个维度的意义，一个是所指的意义，一个是结构的意义。这就如同商品有两个维度的价值即使用价值和交换价值一样。商品的使用价值相当于符号的所指意义，而商品的交换价值相当于符号的结构意义。当人们购买商品的时候，只是注重商品的交换价值，那么人们所关注的就是符号的结构意义。人们之所以购买名牌皮包是因为皮包获得了结构价值的意义。我们知道，不同的字词放在一起的时候才构成一个有意义的句子。不同的皮包放在一起也构成一个有意义的状态。当名牌皮包与其他品牌的皮包放在一起的时候差别就显示出来了，结构意义就表现出来。购买名牌皮包的人需要的就是结构中的这种差别。这与皮包本身的使用价值无关。购买皮包的人所遵循的是符号政治经济学的原则，是结构的价值规律。而要超越符号政治经济学就要彻底解构符号在结构中的意义。比如其他人都要通过比较皮包的品牌来显示自己的皮包在结构中的价值，那么超越符号政治经济学原则的人就要彻底否定这种结构价值。我们根本不用去关心这些东西在符号结构中的价值，我们就看它是否满足我们自然的需要。这就是拒绝所谓品牌的价值。

从这个意义上来说，我们不应该再欣赏自己的"死亡"，不应该欣赏自己所购买的品牌产品，而是要彻底否定这些东西。这就是我们在象征意义上的彻底"死亡"。只有把这种"死亡"推向极端，只有"暴死"，我们才能真正地再生。只有拒绝一切貌似有意义的符号活动，把它当作彻底无意义的活动加以解构，我们的生活才真正有意义。比如，那些无聊重复的论文，你不要看，要让自己作为读者"死亡"；无聊的符号生产你不要搞，要让自己作为作者"死亡"；无聊的时尚游戏你不要参与，要让自己在"社会"意义上"死亡"。在鲍德里亚看来，人要做到这一点并不困难，只要有一种"形而下学"就可以了。他说，"反对超级现实的惟一策略是'形而下学'"，这个所谓形而下学就是"一种通过想象来求解的科学"。[①]

---

① 前言，第6页。

一个人只要通过自己的想像就能够理解自己的"死亡",理解这种死亡表演以及对于死亡的自我欣赏。但是,发达工业社会的人们处在超级的现实之中,他们常常无法想像,想像的可能性被排除了。

六 几点启示

鲍德里亚关于"生产的终结",关于无处不在的"死亡",关于"死亡"的自我欣赏,这些说法,似乎都是奇谈怪论。不过他自己已经表明,这都是在象征意义上说的。这既不是真实的,也不是想像的。我们既不要太认真对待它,也不要认为它是无聊的说法。它还是有现实基础的。他的这些奇谈怪论包含了对现代文明的彻底反思。他以一种挖苦、夸张而又警告的方式告诉我们,今天在发达资本主义社会,人们正在欣赏自己的"死亡"。今天到处都出现了"死亡",人们却在玩弄它、表演它,消费它,人们在玩弄、消费、表演"死亡"中自娱自乐,甚至把它当作幸福和快乐。他在告诫我们,西方的现代文明不能再按照现在的方式继续下去了,文明的发展必须改变轨道,调整自己的发展方向。我感到,在这里,鲍德里亚提出了这样一个深刻的问题:当我们所有的人都在政治经济学的框架中,进行时尚消费的时候,我们果真快乐吗?在生产高度发达的时候,我们就一定能够获得自由吗?如果我们每个人都相互攀比,看谁家的房子更大,游泳池更好,私人飞机更豪华(甚至在飞机上搞游泳池),那么我们就快乐了吗?而这种对时尚的追求永远是无止境的。在这种政治经济学原则支配下的相互攀比中,人永远都不会有快乐。不,让我按照鲍德里亚的方式来说,人会有快乐,这种快乐是观看自己的"死亡"所带来的快乐。人在这里死了,成为一个相互比拼的动物。人只有在超越别人时才有快感。这就如同我们在前文所说的,这是一种法西斯主义的意识形态。法西斯主义者,第二次世界大战中的日本侵略者,在杀死中国人,杀死自己的对手时感到快乐。如果这种意识形态只是少数法西斯主义者的意识形态,那么我们还能够克服它,如果它成为大多数人的普遍意识形态,那这就相当可怕了。我们还记得曾经有一个"不差钱"的小品(我不是要批评这个作品本身,而是要批评欣赏这一作品的人)。这是挖苦穷人的作品。问题不仅在于这个小品包含了这种法西斯主义的意识形态,而且还在于它竟然受到大多数人的喜欢。它是受观众所喜爱的艺术作品。于是,我从这里发现了一个可怕的现象,大多数人心中都有法西斯主义的意识形态,都有一种反常的审美心理。如果说人类最初为了自己的生存而相互竞争，为了温饱而相互竞争，这还是能够容忍的，那么在后现代社会，特别是在今天的西方发达社会，人们仍然（竟然）在为符号、为无意义的符号而竞争，这才是可怕的。在这里，人们也永远不会有自由，而必然把自己束缚在相互比拼的"战车"上。从这里，我们可以得出一个结论：发达资本主义文明必须改变自己的方向，解构"政治经济学"。

有人或许会说，鲍德里亚的思想是反文明的。从表面上看，他一再颂扬原始人类，好像原始人类的象征交换是象征交换的理想形式。然而，鲍德里亚在《象征交换与死亡》中的分析是从生产的终结开始的，是从生产过剩开始，是从对后现代社会的批判开始的。这就是说，他是在批判发达资本主义的再生产（时尚的生产），而不是批判生产。他不是要人不吃不喝，不是教人"自杀""暴死"。鲍德里亚要我们拒绝再生产，拒绝政治游戏，而不是不要生产，不要政治。如果说鲍德里亚似乎在鼓励"嬉皮士"，那么这是因为，发达资本主义社会的政治、经济、文化等活动是嬉皮士式的。鲍德里亚只是鼓励人们像西方社会自己所进行的游戏的方式那样来解构这个游戏。如果说鲍德里亚鼓励学术游戏，那么鲍德里亚为什么自己却严肃地写学术论著呢？确实，鲍德里亚的写作包含了许多自我解构的话语。比如，真就类似于假，比如"劳动/服务"（鲍德里亚经常用反斜杠来表示这种解构，有时用"中和"这个词来表示解构）。但是自我解构并不意味着胡说八道，而是严肃的分析。如果说西方文明已是走向嬉皮士的文明，那么我们可以说，他鼓励人成为"严肃"的嬉皮士。他要人们把那些貌似有意义的东西解构，摆脱那些被束缚在政治经济学中的意义。他号召人们彻底终结政治经济学上的意义，但他不是不要任何意义。

应该承认，在社会生活的许多领域我们都受到政治经济学的束缚，而按照政治经济学原则所进行的许多活动确实在某种程度上导致了过度生产，导致了生产过剩。这些被过度生产出来的东西就变成了无意义的符号。比如，在我们的学术研究中，特别是人文社会科学的研究中，本来我们应该研究一些切实具有现实意义或者理论意义的问题，但是如今研究者如此之多，研究成果如此之多，许多研究失去了理论意义和现实意义。但是，我们的学术研究领域却存在着政治经济学的原则，人们都要展开学术竞争。在历史上人们也竞争，但是那种竞争是用纸和笔展开的竞争，而如今人们竞争借助于计算机。这就好像手工业生产进入了机器大生产，学术研究成果可以被大规模、大批量地生产出来。虽然，我们每次评价论文的时候，都要审查其中是不是有"创新"，但是这种"创新"常常像时装的生产一样。当我们的学术时装不断被生产出来的时候，无意义的学术符号也被生产出来，这已经无法避免了。消除学术领域中的经济竞争，让学者们安心进行严肃认真的学术研究已被人们所关注。

然而，鲍德里亚对于政治经济学的否定必然会带来一个问题。如果学术领域没有竞争，那么学者们会不会懈怠呢？他们会不会由于没有竞争的压力而失去研究的动力呢？正是由于经济领域中的竞争，我们的社会才生产出足够满足人的需要的产品。从这个意义上说，如果没有竞争，如何能够进步呢？我们的社会还有那么多穷人，那么多人的物质生活条件还不能令人满意，甚至许多人生活在极度贫困中。即使在西方发达国家，也还有相当贫困的人。从这个意义上说，简单地否定经济领域中的竞争，甚至把它简单地看作"法西斯主义意识形态"，这还是有些偏颇了。同时，鲍德里亚自己也承认，生产和再生产难于区分开来，当他反对再生产的时候，其中同时就可能包含了反对生产。如果反对生产的话，那么我们如何维持生活呢？从这个意义上说，鲍德里亚思想还是包含了某些反文明的因素。在吸收鲍德里亚思想的时候，我们应该剔除这些因素。

鲍德里亚强调，在光怪陆离的消费世界，人往往会失去自我（主体"死亡"）。在现代政治生活中，政治往往会变成游戏。在社会生活中，人和人的社会关系会被消解。应该说，这些问题在不同程度上都存在着，这些问题应该引起我们的足够重视，而鲍德里亚从再生产视角对于这些问题的思考，对我们来说也确实具有一定的启发意义。

当然，鲍德里亚在研究方法上采取了一种方法。按照这种方法，生产进入再生产就是生产的终结。而严格地说（在非象征交换的意义上说），即使生产进入了再生产，这也不是生产的终结，而只是传统的以满足人的基本需要为基础的生产的终结。鲍德里亚强调，这是仿真的生产，而这种仿真的生产既不是真实的生产也不是想像的生产，只是象征意义上的生产。它超越了真假。既然鲍德里亚的研究是一种象征交换意义上的研究，那么在这一意义上，人欣赏自己的"死亡"这种说法，就不能在严格的意义上理解。它既不是真的，也不是假的，只是象征的。反过来，我们也可以说，它既是真的，又是假的。正因为鲍德里亚的研究采取了一种象征交换的方法,因此,它给人的感觉常常是有点夸大其词,缺乏严格的逻辑。而鲍德里亚是反对那种同一性逻辑的,因为,同一性的逻辑无法揭示这种新的现象。为此,鲍德里亚要求我们用象征交换的方法来看待他的作品,"象征"也是仿真的词项,应该可以把它从话语中剔除。① 如果是这样的话,那么鲍德里亚的那些夸张的说法如"生产的终结""死亡的自我欣赏"等也就能得到恰当的理解。

---

① 前言,第7页。

后　记

我本来没有计划写这样一本书。坦白地说，在这里，只是对鲍德里亚的《象征交换与死亡》一书进行解释，有时甚至是一句一句地解释。我之所以这样做，是因为我在工作中发现，少数年轻的学子，常常在没有弄清他人思想时就对其思想进行"研究"，进行批判。鲍德里亚的这本书并不好读，它从象征交换的视角解释后现代社会现象。这对于我们来说，还是比较陌生的。因此，我感到，如果有一本详细讲解鲍德里亚著作的书，那么这将有助于年轻学子较好地把握鲍德里亚的基本思想，从而在此基础上进行深入的理论研究。鲍德里亚研究专家道格拉斯·凯尔纳说过，该书"对于现代与后现代争论具有关键的意义"。这本书从象征交换的视角全面分析了后现代社会的政治、经济、文化等各种现象，它对于所有人文社会科学领域的研究都具有重要意义，是西方后现代社会研究最重要的学术论著之一。从这个意义上说，如果没有认真阅读这本书就不能真正地了解西方后现代社会研究。

鲍德里亚的著作是很难理解的，其中包含许多隐喻和转喻。为了帮助读者更好地理解，我加了一篇论文《如何走出后现代社会的困境——评鲍德里亚的尝试》作为本书附录，试图通过这篇论文帮助读者更好地理解这本书。鲍德里亚的书是催人思考的书，可以从不同的角度去思考。也许我的解释恰恰会限制人们的思考。因此读者在看完这本书之后，一定要把它"扔掉"。这是一本期待自己"死亡"的书。它只有"死亡"，才有机会"复活"。这就是生和死的象征交换。此外，我对于法国现代思想中的许多东西把握不够，所以鲍德里亚著作中所提到的许多人物的思想也没有得到清晰的梳理（虽然我做过这方面的努力）。这都会在一定程度上影响读者对这本书的把握。我相信,在我的这个基础性工作之上,一定会有更好的研究成果出现,而我的解释之中可能还存在许多误解或错误,我期待学界同行和读者的批评与指教。

王晓升
于华中科技大学

图书在版编目（CIP）数据

走出后现代社会困境：《象征交换与死亡》导读 / 王晓升著. -- 北京：社会科学文献出版社，2016.12
ISBN 978 - 7 - 5097 - 9414 - 2

Ⅰ.①走… Ⅱ.①王… Ⅲ.①后现代主义 - 研究 Ⅳ.①B089

中国版本图书馆 CIP 数据核字（2016）第 147313 号

走出后现代社会困境
——《象征交换与死亡》导读

著　者 / 王晓升

出 版 人 / 谢寿光
项目统筹 / 宋月华　袁卫华
责任编辑 / 袁卫华

出　　版 / 社会科学文献出版社·人文分社（010）59367215
　　　　　　地址：北京市北三环中路甲29号院华龙大厦　邮编：100029
　　　　　　网址：www.ssap.com.cn
发　　行 / 市场营销中心（010）59367081　59367018
印　　装 / 北京盛通印刷股份有限公司

规　　格 / 开本：787mm × 1092mm　1/16
　　　　　　印张：32　字数：540千字
版　　次 / 2016年12月第1版　2016年12月第1次印刷
书　　号 / ISBN 978 - 7 - 5097 - 9414 - 2
定　　价 / 148.00元

本书如有印装质量问题，请与读者服务中心（010 - 59367028）联系

▲ 版权所有 翻印必究